智元微库
OPEN MIND

成 长 也 是 一 种 美 好

终身学习核心知识库

运营管理

原书第 10 版
10th Edition

[英] 奈杰尔·斯莱克（Nigel Slack）
[英] 阿利斯泰尔·布兰登 - 琼斯（Alistair Brandon-Jones）
[英] 尼古拉·伯吉斯（Nicola Burgess）

著

马亚莉　田姗姗

译

人民邮电出版社
北京

图书在版编目（CIP）数据

运营管理 : 原书第10版 / （英）奈杰尔·斯莱克
(Nigel Slack), （英）阿利斯泰尔·布兰登-琼斯
(Alistair Brandon - Jones), （英）尼古拉·伯吉斯
(Nicola Burgess) 著 ; 马亚莉, 田姗姗译. -- 北京 :
人民邮电出版社, 2025. -- （终身学习核心知识库）.
ISBN 978-7-115-66065-7

Ⅰ. F273

中国国家版本馆CIP数据核字第2025GK3704号

◆ 著　[英]奈杰尔·斯莱克（Nigel Slack）

　　　[英]阿利斯泰尔·布兰登－琼斯（Alistair Brandon-Jones）

　　　[英]尼古拉·伯吉斯（Nicola Burgess）

　　译　马亚莉

　　　　田姗姗

　　责任编辑　张渝涓

　　责任印制　周昇亮

◆ 人民邮电出版社出版发行　　　　　　北京市丰台区成寿寺路 11 号

　　邮编　100164　　电子邮件　315@ptpress.com.cn

　　网址　https://www.ptpress.com.cn

　　天津千鹤文化传播有限公司印刷

◆ 开本：787×1092　1/16

　　印张：46.5　　　　　　　　　　　　2025 年 6 月第 1 版

　　字数：860 千字　　　　　　　　　　2025 年 6 月天津第 1 次印刷

　　著作权合同登记号　图字：01-2023-6150 号

定价：129.00 元

读者服务热线：（010）67630125　　印装质量热线：（010）81055316

反盗版热线：（010）81055315

前言

运营或许不能掌控世界，但它能让整个世界运转起来

● **原书第 10 版**

本书英文版已经发行至第 10 版，换句话说，这本教材已经问世很久了！自原书第 1 版面世以来，运营管理领域发生了很多变化。供应网络、技术、人们的工作方式，以及其中最重要的——人们如何看待运营的社会责任——这些都已与之前大不相同。多年来，我们一直推陈出新，以应对关键性变化（通常在它们出现之前就要想好应对之策）。我们秉持的理念是，我们应该跟上运营管理实践发展的脚步。

其中，影响运营管理实践的一个重要因素是新冠疫情。原书第 10 版是在新冠疫情席卷全球，严重扰乱许多既定运营惯例之际完成写作的。一些与新冠疫情相关的变化无疑会持续下去，另一些则不会。有些变化早在新冠疫情之前就有了苗头，新冠疫情只是加快了它的发展步伐，如居家办公。还有一些变化则比较新颖，如工作场所的安全限制、旅行的限制和工作时应保持一定的社交距离。在写作本书时，我们尚不清楚其中一些变化的影响范围会有多广、持续的时间会有多长。我们试图用

新冠疫情来说明运营管理的基本原则及其影响，但疫情本身并不是本书研究的主要内容。

本书及时更新了写作的主题和内容范围，以便保持市场领先地位。根据《金融时报》（Financial Times）教学影响力排名，本书被评为 2021 年全球商业、营销、会计和经济学教科书引用率最高的前 10 部教科书之一。未来我们将持续补充运营管理的相关内容，尽力将这一领域中许多激动人心的发展都写进来。为了达成这个目标，我们很荣幸邀请到第 3 位作者——我们的朋友兼同事尼古拉·伯吉斯（Nicola Burgess）博士加入我们的团队。她是华威商学院的一名教授，有着丰富的教学、研究和管理经验，为我们这个写作团队提供了专业的知识基础，尤其是在精益运营、运营改进和医疗管理等领域。

● 为什么需要学习运营管理

运营管理无处不在。你每一次体验服务或购买产品时，本质上都是在享受运营经理带来的服务。运营管理关注的就是如何提供我们所需的服务和产品。所有组织，无论规模大小，是制造业还是服务业，是营利组织还是非营利组织，是公共组织还是私人组织，其产出都是服务和产品的混合体。如果你是一名经理，请记住，运营管理并不仅仅局限于运营这一职能本身。所有经理，无论是运营、营销、人力资源、财务领域的经理，还是其他职能领域的经理，都要做好流程管理并服务组织内外部的客户。因此，你的职责里多少都有一部分关乎"运营"。

运营管理很重要。幸运的是，大多数公司现在已经意识到运营的重要性，认为短期内有效的运营管理有可能会同时提高生产效率和客户服务质量。更重要的是，运营管理可以让企业具备长期的生存能力和走向成功的能力。

运营管理激动人心。它是影响商业世界变化的核心点，如客户偏好的变化、供应网络的变化、对企业环境和社会责任看法的变化、技术的重大变化，以及我们想在工作中干什么、怎么干、在哪里干等。运营管理从未如此具有话题性，也从未比此刻更接近商业和文化转变的核心。

运营管理具有挑战性。提升创造力，使组织能够应对诸多变化，成为运营经理的首要任务。他们必须找到方法以应对技术和环境带来的挑战、社会责任带来的压力、日益全球化的市场以及难以界定的知识管理。

● 本书的写作目的

本书介绍了适用于各种组织（包括企业）的运营管理方法，并力图表述清晰、有权威性、层次清晰且具有吸引力。本书既提供了一条贯穿于运营管理诸多活动的逻辑路径，也提供了一个更好地理解运营管理战略背景的视角。

» 战略性：本书从战略视角明确了运营职能是组织竞争力的核心。
» 概念性：本书阐释了运营经理需要做出决策的原因。
» 综合性：本书涵盖了大多数运营管理会涉及的问题。
» 实践性：本书讨论了实践中运营管理决策遇到的问题和挑战。每一章的"运营实践案例"部分及每一章结尾的案例研究，均用于探讨运营经理在实践中该怎么做。
» 国际性：本书介绍了世界各地的运营管理实例。本书将介绍 100 多个来自世界各地不同组织的运营实践，其中一半以上都是新案例。
» 平衡性：我们尽力选择那些能同时反映服务业和制造业经济活动的案例。本书约有 75% 的案例与服务业有关，其余 25% 来自制造业。

● 本书的适用对象

本书适用于对如何提供服务和产品感兴趣的人：

» 本科生。本书可以为商业研究领域、技术领域或联合学位的本科生提供学习运营管理的结构化路径。
» 工商管理硕士（MBA）学生。本书对运营管理活动实践性的讨论，可以增加 MBA 学生的运营管理经验。
» 研究生。本书也为其他专业的硕士研究生提供了学习运营管理的批判性方法。

● 本书特色 [①]

» 结构清晰：本书以运营管理的"4D"（direction, design, delivery and development）模型为主体结构，详细介绍了运营指导的战略决策，创建产品和服务的运营流程，产品设计、生产、服务、交付的操作计划，控制以及运营的发展或改进。

» 案例丰富：运营管理是一门实践性很强的学科，不能仅单纯地进行理论性讲授。正因如此，我们用了简短的"运营实践案例"来解释实际操作中面临的一些问题。

» 大量实例：对于运营管理，需要从定性和定量两个视角进行学习，因此我们在书中使用了大量实例来说明怎样同时运用这两种视角。

» 批判性评注：关于解决运营管理问题的最佳方案，人们并不能达成共识。因此，我们增加了"批判性评注"这一板块，旨在介绍一些与本书中的主流观点不一样的其他观点或想法。

» 社会责任：每一章的"社会责任"板块，概括和总结了本章所讲授的主题是如何与社会责任、道德责任和环境责任产生联系的。

» 本章重点问题简答：每章都以要点列表的形式对全章内容进行总结，这些要点回答了每章开头提出的那些关键问题。

» 案例研究：每章都有一个适合课堂讨论的研究案例。这些案例通常很短，但又有足够的内容支撑课堂案例讨论。

» 问题与应用：每一章都有一系列的练习题。通过回答这些问题，你可以检验自己是否真的理解了本章的基本概念。可以单独，也可以采用分组的形式来完成这些练习题，以便检验是否达成本章的学习目标。

» 拓展阅读：每章末尾都有一份简短的拓展阅读清单，这份清单涵盖了本章后续学习所涉及的主题或相关的问题。清单还解释了每一篇拓展阅读资料的特点。

[①] 其中案例研究和拓展阅读以及致谢等内容请扫描书中二维码获取。

致教师

第 10 版的教学资源

● 原书第 10 版新增部分

原书第 10 版不仅保留了原书第 9 版所做的大量更改，还保留了已被证明非常受欢迎的"4D"模型，只是稍做了一些修改。与以往一样，我们一直在努力以便跟上美妙的运营世界发生的越来越迅速的变化。

具体来讲，原书第 10 版包括以下重要改变。

» "精益运营"在之前版本中被包含在"交付"部分，现在转到了"开发"部分，其原因主要是"精益运营"在运营管理中的角色发生了变化，它的重点已更多地转向运营和提升的综合解决方案。而且，尽管"精益运营"仍在计划和控制中扮演着重要角色，但它越来越多地被视为一种改进方法。

» "问题与应用"部分的题目数量有所增加。第 10 版中每章都有 10 个问题，帮助大家进行运营分析练习，你可以扫描书中二维码获取它们。问题的答案都可以在相关章节中找到。

» 章末收入了许多全新的案例。全书 19 章都有实践案例，其中有 10 章的案例是新案例。我们认为这些案例可以极大地增强学生的学习体验。不过，第 10 版仍保留了之前版本的一些经典案例。

» 每章都增加了一个新的板块——社会责任。该板块主要总结了本章主题是如何与重要的社会、道德和环境议题产生关联的。我们发现，利用这一板块在每节课中探讨社会、道德和环境责任的重要问题，可以为学生提供有用的学习线索。

» 我们扩展并更新了全书广受欢迎的"运营实践案例"部分的实例。全书共有 100 多个实例，其中约有 50 个是全新的。

» 我们进一步强调了"运营管理"与组织的每种业务以及其他所有职能领域都是相关的。

» 我们更加注重有效的示例，以便为学生在分析运营问题时提供更多的帮助。运营管理已经采纳了许多新思想，尽管如此，我们始终在强调这一主题的基础作用。

致学生

如何充分利用本书

在某种程度上，所有商业管理的专业教材都是对真实组织生活中混乱现实的简化。为了研究商业管理涉及的各类主题，所有教材都必须对主题进行划分。这些主题在现实中密切相关，如技术选择影响工作设计，进而影响质量管理。然而，为了简化内容，我们需对这些主题进行单独讲授。因此，要有效使用本书，同学们首先要注意各个主题之间的联系。尽管与主题顺序类似，每章都是遵循逻辑结构进行排列的，但你无须按此顺序进行学习。每章在某种程度上都是相对独立的。因此，你完全可以自主选择适合自己的课程，或依照个人兴趣选择章节进行学习。但是，由于每一部分都有一个介绍性章，那些希望从主题的简要"概述"入手的学生可以选择先学习第 1 章、第 6 章、第 10 章和第 15 章以及所选章的导语部分。复习时也是一样，可以重点学习介绍性章和重要问题的概括性回答。

本书还充分利用了在运营中可以找到的许多实例并对其展开分析，其中许多是我们联系相关公司获取的，也有许多来自期刊和新闻报道。因此，如果你想理解日常商业实践中运营管理的重要性，也可以通过新闻、社交媒体和杂志找一些与运营管理相关的决策实例。其实你每天都可以看到一些实例。在购物、吃饭、下载音乐、访问在线资源或乘坐公共交通工具时，你自己就是企业的客户，在此过程中，你可以围绕这些企业的运营管理问题展开思考。

每章章末的案例研究和问题与应用，可以帮助你进一步思考本章所讨论的主要内容，请扫描下方二维码获取它们。这些问题可以用来测试你对本章所讨论的具体观点和问题的理解程度如何。如果你愿意，还可以就观点和问题进行小组讨论。如果不能回答这些问题，那么你就应该重新阅读本章，并更深入地思考章末案例。你既可以利用案例来分析后面提出的那些问题，以引导自己分析案例的问题逻辑，也可以独立进行案例分析，然后与同学讨论。其中最重要的是，你每次开始分析案例（或运营管理中的其他案例或实例），应从以下两个基本问题出发：

» 这个组织是如何实现竞争的（或者如果这个组织是非营利组织，它是如何实现其战略目标的）？

» 运营可以从哪些方面帮助组织更有效地参与竞争？

使运营管理更上一层楼的 10 个步骤

我们要想取得好成绩，就必须表现出色！很多同学虽然表现不错，但并没有获得很好的成绩。如果你正在学习运营管理，并想取得好成绩，就应尝试以下这些简单的步骤。

» 步骤 1：练习，练习，再练习。使用"本章学习目标"和"问题与应用"检查你的理解是否准确。

» 步骤 2：记住几个关键模型并尽可能地加以应用。使用图表和模型描述章节所包含的一些实例。

» 步骤 3：记住同时使用定量分析和定性分析两种方法。这两种方法的混合使用会对你大有帮助。用定量分析模型去回答定量问题，再用定性模型分析定性问题，并用精炼准确的语言加以解释。本书的每一章都融合了定性和定量两个部分的内容。

» 步骤 4：任何运营问题的背后都有一个战略目标。问问自己："一个相似的运营，用不同的战略，会有不同的做法吗？"，想知道答案的话，请阅读文中的"运营实践案例"。

» 步骤 5：围绕主题进行广泛研究。可以参考你信任的某些网站信息，但不要轻信你读到的所有内容。只有阅读那些真正有学术性的参考文献，你才会受益颇丰。

» 步骤 6：运用你自己的经验。每天，你都有应用运营管理相关原则的机会：为什么机场值机柜台的队伍排得那么长？在你最喜欢的餐馆的厨房里每天都在发生什么？

» 步骤 7：多回答问题。想想具体问题到底是什么？这个问题涉及哪些主题？找到相关的章节，搜索每章开头的本章学习目标和每章结尾的要点总结，然后开始回答问题。

» 步骤 8：从 3 个层次为自己的答案打分。

（1）你的知识和理解。充分利用教材，找出你需要改进的地方。

（2）你是否已经知道如何说明和应用相关主题的内容。"案例研究"和"运营实践案例"部分提供了许多案例。

（3）你是否可以批判性地讨论和分析这些问题。使用教材中的"批判性评注"理解那些不同的观点和想法。

总之，如果你能做到第一个层次，那么你就及格了；如果你能做到第一个层次和第二个层次，那么你就进入了良好之列；如果你三个层次都能做到，那么你将获得优异的成绩！

» 步骤 9：你不仅要记住具体某个问题是关于什么的，还要明白为什么会这样！试着理解为什么运营管理的概念和技术很重要，以及它们对组织的成功有什么贡献。你新发现的这些知识将永远留在你的记忆中，让你萌生新的想法，并让你取得更好的成绩。

» 步骤 10：现在就行动！不要等到两周后要交作业了才开始。持续学习，祝你好运！

目录

1   第一部分   运营指导

3   第1章   运营管理

5   1.1   什么是运营管理

9   1.2   为什么运营管理在所有类型的组织中都很重要

13   1.3   什么是"投入-转换-产出"过程

24   1.4   什么是流程层次

27   1.5   各种运营活动(和流程)之间有何不同

32   1.6   运营管理者的工作内容是什么

41   第2章   运营绩效

43   2.1   为什么运营绩效对任何组织都是至关重要的

44   2.2   如何从社会层面评判运营绩效

49   2.3   如何从战略层面评判运营绩效

51   2.4   如何从运营层面评判运营绩效

67   2.5   如何衡量运营绩效

71   2.6   如何权衡各个运营绩效目标

77　第 3 章　运营战略

79　　3.1　什么是战略和运营战略

83　　3.2　运营战略如何与业务战略保持一致（自上而下视角）

87　　3.3　运营战略如何与市场需求保持一致（由外向内视角）

94　　3.4　运营战略如何与运营经验保持一致（自下而上视角）

96　　3.5　运营战略如何与运营资源保持一致（由内而外视角）

100　　3.6　如何协调四种运营战略视角

107　　3.7　如何组织运营战略流程

115　第 4 章　产品与服务创新

117　　4.1　什么是产品与服务创新

121　　4.2　产品与服务创新的战略作用是什么

126　　4.3　产品与服务创新包含哪些阶段

136　　4.4　如何为产品与服务创新提供资源

149　第 5 章　供应网络的结构和范围

151　　5.1　什么是供应网络的结构和范围

156　　5.2　供应网络应该如何配置

164　　5.3　各企业需要具备多少产能

168　　5.4　企业应该如何选址

172　　5.5　企业供应网络应达到怎样的垂直一体化程度

176　　5.6　哪些活动应该在企业内部开展，哪些可以选择外包

185　　　　　第二部分　运营设计

187　第 6 章　流程设计

189　　6.1　什么是流程设计

191　　6.2　流程设计的目标是什么

197　6.3　产量和种类对流程设计有哪些影响

204　6.4　如何对流程进行详细设计

227　第 7 章　设施的布置与外观

229　7.1　设施的布置与外观如何影响绩效

233　7.2　基本布置类型及其对绩效的影响

243　7.3　企业设施的外观如何影响绩效

246　7.4　布置与外观设计需要哪些信息和分析

259　第 8 章　流程技术

261　8.1　什么是流程技术，它为什么越来越重要

268　8.2　如何了解新流程技术的潜力

274　8.3　如何评估新流程技术

283　8.4　如何开发和实施新流程技术

293　第 9 章　运营人员

295　9.1　为什么人员对运营管理格外重要

300　9.2　如何组织运营部门

303　9.3　如何设计工作岗位

322　9.4　如何分配工作时间

327　　　附录 9A：工作研究

335　　　第三部分　交付

337　第 10 章　计划和控制

339　10.1　什么是"计划和控制"

343　10.2　供给和需求如何影响计划和控制

350　10.3　什么是"负荷"

352	10.4	什么是"排序"
359	10.5	什么是"排程"
366	10.6	什么是"监控"

375	第 11 章	产能管理
377	11.1	什么是产能管理
379	11.2	如何预测需求
389	11.3	如何测算产能
396	11.4	如何管理需求方
398	11.5	如何管理供给方
403	11.6	企业如何理解其产能管理决策的结果
414		附录 11A：分析排队模型

421	第 12 章	供应链管理
423	12.1	什么是供应链管理
426	12.2	供应链应该如何竞争
431	12.3	如何管理供应链中的关系
433	12.4	如何管理供给方
445	12.5	如何管理需求方
449	12.6	供应链的动态是什么

459	第 13 章	库存管理
461	13.1	什么是库存
464	13.2	为什么要有库存
471	13.3	订货量决策：应该订购多少
483	13.4	时机决策：什么时候下订单
489	13.5	如何控制库存

501　第 14 章　计划和控制系统

503　14.1　什么是计划和控制系统

508　14.2　什么是企业资源计划

514　14.3　我们应如何实行计划和控制系统

521　　　　附录 14A：物料需求计划

529　　　　第四部分　开发

531　第 15 章　运营改进

533　15.1　为什么改进在运营管理中如此重要

538　15.2　运营改进的关键要素是什么

546　15.3　改进的主要方法是什么

556　15.4　可以使用哪些技巧进行改进

562　15.5　如何管理改进过程

573　第 16 章　精益运营

575　16.1　什么是精益

578　16.2　如何从精益角度思考流动

582　16.3　如何从精益角度思考（并减少）浪费

593　16.4　如何从精益角度思考改进

600　16.5　如何从精益角度思考人的作用

603　16.6　精益方法如何应用于供应网络

607　第 17 章　质量管理

609　17.1　什么是质量？为什么质量如此重要

618　17.2　什么步骤可以实现一致性的质量规范

626　17.3　什么是全面质量管理

640　　　　附录 17A：统计过程控制

655 第 18 章 管理风险和恢复

657 18.1 什么是风险管理

659 18.2 企业如何评估故障的潜在原因和后果

672 18.3 如何预防故障

678 18.4 企业如何减缓故障的影响

679 18.5 企业如何从故障的影响中恢复

687 第 19 章 项目管理

689 19.1 什么是项目

694 19.2 什么是项目管理

698 19.3 如何了解项目环境

703 19.4 如何定义项目

706 19.5 如何规划项目

716 19.6 如何控制和学习项目

第一部分

运营指导

本书的第一部分主要介绍"运营"的概念、职能，以及决定运营职能总体方向和战略的基本活动和决策。第一部分主要包括以下章节：

第 1 章　运营管理

本章主要介绍运营和流程的基本概念，并明确了不同类型的组织中运营和流程的实质与角色定位。

第 2 章　运营绩效

本章将确定如何对运营职能的绩效进行判定。

第 3 章　运营战略

本章将阐释运营活动是如何产生重要的战略性影响的。

第 4 章　产品与服务创新

本章主要聚焦于如何将创新融入产品和服务的设计过程。

第 5 章　供应网络的结构和范围

本章旨在描述决策运营如何以及在多大程度上通过自身活动增加主要决策的价值。

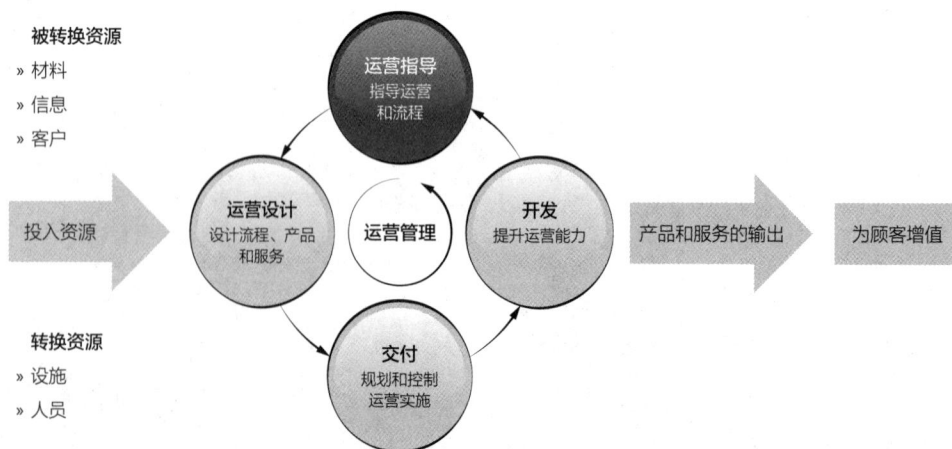

被转换资源
» 材料
» 信息
» 客户

投入资源

转换资源
» 设施
» 人员

运营指导
指导运营和流程

运营设计
设计流程、产品和服务

运营管理

开发
提升运营能力

交付
规划和控制运营实施

产品和服务的输出

为顾客增值

运营管理

本章学习目标

» 什么是运营管理?

» 为什么运营管理在所有类型的组织中都很重要?

» 什么是"投入－转换－产出"过程?

» 什么是流程层次?

» 各种运营活动(和流程)之间有何不同?

» 运营管理者的工作内容是什么?

导语

运营管理是关于组织如何创造、提供服务和产品的学问。你在运动场上吃的、穿的、用的、读的或遇到的一切都是由运营经理提供的，正是他们组织了这些东西的创造和交付。你在搜索引擎上找到的一切资源、你在医院接受的每一次治疗、你在商店接受的每一项服务，以及你在大学里参加的每一场讲座，都是由运营经理参与提供的。虽然监督这些创造和交付的人并不总是被称为"运营经理"，但他们就是真正的运营经理。这也是本书的关注点所在——那些为我们提供服务和产品的运营经理面对的任务、问题、决策。本章是一个介绍性章，将重点研究什么是"运营管理"（见图 1-1），运营流程如何得以随处可见，这些随处可见的运营流程有什么相似之处和不同之处，运营经理是做什么的。

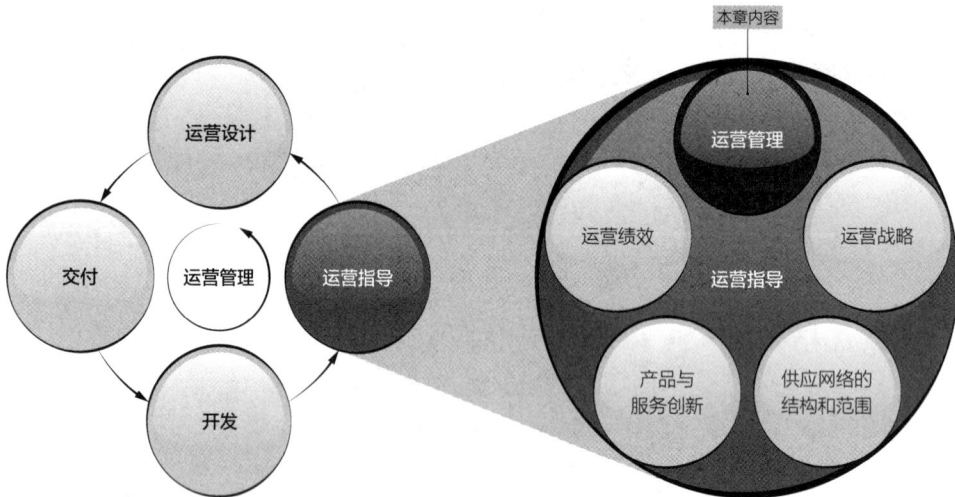

图 1-1 运营管理

1.1　什么是运营管理

运营管理由一系列活动组成，涉及管理创造和提供服务以及产品的各种资源。运营管理职能部门（operations function）是组织中承担运营活动的部门。组织要么生产产品，要么提供服务，所以每个组织都有自己的运营管理职能部门。然而并不是所有类型的组织都会使用"运营管理职能部门"这一名称。（请注意，我们会交替使用"运营"与"运营管理职能部门"两个术语。）运营管理者（operations managers）是指负责管理构成运营职能的部分或全部资源的人。同样，在一些组织中，运营管理者也会被赋予其他职位称呼。例如，他们可能是分销公司的"车队经理"、医院的"行政经理"或超市的"店长"。

运营实践案例

乐高乐园和乐高公司都很依赖它们的运营经理

尽管公司名称很相似，但乐高乐园（LEGOLAND®）和乐高公司（LEGO®）是完全不同的两家企业。乐高乐园是一家世界知名的经营家庭娱乐休闲主题公园的连锁企业，而乐高公司是一家著名的学习玩具制造商。它们都有许多常见的运营管理活动。通过观察这些活动，我们可以了解这两个组织的运营管理有哪些相同点和不同点。

乐高乐园 [1]

主题公园是一个价值数十亿美元的产业，业内最知名的品牌之一，就是乐高乐园。它的乐高主题公园和酒店主要面向有 3 ~ 12 岁孩子的家庭。乐高乐园在很多国家和地区都开发了主题公园。第一家公园位于丹麦比隆的乐高工厂附近，1968 年就开放了。事实证明，对主题公园而言，位置至关重要。例如，德国的乐高乐园位于靠近瑞士和奥地利的巴伐利亚自由州，这些地方都有大量的乐高粉丝。所有的乐高乐园都由总部位于英国的梅林娱乐公司运营，该公司还在意大利和德国等地运营其他品牌的景点，如杜莎夫人蜡像馆、伦敦眼、华威城堡和奥尔顿大厦。这些景点的共同点是为游客提供一种"体验"。客户（通常被称为"顾客"）在每个阶段见到的每个景点，通常都是以电影或电视中的角色为主题的，而在乐高乐园中，乐高就是其主题，以给客户创造一种强烈的、身临其境的体验。建造主题公园中的各个景点都需要大量的资本投入，它们通常需要通过复杂的技术才能得以实现。

保持这些景点的利用率，意味着要努力提高乐园的游客量，并最大限度地缩短游客排队的时间。然而，公共假期、季节和天气都会对想要来乐园游玩的人的数量产生重要影响。但不管乐园的管理工作如何繁忙，游客对其游玩体验的满意度都是乐高乐园运营管理最重要的内容之一——我们将其称为"客户痴迷"。要维持"客户痴迷"，就要努力为游客创造一段顺利且难忘的游玩体验，包括定期调查客户的满意度、使用"净推荐值"衡量标准（关于净推荐值的内容，详见第 2 章）。

LEGO[2]

乐高公司是一家私营家族企业，总部位于丹麦比隆，是世界领先的玩具制造商之一。其工厂位于欧洲和美国，乐高积木就是在这些工厂里生产的。该公司的成功建立在一个看似极其简单的理念之上：一块乐高积木并不起眼，但将一块又一块积木组合在一起，就会出现无数可能。比如 6 块标准的 2 厘米 ×4 厘米的积木就有超过 9.15 亿种的组合方式。[3] 所以，如果将所有的元件、颜色和装饰物都考虑在内，那么组合方式更是不胜枚举。然而，无论将多少块积木拼在一起，也无论这些积木是什么颜色、是否来自同一套装，它们都能完美地组合在一起，因为乐高积木都是按照极高的精度和质量标准制造而成的。乐高公司的座右铭就是：只有最好，才算够好。比隆工厂每天都要处理 60 吨左右的塑料原料，这些材料会通过复杂的管道系统被输送到注塑机中进行加工。该阶段尤为重要，因为所有产品的公差都必须控制在 10 微米以内。注塑机采用的模具价格非常高昂，每个元件都有特定的模具。另外，工厂中还有很多机器人在各台机器之间来回穿梭，它们把装好的盒子拿走，又把空盒子留下，该公司在自动化生产上的投资，意味着其工厂并不需要太多的人手。包装完成后，乐高套装最终成型。系统会精确录入每个套装在各个阶段应有的重量数值，任何微小的偏差都会触发警报。质检员也经常对产品进行检查和测试，以确保其坚固且安全。每 100 万个乐高元件中，无法通过测试的大约只有 18 个，概率仅为 0.000 02%。此外，在整个生产过程中，该公司也会对大部分塑料进行回收，以实现高水平的环境可持续发展。

运营管理是两家公司的核心

无论提供娱乐服务的乐高乐园还是生产玩具积木的乐高公司，二者的生存和发展都高度依赖公司的运营管理者。前者的运营管理者设计服务的各个环节，以提高游客的感知价值；后者的运营管理者则设计塑料加工的每个环节。他们管理与产品和服务有关的各项创造性活动，为员工提供支持，鼓励其通过技能和劳动为客户和企业提供价值。他们努力使公司的产能与市场需求相匹配，并控制所有生产流程中的产品质量。另外，他们还要负责公司整体战略的落地执行。如果缺乏有效的运营管理，那么这两家公司都不会取得成功。当然，二者也有不同之处。乐高乐园"转换"的是游客，乐高公司"转换"的则是塑料。实际上，两家公司开展了相同的运营管理任务和活动，只是完成任务和活动的方法有所不同。

如果你想了解现代成功企业的运营管理涉及的所有问题，请参阅前面的运营实践案例。该案例充分说明了，对于那些主要依靠高质量、可持续和可盈利的产品与服务赢得口碑的企业而言，运营部门至关重要。这种企业的运营和产品都极具创新性，非常注重客户的满意度，且愿意为员工的发展而不断投资，同时也会积极履行社会与环境责任。上述问题应是（或应该成为）所有企业的运营管理者需要优先考虑的问题。根据以上说法，表 1-1 列出了各类组织的运营部门需要承担的部分工作。

表 1-1　各类组织的运营部门需要承担的部分工作

互联网服务供应商	快餐连锁店	国际慈善组织	家具制造商
» 硬件维护与更新	» 为餐厅选址	» 为受助国家提供援助，并提供其他发展项目	» 采购原材料和零部件
» 软件与内容更新	» 为汉堡等食品设计生产流程、提供生产设备	» 必要时启动快速应急响应	» 制造组件
» 客户答疑	» 维护服务质量	» 采购并储存应急物资	» 组装成品
» 新服务落地	» 开发、安装并维护设备	» 尊重当地的文化风俗	» 向客户交付产品
» 保护客户的数据安全	» 降低对当地市场的影响		» 降低产品与生产过程中的环境影响
	» 减少包装废弃物		

● **组织中的运营**

任何组织的存在都是为了给客户打造、提供产品与服务，而在组织中，履行这一职能的部门就是运营部门，因此我们可以说，运营部门是整个组织的核心部门之一。所有组织都具有以下三大核心部门（core functions）。

» **营销（包括销售）部门：** 为组织的产品与服务确定其市场定位，并进行市场推广，激发顾客需求。
» **产品 / 服务开发部门：** 负责产品与服务的开发及改良，从而激发未来顾客的需求。
» **运营管理职能部门：** 根据顾客的需求打造并交付产品与服务。

除此之外，组织中还包括帮助核心部门有效运作的其他支持部门，如会计和财务部门、技术部门、人力资源管理部门和信息系统部门。值得注意的是，尽管支持部门在不同组织中的名称有所不同，但几乎所有组织都设有这三大核心部门。

不过，各个部门之间的划分有时并不明确，这就导致运营管理职能部门的职责范围有时会模糊不清。本书对运营采用了一个相对比较宽泛的定义，将大部分的产品/服务开发、技术开发和信息系统维护，以及部分人力资源管理、营销推广活动、会计与财务活动都纳入了运营管理的范畴，认为运营部门的职责包括在保证社会和环境可持续发展的前提下，为满足客户需求而开展的一切日常活动，其中包括从供应商处采购相应的产品与服务，并将其交付给客户的过程。

图 1-2 通过运营管理职能部门和其他部门之间的信息流，说明了其与各部门之间的关系。尽管图中的内容并不全面，但还是呈现了各种关系的本质。需要注意的一点是，运营管理职能部门与另外两大核心部门的关系，和其与支持部门之间的关系有所不同。对支持部门而言，运营管理职能部门的职责主要是确保它们了解运营的需求，并帮助它满足这些需求。相比之下，运营管理职能部门与另外两大核心部门的关系则较为平等——它不再强调各自的需求，而是重点强调目前能够完成的工作，并和另外两大部门协商讨论如何让这些工作满足更广泛的业务需求。

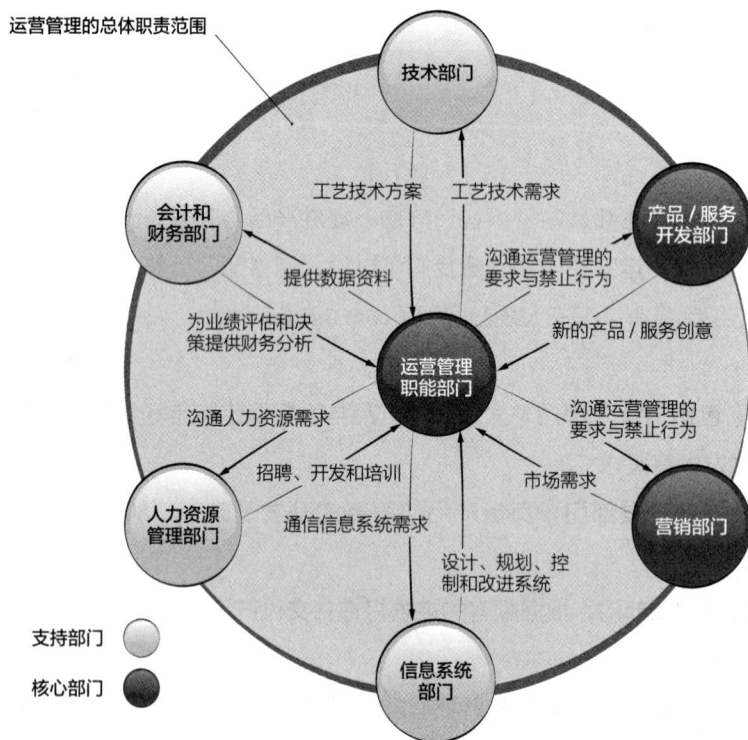

图 1-2 运营管理职能部门和其他部门之间的信息流

1.2 为什么运营管理在所有类型的组织中都很重要

虽然某些组织没有生产实体产品，但我们还是可以看出其运营管理职能部门的职能，以及该组织的工作内容。例如，大多数人都知道汽车工厂里有专门的汽车装配生产线，而广告公司就没有如此具体的生产线，但人们仍大致了解这类公司的具体工作内容——它们负责制作那些投放在网络、杂志和电视上的广告。那么，其运营管理职能部门的职能又是什么呢？答案就是"创造"二字。任何公司要想创造出产品和服务，就必须有资源，因此就必须有运营活动。此外，汽车工厂和广告公司还有一个很重要的共同点，就是要通过打造或提供产品或服务获取利润。非营利组织也会利用自身资源去打造和提供服务，只不过它们的目的不是赚钱，而是以某种方式服务社会。表 1-2 展示了运营管理在五个完全不同的组织中发挥的作用，从中我们仍可以看到一些相似之处——所有的运营管理活动都旨在打造某种产品与服务的组合。

表 1-2　所有的运营管理活动都旨在打造某种产品与服务的组合

诊疗机构	管理咨询	赈灾慈善机构	广告公司	汽车装配厂
运营管理即医生利用专业知识对患者的病情进行有效诊断，并针对其实际病症和主观感知进行治疗	运营管理即安排专业人员提供有效的服务，以满足当前客户和潜在客户的需求	运营管理即利用自身及合作伙伴的资源，迅速提供物资和服务，缓解社区的压力	运营管理即利用员工的知识和经验，创造性地提出让客户满意的想法或创意，以满足他们的实际需求	运营管理即用各种机器对产品进行高效组装，从而满足当前客户的需求

先从"清晰直观"的汽车装配厂开始讲起。汽车装配厂的运营管理可以总结为：用各种机器对产品进行高效组装，从而满足当前的客户需求。其他组织对运营管理的定义与之类似，只是措辞略有不同。运营管理不仅要用到机器，还要运用"知识""人员""自身及合作伙伴的资源"以及"内部员工的知识和经验"，从而高效地（或是有效地、有创造性地）对产品（或服务、创意）进行组装（或生产、转换、销售、转移、治疗和加工等），满足（或匹配、超越、取悦）顾客（或客户、公民、社会）的需求（需要、关注点，甚至是梦想）。

尽管采用的术语不同，但所有组织（无论大型的还是小型的、公共的还是私人的、服务型的还是制造型的、营利的还是非营利的）中的运营管理都具有相同的本质与目的，即利用"资源合理创造符合既定市场需求的产品"（见图 1-3）。然而，尽管运营管理在所有组织中的本质和目的基本一致，但我们仍要考虑某些特殊情况，特别是在一些规模较小的或非营利组织中。

运营管理即利用……

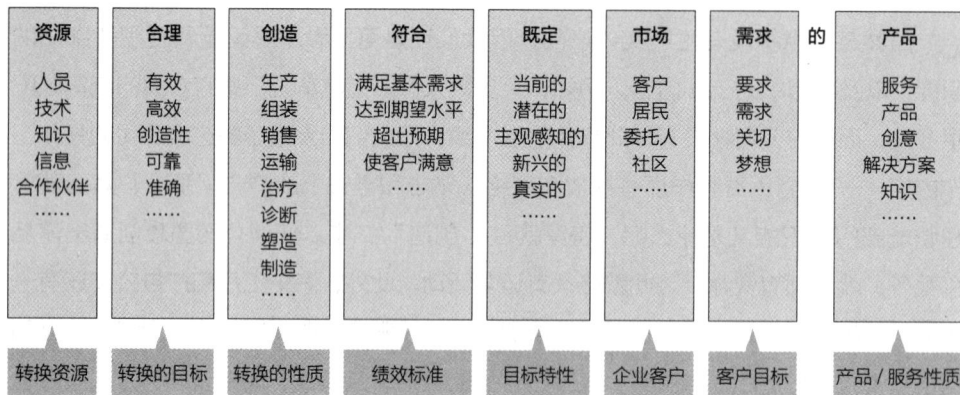

资源	合理	创造	符合	既定	市场	需求	的	产品
人员 技术 知识 信息 合作伙伴 ……	有效 高效 创造性 可靠 准确	生产 组装 销售 运输 治疗 诊断 塑造 制造 ……	满足基本需求 达到期望水平 超出预期 使客户满意	当前的 潜在的 主观感知的 新兴的 真实的 ……	客户 居民 委托人 社区 ……	要求 需求 关切 梦想 ……		服务 产品 创意 解决方案 知识 ……
转换资源	转换的目标	转换的性质	绩效标准	目标特性	企业客户	客户目标		产品 / 服务性质

图 1-3　运营管理即用资源合理创造符合既定市场需求的产品

● 小型企业的运营管理

　　运营管理对小型企业和大型企业来说同样重要。无论规模大小，所有企业都需要高效地打造、提供产品与服务。实际上，中小型企业的运营管理往往存在一系列特有的问题。大公司一般拥有足够的资源，能让员工只从事特定的工作；小公司的资源相对有限，其员工可能需要根据公司的需求从事不同的工作。这种相对灵活的架构可以让公司在遇到机会或问题时迅速做出反应。但由于个人角色的重叠，公司的决策过程也会变得更加混乱。小公司可能会面临和大公司完全相同的运营管理问题，但它们的问题也容易与其他问题掺杂在一起。

运营实践案例

无国界医生的运营管理可以为处在危险中的人们提供医疗援助 [4]

　　无国界医生（Médecins Sans Frontières，MSF）是一个独立的人道主义组织，旨在为最需要的地方提供医疗援助，其救助对象不分"种族、宗教、性别或政治派别", 救助行动"以医德为指导, 以中立和不偏不倚为原则", 旨在让世界各地的人了解其救助对象所处的困境。该组织主要是在危机爆发时开展各项援助工作, 具体危机包括爆发武装冲突、流行病、饥荒以及洪水和地震等自然灾害, 主要的救助方式包括提供医疗援助(如医生会诊、医院护理、营养护理、疫苗接种、做手术、产科护理和心理咨询)以及提供物资援助(如食品、帐篷和毛毯等)。该组织每年都会派出医生、护士、后勤人员、水卫生专家和行政人员等各类专业人士与当地员工一起工作。它也是世界上最具声望且最有效的救援组织之一。但是, 如果没有出色的运营管理, 再多善心也无法转化为有效的行动。因此, 无国界医生必须以快速的反应、高效的物流系统和项目管理来应对所有的危机。

为了尽快给最需要的人提供帮助, 无国界医生的响应程序也在不断发展和完善。该程序分为五个阶段: 提案、评估、启动、运行和终止。启动救援任务的危情信息可能来自政府、人道主义组织或身处事发地的团队成员。信息一经核实, 无国界医生便会立刻向事发地派遣医疗专家和后勤团队, 对危情进行快速评估。项目一经批准, 该组织的工作人员便会立刻开始挑选成员、筹备物资, 并保障项目所需的资金。有了事先就准备好的响应程序、专业工具包和应急物资储备, 无国界医生可以在 48 小时内完成所有物资和设备的分发, 从而使救援团队一到达事发地便能立刻开展工作。一旦该地区的紧急医疗需求得到满足, 无国界医生便进入项目终止流程, 将人员和设备逐步撤出。在此阶段, 援助项目就此结束, 或者移交给其他合适的组织。另外, 如果事发地过于危险, 无法保证人员的安全, 无国界医生同样会终止项目。但无论处理紧急的突发事件, 还是开展长期的项目, 无国界医生在事发地的一切工作都高度依赖其高效的物流系统。通常情况下, 飞机可以在 24 小时内完成物资装载和运送。如果情况不是非常紧急, 无国界医生则会通过海运运送大部分物资与药品, 从而降低项目成本。

● 非营利组织的运营管理

本书采用的"竞争优势""市场"和"业务"等术语通常只适用于营利组织。但运营管理也适用于那些不以营利为主要目的的组织。动物福利慈善机构、医院、研究机构或政府部门的运营管理与商业组织的基本相同。这些非营利机构的运营部门需要就相同的问题做出决策, 具体包括: 如何打造并提供产品和服务, 如何进行技术投资, 如何将部分活动外包给其他公司, 如何制定绩效指标, 如何提高运营绩效等。不过，非营利组织的战略目标可能更复杂，它们需要更加重视政治、经济、社会或环境目标。正因如此，其更加需要在目标相互冲突的情况下做出运营决策。例如，儿童福利部门的运营人员有时需要安排额外的社工，但其所需的成本又可能会使儿童得不到充分的保护。尽管如此，本书所讨论的大多数话题仍适用于包括非营利组织在内的所有组织，只不过某些术语会根据上下文进行调整。

● 运营新议程

近年来，商业环境的变化对运营管理者提出了新的挑战。其中的某些变化是为应对需求性质的变化而产生的。许多行业（尽管并非所有行业）的成本竞争日益加剧，与此同时，客户对产品的质量和种类多样性的要求也在不断提高。科学技术日新月异，客户对社会和环境问题的态度在不断发生变化，而社会的政治、法律和监管结构也在变化。为了应对上述这些情况，运营管理者必须对运营活动进行调整，其重点主要包括以下三个领域。

> » **新技术：**制造业和服务业的工艺技术（process technologies）发展非常迅速，人们甚至很难预测在未来几年内，这些新技术会有怎样的影响。可以预见的是，其影响可能会相当显著，甚至有可能会从根本上改变所有类型的运营活动。
> » **供应需求变化：**某些市场的全球化水平正在提高，一些市场则因为政治对贸易的限制而受到影响。某些全球化的供应市场开始逐渐产生新的采购选择，而一些供应链（supply chains）已处于岌岌可危的境地。通常情况下，成本的节约必须与供应链的脆弱性和道德因素一致。
> » **日益重视社会和环境问题：**总体来看，客户、员工甚至投资者对道德和环境问题的敏感度都在不断提升，因此企业必须改变其产品和服务的构思及创造方式。同样，人们也越来越希望企业所有的利益相关者（包括客户、员工、供应商和整个社会）都能得到友善对待。

面对上述三大变化，企业在运营过程中也找到了相应的对策，这些对策构成了运营新议程的主要部分，如图1-4所示（图中出现的某些术语会在后文中加以解释）。尽管图中列出的问题并不全面，也不具有普遍性，但几乎所有的运营部门都或多或少会受到其中某些问题的影响。本书所列出的运营实践案例几乎涉及这三大领域的方方面面，而每章的社会责任板块则会涉及社会、环境和道德问题。

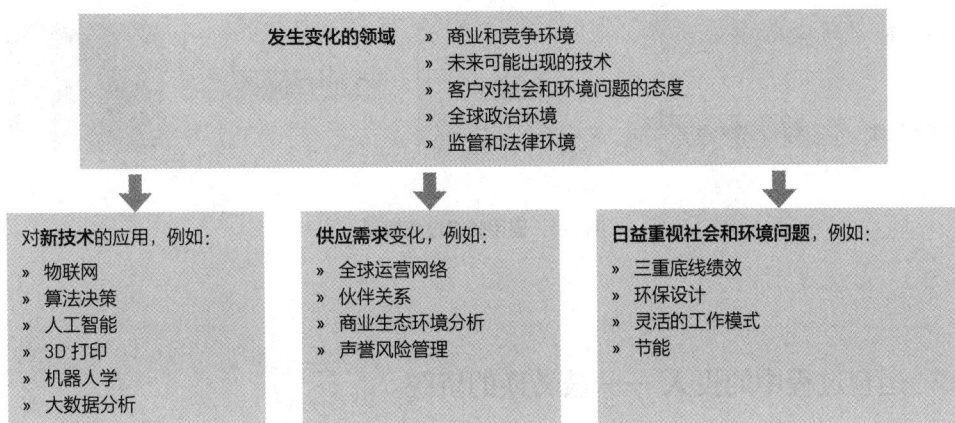

发生变化的领域	» 商业和竞争环境
	» 未来可能出现的技术
	» 客户对社会和环境问题的态度
	» 全球政治环境
	» 监管和法律环境

对**新技术**的应用，例如：	供应需求变化，例如：	日益重视社会和环境问题，例如：
» 物联网	» 全球运营网络	» 三重底线绩效
» 算法决策	» 伙伴关系	» 环保设计
» 人工智能	» 商业生态环境分析	» 灵活的工作模式
» 3D 打印	» 声誉风险管理	» 节能
» 机器人学		
» 大数据分析		

图 1-4　商业环境的变化塑造了运营的新议程

1.3　什么是"投入－转换－产出"过程

　　所有的运营活动都是通过"投入－转换－产出"这一过程，将投入转换为产出，从而实现产品与服务的生产和交付的。图 1-5 中这种通用转换过程模型（transformation process model）是所有运营活动的基础。简单来讲，组织在运营时需要先投入一系列资源（input resources），然后这些资源会被转换为某种事物或一系列产出，即产品和服务。尽管所有的运营活动都符合通用的"投入－转换－产出"模型，但不同的组织在运营时，其具体的投入与产出的性质会有所不同。例如，从远处看，医院和汽车工厂的外观非常相似，但靠近之后了解，你才会发现二者之间有明显的区别。前者开展的是服务运营，旨在为患者提供生理或心理疾病的治疗"服务"；后者开展的是制造运营，旨在生产并交付"产品"。两种运营管理的内部结构也各不相同。医院的运营包含诊断、护理和治疗，而汽车工厂的运营主要是锻压和装配。以上两种运营活动的最大区别或许是其投入资源的性质不同。医院的转换对象是患者，患者就是医院投入和产出的一部分。汽车工厂则是将钢材、塑料、布料和轮胎等材料转换成车辆。

图 1-5 通用转换过程模型

● 运营过程中的投入——被转换的资源

被转换的资源（transformed resources）是任何企业在运营时都需要投入的资源。它会在运营过程中被处理、转换或转变，通常是以下三种资源的有机结合。

» **材料：** 材料的加工会改变材料的物理特性（如形状或构成）。制造业的大多数运营活动都包含这一过程。某些公司在运营时会改变材料的位置，如快递公司；某些公司会改变材料的所有权，如零售公司；还有某些公司负责存储材料，如仓储公司。

» **信息：** 信息处理业务（如会计工作）会改变信息的属性（即信息的形式或用途）。有些组织或机构旨在帮助他人获取信息，如市场调研机构和社交媒体平台会对信息进行汇总和出售；有些组织负责储存信息，如档案馆和图书馆；有些组织则会改变信息的位置，如电信公司。

» **客户：** 以客户本身为转换对象的业务可能主要是改变客户的身体状态，类似于材料加工过程中对材料的运用，如理发或整容。有些企业（如宾馆）会"储存"（按照更礼貌的说法，应该叫"接待"）顾客，航空公司和地铁运营系统会改变乘客的位置，医院则会改变患者的生理状态。有些服务致力于改变客户的心理状态，如大多数娱乐服务，包括音乐、戏剧、电视、广播和主题公园的游乐项目等。但有些时候，客户也不仅仅是"被动的"转换对象，他们也会发挥更加积极的作用。例如，他们可以在餐厅里营造某种不一样的气氛，也可以在教育机构的学习小组中营造浓厚的学习氛围等。

有些组织在运营时既有材料投入，也有信息和客户投入，但通常会以其中某一种被转换的资源为主。例如，银行工作人员需要花费一定的精力，将投入的纸张材料制作成可打印的报表，但并没有人把银行当成印刷厂。此外，银行也需要对其在分公司和联络中心投入的客户资源进行"转变"。尽管如此，银行大部分运营活动所涉及的依然是客户财务信息的处理。客户可能会对印刷不良的报表或糟糕的服务感到不满，但如果银行在办理金融业务时出现纰漏，那么客户将承担更大的损失。表 1-3 列出了以不同的资源为主要被转换资源的几种职业或组织。

表 1-3　以不同资源为主要被转换资源的几种职业或组织

以材料为主要投入的	以信息为主要投入的	以客户为主要投入的
» 所有的制造型企业	» 会计	» 理发店
» 矿业公司	» 银行	» 酒店
» 零售公司	» 市场调研机构	» 医院
» 仓储公司	» 财务分析师	» 地铁运营系统
» 邮政服务公司	» 新闻服务机构	» 剧院
» 集装箱航运公司	» 高校研究单位	» 主题公园
» 货运公司	» 电信公司	» 口腔诊所

● 运营过程中的投入——转换资源

运营活动中另一种必不可少的投入就是转换资源（transforming resources），它们作用于被转换资源，是所有运营活动的"基石"，可分为以下两种。

- » **设施**：企业大楼、设备、厂房和工艺技术。
- » **人员**：运营、维护、规划和运营管理的相关人员（请注意，这里提到的"人员"是指组织内部的所有成员，不分等级）。

在不同情况下，设施和人员的具体性质也会有所不同。对五星级酒店而言，其设施主要包括"低科技"的大楼、家具和配件。核动力航空母舰研究所的设施则是"高科技"的核发电机和精密电子设备。组织不同的运营活动所需要的人员也不同。家用冰箱装配厂的工人可能无须具备极高水平的特定技能，相比之下，会计事务所的大多数员工都需要具备高水平的特定技能（即会计学的专业技能）。尽管人员的技能各不相同，但他们都将为组织的运营做出贡献。装配工经常在冰箱装配过程中出现纰漏，就会引起客户的不满，也会提高组织的生产成本，而一个连加法都算不好的会计也会造成同样的后果。不同的组织在设施和人员上的投入比例也各不相同。像英特尔这种计算机芯片制造公司会为实体设施投入大量的资金，只是建设一个芯片制造厂就需要花费数十亿美元，因此它的运营管理者会花很多时间进行设施管理。相反，管理咨询公司的运营状况在很大程度上依赖管理人员的素质。因此，这类组织的运营管理工作更侧重于培养和运用顾问人员的知识与技能。

"前台"和"后台"转换

"前台"转换和"后台"转换的区别是另一个值得关注的问题，它对转换资源的管理会产生重大影响。组织运营的"前台"（front-office）部分是指那些需要直接与客户进行互动的工作；"后台"（back- office）部分则不涉及或极少涉及与客户的直接接触，但它会通过某种方式为前台运营提供支持。图 1-6 说明了二者之间的区别。如图 1-6 所示，前台和后台之间的界限并不清晰。对于组织内部的不同工作，与客户的接触程度（即后文中提到的"可视化程度"）也会有所不同。

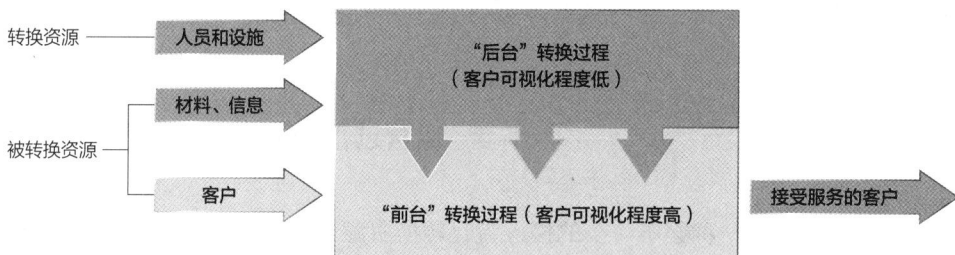

图 1-6　当主要的被转换资源是客户本身时，组织需要对直接面向客户的"前台"转换过程和间接服务客户的"后台"转换过程进行区分

运营实践案例

滨海湾金沙酒店 [5]

与绝大多数行业相比，前台与后台的协作运行在酒店业表现得最为突出。顾客对酒店的评判标准自然以面向客户的前台人员和设施为主，但如果缺乏有效的后台运营，顾客很快就会发现，其前台的服务体验也会大打折扣。新加坡滨海湾金沙酒店（Marina Bay Sands Hotel）便是其中一个典型的例子。该酒店位

于新加坡中央商务区的核心地带，是拉斯维加斯金沙集团旗下一家屡获殊荣的综合性豪华度假酒店，共有 2500 间客房。除此之外，它还有一个大型会展中心、一家餐厅、一个购物中心、一个博物馆、两个大型的剧院以及世界上最大的中庭赌场。酒店的三个塔楼顶端建有一座景色壮观的空中花园，里面有郁郁葱葱的花草、无边无际的泳池和一座漂亮的观景台。站在那里，人们可以 360° 无死角地俯瞰新加坡的天际线。

训练有素的酒店前台提供无微不至的服务背后，往往蕴含着有效的后台运营。有些后台工作顾客是看不到的，如记账、维护酒店空调系统和准备点心（这里的点心是指一种小份蒸饺，酒店的专业厨师每天都要准备 5000 份）。这些工作很重要，也很繁重，有些后台工作还需要借助科学技术。例如，该酒店的可持续发展政策要求各部门最大限度地减少用水量，但洗衣房每天都必须清洗熨烫 4000 条泳池毛巾，以及数千张客房床单，满足用水需求必将成为一个亟待解决的难题。因此，该酒店为节水技术的应用投资了 1000 万英镑，使其总体用水量减少了 70%。另外，还有一些后台工作会直接影响顾客对酒店的评价。例如，服装部的工作就是让酒店 9000 多名员工保持着装整洁，该部门被誉为世界上技术含量最高的部门之一。该部门共有 18 条自动传送带，每条传送带上都有 620 个用来放置制服的插槽，每套制服上都装有用于追踪的个人识别芯片。员工只需要在键盘上输入自己的制服号，然后耐心等待传送系统自动将衣服送到自己面前。另外，还有一些工作跨越了前台与后台之间的界限。比如，酒店的代客泊车服务每小时会在拥有 2500 个车位的停车场停放 200 辆车，并在 7 分钟的规定时间内取回对应车辆；客房部负责所有客房的清洁、整理和日用品补充工作。除此之外，酒店还配备了 50 名管家，专为高级套房提供专门服务，以满足客人的各种需求（曾经有一位客人要求管家在 4 小时内为其安排一场婚宴），这项工作需要员工极其细心周到，并且具有一定的奉献精神。

● 运营过程的产出

组织的运营活动最终都会生产出产品与服务。通常情况下，产品与服务会被视为两种不同的事物，前者是实物，后者则是某种活动或流程。例如，一辆车、一张报纸或一家餐厅的菜品都是产品，而客户使用或消费某种产品的活动就是服务。然而，尽管有些服务不涉及太多的实物产品，有些制造商也不提供太多的服务，但大多数运营活动产出的都是产品和服务两种事物的结合，只不过是以其中一种为主要产出。例如，提供服务的咨询公司也可以为客户撰写报告，理发店也会向顾客出售发胶，食品制造商也会就食品生产提出建议。

是产品还是服务？答案并不重要

产品和服务有时也会变得难以区分，甚至在学界引发了诸多（有时是无谓的）争论。从一个简单明了的层面看，产品是一种看得见摸得着（tangible）的实物（如汽车、电视或电话，这些都是实实在在可以触碰到的产品）。相比之下，服务则是一种活动，通常会涉及服务提供者与服务对象之间的互动（如医生与患者），或是提供者与服务对象代表物之间的互动（如快递服务）。提供服务的资源可能是有形的，但服务本身是无形。国内外学界和业界经过长期的讨论后一致认为，服务与产品相比，其区别并不仅仅局限于无形性这一个方面，它其实包含四项基本特征，即无形性（intangibility）、异质性（hererogeneity）、不可分割性（inseparability）和非存储性（perishability），简称"IHIP"。

» **无形性：**服务不是有形的实物。

» **异质性：**由于客户每次的行为和需求都会在某种程度上存在差异，组织每次提供的服务也会有所不同，因此很难对服务进行标准化处理。

» **不可分割性：**服务的生产和消费是同时进行的。当客户消费服务时，服务提供者（即"生产"服务的人）通常也在场。

» **非存储性：**服务的"保质期"很短，有的甚至刚一产生就会消失，因此服务无法被存储，典型的事例如戏剧表演。

然而，用以上四种特征来给"服务"下定义也会出现一些问题，这也是学界相互争论不休的原因之一。我们不难发现，有很多服务其实并不符合上述特征。另外，技术带来的影响也不容忽视，它既影响了 IHIP 的适用范围，也影响了人们在克服 IHIP 对服务运营造成限制时采用的方式。值得一提的是，信息通信技术的发展催生了很多新型服务。然而，尽管学界目前还无法全面定义"服务"和"产品"，但IHIP 的每项特征都具有一定的合理性。

大多数运营活动的产出都或多或少地具备上述特征

有些运营活动的产出只有产品。例如，采矿公司（或矿工）几乎只关注矿山开采出的矿石。这些产品是有形的，几乎是完全标准化的，其生产和消费可以完全分离，也可以被储存。另外一些运营活动只产出服务。比如，心理诊所能够为患者提供个性化的关切治疗，但几乎不会为患者提供实体产品。但是，大多数运营活动的产出其实介于二者之间或是二者的结合。图 1-7 列出了几家不同的组织，它们是按照与 IHIP 四项特征的吻合程度来排列的，最左端是"纯粹"的商品生产者，最右端则是"纯粹"的服务生产者。其中乐高玩具公司和瑞典北极狐都位于左侧，它们都是比较典型的产品制造商，主要生产标准化的产品。乐高乐园和滨海湾金沙酒店处在靠右的位置，二者都提供无形的服务，只是服务的侧重程度略有不同。无国界医生和飞利浦照明（Philips lighting）则介于二者之间。

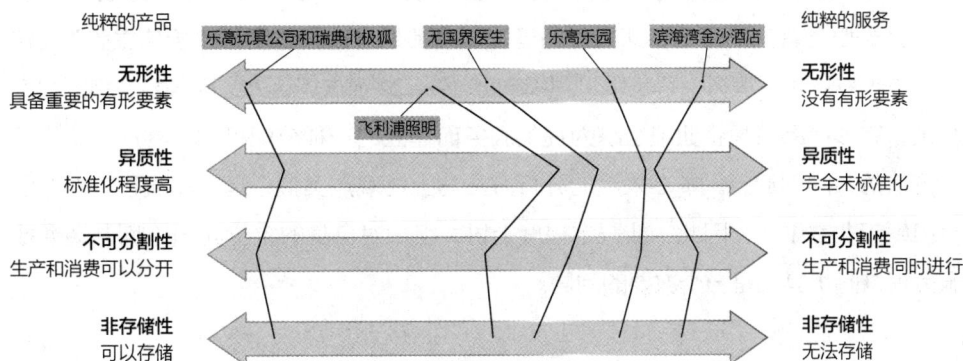

**图 1-7　单纯生产某种产品或服务的企业和组织相对较少。
多数运营活动的产出都融合了"纯"产品和"纯"服务**

利用 IHIP 特征来区分不同类型的产出，不仅具有理论意义，也能为实际的运营活动提供借鉴意义，具体说明如下。

» 无形性意味着服务中的"无形"元素的"边界"往往难以准确界定。因此，在运营活动中，管理客户对服务内容的感受变得尤为重要。

» 异质性意味着每种服务都是不同的，难以进行标准化处理。客户对服务的要求难以预测，甚至可能会超出服务提供者的能力范围。在此情况下，成本效率难以达到预期值，因此组织必须对员工进行培训，从而使其能自如地应对各种各样的要求。

» 不可分割性意味着服务的生产和消费是同时进行的，因此，要想满足客户的所有需求，企业必须具备足够的产能（capacity），这样才能应对随时可能出现的需求。不过，客户指南［如网站上的"常见问题"（FAQ）］可以减少客户与服务者直接接触的情况。

» 非存储性意味着运营活动的产出难以存储且容易在较短时间内失去价值，为了防止资源利用不足，同时避免收入减少，组织必须在运营过程中尽力实现产能与需求相匹配（反之亦然）。

服务和产品正在互相融合（和发生改变）

如今，越来越多的人认为，将产品和服务进行划分其实没有太大意义。在某些权威人士看来，所有企业以及运营活动的根本目的其实都是"服务客户"。因此，他们认为，所有的企业都是服务提供者，它们通过生产有形产品（或提供无形的服务）达到服务客户的目的，即所有的运营活动都是通过服务提供"价值主张"，这种观点也被称为"服务主导逻辑"。[6] 除此之外，该观点还认为，服务是交换的根本基础，有形产品只是企业或组织为提供服务而建立的一种分配机制，客户则始终是其价值的共同创造者。本书采用的分析方法与上述观点类似，运营和流程管理对所有组织都非常重要。因此，从一定程度上讲，组织对自身的定位问题（即制造商或服务提供商）其实是一个次要的问题。

客户是流程的一部分——"价值共创"和"共同生产"

如果所有的运营活动都可以被视为提供服务的生产过程，而服务又将作用于客户或其代表物，那么由此可以推断，客户在运营产出的过程中也发挥了一定的作用。这并不是一种新观点，客户从运营产出中获取价值，同时自身也在该过程中发挥了核心作用，这种现象并不罕见（如顾客自己逛超市）。找医生看病的患者需要描述自己的症状，并与医生针对不同疗法展开讨论，他们描述得越准确、讨论得越全面，从中获得的价值也就越大。客户是运营活动的参与者，这一概念也被称为"价值共创"（co-creation）或"共同生产"（co-production）。它之所以重要，是因为"生产者"与"消费者"之间的区别正变得越来越模糊。"价值共创"和"共同生产"这两个词的含义并不完全相同。通常，价值共创是指客户参与产品与服务的整个设计过程，共同生产则只是生产预先已经设计好的产品。值得注意的一点是，客户通常会在一定程度上主动或被动地介入、积极参与或协助完成运营活动。该观点对所有组织的运营活动都产生了重要影响。它不仅强调客户在运营活动的产出过程中可以发挥重要作用，也说明在运营活动和客户之间建立全面的双向互动非常重要。

● 制造业服务化

"制造业服务化"（servitisation）是一个常用术语，是指某些曾经将自己定位成纯粹产品制造商的企业逐渐将自己的产品转向以服务为中心的现象。制造业服务化意味着企业（通常是制造型企业）开始培养自己服务客户和满足客户需求的能力，使其传统产品能锦上添花。航空发动机制造商罗尔斯 – 罗伊斯（Rolls-Royce）就是实现制造业服务化的典型例子。该公司不再直接向客户出售发动机，而是以"按小时购买动力"（power-by-the-hour）的形式向客户提供租赁发动机的服务，这意味着许多客户实际上购买的是航空发动机提供的动力，而公司不仅需要为客户提供实体发动机，还需要提供机器维修保养、客户培训和产品更新等支持性服务，从而确保发动机能够持续提供动力。该公司看似只进行了微小的调整，但最终却产生了重大影响。首先，服务化转型让罗尔斯 – 罗伊斯成为服务供应商（其服务就是为飞机提供飞行动力），而不再是高科技产品的制造商；其次，经过转型，客户的真正需求（持续的飞行动力供应）将和公司的目标更加吻合；最后，这样的转变也将为公司提供从新的服务中赚取额外收入的机会。

运营实践案例

飞利浦照明的制造业服务化转型和循环设计 [7]

如今，重新认识产品和服务，重新评估二者的生产方式，已逐渐成为运营管理者的重大课题，飞利浦照明公司 [8] 就是其中一个典型的例子。该公司将制造业服务化转型和循环经济（circular economy）相结合，从而成功应对照明行业新的市场发展。

飞利浦的服务被称为"照明即服务"（lighting-as-a-service，LaaS），即公司将针对客户的照明需求提供从设计、安装到运行维护的一条龙专属服务。客户只需为自己使用的灯光付费，如此一来不仅节省开支，同时无须自行更换和处置废弃灯泡，也无须自行升级照明系统，免去了诸多麻烦。飞利浦的 LaaS 服务诞生于和建筑师托马斯·劳（Thomas Rau）的一次合作。当时，劳与飞利浦照明公司共同为 RAU 建筑事务所（RAU Architects）的阿姆斯特丹办公室量身定制了一套智能照明系统，并在该系统中应用了一项名叫"按照度计费"（pay-per-lux）的创新服务，从而为客户节省了开支。因为某些传统照明系统价格高昂，且存在过度设计的问题，灯泡用完后也只能更换或直接丢弃。在考虑照明的需求时，劳并不想采用传统的照明系统，相反，他希望照明公司提供的灯光亮度刚好能契合建筑本身。于是，RAU 和飞利浦公司联合开发了一套最大限度地利用室内自然光的简约照明系统。该系统结合传感器和控制器系统，可以根据人在室内的位置变动和室内自然光的亮度调节灯泡的明暗，从而最大限度地降低能耗。从客户的角度看，使用这种照明系统，他们只需为灯光付费，并且无须自行控制灯光照明系统，既省钱又省力，关键还可以降低能耗。从供应商的角度看，这项服务也可以让公司对照明系统的工作模式、供应产品的种类、系统维护的翻新方式和最终的回收方式进行全程把控。该公司也为阿姆斯特丹史基浦机场（Amsterdam Airport Schiphol）提供了类似的服务。机场只需为其使用的灯光付费，而飞利浦公司仍然保留对灯具和装置的所有权，同时要对系统的性能和耐用性负责，并在其使用寿命完结后进行回收再利用。服务供应商和用户之间的合作降低了维护成本（因为无须回收整个灯具，只需单独更换组件），从而有助于史基浦机场实现其宏大的可持续发展目标。

● 客户

任何有关运营产出性质的问题都离不开其面对的客户。需要注意的一点是，虽然很多运营活动也将客户作为投入资源（详见前文），但我们要知道他们同时也是运营活动存在的主要原因。另外，"客户"也不应被视为一个单一的群体。专业市场营销人员一直都在努力寻找有效的客户分类方法，以更好地了解他们的各种需求，即所谓的"市场细分"（market segmentation）。本书暂时不会对此概念展开详细讨论，不过其内在含义对运营管理者来说非常重要。从本质上讲，企业进行市场细分也就意味着不同的客户群体对企业运营产出的需求会有所不同。本书第 3 章将对该问题进行进一步的讨论。

B2B 和 B2C

由于后文将涉及企业对企业（business-to-business，B2B）和企业对消费者（business-to-consumer，B2C）的概念，因此我们将在这里对以上两种不同的客户面向模式加以区分。B2B 模式是给其他企业提供产品或服务，B2C 则是直接将产品与服务提供给消费者，而这里的消费者（通常）是运营产出的最终使用者。为个人客户服务和为其他企业服务是两种截然不同的运营活动，企业的客户群体不同，企业面临的问题也不同，组织方式也会有所区别。然而，无论企业的客户是其他企业还是消费者，充分了解客户始终是一个重要课题。没有客户就没有运营活动，因此，运营管理者必须充分了解其需求，既要了解他们当前的需求，也要了解他们潜在的需求。

SIPOC 分析法

虽然从本质上讲，"投入 – 转换 – 产出"模型的概念其实很简单，但它可以作为一个非常有效的理论框架，帮助人们理解流程，并对其进行改进，这种方法有时被称为 SIPOC 分析法（SIPOC analysis）。SIPOC 中的五个字母分别代表供应商（supplier）、投入（input）、流程（process）、产出（output）和客户（customer），该模型对流程进行了相对笼统的归纳和描述。图 1-8 就是基于 SIPOC 分析法绘制的某公司人力资源管理部门的招聘流程图。该方法的优势在于，它能够帮助所有的流程参与者理解流程的内容及其在企业中的适用范围，更重要的是，它能让参与者就上述问题达成共识。不仅如此，该模型还能让人们关注到那些容易被忽视的问题。例如，流程中的供应商究竟应该提供哪些信息？提供信息的形式是什么？流程中有哪些重要环节？这些环节的负责人又是谁？等等。

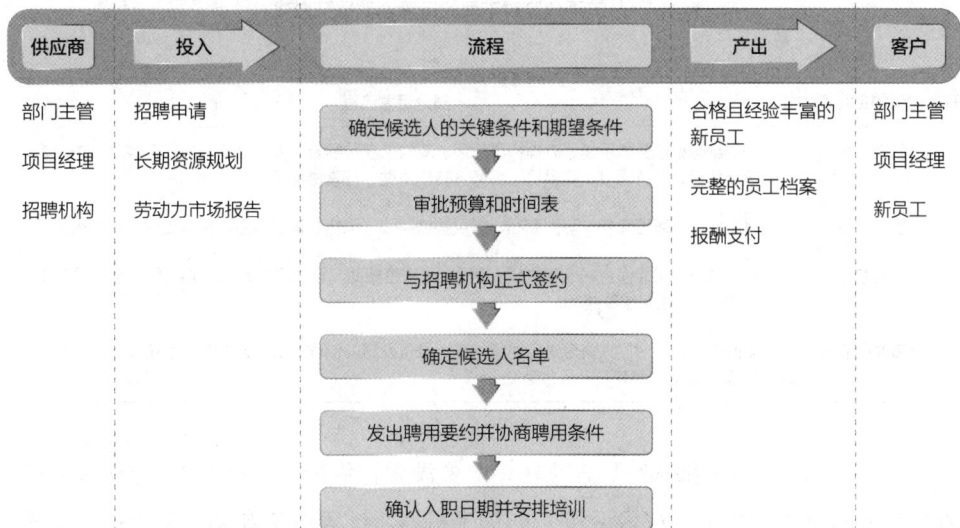

供应商	投入	流程	产出	客户
部门主管	招聘申请	确定候选人的关键条件和期望条件	合格且经验丰富的新员工	部门主管
项目经理	长期资源规划	审批预算和时间表	完整的员工档案	项目经理
招聘机构	劳动力市场报告	与招聘机构正式签约	报酬支付	新员工
		确定候选人名单		
		发出聘用要约并协商聘用条件		
		确认入职日期并安排培训		

图 1-8　基于 SIPOC 分析法绘制的某公司人力资源管理部门的招聘流程图

1.4 什么是流程层次

至此，本书已从"运营"层面对运营管理和"投入－转化－产出"模式进行了讨论，并结合乐高玩具公司、乐高乐园、无国界医生和新加坡滨海湾金沙酒店的实例进行了分析。如果对以上企业的内部运作情况进行仔细观察，你会发现这些企业的运营都是由一系列流程（processes）组成的，这些流程有时也被称为"单位"或"部门"。它们相互连接，共同组成了企业的内部网络系统，而每个流程其实就是整个企业运营活动的缩小版。在所有企业的运营过程中，将投入转换成产出的机制就是流程，它们也是一种资源和活动的安排方式，旨在"将投入转换为满足（内部或外部）客户需求的产出"。它们是所有企业运营活动的"基石"，为企业构建了一个"内部网络"。同时，每个流程也都是其他流程的内部供应商（internal supplier）和内部客户（internal customer）。这种"内部客户"的理念为企业的内部运营活动提供了一种新的分析模式。除此之外，该理念还指出，如果企业可以像对待外部客户一样对待内部客户，那么整个企业的运营效率也能有所提高。表 1-4 举例说明了如何从流程的角度对不同的运营活动展开描述。

表 1-4　从流程角度对不同的运营活动展开描述

开展运营的企业 / 机构	部分运营流程
航空公司	协助旅客办理登机手续、办理行李托运、安检、座位检查、安排旅客登机、全球范围内的客运及货运、航行调度、提供机上服务、转机协助、行李提取等
百货公司	采购商品、管理库存、陈列商品、提供销售建议、销售、售后服务、投诉处理、送货服务等
警方	犯罪预防、犯罪侦查、信息收集 / 整理、受害者援助、正式起诉 / 拘留嫌疑人、管理拘留室、与法院 / 司法系统联络等
冰激凌制造商	采购原材料、对投入资源进行质量检查、准备配料、制作产品、包装产品、速冻产品、质量检查、成品入库等

另外，每个流程内部都有另一个由单个资源单位组成的网络，这些资源单位可能是单个人员或单个工艺技术设备（如加工机器、计算机和存储设备等）。同样，被转换的资源也会在各个转换资源之间流动。所有企业都由流程网络构成，而所有流程都由资源网络构成。同时，任何一家企业也可以被视为一个更大的组织或运营网络的一部分。这些企业的上游，会有其他供应商为其提供它们需要的产品和服务，

而且除非它可以直接对接最终消费者，否则它也要为其下游客户提供产品和服务，而下游客户很有可能也是其他企业的供应商。此外，任何企业都可能会有多个供应商和客户，并可能与生产同类产品或服务的企业展开竞争。企业组成的网络系统也叫"供应网络"（supply network）。由此可见，"投入 – 转换 – 产出"模型可以应用于多个不同的"分析层次"。至此，本书已从流程、企业和供应网络三个层面对商业活动进行了分析。除此之外，小到不同规模的流程，大到代表整个行业的庞大供应网络，都可以用该理念进行定义。

这种理念就叫作"运营层次"（hierarchy of operations）或"流程层次"（process hierarchy）。图 1-9 列举了电视节目和视频的制作流程。其运营的投入资源包括制片人、视频制作方、技术人员和行政人员，以及摄像机、灯光设备、音响和录音设备等。这些投入的资源最终也会被转换为电视节目和宣传片等产出。从宏观层面看，节目或视频制作方本身也是整个供应网络的一部分。它需要先从策划机构、选角机构和摄影棚那里获取服务，联络宣传方，然后为广播公司提供服务。从微观层面看，整个运营活动还包括很多单个流程，如布景制作、营销服务、维护和修理电子设备以及视频制作等。每个单一流程又可以细分为许多更小的流程，甚至可以视作由单个资源流程组成的网络。例如，布景制作可以细分为四个更小的流程，即布景设计、布景搭建、道具采购和布景装饰。

有些人认为内部流程网络的概念过于简单。实际上，群体和个人之间的关系比和商业实体之间的关系要复杂得多。不能用对待外部客户与供应商的方式来对待内部的客户与供应商。外部的客户和供应商通常在自由市场中进行运作，如果某个组织认为，从其他供应商那里购买产品和服务更有助于自身长远发展，那么它就会更换原有的供应商。但"自由市场"并不适用于内部的客户与供应商，在通常情况下，它们既不能从外部购买投入资源，也不能向外部出售产出的产品和服务（不过目前也有一些组织正在朝这个方向发展）。因此，有人认为，与其采用针对外部商业关系的"经济"视角，不如通过组织行为学的模型进行分析。

● 运营管理与企业的所有部门都息息相关

由图 1-9 可知，并不只有运营部门需要管理流程，组织内的所有部门都有自己的流程。例如，营销部门的流程包括开展需求预测、组织广告宣传活动和拟订营销

节目或视频供应网络

选角机构

摄影棚 → 宣传方 → 广播公司

策划机构 → 节目或视频制作方

各个企业之间的供应网络流程

节目或视频运营

工程部

市场营销与销售部 → 财务部 → 生产单元 → 后期制作

布景制作

各个流程之间的运营流程

布景和道具制造流程

布景设计 → 布景搭建 → 布景装饰

道具采购

各种资源（人员和设施）之间的流程

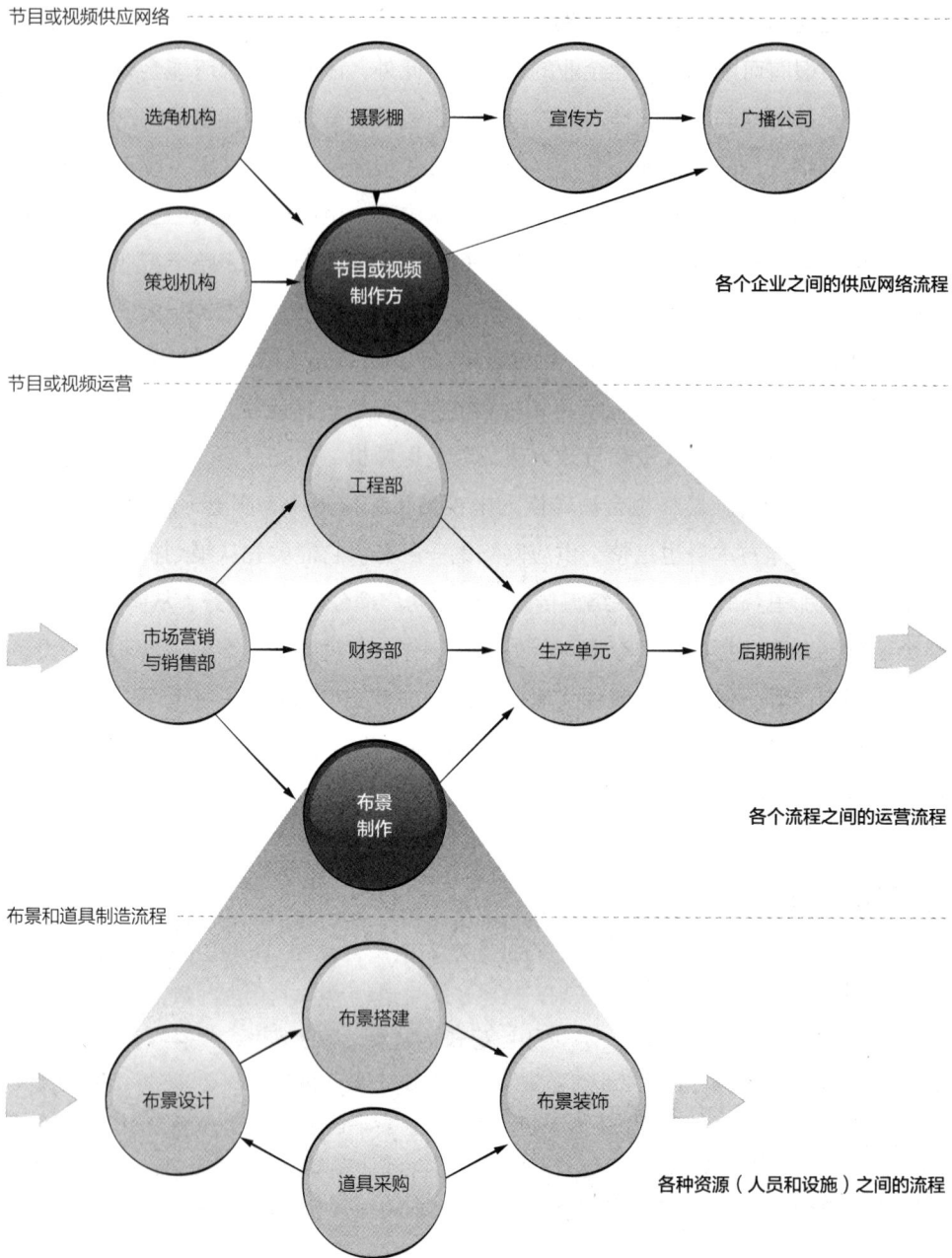

图 1-9 电视节目和视频的制作流程

计划等。组织内的所有部门都需要管理流程，且都会涉及某种特定的"技术"知识，如营销专业知识、财务专业知识等，它们在提供服务的过程中也都会起到"流程管理"的作用。因此，由于所有部门经理都要承担流程管理的责任，因此从某种程度上讲，他们都是运营管理者，都希望为自己的客户（通常是内部客户）带来高效、优质的服务。因此，运营管理与企业所有的部门都息息相关，所有部门的经理都应当从运营管理的原则、概念、方法和技巧中学习管理的知识。这也意味着我们必须了解"运营"的两层含义：

»"运营"可以指一个部门，即组织中为外部客户创造和提供产品与服务的部门；
»"运营"也可以指一项活动，即对组织内各部门的流程进行管理。

表 1-5 列出了一些常见的非运营部门的部分流程、流程产出及其产出面向的客户示例。

表 1-5　非运营部门的流程示例

部门	部分流程	流程产出	产出面向的客户
市场营销与销售部	» 策划流程 » 销售预测流程 » 接单流程	» 营销策划案 » 销售预测结果 » 已确认的订单	» 高级管理层 » 销售人员、规划人员和运营人员 » 运营人员和财务
财务部	» 预算编制流程 » 资金审批流程 » 发票开具流程	» 预算 » 资金申请评估报告 » 发票	» 所有人 » 高级管理层、申请人 » 外部客户
人力资源管理部	» 薪资结算流程 » 招聘流程 » 培训流程	» 薪资明细表 » 新员工 » 经过培训的员工	» 员工 » 其他流程
信息技术部	» 系统审查流程 » 优化桌面服务流程 » 系统实施项目流程	» 系统评估结果 » 系统建议 » 已使用的工作系统和后期维护	» 其他业务流程

1.5　各种运营活动（和流程）之间有何不同

尽管所有的运营流程都是将投入的资源进行转换，但它们也在许多方面存在差异，其中有四个方面格外重要，它们被简称为 4V 特征，分别是：

» 产出的数量，即产量（volume）；

» 产出的种类（variety）；

» 客户对产出的需求波动（variation）；

» 客户对产出创造过程的可视化程度（visibility）。

产量

以常见的汉堡批量生产业务为例。每天，麦当劳都会为世界各地的消费者供应数百万个汉堡，因此产量（volume）对麦当劳的运营组织方式具有重大影响。首先需要注意的是完成此项工作任务的可重复性（repeatability）和系统化（systemisation）程度，即制定标准化程序，规定每部分的工作该如何进行。当然，提高可重复性并实现系统化后，公司便可以为各个门店制造专用的烤箱。以上做法都有助于降低单位成本。对比当地一家只供应快餐的小餐馆，即使它的菜品种类和一家大型餐饮企业的差不多，但因其产量相对少很多，所以其工作任务的可重复性会低很多，员工数量也少很多（甚至可能只有一个），小餐馆中的每个员工都要完成更多的工作任务。这种工作模式可能会让员工获得更多的收入，但不太容易实现系统化。此外，小餐馆投资、使用专用设备也不太可能。因此，对它们而言，即使汉堡的售价和大型门店的差

不多，生产单个汉堡的成本也可能会更高。

种类

以出租车公司为例。出租车提供的服务种类（variety）相对较多，它需要随时随地接送乘客，因此必须具备灵活性。司机必须充分了解当地的环境，总部和各台车辆必须保持有效沟通。不过出租车每公里的行驶成本还是会高于公交车等定制化程度更低的交通工具。虽然二者都能够提供基本的出行服务，但对乘客来说，出租车的线路选择更多，乘车时间也更灵活，而公交车的行驶路线和行驶时间都是固定的。公交车公司几乎不需要灵活性，所有的服务都是标准化的、规律化的，因此相比于出租车，公交车的乘车费用更低。

需求波动

以夏日度假酒店的需求模式为例。毫无疑问，相比于隆冬时节，人们更想在暑期入住酒店。旺季到来时，酒店可能会爆满，但到了淡季，大部分客房可能都会空置。如此显著的需求波动意味着酒店必须想办法调整其不同季节的接待能力，例如在夏季可能需要雇用一些临时工等。但需求波动（variation）大

的酒店很可能会出现招聘成本高、加班成本高和客房利用率低等问题，这些都会增加酒店的运营成本。相比之下，需求稳定的酒店就可以提前做好工作规划，然后按照计划来安排人员、采购食品和清洁客房等，因此，与需求波动大的酒店相比，它们的资源利用率更高，单位成本更低。

● 可视化程度

相比于前几个维度，可视化程度（visibility）的概念更加抽象。它是指客户对运营活动的感受程度或者运营活动对客户的暴露程度。一般来说，以客户为转换对象的运营活动要比加工材料或处理信息的运营活动可视化程度更高。不过，此类活动也可以根据自身需要对可视化程度进行调整。例如，零售商可以选择经营可视化程度较高的实体店，也可以选择经营可视化程度较低的网店。前者符合前文提到的大多数 IHIP 特征，顾客可以直接体验大部分"增值"服务，并且可接受的等待时间通常较短，对服务评价的来源也主要是自身体验，而不是某种客观标准。有时，顾客还可能会要求商家提供明显超出其经营范围的产品或服务，从而使商家不得不提高"进货多样性"（received variety）。这些都会使可视化程度较高的实体店难以降低成本。相反，网络零售商虽然也需要接触客户，但它们的可视化程度要比实体店低得多。网店背后的运营模式更像一家工厂，顾客先在网上下单，商家再根据订单取货和发货，整个过程可能需要几小时甚至几天，但实体店只需要几分钟。此外，网店的员工利用率也更高。它们还可以将所有的运营活动都集中在一个（实体）网站上，实体店则需要选择多个靠近目标顾客的门店。因此，可视化程度较低的网店，其运营成本通常要低于实体店。

运营实践案例

两种截然不同的服务型企业

韦尔比耶滑雪独家有限公司 [9]

顾名思义，韦尔比耶滑雪独家有限公司（Ski Verbier Exclusive）是瑞士韦尔

比耶冬季运动度假村的"高档"滑雪服务提供商。该公司拥有 23 年的滑雪度假活动组织经验，主要负责管理度假村内由

业主出租给客户的豪宅。这些房子的大小和房间配置各不相同，对公司来说，它们最重要的工作是灵活地对每个房间进行重新配置，从而满足不同客户群体的需求。该公司的联合创始人兼董事汤姆·埃弗里（Tom Avery）说："我们非常重视和业主之间的良好关系，正如我们重视那些选择我们度假服务的客户一样。我们的业务就建立在这种良好的人际关系之上，这也是客户年复一年选择我司的原因（40%～50%的客户都是回头客）。从开始计划滑雪之行到踏上回家的征程，客户可以全程享受我们引以为傲的定制化服务。对我们来说，最重要的是经验、专业知识、对细节的执着追求、低调奢华的木屋客房，以及为客户量身定制度假服务的能力。"客户的需求五花八门，他们可能会要求在山上组织一次特别的野餐，还有可能突然要一间冰屋，也可能会要求为孩子的聚会提供一个科米蛙雕像。公司的工作人员全都在韦尔比耶工作和生活过，他们会提前处理好度假活动的所有细节，包括组织机场接送、预约私人滑雪教练、安排私人飞机或直升机飞往韦尔比耶当地机场以及在最好的山地餐厅预订午餐等。汤姆说："我们面对的市场规模不大，但客户要求却很多。其他公司可能规模更大，但我们提供的个性化服务却能给客户留下深刻的印象。"然而，雪并不是一年四季都有的。该公司的旺季一般在12月中旬到次年4月中旬。届时，度假村会爆满。但到了淡季，很多客房会闲置，每到此时，公司会利用部分客房为客户提供专属的夏日度假服务，其中既包括自助服务，也包括滑雪季客户享受的全套礼宾服务。汤姆说："公司会根据客户的需求不断进

行业务调整，这也是我们重视员工素质的原因。我们的工作人员必须善于与客户打交道，与其建立恰到好处的服务关系，并竭诚为客户打造美好的假期，因此我们才会在招聘、培训和留住员工方面投入大量的精力。"

F1 酒店 [10]

酒店服务是需要与客户频繁接触的服务。酒店里人员密集，工作人员需要面对形形色色的客人，而每位客人又可能会有各种各样的需求和期望。那么，成功的平价连锁酒店是如何降低因频繁接触客户带来的巨大成本呢？或许我们可以从F1酒店（hotelF1）的运营模式中找到答案。

F1酒店是法国雅高酒店集团（French Accor group）的一家子公司，它采用了两种在酒店行业中较为罕见的运营原则，即标准化原则和创新性技术应用原则，以便为顾客带来卓越的服务。F1酒店通常位于公路旁、交叉路口和市区附近，这样的地理位置使其很容易被潜在客人发现，也很方便客人入住。酒店的大楼均由最先进的预制体积构件搭建而成，这些构件以不同的方式组合成不同的建造成品，从而能很好地适应每个区域的特点。客房面积均为9平方米，房间美观、实用且舒适，隔音效果也好。最重要的是，这样的设计易于客户清洁和维护。所有客房的装修都如出一辙：一张双人床、一张额外的双层床、一个洗手池、一个收纳区、一套办公桌椅、一个衣柜和一台电视机。F1酒店的前台接待时间为上午6:30－10:00，下午5:00－10:00。在这两个时间段之外，持信用卡的客人可以在自助机上订客房、

查询酒店路线、获取房间安全密码，以及打印收据。除此之外，该酒店还在客房的卫生间里应用了创新性技术。客人每次淋浴或用完马桶之后，卫生间里的喷嘴和加热器会自动向卫具喷洒消毒液，并确保在下次使用前将其烘干，从而实现了卫生间的自动清洁。为了简化运营程序，F1 酒店通常建在现成的餐厅附近，如此一来，酒店内就不必再设置传统的餐厅了。不过F1 酒店还是会为客人提供欧式早餐，供应时间一般在上午 6:30 – 10:00。当然，早餐也是全程自助！

● 4V 特征对运营流程的影响

4V 特征中的每个特征都会对运营流程产生影响。简单来说，较高的产量、较少的种类、较小的需求波动和较低的可视化程度都有助于降低流程成本。相反，较低的产量、较多的种类、较大的需求波动和较高的可视化程度通常都会从某种程度上提高流程成本，使企业遭受损失。这就是为什么在图 1-10 中，产量降低造成的影响位于左侧，其他维度则与之相反。一家企业在四个维度上的位置由其服务的市场需求决定，不过大多数企业都能在某种程度上自行调整自己的位置。

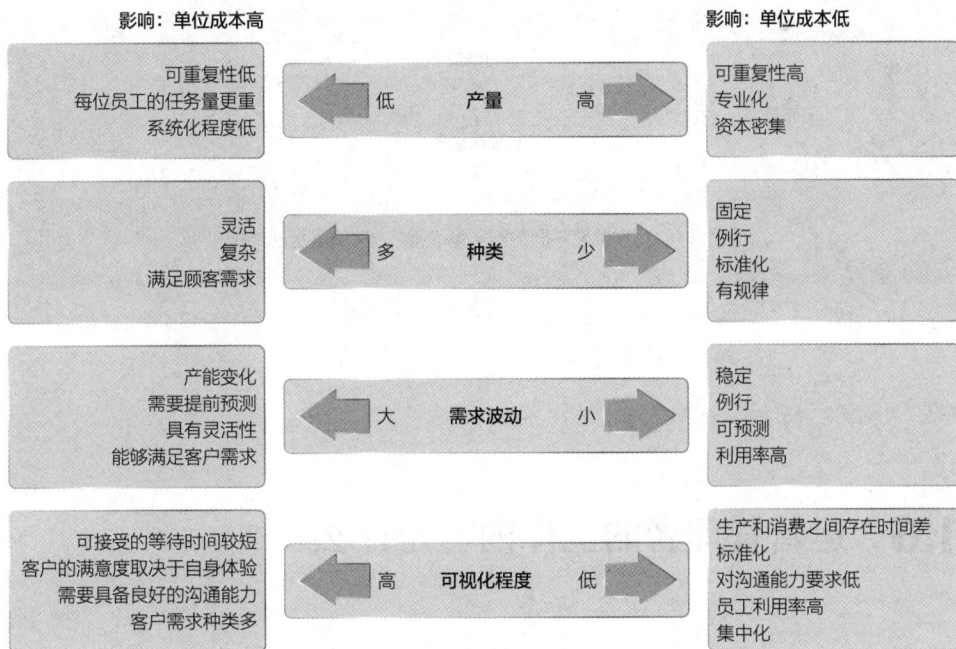

影响：单位成本高		影响：单位成本低
可重复性低 每位员工的任务量更重 系统化程度低	← 低　**产量**　高 →	可重复性高 专业化 资本密集
灵活 复杂 满足顾客需求	← 多　**种类**　少 →	固定 例行 标准化 有规律
产能变化 需要提前预测 具有灵活性 能够满足客户需求	← 大　**需求波动**　小 →	稳定 例行 可预测 利用率高
可接受的等待时间较短 客户的满意度取决于自身体验 需要具备良好的沟通能力 客户需求种类多	← 高　**可视化程度**　低 →	生产和消费之间存在时间差 标准化 对沟通能力要求低 员工利用率高 集中化

图 1-10　运营活动与流程类型研究

两家截然不同的服务型企业在 4V 维度上的定位

图 1-11 展示了韦尔比耶滑雪独家有限公司和 F1 酒店在四个维度上的定位。尽管这两家公司都提供基本的住宿服务，但仍有很大的区别。韦尔比耶滑雪独家有限公司的服务对象在整个滑雪度假市场的占比相对较小，其旨在为这部分人提供豪华的度假定制服务，并且服务类型几乎是无限制的，它的客户可以根据自己的需求提出关于饮食和娱乐方面的任何要求。另外，该公司的需求波动也很大，一年有 4 个月的入住率可达到 100%，而随后的很长一段时间里，度假村就会变得冷清。而且，该公司与客户的直接接触非常频繁，因此其可视化程度也很高。相比而言，F1 酒店则与之截然不同。这里的客人通常只住一晚，服务种类非常有限，那些出差和度假的客人入住酒店的时间也不同，使得其需求波动相对较小。并且最重要的是，F1 酒店与客人的直接接触频率始终维持在一个较低的水平。韦尔比耶滑雪独家有限公司的服务水平非常高，因此其成本相对较高，服务价格自然也会随之提高。它的服务当然不像 F1 酒店那么便宜，后者的经营方式就是用最低的成本打造高标准化的服务。

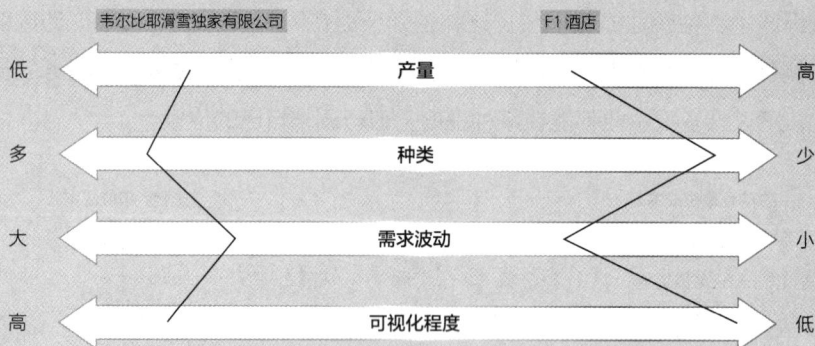

图 1-11　两家截然不同的服务型企业在 4V 维度上的定位

1.6　运营管理者的工作内容是什么

从某种程度上讲，运营管理者工作内容的具体细节取决于组织划定部门边界的方式。然而，无论运营部门的职责如何划分，所有类型组织的运营管理职能部门的职责都包含几项共同的工作内容。本书将运营管理工作分为以下四种类型：指导、设计、交付和开发。

» 指导运营的总体战略。整体把握运营的流程及其战略目标和绩效，同时全面把握战略目标的实现方式，这是详细设计运营和流程的前提。本书将在第 1 ~ 5 章对此进行阐述。

» 设计运营产出的服务、产品和流程。设计工作旨在确定运营和流程的实体形态、特点和构成，同时确定其提供的产品与服务。本书将在第 6 ~ 9 章对此进行阐述。

» 规划和控制流程的交付。在设计工作完成后，运营管理者必须对供应商交付产品和服务的过程进行规划和控制，同时必须在整个运营活动产出产品和服务后，对面向客户的交付流程进行规划和控制。本书将在第 10 ~ 14 章对此进行阐述。

» 开发流程绩效。如今，人们逐渐意识到，对任何运营或流程而言，管理者都不能再像以往那样简单地按照惯例提供。他们必须有开发流程的能力，这样才能提高流程的绩效。本书将在第 15 ~ 19 章对此进行阐述。

运营实践案例

瑞典北极狐成为户外行业最具可持续性的品牌 [11]

"最具可持续性（sustainability）的品牌"的美誉并非一蹴而就。瑞典北极狐（Fjällräven）的户外服装和装备被欧洲最大的可持续发展品牌研究项目——瑞典可持续品牌指数（SWEDEN's Sustainable Brand Index）评选为户外行业最具可持续性的品牌。多年来，瑞典北极狐始终在设计、测试、材料选择、供应链、生产乃至产品修复和产品生命周期结束后的处理方式方面秉持可持续发展的原则，因此，这份殊荣是该品牌多

年努力的结果。该品牌于 1960 年由阿克·诺丁（Åke Nordin）在瑞典恩舍尔兹维克正式创立，一直致力于打造质量可靠、功能强大、经久耐用的户外产品。特别值得一提的是，它一直秉持对人类、动物和自然负责的品牌理念。因此，瑞典北极狐根据 Higg 指数标准（由美国可持续服装联盟制定，旨在为服装企业提供一种可以衡量其可持续性的自我评估工具），优先采用有机、可回收和可再生的材料。例如，该公司曾经为其最受

欢迎的产品 Kånken 双肩背包推出了一个特别版，这款背包由 11 个回收的塑料瓶制成，同时采用了原液染色法染纺织原料（SpinDye）的染色技术，使其用水量比传统工艺要少很多。另外，对该公司而言，避免材料浪费也非常重要。设计阶段的关键问题在于材料的种类和用量。在材料选择方面，瑞典北极狐秉持的原则就是："在相同品质的前提下，能选回收材料就不选未加工的原材料。"同时，它还会尝试通过调整产品的裁剪和缝合方式减少材料的用量，从而减少材料浪费。除此之外，考虑到服装的回收利用在未来将更加普遍，该公司目前在生产每件产品时，就尽量只用一到两种材料，以方便后续的回收与利用。

不过与此同时，该公司也意识到，实现可持续发展目标并非易事，有时需要做出必要的让步。其员工表示："现实与理想有时经常会事与愿违，而我们只能选择妥协。"所有的材料都要根据其效率、功能品质、化学成分和所需用量进行评估。另外，该公司还列出了"首选材料和纤维列表"，旨在根据环境变化对列表上的材料进行分级，并根据新推出的研究成果和材料对该列表进行持续更新。然而，如果材料做不到干爽、透气，或是不能满足顾客的防寒需求，那么它是否环保也就没有什么意义了。任何材料的功能和效率都需要与其环境影响相平衡。公司为可持续发展目标做出的一切努力都建立在长期的创新和改进的基础之上。公司员工表示："我们犯过错误，以后可能还会经常犯错，但我们会努力从中吸取教训。我们的目标就是创新和改进。我们不会安于现状，不会舒服地躺在功劳簿上，满足于当下的成绩。在我们公司，'改进空间'这个词已经牢牢刻在了每个人的心里。"

● 运营管理对社会－环境可持续性的影响

如今，社会－环境可持续性对运营管理的重要性日益增强，这一点前文已有所提及。需要再次强调的是，运营管理者的许多活动都会对自然环境、整个社会，以及企业的员工、供应商、投资者和监管者（如有）等特定利益相关者产生深远影响。社会责任（social responsibility）对运营管理者而言至关重要，运营实践会对整个环境和社会产生深远影响，相反，运营实践也会受到社会－环境因素的影响。环境可持续性是指既满足当代人的需求，又不损害后代满足自身需求的能力。简而言之，它是指企业的活动对自然环境造成负面影响的程度。显然，这个问题至关重要，因为有害废弃物、空气污染甚至噪声污染会给当地环境造成显著的负面影响。此外，全球气候变暖还可能引发诸多不易发现但更具破坏力的潜在问题。

社会责任

本书将在每一章的"社会责任"板块总结本章主题与重要的社会、道德和环境问题之间的关系。

运营管理与企业社会责任（corporate social responsibility，CSR）之间存在双向关系。运营管理实践对 CSR 相关问题会产生重大影响，而人们对后者越来越高的敏感度也会影响良好运营实践的评判标准。这种双向关系可以从不同层面进行考虑。我们不妨想想那些定期就上升为热点事件的环境污染事故。从表面上看，它们可能是油轮搁浅、核废料分类错误、化学品泄入河流或工业废气污染等多种因素综合作用的结果，但实际上它们都有一个共同点——是由操作不当造成的。由于各种原因，企业的操作程序可能存在漏洞。虽然在短期内，无法回收与利用的产品和大量耗能的工艺不会对环境产生重大影响，但从长远角度看，这种影响不容忽视。

另一个值得关注的问题是，为什么在当今社会，企业越来越注重自身的社会责任。研究表明，开展企业社会责任活动的原因主要有以下三点：[12]

» 第一点也许有些出人意料，但它的确就是我们经常提到的无私奉献的精神。企业社会责任的某些内容可能关乎慈善，它强调企业的运营活动不应该完全以营利或提高运营绩效为目标。例如，许多企业会向民间组织捐赠资金和设备，或者促进社区企业的发展，并鼓励员工参加志愿活动。

» 第二点与运营管理有非常直接的关系。开展企业社会责任活动不仅能提高企业的 CSR 表现，同时还可以为其节省成本或增加收入，从而帮助企业更好地实现运营目标。从这一点看，企业的社会责任活动和运营管理的关注点是不谋而合的。例如，此类活动可以帮助企业减少浪费或降低排放（也可以节约成本）。运营管理产生的许多环境问题都与浪费有关。运营管理在产品和服务设计方面做的决策会影响材料的利用率及其长期的可回收性；流程设计会影响能源、材料和劳动力的损耗比例；规划和控制过程则会影响材料的损耗（如采购过程经常会带来包装浪费）以及能源和劳动力的浪费情况。改善员工的工作条件，为员工提供培训和教育的机会，这样既可以提高生产率和员工留存率，还可以提高企业的声誉。

» 第三点是为了应对社会或环境的挑战，企业会专门探索新的商业模式，同时也会从中获取新的商业利益。例如，家庭护理和食品品牌联合利华（Unilever）在菲律宾对女性店主提供了特有的支持，同时也提高了品牌的销售额。虽然这些女性店主开设的门店在许多社区都发挥着重要的作用，但她们几乎得不到业务扩张所需的培训或发展机会，也无法掌握新的商业技能和商业信息。联合利华致力于让这些女性店主获得发展业务所需的技能和知识，这样既能帮助她们扩大业务规模，又可以提高联合利华的品牌销量。

● 运营管理模型

我们可以将下述两种观点结合起来，便可以得到一个贯穿全书的运营和流程管理模型。有一种观点认为，运营以及构成运营和其他企业职能部门的流程是一个转换系统，它接收外界资源的投入，并运用流程资源将其转换为产出；另一种观点则认为，无论对组织整体的运营来说，还是对单个流程而言，其包含的资源都需要对指导、设计、交付（delivery）各流程进行规划，以及对控制和开发几个方面进行管理，这两种观点的结合如图 1-12 所示。本书也将采用这一模型对所有的运营和流程管理者都应关注的重要决策展开讨论。

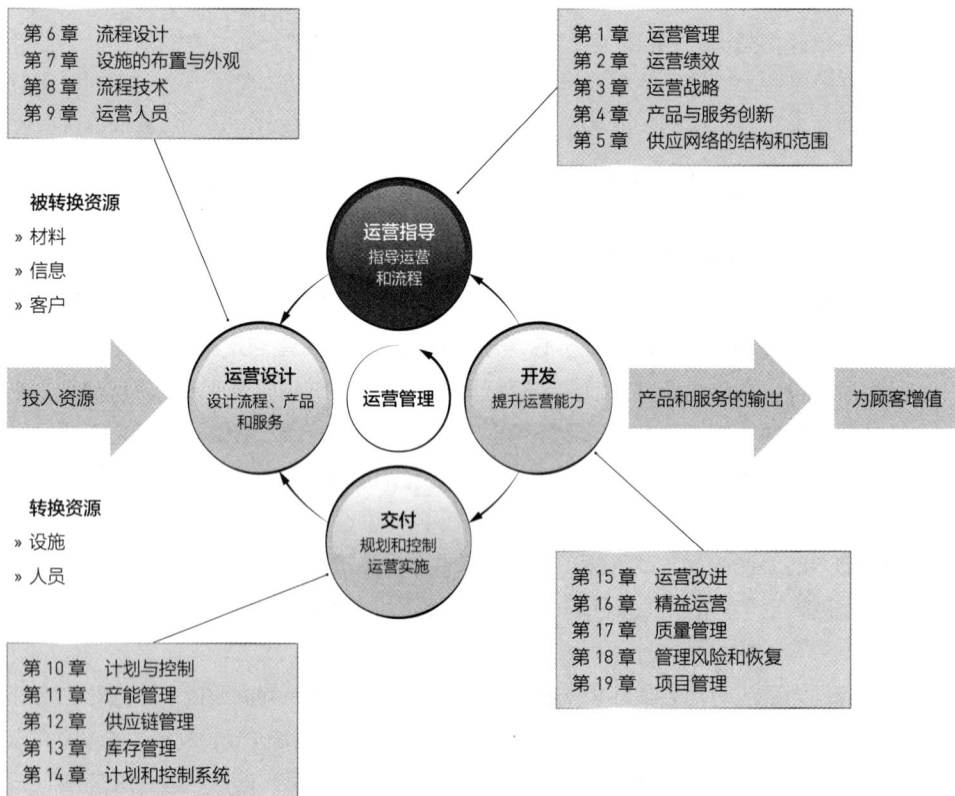

图 1-12 运营管理的整体模型

● 要想成为出色的运营管理者，你需要……

如果你正在考虑将运营管理作为自己未来的职业发展方向，那么此刻，你可能会有很多想要了解的问题：这份工作到底适不适合你？如果既想从工作中获得乐趣，同时又想取得优异的业绩，需要具备哪些个人素质和专业技能？首先，你需要了解的一点是，"运营管理"包含很多不同的角色。投资银行中优秀的风险控制系统设计师不一定能成为优秀的铜矿现场经理；同样，电子游戏项目经理的日常工作与医院采购经理的日常工作也不尽相同。因此，你首先要做的，是去了解各行各业中与运营相关的工作职责都有哪些。而阅读本书正是了解这些职责范围的最好方法！当然，除此之外，你还需要具备一些通用技能。

» **喜欢在规定的时间内完成任务：** 运营管理就是一项踏实做事、按时完成任务的工作。也就是说，运营管理者要在截止日期前完成任务，不能让客户失望，无论他是内部客户还是外部客户。

» **了解客户的需求：** 运营管理就是要充分理解"价值"对客户来说意味着什么，也就是要设身处地为客户着想，要知道如何通过自己的产品或服务改善客户的生活。

» **高度重视道德、社会和环境因素：** 由于运营决策会产生某些潜在的影响，因此，任何运营实践都需要建立在履行社会责任的基础之上。

» **善于沟通和激励：** 运营管理就是要合理引导资源，使其以有效且高效的方式生产出产品或服务。它意味着运营管理者需要向他人阐明当下需要完成的工作，并鼓励员工积极行动起来。因此，他必须是一个善于沟通的人。

» **坚持学习：** 运营管理者每开始一项任务（无论是哪种类型的任务），都有机会从结果中学到新东西。不学习就无法改进，而改进对所有企业来说都至关重要。

» **坚持创新：** 运营管理就是永远追求更好的结果。这意味着运营管理者要不断探索新的工作方法，要具备创造力和想象力，有时还要有打破常规的勇气。

» **了解自己的贡献：** 运营管理部门可能对任何组织而言都是核心部门，但它并不是唯一的核心部门。运营管理者要知道自己应如何帮助其他部门有效运行，这一点非常重要。

» **具备分析的能力：** 运营管理就是要做出决策。每项决策都需要进行评估（有时无须花多少时间）。评估包括定量和定性两个方面，运营经理可以不是一个数学天才，但不能排斥数据分析。

» **临危不乱：** 运营管理者经常需要在巨大的压力下工作，因此无论出现什么问题，他们都应保持冷静。

批判性评注

　　本章阐述的中心思想是所有组织都有生产和交付产品与服务的运营流程，而且从本质上讲，这些流程都是相似的。但也有人认为，哪怕只是试图用这种方式描述流程（或者只是将其称为"流程"），都会使其丧失原有的本质或扭曲其本质，让人们以一种"非人性化"的方式去看待组织。非营利组织中经常出现的那种质疑声，通常是由"专业"人员提出的。例如，欧洲某个"医疗协会"（即医生工会）的负责人曾批评医院的领导想要"根据生产率提供香肠工厂式服务"。[13] 人们普遍认为，从理论上讲，无论医院与工厂的运营管理有多么相似，二者都永远不能被画上等号。同时，即使是在商业企业中，专业人士（如创意师）也经常会因为自己的专业知识被定义为"流程"而感到不满。

第 1 章要点小结

1. 什么是运营管理?

- 运营管理是一种管理资源的活动，其管理的资源主要用于产品和服务的生产与交付。运营管理部门是所有企业的核心部门之一，不过在某些行业，其名称可能有所不同。
- 运营管理与流程管理有一定的关联。所有流程都有内部客户和内部供应商，而以上这些部门也都有流程。因此，运营管理与所有管理者息息相关。

2. 为什么运营管理在所有类型的组织中都很重要?

- 运营管理是利用组织的资源创造产出，从而满足确定的市场需求的过程。这是所有类型的企业都会开展的基本活动。
- 运营管理的重要性日益增强，当前社会不断变化的商业环境要求运营管理者必须具备新的思想，特别是在一些新技术、供应网络和环境可持续发展领域更是如此。

3. 什么是"投入－转换－产出"过程？

- 所有的运营活动都可以被归纳为"投入－转换－产出"。这些运营活动都包含转换资源和被转换资源，前者通常分为"设施"和"人员"两种类型，后者则多是材料、信息和客户的结合物。
- 大多数企业的产出几乎都是服务与产品的结合，而并非"纯粹"的某种单一产品或某种单一服务。
- 所有运营活动都可以根据其无形性、异质性、不可分割性和非存储性这四种特征进行定位。

4. 什么是流程层次？

- 所有运营活动都是大供应网络中的一部分，是通过每一项单独的运营活动满足终端客户的需求。
- 所有运营活动都是由各种流程组成的，这些流程在企业内部会形成一个内部的客户－供应者关系网络。

5. 各种运营活动（和流程）之间有何不同？

- 不同的运营活动和流程在产量、种类、需求波动和可视化程度方面各不相同。
- 较高的产量、较少的种类、较小的需求波动和较低的可视化程度通常可以降低成本。

6. 运营管理者的工作内容是什么？

- 运营管理者的责任可分为四种——指导、设计、交付和开发。
- 如今，运营管理者对企业环境绩效的责任越来越大。

第 1 章注释

[1] 乐高乐园的相关信息来自该企业的官网和默林娱乐集团（Merlin Entertainment）网站。

[2] 乐高玩具公司的相关信息来自乐高集团的官网和 Diaz, J. 2008 年的文章：Exclusive look inside the Lego Factory, Gizmodo, 21 July。

[3] Higgins, C. (2017) How many combinations are possible using 6 LEGO bricks?, Mental Floss, 12 February。

[4] 案例信息来自无国界医生组织官网。

[5] 案例信息来自滨海湾金沙酒店的官网。

[6] Vargo, S.L. and Lusch, R.F. (2008) Service-dominant logic: continuing the evolution, *Journal of the Academy of Marketing Science* 36 (spring), 1-10.

[7] 案例信息来自 Phipps, L. (2018) How Philips became a pioneer of circularity-as-a-service, GreenBiz, 22 August; 飞利浦网站。有关循环经济的更多信息，详见艾伦·麦克阿瑟基金会。

[8] 2018 年，飞利浦照明公司更名为昕诺飞（Signify），但许多照明产品仍沿用飞利浦这一品牌。

[9] 该案例信息来自作者与 Verbier Sky Exclusive 公司首席执行官 Tom Avery 的个人交流。

[10] 该案例的信息主要来自作者的个人经验以及 F1 酒店的官网。

[11] 案例信息来自该公司的官网和 silven, R. (2020) Fjällräven voted most sustainable brand in its industry according to Sweden's Sustainable Brand index, 29 April。

[12] Rangan, V.K., Chase, L. and Karim, s. (2015) The truth about CsR, Harvard Business Review, January–February.

[13] BBC News (2002) Politicians 'trample over' patient privacy, 1 July。

第 2 章

运营绩效

本章学习目标

» 为什么运营绩效对任何组织都是至关重要的?

» 如何从社会层面评判运营绩效?

» 如何从战略层面评判运营绩效?

» 如何从运营层面评判运营绩效?

» 如何衡量运营绩效?

» 如何权衡各个运营绩效目标?

导语

绩效是运营的评判标准。然而，绩效的评判方式有很多种，进行评判的个人和群体也各不相同。绩效也可以从不同的层面进行评估。在本章中，我们首先会介绍一种基于社会层面评估运营绩效的常用方法，即采用"三重底线"（triple bottom line）评判企业运营对社会、环境和经济的影响。运营绩效也可以根据其对组织实现整体战略目标能力的影响进行评判，后文也将对此进行详细介绍。然后，我们会对与运营直接相关的绩效，即质量、速度、可靠性、灵活性和成本进行介绍。最后，我们将探讨绩效目标之间的相互影响。运营绩效在运营管理整体模型中的位置如图 2-1 所示。

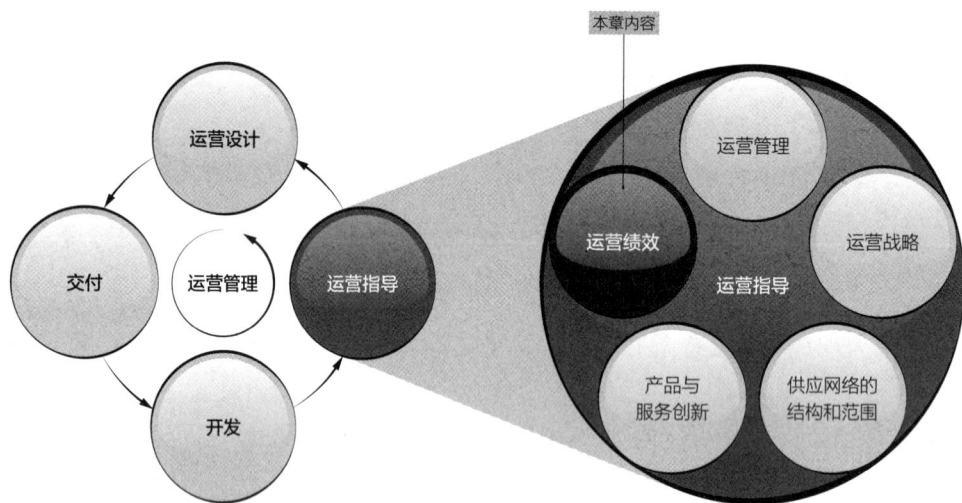

图 2-1　运营绩效在运营管理整体模型中的位置

2.1　为什么运营绩效对所有组织都是至关重要的

毫不夸张地说，运营管理可以决定一家企业的成败。这不仅是因为运营部门规模庞大，还因为对大多数企业而言，它代表着企业大部分资产和员工。一个好的运营管理可以"成就"一个好的组织。首先，运营管理的目的是让组织把工作做得更好，这个目的一旦实现，运营就可以成为整个组织进步的动力；其次，运营管理可以让整个组织具备一种"难以模仿"的能力，进而产生重大的战略影响（详见第3章：运营战略）；最后，运营管理非常关注"过程"，即它的工作方式，过程与结果之间又往往存在密不可分的关系。运营一旦出现问题，对该组织的声誉会产生负面影响，这种影响可能会持续数年。本书将在第18章中着重探讨运营失败的风险。首先要指出的是，造成运营问题最直接的原因往往就是运营管理不善。比如，从经常出现的快递延误到致命的空难，许多问题都是组织运营管理严重不善所致。

● 三个层面的绩效

"绩效"并非一个简单的概念。首先，它具有多面性，任何单一的标准永远无法对运营这么复杂的事物进行全面衡量。其次，绩效也可以从多个层面进行评估，其中既包括广义的社会层面、长期的战略层面，也包括运营层面，如评估日常效率提升方式和单一客户服务质量等。本章将探讨企业如何从以下三个层面对运营绩效进行评价。其内容结构如图 2-2 所示。

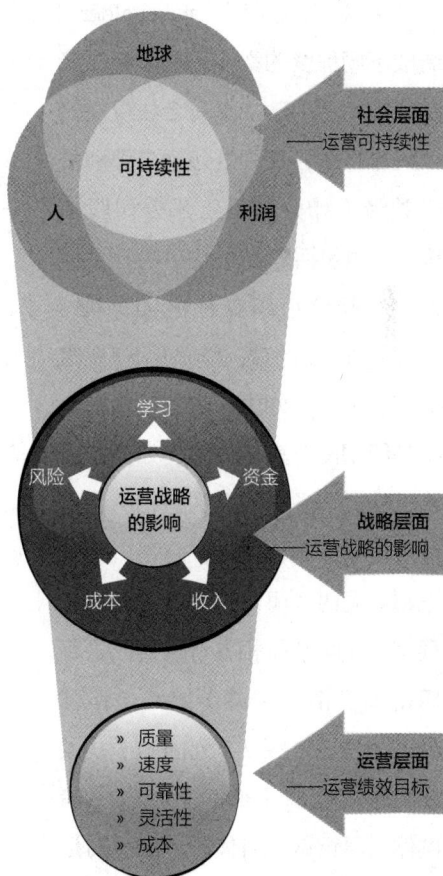

图 2-2　运营绩效的层次结构

» 广义的社会层面，采用"三重底线"理念进行评判。

» 长期的战略层面（strategic level），运营如何为组织的整体战略做出贡献。

» 运营层面，采用五种运营"绩效目标"（performance objectives）进行评判。

2.2 如何从社会层面评判运营绩效

所有运营过程中做出的相关决策和日常运营的活动方式都会对"利益相关者"（stakeholders）造成不同程度的影响。利益相关者是指在运营活动中享有合法权益的个人和群体，其中既包括内部利益相关者（如公司员工和公司股东等），也包括外部利益相关者（如顾客、社会组织或社区团体等）一些外部利益相关者与组织存在直接商业关系，如供应商等，还有一些与组织没有直接关系，如行业监管机构。很多时候，利益相关者群体可能会重叠。比如，慈善机构的志愿者同时也可以是员工、股东和顾客。了解利益相关者的目标（目标可能会相互冲突）始终是运营经理的责任。图 2-3 列出了一些关注组织运营部门绩效的利益相关者群体。尽管这些群体或多或少对运营绩效感兴趣，但它们的关注重点可能会截然不同。

● 企业社会责任

企业社会责任通常是指企业在运营过程中应考虑其对广泛利益相关者的影响，涉及运营企业对所有利益相关者的需求理解、关注和回应。从根本上来讲，企业社会责任就是企业在运营过程中对经济、道德、社会和环境影响的考虑。无论从哪个角度看，如何将企业社会责任的目标融入运营管理活动已经成为一个日益重要的话题。本书将在不同章节中多次提及该问题，同时每章也都会包含"社会责任"这一板块，以阐明该章节探讨的主题对运营企业社会责任产生的影响。

● 三重底线

三重底线（TBL 或 3BL）是指经济底线、环境底线和社会底线。[1] 它是一个常用术语，用来描述更全面的组织绩效评估理念。该理念认为，运营组织在进行自我评

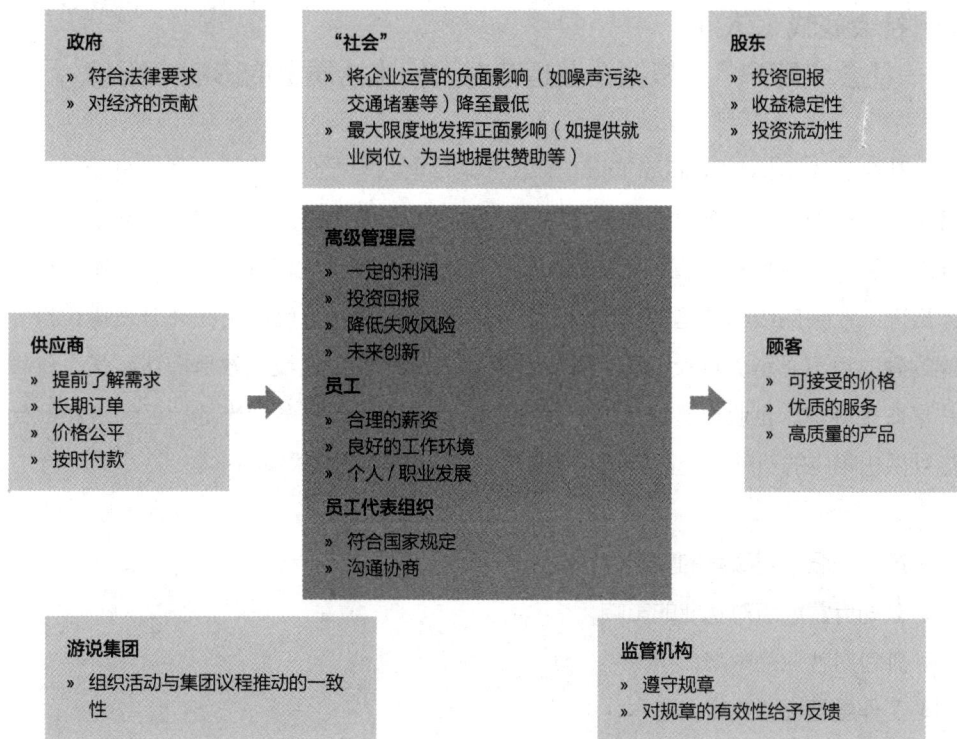

政府
» 符合法律要求
» 对经济的贡献

"社会"
» 将企业运营的负面影响（如噪声污染、交通堵塞等）降至最低
» 最大限度地发挥正面影响（如提供就业岗位、为当地提供赞助等）

股东
» 投资回报
» 收益稳定性
» 投资流动性

高级管理层
» 一定的利润
» 投资回报
» 降低失败风险
» 未来创新

员工
» 合理的薪资
» 良好的工作环境
» 个人／职业发展

员工代表组织
» 符合国家规定
» 沟通协商

供应商
» 提前了解需求
» 长期订单
» 价格公平
» 按时付款

顾客
» 可接受的价格
» 优质的服务
» 高质量的产品

游说集团
» 组织活动与集团议程推动的一致性

监管机构
» 遵守规章
» 对规章的有效性给予反馈

图 2-3 具有典型目标的利益相关者群体

估时，不应该只关注其为所有者创造的传统经济利润，也应关注其自身运营对社会和生态环境造成的影响。从广义上讲，这里的"社会"包括社区和个体（如企业员工等）两个层面。该理念通常被概括为"可持续性"。可持续发展的企业不仅能为所有者带来一定的经济利润，还能最大限度地减少对环境的破坏，改善相关人员的生活环境。换句话说，就是这样的企业能够平衡经济、环境和社会的利益。三重底线理念认为与只关注经济目标的企业相比，可持续发展的企业更有可能取得长期的成功。但该理念目前还未得到公认。

环境、社会和公司治理

随着三重底线绩效评估法的重要性逐步得到企业和社会各界的认可，用于描述此概念的缩略词和术语也越来越多。"环境、社会和公司治理"（environment, social and goverance，ESG）就是其中之一。该术语由之前提过的概念引申而来，它从投资者的角度看待企业社会责任绩效。它认为任何潜在的投资者都不应该只关注投资带来的经济"回报"，还应考虑其他的道德、社会和环境因素。

● 社会底线（人）
——社会"账户"，根据企业运营对人们生活质量的影响来衡量

社会底线（social bottom line）绩效意味着企业与社会之间的联系不言而喻，并且企业应该为自身运营对社会造成的影响承担一定的责任。企业在运营活动中应在外部"社会"影响和更直接的内部影响（如经济利润）之间取得一定的平衡。在个体层面，社会底线绩效是指制定合适的岗位及工作模式，使员工在充分发挥自身才能的同时也不必承受过大的压力等。在群体层面，社会底线绩效是指认可员工代表并真诚相待等。企业也是社区的一部分，所以有责任和义务为当地社区经济和社会福祉做出相应的贡献。企业运营对社会底线绩效的影响方式包括：

» 产品和服务对顾客的安全性；
» 公司运营地点对就业的影响；
» 外包对就业的影响；
» 工作重复性强或令人麻木；
» 员工的安全保障及其工作压力；
» 避免高收入国家的企业对中低收入国家的企业进行剥削。

● 环境底线（自然）
——环境"账户"，根据企业运营对环境的影响来衡量

环境底线绩效是确保企业活动在带来益处的同时，不能直接或者间接地对任何环境造成损失或退化。简而言之，它通常是指企业运营活动对自然环境造成负面影响的程度评估。显然这个问题非常关键，因为有害废弃物、空气污染和噪声污染等都会给当地环境带来不同程度的影响，全球气候变暖更是引发诸多比较隐蔽，但更具破坏力的潜在问题。企业运营管理者不能逃避其对环境绩效的责任。通常情况下，污染灾害的根源在于不当的运营活动以及能长期对环境产生影响的运营决策（如产品的设计等）。企业运营对环境底线（environmental bottom line）绩效的影响方式包括：

» 材料的可回收性、能源的消耗、废料的产生；

» 减少运输能耗；

» 减少噪声污染、烟尘排放污染；

» 旧产品的废弃和资源浪费；

» 工艺故障对环境的影响；

» 对残次品进行回收，从而将影响降至最低。

运营实践案例

达能的共益企业之路 [2]

诚然，即使是食品行业也不可能受到所有人的欢迎。因为有部分消费者对食品加工的工业化生产过程存疑，觉得生产过程并不具备环境可持续性。在大多数美食博主看来，食品行业巨头通常都拥有庞大的工厂和完整的供应链，使消费者与"天然"的营养来源脱节。但是有一些食品企业正在努力实现公司利润、自然环境和社会目标之间的相互平衡，达能（Danone）便是其中之一。这家法国食品企业共有 10 万多名来自世界各地的员工，市场覆盖全球 130 多个国家和地区，产品包括碧悠（Activia）酸奶、依云（Evian）矿泉水等，全年总销售额超过 250 亿欧元。它是欧洲最大、最知名的食品企业之一，因主打生产健康的产品而闻名世界。达能认为，公司不应该只追求经济利益最大化，更不应该把为所有者（即股东）带来最大回报作为主要目标。相反，该公司始终致力于追求更广泛的企业目标，成为首批获得"共益企业"（B Corporation）认证

的跨国企业之一，这样的坚定决心便是达能企业追求的鲜明体现。共益企业是由非营利组织共益实验室（B Lab）于2006 年建立的新商业形态，后来逐渐在全球范围内发展壮大。共益实验室旨在为社会底线绩效和环境底线绩效中达到高标准水平的营利企业颁发共益企业认证，获得认证的企业必须在社会底线绩效和环境底线绩效、公众透明度、法律问责方面达到最高标准，并且实现利润和企业目标的平衡。对共益企业而言，利润和发展只是实现宏伟目标的一部分，它们的终极目标是为员工、社区和环境带来积极深远的影响。为了制定合理的规划实现这一宏伟目标，达能选择和共益实验室展开合作。除此之外，该公司还积极将这些目标转化为实际行动，关闭了生产饼干、巧克力和啤酒的分公司，旗下的饮品品牌通过努力实现碳中和，并且斥资改造灰色的再生塑料，使其外观更受消费者喜爱。

● 经济底线（利润）

——经济"账户"，根据企业盈利能力和资产回报率等指标来衡量

组织的最高管理层代表所有者（受托人、选民等）的利益，因此其是组织经济绩效的直接监管者，这意味着运营管理者需要有效利用运营资源。衡量"经济底线"（economic bottom line）的方法有很多，目前，金融类专家设计出多种衡量标准（如资产回报率等），本书对此暂不做讨论。

企业运营对经济底线绩效的影响方式包括：

» 产品和服务的生产成本；

» 质量、速度、可靠性、灵活性带来的收入；

» 运营资源的投资有效性；

» 供应的风险和弹性；

» 构建面向未来的能力。

在下一节中，我们将以这些"经济底线"问题为基础，从战略层面对运营绩效进行评判。

三重底线、利益相关者或企业社会责任等运营绩效评判标准可能会让运营企业陷入两难境地。原因之一，运营企业尤其是商业公司，需要实现经济利润最大化；原因之二，它们需要具备责任感和透明度，使自身管理方式符合整个社会（全部或部分）的利益。因为这两种目标之间可能存在冲突，所以运营企业需要承担一定的压力。运营企业如果想向外界展现切身利益之外的绩效，它又该如何展现呢？在一些人看来，运营企业应当实现所谓单一"目标函数"的最大化，但从整个经济或社会层面看，这种目标真的可行吗？换句话说，运营企业究竟应当如何在当前经济环境中衡量自身绩效呢？它们应当如何确定运营决策的好坏呢？某些经济学家认为，从广泛的利益相关者角度评判绩效，会让那些希望利用组织资源实现自身目的的狭隘特殊利益集团获得不应有的利益，但实际上，利益相关者持有的这种理念为特殊利益集团赋予了一种虚假的合法性，破坏了追求价值行为的基础。[3]

批判性评注

2.3 如何从战略层面评判运营绩效

运营管理者的绝大多数活动都属于运营活动。他们需要处理的是相对直接、细致和局部的问题。然而运营管理的核心思想会因为运营管理者执行的决策和活动类型对企业运营产生重大的战略影响。因此，在评估运营绩效之前，应先弄清其对运营企业战略"经济"地位的影响。运营的战略作用将在下一章中进行探讨。而在战略层面，运营绩效会通过五个方面对三重底线中的"经济"底线目标产生重大影响（见图 2-4）。

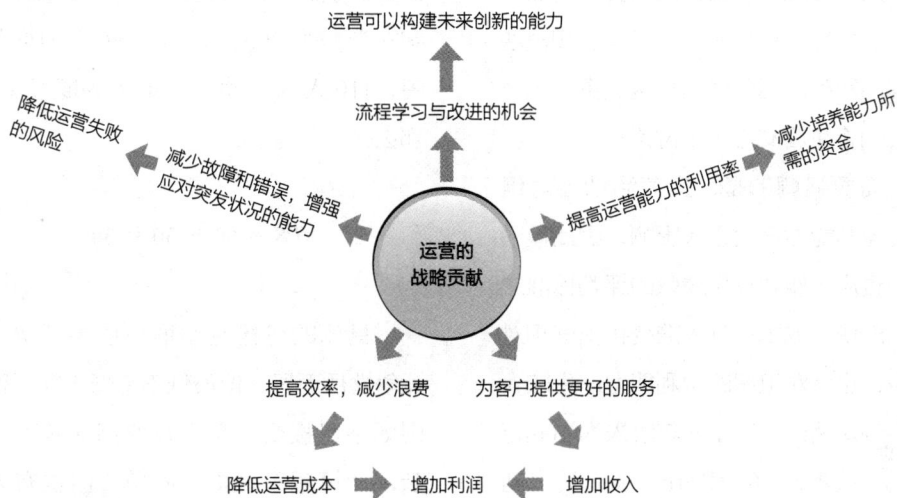

图 2-4 运营可以通过降低成本、提高收入、降低风险、有效利用资金和构建未来创新能力帮助运营企业实现经济目标

● 运营管理对成本的影响

运营管理者会对成本产生影响，这一点是显而易见的，无须多言。重要的是，运营管理者开展的常规工作几乎都会对产品或服务的生产成本造成影响。运营活动中转换资源、被转换资源的采购效率，以及后者的转换效率等都会决定产品和服务的成本。另外，对许多运营管理者而言，这也是他们开展绩效自评的重要方面。实际上，成本也是绝大多数运营管理者重点关注的问题。

● 运营管理对收入的影响

尽管对运营企业而言，控制成本非常重要，但这也不是运营管理者最重要的战略目标。除了成本，运营活动也会对收入产生巨大影响。相比那些产品质量差、交付速度慢、灵活性差的企业，及时快速地向客户交付高质量、无瑕疵的产品和服务，根据客户需求灵活应变的企业更容易提高定价和增加销量。而质量、交付速度、可靠性和灵活性等问题都由运营经理直接负责，这一点我们将在后文进一步讨论。

需要强调的是，运营活动会对组织的盈利能力产生重大影响，因此盈利能力也应当作为运营绩效的评判标准之一。即使是成本和收入的变化幅度相对较小，也会对组织的盈利能力产生较大的影响。例如，某企业年收入为100万欧元，成本为90万欧元，那么其"利润"就是10万欧元，假设该企业的运营管理者大幅度地提高了产出质量和交付速度，使该企业的收入增加5%，成本减少5%，那么现在该企业的年收入就变为105万欧元，成本变为85.5万欧元，利润则提高到19.5万欧元。也就是说，成本和收入的变化幅度只有5%，利润却提高了95%。

净推荐值（NPS）

净推荐值是衡量客户满意度的常用方法之一，客户满意度也是决定收入的重要因素。计算净推荐值需要先对客户进行调查，通过打分看他们在多大程度上愿意对公司、产品或服务等进行推荐（1到10分，1＝完全不推荐，10＝强烈推荐）。评分在1～6分的客户为"贬损者"，7～8分的客户则为"被动者"，9～10分的客户为"推荐者"。净推荐值的具体计算方法是：首先排除被动者，再用推荐者数量减去贬损者数量。举例来说，如果接受调查的客户总数为200人，其中60人为推荐者，110人为被动者，30人为贬损者，那么：

$$NPS = 60 - 30 = 30$$

具体的可接受净推荐值因行业和竞争性质而异，但最低不能低于零，否则即不可接受。净推荐值指标并不复杂，计算起来快捷、简单。但也有人将这一点视为其最大的问题，因为净推荐值没有任何复杂的科学依据，也不能准确反映客户的行为。以上面的调查为例，如果最终推荐者数量为115人，被动者为0，贬损者为85人，那么净推荐值仍为30，但从此次调查结果看，客户推荐意愿的两极分化程度明显比之前调查结果要大得多。不过，尽管净推荐值的确存在问题，但是在一段时间内采用该方法开展调查，仍然可以反映出客户在这段时间内可能出现的态度变化。

● 运营管理对投资需求量的影响

企业若要产出一定种类和数量的产品及服务，就需要投入转换资源，而企业对转换资源的管理方式会产生一定的战略影响。举例来说，假设某企业在运营效率提升后，产量增加了 10%，那么它就不需要为这 10% 的产量再进行额外投资（这种投资有时也称为动用资本）。因此，用相同的资源生产更多的产品或服务（或用较少资源生产同样多的产品或服务）就会对投资需求量产生影响。

● 运营管理对运营失败风险的影响

设计合理且运行良好的企业，运营失败的风险通常是比较低的。因为这类企业运营成本合理、可预测性高、能满足客户预期又不会产生超额成本，它们对环境或社会（有意或无意）造成损害的可能性更小。环境和社会绩效并不仅仅局限于前文所述的高层次方面，同时也是运营战略制定和评估的重要组成部分。此外，在社会、环境或经济绩效出现问题的情况下，运行良好的企业能够恢复得更快，且恢复过程中受到的干扰更少。这就是所谓的恢复能力，本书会在后续章节中对这一概念进行全面阐述。

● 运营管理对构建未来创新能力的影响

运营管理者可以从自身的流程运营经历中吸取经验，从而加深对这些流程的了解，这是其他人员无法获得的学习机会。这种流程知识的积累可以转化成帮助企业不断进步的技能、知识和经验。不仅如此，这种经验还可以转化成让企业在未来不断创新的能力。我们将在下一章对运营能力这一概念进行更详细的介绍。

2.4 如何从运营层面评判运营绩效

从社会层面评估运营绩效以及评判运营活动对运营企业战略目标的贡献程度显然很重要，从长期发展角度考虑更是如此，这两个层面的绩效评判构成了所有运营决策的制定背景。从日常运营层面看，运营企业需要制定一套更加明确的目标，即所谓的运营"绩效目标",其中包含五项内容,适用于所有不同类型的运营企业。假设你是一家企业的运营管理者,如医院院长或汽车制造厂生产经理,为了满足客户需求,同时提高竞争力,你会采取哪些措施?

> » 你希望把所有事情做对,即你不想犯错。你希望为客户提供"无瑕疵"且"满足其需求"的产品和服务,让客户满意,创造质量(quality)优势。
> » 你希望能快速完成工作,尽量缩短客户提出要求到企业完全交付产品和服务的时间,从而提高产品和服务的可用性,创造速度(speed)优势。
> » 你希望及时完成工作,这样才能在约定好的时间把产品或服务交付给客户。如果能做到这一点,那么企业就会创造可靠性(dependability)优势。
> » 你希望改变目前所做的事情,即改变或调整运营活动,以应对突发情况或为客户提供个性化服务。能在较短时间内对运营活动做出较大改变,从而满足客户需求,这就是灵活性(flexibility)优势。
> » 你希望工作尽可能低成本,即你希望产品或服务的生产成本既能让其在市场上以合理的价格出售,又能为企业创造利润。如果是非营利组织,就要为纳税人等资助者提供良好的价值。如果能做到,组织就会创造成本优势。

在后文中,我们会以综合医院、汽车制造厂、城市公交公司和连锁超市为例,对以上五个绩效目标在不同企业中的含义进行详细分析。

● 质量为何重要

质量是指持续满足客户期望的行为,换句话说就是"把事情做对"。但对不同类型的运营企业来说,需要"做对"的事情也各不相同。所有企业都将质量视为最重要的目标。从某种程度上讲,质量是运营活动中可视化程度最高的部分。此外,对客户而言,用质量来评判企业运营状况要比采用其他因素更加容易。产品或服务是否合格?是否存在瑕疵?质量的高低有最基本的评判标准。正因如此,它也成了客户满意度的主要影响因素。客户认为产品或服务的质量越高,其满意度就会越高,再次光顾的可能性也会越大。图 2-5 展示了质量在四种不同企业中的含义。

企业内部的质量

质量意味着始终为客户带来合格的产品与服务。高质量的产品与服务不仅能提高外部客户的满意度,也能让企业内部的运营更加顺畅。

质量可以是……

综合医院	汽车制造厂
» 患者接受最恰当的治疗 » 采用最恰当的治疗方式 » 医生向患者询问病情，并时刻关注其健康状况 » 医护人员礼貌、友好、乐于助人	» 所有部件均按规格制造 » 部件装配均按规范进行 » 产品是可靠的 » 产品美观、无瑕疵

城市公交公司	连锁超市
» 车内干净、整洁 » 车内安静、无烟 » 公交时刻表安排合理，车辆准时发车 » 乘务员礼貌、友好、乐于助人	» 商品完好 » 店内干净整洁 » 装潢美观 » 工作人员礼貌、友好、乐于助人

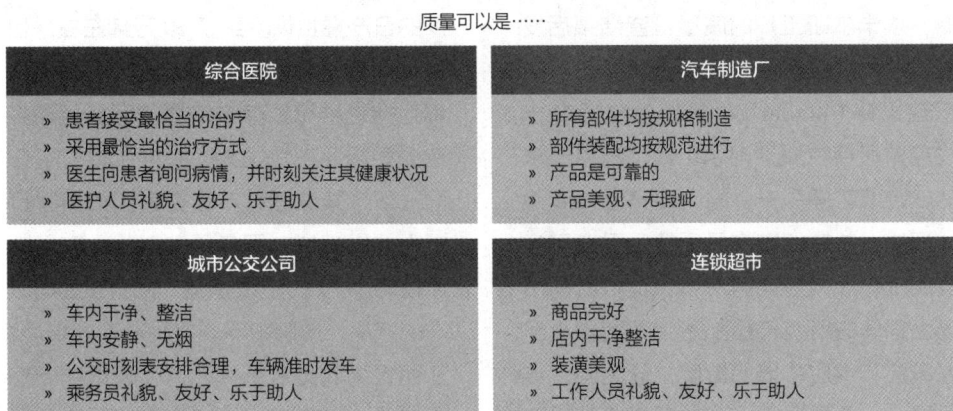

图 2-5　质量在四种不同企业中的含义

- **质量可以降低成本。** 企业运营的各个环节中出现的错误越少，纠正错误时所需的时间就越短，由此引发的混乱或者不满情绪就会越少。例如，某超市的地区仓库把错误的商品运送到超市卖场，为了更好地解决这个问题，员工就需要花费额外的时间，企业也就需要花费额外的成本。

- **质量可以提高可靠性。** 质量不够理想所造成的后果并不只有成本增加这一项。以某超市为例，产品质量不合格可能意味着超市不会再进货，进而会导致生产企业收入受损，并引起外部客户的不满。而解决问题，就会分散超市管理层的精力，使其无暇顾及其他运营活动。这个质量问题就会间接或直接地造成更多的问题。因此，质量会产生外部影响，即影响客户满意度，也会产生内部影响，即影响流程的效率和稳定性。后文将会介绍的其他绩效目标也是如此。

运营实践案例

为保质量，能多益关闭工厂 [4]

一个知名品牌，尤其是食品相关的品牌，一定要把质量放在首位。一旦消费者对食品质量产生怀疑，品牌声誉及其形象就会遭到严重损害。因此，榛子巧克力酱能多益（Nutella）的制造商费

列罗（Ferrero）不遗余力地维护产品质量也就不足为奇了。该公司甚至将其最大的能多益榛子巧克力酱工厂关闭了5天，该厂的榛子巧克力酱产量高达全球总量的1/4。运营管理者在查看了维勒

斯－埃卡尔斯工厂的质量检查结果后发现，有一种用于生产能多益和健达缤纷乐糖果棒（Kinder Bueno）的成分在半成品阶段存在质量问题。为了防患于未然，企业暂停生产，同时展开进一步确认调查，并在彻查产品质量后采取了相应的措施。其还向消费者保证，目前市场上销售的所有产品都不会受到质量问题风波和供应中断的影响。最后调查结果显示，质量问题出在前期的榛子研磨和烘烤环节。问题得到解决后，生产工厂的日产量也恢复到了 60 万罐左右。相信任何有信誉的食品加工生产商都会认真对待这种可能存在的质量问题，能多益公司因此在法国人心中的分量似乎非同一般，某法国超市曾有人因该品牌打折而爆发冲突。同年早些时候，该品牌还招聘了 60 名"试吃员"品尝该公司生产的产品，应聘者需要接受一系列培训，从而提高味觉敏感度，增强表达味觉感受的能力。当然，他们也必须是榛子爱好者。

● 速度为何重要

速度是指从客户提出要求到企业完全交付产品和服务的时间。图 2-6 说明了速度在四种不同企业中的含义。对客户而言，快速交付产品和服务最主要的好处是，他们得到产品和服务的速度越快，其购买产品的可能性也就越高，客户支付费用的意愿也更强，获得的收益更大（见"运营实践案例：为生命而加速"）。

企业内部的速度

企业内部的速度同样重要。决策的快速制定、材料和信息的快速流动能够最大限度地帮助企业对外部客户的需求做出快速回应。除此之外，提升企业内部的速度还有以下几点好处。

- **速度可以降低库存**。以汽车制造厂为例，制造门板所需的钢材要先运到冲压车间压制成型，然后运到喷漆区涂上颜色和保护层，再进入装配线，完成最后的整车装配。这是一个简单的三阶段流程，但在实际操作过程中，材料在各个阶段间的流动可能并不顺畅。首先，用于制造门板的钢材是连同其他钢材一起交付的，这批钢材足够生产几百件产品。一段时间后，用于制造门板的那一小部分钢材进入冲压车间压制成型，并且在进入喷漆区之前，必须先等待一段时间。进入该区之后仍然不能立刻加工，需要继续排队，喷完漆后仍需要继续等待，之后进入装配线，接着在装配轨道旁等候，直到最后安装完成为止。由此可见，钢材的运输时间比实际的制造和安装时间要长得多。而在整速度可以是……

综合医院	汽车制造厂
» 最大限度地缩短患者从需要治疗到接受治疗的时间 » 最大限度地缩短系统返回检查结果（化验结果和 X 光片等）的时间	» 最大限度地缩短经销商从提出购买要求到收到合格车辆的时间 » 最大限度地缩短备件送达服务中心的时间
城市公交公司	连锁超市
» 最大限度地缩短客户出发到抵达目的地的时间	» 最大限度地缩短消费者来到超市、购买商品到离开的整个交易时间 » 及时供应商品

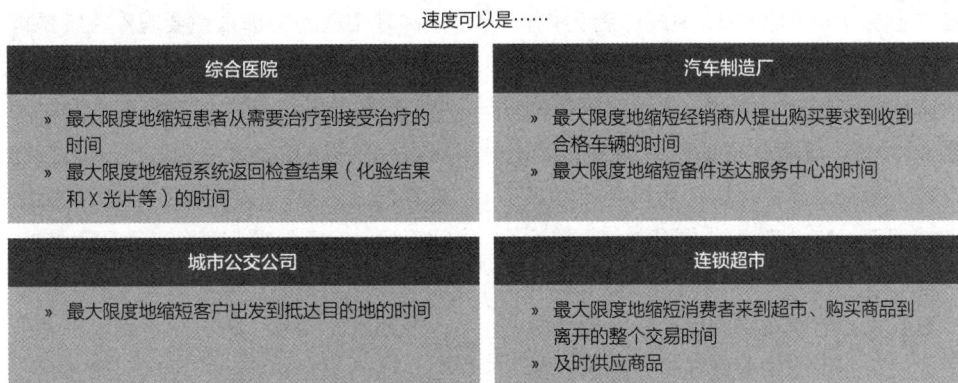

图 2-6　速度在四种不同企业中的含义

个流程中，它大部分时间都在等待，这些钢材就是零件和产品的库存，材料在流程中移动得越慢，等待的时间就越长，库存就会越多。这是一个非常重要的问题，本书将在第 16 章中对此进行详细探讨。

- **速度可以降低风险。**提前一年开展预测的企业相比提前一天开展预测的企业出现风险的概率肯定要小得多。但是开展预测的时间越早，出错的可能性也会越大；运营流程的生产时间越短，开展预测的时间也就越晚。以汽车制造厂为例，如果门板的总生产时间是 6 周，从第一道工序开始到最后一道工序完成，一共花费 6 周的时间，门板最终的加工数量就取决于 6 周前的需求预测。但如果总生产时间缩短成 1 周，那么按照预测结果进行第一道工序到完成加工的时间间隔就只有 1 周的时间。在此情况下，投入加工的门板数量和种类便更有可能与最终的市场需求相吻合。

运营实践案例

为生命而加速 [5]

相比绝大多数服务，急救服务对速度的要求会更高。一旦遇上急救或交通事故，即使是几秒也是非常关键的。快

速救治患者就是要缩短急救总流程中的三个时间段：了解事故详情所需的时间、前往事故现场所需的时间和将伤员或患

者送医救治的时间。以中风患者为例，急症发作时，血栓或出血点会切断患者大脑的血液供应，因此，救治时间每拖延 15 分钟，患者的寿命就会减少 3 年。不过，急救人员也可以利用科学技术来加快速度。在一次模拟试验中，急救人员成功与中风主治专家开启了视频连线，专家在视频一端提供建议，从而帮助急救人员在送医途中采取更有效的急救措施。通过科技手段，在关键时刻得到合理救治的患者比例从 5% 上升到 41%。除此之外，伦敦空中急救中心也通过一款应用程序将急救团队的响应时间缩短了两分钟。有了这款应用程序再加上增强型移动通信系统，救援人员就不必在上直升机前记录所有的事故细节，而是可以直接出发，在飞行途中通过平板电脑接收这些信息。你或许疑惑，提前两分钟升空真的有那么重要吗？答案是肯定的，因为在缺氧条件下，每分钟会有 100 万个脑细胞死亡。节省下来的时间可以让外科的主治医生和护理人员在伤员受伤后的数分钟内实施手术，从而缓解疼痛、治疗骨折，甚至进行开胸手术，使患者心脏复跳。使外科医护人员加入救援团队就相当于将医院带到了患者身边，让伤员可以随时得到专业的救治。通过直升机，大多数救援人员只需几分钟便可往返医院，这种快速救援服务确实可以挽救患者的生命。由于架空电线等潜在障碍物的存在，直升机到了晚间便很难确保安全降落，因此它现在还无法完全替代传统救护车，而后者既能将急救人员快速送到伤患身边，又可以将伤患快速送往医院。

● 可靠性为何重要

可靠性是指在客户需要产品或服务时，企业在约定时间内及时为客户提供产品或服务。图 2-7 说明了可靠性在四种不同企业中的含义。客户只会在产品或服务交付后才会对企业的可靠性做出评价。可靠性最初不会对客户的服务选择造成什么影响，毕竟他们已经"消费"了服务。但随着时间的推移，可靠性的影响会超越其他的衡量标准。比如，如果公交车总是晚点、时不时提前到站、经常满员没有座位，那么无论它多么便宜、快捷，潜在的乘客都会更倾向于打车。

企业内部的可靠性

企业内部客户会通过是否按时交付材料或信息等其他流程的可靠性评价对方的绩效。内部可靠性高的企业要比内部可靠性低的企业更有效，其背后原因有很多。

- 可靠性可以节省时间。以城市公交公司的维修中心为例。维修中心需要维修车辆的某些重要配件

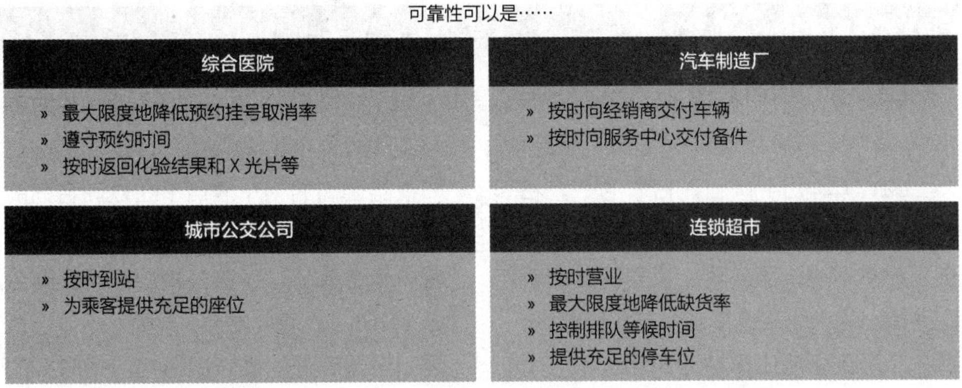

可靠性可以是……

综合医院	汽车制造厂
» 最大限度地降低预约挂号取消率 » 遵守预约时间 » 按时返回化验结果和 X 光片等	» 按时向经销商交付车辆 » 按时向服务中心交付备件

城市公交公司	连锁超市
» 按时到站 » 为乘客提供充足的座位	» 按时营业 » 最大限度地降低缺货率 » 控制排队等候时间 » 提供充足的停车位

图 2-7　可靠性在四种不同企业中的含义

用完了，管理者需要花时间安排人员专门配送。在此情况下，那些分配给公交服务的资源就不能像之前那样得到有效利用。而更大的问题在于，在故障车辆修好之前，车队会出现车辆短缺的情况，运营管理者必须重新安排发车时间表。由此可见，仅仅因为供应可靠性降低，企业就要将大量的时间用于解决供应中断的问题。

- **可靠性可以节省资金。** 运营企业浪费的时间通常会转化为企业的额外成本。还是以城市公交公司的维修中心为例。要想在最短的时间内拿到配件，就需要花费更多的成本，而即使车辆由于缺乏配件无法继续维修，工人也能正常拿到工资。同时，供暖费和租金等固定运营成本也不会减少。除此之外，重新安排的公交班次可能意味着某些线路无法匹配到尺寸合适的车辆，而某些班次又不得不被取消。如果只能安排较大的车辆，那么空座率可能会偏高；而如果无法搭载潜在的乘客，那么公司的收入就会减少。

- **可靠性可以带来稳定性。** 缺乏可靠性对运营企业造成的不良影响并不局限于时间和成本两个方面，同时它还会影响企业运营时间的"质量"。如果从始至终，企业内部的所有工作都完全可靠，那么各部门之间就会彼此信任，运营过程中就不会出现"意外"，一切都在可预测范围内。在这种情况下，各部门都可以集中精力完善自己分内的工作，不用因为其他部门无法提供可靠性服务而不断转移工作注意力。

铁路上的可靠性 [6]

2017 年 11 月 14 日，日本的一家私营铁路公司因电车提前 20 秒发车而发布了道歉声明，因此登上世界各地的新闻头条。这条线路连接东京与北部郊区，在东京北部南流山车站的原定发车时间为上午 9 时 44 分 40 秒，可是当天列车按时到站，却在上午 9 时 44 分 20 秒驶离车站，比原定发车时间提前了 20 秒，而乘客对此浑然不觉。在世界上大多数地区，这样的小问题或许并不会引起大面积的讨论，但很显然，东京的铁路运营公司却不这样认为。该公司在正式道歉声明中说，"为因此造成不便的人员深表歉意"。他们表示，是车上的列车员没有准确核对时刻表，公司已要求列车员今后"严格遵守规章制度，防止此类事件再次发生"。你或许会问，那些因为提前发车而错过列车的乘客怎么办？别担心，下一趟列车 4 分钟后会准时到站。

这则新闻引发了媒体对各国铁路运营商服务可靠性（即"准点率"）的关注。的确，日本是世界上准点率最高的国家之一，它的高速子弹头列车平均到达时间只比计划到达时间晚 54 秒。如果有列车晚点 5 分钟以上，乘客能拿到一张晚点证明，其可以把此证明交给老师或老板，作为迟到理由的说明。而同样守时的还有以钟表闻名的瑞士。瑞士联邦铁路公司的列车准点率在欧洲名列前茅。88.8% 的乘客能够准时到达目的地，客户满意率超过了该公司自己设定的目标（75%）。除此之外，瑞典、丹麦、德国和法国等国的铁路服务也具备较强的可靠性。但不同国家对"准点"的定义有所不同，因此很难对各国准点情况进行比较说明。在瑞士，列车实际到站时间比对外公布的到站时间晚 3 分钟以上才算晚点；而在英国，列车到站时间最多可以晚点 5 分钟（如果线路较长，可以晚 10 分钟），所以有些晚点列车仍可被记为"准点"。世界各地对"迟到"的定义也各不相同。在爱尔兰，列车晚点不超过 10 分钟（都柏林地区快速交通系统是 5 分钟）就算"准点"。在美国，250 英里①以内的线路有 10 分钟的弹性发车时间，550 英里以上的有 30 分钟的弹性发车时间。在澳大利亚，每家铁路公司的准点标准各不相同：在维多利亚州，列车可晚点 5 ~ 11 分钟；昆士兰州可以晚 4 ~ 6 分钟，具体时间取决于线路长短。此外，各国准点率的衡量标准也不一样。英国的准点率是按列车到达终点站的时间计算的，瑞士监测的则是个人准点率，即监测每位乘客是否准点到达各自的目的地。

---

① 1 英里 = 1.6093 千米。

● 灵活性为何重要

灵活性是指通过某种方式对企业进行及时调整。这种调整可能是改变企业的业务、运营方式或运营时间等。具体来讲，客户需要企业进行调整，从而满足以下四项要求。

» 产品 / 服务灵活性（product / service flexibility）企业推出新产品、新服务，或对原有产品和服务进行改进的能力；
» 组合灵活性（mix flexibility）企业生产多种产品和服务，或生产产品与服务组合的能力；
» 数量灵活性（volume flexibility）企业为了逐渐改变产品与服务的生产数量或规模而改变产出或活动水平的能力；
» 交付灵活性（delivery flexibility）企业改变产品或服务交付时间的能力。

图 2-8 举例说明了以上四种不同类型的灵活性在四种不同企业中的含义。

灵活性可以是……

综合医院	汽车制造厂
» **产品 / 服务灵活性**：引进新型治疗方法 » **组合灵活性**：提供多种治疗方法 » **数量灵活性**：能够调整治疗人数 » **交付灵活性**：能够重新安排预约挂号时间	» **产品 / 服务灵活性**：引进新车型 » **组合灵活性**：提供多种车型选择 » **数量灵活性**：能够调整汽车生产数量 » **交付灵活性**：能够重新安排生产优先次序
城市公交公司	**连锁超市**
» **产品 / 服务灵活性**：推出新线路或新班次 » **组合灵活性**：安排多个线路站点 » **数量灵活性**：能够调整发车频率 » **交付灵活性**：能够重新安排发车时间表	» **产品 / 服务灵活性**：推出新产品或促销活动 » **组合灵活性**：提供多种商品 » **数量灵活性**：能够调整顾客数量 » **交付灵活性**：能够补充缺货商品（缺货情况较少出现）

图 2-8　灵活性在四种不同企业中的含义

大规模定制

提高企业为不同客户提供不同服务的能力，是灵活性带来的有利的外部影响之一。因此，灵活性较强的企业通常能够生产出种类繁多的产品或服务。但通常情况下，种类多也就意味着成本高（详见第 1 章）。此外，种类较多的产品通常不会进行大批量生产。一些运营企业的灵活性已经提高到能为每个客户量身定制产品与服务的程度。然而，有些企业却能对定制产品进行大批量、大规模的生产，从而降低运营成本。这种生产方式被称为大规模定制（mass customisation）。在某些情况下，企业可以通过提高设计灵活性实现大规模定制。例如，戴尔公司是世界上产量最大的个人计算机生产制造商之一，但它允许客户在有限范围内"设计"自己的计算机配置。还有，提高技术的灵活性也能达到相同的效果。以门店数量位居全球第一的高档眼镜零售商巴黎三城（Paris Miki）为例，该公司采用自主开发的"Mikissimes设计系统"捕捉顾客的数字图像，并分析其面部特征。系统会根据顾客的个人喜好清单推荐具体的眼镜款式，并将其显示在顾客面部图像上，从而帮助顾客查看佩戴效果。在与验光师协商后，顾客可以在确定最终款式之前调整眼镜的形状和尺寸。而组装过程也在店内进行，镜架由一系列预制部件组装而成，镜片则在研磨过后被安装到镜架上。整个过程大约只需一小时。另外，麦片品牌"mymuesli"也是采用大规模定制的典型例子，后文的"运营实践案例"将对此进行详细介绍。

运营实践案例

566万亿种麦片组合——这就叫灵活 [7]

"mymuesli"品牌由三名来自德国小城帕索的大学生胡贝图斯·贝索（Hubertus Bessau）、菲利普·克赖斯（Philipp Kraiss）和马克斯·维特罗克（Max Wittrock）共同创办。他们推出了一个可供顾客自由调配有机麦片的在线网络平台，其中共有75种不同的配料可供顾客选择，这些配料一共可以创造出566万亿种组合，顾客甚至还可以为自己制作的麦片起名。创始人表示："我们只想为顾客带来完美的麦片。当然，在网上定制混合麦片的创意听起来可能很古怪……但想想看，这不就是你一直在寻找的早餐吗？"所有麦片都是按照严格的质量标准和食品卫生法的要求在帕索生产基地混合制成的。其配料严选有机原料，不添加额外糖分，也不含任何添加剂、防腐剂和人工色素。进入该网站后，顾客首先要选择一种基础麦片，然后加入水果、蔬菜、坚果、芝麻或奇亚籽等自由选定的必备食材和配料。麦片配好包装后，该公司会直接通过快递服务送货上门。顾客给麦片起的名字则会印在包装罐上，为其增添个性化色彩。从世界各地搜罗的稀奇配料是mymuesli的一个重大优势。寻找"新颖、大胆、美味"的麦片配料也是创始人之一菲利普·克赖斯一直以来的使命。

企业内部的灵活性

提高运营灵活性能使企业内部客户获益。

- **灵活性可以加快响应速度**。企业能否快速提供服务，往往取决于其是否具备灵活的运营能力。例如，一大批在交通事故中受伤的患者突然全部涌入医院，医护人员显然需要迅速展开救治工作。在此情况下，灵活性高的医院会迅速将空闲的技术人员和设备转到急诊室，从而为受伤患者提供及时的急救服务。

- **灵活性可以节省时间**。还是以医院为例。各科室的医务人员每天要治疗各种各样的疾病。医院无法对骨折、割伤或服药过量等病症的患者进行大批量的统一治疗，因为每位患者的救治需求各不相同。所以，即使是患同一种疾病的患者，也不能套用固定的治疗方法。医务人员必须灵活、快速地根据具体情况调整治疗方案。另外，他们还要对设施和医疗设备进行灵活安排，这样可以在患者需要的时候立即将设备送到患者身边，不用多花时间等待。如此一来，医院就能灵活地从一项任务过渡到下一项，从而节省时间。

- **灵活性可以维持可靠性**。当突发事件打乱企业运营计划时，内部灵活性也有助于保持运营进度。例如，当大量患者突然同时涌入医院时，医务人员需要立即实施紧急手术，如此一来，常规手术就有可能被中止，由此会给其他患者带来极大的困扰和不便。但灵活性高的医院会为这种紧急情况预留手术室，同时迅速调来"随叫随到"的医务人员，从而最大限度地降低影响。

敏捷性

在很多竞争激烈、充满变化的市场中，运营企业在运营环境里需要应对诸多快速的变化。正因如此，敏捷性逐渐成为一种常用的运营评判标准。所谓敏捷性（agility），是指企业能够感知内部或外部环境的变化，并采取高效且及时的应对措施。此外，运营企业具备敏捷性的话，通常意味它能够从过往应对变化的经历中吸取经验，并加以改进。最后，敏捷性也可以指企业的一种能力，即面对不断出现且难以预测的变化，能够迅速采取有效的应对措施，从而在竞争激烈或动荡多变的环境中实现生存和发展的能力。这一概念在很大程度上影响了敏捷性的定义。从很多方面看，敏捷性实际上是所有绩效目标的结合，其中表现最突出的就是成本、灵活性和速度。

敏捷性是倡导者经常提到和重视的，初创企业往往在成立之初具备很强的敏捷性，但随着流程、政策和管理层次的不断发展，这些组织变得越来越官僚化。最终，当它们发展到一定程度后，便很难再保有那些当初促使其发展的特质了。为避免这种问题，倡导者认为，企业应当更加关注那些规模较小、富有创造力且通常由多学科人士组成的团队，它们通常具备应变能力，不会一味地"按计划行事"。对于企业的文化和领导力，则需要通过改变组织架构、预算和员工激励机制以进行调整，并反映更短期内的需求。敏捷性的概念在软件开发领域尤为常见，因为该领域的项目经常会延期，且常常超出预算。敏捷性意味着开发团队要接受快速变化的需求，并根据需求来实施项目，通过短期快速的增量开发，生产出能够正常运行的软件产品。在更广泛的意义上，敏捷性意味着快速、灵活地生产出新的或现有的产品与服务，从而满足市场需求。

● 成本为何重要

对于直接靠价格竞争的运营企业而言，降低成本显然是它们主要的运营目标。产品和服务的生产成本越低，它们为客户定的价格也会越低。即使不靠低价竞争的企业，也同样需要控制成本。企业的成本每降低1美元或1欧元，它们的利润也就会增加1美元或1欧元。毫无疑问，对所有企业而言，低成本都是一个非常具有吸引力的目标。本书将在"运营实践案例"专栏对零售商降低成本的方式进行详细介绍。

运营管理对成本的影响方式在很大程度上取决于运营成本的来源。运营成本包括用人成本（雇用员工所花费的资金）、设施成本、技术和设备成本（购买、维护、运行和更换企业"硬件"所花费的资金）以及材料成本（从外部购买运营过程中消耗或转换的材料花费的资金）。综合医院、汽车制造厂、城市公交公司和连锁超市的常见成本明细如图2-9所示。

降低运营成本

所有企业都希望在保证质量、速度、可靠性和灵活性的前提下，尽可能地降低成本。最常用的衡量标准就是生产率（productivity）。生产率是指一家企业产品或服务的数量（产出量）与生产所需的各种资源数量（投入量）之比，即

$$生产率 = \frac{产出量}{投入量}$$

通常情况下，我们也可以用部分投入量或产出量计算生产率，以便进行比较。例如，汽车行业会用每名员工每年生产汽车的数量衡量生产率，这一指标被称为单要素生产率，即

$$单要素生产率 = \frac{产出量总和}{某要素投入量}$$

成本可以是……

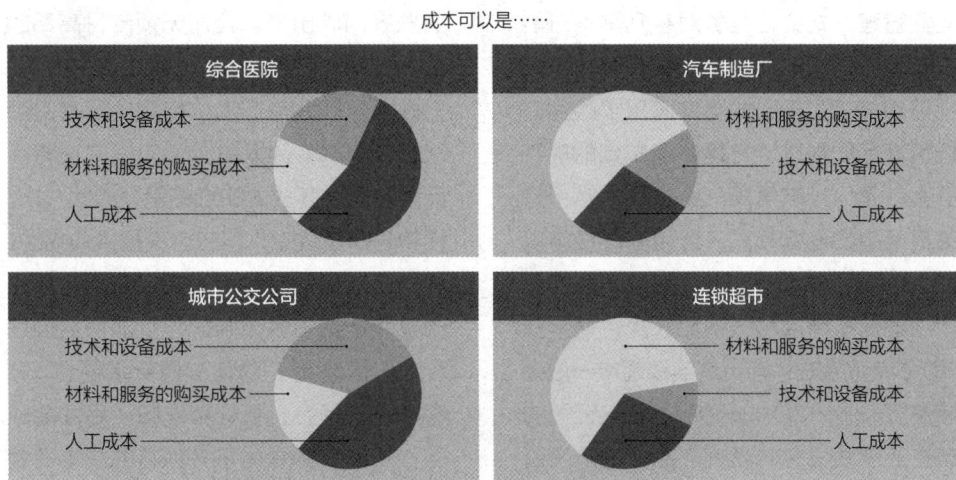

图 2-9　成本在四种不同企业中的含义

通过该指标，我们可以在不考虑投入成本影响的情况下对不同企业进行比较。例如，某汽车生产企业每辆车的总生产成本可能很高，如果从每名员工每年生产的汽车数量看，生产率却很高。这两种衡量标准的区别，也可以理解为运营投入成本和将投入转换为产出这一运营管理方式的区别。投入成本可能很高，但企业本身也很善于将投入的资源转换为产品和服务。如果将某项成本（如人工成本）作为单个投入要素，那么单要素生产率的高低就会受到投入成本的影响。全要素生产率是将所有投入资源考虑在内的衡量标准，即

$$全要素生产率 = \frac{产出量}{全部投入量}$$

运营实践案例

天天低价，就在奥乐齐 [8]

奥乐齐（Aldi）是一家国际连锁超市，其商品种类相对较少，专门经营"自有品牌"，主打食品销售。为了在竞争日益激烈的市场中吸引顾客，奥乐齐精心打造了一套自己独有的服务理念和交付系统。该公司认为，其独一无二的

运营管理方式会让竞争对手几乎不可能在质量和价格方面与其相提并论。事实也证明该公司相当成功地满足了顾客对低价商品的需求。它是如何做到的呢？答案就是：打破常规。奥乐齐刻意保持着最简单的运营模式，运用基础设施以最大限度地降低管理费。其旗下大多数门店的储备商品种类都比较少，通常在700种商品左右，而传统连锁超市一般会储备25 000～30 000种商品。该公司的自有品牌路线意味着其产品都是按照公司自己的质量标准进行生产的，也只在奥乐齐门店出售。公司无须支付高昂的品牌营销和广告费用，同时顾客的购买力强大，因此其产品价格可比同类品牌产品低30%。除此之外，奥乐齐还将商品都陈列在开放式的纸箱里，如此一来，便不再需要货架；门店也不提供购物袋，这样既环保又省钱；门店还在所有商品的包装上贴上多个条码，以加快扫描速度；门店采用"购物车租赁系统"，顾客需先交押金，将购物车归还后才能取回……这些都是奥乐齐独特的成本控制方法。

- 提高生产率。显然，在保持产量稳定的同时降低投入成本可以有效提高生产率，也就是要降低部分或全部转换和被转换资源的投入成本。比如，银行可以将电话服务中心迁往设施相关成本更低的地方。总部位于欧洲的软件开发商会将整个公司搬到印度或中国，因为那里的熟练劳动力要比欧洲便宜得多；计算机制造商会为了采用更加便宜的材料而改变产品设计。另外，提高运营投入资源的利用率也可以提高生产率。比如，服装制造商在裁剪制作成衣所需的各部分布料时，会将它们放在唛架上裁剪，从而最大限度地减少浪费。如今，对各个企业而言，无论是由材料浪费、工时浪费还是设施利用不足造成的浪费，减少浪费的重要性都在不断提升。

- 通过内部效益降低成本。前面已经对各个绩效目标的内部效益和外部效益进行了区分。每个绩效目标都有若干内部效益，而所有内部效益都会影响成本。因此，提高成本绩效的一种重要方式就是提高其他运营目标的绩效（见图2-10）。

  » 高质量的运营不会因为重做某项工作而浪费时间或精力，也不会提供有缺陷的服务，给内部客户带来不便。
  » 高速的运营可以减少停留在加工阶段的库存，同时降低行政开销。
  » 可靠的运营不会给内部客户带来令人头疼的意外。他们可以完全按计划交付产品或服务，从而避免不必要的麻烦以及由此造成的浪费，同时也使其他流程可以高效运行。

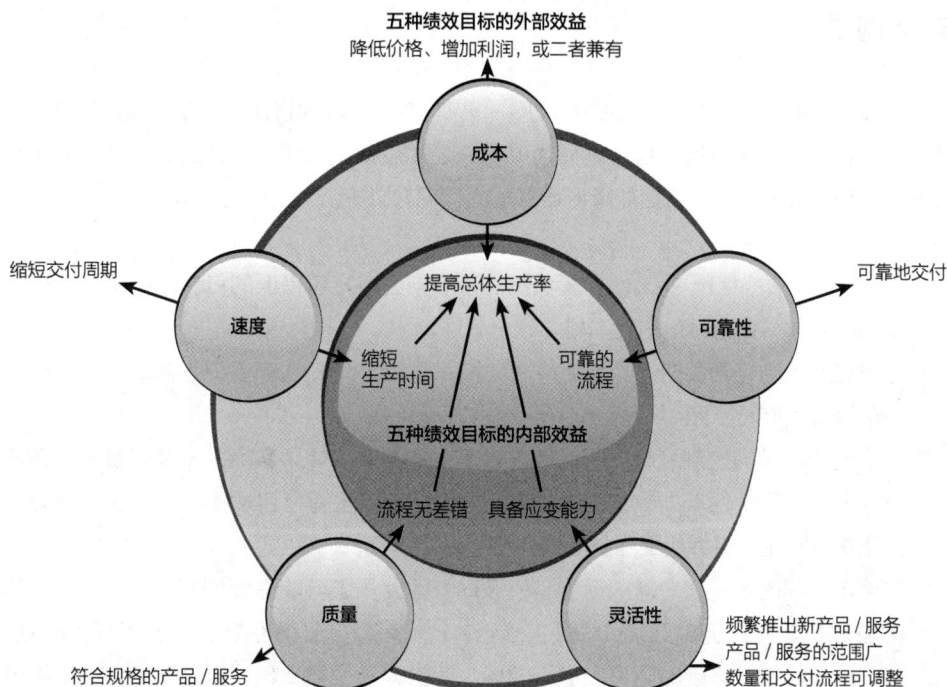

图 2-10　绩效目标既能带来外部效益，也能带来内部效益。从内部看，成本会受到其他绩效目标的影响

» 灵活的运营可以快速适应不断变化的环境，也不会对其他运营活动造成干扰。灵活的流程还可以在不同任务之间快速切换，不会浪费时间和产能。

实例分析

体检中心

　　某体检中心共有 5 名员工，每周接待 200 名患者，每位员工每周工作 35 小时。体检中心发给员工的工资总额为 3900 英镑，每周管理费共 2000 英镑，请问该体检中心的单要素劳动生产率和全要素生产率分别是多少？

$$劳动生产率 = \frac{200}{5} = 40（名患者 / 人 / 周）$$

$$单要素劳动生产率 = \frac{200}{5 \times 35} = 1.143（名患者 / 工时）$$

$$全要素生产率 = \frac{200}{3900 + 2000} = 0.0339（名患者 / 英镑）$$

Slap 网站

Slap 网站是一家专卖化妆品的互联网零售商。它从多家供应商订购产品并统一存放，然后按照客户的订单进行打包，之后通过物流公司发货。虽然从总体上看，这家网店经营得很成功，但公司还是希望能降低运营成本。现有以下几点建议可供采纳，具体如下：

» 让每个打包员为自己的工作质量负责。该措施会将打包错误的包裹比例从 0.25% 降低到接近零。重新打包的成本是 2 欧元 / 件。

» 与供应商谈判，确保他们能够更快地交货。据估计，该措施可以使 Slap 网站的库存价值降低 100 万欧元。

» 建立一个简单的控制系统，原本应该当天发货的订单如果实际并未及时发货，系统就会发出预警。目前，有 1% 的订单在当天结束前没有打包发货，因此必须在第二天用快递发出。每件包裹需要的额外费用为 2 欧元。

» 在全年不同时段，客户需求量会有所波动，因此员工可能需要加班。目前员工全年的加班工资为 15 万欧元。公司员工表示，他们可以接受弹性工作制，必要时愿意加班，在工作相对轻闲时则可以进行调休，同时公司也要支付一定的费用。这笔额外支出每年大约为 5 万欧元。

如果该公司每年卖出 500 万件商品，而库存成本占库存价值的 10%，那么上述 4 条建议各能为公司节省多少成本？

分析

解决打包错误问题能够提高工作质量。目前，该公司每年售出的 500 万件商品中有 0.25%（即 12 500 件）存在打包错误的问题。重新打包的成本是每件 2 欧元，那么一共可以节省 25 000 欧元。

供应商提高交货速度后可以节省 100 万欧元的库存价值。如果公司按 10% 的比例支付仓储费，那么提高交货速度后，成本即可再减少 $1\,000\,000 \times 0.1 = 100\,000$（欧元）。

确保在当天下班前发出所有应发的订单，可以提高公司运营的可靠性。目前公司逾期率为 1%，即每年逾期差不多 5 万件，提高可靠性后，每年节省下来的成本为 $2 \times 50\,000 = 100\,000$（欧元）。

采用弹性工作制可以提高公司运营的灵活性。采取该措施后，公司每年需要花费 5 万欧元的成本，但因此节省的成本为 15 万欧元，所以以每年这方面可节省 10 万欧元。

由此可见，通过提高运营质量、速度、可靠性和灵活性，公司一共可节省 32.5 万欧元。

● 绩效目标的极坐标表示法

图 2-11a 展现了一种描述产品或服务绩效目标相对重要性的有效方法。之所以称为 "极坐标表示法"，是因为反映各个绩效目标重要性的刻度具有相同的原点。图中的线代表不同绩效目标的相对重要性，越接近原点，代表该绩效目标对企业运营的重要性越低。图中呈现了两种服务情况的极坐标图：一种是出租车服务；另一种是公交车服务。二者都为客户提供基本的出行服务，但目标有所不同。图 2-11a 清晰展现了二者之间的区别。当然，极坐标图也可以根据各种不同的绩效目标进行调整。例如，图 2-11b 展现了极坐标图在一家推广有机食品种植和消费的慈善机构中的应用。

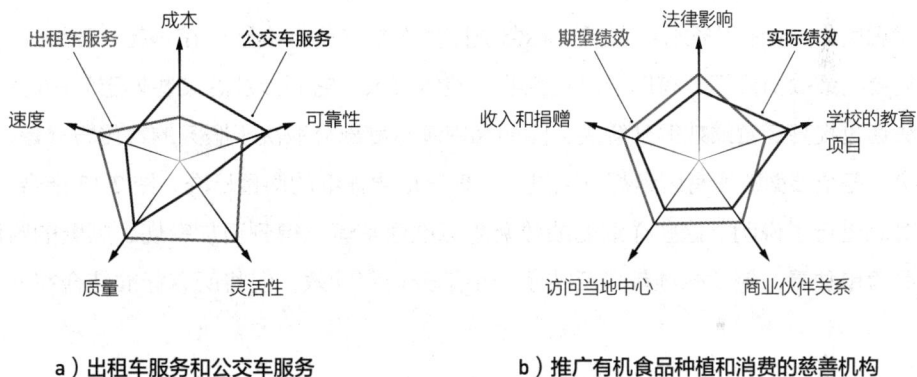

a）出租车服务和公交车服务　　b）推广有机食品种植和消费的慈善机构

图 2-11　极坐标图

2.5　如何衡量运营绩效

任何企业都需要对自身的运营情况进行衡量，所谓的 "绩效衡量"（performance measurement）就是一个量化行动的过程，运营绩效则可视为由运营企业管理活动决定的指标。对某种绩效的衡量结果是判断企业运营情况良好、较差或一般的前提条件。不进行绩效衡量，企业运营就无法得到持续把控，也无法判断其是否正在向良好的方向发展。此处所讨论的绩效衡量涉及以下三个一般性问题：

> » 绩效衡量标准应该包含哪些因素？
> » 最重要的绩效衡量标准有哪些？
> » 应该采用哪些具体的衡量标准？

● 绩效衡量标准应该包含哪些因素

前文对如何从三个层面描述和衡量运营绩效进行了讨论，接下来我们将对两点重要内容加以说明。首先，这些衡量标准会集合为一个"复合"标准，它将"客户满意度""整体服务水平"或"运营敏捷性"等多个标准结合在一起。更加综合的复合型绩效衡量标准有助于反映企业的整体绩效。它们涉及的某些外部问题可能无法通过提高运营绩效得到解决，比如客户满意度部分取决于服务的宣传方式等。其次，各个层面的所有因素都可以进一步划分成更详细的衡量标准。图 2-12 结合实例对此进行了说明。这些详细的绩效衡量标准通常可以得到更加密切、频繁的监测，尽管单独看，每项标准都只反映了一小部分运营绩效，但将所有标准结合在一起，

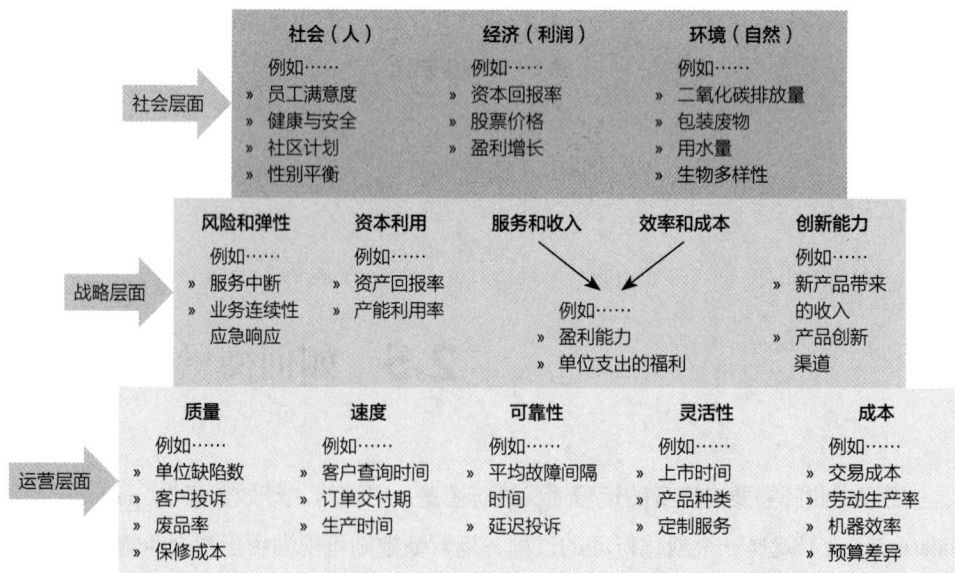

图 2-12 三个层面的绩效衡量标准

便可以更加清晰、完整地反映企业运营目标和当前的运营状态。实际上，大多数组织会选择同时使用三个层面的绩效衡量标准。

● 最重要的绩效衡量标准有哪些

有效的绩效衡量系统涉及的问题之一，就是如何在少数关键衡量指标（简单明了，但无法全面反映组织的目标）和多数详细衡量指标（复杂且难以管理，但可以反映绩效中的微小差别）之间达到某种平衡。总体而言，通过明确总体运营战略、反映战略目标的最重要或关键绩效指标，以及用于"充实"每个关键性绩效指标的一系列详细的衡量标准之间的联系，可以达到这种平衡。显然，除非明确"战略"的定义，否则很难在小范围内准确制定关键绩效指标。

● 应该采用哪些具体的衡量标准

质量、速度、可靠性、灵活性和成本这五项绩效目标是由许多较小的衡量标准组成的。例如，企业的运营成本会受到很多因素的影响，其中包括采购效率、材料转换效率、员工生产率以及直接和非直接生产人员比例等。不难发现，所有这些衡量标准都只反映了运营成本绩效的一小部分，其中许多标准涵盖的信息也会出现重叠。然而，每种衡量标准也都能从某个角度反映企业运营的成本绩效，这有助于确定需要改进的方面或监测改进的程度。一家企业认为自身的成本绩效不尽如人意，便可以将成本绩效分解为"采购效率""运营效率"和"员工生产率"等，这样或许可以找到问题的根本原因。图 2-12 在"运营"层面展现了某些可用于判断运营绩效的部分衡量标准。

● 平衡计分卡

卡普兰（Kaplan）和诺顿（Norton）[9] 设计的"平衡计分卡"（balanced score-card，BSC）是最著名的绩效衡量法，也是很多组织都在应用的衡量方法。他们在保留传统财务衡量标准的同时，认为这些标准是在联系过去的实际情况下制定的，可能无法在竞争越来越激烈的时代中单独为公司的运营提供指导。于是，他们制定的新的框架涵盖了战略和运营两个层面。与传统绩效衡量系统一样，平衡计分卡同样涵盖了财务绩效衡量标准。除此之外，该方法还旨在提供其他的重要信息，使组织的总体战略能够通过具体绩效衡量标准得到更加充分的反映。除了财务绩效衡量标准，平衡计分卡还涵盖了客户满意度、内部流程以及创新（innovation）和其他改进活动等操作性更强的衡量标准。如此一来，平衡计分卡便可以衡量财务绩效背后的影响因素，而这些因素则是未来取得财务成功的关键驱动力。具体而言，一系列平衡的标准能够帮助管理者解决以下问题（见图 2-13）：

» 我们如何看待股东（财务角度）？
» 我们必须把哪些环节做到出色（内部流程角度）？
» 客户如何看待我们（客户角度）？
» 我们如何不断提升和构建能力（学习和发展角度）？

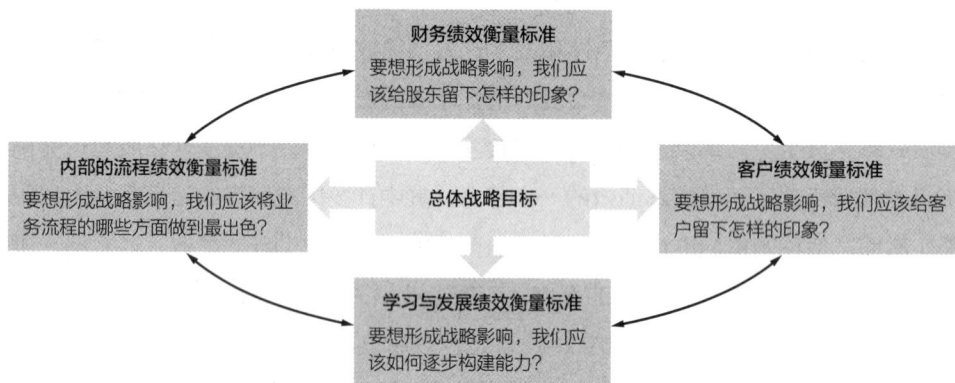

图 2-13　平衡计分卡使用的衡量标准

平衡计分卡是指将各种反映企业战略地位的要素结合起来，包括产品与服务质量标准、产品与服务开发时间、客户投诉与劳动生产率等。该方法还限制了衡量标准的数量，同时对必要的衡量标准进行特别关注，从而避免绩效报告笨重冗长。其优点在于，在一份绩效报告中能够展现组织绩效的全貌，并通过全面的绩效衡量标准鼓励运营企业从全局利益出发做出正确决策，而不是围绕狭隘的衡量标准进行局部优化。

2.6 如何权衡各个运营绩效目标

前面已对企业内部各个绩效目标之间的相互影响进行了探讨。提高质量、速度、可靠性和灵活性可以提高成本绩效，这是最重要的。但是从外部看，情况可能并非总是如此。实际上，运营企业也需要对不同绩效目标进行权衡（trade-off）。换言之，要想提高某项绩效，有时只能以另一项为代价。例如，某公司想要提高成本效率，就只能通过减少产品和服务的种类实现，其实就是天下没有免费的午餐。对此，威克姆·斯金纳（Wickham Skinner）教授做出了精辟的总结，他说："大多数管理者都会毫不避讳地承认，在飞机或卡车的设计过程中，设计者都需要做出妥协或权衡。以飞机设计为例，巡航速度、起飞和着陆距离、初始成本、维护问题、燃料消耗量、乘客舒适度、载货量或载客量等问题都是需要权衡的。目前还没有人能设计出既能在航空母舰上降落又能突破音障且载客量高达 500 人的飞机。对运营而言自然也是如此。"[10]

目前，人们对于权衡问题持两种不同的观点。第一种观点强调对绩效目标进行"重新定位"，为了提高某些绩效，可以牺牲其他一些绩效。另一种观点则认为企业应当摆脱权衡模式，提高运营的"有效性"，从而在不降低其他绩效的同时提高一个或多个方面的绩效。大部分运营企业会同时采用以上两种方式。运营绩效的"有效边界"（efficient frontier）就是最有力的说明。

● 权衡与有效边界

图 2-14a 从成本效率和产品与服务种类方面展现了同一行业几家公司的相对绩效。几乎所有运营企业都希望在成本效率维持较高水平的同时为客户带来多种产品和服务。然而通常情况下，产品和服务种类的增多也会提高运营的复杂性，从而降低企业运营效率。相反，提高成本效率的途径之一就是严格控制面向客户的产品种类。图 2-14a 显示的结果分布情况就是产品种类与成本效率关系的典型体现。企业 A、B、C 和 D 都按照不同比例对企业产品种类和成本效率进行了不同的取舍，从而达到二者之间的平衡。但由于每家企业都存在"突出"绩效，所以没有任何一家企业会受到其他企业的压制。然而在成本效率相同的情况下，企业 X 的产品种类少于企业 A，而在种类相同的情况下，其成本效率又低于企业 C，所以该企业绩效较低。企业 A、B、C 和 D 所在的凸线被称为"有效边界"，这些企业可能会在凸线上选择不同的定位，可能是

由于市场策略不同，但无论如何，它们都具备一定的有效性。当然，任何一家位于有效边界的企业都会认为，其选择的产品种类与成本效率比例可能并不合适，在此情况下，它们会在有效边界上重新选择定位。相比之下，企业 X 也选择以某种特定方式达到种类和成本效率的平衡，效果却不尽如人意。企业 B 选择的比例与企业 X 相同，却能更有效地实现两种绩效目标。

提高有效性的战略并不只适用于受压制的企业（如企业 X），那些处于有效边界的企业也希望摆脱有效边界曲线中隐含的权衡模式，从而提高运营有效性。例如，图 2-14b 中的企业 B 希望在增加品种数量的同时也可能提高成本效率，从而达到 B_1 的位置——这一目标并非无法实现，前提是，该企业必须采取运营改进措施拓展有效边界。例如，超市经理必须对所有时段的收银台开放数量进行合理安排。如果开放数量多，部分收银员会无所事事，但顾客无须等待就能享受到优质服务。相反，如果开放数量过少，所有收银员就要一直工作，顾客却因此要排长队等待。于是，超市经理就需要在人员利用率（即成本）和客户等待时间（即服务速度）之间进行取舍。他有可能在安排大量专业收银人员的同时，对其他岗位的员工进行培训，并让他们在顾客突然增多时能"随叫随到"。这样，如果值班经理发现收银台前有大量顾客在排队等待，就可以迅速安排其他岗位的员工为顾客结账。通过建立灵活的员工分配制度，超市经理可以在改进服务的同时保持较高的人员利用率。

企业的战略提升方式包括在有效边界重新定位和通过拓展边界提高运营效率，二者的区别非常重要。任何企业都必须明确自身要在多大程度上按照绩效目标重新定位，又要在多大程度上同时通过多种方式提高有效性。

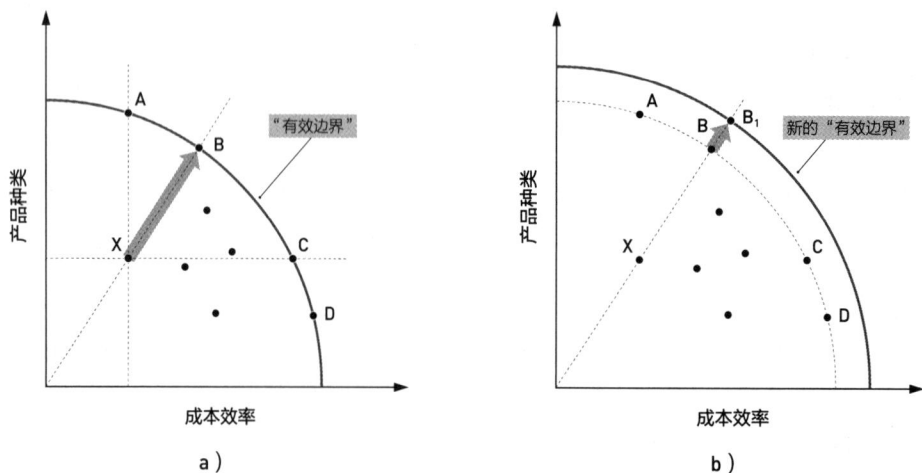

图 2-14 有效边界一般通过突出的绩效对不同的企业进行区分

本书将在每一章的"社会责任"板块总结本章主题与重要的社会、道德和环境问题之间的关联。

只要进入大型公司的官网，就会发现网站的很大一部分内容都在介绍该公司如何应对其运营活动对社会和环境的影响，某些目标远大或警惕性较强的大型企业甚至会对企业社会责任绩效进行衡量。这是因为，首先，从直接的管理角度看，对运营企业的社会和环境影响进行衡量，可以为企业社会责任计划的选择提供参考，某些倡议也能够产生更大的积极影响；其次，其衡量结果也可以敦促管理者关注那些没有达到预期效果的企业社会责任计划，并努力提高其有效性；最后，大多数企业需要向广大利益相关者展示其在履行企业社会责任方面的成果。如今，越来越多的客户会关心企业的企业社会责任绩效，员工也通常更愿意为符合道德规范的运营企业工作，因此，展现企业社会责任绩效不仅能够帮助企业更好地招聘和留住更多的人才，甚至连投资者都会在做出决策前对企业的企业社会责任绩效进行考察。

准确、可靠的企业社会责任绩效衡量方法并不好找。有人认为目前关于企业的企业社会责任计划，还没有形成一整套真正得到普遍理解或接受的衡量标准。当然，各个组织在报告此类问题时，有效性也存在很大差异。企业社会责任问题在企业总部所在国的重要性可能会影响运营企业的报告质量。在企业社会责任标准更高、政策法规更加严格、法律体系更加完善的国家，运营企业的企业社会责任报告质量也明显会更高。[11] 关于如何衡量社会环境绩效，目前尚无定论。对运营企业来说，目前较为可行的方法是从以下两个方面衡量企业社会责任绩效。

» 评估企业的运营是否与积极促进企业社会责任行为的活动、程序和政策相符，衡量标准可包括：是否遵守有效的行为准则、与利益相关者会面的次数、多元化目标的实现进度、健康和安全数据、为社区提供的社会计划数量，以及为减少废物排放和能源消耗而采取的流程改造等。
» 评估衡量企业社会责任工作成果的结果指标。其中包括：公司认为符合道德规范的利益相关者数量、最高薪酬和最低薪酬差距的缩小程度、员工满意度得分的增长率、工作事故的减少率、捐赠给社区项目的利润或收入百分比、参加公司赞助的志愿活动的员工数量，以及废物产生量或排放量的减少率等。

当然，这类衡量标准大多基于人的主观感知，但对企业社会责任进行评估时，主观感知与客观现实同样重要。我们甚至可以利用社交媒体来判断利益相关者的意见。曾有人利用企业利益相关者在 Twitter [12] 上发表的意见开展了一项研究，结果显示，企业的企业社会责任实践可以通过这种方式进行衡量，而且利益相关者对企业社会责任实践的看法与企业自身的报告内容往往存在差异。

第 2 章要点小结

1. **为什么运营绩效对任何组织都至关重要?**

- 运营管理可以决定任何企业的成败。对大多数企业而言，它是企业最主要的资产。
- 运营的积极影响包括：使企业注重自我改进、构建难以模仿的能力和加深对流程（即所有运营活动组成部分）的了解。
- 运营不善的负面影响包括：造成在客户看来显而易见的运营问题，且此类问题会使企业付出高昂的代价，以及使企业自我感觉良好，从而错失及时改进的机会。

2. **如何从社会层面评判运营绩效?**

- 运营决策会对利益相关者产生影响。利益相关者是指运营活动中享有合法权益的个人及群体。
- 企业在运营时应考虑对广泛利益相关者的影响，这一概念被称为"企业社会责任"（CSR）。
- 从社会层面评估运营绩效通常需要采用三重底线法（TBL 或 3BL，又称"人、地球和利润"）。它包括社会底线、环境底线和经济底线。
- 社会底线是指企业应该为自身运营对社会造成的影响承担一定的责

任，同时在其运营活动中造成的外部"社会"影响和更直接的内部影响（如经济利润）之间取得平衡。
- 环境底线是指企业应该为自身对自然环境造成的影响承担一定的责任。
- 经济底线是指企业通过有效利用运营资源从而产生绩效后，从经济层面衡量绩效的传统衡量标准。

3. **如何从战略层面评判运营绩效?**

- 运营管理者执行的决策和活动类型会对企业运营产生重大战略影响。
- 具体而言，运营会通过以下五个方面影响经济绩效：
  - » 降低成本；
  - » 通过提供有效的产品 / 服务满足客户的需求；
  - » 降低运营失败的风险；
  - » 减少不必要的投资；
  - » 为未来创新奠定基础。

4. **如何从运营层面评判运营绩效?**

- 用来评估运营绩效的五个"绩效目标"包括：质量、速度、可靠性、灵活性和成本。
- 质量之所以重要，是因为运营可以通过"把事情做对"努力提高产品和服务的质量。从外部看，质量是直接影响客户满意度的重要方面；从内部看，高质量的运营既可以降低成本，也可以提高可靠性。

- 速度之所以重要，是因为运营可以通过"快速完成任务"努力提高产品和服务的交付速度。从外部看，速度是客户服务的重要方面；从内部看，速度既可以通过缩短生产时间减少库存，也可以通过延迟资源投入时间降低风险。

- 可靠性之所以重要，是因为运营可以通过"按时完成任务"努力提高产品和服务交付的可靠性。从外部看，可靠性同样也是客户服务的重要方面；从内部看，企业内部能够提高运营的可靠性，企业无须再为可靠性不足造成的问题而花费额外的时间和金钱，同时又能维持运营的稳定性。

- 灵活性之所以重要，是因为运营可以通过"调整业务"努力提高产品生产和服务的灵活性。从外部看，灵活性高的企业可以推出更多、更好的新产品与服务（即产品和服务灵活性）或产品生产与服务的组合（组合灵活性）、生产不同数量或规模的产品与服务（数量灵活性）、在不同的时间生产产品与服务（交付灵活性）；从内部看，灵活性能够加快响应速度，节省转换过程浪费的时间，并维持可靠性。

- 成本之所以重要，是因为企业在运营中可以通过"低成本运作"降低产品和服务的生产成本。从外部看，较低的成本可以让企业降低价格，从而达到更高的销量，或在销量不变的情况下提高自身利润率；从内部看，提高质量、速度、可靠性和灵活性也有助于提高成本绩效。

5. 如何衡量运营绩效？

- 对任何企业而言，单一的绩效衡量标准无法充分反映绩效目标的整体情况。通常，企业需要通过其他绩效衡量标准进行综合衡量。

- 平衡计分卡是一种常用的绩效衡量法。其衡量标准涉及以下几个角度：我们如何看待股东（财务角度）？我们必须把哪些环节做到出色（内部流程角度）？客户如何看待我们（客户角度）？我们如何不断提升和构建能力（学习和发展角度）？

6. 如何权衡各个运营绩效目标？

- "权衡"是指为提高某项绩效而牺牲其他绩效的程度。"有效边界"不仅可以清晰地阐明"权衡"概念，同时也可以对在有效边界上重新定位和通过摆脱权衡模式提高绩效这两种模式进行有效区分。

第 2 章注释

[1] "三重底线"概念最早于 1994 年由英国咨询公司 SustainAbility 创始人约翰·埃尔金顿（John Elkington）提出，详见 Elkington, J. (1997) *Cannibals with Forks: The Triple Bottom Line of 21st Century Business*, Capstone，也可参见 Savitz, A.W. 和 Weber, K. (2006) *The Triple Bottom Line: How Today's Best-Run Companies Are Achieving Economic, Social and Environmental Success –and How You Can Too*, Jossey-Bass。

[2] 案例信息来自共益企业的官网；Economist (2018) Choosing plan B – Danone rethinks the idea of the firm, Business section, Economist print edition, 9 August。

[3] 详见 Jensen, M.C. (2001) Value maximization, stakeholder theory, and the corporate objective function, *Journal of Applied Corporate Finance*, 14(3), 8–21。

[4] 案例信息来自 Willan, P. (2018) Spread the word: dream job if you're nuts about chocolate, *The Times*, 28 July; Reuters Staff (2018) Ferrero stops production at biggest Nutella plant to assess quality issue, Reuters, 21 February ; France 24 (2019) World's largest Nutella factory reopens after 'quality defect' france24, 25 February; Sage, A. (2018) Nutella fistfights spread at Intermarché stores across France, *The Times*, 26 January。

[5] 案例信息来自 Palmer, M, (2020) Smart ambulances and wearables offer route to speedier treatments, *Financial Times*, 24 November. More on London's Air Ambulance Service can be found at https://www.londonsairambulance.org.uk (accessed August 2021)。

[6] 案例信息来自 McCurry, J, (2017) Japanese rail company apologises after train leaves 20 seconds early, *Guardian*, 17 November; The Local (2017) SBB remains most punctual train company in Europe, news@thelocal.ch, 21 March。

[7] 案例信息来自 mymuesli 官网。

[8] 案例信息来自奥乐齐的官网。

[9] Kaplan, R.S. and Norton, D.P. (1993) *The Balanced Scorecard*, Harvard Business School Press, Boston, MA.

[10] Skinner, W. (1985) *Manufacturing: The Formidable Competitive Weapon*, John Wiley & Sons, New York, NY.

[11] Sethi, S.P., Martell, T.F. 和 Demir, M. (2017) An evaluation of the quality of corporate social responsibility reports by some of the world's largest financial institutions, *Journal of Business Ethics*, 140 (4), 787–805.

[12] Barbeito-Caamaño, A. and Chalmeta, R. (2020) Using big data to evaluate corporate social responsibility and sustainable development practices, *Corporate Social Responsibility and Environmental Management*, 27 (6), 2831–48.

运营战略

本章学习目标

» 什么是战略和运营战略？

» 运营战略如何与业务战略保持一致（自上而下视角）？

» 运营战略如何与市场需求保持一致（由外向内视角）？

» 运营战略如何与运营经验保持一致（自下而上视角）？

» 运营战略如何与运营资源保持一致（由内而外视角）？

» 如何协调四种运营战略视角？

» 如何组织运营战略流程？

导语

从长远看，运营的主要目标就是为组织赋予某种形式的战略优势。流程、运营和供应网络的管理必须与总体战略保持一致。虽然企业需要根据当前形势进行适当调整，但只对当前问题做出响应的话，可能会导致其方向不断发生变化，从而破坏运营的稳定性。因此，所有运营企业都需要以清晰易懂的战略为"背景"，而这个战略需要阐明公司目前的发展方向以及如何才能达到预定目标。一旦运营部门了解其在企业中扮演的角色，明确自己的绩效目标，就需要制定一套用于指导决策的总体原则，这就是运营战略。从苹果公司到服装品牌 Zara，许多长盛不衰的企业都是利用运营资源取得长期战略成功的。也正是合理的运营管理方式才让这些企业从众多竞争对手中脱颖而出。本章将从四种视角对此展开分析，每个视角都能从某种程度上体现运营战略形成过程中的主要影响因素。本章将探讨如何对这些视角进行协调，以及如何有效组织运营战略的流程。本章内容在运营管理整体模型中的位置如图 3-1 所示。

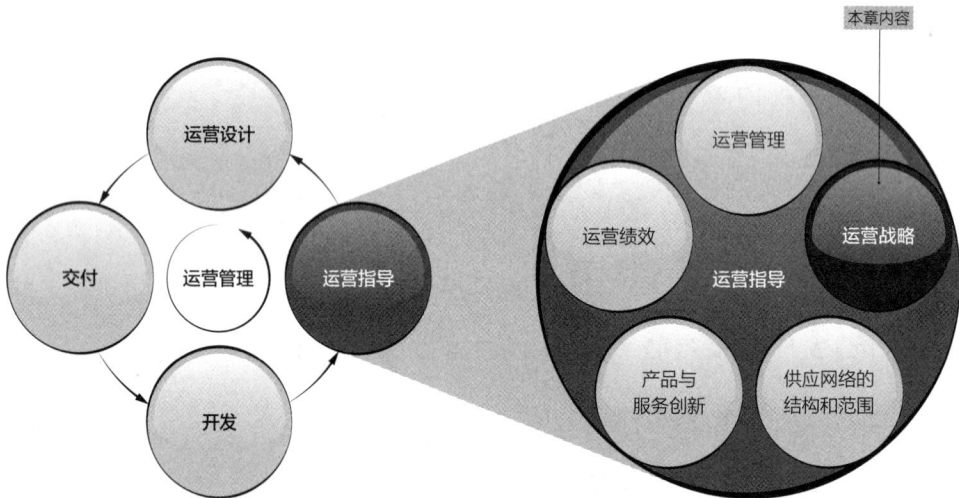

图 3-1　本章所探讨的运营战略在整体模型中的位置

3.1　什么是战略和运营战略

"战略"（strategy）一词看似简单，但定义起来并不容易。从语言学的角度看，strategy 源自希腊语中的 strategos，意思是"指挥军队"。虽然希腊的军事活动和现代战略思想之间没有直接的历史联系，但这种军事隐喻却有着强大的影响力。军事战略和商业战略（business strategy）都可以用类似的方式来描述，具体包括以下五个方面。

» 广泛制定目标并利用这些目标引导企业实现总体目标；

» 笼统而非具体地规划实现目标的路径；

» 将重点放在长期目标上，而非短期目标；

» 放眼全局，不要将重点目标局限在个别工作上；

» 摆脱或超越日常运营活动中的干扰。

从以上角度看，战略决策（strategic decisions）是指对组织具有最广泛影响的决策，这些决策确定了组织在环境中的相对位置，并使组织更加接近于长期目标。但战略并不是指单一决策，而是影响企业长期发展方向的总体决策模式和行动模式。这种思维方式有助于我们对组织战略展开讨论，即使其战略并未得到明确阐述。而观察总体决策模式也可以帮助我们了解实际的战略行为。

这一观点同样适用于运营战略（operations strategy）。运营战略的定义是决定运营的长期愿景、目标、能力及对运营企业整体战略作出贡献的决策和行动模式。[1]首先，"运营战略"一词似乎就有一定的矛盾性。"运营"通常与产品和服务的日常生产和交付活动有关，怎么会具有战略意义呢？的确，"战略"通常可以视为这些日常活动的反义词，但"运营"并不等同于"运营性"。"运营"是用来提供产品和服务的资源，显然可以产生真正的战略影响。"运营性"则是"战略性"的反义词，它形容的是日常、具体且往往是局部的工作。因此，我们可以从运营性和战略性两个方面对运营进行分析。另外，我们通常也要对运营战略的"内容"和"流程"加以区分。运营战略的内容（content of operations strategy）是确定运营角色、目标和活动的具体决策与行动，运营战略的流程则是做出具体内容决策需要采用的方法。

奥凯多的战略 [2]

如今，购物已逐渐成为一种线上活动，在食品零售业也是如此。由于保质期的限制，大部分商品都无法长时间储存，于是线上食品配送业务开始在世界各地发展起来。对这类企业而言，制定成功的线上运营战略并非易事，在利润率极其微薄的情况下更是如此。但这也并非无法实现。比如，任何在英国购买食品杂货的人都听过奥凯多（Ocado）的名字。该公司最初与英国高端超市维特罗斯（Waitrose）签订了品牌和采购协议，在英国南部提供本地食品杂货配送服务。但到后来，它却成为世界上最大的在线食品杂货专营零售商，活跃用户高达 50 多万。该公司表示，目标就是在服务、商品种类和价格方面为顾客带来最佳的购物体验，同时建设成为一家强大的企业，为股东创造长期的价值。除此之外，该公司还开发了一套高科技供应流程系统，既能保证效率又能带来高水平的服务。大多数食品杂货商都是从当地批发商进货，然后装车配送，完成订单。相比之下，奥凯多开发出了奥凯多智能平台（Ocado Smart Platform，OSP），这是其线上零售业务运营的独家解决方案。

奥凯多智能平台将专有的集成端到端软件和技术系统，与实体履单中心（即仓库）自动化技术和配送路线系统相结合，涉及从管理到用户下单再到配送的整个周期。更重要的是，有了这个平台，奥凯多就可以将 OSP 作为一项服务提供给其他零售商。该公司表示，它可以通过提供 OSP 服务，让其他市场的合作伙伴也能掌握自己独有的能力，且成本远低于其他类似的服务。长期以来，该公司以其在顾客履单中心（Customer Fulfilment Centre，CFC）技术上的创新型投资而闻名。常规的 CFC 流程是利用长传送带逐步运输货物，但奥凯多并未采用这种流程，而是采用一个三维网格系统将客户订单组合在一起。机器人在整个网格中穿梭，拾取货物并将其运送到"拣选站"，那里会有奥凯多的员工将订单组合在一起。所有操作都在总体控制系统的指挥下完成，该系统负责人对机器人、传送带和订单组合进行协调。正是整个集成端系统支撑起了公司自身的运营，也支撑起了更多其他零售商的运营。这项技术让奥凯多与英国莫里森超市（Morrison's）达成合作。随后，该公司又将系统出售给克罗格（Kroger，美国最大的连锁超市之一）以及欧洲、澳大利亚和加拿大等地的多家超市。对奥凯多而言，用于提供服务的运营资源和流程已不仅仅是达到目的的手段，至少在一定程度上，它已成为其"目的"本身。

● **利用运营战略阐述运营贡献愿景**

　　大多数企业都希望其运营战略能随着时间的推移而提高运营绩效，从一开始对企业的成功贡献有限，逐步发展为企业在竞争中取胜的直接影响因素。运营"愿景"是一种明确的表述，说明运营计划应如何为企业贡献价值。它阐述的并不是运营想要实现什么（如运营目标），而是它要成为什么样子，做出怎样的贡献。总结运营贡献的常见方法是罗伯特·海斯（Robert Hayes）和史蒂文·惠尔赖特（Steven Wheelwright）提出的四阶段模型。**[3]** 在第一阶段，运营职能起到的主要是负面作用，到了第四阶段则发展成竞争战略的核心要素。该模型对第一阶段到第四阶段的全过程进行阐述，具有深远的意义。从第一阶段到第四阶段的四个步骤如图 3-2 所示。

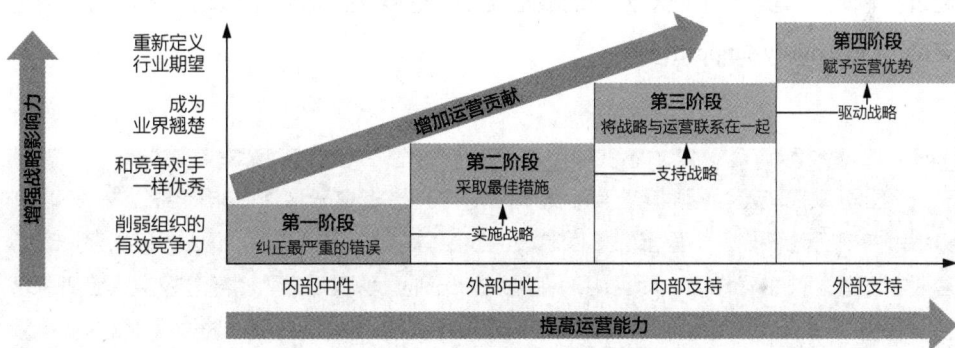

图 3-2　海斯和惠尔赖特提出的运营贡献四阶段模型
将运营职能的发展过程总结为：实施战略→支持战略→驱动战略

第一阶段：内部中性
　　相比其他阶段，运营职能在第一阶段的贡献水平是最低的，并且会削弱组织的有效竞争力。在第一阶段，运营职能是内向的，充其量只能被动地应对问题，对组织在竞争中取胜的积极贡献微乎其微。它在该阶段的愿景是"内部中性"（internally neutral），不以任何方式阻碍组织的发展。而实现这一愿景的方式是"避免犯错"。

第二阶段：外部中性
　　运营职能摆脱第一阶段的第一步，就是要开始与外部市场中的类似企业或组织进行比较。这种做法不会立刻让企业跻身市场的"第一梯队"，但至少可以通过竞争对手的绩效进行自我衡量，并尝试实施自身的"最佳方案"。在第二阶段，运营职能的愿景是在行业内实现"外部中性"（externally neutral）。

第三阶段：内部支持

到了第三阶段，企业通常已成功跻身市场的"第一梯队"。在该阶段，运营职能的愿景是让企业成为市场上毋庸置疑的佼佼者。为实现这一愿景，它必须清楚地了解公司的竞争或战略目标，并通过开发适当的运营资源支持该目标。在此阶段，运营职能正努力通过制定可靠的运营战略实现"内部支持"（internally supportive）。

第四阶段：外部支持

之前该模型曾将第三阶段认定为运营职能贡献的最高阶段。然而，随着运营管理的重要性不断提高，该模型不得不引入一个新阶段。第三阶段和第四阶段之间的区别很微妙，但极为重要。在第四阶段，运营职能为组织在竞争中取胜奠定了基础。它对市场和供应情况可能发生的变化进行预测，并根据未来市场条件构建竞争所需的运营能力。到了第四阶段，运营职能通常具备了创新性、创造性和主动性，可以通过"领先"竞争对手推动公司的战略实施，这就是海斯和惠尔赖特所说的"外部支持"（externally supportive）。

> 运营可以在决定公司战略方向上发挥主导作用，但这一说法并未得到公认。海斯和惠尔赖特在四阶段模型中提出的第四阶段以及运营"推动"战略的概念，不仅意味着运营可能发挥这种主导作用，而且明确将其视为一种"积极现象"。部分权威人士则采取了一种更为传统的立场，认为市场需求始终在制定公司战略方面占据主导地位。因此，运营部门应该完全致力于了解市场需求（由组织内部的市场营销部门确定），同时做好主要工作，即确保运营流程能够切实满足市场需求（requirements of the market）。他们认为，企业只有在市场中找到自身定位才能取得成功，而价格、促销方式、产品设计和产品与服务交付方式管理的组合可以帮助企业确定市场定位，运营则在很大程度上起到"辅助性"作用。他们还指出，海斯和惠尔赖特的模型应该止步于第三阶段。对于运营战略中的"运营资源"问题，将在本章后面进行讨论。

批判性评注

● 运营战略的四种视角

不同的作者对运营战略的看法和定义也略有差别。然而，他们的观点通常可以总结为四种"视角"（four perspectives），如图 3-3 所示。[4]

　》运营战略应与整个团队或业务的愿景保持一致，这种视角有时也被称为"自上而下"（top-down）视角。

» 运营战略应将企业预期的市场定位转化为运营决策所需的目标，这种视角有时也被称为"由外向内"视角。

» 运营战略应从日常活动中吸取经验，从而逐步构建战略能力，这种视角有时也被称为"自下而上"（bottom-up）视角。

» 运营战略应开发运营资源和流程，从而使企业能够在其选择的市场中充分发挥自身能力，这种视角有时也被称为"由内而外"视角。

单独来看，这四种视角都无法展现运营战略的全貌，但综合起来，便可以了解运营战略内容形成过程中的一些影响因素。在本章接下来的四节中，我们将依次对上述四个视角进行讨论，并探讨如何将它们进行有效的协调。

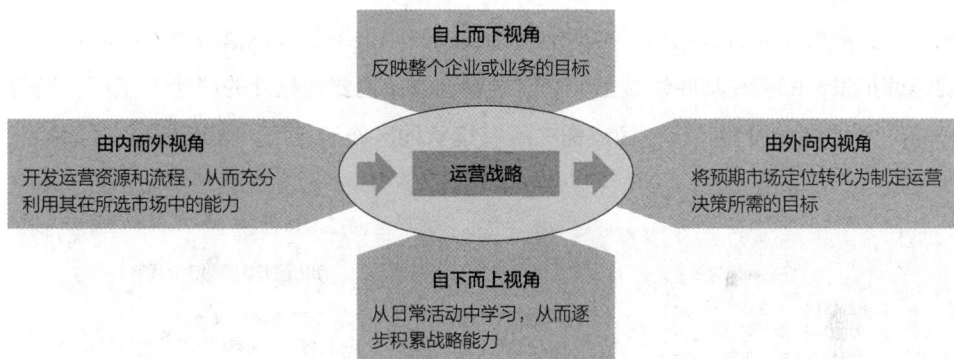

图 3-3　运营战略的四种视角

3.2　运营战略如何与业务战略保持一致（自上而下视角）

自上而下视角通常将战略分为三个层面：企业层面、业务层面和职能层面。

» 企业战略（corporate strategy）应该在全球化、经济、政治和社会环境中对企业进行定位，具体应该包括业务类型、运营地区和业务资金分配方式等决策。

» 企业内部的各个业务单元也需要制定自己的业务战略，该战略应规范单项业务的使命和目标。业务战略可以使业务与客户、市场和竞争环境相适应，同时也应当与其所属企业的战略目标保持一致。

» 有了业务战略后，运营、营销和产品/服务开发等部门就应考虑如何以最佳方式组织本部门工作，从而促进业务目标的达成，这就是职能战略（functional strategies）。职能战略需要确定各个职能在实现业务战略目标中所起的作用。

因此，从自上而下视角看，运营战略应该在"战略层次结构"中找到自身所处的位置。（见图 3-4）在此情况下，运营的主要作用是实施或运行更高层次的战略。例如，某家印刷服务集团旗下有一家专为消费品印刷包装的公司。该集团管理层认为，从长远看，企业只有占据较大的市场份额才能获得丰厚的利润。因此，该企业选择将占据市场主导地位作为其主要目标。这家消费品印刷包装公司决定优先提高销量，其销量优先级甚至高于短期利润率或投资回报率。该运营战略意味着企业需要迅速扩张，即使在某些领域出现产能过剩现象，也要为额外的产能（工厂、设备和劳动力）进行投资。该公司还需在所有运营地区新建工厂，从而提高交付速度。

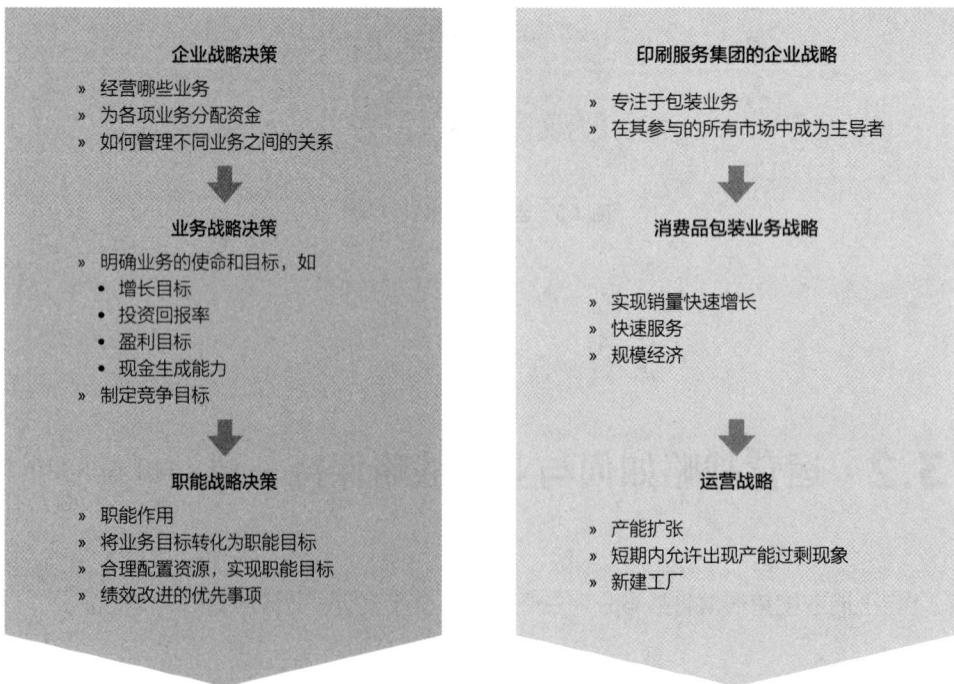

企业战略决策
» 经营哪些业务
» 为各项业务分配资金
» 如何管理不同业务之间的关系

↓

业务战略决策
» 明确业务的使命和目标，如
  • 增长目标
  • 投资回报率
  • 盈利目标
  • 现金生成能力
» 制定竞争目标

↓

职能战略决策
» 职能作用
» 将业务目标转化为职能目标
» 合理配置资源，实现职能目标
» 绩效改进的优先事项

印刷服务集团的企业战略
» 专注于包装业务
» 在其参与的所有市场中成为主导者

↓

消费品包装业务战略
» 实现销量快速增长
» 快速服务
» 规模经济

↓

运营战略
» 产能扩张
» 短期内允许出现产能过剩现象
» 新建工厂

图 3-4　运营战略的自上而下视角及其在印刷服务集团中的应用

这里需要强调的是，不同的企业目标可能会带来截然不同的运营战略。图 3-4 展现了这种战略层次结构，并对各层次的某些决策及对战略决策的主要影响进行了说明。

尽管企业战略、业务战略和运营战略之间清晰简单的关系似乎有些"理论化"，但它仍是一个重要概念。它所传达的是，要想理解某个层面的战略，就要结合上一层战略目标和实现下一层目标的方式进行考虑。而无论在哪个层面，良好的自上而下视角都应该清晰易懂，并将不同层次联系起来。它应当明确运营战略需要优先考虑的事项，并为需要实现的战略提供指导。

● 对应性和一致性

要想根据业务战略制定职能战略，就必须澄清模糊之处、调和矛盾。每项职能战略和业务战略之间都应有清晰、明确且合乎逻辑的联系。此外，职能战略和职能部门内部所做的决策之间也应该有这种联系。换句话讲，不同战略层次之间应该存在对应性，只有对应性往往是不够的，运营战略还必须具备一致性。它既要和其他职能战略保持一致，也要和自身战略相一致。一致性是指所有决策都应该相辅相成，而不是将运营活动拉到不同的方向上。对应性和一致性的概念如图 3-5 所示。

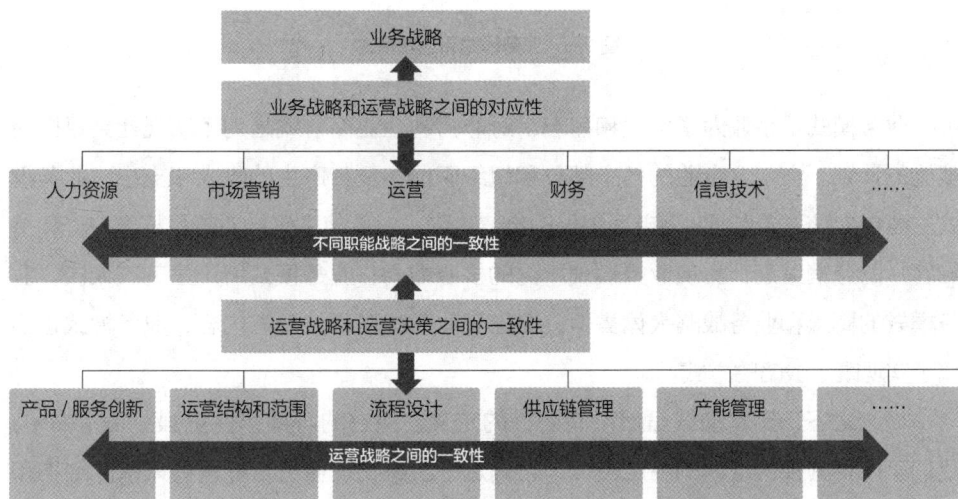

图 3-5　运营战略的自上而下视角需要具备对应性和一致性

● 业务模式和运营模式

业务模式（business model）和运营模式（operating model）是过去几年新出现的两个概念，可以帮助我们理解运营战略的自上而下视角。二者之间的关系如图 3-6 所示。

"业务模式"和"运营模式"的概念有所重叠——运营模式描述的是如何运用流程、资源、技术、人员、指标和职责，从而为业务模式提供支持。

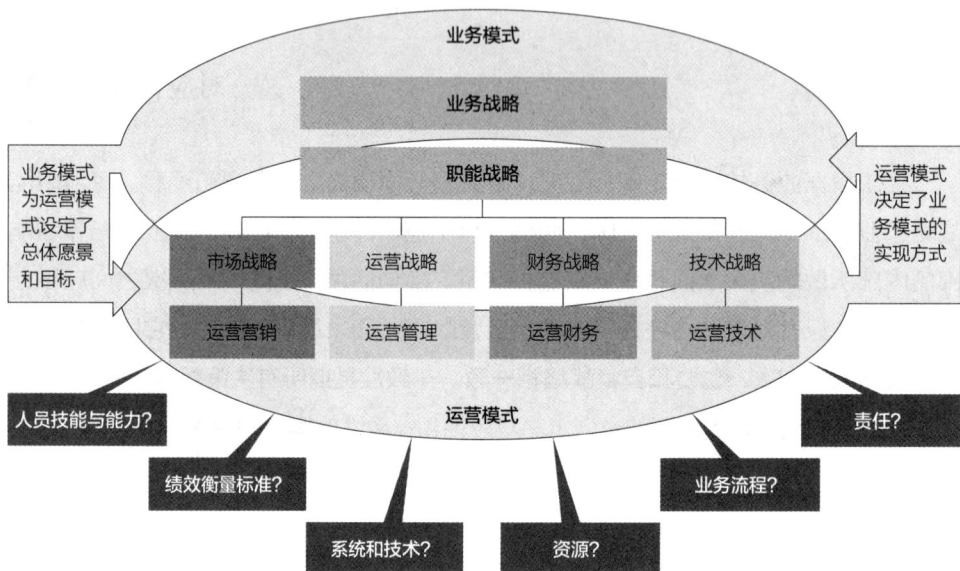

图 3-6　业务模式和运营模式

业务模式是企业为了创收和盈利，对非营利企业而言就是为了实现社会目标而实施的计划。它包含企业的各个部分和组织职能，及其产生的收入和支出。业务模式主要包含以下要素：[5] 为市场提供的价值主张；对价值主张针对的目标客户群和接触客户的分销渠道；实现业务模式所需的核心能力；业务模式所产生的收入流。业务模式的概念和业务战略大体类似，但除了业务战略所涉及的内容，业务模式也强调了实现既定战略的方式。

相比之下，运营模式虽然没有明确的定义，但它的可操作性更强。在本书中，我们可以将其视为组织的高层设计，它确定了组织实现业务目标需要采取的结构和风格。[6] 理想的运营模式应该从全局角度清晰地描述出组织需要做的工作及其开展工作的方式，同时应明确组织该如何开展关键工作。另外，运营模式也应该提供一种分析方法，从而通过组织完成目标所需的业务职能、流程和结构之间的关键关系对企业进行分析。它可以包含以下要素：关键绩效指标（指明绩效目标、新投资和预期现金流的相对重要性）；产品、运营地区、资产、特定流程、系统和技术的负责人；组织架构。

　　需要注意的是，运营模式反映了本书第 1 章中提出的观点，即所有管理者都是运营管理者，所有部门都可被视为运营部门，因为它们都是由提供某种服务的流程组成的。运营模式和运营战略类似，但前者适用于组织的所有职能和领域。此外，业务模式和运营模式之间也存在明显的重叠，但运营模式更关注如何实现整体业务战略。

3.3　运营战略如何与市场需求保持一致（由外向内视角）

　　所有的运营战略都应反映企业预期的市场定位。如果一家企业始终无法充分满足市场需求，那么它很难长期运营下去。不同的组织会采用不同的竞争方式，所以要想在竞争中取胜，运营部门应具备符合预期市场定位的执行能力。这就是所谓的运营战略市场视角（或由外向内视角）。

实例分析

麦克雷科技公司的创新（第 1 部分，自上而下视角）[7]

　　麦克雷集团（Micray Group）旗下包含多家高科技企业，麦克雷科技公司（Micraytech）就是其中之一。它是一家计量系统公司，旨在为多个行业的大型国际客户开发集成测量系统。其目标战略是在为客户提供高科技创新性产品的同时可以根据客户需求定制系统，并提供技术咨询服务。通过这一战略，公司实现了规模增长。目前，麦克雷集团已针对该公司未来五年的增长情况制定了宏伟目标，并为达成这一目标而放宽了常规的销售回报率指标。作为目标战略的一部分，麦克雷公司正努力成为市场上新技术创新项目的领跑者。因此，从自上而下的角度看，其运营部门必须能够应对产品不断创新带来的变化。另外，该公司还制定了足够灵活的流程开发和新型组件组装系统，并将其与软件创新相结合。

　　同时，该公司运营部门的管理者也意识到，他们需要对员工进行组织和培训，使其了解技术发展方式，从而对运营活动进行必要的调整。此外，运营部门还需要与现有及潜在的新供应商建立联系，从而使其在供应新组件时迅速做出响应。因此，从自上而下的视角看，运营的方方面面，包括流程、员工、系统和程序，在短期内都绝对不能阻碍公司通过创新实现增长的竞争战略，且要在长期内发展这一战略。

● 市场需求对运营战略绩效目标的影响

运营活动通过满足客户需求为客户创造价值，从而提高企业竞争力。而要做到这一点，最有效的方法就是确保运营活动能够对运营绩效目标（质量、速度、可靠性、灵活性和成本）优先级进行合理排序。客户重视的竞争因素种类会影响每个绩效目标的优先级。例如，如果客户要求快速交付，那么速度就会成为重要的运营绩效目标；如果客户看重的是量身定制的产品或服务，那么灵活性就会成为重要的运营绩效目标，依此类推。

● 订单赢得要素、订单资格要素和非重要因素

确定竞争因素相对重要性的有效方法是区分订单赢得要素、订单资格要素和非重要因素。这些因素对竞争力或客户吸引力的相对影响如图 3-7 所示。

» 订单赢得（order winners）要素是指对赢得业务具有直接重大贡献的因素。客户将其视为购买产品或服务的关键原因之一。提高订单赢得要素的绩效可以为企业带来更多的业务，或者至少可以增加赢得业务的可能。

» 订单资格（qualifiers）要素可能不是决定竞争成败的主要因素，但从其他方面看，这种因素却尤为重要。企业的订单资格要素绩效只有高于某一特定水平，才能被列入客户考虑范围，如果低于合格水平，往往就会被排除在外。相反，即使在达到合格水平的基础上进一步提高订单资格要素绩效，也不会使企业获得太多的竞争优势。

» 非重要因素（less important factors）既不是订单赢得要素，也不是订单资格要素，它们不会对客户行为产生较为重大的影响。只有在这些因素对运营活动的其他方面产生较大影响时，我们才会对其加以分析。

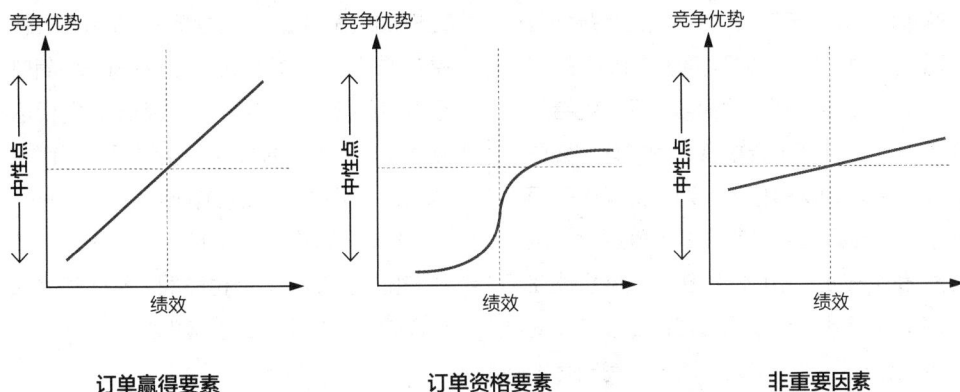

| 订单赢得要素 | 订单资格要素 | 非重要因素 |

图 3-7　订单赢得要素、订单资格要素和非重要因素

陶氏有机硅的运营战略 [8]

多年来，陶氏有机硅（Dow Silicones，前身为道康宁）是一家以优质服务和卓越技术立足市场的有机硅企业。客户愿意为其提供的先进技术、优质产品和定制服务支付高昂的价格。然而，随着市场逐渐成熟，顾客开始对价格越来越敏感。大型竞争对手开始降低成本，小型竞争对手管理费用则较低，因此，原本的溢价定价策略遭到了二者的双重打击，陶氏有机硅陷入两难境地。为摆脱这种困境，该公司决定对市场进行详细分析，并根据激励客户下单的关键因素对客户进行细分，最后将其分为以下四种关键类型。

* 创新解决方案寻求者：需要创新型有机硅产品的客户。
* 成熟解决方案寻求者：需要现有成熟产品相关建议的客户。
* 经济高效型解决方案寻求者：如果产品能通过提高生产率降低成本，那么这类客户甚至可能愿意支付溢价。
* 低价寻求者：有经验的常用有机硅材料购买者，希望以低廉的价格和简单的方式与供应商开展业务。

每个细分市场都向陶氏有机硅的运营传递了不同的信息。针对创新解决方案寻求者，公司需要与客户研发人员开展更加紧密的合作，从而开发新产品；针对成熟解决方案寻求者，运营部门采取了更加内部化的方式，与销售团队开展密切合作，以帮助他们更详细地了解产品范围，从而提高销售转化率；针对经济高效型解决方案寻求者，运营部门同样要重点与销售人员进行密切合作，双方都需要互相学习，关键是要加强对客户流程的了解，并帮助他们更好地根据需求匹配合适的产品；针对低价寻求者，陶氏有机硅重点降低制造和交付成本。对陶氏有机硅而言，争取到最后这类客户的难度最大。该公司在这一细分市场的销售额很低且还在下降，但这部分市场约占有机硅总市场的30%，预计还会出现大幅增长。陶氏有机

硅该如何解决这一问题呢？Xiameter 就是它的答案。这是该公司开发的一项简单且低价的服务，其服务范围有限，需要达到最小订购量才能发货，且不提供任何技术建议，只提供网络销售服务，这种方式大大降低了销售成本。同时，陶氏有机硅还安排了足够长的交付时间，从而确保独立订单不会扰乱企业现有的生产计划。

Xiameter 的发展为其他企业提供了一个值得借鉴的范例，企业在协调市场需求和自身运营能力时也可以参考该公司的步骤。

» 细分市场：通过细分市场，陶氏有机硅确定了不同客户群的不同需求。

» 评估当前绩效：在制定转型决策前，陶氏有机硅对其在各个细分市场的绩效进行了分析。

» 确定服务对象：虽然在低价寻求者市场中处于弱势，但仍有必要去探寻有效的竞争途径。

» 确定企业竞争的必要条件：针对低价寻求者，公司以低价为其供应产品，同时放弃技术咨询服务，因为该市场中的大部分用户不愿意为此付费。

» 　确定运营需要做的工作：Xiameter 要想取得成功，必须将重点放

在"实实在在"的服务上，并削减不必要的销售成本（采用了网络销售方式）。最关键的是，如果想让这种数量多、种类少的运营模式有效地运行，就必须防止客户提出任何增加成本的要求，因此限制了产品种类，设定最小订购量，同时制订不影响生产计划的交付时间。

● 产品／服务差异化对市场需求的影响

企业如要根据不同的客户群体提供差异化服务，就需要确定各个细分市场的绩效目标。例如，表 3-1 列出了银行业的两个客户群。该表以需求为标准，将客户分为寻求个人或家庭服务的个人客户和寻求（大型）机构服务的企业客户。后者需要的服务通常包括办理信用证、现金转账和商业贷款等。

表 3-1　针对不同的银行服务需要制定不同的绩效目标

	零售银行业务	银行对公业务
产品	个人理财服务（如办理贷款或信用卡）	企业客户特殊服务
客户	个人	企业
服务范围	服务范围适中，但标准化程度高，几乎不涉及特别条款	服务范围很广，包括多种定制化服务
服务设计变更	偶尔	持续
交付	快速地决策	可靠的服务
质量	交易过程不出差错	建立密切的关系
每种服务类型的业务量	大多数服务的业务量很大	大多数服务的业务量很小
利润率	大多数利润都是从低到中，少数业务为高利润	中到高
竞争要素		
订单赢得要素	价格	定制化服务
	服务是否易于获取	服务质量
	交易便利性	可靠性 / 信任度
订单资格要素	质量	交易便利性
	服务范围	价格
非重要因素		服务是否易于获取
内部绩效目标	成本	灵活性
	速度	质量
	质量	可靠性

● 产品 / 服务生命周期对市场需求的影响

要想对客户和竞争对手的行为进行概括，可以将其与企业的产品或服务生命周期联系在一起。产品 / 服务生命周期（product / service life cycle）的具体形式各不相同，但一般都表现为销量的四个阶段——导入期、成长期、成熟期和衰退期。其对运营管理的影响具体表现为企业需要在产品和服务生命周期的不同阶段采用不同的运营战略，如图 3-8 所示。

导入期

当产品或服务刚刚进入市场时，会带来新的设计或性能，几乎没有竞争者提供与之相似的产品或服务。此时，客户的需求还不太明朗，因此运营管理需要提高灵活性，从而应对任何变化，同时确保产品或服务质量，以维持产品或服务的绩效。

成长期

随着销量的增长，竞争者会陆续进入这个不断发展的市场。此时，满足市场需求

销量	导入市场	市场接受度增长	市场成熟阶段，销量趋于稳定	市场饱和，销量下降
客户	创新者	早期使用者	市场主体	落后者
竞争者	很少 / 没有	逐渐增加	保持稳定	逐步减少
可能的订单赢得要素	产品 / 服务规格	可用性	低价 可靠地供应	低价
可能的订单资格要素	质量 种类	价格 种类	种类 质量	可靠地供应
主导运营绩效目标	灵活性 质量	速度 可靠性 质量	成本 可靠性	成本

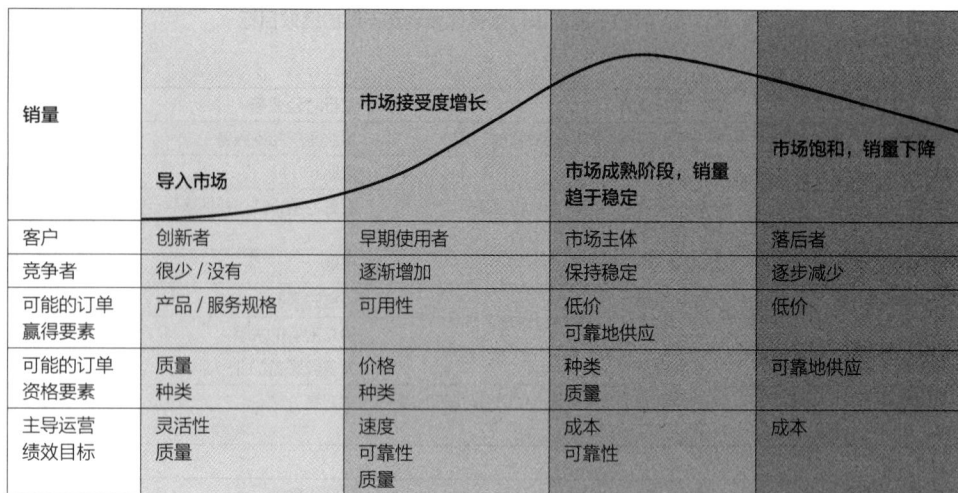

图 3-8　产品 / 服务生命周期对运营绩效目标的影响

则会成为运营的主要关注点。对需求做出迅速而可靠的响应，可以使市场需求保持旺盛水平，而保持产品或服务的质量又可以确保企业在竞争开始加剧时维持市场份额。

成熟期

随着需求水平逐渐趋于平稳，早期的竞争者可能已退出市场，此时的行业市场只由几家大公司主导。因此，运营必须降低成本，以维持利润或争取降价空间。所以，在成熟期，成本、生产率以及可靠的供应可能会是企业的主要关注点。

衰退期

随着时间的推移，产品或服务销量逐渐下降，越来越多的竞争者退出市场。可能还存在剩余市场，但除非出现产能短缺，否则市场将继续由价格竞争主导。因此，在衰退期，运营目标仍以成本为主。

麦克雷科技公司的创新（第 2 部分，由外向内视角 ）

麦克雷集团发现，在产品中不断融入技术创新成果可以让麦克雷科技公司获得巨大的发展机遇。然而，该公司的营销管理层明白，要实现这一目标，就要专注于"单个计量设备"市场或"集成计量系统"市场，或者二者兼顾。前者为各类工业用户提供"独

实例分析

立设备"，一直是公司的主要市场；后者销售的产品更大、更复杂，价格更昂贵，利润也更高，需要按照客户要求进行定制。这两类产品虽然有共同之处，但也存在差异。"单个计量设备"的竞争优势在于其技术性能和可靠性，以及比竞争者更短的交付时间。"集成计量系统"目前只占公司销售额的一小部分，但该市场预计会出现大幅增长。购买这种系统的客户都是大型制造商，他们正在为自动化程度更高的技术投资，需要能够整合到流程中的计量系统。从"由外向内"的视角看，要利用这一新兴市场，麦克雷技术公司必须学会与直接客户以及为客户提供自动化技术的公司更紧密地合作。除了传统的技术技能，该公司还必须提高软件开发、数据交换和客户联络技能。

运营实践案例

乐购的惨痛教训 [9]

通常情况下，市场条件发生了变化，企业的运营战略也要随之改变。但市场变化往往存在一段"潜伏期"，运营企业则需要更长的时间应对这些变化。这就是乐购（Tesco）在 2014 年得到的教训。乐购是英国最大且最成功的零售商之一，但在 2014 年，它却遭受了 64 亿英镑的亏损。虽然该公司在食品杂货销售领域仍稳居市场领先地位，但其与竞争者之间的差距却在不断缩小。线下门店和网店（不包含新店）的销售额下降了近 4%，这在零售业是相当大的降幅。在过去的 20 年里，乐购从来没有出现过这么大的亏损。批评者质问乐购为什么没有意识到自身的战略失败，甚至有人将其形容为"轮胎漏气的重型卡车，引擎也在嘎吱作响，令人担忧"。在乐购此次遇到的问题中，部分超出了公司的控制范围，是由其竞争对手造成的。因为维特罗斯（以高质量产品著称的高端

超市）占据了高端市场，德国折扣店奥乐齐和利多（Lidl）则吸引了更多关注价格的顾客。但也有些问题来自乐购自身，是由其运营战略未能快速应对市场需求造成的。对消费者行为进行更加严格、敏锐的监测后可以发现，如今的家庭减少了每周去超市采购的次数，转而选择送货上门或在本地商店补充日用品，因此大型超市无法再吸引顾客，但在此情况下，乐购还在继续执行建立郊外大型超市的战略。实际上，乐购首席执行官菲利普·克拉克（Philip Clarke）也承认，本应在人们的购物习惯出现明显变化时采取更快的行动，终止大型超市的开业计划。他表示："人们总是事后才想到合理的应对措施，但在真正需要正确决策时，却总是犯糊涂。我当时应该用更快的速度终止（大型超市）扩张战略，重新分配当地小型商店。"

这段在乐购经营史上出现的插曲也

为该公司上了重要的一课。在短期内，对运营战略进行重大调整可能会造成极大的破坏，也会使企业付出高昂的代价，但从长远看，这种调整是必要的，哪怕其长期后果尚不可知（通过较准确的需求预测可以对此进行简单估测，详见第11章）。正因如此，在面对这种不确定性时，企业尤其是那些投入了大量不灵活资产的企业，往往会推迟调整的时间。然而，在对企业、业务和职能战略进行重大调整后，乐购的同店销售额也确实恢复到原有水平。

3.4　运营战略如何与运营经验保持一致（自下而上视角）

自上而下视角针对企业应该如何制定职能战略提出了一种正统观点。然而，该视角虽然是一种实用的战略思维方式，却和多数情况下的实际制定方式有所出入。所有集团在审查其公司战略时，都会考虑到旗下各公司的情况、经验和能力等。同样，企业在审查自身战略时，也会向各职能部门询问其能力和限制条件，并将从职能部门日常经验中总结出的意见和建议纳入考虑范围。这就是自下而上视角，如图3-9所示。

自下而上视角说明，很多时候，组织之所以朝着某个特定战略方向前进，是因为长期积累下来的运营经验使其相信这是一个正确的方向。即使企业制定了高层战略决策，也可能只是为了简单确认企业内部已围绕某一战略方向达成了普遍的共识，并为其有效实施提供资源。这种概念有时也被称作"应急战略"。[10] 由这一概念可知，因为未来的情况具有一定的未知性和不可预测性，所以战略的制定过程从某种程度上应该是相对开放和零散的。

假设前文提到的印刷服务公司成功实施了扩张计划。然而在扩张过程中，该公司发现过剩产能和分布式工厂网络能使其以极快的速度为客户提供服务，而客户也愿意为这种快速响应的服务支付极高的费用。于是根据以上经验，该公司设立了一个独立的部门，专门为愿意支付高价的客户提供高利润的快速印刷服务。这个新部门的战略目标就不是实现销量的大幅增长，而是赚取高额的利润。

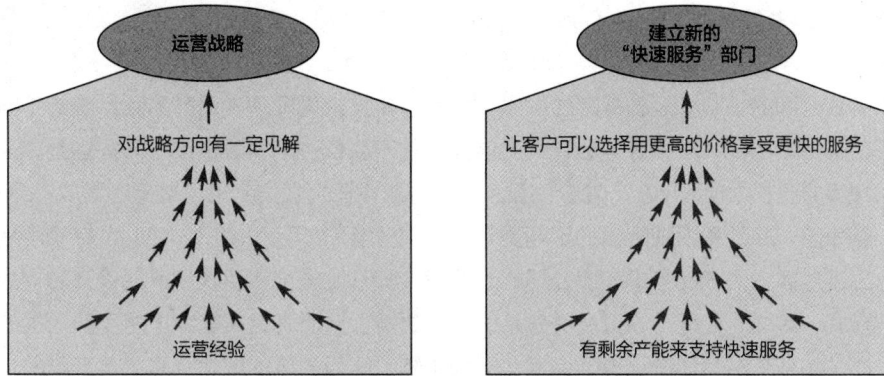

图 3-9 运营战略的自下而上视角

● 自上而下和自下而上两种视角对运营战略的强化作用

自上而下和自下而上通常被视为两种截然相反的运营战略视角，实际上，这两种视角可以相辅相成。

二者之间的相互作用如图 3-10 所示。自上而下视角为运营决策和运营活动设定了总体方向和目标。为了实施自上而下的战略目标，日常运营活动必须与战略保持一致。因此，企业日常运营活动的一种评判方法就是检查其是否充分反映企业自上而下的总体战略。但是，如前所述，企业也可以从日常的运营活动中积累经验，并将其构建为组织可能在战略上加以利用的能力。"能力"这一概念将在本章下一节进行阐述。

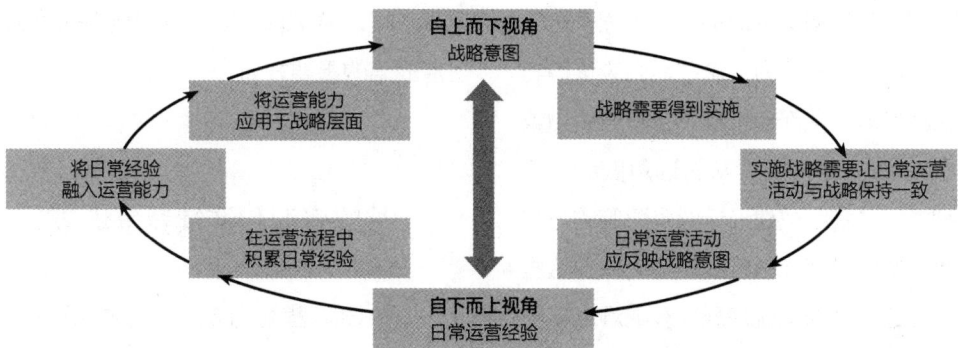

图 3-10 自上而下和自下而上的运营战略视角可以相辅相成

麦克雷科技公司的创新（第 3 部分，自下而上视角）

随着时间的推移和运营战略的发展，麦克雷科技公司发现，对产品和系统的不断创新正使其成本出现大幅增长。尽管此时该公司并不靠低价竞争，也没有必须达到较高销售回报率的要求，但成本上升对公司盈利能力的影响已经发展到难以接受的程度。另外，有证据表明，产品和系统规模的不断更新也使部分客户感到很困惑。因此，在某种程度上，出于对客户需求的考虑，该公司的系统设计师开始尝试将系统和产品设计转变为模块化模式。这样，公司可以只对部分系统进行更新，从而满足某些客户对于新功能的需求，而主体系统的整体设计也不会因此受到影响，因为更新的模块只是主体系统的一部分。随着时间的推移，模块化模式已成为该公司的标准设计模式。这种额外的定制化设计得到了客户的高度肯定，而企业也通过新的设计模式降低了运营成本。需要注意的是，该战略是根据公司经验制定的，因此呈现的是纯粹的自下而上视角。该公司并未通过制定高层决策开发这种新模式。尽管如此，公司的设计工程师还是从过去的工作中吸取了经验，并利用这些经验想出了降低创新成本的方法，从而创造了新的设计模式。

3.5 运营战略如何与运营资源保持一致（由内而外视角）

运营战略的最后一个视角是运营资源视角（或称由内而外视角）。其基本思想是长期竞争优势可以来源于运营资源和流程的能力，这些能力应该得到长期发展，从而使企业具备一般能力或竞争力。[11] 因此，从长远角度看，组织继承、获取或建设运营资源等的方式会在很大程度上影响战略的成败。这些能力还可以为企业开展独有或难以模仿的运营活动奠定基础。另外，企业运营资源能力（operations resource capabili-ties）的影响不亚于甚至大于其市场地位的影响。因此，尽管运营资源能力常常被忽视，但了解并构建这种能力却是运营战略的重要方面。

● 战略资源和持续竞争优势

构建运营能力是一个格外重要的运营战略目标，这一观点与企业的资源基础理论（resource-based view，RBV）

密切相关。[12] 该理论认为，战略绩效高于平均水平的组织更有可能凭借自身核心竞争力或能力获得持续竞争优势。也就是从长远角度看，组织继承、获取或建设运营资源等的方式会在很大程度上影响其战略的成败。资源基础理论在竞争优势的保持方式上与传统战略观点有所不同，后者认为，企业需要通过控制市场保持竞争优势。例如，企业可能会通过形成产品差异化制造"入场壁垒"，或使有的客户难以转向其竞争对手，或是控制分销渠道，从而维持竞争优势。例如，在汽油零售业，石油公司会设立自己的零售站，这是该行业的一个主要进入壁垒。相反，资源基础理论认为，企业可以通过制造"模仿壁垒"，即建设"难以模仿"的资源，保持竞争优势。

● 了解现有能力和制约因素

要从运营资源的视角分析运营战略，首先必须了解运营内部的资源能力和制约因素。该视角要回答两个简单的问题：我们有什么资源？我们能做什么事情？要想回答这两个问题，首先需要对投入运营的转换和被转换资源进行分析。然而，仅通过罗列运营资源了解运营就好比仅通过罗列零件了解汽车一样。要想真正了解汽车，就要了解各个零件组成汽车内部装置的方式。对运营而言，这些内部装置就相当于运营流程。而即使从技术角度介绍汽车的内部装置，也无法让人们真正了解其风格或个性，因此还需要通过其他方式表现其独特之处。同样，运营也不仅仅是其流程的总和，无形资源（intangible resources）也是运营的组成部分。下面的"运营实践案例"对此进行了详细说明。

运营实践案例
无形资产的崛起

关于运营战略，存在这样一种普遍的假设：企业谈到投入运营资产时，这里的资产指的就是机器、计算机和办公楼等有形的实体资产。即便放在过去，这种说法也不一定正确，到了现在，越来越多的无形资产更是推翻了这种假设。以下面几家公司为例：全球最大的

出租车公司优步（Uber）根本没有实体车，全球最大的租房服务提供商爱彼迎（Airbnb）没有任何房产，全球最受欢迎的媒体公司 Facebook 没有原创内容，全球最大的零售商阿里巴巴没有库存商品。实际上，在许多经济体中，有形资产投资的重要性正在不断减弱。[13] 相反，投

资开始转向无形资产。无形资产是指非货币性、非物质性的资产，虽然并非实物，但具有增值能力。企业的无形资产可以包括：

* 与供应商的关系及客户口碑；
* 处理工艺技术的知识和经验；
* 员工在开发新产品和新服务时采用的合作方式；
* 流程整合方式（如何将各流程合为一体，使其在整体中相互支持）；
* 产品和服务的研发；

* 产品和服务的设计；
* 工艺软件的开发。

这些无形资产在企业内部的存在感虽然很低，但它们非常重要且往往具有实际价值。例如，据估计，跨国科技公司微软的实物资产投资仅占市值的1%，相比之下，微软工程师掌握的知识、专业技能和编程能力更为重要。[14]公司能力则是由所有资源和流程共同塑造的。运营管理的核心问题就是确保战略决策模式能够真正培养出适当的能力。

具有稀缺性、缺乏普适性、难以模仿或替代

从资源角度看，某些企业之所以能获得持续竞争优势，是因为它们积累了更好、更合适的资源。简单来说，相比于企业在行业中的竞争地位，企业资源中固有的核心能力或竞争力更有可能使其获得高于平均水平的竞争绩效。如果资源符合以下部分或全部特征，那么它就会对战略成功产生极大影响。[15]

» 具有稀缺性：由于获取资源的机会不平等，某些参与竞争的企业无法拥有理想的地理位置、经验丰富的工程师和专有的软件等稀缺资源，而对拥有稀缺资源的企业而言，这种不平等则可以巩固其竞争优势。因此，假设一家公司缺乏远见或运气不佳，在战略资源（如与专业供应商签订的供应合同）价格低廉时没有获得资源，那么等到价格上涨后，该企业就必须更加努力地争取资源，因为其他企业也想得到这些资源。

» 缺乏普适性：有些资源很难应用于其他企业。假设一家公司在斯德哥尔摩分部开发了一种新工艺，且该工艺是基于分部员工的知识和经验开发出来的，那么该公司就很难将其出售给欧洲其他地区的公司，如果员工不愿意去其他地方工作，甚至都无法出售给同在瑞典的公司。因此，这种工艺资源带来的优势更容易长期保留下来。

» 难以模仿或替代：这两个因素有助于确定长期保持资源优势的难度。只拥有无法应用于其他企业的稀缺资源还不够，如果竞争对手复制这些资源，或者出人意料地用其他资源加以替代，那么这些资源便会迅速贬值。然而，资源越是无形，与组织内部的隐性知识联系会越紧密，就越难被竞争对手理解和复制。

结构性决策和基础设施性决策

人们会将决定运营结构的战略决策和决定其基础设施的战略决策区分开来。结构性决策（structural decisions）是指主要影响设计活动的决策，基础设施性决策（infrastructural decisions）是指影响工作人员组织与分配、生产计划与控制以及改进活动的决策。这两种运营战略的区别就好比计算机系统中硬件和软件的区别。计算机的硬件决定其功能，同样，对任何类型的企业而言，投资先进的技术，建设更多、更好的设施都能提高其潜力。而在硬件限制范围内，计算机在实际工作中的有效性则由软件决定。该原则同样适用于企业的运营。企业需要有合适的基础设施来保障日常工作顺利进行，否则再好、再昂贵的技术和设施都无法发挥作用。图 3-11 列出了一些典型的结构性决策和基础设施性决策。

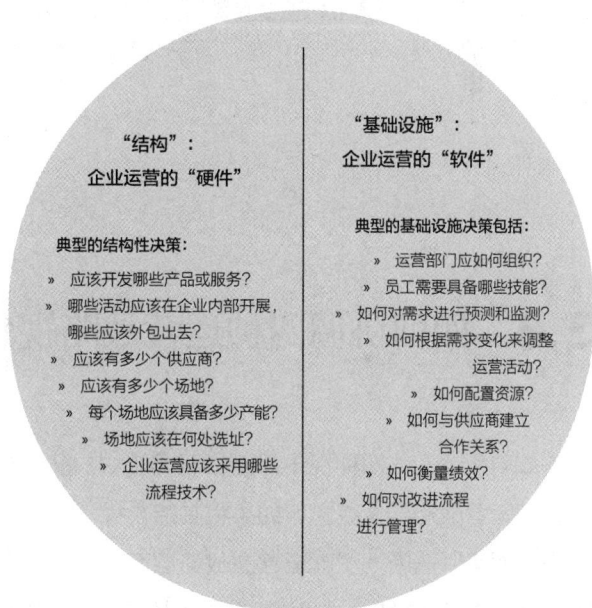

"结构"：企业运营的"硬件"

典型的结构性决策：
» 应该开发哪些产品或服务？
» 哪些活动应该在企业内部开展，哪些应该外包出去？
» 应该有多少个供应商？
» 应该有多少个场地？
» 每个场地应该具备多少产能？
» 场地应该在何处选址？
» 企业运营应该采用哪些流程技术？

"基础设施"：企业运营的"软件"

典型的基础设施决策包括：
» 运营部门应如何组织？
» 员工需要具备哪些技能？
» 如何对需求进行预测和监测？
» 如何根据需求变化来调整运营活动？
» 如何配置资源？
» 如何与供应商建立合作关系？
» 如何衡量绩效？
» 如何对改进流程进行管理？

图 3-11　典型的结构性决策和基础设施性决策

实例分析

麦克雷科技公司的创新（第 4 部分，由内而外视角）

事实证明，模块化的产品设计（详见该实例分析第 3 部分）在麦克雷科技公司取得了巨大成功。然而，这种模式也给公司运营带来了挑战。第一，从技术层面看，将更复杂的模块整合在一起，其难度会更大。虽然这只会影响一小部分客户，但他们恰恰是愿意为定制系统支付高价的那一部分。唯一行得通的解决方式就是尝试开发接口模块，将之前无法兼容的模块整合在一起。但该方案刚提出时，公司内部还没有掌握相关技术的员工，于是他们只好重新招聘专业工程师来设计接口。而在设计过程中，该公司又意识到，这个方案可能会为其打开新市场。正如公司首席运营官（COO）所说："如果我们把接口好好设计一下，那么它不仅可以把我们公司的所有内部模块整合在一起，还可以把其他公司的仪器集成到我们的系统中。"于是，第二大挑战由此诞生，即与可能的供应商建立合作，让他们同意将设备集成到麦克雷的系统中，尽管他们在某些市场中很可能与麦克雷存在竞争关系。不仅如此，从销售工程师与客户协商，到设计部门根据客户需求设计系统，再到采购经理与设备供应商谈判，公司必须确保这些内部流程能够无缝衔接。麦克雷科技公司的首席运营官表示："我们的成功可以归功于两个关键能力。首先，我们选择购买工程技术，从而开发出技术难度较大的接口；其次，开发接口让我们了解了内外供应链的无缝衔接所带来的价值。其他公司也有可能复制这两种能力，但它们很难达到如此卓越的水平。"由此可见，运营资源视角主导着麦克雷科技公司总体运营战略的方向。

3.6 如何协调四种运营战略视角

如前所述，这四种视角都无法展现任何组织运营战略的全貌。但如果将其结合起来，便可以清晰地了解运营在战略层面的贡献。图 3-12 结合本章列举的麦克雷科技公司运营实例说明了四种视角的结合方式。在本案例中，四种视角似乎实现了合理兼容，无论从哪个角度看，该公司的运营战略都是一致的。换句话说，每个视角都能与其他视角相协调，这也是运营战略有效实施的条件之一。接下来，我们将介绍两种有助于协调不同视角的模型——"契合线"（line of fit）和重要性 – 绩效分析矩阵（importance-performance matrix）。

● 市场需求和运营能力的"契合线"

运营战略矩阵是一种检验市场需求与运营能力视角是否匹配的有效模型，它对市场需求的具体方面（质量、速度、可靠性、灵活性和成本等）以及支持运营能力的决策设计、交付和开发进行了说明。该模型的缺点在于，它很难体现协调的动态变化，即市场需求与运营能力之间的平衡状态随时间的变化。"契合线"模型则对此进行了有效补充。该模型的理论基础是，在理想情况

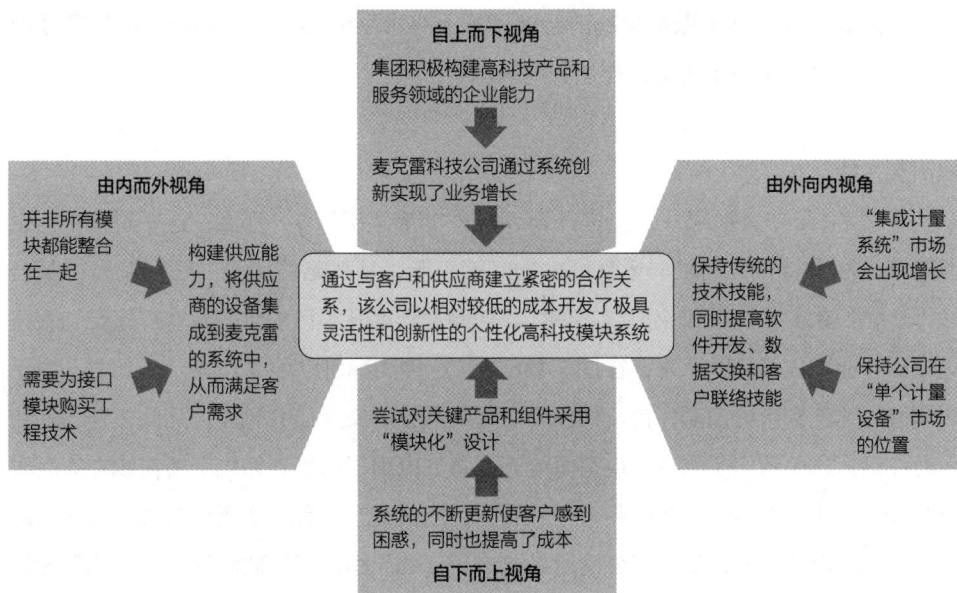

图 3-12 麦克雷科技公司自上而下、由外向内、自下而上和由内而外的运营战略视角

下，市场需求与运营能力之间应该保持适当的协调或契合。契合的概念如图 3-13 所示。纵轴代表的是市场需求的（由外向内）本质，反映了客户的内在需求或期望，包括品牌实力或口碑、差异化程度和市场承诺度等。沿纵轴向上表示市场绩效水平总体提升。横轴表示组织运营能力水平，包括实现竞争目标的能力和资源利用有效性。沿横轴向右代表运营能力的水平总体提升，也就意味着运营绩效总体提升。

尽管契合线模型的概念性强于实用性，但它的确阐述了一些有关战略提升的理念。由图 3-13a 呈现的框架可知，实现战略提升需要做到以下三点。

1. 实现"协调"：在"需要达到的市场绩效"与"实际运营绩效"之间达到近似平衡的状态。图 3-13a 中的对角线代表了市场需求和运营能力相互平衡的"契合线"。

2. 实现"可持续"协调：仅在某个时间点实现某种程度的协调是远远不够的。运营流程能否适应新的市场条件也同样重要。

3. 提高整体绩效：如果市场对企业的要求相对较低，那么企业的运营能力就无须达到特别高的水平。相反，市场的要求越高，企业的运营能力也要相应地提高。在图 3-13a 中，A 点表示低水平的协调状态，B 点表示较高水平的协调状态。相比于 A 点，大多数企业的运营战略都会将 B 点视为更理想的状态，因为它往往意味着企业能够取得更高的经济回报。高水平的市场绩效是高水平运营绩效带来的，竞争对手通常很难达到同等水平。

偏离契合线

在图 3-13a 中，如果从 A 点提升到 B 点（如箭头所示），那么在这个过程中，企业可能无法维持市场需求与运营绩效之间的平衡。从战略层面看，任何偏离"契合线"的情况都会给企业带来风险。例如，新网站延期升级可能会导致客户接受的服务达不到企业原先承诺的水平，在图 3-13b 中，这种情况可以用 X 点表示。此时，由于运营能力达不到市场预期，企业将面临口碑或品牌形象受损的风险。除此之外，即使企业在运营方面做出了改进，也有可能无法将其应用于市场。如果上述在线零售商改进公司网站后能够提供定制产品等额外服务，但这些产品有可能还没有被存放在配送中心。这也就意味着，尽管该公司已经改进了订购流程，但其他流程中存在的问题仍会导致改进流程无法为公司带来价值。在图 3-13b 中，这种情况可用 Y 点表示。

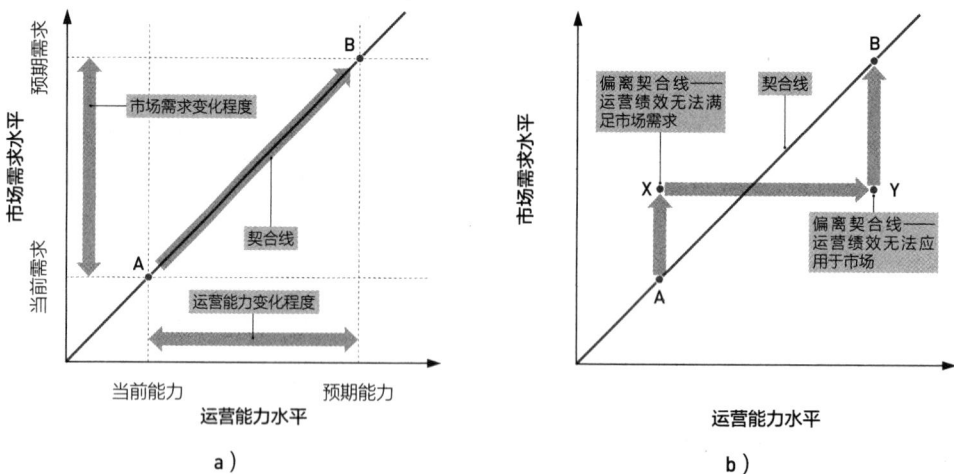

图 3-13 偏离"契合线"可能会给企业带来风险

● **利用重要性-绩效分析矩阵确定运营战略改进重点**

从更加具体的层面将市场和运营视角进行比较，可以为运营管理者提供明确的指导。因此，与其笼统地问"市场对我们的产品或服务有哪些要求"，不如问"产品或服务的竞争因素（competitive factors）有多重要"，从而了解各种竞争因素对客户的相对重要性。例如，客户在购买某种产品或服务时，相较于繁多的种类，他们是否更偏爱低廉的价格？客户的需求和偏好决定了运营目标在企业运营中的重要性。同样，与其笼统地问"我们的运营能力有哪些"，不如问"我们运营中涉及的各个竞争因素能否达到合格的绩效"。然而，绩效的衡量标准是什么呢？从战略角度看，最好的衡量方式是与竞争对手做比较。竞争对手就是企业评判自身运营绩效的参考对象。从竞争角度看，随着企业运营绩效的不断提高，其最重要的目标就会变成使自身运营绩效的水平超过竞争对手的绩效水平。此时，竞争对手的作用就是决定运营的实际绩效（非营利组织的"竞争对手"就是"其他类似的组织"）。

　　企业必须同时结合重要性和绩效两个因素确定需要改进的优先级。客户特别看重的方面并不一定要立刻优先改进，因为很可能从该方面看，企业为客户提供的服务水平已经远远超过其他竞争对手。同样，如果企业在某方面落后于竞争对手，也并不一定要立刻对此采取改进措施，因为这个方面对客户而言可能并不特别重要。

> » 判断绩效对客户的重要性：前文已经对订单赢得要素、订单资格要素和非重要因素的概念进行介绍，这三大类要素可以作为衡量各个绩效因素相对重要性的指标。但通常情况下，我们需要采用更精细的方法对绩效因素进行衡量。例如，将竞争因素划分为订单赢得要素、订单资格要素和非重要因素后，我们可以再将每个大类细分为强、中、弱三个等级，如图 3-14a 所示。
> » 通过与竞争对手比较评判绩效：简单来说，这种竞争绩效评判标准就是判断实际运营绩效是优于、低于还是等同于竞争对手的绩效。然而，与"九分重要性评价法"类似，我们也可以基于比较法推导出一种区分度更高的"九分绩效评价法"，如图 3-14b 所示。

　　将各种竞争因素的重要性和绩效进行对比，可以评估出其改进优先级。该过程可以通过重要性 – 绩效分析矩阵呈现，顾名思义，该矩阵根据各项标准的得分或评级对各个竞争因素进行定位，如图 3-15 所示，图中按照改进优先级进行了区域划分（详见后文）。

　　第一个区域边界叫作"可接受下限"，如图 3-15 中的 *AB* 线所示，该边界用于区分可接受绩效和不可接受绩效。当竞争因素被判定为相对非重要绩效时（重要性为 8 或 9 分），可接受下限的实际位置会很低。大多数企业都能接受自身的非重要竞争因素绩效与竞争对手"处于同一水平"，即使处于评级下限也不例外。

评级	描述	
1	为客户提供关键优势	高
2	为客户提供重要优势	
3	为客户提供有用优势	
4	需要达到良好的行业标准	
5	需要达到中等的行业标准	
6	需要与业内其他企业水平相近	
7	通常情况下并不重要，但有可能成为重要因素	
8	客户很少关注	
9	客户从不关注	低

评级	描述	
1	远胜于类似组织	好
2	明显优于类似组织	
3	略优于类似组织	
4	有时略优于类似组织	
5	与类似组织大致相同	
6	略低于类似组织的平均水平	
7	与类似组织相比，通常较差	
8	与大多数类似组织相比，通常逊色	
9	与大多数类似组织相比，始终逊色	坏

a）竞争因素的重要性评级　　　　　　　　　　b）竞争因素的绩效评级

图 3-14　重要性和绩效的"九分评价法"

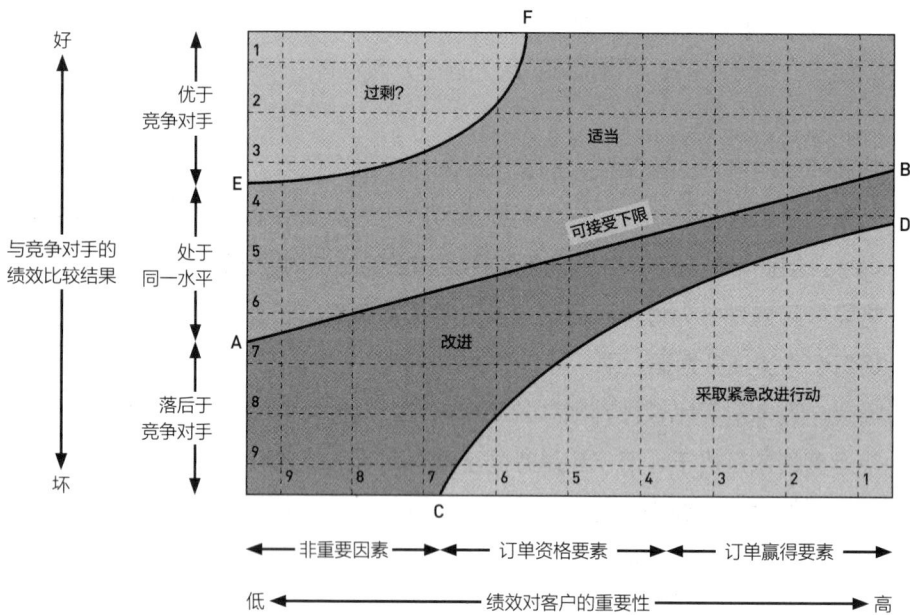

图 3-15　重要性-绩效分析矩阵中的优先级区域划分

　　只有当企业的绩效水平明显低于竞争对手时，它才会感到担忧。相反，在评判重要性较高（1 或 2 分）的竞争因素时，如果其绩效处于较差或中等水平，企业显然就没有那么乐观了。这种竞争因素的可接受下限通常在优于竞争对手范畴的最低端。如果绩效落在可接受下限之下，企业显然就需要采取改进措施；如果落在这一下限之上，企业则不必急于改进。然而，并非所有的绩效低于可接受下限的竞争因素都处于同等的改进优先级，图3-15 中的 *CD* 线对紧急改进区和非紧急改进区进行了大致划分。同样，也不是所有的高于 *AB* 线的竞争因素都处于同等优先级。*EF* 线可大致作为良好或适当绩效水平与过于优良或过剩绩效水平之间的界限。综上所述，这种划分方式可将矩阵分为四个区域，每个区域代表截然不同的优先级。

» "适当"区：该区域的竞争因素绩效高于可接受下限，因此应当属

于最令人满意的水平。

» "改进"区：该区域的竞争因素绩效低于可接受下限，必须加以改进。

» "紧急改进"区：该区域的因素对客户很重要，但绩效低于竞争对手，因此必须立刻改进。

» "过剩"区：该区域的因素属于高绩效因素，但对客户并不重要，因此企业需要考虑是否应把用于实现这种高绩效的资源应用于其他方面。

YIR 实验室

YIR 实验室是一家电子公司的子公司，旨在为包括其自身集团内部公司的各种公司提供研发服务和技术问题等解决方案。该公司特别热衷于提高客户的服务水平，但目前它需要首先确定企业绩效改进的优先级。为此，YIR 实验室列出了其服务中最重要的几个方面。

» 技术解决方案的质量：客户感知到的适当性。
» 与客户的沟通质量：提供信息的频率和信息有用性。
» 项目完成后形成的文件质量：最终报告中所附文件的有用性。
» 交付速度：从客户提出需求到公司交付最终报告所用的时间。
» 交付可靠性：按期交付的能力。
» 交付灵活性：按照修改后的日期交付报告的能力。
» 规格灵活性：调整研究性质的能力。
» 价格：向客户收取的总费用。

YIR 实验室按照图 3-14 所示的"九分评价法"对各个因素进行评价。然后，该实验室又将自身绩效与竞争对手做了对比。虽然该实验室已经掌握了某些绩效方面的基准信息，但其他方面还需进行估测。具体的重要性和绩效分数如图 3-16 所示。

YIR 实验室根据各个竞争因素的重要性和绩效评级绘制了重要性–绩效分析矩阵，如图 3-17 所示。由图可知，其最重要的竞争因素——为客户提供可靠技术解决方案的能力

完全处于适当区。规格灵活性和交付灵活性尽管只是刚过边界线，但也处于适当区。交付速度和交付可靠性似乎都需要提高，因为二者的绩效都低于其重要性对应的可接受下限。然而，沟通质量和价格这两个竞争因素显然需要立刻得到改进。因此，这两个因素的优先级应该排在最前面。此外，从矩阵中也可以看出，该实验室的文件质量几乎接近"过剩"区。

该矩阵似乎没有呈现任何出乎意料的结果。实验室在绘制矩阵前可能就已经意识到，位于紧急改进区的竞争因素需要得到改进。然而，该矩阵仍然具有一定的参考价值，原因有二：

» 该矩阵有助于区分很多可能需要改进的因素；

» 在围绕改进优先级展开讨论时，该矩阵能够为讨论过程提供目标和结构。

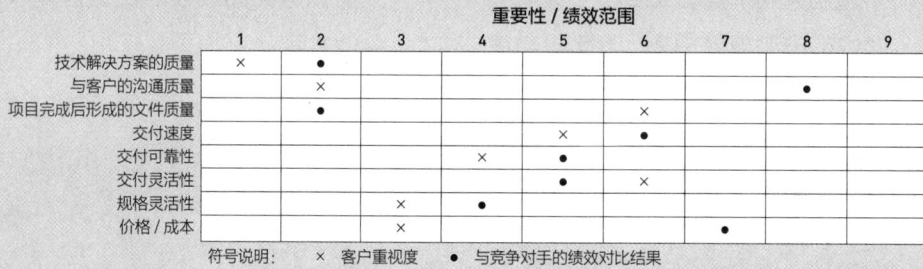

重要性 / 绩效范围

	1	2	3	4	5	6	7	8	9
技术解决方案的质量	×	●							
与客户的沟通质量		×						●	
项目完成后形成的文件质量		●				×			
交付速度					×	●			
交付可靠性				×	●				
交付灵活性					●	×			
规格灵活性			×	●					
价格 / 成本			×				●		

符号说明：　×　客户重视度　　●　与竞争对手的绩效对比结果

图 3-16　用"九分评价法"对 YIR 实验室各竞争因素中的"客户重视度"和"与竞争对手的绩效对比结果"进行评级

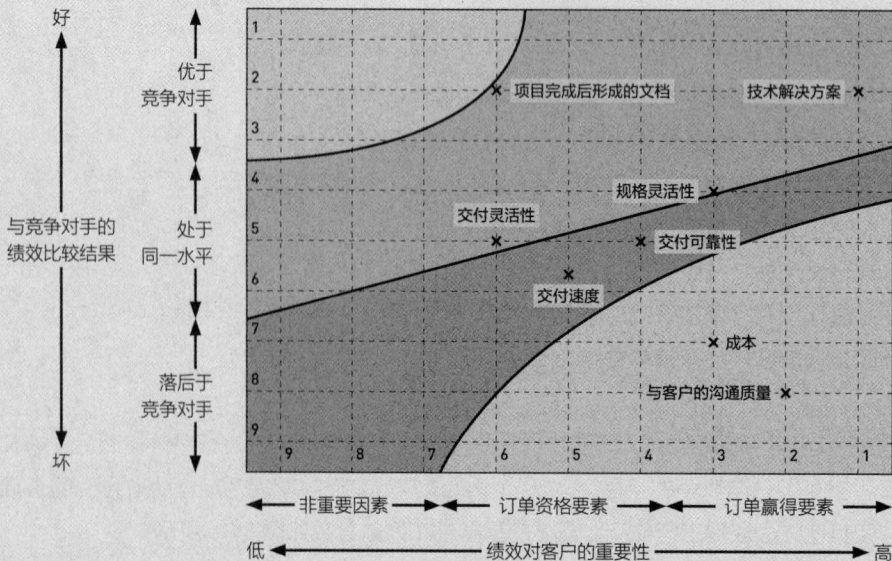

图 3-17　YIR 实验室的重要性－绩效分析矩阵

3.7　如何组织运营战略流程

运营战略是运营改进的起点，它确定了企业未来的运营调整方向。毫无疑问，企业希望运营能向更好的方向发展。然而，如果运营战略无法提供改进思路，那么其主要目标就无法实现。此时便要考虑运营战略的流程。它是指运营战略内容及其实施方式的确定方法。实际上，确定运营战略的内容及其实施方式是一项非常复杂且困难的工作。尽管所有用来说明运营战略实施方法的简单分步模型都难免要对这个复杂的过程进行简化，但我们将采用一种四阶段模型对流程的某些要素进行阐述。该模型如图 3-18 所示，将运营战略流程分为制定、实施、监测和控制四个循环阶段，而之所以呈循环模式，是因为战略会根据实施过程中获取的经验重新进行制定、实施、监测和控制。

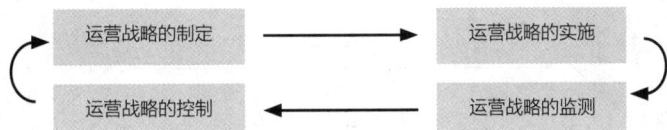

图 3-18　运营战略流程的各个阶段

● **运营战略的制定**

制定运营战略是指明确各种战略目标和决策的流程，也是明确目标与决策关系的流程。与日常运营管理不同，运营战略制定的频率没有那么频繁。有些公司会安排固定的规划周期（如年度周期），而运营战略只是规划的一部分。而且，每个年度周期中所做的调整都是有限的。全新运营战略的完整制定流程可能相对较少。目前已经或可用于运营战略的制定流程有很多，大多数咨询公司和部分学者都已制定了自己的框架。

社会责任

本书将在每一章的"社会责任"板块总结本章主题与重要的社会、道德和环境问题之间的关联。

如果运营决策要反映社会和环境问题，就必须在运营战略制定阶段加以反映。实际上，企业社会责任的重要性正在不断提高，成为大多数企业重点关注的核心优先问题

（参见"运营实践案例：可持续发展在谷歌运营议程中的重要位置"）。媒体经常报道企业的良好运营行为，大多数企业也会在官网中详细介绍其践行负责任运营的承诺。但是，企业应该为实现这些目标付出怎样的努力呢？有人认为，在企业社会责任中加入更多的慈善元素是可行的，但不是必需的。某权威人士[16]也认为，企业慈善行为处于金字塔顶端，经济行为则构成金字塔的基础，二者之间则是法律和道德行为（见图3-19）。部分原因在于，其可能会对经济和社会目标起到调和作用。哈佛商学院的迈克尔·波特（Michael Porter）和马克·克雷默（Mark Kramer）针对企业慈善行为提出了所谓的以环境为中心的方法。[17]他们将思科系统（Cisco Systems）作为范例，该企业通过创办思科网络技术学院（Cisco Networking Academy）对计算机网络管理人员进行培训，从而实现双赢。这样既可填补国外市场的人力资源缺口，又可以增加毕业生的就业机会。

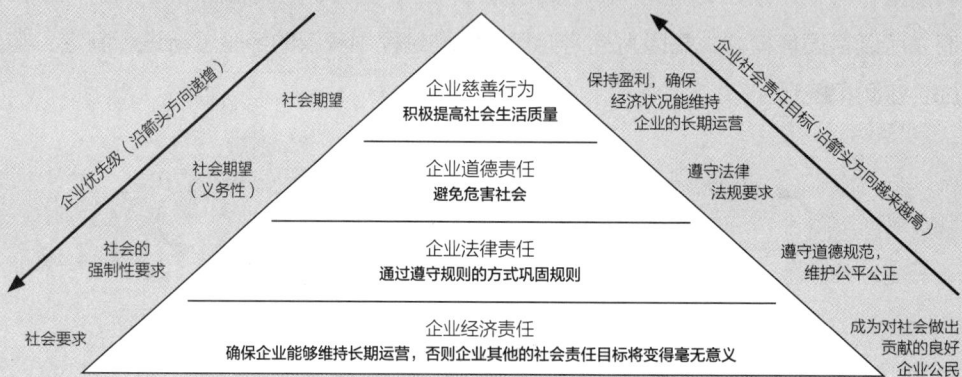

图 3-19　卡罗尔金字塔

资料来源：Based on the work of Carrol, A.8. (1991) The pyramid of social responsibility: towards the moral management of organizational stakeholders,Business Horizons, july/August.

很多个人和组织都不接受企业社会责任的基本原则，他们认为，与社会相比，企业更能从这些原则中获益。有些人甚至认为企业社会责任是自相矛盾的，因为从法律上讲，企业必须让股东获利，因此只有在虚伪的情况下才可能"履行社会责任"。与企业"正常"运营活动给社会造成的损失相比，企业社会责任带来的任何社会效益都显得无足轻重。他们还认为，企业社会责任可能只是一种提升公众形象、规避严格法律监管的手段。从本质上讲，采取该手段是为了转移注意力，从而有意推卸责任，将运营造成的问题从企业本身转移到别处，同时也使那些旨在解决社会和环境不公平问题的正当行动难以开展。即使态度较为温和的评论员，也会对企业社会责任实践方式的某些方面提出质疑。其中一种批评观点认为，企业社会责任缺乏统一标准，可以任由企业自己定义。目

批判性评注

前，企业责任的标准尚未得到清晰界定，也就没有一套公认的原则可以衡量什么样的企业是负责任的企业。企业社会责任的管理者很可能会自行选择承担责任的社会领域，当然，他们往往会选择对企业最有利或最容易实施的领域。也有人认为，由于企业社会责任的存在，相关法律尚未完善，无法对企业活动进行监管，所以就只能由公民或媒体代替法律对企业履行社会责任的情况进行监督。

制定流程应努力实现哪些目标

在制定运营战略之前，首先需要弄清一个问题："运营战略应该实现什么目标？"显然，运营战略应该确定一套行动计划，且在行动实施后，能够为企业带来最佳结果。但结果最佳与否，需要在行动执行后才能做出判断。然而，即使我们无法事先评估战略的"好坏"，但可以检查出某些负面影响因素。

» 运营战略是否全面？——运营战略是否包含了所有重要问题？在商业史上，很多企业根本没有注意到新工艺技术或供应网络的新变化等因素可能产生的影响。

» 运营战略是否协调一致？——如前所述，如果所有决策领域中做出的选择都能将运营引向同一个战略方向，并且所有战略决策都能相辅相成，那么这样的运营战略就是协调一致的。

» 运营战略是否具有对应性？——如前所述，对应性是指企业采取的战略与各个绩效目标的优先级相对应。

» 运营战略是否确定了关键问题？——决策越关键，就越值得关注。虽然任何战略决策都很重要，但实际上，相比之下，有些决策的重要性更大。至于到底哪些决策更为关键，很大程度上需要以各公司运营战略的具体情况为基础，根据实际情况进行判断。然而，确定最重要的决策必然是一个关键问题。

批判性评注

有观点认为，简单的"阶段模型"虽然可以引导管理者一步步找到最终战略的"答案"，但它并不适用于分析战略本身。因此，顾问和学者提出的模型价值都是有限的。实际上，无论有意制定的战略还是自身"出现"的战略，总会受到复杂的组织因素的影响。即使描述性的模型，如图 3-19 中的四阶段模型，也只能让管理者意识到制定战略时需要考虑的关键问题。事实上，在他们看来，对运营战略的内容进行阐述，要比简单地对战略流程进行描述更加有用。

● 运营战略的实施

运营战略的实施是指将战略付诸实际的方式，即努力确保预期战略能够真正落地。它之所以重要，是因为无论战略的理论和分析有多么复杂，在实施之前，一切都只不过是纸上谈兵。但战略的实施方式在很大程度上取决于战略提出的改变具有哪些性质，同时取决于实施过程涉及的组织和环境条件。不过，战略实践者通常认为，有三个关键因素对运营战略的成功实施至关重要。

» 战略决策的明确性：运营战略的制定阶段和实施阶段存在密切联系。明确性是制定阶段的关键属性。如果战略制定得模棱两可，就难以将战略意图转化为具体行动。反之，如果战略制定得清晰明了，就更容易确定战略背后的意图，实现意图需要关注的重要问题包括项目领导方式和资源配置，以及各项任务的负责人等。

» 激励型领导：面对复杂的实施工作，激励、鼓励和支持性的领导方式能够为企业带来巨大优势。领导力能够为战略愿景赋予意义和目标，同时在实施过程中保持目标感，并在必要时根据自身经验调整实施计划。

» 项目管理：实施就是将一项复杂的计划拆分成一系列相对独立的活动。好在，目前关于计划的拆分已经形成了一套广为人知的理念。本书将用整整一章的篇幅对此进行讨论（详见第 19 章）。

● 运营战略的监测

在运营情况快速变化时，如战略改革期间，企业通常特别想对运营绩效进行持续跟踪，从而确保改革按照计划进行。监测运营战略能够通过诊断数据发现某些迹象或"警钟"，同时敦促企业对运营战略的实施方式进行调整。在制订实施计划后，企业管理者必须对运营战略的各个部分进行监测，从而确保所有活动都按照计划进行。一旦出现与实际情况不符的偏差，企业管理者就可以对运营活动进行某种干预，从而使其回归正轨。

● 运营战略的控制

战略控制包括对实施情况监测结果的评估。企业对活动、计划和绩效进行评估，是为了在必要时纠正未来的行动。从某些方面看，这种战略层面的控制方式与运营层面的控制方式存在许多相似点（详见第 10 章），但也有不同之处。在战略层面进行控制可能更加困难，因为战略目标并不总是清晰明确的。任何一位经验丰富的管理者都不得不承认，他们可能无法详细阐明战略决策的方方面面，因为很多战略决策都太过复杂。因此，与其死板地坚持预定计划，不如根据实际情况进行适当调整。而且，环境的不确定性越强，企业在运营中就越要强调这种战略的灵活性，并逐步形成从过往实践中总结经验的能力。

可持续发展在谷歌运营议程中的重要位置 [18]

大型科技公司从来不乏争议。它们的业务遍布全球，税务安排通常十分复杂，需要使用客户数据，容易被用来推广有争议甚至非法的内容，再加上企业规模大、业务范围广，因而常常成为政治和道德争论的焦点。所以，为谨慎起见，大型科技公司通常会将企业社会责任置于运营战略的核心位置。以谷歌为例，该公司已成功地将企业社会责任纳入其运营战略。据声誉研究所（Reputation Institute）透露，当其他科技公司的整体口碑下滑，充其量保持稳定时，谷歌在企业责任方面的声誉却在全球首屈一指。[19] 该研究所对企业责任的评分标准包括：企业是否在职场中公平地对待员工；在社会中是否充分履行公民责任；能否履行对股东的经济义务。

谷歌对节能的承诺由来已久。它是世界上最大的清洁能源采购商之一，并计划于 2030 年前在全球范围内实现零碳能源的全面应用。其设计的生命建筑（living buildings）也为可持续发展做出了贡献。生命建筑 [该术语由国际未来生活研究院（International Living Future In-stitute，ILFI）进行推广] 是指具有再生性的建筑，如产出的能源多于自身消耗的能源，能够在建筑所在地对水资源进行收集和处理，能够减少垃圾的生成并对材料进行重复使用。然而，谷歌及其母公司 Alphabet 的企业社会责任相关活动没有局限于减少能耗。该公司以办公场地的创新型设计而闻名（见第 7 章），根据该公司的说法，打造可持续发展的工作场地既能惠及员工，又有助于保护环境。谷歌还强调，它认为自己的责任超出了公司的界限，也应当对整个供应链负责。它希望能够为其遍布全球各地的 1000 多家供应商创建一个供应链模式，从而打造出一个更加安全、公平和公正的供应基础。但在一家服务范围如此广泛的超大型企业中，维持较高的道德标准并非易事。因此，谷歌将公司行为守则（Google Code of Conduct）作为践行价值观的方式之一。[20] 该文件规定了谷歌员工以及董事会成员应当遵守的高标准商业道德行为规范，如有违反，或将面临纪律处分。

第 3 章要点小结

1. 什么是战略和战略运营?

- 战略是确定组织在环境中的相对位置并使组织更加接近长期目标的总体决策和行动模式。
- 运营战略是决定运营作用、目标和活动的战略决策与行动模式,可用于阐明运营对组织成功的潜在贡献的愿景(即海斯和惠尔赖特运营贡献模型从第一阶段到第四阶段的转变)。
- 运营战略有内容和流程之分。内容是为实现特定目标而做出的具体决策,流程则是企业内部制定战略时采用的步骤。
- 运营战略有四个主要视角——自上而下视角、市场需求视角(由外向内视角)、自上而下视角和运营资源视角(由内而外视角)。
- 在制定运营战略时,与组织内外利益相关者的合作非常重要。

2. 运营战略如何与业务战略保持一致(自上而下视角)?

- 自上而下视角需要从多个层面看待战略决策。企业战略为构成企业整体的不同业务设定目标。业务战略为各项独立业务制定目标,并确定自身在市场中的定位。职能战略则

针对各个职能部门对其业务战略的贡献设定目标。

- 企业需要在不同战略层次之间形成对应性,同时在自身战略和其他职能战略之间保持一致性。
- 业务模式和运营模式这两个概念有助于理解运营战略的自上而下视角。

3. 运营战略如何与市场需求保持一致(由外向内视角)?

- 运营战略的市场需求视角(由外向内视角)认为,企业运营的主要作用是满足市场需求。从这一视角看,运营绩效目标和运营决策应当主要受客户需求和竞争对手行动的综合影响。
- 市场需求受产品和服务差异化及其所处生命周期阶段的影响。

4. 运营战略如何与运营经验保持一致(自下而上视角)?

- 运营战略的自下而上视角强调的是基于日常运营经验制定战略的"新兴"视角。虽然自上而下视角可以说明企业应该如何制定运营战略及其他职能战略,但它却和实际制定方式有所出入。
- 实际上,自上而下视角和自下而上

视角可以相辅相成。一方面，自上而下视角可以用来评判企业日常运营活动对高层战略的反应程度；另一方面，企业也可以从日常运营活动中积累经验，并将其构建为组织可能在战略上加以利用的能力。

5. **运营战略如何与运营资源保持一致（由内而外视角）？**

- 运营战略的运营资源视角（由内而外视角）以企业的资源基础理论为依据，认为企业运营的核心竞争力或能力是运营战略的主要影响因素。

- 要从运营资源视角分析运营战略，首先必须了解运营内部的资源能力和制约因素。

- 确定战略决策领域有助于加强运营及其供应网络建设能力。

- 战略资源（能力或竞争力）是产生可持续竞争优势的关键。这些资源价值高、稀缺性强且难以模仿，企业能够从其他组织方式中获取价值。

6. **如何协调四种运营战略视角？**

- 将四种视角结合，可以清晰地了解到运营战略内容的制定过程，以及如何通过卓越的运营获得竞争的最大优势。运营战略矩阵、契合线和重要性 – 绩效分析矩阵等模型有助于运营管理者通过不同视角协调运营战略。

7. **如何组织运营战略流程？**

- 制定运营战略的过程通常被称为运营战略流程，可分为制定、实施、监测和控制四个阶段。

- 制定是明确各种战略目标和决策的流程，也是明确目标与决策关系的流程；实施是指将战略付诸实际的方式；监测是对运营绩效进行持续跟踪，并对数据进行诊断，从而确保改革按照计划进行，并在战略实施的早期发现偏离原计划的迹象；控制是对监测结果进行评估，从而对活动、计划和绩效进行评估，并在必要时纠正未来的行动。

第 3 章注释

[1] 更多信息详见 Slack, N. and Lewis, M(2020) *Operations Strategy*, 6th edn, Pearson, Harlow。

[2] 案例信息来自 Braithwaite, T. (2020) How a UK supermarket nourished Silicon Valley's critics, *Financial Times*, 6 November; Chambers, S. (2019) Ocado the disruptor is being disrupted, *The Sunday Times*, 1 December。

[3] Hayes, R.H. and Wheelwright, S.C. (1984) Restoring our Competitive Edge: Competing Through Manufacturing, John Wiley & Sons, Inc., New York, NY.

[4] 更多信息详见 Slack, N. and Lewis, (2020) Operations Strategy, 6th edn, Pearson, Harlow。

[5] Alex Osterwalder (n.d.) What is a business model?

[6] 基于凯捷（Capgemini）管理顾问公司提出的定义。

[7] 笔者在麦克雷科技公司的案例中更改了公司名称和具体细节，以保护商业机密。

[8] 该案例来自 Slack, N. (2017) The Operations Advantage, Kogan page, London，已获得使用许可。

[9] 案例信息来自 Vandevelde, M. (2016) Tesco ditches global ambitions with retreat to UK, Financial Times, 21 June; Clark, A. and Ralph, A. (2014) Tesco boss defiant amid 4% plunge in sales, The Times, 5 June。

[10] Mintzberg, H. and Waters, J.A. (1985) Of strategies: deliberate and emergent, Strategic Management Journal, 6, July/Sept, 257–72.

[11] 有关此概念的全部信息，详见 Slack, N. and Lewis, M. (2020) Operations Strategy, 6th edn, Pearson, Harlow。

[12] 该理论由 Jay Barney 提出，详见 Barney, J.B. (2001), Is the resource-based 'view' a useful perspective for strategic management research? Yes, Academy of Management Review, 26 (1), 41–56。

[13] 很多经济类出版物都提到了这一点。其中最清晰易懂的是 Haskel, J. and Westlake, S. (2018) Capitalism without Capital: The Rise of the Intangible Economy, Princeton University Press, Princeton, NJ。

[14] Haskel, J. and Westlake, S. (2018) Capitalism without Capital: The Rise of the Intangible Economy, Princeton University Press, Princeton, NJ.

[15] Barney, J. (1991) The resource-based model of the firm: origins, implications and prospect, Journal of Management, 17 (1), 97–8.

[16] Carroll, A.B. (1991) The pyramid of social responsibility: toward the moral management of organizational stakeholders, Business Horizons, 34 (4) July/August, 39–48.

[17] Porter, M.E. and Kramer, M. (2002) The competitive advantage of corporate philanthropy, Harvard Business Review, 80(12), 5–16.

[18] 谷歌官网有许多有关该企业可持续发展的承诺。

[19] 案例信息来自 Czarnecki, S. 在 2018 年的研究：Google has the best reputation for corporate responsibility in the world, PRWeek, 11 October。

[20] 详见谷歌官网。

第 4 章

产品与服务创新

本章学习目标

» 什么是产品与服务创新?

» 产品与服务创新的战略作用是什么?

» 产品与服务创新包含哪些阶段?

» 如何为产品与服务创新提供资源?

导语

毫无疑问，客户都很注重创新。谷歌、亚马逊、奈飞、耐克、爱彼迎、苹果和多宝箱（Dropbox）等公司之所以能够取得成功，是因为它们挑战了传统的市场需求理念，不断地对产品和服务进行更新、调整和修改。有的改动是对现有运行方式进行小规模、渐进式的调整；有的则是彻底颠覆了原有模式。所谓的创新活动，就是成功实现多种不同形式的变革。对企业而言，卓越的创新能力始终非常重要，而如今的创新也变得越来越复杂，需要通过各种外部渠道获取投入资源。从组织结构看，运营管理者可能不会全权负责产品和服务的创新，但他们永远会以某种方式参与其中，而且他们的作用应当越来越大、越来越积极。然而，产品设计得再好，若不以较高的标准生产成实物，也无法带来收益；同样，服务构思得再好，也只有在得到实施后才能充分产生效益。在本章中，我们将对产品与服务创新的含义、创新的战略作用、创新流程的关键阶段以及实现创新所需的资源进行探讨。

本章内容在运营管理整体模型中的位置如图 4-1 所示。

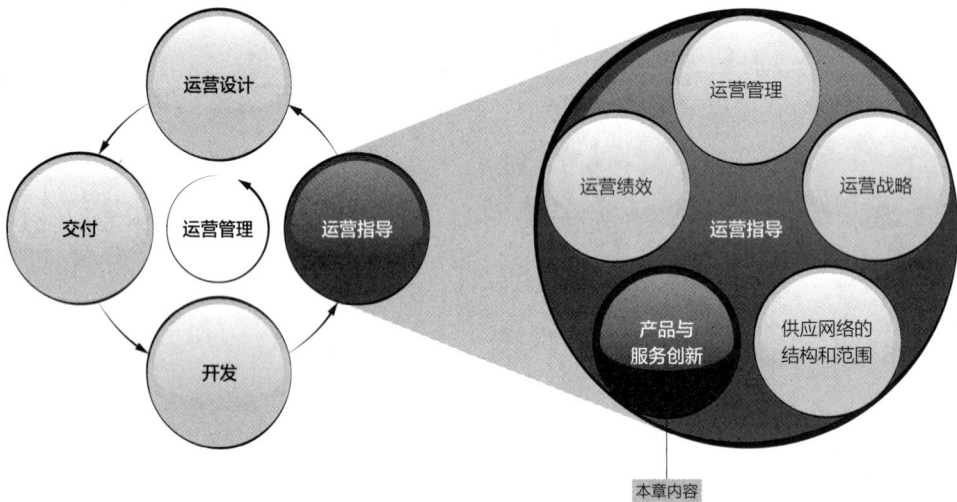

图 4-1　本章所探讨的产品与服务创新在整体模型中的位置

4.1　什么是产品与服务创新

本章将涉及一些具有相似含义的术语，不同的权威人士以不同的方式对这些术语下了定义，内容或多或少有所重叠，但又相互关联，具体包括创造力、创新和设计这三个术语。

● 创造力、创新和设计

产品与服务创新、创新的影响因素以及创新的管理方式始终是一个庞大的研究课题。然而，大多数创新研究都会反复提及同一个主题，即创造力。创造力是一种超越传统理念、规则假设，从而产出重要创意的能力。它是创新的重要组成部分，不仅对产品与服务创新至关重要，也在更广泛的运营流程设计与管理中发挥着举足轻重的作用。从某种程度上讲，它之所以如此重要，是因为当今许多行业都是瞬息万变的，因此缺乏创造力，进而缺乏创新性就成为一个重大的风险。

众所周知，"创新"是一个非常模糊的概念，既没有公认的定义，也没有统一的衡量标准。人们常用不同的方式对其加以描述，它可以是一种新事物、一项新型绩效的变革，也可以是引入了新事物的流程。创新的重点始终在于新颖和变化，它不仅意味着"创造力"或"发明"，还意味着一种转换过程，即将创意转化为具有实际应用价值和商业回报潜力的事物。

"设计"则是将创意转化为具体事物的过程。创新是创造新的想法，设计则是让想法在实践中发挥作用。设计活动既可以广泛而概括，也可以详细而具体。创造力、创新和设计之间的关系如图 4-2 所示。这些概念密切相关，因此将其放在同一章中进行讨论。接下来，我们将对部分基本概念进行介绍，从而更好地解释什么是创新。

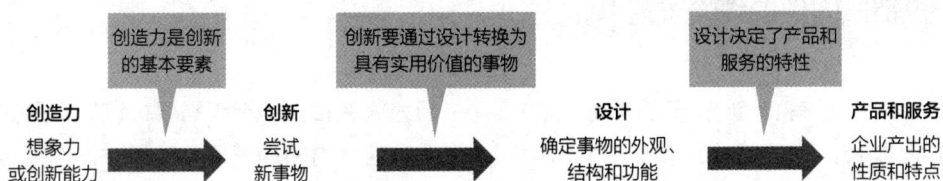

图 4-2　创造力、创新和设计之间的关系

● 创新的 S 形发展曲线

当新理念被引入服务、产品或流程后，其影响基本不会随着时间的推移而呈线性增加。通常情况下，其绩效会呈现 S 形发展趋势，如图 4-3 所示。在新理念引入早期，虽然引入过程往往耗费大量的资源、时间和精力，但绩效提升幅度相对较小。然而，随着时间的推移，人们逐渐掌握了有关新理念的经验和知识，其绩效也随之提高。当新理念完成构建后，其绩效提升的难度会越来越大，如图 4-3a 所示。最后，当该理念逐渐趋于成熟，进入"平稳期"后，其便很容易受到新理念的影响，而这个新引入的理念又会经历新的 S 形发展历程。这就是创新的运作模式。一个创意达到极限后，更新、更好的创意会随之诞生，而每条 S 形曲线都包含着对产品、服务或流程等的重新设计，如图 4-3b 所示。

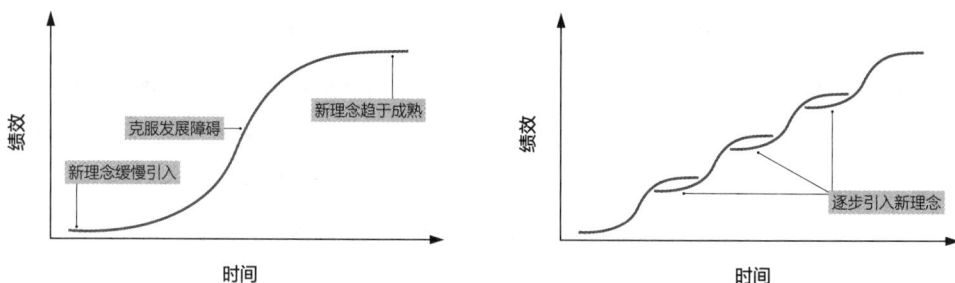

a）基本的 S 形绩效增长曲线 b）创新所遵循的多重 S 形曲线

图 4-3　创新的 S 形发展曲线

运营实践案例

拉链紧固件的缓慢发展 [1]

并非所有的创新产品都能很快取得成功，拉链就是其中一个典型例子。2017 年，拉链紧固件的市场规模约 110 亿美元，预计到 2024 年将增长到 200 亿美元。之所以出现规模增长，是因为服装和行李箱等需要拉链的产品在全球范围内的需求量不断攀升，也因为快时尚的商业模式正加速发展。拉链是人类史上一种相对较新的创意产品。几个世纪以来，人们一直在用环扣、搭扣、胸针和花边来连接布料，或者就是简单地将布料捆绑或包裹在一起。直到 14 世纪，英国人才开始使用钩眼扣，它可以算是拉链的"始祖"，但并不好用，而且易碎。到 1893 年，惠特科姆·贾德森（Whitcomb Judson）的芝加哥全球滑动式纽扣公司（Universal Fastener Company of Chicago）在美国申请了第一个真正的拉链式装置专利。他设计了一种滑动导轨，可以将靴子上的一整排钩和眼拉合起来。遗憾的是，人们觉得这项设计非常不实用，贾德森的公司也被来自瑞典的工程师吉迪昂·森贝克（Gideon Sundback）接管。他的创新产品摒弃了传统的钩和眼，并以一排突出的金属结构取而代之，其中一边是链齿，另一边是凹槽，与现代拉链的设计原理类似。大概在同一时期，瑞士发明家卡塔琳娜·库恩－莫斯（Katharina Kuhn-Moos）也为一种设计上相似的产品申请了专利，但该设计产品一直没有被投入生产。与传统纽扣相比，这种新连接件的价格仍然比较高昂。

后来，日本的 YKK 株式会社改变了拉链行业的前景。虽然当时的拉链在基本设计方面已经得到了很大的改进，如链齿由金属换成了塑料，并将牙链固定在了连续的尼龙布带上，但真正的突破还是来自拉链制造质量的提高。一条拉链是否好用，很大程度上取决于其制造精度，极小的尺寸偏差就会使拉链卡住或断裂。如果衣服上掉了一颗纽扣，只要再缝上一颗就好了；但如果拉链断了，衣服就没法穿了。1934 年，号称"拉链大王"的吉田忠雄（Tadao Yoshida）创立了三 S 公司（YKK 株式会社前身），并因极高的产品质量和可靠性而广受赞誉——该公司保证其生产的每条拉链都可用上万次。1960 年，当森贝克的专利到期时，YKK 便得以进军更大的美国市场。按价值计算，该公司占据了约 40% 的市场份额，拉链年产量比世界人口总数还要多。

● 渐进式创新与彻底革新

在不同的企业或行业中，新理念的产生模式可能存在差异，其中最为显著的是创新的速度和规模差异。例如，电信业能够经常取得重大创新成果，而房屋建筑业虽然也有创新，但通常成果并不显著。因此，有些创新是彻底的，能带来非连续式"突破性"变化，而有些创新则是渐进式的，只能带来较小的连续性变化。彻底革新通常包括技术上的大幅改进，这种进步可能需要全新的知识或资源才能实现。它虽然较为罕见，大概占所有创新成果的 5% ~ 10%，但会给现有的市场参与者带来巨大的挑战。因为面对一个新兴的市场，企业往往都不愿打破现有的工作模式，而等危机充分显现时，即使加以应对，多半也为时已晚。克莱顿·克里斯坦森（Clayton

Christensen）将这种现象称为创新者困境（Innovator's Dilemma），其为约瑟夫·熊彼特（Joseph Schumpeter）的观点提供了支持。约瑟夫·熊彼特认为，创新应该是一个"创造性破坏"的过程。[2] 相比之下，渐进式创新则通常只涉及相对温和的技术改革，且往往是以现有知识或资源作为基础推进的，因此，现有的服务和产品不会发生根本性改变。这就是老牌企业更倾向于采用渐进式创新的原因。这样的企业已经通过多年经验积累了大量的知识，而这些知识正是渐进式创新的基础。此外，它们通常更注重连续性，甚至可能无法识别潜在的创新机遇。而刚进入市场的新企业因为没有牢固的根基，没有丰富的经验，反而不会担心失去既有地位，因此更愿意尝试彻底的革新。

● 价值链后续阶段对创新的影响

企业通过设计产品或服务，或者二者的结合体实现创新，通过核心运营将其生产或创造出来，然后分销给客户，供客户使用或体验。其中每个阶段都是一个转变过程：创新设计流程是将创意转变为可用的设计；生产或创造流程是将设计转变为客户觉得可用的形式；分销流程负责将产品或服务，通过实体或虚拟方式传递给客户；最后，客户通过使用产品或体验服务获得价值。当然，这些阶段并非相互独立，创新设计流程会受到后续所有阶段的影响。大多数人会习惯性地认为，产品或服务的设计流程为客户带来的价值就是它的主要评判标准，但实际上，生产和分销阶段也会对设计阶段产生影响，如图 4-4 所示。

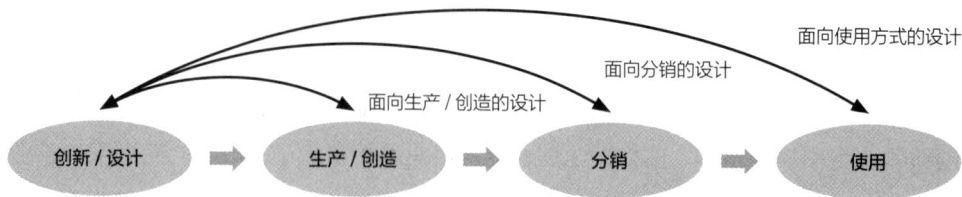

图 4-4 除了使用方式，产品或服务设计的影响因素还包括其创造和分销的方式

生产或创造设计

在产品或服务设计过程中做出的决策会对产品或服务的创造方式产生深远影响。

数十年来，在实体产品领域，人们对这一概念已有了充分认识，并通常将它称为面向生产的设计（design for production，DFP）或面向制造的设计（design for manufacture，DFM）。但这一原则在服务领域也同样适用。服务的设计和规范方式会影响其实际执行的难易程度。比如，主题公园景点排队区域的设计可能会使排队过程的管理变得容易，也可能会使其变得难以管理。先进技术可以为工作人员提供帮助，如虚拟现实技术可以帮助服务工程师（以虚拟方式）对设施进行巡视检查，也可以让设计师（虚拟地）"走进"体育馆、飞机机舱、建筑内部和游乐园等场地。

分销设计

提到产品分销方式对设计的影响，就需要提到家具产品的"扁平式包装"。巧妙的扁平式包装设计能够对价值链后续阶段产生多大的影响，从宜家商场的运营中便可见一斑。该公司将家具设计成扁平形式进行销售，从而提高了运输和储存效率，进而也方便顾客到店取货。同样，有些产品如果采用扁平化设计，便可以在打包后更容易装进运输托盘或集装箱。另外，这种理念在服务领域同样适用。在线服务在网页中的呈现方式也会对服务设计产生影响。即使是音乐等纯粹的艺术产品，也会受到销售方式的影响。例如，音乐行业的大部分收入来自流媒体服务销售的产品，用户播放同段音频超过 30 秒即算作一次播放，"艺术家"则会根据相应的作品播放量获得相应的收益。大约 1/3 的流媒体播放量来自流媒体公司推送的播放列表，其中的曲目往往是由公司的算法挑选出来的，有时人们无法了解确切的算法形式。通常认为，算法会优先选择那些能迅速吸引听众的歌曲。也有人指出，这种算法会导致音乐时长越来越短，前奏越来越短，副歌也开始得越来越快。[3]

4.2　产品与服务创新的战略作用是什么

尽管在成功实现创新之前往往要面临重重阻碍，但几乎所有企业都在努力创新。其原因就在于，过去大量事例已经证明，创新可以为成功将创意融入产品与服务设计的企业带来丰厚的回报，而其中最重要的就是创新识别能力，以及将创新转化为有效设计的能力。需要强调的是，企业的产品与服务决定了市场对企业的评价——

它们是企业的最好代言。有效的产品与服务创新流程可以通过以下方式为企业带来价值增长：

» 推动创新，实现从概念到行动的转变，增加市场份额，开拓新市场；

» 提高产品与服务差异化程度，从而吸引客户，同时提高公司产品系列的一致性，确保产品成功量产；

» 加强品牌建设，使产品与服务充分体现企业价值观；

» 提高资源利用率，降低项目失败率，加快产品量产速度，从而降低总体创新成本。

● 设计流程

创新活动是一个流程，其中包含的诸多设计问题在其他运营流程中都有所体现。它符合第1章中提到的投入 – 转换 – 产出模型。尽管各组织都有一套自己的创新和设计管理方法，但无论什么行业，设计流程本身都是非常相似的。另外，流程管理得越好，设计出的产品与服务也就越好。设计活动的投入 – 转换 – 产出模式如图4-5所示。其中投入的被转换资源主要包括市场预测、市场偏好、技术数据和潜在设计创意等形式的信息。设计流程会将这些创意和信息转换为最终的设计成果。转换资源则包括：设计资源及其管理者，能够解决设计问题的专业技术人员，掌握有用信息的供应商和相关客户群体，以及设计技术（如模拟软件）等。

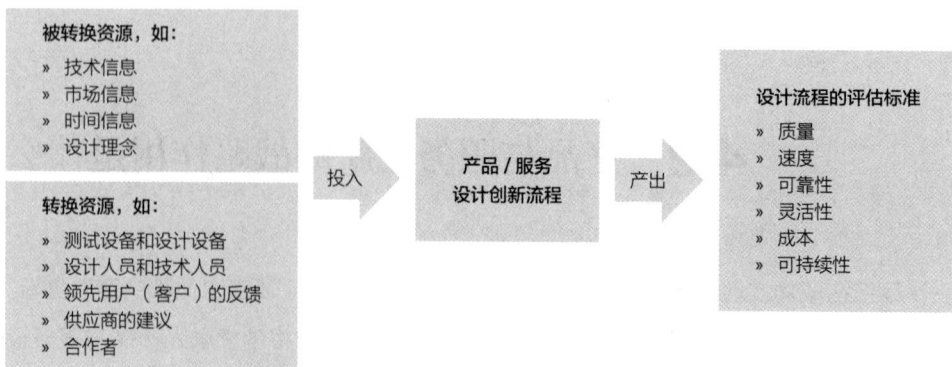

被转换资源，如：
» 技术信息
» 市场信息
» 时间信息
» 设计理念

转换资源，如：
» 测试设备和设计设备
» 设计人员和技术人员
» 领先用户（客户）的反馈
» 供应商的建议
» 合作者

投入 → **产品／服务 设计创新流程** → 产出

设计流程的评估标准
» 质量
» 速度
» 可靠性
» 灵活性
» 成本
» 可持续性

图 4-5 以流程视角分析产品与服务设计的创新活动

● 产品与服务创新流程的绩效目标

设计流程的绩效评估方式与其他流程大致相同，都是从质量、速度、可靠性、灵活性和成本等方面进行评估的。但由于产品与服务的设计会对可持续发展产生巨大影响，因此可持续性也应当和常规的运营目标一起被纳入绩效目标范畴。

什么是创新流程的质量

对于创新质量，我们有时很难给出明确的定义，在客户对现有产品和服务相对满意的情况下更是如此。许多软件公司都提到，客户可能不知道自己想要什么，只有在看到产品后才会知道，也就是说，客户只有在使用软件时才会清楚地意识到自己需要什么或不需要什么。尽管往往在设计完成后才能更好地对质量加以评判，但是通过对设计满足市场需求的能力进行评估，我们还是可以判断出设计质量的好坏的。在此过程中，我们一定要对规格质量和一致性质量加以区分。虽然所有企业都希望设计流程能够积极改正设计中出现的问题，但企业对这些设计问题的容忍度也有高低之分。例如，由于药品会对人体的健康与否产生直接影响，所以其开发过程中的潜在风险特别高。这就是相关部门坚持确保药品"设计"时间充足，且整个流程必须充分进行的原因（药品行业通常将"设计"称为"开发"）。虽然企业很少会召回已上市的药品，但这种情况偶尔也会发生，相比之下，"产品召回"在汽车企业中则更为常见。很多召回事件都与设计流程有关，通常是因为在设计流程中没有保持一致性。与之不同的是，设计的规格质量是指产品或服务的功能、美观程度或带给客户的体验感，也可以指产品或服务的主要竞争优势。

什么是创新流程的速度

设计速度在不同行业中的重要性有所不同。比如，建筑业和航空航天业的设计创新速度要比服装业或微电子业慢得多。然而，产品与服务的快速创新或"时基竞争"（time-based competition）已在越来越多的行业成为常态。其原因有时可归结为瞬息万变的消费潮流，有时可归结为日新月异的技术基础。然而，无论其背后的原因是什么，快速的设计总能带来很多优势。

» 产品可以尽早投入市场：具备快速创新能力的企业可以将产品和服务尽早投入市场，从而获得更长久的收益，甚至是更高的价格。

» 设计决策时间可以延后：快速设计可以使做出设计决策的时间更贴近产品和服

务投放市场的时间，这在瞬息万变的市场中尤为重要。

» 市场可以得到频繁刺激：快速创新可以将新产品或更新后的现有产品频繁引入市场。

什么是创新流程的可靠性

设计进度缓慢会导致设计时间的延长，更可怕的是，缺乏可靠性还会增强创新流程的不确定性。创新流程的专业项目管理（见第 19 章）能够在一定程度上降低这种不确定性，防止企业错过最后期限、陷入流程瓶颈（bottlenecks）或出现资源短缺，甚至针对上述情况发出预警。通过与供应商建立紧密联系并进行市场或环境监测，可以最大限度地减少创新流程受到的干扰。然而，意外干扰总会出现，对于创新性最强的产品和服务设计而言更是如此。因此，要想确保新产品和新服务的交付可靠性，最重要的就是提高创新流程的灵活性。

什么是创新流程的灵活性

创新流程的灵活性是指应对外部或内部变化的能力。导致外部变化最常见的原因就是市场或目标客户需求的改变。虽然在可预测性相对较强的市场中，创新流程可能无须具备灵活性，但在发展速度更快且稳定性较差的市场中，当目标客户和市场需求发生变化，或者当竞争对手推出的产品设计需要企业达到与之相同或更高的水平时，灵活性就会显得尤为重要。内部变化，即企业内部出现了更好的技术解决方案。除此之外，如果运营活动的产出中包含多种产品或服务，那么其不断提高的复杂性和关联性也意味着创新流程需要具备更强的灵活性。例如，某银行可能会为某一细分市场提供包含多项独立服务的捆绑套餐。特权账户持有人可以在同一套餐中享受特别存款利率、高级信用卡、保险优惠和旅行服务等多项服务。要对其中某项服务进行调整，就要同时调整其他服务。也就是说，如果银行要在信用卡福利中加入旅行保险，那么可能也要对原本独立的保险服务进行重新设计。

什么是创新流程的成本

通常，创新成本的分析方法与持续向客户提供产品的成本分析方法类似。这些成本因素可以分为三类：购买投入资源的成本、为流程招募员工的成本和运行流程所需的其他管理成本。在大多数内部创新流程中，后两项成本往往会高于购买资源的成本。如前所述，延迟交付创新成果可能导致设计支出增加或收入延迟甚至降低。而这些影响又会共同导致新产品盈亏平衡点的推迟时间比其最初发布的推迟时间更长（详见下面的"实例分析"）。

Cyberdanss 软件开发公司

Cyberdanss 软件开发公司的创始人兼所有者利季娅·科瓦利（Lidiya Koval）说："我为 CD08 项目安排了 4 名最优秀的员工，但客户却越来越少，成本也越来越高。我不明白，为什么进度会落后这么多。"该公司位于基辅，专门从事安全软件开发工作，其主要客户是向金融服务供应商提供产品授权的大型企业。该项目已经进行了 4 个月，本应在两个月后交付，但就目前情况看，至少需要延迟两个月。其合同中规定，客户需要从收取的授权费中抽出一部分支付给 Cyberdanss，其每月收取的授权费预计为 5 万美元；合同中还规定，项目交付时间每延迟一个月，Cyberdanss 就要支付 2 万美元的"延迟费"。尽管利季娅最初觉得开发项目利润丰厚，但现在她明白了，即使每月的员工成本和其他开发成本总额仅为 1.5 万美元，延迟两个月也会导致项目收支平衡时间出现延迟。延迟交付对收支平衡时间的影响到底有多大呢？

分析

如果开发项目按计划进行，那么公司需要在前 6 个月支出开发成本，从第 7 个月开始获得收入。按此计算，其现金流如表 4-1 所示。根据表中数据可知，该项目会在第 8 个月开始实现收支平衡。

交付时间延迟两个月带来的影响主要体现在以下三个方面：首先，项目获得收入的时间会延迟；其次，项目需要额外支出两个月的开发成本；最后，Cyberdanss 还需支付两笔延迟费。延迟后的利润表如表 4-2 所示。此时的盈亏平衡点出现在第 11 个月和第 12 个月之间。换句话说，项目交付时间延迟两个月，收支平衡的时间就会延迟将近 4 个月。而同样重要的是，项目所需的资金上限也从 9 万美元提高到 16 万美元。

表 4-1 开发项目 CD08（原计划）的利润表

（单位：千美元）

	月份											
	1	2	3	4	5	6	7	8	9	10	11	12
收入							50	50	50	50	50	50
开发成本	15	15	15	15	15	15						
损益状况	（15）	（30）	（45）	（60）	（75）	（90）	（40）	10	60	110	160	210

表 4-2 开发项目 CD08（延迟后）的利润表

（单位：千美元）

	月份											
	1	2	3	4	5	6	7	8	9	10	11	12
收入									50	50	50	50
开发成本	15	15	15	15	15	15	15	15				
延迟费							20	20				
损益状况	（15）	（30）	（45）	（60）	（75）	（90）	（125）	（160）	（110）	（60）	（10）	40

可持续性和创新流程

产品或服务的可持续性是指其对"三重底线"（即人、环境和利润）的有益程度。设计创新流程最终会在相当大的程度上影响利益相关者的道德、环境和经济福祉。如今，企业越来越重视设计流程的可持续性。例如，有些创新活动会格外关注道德层面的可持续性问题。银行开始为客户提供道德投资项目，从而最大限度地提高社会效益和经济回报。这类投资往往不会向博彩和烟酒等行业开放，而是更倾向于资助那些致力于职工教育、环境管理和消费者保护事业的企业。另外，公平贸易产品的开发同样属于关注道德层面的创新项目。服装制造商也会与供应商制订道德贸易计划；超市可以在销售肉制品和奶制品的同时确保动物福利；网络公司也可以制定用户投诉协议（本章会在后面的"社会责任"板块对该问题展开进一步讨论）。

4.3 产品与服务创新包含哪些阶段

设计创新流程往往可以分为几个不同的阶段。实际上，即使是那些如电影或戏剧作品的所谓的纯粹艺术类产品和服务，也要经历几个明确划分的阶段。例如，电子游戏的开发流程大致可以分为三个阶段：前期制作（pre-production）、正式制作（production）和后期制作（post-production），每个阶段都包含一系列步骤，如图4-6 所示。与所有创新与设计流程一样，电子游戏的设计流程也会出现阶段界限模糊的问题，而且经常会进行大量修改或返工（详见本章末尾的"案例研究"）。此外，所有这些流程往往都开始于一个模糊的创意，经过不断地完善和细化，最终才包含足够的信息，进而转化为真实的服务、产品或流程。终版设计直到流程的最后阶段才会显现。然而，许多影响最终交付成本的决策都是在较早的阶段做出的。

设计漏斗

随着企业在创新流程中不断做出决策，其可供选择的方案数量也会随之越来越少。例如，企业在制作专业相机时选择铝而不选择塑料，那么后续的决策，如外壳整体尺寸和形状也会受到该决策的限制。在设计流程的各个阶段，经过一次次的取舍，可供选择的方案数量不断减少，最终方案也会变得越来越清晰、明确。这一概

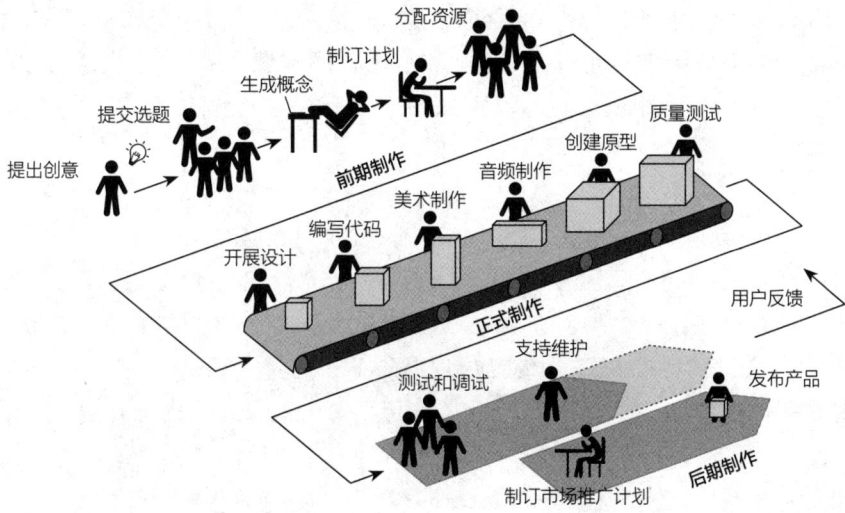

图 4-6　所有的产品和服务，甚至是电子游戏开发等极具创造性的产品，都是由运营流程创造的

念有时也被称为"设计漏斗"（design funnel），如图 4-7 所示。但是，减少设计的不确定性，也会影响到在设计的一些细节上改变想法的成本。在多数设计阶段中，企业一旦改变决策，就必然要重新考虑和计算成本。在设计活动早期，由于企业还没有做出太多根本性决策，所以此时的修改成本相对较低。然而，随着设计逐步推进，企业做出的决策会越来越多，它们相互关联，使得设计的修改成本不断提高。尽管在实际的设计流程中，各阶段的出现顺序会有所不同，但大多数产品或服务的开发过程都会采用与图 4-7 类似的阶段模型。创新流程开始于一个总体构思或概念，最终形成一种完全确定的规格。在此期间，运营产出可能会经历概念筛选、初步设计、评估与改进和最终设计成型等阶段。

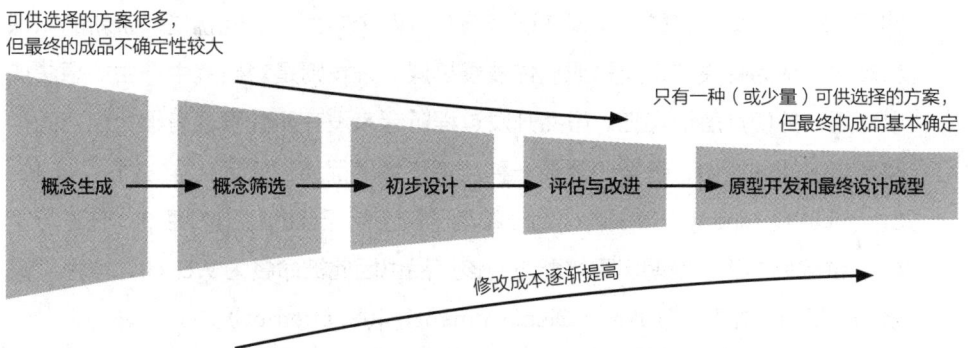

图 4-7　产品 / 服务创新的各个阶段

在本章中，我们将产品创新和服务创新放在一起讨论，这意味着有形产品的创新和无形服务的创新几乎没有差别。这种假设存在一定的合理性，然而，正是由于许多服务都表现出了 IHIP 特征（即无形性、异质性、不可分割性和非存储性，见第 1 章），使得服务创新具备一定的独特性。

» 对服务创新而言，产品创新、流程创新和组织创新会更加难以区分。

» 服务创新更具互动性，因为内部成员（营销和技术人员、后台员工与前台员工等）和外部成员（供应商、监管机构，特别是客户等）都必然要参与其中。因此，引进新服务的流程将会更加复杂，综合性也更强。

» 在此基础上，有些企业在服务设计和交付流程中，会在很大程度上与客户实现价值共创（见第 1 章）。

» 与传统的产品创新相比，服务创新往往更偏向于渐进式创新，而非彻底革新。其往往是一系列改革与创新的结合，这些改革与创新旨在为客户解决特定的问题，规模较小，但很重要（又称"临时"创新）。

» 服务创新往往易于复制，难以保护。显然，任何人都可以对可视化程度高的服务进行审查。服务公司通常会对竞争对手提供的服务进行"取样"。另外，新产品采用的特定技术可以通过专利法得到保护，特色化的服务有时却很难得到保护。

● 概念生成

创意成为新产品或新服务概念的灵感来源，这一过程即概念生成（concept generation）。创新可以有很多不同的来源，既可以来自组织内部，也可以来自外部。

» 来自研发部门：许多组织都有正式的研发（research and development，R&D）部门。顾名思义，其作用体现在研究与开发两个方面。研究就是探索新的知识和想法，从而解决特定问题或抓住发展机遇。开发则是对研究中产生的想法加以利用，并使其落地实施。虽然开发过程听起来没有研究那么有趣，但它同样需要丰富的创造力，甚至还需要一种坚持不懈的品质。火箭化学公司（Rocket Chemical Company）曾试图研制一种用于航空航天业的脱脂防锈剂，在进行了 40 次试验后才终于发明出隔水配方，该产品也因此被命名为 WD-40，意为"隔水剂，第 40 次配方"（Water Displacement，40th attempt）。

» 来自员工：服务型组织的外联人员或产品导向型组织的销售人员可能每天都要与客户接触。这些员工通常能够充分了解客户的喜好。他们会收集客户的建议，也会产生自己的想法。其中最著名的例子就是火柴制造商 Swan 的包装改造。该公司的一名员工建议将火柴盒上的砂纸由两条改为一条，从而为公司节省了大笔开支。

» 来自供应商：与客户相比，供应商往往更加了解其所处的领域，如汽车座椅制造商通常比汽车制造商更了解汽车座椅。供应商也许还能更早地接触到产品部件制造方面取得的技术进展，如呼吸器供应商掌握先进呼吸器技术的时间可能会比使用机器的医院还早。最后，供应商还可能同时为多个类似的客户供货，因而可以更好地了解行业动态。

» 来自竞争对手的活动：大多数组织都会关注竞争对手的动态。某些竞争对手的创意可能具有模仿价值，甚至还可以为进一步改进提供基础。拆解竞争对手的产品或服务，从而探索潜在创意，这一过程被称为逆向工程（reverse engineering）。但服务的某些方面，特别是"后台"服务可能难以进行逆向探索，因为对竞争对手而言，其可视化程度较低。

» 来自客户：市场营销部门可以采用市场调研工具对客户数据进行结构化收集，从而测试创意与客户需求的匹配度，或对照预先确定的标准检查产品或服务。创意也可能来自客户的日常互动，如投诉或日常交易的反馈。如今，越来越多的组织开始开发便于收集信息的机制。而在群体层面，这种从人群中在线获取工作、资金或创意的过程则被称为众包。

开源系统——对开发社区的利用

并非所有产品或服务都由受雇的专业设计师出于商业目的创造而成。我们如今使用的很多应用程序都由开发社区打造，产品用户也是社区中的一员。谷歌、维基百科和亚马逊都属于开源软件（open-source software）。其基本概念很简单，就是全世界的编程者一起生产出的软件产品。成品不仅可供所有人或组织免费使用，还会定期更新，确保能够及时得到必要的改进。开源软件的生产机制非常成熟，而且能够与商业软件一样，不断得到支持与维护。但不同之处在于，它是完全免费的。在过去十年里，开源系统呈现惊人的发展速度，很多组织都开始改用这种稳定、强大而又安全的软件。

众包

与开源系统密切相关的是"众包"（crowdsourcing）概念。众包是指从人群中在线获取工作、资金或创意的过程。虽然从本质上讲，这不是一个全新的概念，但从很大程度上讲，互联网和社交网络的应用使其成为一种宝贵的创意来源。例如，消费品公司宝洁曾邀请科学爱好者参与洗涤剂染料的研发，他们将这种染料和洗碗水混合，达到一定剂量后就会变色。另外，政府机构让公民确定支出（或削减支出）项目的优先顺序，也属于众包概念的应用。

"领先用户"和"失败预言家"

企业还可以通过非正式渠道，如日常交易反馈或投诉，从客户那里获取创意。其中，所谓的"领先用户"（lead users）就是很多创新的源泉，对于快速变化的产品或服务而言更是如此。此类用户往往走在重要市场趋势的前沿，且具有很强的创造性。他们还往往具备解决问题所需的实际经验，并能为参与调研的市场研究人员提供准确的数据。相反，另一类客户则由于不断做出错误的购买决策而为企业提供参考。这类客户倾向于购买各种失败的产品，"百发百中"，毫无例外，他们就是"失败预言家"。通常情况下，这类客户有时购买了什么产品，什么产品就会很快下架。

创意管理

例如，美国 3M 公司会通过引入正式的激励机制鼓励员工参与概念生成，从而成功实现创新。通过以纸质文件为依托的"建议机制"和实体"意见箱"征集员工创意，往往效果有限。建议机制需要充足的资源，而创意很难得到一致的评估，因此建议机制可能会失去可信度。然而，"创意管理"软件系统的问世却为企业带来了福音。这种系统可以帮助企业收集员工创意并对其进行评估——如果创意可行，便会被快速有效地加以实施。另外，该系统还可以对创意从形成到实施的全过程进行跟踪，从而使重要绩效衡量指标（如创意产生的渠道、实施率、预计节约成本和产生的新收入等）更加清晰、明确。

● 概念筛选

概念筛选（concept screening）是以关键标准为依据，对值得继续发展的潜在创新进行选择的阶段。并非所有的概念都能转化为可行的产品或服务，因此企业需要对其进行筛选。例如，据杜邦公司（DuPont）估计，能够转化为适销产品的概念约占 1/250，而在制药行业，这一比例则接近 1/10 000。概念筛选的目的是对最初的概念进行可行性（feasibility）评估（能否实施）、可接受性评估（是否愿意实施）和风险性评估（存在哪些实施风险）等。概念可能要经过多轮不同的筛选，该过程涉及多个职能部门。表 4-3 列出了营销部门、运营部门和财务部门在可行性、可接受性（acceptability）和风险性评估方面关注的典型问题。

表 4-3　营销部门、运营部门和财务部门关注的几种典型评估问题

评估标准	营销部门	运营部门	财务部门
可行性	市场是否足够大	能否实现	是否有足够的开发和启动资金
可接受性	能获得多少市场份额	要完成创意转化，需要在多大程度上进行运营活动重组	创意投资能带来多大的资金回报
风险性	在市场中会面临哪些失败的风险	无法在公司可接受范围内实现转化的风险有多大	如果无法按计划进行，会损失多少资金

运营实践案例

大猩猩玻璃 [4]

即使一种新产品或服务的创意没有被成功地转化为适销商品，企业也可以在开发流程中汲取有用的经验。作为世界上最大的玻璃制造商之一，康宁公司（Corning）深谙此道。近 170 年来，康宁公司将其在玻璃科学以及陶瓷科学和光学物理领域的创新理念与完善的制造和工程能力相结合，开发出了具有开创性的产品和服务。康宁公司研究中心的科学家每年能够发明出数千种新的玻璃配方和生产创新技术，但并非所有产品都具有直接的市场潜力。企业会将那些有潜力的产品送到研究中心的小型玻璃厂进行试生产——这些产品并不一定都能进入市场。不过康宁公司明白，即使没有开发出新产品，其研究结果仍然很有价值。公司会将所有从项目开发中学到的经验存入知识库。在未来某一天，这些经验就会派上用场。

果然，就在苹果公司开发其革命性的 iPhone 手机时，康宁公司的知识库发挥了作用。当时的苹果公司老板兼创始人史蒂夫·乔布斯（Steve Jobs）向康宁公司提出了一个要求：为新款 iPhone 开发出一种能覆盖屏幕的玻璃，这种玻璃要完全透明、坚固耐用且耐刮擦，而且最好在 6 个月内完工。于是康宁公司研究中心的员工开始翻阅资料，找到了 20 世纪 60 年代取得的一个项目成果。该项目旨在开发轻质工业钢化玻璃，且当时已经生产出了少量产品，但由于大多数客户对这种玻璃不感兴趣，项目就没有继续推进。于是康宁公司重新修改了配方，发明了一种轻薄而坚固的玻璃，可用作手机触摸屏。公司将这种新产品命名为大猩猩玻璃（Gorilla Glass）。如今，手机屏幕随着机型变化而越来越薄，大猩猩玻璃也因此不断改进，但仍保持其特有的强度。

● 初步设计

初步设计（preliminary design）阶段的首要任务是确定产品或服务的具体内容。对于以服务为主的产出而言，企业要通过作业指导书或服务蓝图对初步设计过程加以记录；对于以产品为主的产出而言，初步设计阶段需要确定产品规格及组成结构（如麦当劳为制作薯条的土豆确定了 50 多种规格）。其中，组成结构部分必须详细说明单个产品所需的所有组件，如用来放映幻灯片的遥控鼠标可能包括鼠标本身、接收器和产品包装。这三个部分都由许多组件构成，而这些组件又包含更小的组件，如图 4-8 所示。

在这一阶段，企业可以通过简化设计大大降低创新成本。最优雅的产品和服务创新往往也是最简单的创新。然而，大多数企业产出的产品或服务也都是多种多样的，因此其范围会变得复杂，成本也会随之增加。在此情况下，设计人员会采用多种方法简化设计，如标准化、通用化和模块化。

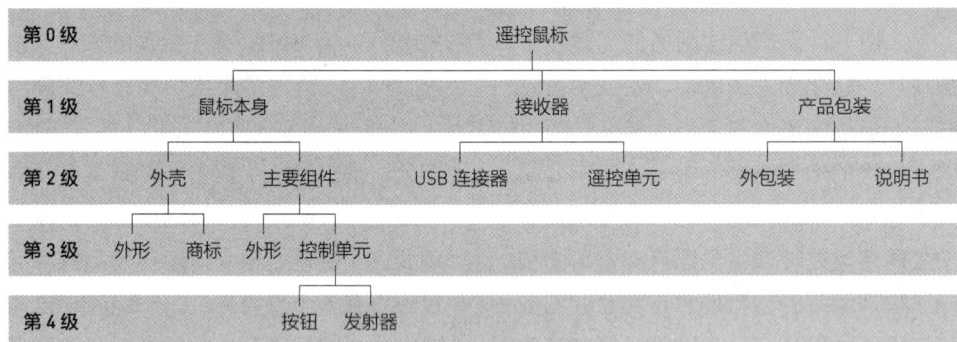

第 0 级	遥控鼠标					
第 1 级	鼠标本身		接收器		产品包装	
第 2 级	外壳	主要组件	USB 连接器	遥控单元	外包装	说明书
第 3 级	外形　商标	外形　控制单元				
第 4 级		按钮　发射器				

图 4-8　遥控鼠标的组成结构

以流程为基础的创新方法往往意味着所有新产品都是针对明确的客户需求而创造的。大多数创新活动都遵循这条原则，对于那些与前代产品相似的产品和服务而言更是如此，但更彻底的创新往往来自创新本身的需求。并非所有人都认可主流的理性创新模式，通过优化已知的限制条件和目标逐步减少不必要的设计方案。对某些人来说，这种简洁的创新流程模式无法反映实际创新项目中出现的创造性、讨论和混乱。首先，管理人员并非一开始就有选择，没有人能处理这么多的信息，而且无论如何，设计者的头脑中通常已经有了解决方案，正在寻找将其付诸实施的机会。其次，随着时间的推移，备选的方案数量往往还会增加。实际上，这可能也是一件好事，对于在创新开始阶段缺乏灵感的项目而言更是如此。真正的创新流程会循环往复地进行，可能还会反复多次，因为潜在的解决方案也会带来新的问题，甚至最终无法推进。与此同时，需求也在不断变化。相比之下，以行动为中心的创新观点或是协同进化的创新观点认为，运营产出是在情感与创造力的共同作用下设计而成的，设计流程通常是即兴的，创新阶段的先后顺序也不是一成不变的。

标准化

有时，企业会通过实现产品、服务或流程的标准化避免种类过多造成的成本损失。标准化（standardisation）采用统一的标准使产品、服务或流程具备通用性，使得产品或服务的各个组成部分既可以单独创造出来，又可以互相协同配合。标准化是指在企业内部或不同企业之间始终保持组件、方法或流程一致性的过程。它是组件和方法沟通互换的基础。标准化具备很多优势，可以使设计流程更具可预见性，也可以使企业内部各部门和企业之间更顺畅地沟通，同时还能大大缩减成本。标准化的对象往往是企业的运营产出，快餐店就是其中一个典型案例。人们购买巨无霸汉堡时可以清楚地知道这种汉堡是什么样的，但更为人熟知的典型标准化产品是服装。虽然每个人的体型都不太一样，但服装制造商只会生产几种固定尺码的衣服，而选择这些尺码也是为了让服装贴合大多数人的体型。许多企业都会适当减少产出种类，只在客户真正需要的地方提供多样化选择，从而实现盈利能力的大幅提升。虽然大家最熟悉的是服装标准化，但最典型的标准化案例当属集装箱的发明。在集装箱应用于航运业之前，船运货物的包装也各不相同，麻袋、箱子和板条箱都在其列，有的货物甚至直接散装。集装箱一经问世，便大大降低了航运成本，也使许多以前无法进入全球市场的国家都可以在世界市场上进行贸易。如今，标准集装箱已成为全球化发展的重要影响因素之一。

通用化

在产品或服务中加入通用元素可以降低设计的复杂性。例如，采用统一的表单或屏幕布局，可以实现流程信息输入格式的标准化。不同的产品和服务越倾向于采用统一组件，其生产时的复杂性就会越低。例如，欧洲飞机制造商空中客车公司（Airbus）的飞机设计通用化（commonality）程度极高。具体说来，从 100 座的 A318 到世界上最大的飞机 A380，该公司的 10 种飞机型号都具备几乎一模一样的甲板、通用系统和相似的操作特性。有时，这些飞机如整个 A320 系列甚至具有相同的

"飞行员类型等级"，使得持有单一执照的飞行员能够驾驶其中的任何一架飞机。对航空公司而言，飞机通用化可以大幅缩短飞行员和工程师在不同飞机间轮转时所需的培训时间。此外，当某个飞机系列的通用零件多达90%时，飞机上也就不必非要携带多种备件了。

模块化

模块化设计（modular design）原则的应用，如在计算机中的应用，包含产品或服务标准化"子组件"的设计，它们可以通过不同方式组合在一起。这些标准化模块或子组件可以大批量生产，从而降低企业成本。例如，套餐旅游业可以根据客户的具体要求搭配产品，其中包括预先设计和购买的机票、住宿和保险等服务。同样，模块化课程在教育领域的应用也越来越广泛，客户可以有多种选择，但每个模块的学生数量都必须确保其经济性。

● 设计的评估和改进

这一创新阶段旨在对初步设计进行评估，确定其是否需要改进。企业可以在这一阶段采用多种技术对初步设计进行评估和改进。其中最著名的就是质量功能展开法（quality function deployment，QFD）。

质量功能展开

质量功能展开的主要目的是确保最终的创新成果能够真正满足客户的需求。该方法由日本三菱神户造船厂（Mitsubishi's Kobe shipyard）提出，并得到丰田公司及其供应商的广泛使用。根据其图表形状，该方法又被称为"质量屋"（house of quality）；根据使用目的，又可被称作"顾客心声"（voice of the customer）。该方法旨在捕捉客户需求的同时寻求满足客户需求的方法。图4-9展示了促销用USB数据存储硬盘的设计流程所采用的简单质量功能展开矩阵。该矩阵完整地阐述了客户的需求与新产品设计特征之间的关系。

» 需要什么，即"客户需求"，是客户所看重的竞争因素列表。图中采用10分制对这些因素的相对重要性进行评分，其中价格因素的得分最高。

» 竞争分数表现的是产品的相对性能，这里分为1～5分。此外，该评分还显示了两种竞争产品的性能。

» 如何满足，即产品的"设计特性"，是产品设计的各个维度。这些特性可以将客户的需求融入产品或服务。

» 中心矩阵有时也被称为关系矩阵，代表"需要什么"与"如何满足"之间的关系。这种需求通常需要

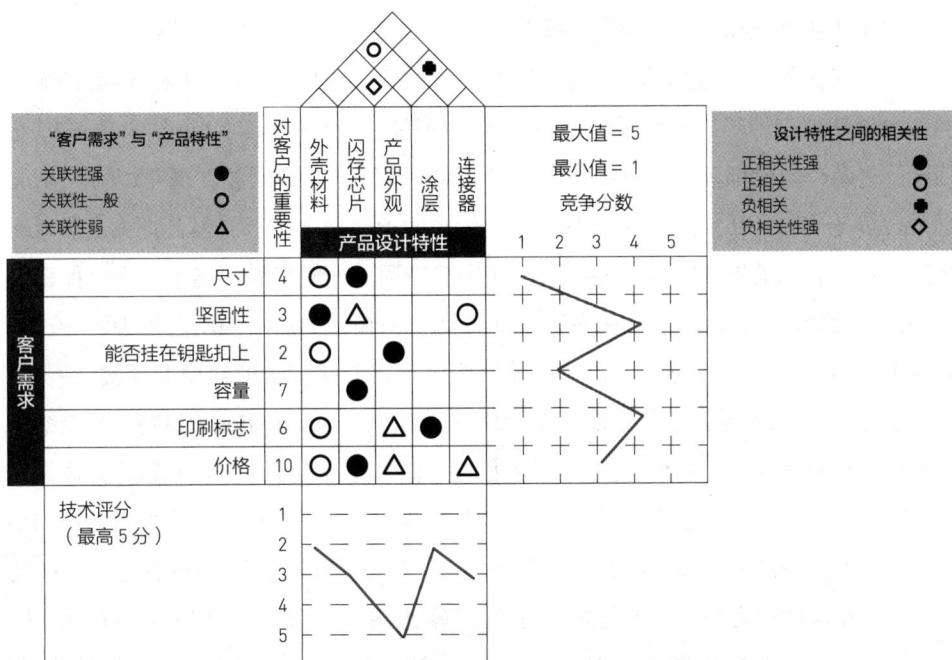

图 4-9 促销用 USB 数据存储硬盘的质量功能展开矩阵

以设计团队的价值判断为基础，不同的符号代表不同的关系强度。企业需要分析各项需求与产品设计特性之间的关系，但多数情况下，矩阵中的空白格代表二者之间没有关系。

» 矩阵底部是对产品的技术评分。其中包含各项设计特性的绝对重要性。

» 质量屋的三角形"屋顶"包含团队所了解的各项设计特性之间的相关性，包括正相关和负相关。

● 原型开发和最终设计成型

在这一设计阶段，企业需要将改进后的设计转化为原型，以便进行测试。未经测试的产品或服务上市风险太大，因此在推出之前，通常应先进行产品"原型"（prototype）或服务"试验"的开发。产品原型包括黏土模型和计算机模拟（simulations）等。服务试验则包括计算机模拟或试点测试。例如，零售商可能会在少数几家商店推出新服务，以测试顾客的反应。企业还可以利用以虚拟现实技术为基础的模拟测试新产品和新服务，并通过该技术对生产流程进行可视化处理，进而对其进行规划。具体来说，单个零部件可以通过虚拟方式组合在一起，从而测试其是否相互匹配或干扰。企业甚至还可以在原型系统中引入虚拟的工作人员来检查各个部件是否易于组装或操作。

α（阿尔法）测试和 β（贝塔）测试

产品或服务的 α 测试和 β 测试是软件开发行业独有的设计阶段，但这种测试也开始逐渐被应用于其他领域。大多数软件产品的设计流程都会包含 α 测试和 β 测试，这两个阶段都旨在找出产品中的"漏洞"，即错误或问题。毫无疑问，α 测试（alpha testing）在前，β 测试在后。前者本质上是一个内部流程，开发人员或制造商或受其委托的外部机构需要检查产品中的错误。一般来说，这也是一个保密性流程，不会向市场或潜在客户开放。虽然该测试旨在找出产品使用过程中可能出现的错误，但实际上它并非在"现实世界"中进行，而是在虚拟或模拟环境下展开。α 测试结束后，产品就会进入 β 测试阶段。β 测试（Beta testing）是将产品交给指定客户进行测试。这是在产品投入商业化生产前开展的外部"试点测试"，通常在"现实世界"中进行，也可能在接近现实的环境中进行，其仍然是一个相对较短的小样本试验。当产品进入 β 测试阶段时，大多数严重问题应该都已经解决了，一些可能存在的小问题只有在用户参与测试时才会暴露出来。这就是 β 测试大多在用户所在地进行，且不能有开发团队在场的原因。β 测试有时也被称为现场测试、发布前测试、客户验证、客户验收测试或用户验收测试。

4.4 如何为产品与服务创新提供资源

与所有类型的流程一样，要想让产品或服务创新流程有效运作，就必须对其进行合理设计，并配备相应的资源。在本节中，我们将对提供资源时应考虑的 5 个关键问题展开讨论，其分别为：

» 创新活动需要哪些能力？

» 创新应在内部进行还是应该外包出去？

» 企业可以采用哪些技术支持创新流程？

» 什么样的组织架构最有利于创新流程的运作？

» 如何压缩创新流程？

● 创新活动的能力要求

　　能力管理就是确定流程所需的能力水平，并确定如何根据需求变化调整能力。对创新流程而言，需求就是新设计的需求量。而问题在于，即使是在大公司，创新的推出速度也并非恒定的。也就是说，创新流程中的设计需求并不恒定，有时可能要同时推出多种新产品，有时可能不需要创新。这就会造成资源配置问题，因为创新活动所需的能力往往难以灵活调整。设计师、技术专家和市场分析师掌握着创新活动所需的专业知识。有的专业人员可以等需要时再聘用，但实际上，很多设计资源都是固定的。这也就意味着，有些企业认为创新流程并未充分利用资源，因此不愿意为其投资。这样就导致恶性循环产生。由于在短期内无法招聘到大量优秀的设计人员，所以企业无法为创新流程投入资源，进而导致创新项目延期交付或无法提供合适的解决方案，而这又可能会使企业丢掉订单或在市场上遭受损失，从而不愿意再为创新流程投资。

运营实践案例

英国电信集团的开放式创新生态系统 [5]

　　英国电信集团是全球领先的通信服务和解决方案提供商之一，其客户覆盖全球 180 多个国家及地区，主要业务包括：全球网络信息技术服务；本地、本国和国际电信业务；电视和互联网产品与服务以及固定移动产品与服务。该公司正是依靠创新实现了蓬勃的发展。实际上，其研发机构甚至在全球范围内都享有盛名。英国电信集团之所以能够利用创新实现发展，是因为它建立了一个涵盖内外合作伙伴的广泛创新生态系统，可以从多个渠道获取创意。英国电信集团的开放式创新模式是一种广义上的开放，其会与真正或潜在的供应商、客户和内部员工展开合作。实际上，英国电

信集团赖以生存的许多新理念和新技术不仅来自其正式的研发部门，也来自众多的内部员工。该集团的创意计划（new ideas scheme）在公司的开放式创新模式中发挥着重要作用。该计划认可并发挥了全球 9 万多名员工的创造力。他们可以通过这项计划提出自己的创意，推动企业流程创新，或对产品与服务加以改进。员工既可以提出非正式的"灵感"，也可以提交精心构思的创意。然后，这些想法会被交给业务专家进行审核，最具潜力的创意会在开发流程中进一步得到采纳。员工每年提出的各种创意约 2000 个，其中得以实施的约 50 个。

　　更引人注目的是英国电信集团对外

部创新的"开放"方式。电信领域的创新主要分布在美国硅谷、以色列、日本、韩国、新加坡、中国、印度以及整个欧洲等多个创新"热点"地区。英国电信全球开放式创新模式的核心动力来自其技术侦查部门。自 2000 年以来，该部门一直在推动集团的创新工作，当时的技术与创新高级副总裁曾前往帕洛阿尔托探索新兴技术和商业模式。值得一提的是，英国电信集团的外部创新负责人并不在英国，而是在美国硅谷。伦敦的 BT 无限实验室（BT Infinity Lab）是该公司创新网络的核心，有了它，公司便能追踪初创企业动态，并经常与其展开合作。同时，其创新侦查团队也在全球范围内搜寻各种技术初创企业、风险投资者和研究人员的创意。从新颖的技术，到市场发展趋势，再到开创性的运营流程和先锋商业模式，英国电信公司不断地寻找和评估各种各样的创意。该集团也认为，其专业侦查团队可以大大提高其创新能力。除此之外，该公司的开放式创新模式还包括与世界各地的顶尖院校和商学院建立长期的研究合作伙伴关系。

● 创新活动是否需要外包

有的供应网络能够提供产品和服务，有的供应网络则可以在创新流程中将供应商和客户联系在一起。这种网络有时被称作设计网络或开发网络。企业可以自行选择供应商在创新流程中的参与度，既可以将所有创新能力保留在公司内部，也可以将所有创新活动外包出去。在这两种极端情况之间，还可以选择不同的内外参与度。另外，内外参与度一旦改变，某些更重要的因素也会随之变化，如图 4-10 所示。如果资源被保留在企业内部，则更容易受到控制，因为这些资源与企业的正常组织架构高度契合，由于熟悉的同事往往更能彼此信任，所以企业无须进行大力监管。相比之下，外包的创新活动则会涉及更多的监管控制工作，企业通常会在合同中加入延期罚款的条款。

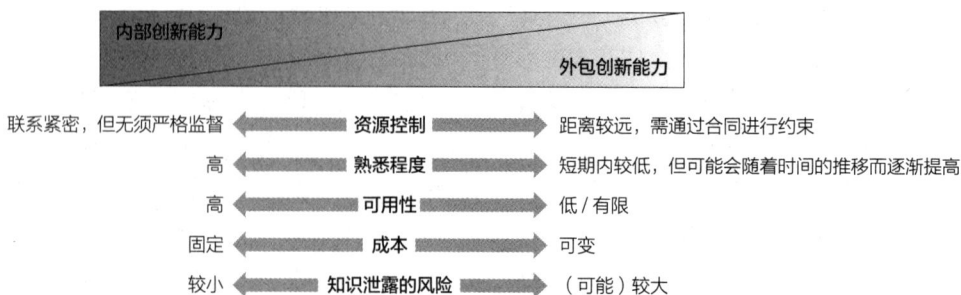

内部创新能力		外包创新能力
联系紧密，但无须严格监督 ◄	资源控制 ►	距离较远，需通过合同进行约束
高 ◄	熟悉程度 ►	短期内较低，但可能会随着时间的推移而逐渐提高
高 ◄	可用性 ►	低 / 有限
固定 ◄	成本 ►	可变
较小 ◄	知识泄露的风险 ►	（可能）较大

图 4-10　创新流程中内外参与度的不同影响

从开放式创新的角度看（见本章前文），企业不能只依赖内部创新，还应该积极从外部购买新的创新成果。同样，企业可以通过合资经营、授予许可或拆分等方式向外界提供未充分利用的专有创新资源，并从中获益。然而，开放式创新的一个主要阻碍因素就是企业对于知识外流的顾虑。在与专业设计供应商合作的过程中，企业会获得一些宝贵经验，但其往往也会担心这些经验会传递给竞争对手。因此，这便会产生一个矛盾：企业之所以将设计活动外包出去，主要就是因为其看中了供应商的能力，而这种能力本身就是在与不同客户合作的过程中积累起来的专业知识。如果知识"泄露"完全不存在，那么供应商也就无法积累创新能力，进而也就无法为企业带来好处。

● 创新流程所需的技术

如今，技术在创新活动中发挥着越来越重要的作用。例如，模拟软件如今已被广泛应用于交通运输服务和化工厂等各个领域及场所。这些软件可以在实际产品或服务诞生之前，让开发人员探索各种设计方案、了解各种方案的潜在影响并探索决策后果，从而做出设计决策。当设计任务非常复杂时，这些软件就能够发挥极大的作用，因为它们可以让开发者更加确定产品或服务的实际应用情况。另外，这些软件还可以整合创新流程的运作信息，从而让企业能够更加全面地了解创新流程的进展。

衍生设计

"衍生设计"（generative design）也是一种探索备选设计方案的实用技术。设计人员需要先确定重要的设计目标、参数和性能要求，然后通过衍生设计软件探索解决方案所有可能的排列组合，并从中生成备选方案。目前的先进版本还会采用人工智能（artificial intelligence，AI）技术，从每次迭代中进行学习。衍生设计的支持者认为这种技术利用机器学习，将自然界的进化方式应用于设计领域。它的一个明显优势在于可以对潜在设计方案进行快速分析和评估；与此同时，它也会生成人们未曾设想过的方案。

计算机辅助设计

计算机辅助设计（computer-aided design，CAD）是人们最熟悉的创新技术。这种技术可以对组件信息进行存储、分类，还可以让设计者在显示屏上开展设计活动，通常还能进行基本的工程计算，从而检验设计方案的可行性。该技术具备计算机辅助能力，设计人员可以创建修改后的产品图纸，并将常用图形迅速添加到计算机生成的产品模型中。另外，该技术还可以将创建的设计图纸保存在计算机中，后续还可以对其进行检索，从而建立起一个标准化的零部件库。这样不仅可以显著提高创新流程的生产率，也有助于设计者在设计活动中实现零部件的标准化。另外，计算机辅助设计系统生成的设计图纸还可以通过三维打印（3D printing）技术转化为实体模型，从而实现原型的快速制作。三维建模也可以用虚拟现实（virtual reality）技术替代。与传统的计算机辅助设计相比，虚拟现实技术更具互动性，因为设计师或客户可以更直观地观察虚拟的设计产品，从而更好地了解设计外观及其使用体验。

数字孪生

"数字孪生"（digital twin）一词最初由佛罗里达理工学院生命周期与创新管理中心的迈克尔·格里夫斯（Michael Grieves）提出。[6]"数字孪生"是数据与智能的结合，可以描述各种物理系统的结构、背景和行为，通过某种界面让人们快速了解系统在过去和现在的运行情况，并对未来做出预测。换句话说，数字孪生就是一种功能强大的数字"复制品"，可以用来替代任何实体产品。用数字孪生产品替代真实产品可以极大地提高其性能，且无须为真实产品付出任何代价。不仅如此，数字孪生技术可以应用于整个产品链的生命周期，从而为用户提供有价值的信息，并验证产品的实际性能。此外，数字孪生技术还可以对未来可能发生的情况进行监测和模拟，并提前预测维修需求等问题。如此一来，人们就可以在产品使用前及其生命周期内改进产品设计。

知识管理技术

许多专业的服务公司，如咨询管理公司的设计活动都包含对概念和框架的评估，客户组织可以利用这些框架和概念诊断问题、分析绩效并构建可能的解决方案。其可能包含行业内最宝贵的实践经验、行业绩效基准以及可在不同行业应用的理念。然而，这类公司往往位置比较分散，员工需要花费较多的时间组织客户，从而面临不断"重造轮子"的风险。大多数咨询公司都会试图通过基于内联网的知识管理（knowledge management）程序规避这种风险。有了它，所有专业顾问都可以将自己的经验汇集到同一个知识库中，与能够完成当前任务的员工取得联系，并找出从前执行过的类似任务。如此一来，信息就被整合进了公司内部正在进行的知识创新流程，供创新开发人员使用。

● 创新流程应采用的组织架构

从概念到市场的开发流程大多需要不同职能领域的员工参与其中。在此过程中，各个职能部门都会发挥一定的作用。但与此同时，任何产品或服务创新项目又都是一个独立的存在，有专属的项目名称、成员和预算，较完善的项目通常还会有明确的战略目的。由此便会引发一个组织层面的问题：创新管理应该由职能部门主导，还是由创新项目本身主导？创新流程的各种备选组织架构如图 4-11 所示。

- » 职能组织：将创新项目划分为若干部分，并分配给相关职能领域或职能领域内的工作小组。项目由职能部门和高级管理层共同领导。
- » 职能矩阵（轻量级项目经理）：指

定一名负责人监督不同职能领域内的项目工作。该负责人对职能人员的管理可能比较有限，其主要负责项目的规划和协调。职能部门管理者对相应的项目工作负主要责任。

- » 平衡矩阵：指派一名负责人监督项目，并与职能部门负责人平等合作。该负责人与职能部门管理者共同指导创新活动，并对技术和运营决策进行审定。
- » 项目矩阵（重量级项目经理）：指派一名管理者对项目进行监督，并对项目的交付负责。职能部门管理者的工作只包括指派项目所需人员和提供专业意见。

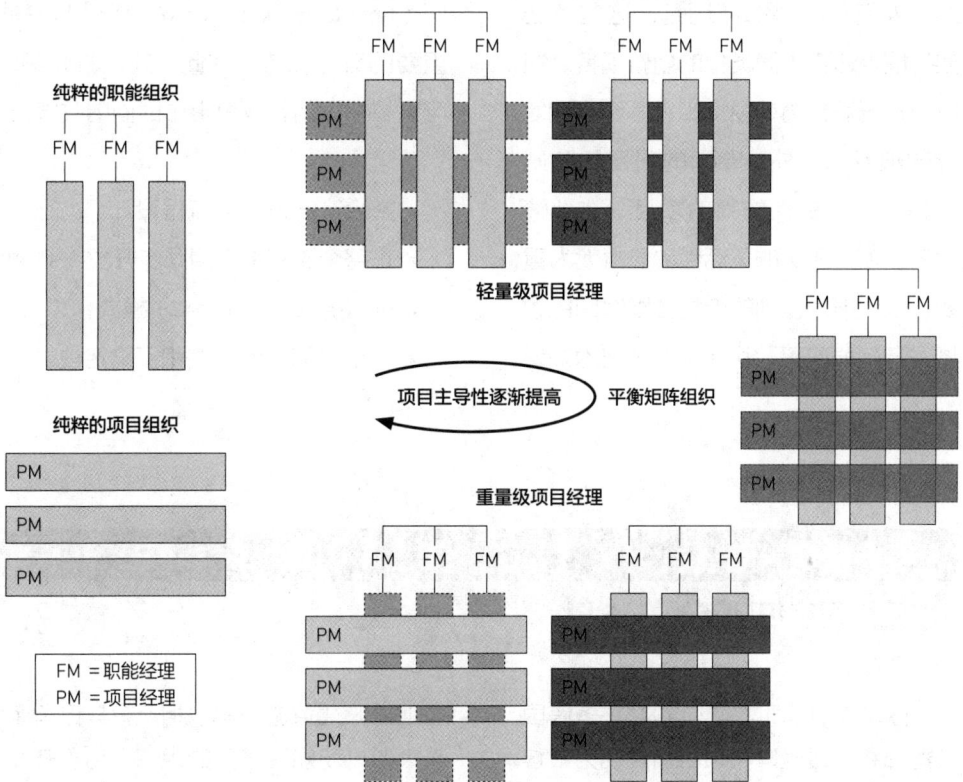

图 4-11　创新流程的组织架构

» 项目团队（老虎队）：指派一名管理者负责一个项目团队，其成员为多个职能部门的核心人员，并全职参与项目。职能部门管理者并不正式参与。

尽管在这些备选的组织架构中，并没有哪一种能明显优于其他选择，但目前已有越来越多的人倾向于选择项目主导架构，而非职能主导架构。部分权威人士认为，重量级项目经理架构和专门的项目团队是最有效的组织形式，可以提高竞争力，缩短项目周期，并提高技术效率。

人们更关心的问题是，这些备选架构能否适合不同类型的创新项目。矩阵架构既适合简单项目，也适合高度复杂的项目。另外，专门的项目团队则更适合不确定性较强的项目，在此情况下，项目团队的灵活性就显得尤为重要。以职能为基础的架构会围绕职能领域进行资源配置，从而有助于技术知识

的发展。某些企业确实能够成功抓住职能架构在技术开发方面的深层优势，同时又能协调各职能部门之间的关系，从而确保新产品和新服务的圆满交付。

● 创新流程的压缩

所有产品与服务创新最终都需要被创造出来。因此，企业有必要将产品和服务的设计与交付制造流程的设计相结合。将这两个流程结合在一起的过程通常被称为同步或交互设计。它可以缩短整个创新流程的时间。如前所述，缩短产品的上市时间（time to market，TTM）可以带来非常重要的竞争优势。在此，我们将介绍三种可大幅缩短创新成果上市时间的关键方法：

» 整合产出设计和流程设计；
» 在整个流程中采用同步开发（simulta-neous development）模式；
» 尽早化解设计冲突和不确定性。

运营实践案例

丰田公司组织创新的方法 [7]

除了丰田公司（Toyota），许多跨国公司都将项目矩阵和项目团队视为最佳协调方式。与该公司业务的其他方面一样，丰田对产品和服务创新的组织方法

与上述方式背道而驰。相反，其保留了强大的以职能为基础的组织，用于开发产品与服务。该组织通过高度正规的开发程序实现各职能部门之间的有效沟通，

同时严格限制跨部门协同。但丰田在设计适合自己的创新组织架构时，采用了一种非常独特的方法，真正将自身与其他企业区别开来。为证明跨职能项目团队的合理性，大部分公司都会提出如下理由："传统职能部门之间的沟通问题是导致新创意无法按照原定规格、时间和预算进行交付的主要原因。因此，公司希望打破职能部门之间的隔阂，围绕独立的开发项目组织资源。这种做法能够确保各部门之间的有效沟通，并打造

以市场为导向的企业文化。"丰田及其他相似企业采用了不同的方法。丰田认为，跨职能团队会分散专职部门努力积累的知识，但真正的问题在于，如何才能保留这些未来创新所需的知识，同时又能打破传统职能壁垒，实现不同部门之间的有效沟通。因此，企业不能通过撤销职能部门解决这一问题，而是应当设计组织机制，从而确保企业能够进行密切控制和综合领导，使职能组织发挥其作用。

产出设计和流程设计的整合

某些产品的设计图看似精美，实际上难以进行制造与交付。为某一套产品或服务所设计的流程无法服务于其他产品或服务。显然，企业需要将产出设计和运营流程设计结合在一起。对服务而言，企业只能选择流程整合，因为交付流程通常就是产出的一部分。然而，无论对哪种组织而言，产品设计和流程设计的结合都必须是有益的。当然，整合过程往往存在非常多的障碍。首先，二者的时间并不会同步。产出设计方案的修改频率相对较高，制造和交付流程的修改成本很高，因此无法与设计方案同步进行修改。其次，从组织架构上看，创新参与者和当前流程设计的参与者可能是相互独立的。最后，在某些情况下，企业不可能在产品和服务的设计

方案完全确定之前，为其设计出持续的创造和交付流程。

然而，这些障碍都是可以克服的。虽然现行流程的修改频率可能无法与产出修改同步，但企业可以对其进行设计，使其能够应用于一系列潜在的产品和服务。通常情况下，设计人员和运营人员在组织上是分开的，但这个问题也可以得到解决。虽然这两个职能部门不应该被整合在一起，但企业可以通过沟通和组织机制促成两个职能部门之间的合作。还有人认为，企业无法在了解产品性质之前设计出持续的流程，这种说法不完全正确。创新活动往往可以透露出足够的信息，为流程设计者提供修改思路。这也是同步设计的一项基本原则，我们将在下文中对此展开讨论。

本书将在每一章的"社会责任"板块总结本章主题与重要的社会、道德和环境问题之间的关联。

目前，可持续发展的环境维度在产品和服务创新流程中变得越来越重要。严格检查产品的组成成分，并在设计流程中更换材料，可以大大减轻产品对环境造成的负担。例如，服装产品的原料可以采用有机棉或竹子；花园家具、文具和地板可以采用经营性林场出产的木材或纸张；手提袋可以采用可回收材料；服装、窗帘盒室内装潢可以采用天然染料等。其他创新成果可能会将重点放在使用阶段。例如，苹果的 MacBook Air 采用先进的电源管理系统，从而降低了耗电量；在洗涤剂行业，联合利华和宝洁公司开发出了低温洗涤产品；建筑公司也正致力于设计一种能耗最低的材料或直接使用可持续能源，如使用装有太阳能电池板的房屋等。还有些创新项目的重点是让产品部件在使用寿命终结后更容易得到回收或再造。例如，有些产品包装的设计可以使其在丢弃后更易分解，从而转化为高质量的堆肥。手机的结构设计使其易于拆卸，在使用寿命终结后，回收者可以将其拆开，如此一来，就可以对宝贵的手机原材料进行二次利用。例如，苹果公司推出了一款名叫黛西（Daisy）的机器人，该机器人每小时可以拆解 200 部苹果手机，以对其中的珍贵材料进行回收利用。在汽车行业，75% 以上的材料都得到了回收。

设计创新不仅适用于产品最初的构思阶段，也适用于产品生命周期的最后阶段。这一理念通常被称为循环经济设计，详见"下方的运营实践案例"。循环经济又称闭环经济（closed-loop economy）或回收经济（take-back economy），是传统线性经济涉及的制造 – 使用 – 废弃的替代方案。该理念强调，要尽可能地延长产品使用时间，在使用过程中最大限度地挖掘产品价值，然后在产品和材料使用寿命终结时对其进行回收，或使其能够再生。然而，循环经济远远不只是以回收代替废弃，其研究的是如何在供应和使用的过程中尽可能地减少资源消耗，并在产品常规寿命结束时对其进行回收，或使其再生。也就是说，企业在设计产品时，需要考虑产品的使用寿命、可修复性、易拆解性和可回收性。

运营实践案例

促进循环经济产生的产品创新 [8]

新生涂料公司（Newlife Paints）是践行循环经济理念的典型企业，该公司旨在将废弃的水性涂料再造成高级乳胶漆。其在设计流程中会确保所有涂料产品均含 50% 以上的回收成分，这些成分大多来自垃圾填埋场或焚化炉的废旧涂料。该公司的循环理念最初由工业化学家基思·哈里森（Keith Harrison）提出。他曾花费数年时间开展自主研发项目，将车库弄得凌乱不堪，随后在妻子的催促下，他不得不将车库清理干净，结果发现了堆积如山的废油漆罐，这些废油漆会造成巨大的浪费。于是，他开始寻找一种既可行又环保的方式解决涂料浪费问题。"我一直在想，应该怎么处理这些废涂料，毕竟它们还有内在价值。如果就这么扔掉，会造成巨大的浪费。"当时他以为这些涂料一定有人回收，结果并没有，于是他开始想办法将废涂料重新加工制造成高级乳胶漆。经过两年的研究，基思成功研发出了自己的技术，即从罐子里取出剩余涂料，然后进行混合和过滤，生产出相应颜色的新涂料。该公司还推出了一个名叫重生涂料（Reborn Paints）的高端品牌，旨在服务那些具备环保意识的富裕客户，其部分开发资金由多乐士油漆（Dulux Paints）制造商阿克苏诺贝尔（Akzo Nobel）提供。虽然基思的企业最初规模很小，但现在他已将自己的技术授权给了法国国际废物处理巨头威立雅（Veolia）等公司。他表示："技术授权可以让我们公司在国际上具备更强的传播力，并产生更大的影响。"

同步开发

在前文中，我们将设计创新流程描述成一系列独立的阶段，每个阶段都有明确的起点和终点。实际上，这种线性开发方式向来是产品和服务开发的典型形式，具备一定的优势。比如，线性方式易于管理和控制，因为每个阶段都有明确的定义，而且各个阶段都是在前一阶段完成后才开始的，因此在每个阶段中，企业都可以将相应的技能和专业知识集中分配给有限的任务，但线性开发方式耗时长且成本高。如果各个阶段彼此独立，那么任何一个阶段出现的任何问题都可能会导致后续的设计流程无法推进，然后又回到前一阶段来解决问题。图 4-12a 展示了设计活动的线性开发方式。

但通常情况下，企业并不需要等到一个阶段彻底结束后再开始下一阶段。例如，企业可能会在生成概念的同时对其进行筛选。有些概念可能在创意生成的早期阶段就被否决了。同样，在筛选阶段尚未完成时，设计的某些方面可能就已经清晰显现。因此，企业也可以在该阶段就着手开展相应的初期工作。这一原则适用于所有设计阶段，在前一阶段结束之前，下一阶段即可开始，因此不同阶段的工作是可以同时进行的（见图 4-12b）。

尽早化解冲突与不确定性

为了更好地理解产品和服务创新，我们可以将其视为一系列决策的组合。值得注意的是，设计流程中制定的决策并不一定会影响最终成品。在某些情况下，更好的替代方案出现时，企业也可

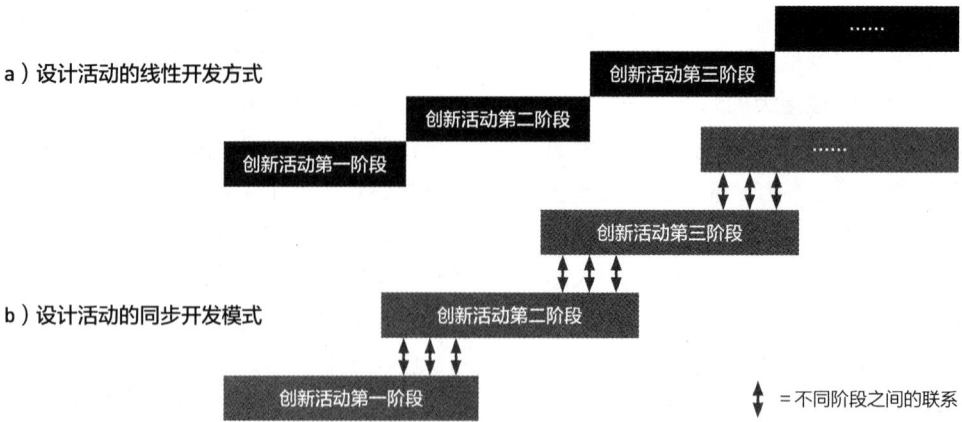

a）设计活动的线性开发方式

创新活动第三阶段

创新活动第二阶段

创新活动第一阶段

······

创新活动第三阶段

b）设计活动的同步开发模式

创新活动第二阶段

创新活动第一阶段

↕ = 不同阶段之间的联系

图 4-12　设计活动的开发方式

以对设计进行调整。此外，企业往往很难在设计流程的早期阶段就做出决策，因为从很大程度上讲，能否完成最终的设计都还是一个未知数。也正因如此，关于产品和服务特性的争论或分歧会在设计早期阶段表现得最为激烈。解决该问题的方法之一是推迟决策制定的时间，等待显而易见的"答案"浮出水面。但该方法的问题在于，如果企业在创新流程的后期才决定修改设计方案，那么相比于早期的修改，这些改动会造成更加恶劣的影响。相反，如果设计团队能在设计早期化解冲突，就能降低项目面临的不确定性，从而减少额外成本。最重要的是，此举可以缩短应对不确定性或修改方案所需的时间。其关键影响主要体现在以下两方面。首先，在早期阶段寻求共识可能会在短期内拖延整个流程，但此举仍然利大于弊。其次，早期阶段格外需要高级管理层对创新流程采取战略性干预措施。高级管理人员在确定创新流程的初始目标后，通常会将细节问题留给技术专家来处理。只有到后期问题开始显现，且需要采取协调措施或额外配置资源时，他们才会再次参与到创新流程中。

第 4 章要点小结

1. 什么是产品与服务创新?

- 本节介绍了创造力、创新和设计这三个相关术语。创造力是一种超越传统理念、规则或假设,从而产出重要新想法的能力。创新是指引入新事物的流程,其引入的新事物往往具有实际应用和商业回报潜力。设计是将创意转化为具体事物的过程,旨在提供一种在实践中行之有效的解决方案。

- 创新的 S 形发展曲线描述了创新影响随时间的变化情况。起初,其影响的提升速度相对较慢,后来逐渐加快,之后再度放缓,最终趋于平稳。

- 渐进式创新与彻底革新在知识利用方面存在差异。彻底革新通常需要全新的知识或资源才能实现,其会让现有的产品与服务成为过去式。渐进式创新则以现有知识或资源为基础。

2. 产品与服务创新的战略作用是什么?

- 尽管在成功实现创新之前往往要面临重重阻碍,但几乎所有企业都在努力创新。其原因就在于,过往大量事例已经证明,创新可以为那些成功将创意融入产品与服务设计的企业带来丰厚的回报。

- 创新活动是一个流程,其中包含的诸多设计问题在其他运营流程中也有所体现。因此,它符合第 1 章中提到的投入 – 转换 – 产出模型。

- 设计流程的绩效评估方式与其他流程大致相同,都是从质量、速度、可靠性、灵活性和成本等方面进行评估。但除此之外,设计流程还需要额外进行可持续性评估。

3. 产品与服务创新包含哪些阶段?

- 创意成为新产品或新服务概念的灵感来源,这一过程即概念生成。创意来自研发部门内部、员工、竞争对手的活动、客户、开源系统、众包和领先用户。

- 概念筛选大体包括可行性评估、可接受性评估和风险性评估,从而确保其为公司服务和产品组合提供合理补充。

- 初步设计包括确定产品和服务的组成部分及其组合方式。设计人员会采用多种方法简化设计,如标准化、通用化和模块化。

- 设计的评估和改进是指对设计进行重新审视,以寻求更好的方式、更低的价格或更简便的方法。其中最著名的分析方法就是质量功能展开法(QFD)。

- 原型开发和最终设计成型是指设计人员确定设计的最终细节,以实现产品或服务的生产与交付。

4. 如何为产品与服务创新提供资源？

- 要想让创新流程有效运作，就必须为其配备适当的资源。资源配置过程涉及的问题包括创新活动的能力要求、创新流程的内外参与度、技术需求、组织架构和压缩方式。

- 企业必须了解创新需求，如一定时间内生成新设计的数量，并将其与创新能力相匹配。

- 所有创新活动可以在企业内部进行，也可以全部或部分外包给第三方，企业在二者之间权衡利弊，二选其一。

- 企业可以采用多种技术支持创新流程，包括计算机辅助技术（CAD）、数字孪生技术和知识管理技术。

- 企业需要选择合适的组织架构支持创新流程。通常情况下，项目主导架构比职能主导架构，即项目矩阵或项目团队更有利于创新流程运作。

- 企业压缩创新流程的方式包括整合产出设计和流程设计、在整个流程中采用同步开发模式以及尽早化解设计冲突和不确定性。

第 4 章注释

[1]　案例信息来自 Economist (2018) The invention, slow adoption and near perfection of the zip, *Economist* print edition, 18 December。

[2]　Christensen, C.M. (1997) *The Innovator's Dilemma: When New Technologies Cause Great Firms to Fail*, Harvard Business School press, Boston, MA.

[3]　Economist (2019) Don't stop me now: the economics of streaming is changing pop songs, *Economist* print edition, 5 October.

[4]　案例信息来自 Economist (2017) One of the world's oldest products faces the digital future, *Economist* print edition, 12 October。

[5]　案例信息来自 BT 官网；BT News (2018) BT launches Better World Innovation Challenge for start-ups & SMEs, press release from BT, 8 May; BT Group plc Annual Report, Strategic Report, 2019; Fransman, M. (2014) *Models of Innovation in Global ICT Firms: The Emerging Global Innovation Ecosystems* (ed. M. Bogdan-owicz), JRC Scientific and Policy Reports – EUR 26774 EN. Seville: JRC-IPTS。

[6]　详见 Grieves, M. and Vickers, J. (2017) Digital twin: mitigating unpredictable, undesirable emergent behavior in complex systems, in F.-J. Kahlen, S. Flumerfelt and A. Alves (eds), *Transdisciplinary Perspectives on Complex Systems: New Findings and Approaches*, Springer International publishing。

[7]　案例信息来自 Morgan, J. and Liker, J.K. (2006) *The Toyota Product Development System: Integrating People, Process, and Technology*, Productivity Press, New York, NY; Sobek II, D.K., Liker, J. and Ward, A.C. (1998)；另见 how Toyota integrates product development, *Harvard Business Review* (July–August)。

[8]　更多信息详见：Goodwin, L. (2015) How to bust the biggest myths about the circular economy, *Guardian*, 12 March; Clegg, A. (2015) Sustainable innovation: shaped for the circular economy, *Financial Times*, 26 August; Company website, Newlife Paints。

第 5 章

供应网络的结构和范围

本章学习目标

- » 什么是供应网络的结构和范围?

- » 供应网络应该如何配置?

- » 各企业需要具备多少产能?

- » 企业应该如何选址?

- » 企业供应网络应达到怎样的垂直一体化程度?

- » 哪些活动应该在企业内部开展,哪些可以选择外包?

导语

任何企业都并非孤立存在的,而是与其他企业互相关联,并共同组成一个更大的网络,即供应网络。一家企业的供应网络包括其供应商、客户、供应商的供应商和客户的客户等。从战略层面讲,运营管理者需要确定这些供应网络的结构和范围。结构决策包括确定供应网络的整体配置、网络内所需的产能和开展运营活动的地点。范围决策则需要确定哪些活动在企业内部开展,哪些由供应商或客户代理。本章将对供应网络的基本问题和相对战略性的问题进行探讨。管理贯穿网络的单个供应链往往会涉及运营层面的各个活动,对此,我们将在第 12 章中进行探讨。供应网络的结构和范围在运营管理整体模型中的位置如图 5-1 所示。

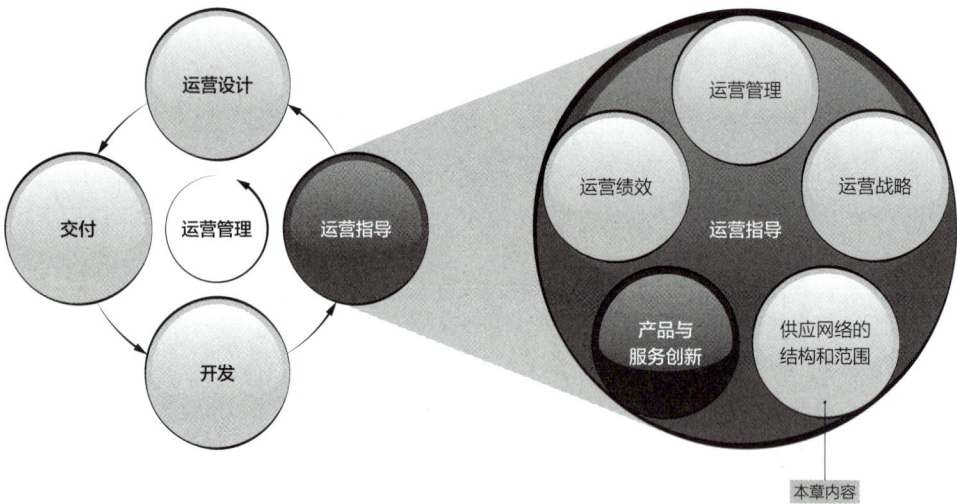

图 5-1　本章所探讨的供应网络的结构和范围在整体模型中的位置

5.1　什么是供应网络的结构和范围

供应网络由一系列相互关联的企业组成。它的结构取决于其形状与形式。企业供应网络的范围是指企业决定在多大程度上自行完成供应网络所涉及的活动，而不是将其委托给供应商。因此，在研究这两个要素之前，我们首先需要明确什么是供应网络，以及企业为什么要了解自身在供应网络中的位置。

● 供应网络

供应网络包括为企业提供投入资源的供应商链和从企业那里获得产出的客户链，有时还包括其他企业，这些企业可能会相互竞争，又可能会建立合作。材料、零部件、信息、创意和人员等，这些资源都会在企业形成的客户和供应商关系网络中流动。从供应侧（supply side）看，企业有自己的一级（first-tier）供应商，一级供应商有自己的供应商，即二级供应商，二级供应商也有自己的供应商，依此类推。不过，有些二级（second-tier）供应商可能会直接向企业供货，如此一来，网络中就少了一个环节。从需求侧（demand side）看，一级客户是企业的主要客户群体。这类客户可能不是企业产品或服务的最终消费者，他们也可能有自己的客户群，即"二级"客户。同样，企业有时也可能会直接向二级客户供货。与企业有直接联系的供应商和客户被称为直接供应网络（immediate supply network），由供应商的供应商和客户的客户等环节组成的网络则被称为总供应网络（total supply network）。同时，随着网络中的被转换资源（材料、信息和客户）不断向前流动，所有客户和供应商之间的联系都会反馈订单和信息。例如，当库存不足时，零售商会给分销商下订单，同样，分销商也会向制造商下订单，供应商又会通过自己的供应商补充库存。因此，供应网络中的流动是双向的，产品和服务流向一侧时，信息则流向另一侧。

图 5-2 展示了两种不同公司的供应网络。第一家公司是塑料家居用品制造商。从需求侧看，该公司的客户是为零售商供货的批发商。与此同时，它也会跳过中间环节，直接向零售商供货。当产品从供应商流向客户时，订单和信息也会按相反的方向从客户流向供应商。然而，供应网络并非只包含制造商。实体材料的流动可视化程度更高，但服务型企业也是供应网络的一部分。企业之间存在信息传递，而要提高服务型企业供应网络的可视化程度，则可以从这些信息的下游流动入手。大多数

金融服务供应网络都可以通过这种方式进行分析。然而，并非所有的服务供应网络都以信息处理为主。比如，图 5-2 还展示了一个围绕某购物中心展开的供应网络，其中包括安保服务供应商、清洁服务供应商和维护服务供应商等。这些一级供应商本身也会从招聘机构和咨询公司等组织中获取服务。购物中心的一级客户是租赁店铺的零售商，同样，这些零售商也会为零售客户服务。这也是一种典型的供应网络。在该网络中，各企业之间交换的是服务的质量、速度、可靠性、灵活性和成本。换句话说，该网络中存在运营绩效的流动。虽然将供应网络中的"绩效"进行可视化处理，是一种比较抽象的供应网络可视化方法，但它是一种统一的概念。从广义上讲，所有类型的供应网络都是为促进运营绩效的流动而存在的。

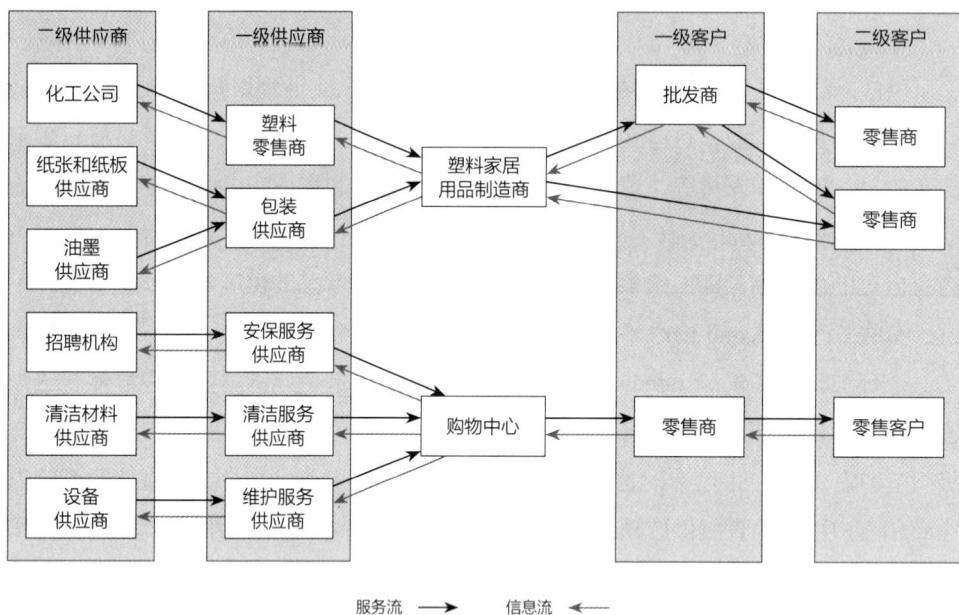

图 5-2　塑料家居用品制造商和购物中心的供应网络

● 供应网络视角的重要性

了解供应网络的性质，确定其在企业中的作用，对把握竞争优势、确定网络中的重要环节和注重长期战略规划是至关重要的。

把握竞争优势

企业最看重的是直接客户和直接供应商，这一点不难理解。然而，企业有时也不能局限于这些直接联系，而是需要了解客户和供应商的行为动机。要想掌握最终客户在供应网络末端的需求，就只能采取以下两种方法：首先，企业可以通过中间客户和客户的客户等获取信息，这些客户构成了企业与最终客户在供应网络中的纽带；其次，企业也可以将目光放长远一些，而不只局限于直接客户和直接供应商。企业太过依赖直接网络，说明在某些对自身竞争状况至关重要的问题上过于依赖别人的判断。

确定供应网络中的重要环节

在供应网络中，不同参与者对网络整体绩效的影响程度有所不同。分析供应网络往往需要确定对最终客户做出最大贡献的上游及下游企业。例如，家用管道配件和家电产品的最终客户是直接对接消费者的安装服务公司和维修公司，其供应商就是所谓的"股东"。"股东"必须确保所有零件的库存充足，并在需要时快速交付。而对安装服务公司竞争力贡献最大的就是"股东"的零部件供应商，其影响部分取决于交付速度，但更重要的是可靠性。在该供应网络中，"股东"就是关键参与者。在此情况下，要想获得最终客户的青睐，最好的办法就是及时向"股东"交付零件，从而降低成本，同时确保其自身库存充足。

注重长期战略规划

有时在外部因素的作用下，供应网络中的某些环节可能比其他相邻环节更加薄弱。例如，商业街上的大部分实体音像店已经被音乐流媒体服务平台取代。因此，企业需要从更加长期的视角分析供应网络，这意味着要不断审查技术和市场方面的变化，同时了解这些变化对供应网络中的各个企业可能产生的影响。

● 结构和范围

什么是企业供应网络的结构和范围？首先需要明确的一点是，二者之间存在紧密的联系。在此，我们仍以图5-2 中的某购物中心供应网络为例。假设购物中心管理公司对安保公司提供的服务并不满意，那么其可能会提出以下三种解决方案：方案一是换掉原来的安保公司，将其相关工作承包给另一家安保服务供应商；方案二是选择一家同时提供安保服务和清洁服务的保洁公司；方案三是自己承担购物中心的安保工作，雇用公司内部的安保人员。这三种方案如图 5-3 所示。其中方案一既不改变供应网络的结构，也不改变其范围。购物中心的供应商仍只有三家，其自身承担的工作也没有任何改变，只有原来的安保服务供应商被换成了另一家更好的公司。相比之下，方案二改变了供应网络的结构，购物中心的供应商变成了两家，其中一家同时负责保洁和安保，另一家负责提供维护服务，但购物中心的工作范围没有变，和以前完全相同。

方案三既改变了供应网络的结构（购物中心的供应商变成两家，即保洁服务供应商和维护服务供应商），也改变了购物中心的工作范围——现在的安保工作由管理公司自行承担。

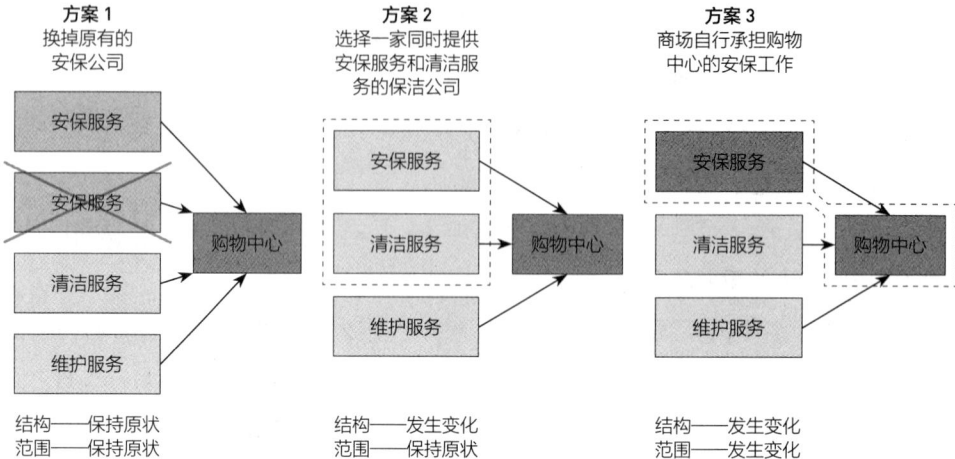

图 5-3　购物中心供应网络的三种方案

因此，与结构和范围相关的决策通常是相互关联的。但为简单起见，我们暂且将其分开讨论。需要强调的第二个问题是，结构和范围决策实际还包括很多其他的下属决策，如图 5-4 所示。一家企业的供应网络通常取决于以下三组决策：

» 供应网络应该如何配置？
» 网络中的各个部分需要具备多少产能？（长期生产能力决策）
» 网络中的各个部分应处于什么样的位置？（选址决策）

企业在供应网络中的运营活动范围由以下两种决策决定：

» 企业垂直一体化的程度和性质；
» 外包的性质和参与度。

最后应该强调的是，结构和范围决策无疑是战略性决策。即使在类似市场中，企业在运营结构和范围方面采取的方法不同，其运营方式也会有所区别。企业的交易对象结构及其在供应网络中承担的工作量与涉的范围是最具战略性的决策。然而，结构决策和范围决策也会在运营层面产生影响。如图 5-3 所示，像某购物中心这样的企业可以在较短的时间内调整供应安排。关于供应网络结构和范围在日常运营层面的问题，详见第 12 章（供应链管理）。

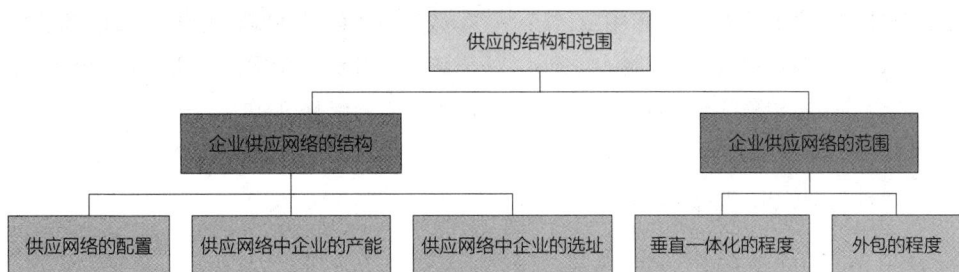

图 5-4　结构和范围的决定因素

从好莱坞电影到各行各业

好莱坞电影制作是最瞬息万变的行业，即便如此，其仍然能够在结构和范围方面提供参考范例，让最为传统、稳健的行业也能从中受益。对大多数人而言，这是一个无法完全参透的复杂行业，在美国作家弗朗西斯·斯科特·菲茨杰拉德（F. Scott Fitzgerald）未完成的小说《最后的大亨》（The Last Tycoon）中，其故事叙述者塞塞莉娅·布雷迪（Cecelia Brady）说："你们可以像我一样，把好莱坞视为理所当然的存在，也可以像蔑视所有看不懂的东西那样，对它不屑一顾……几乎没几个人能把制作电影涉及的所有工作都记在脑子里。"电影制作的整体工作涉及艺术创造力和流行意识的结合，做到这一点，才能为影片打开市场；除此之外，运营活动还必须严格、高效，如此才能按时完成影片的制作和发行。如今，尽管整体的工作形式保持不变，各个要素之间的关系却已发生深刻的变化。传统的好莱坞电影公司几乎

独揽所有的工作。从制作舞台的木工到上镜的明星，所有工作人员都由公司自行招募，曾经红极一时的电影明星加里·格兰特（Cary Grant）和开车的司机一样，都是公司的员工，只是前者需要遵守的限制条款更多而已。公司最终会生产出大批量的电影胶卷，并将这些实体胶卷分发到全球各地的电影院。但如今，电影制作流程已发生了巨大的改变。现在的电影公司开展的几乎都是创意交易。它们买卖概念，安排资金，达成营销协议，而最重要的是，它们会通过虚拟网络对参与制作的创意和非创意人才进行管理。而公司需要具备的关键技能是将从事自由职业的电影明星和提供技术支持的小型技术专业团队组合在一起。电影公司的工作难度也在进一步增加。从电工到电影明星，虚拟网络的所有参与者都想借此机会提高自己的费用，尽管影院观影人次有所增加，但收益却低于过去很多时期。这反而为规模较小的

独立电影公司创造了机会。雇用要价较低的新人可以有效降低成本，除此之外，采用先进的技术也有助于推动制作流程。

数字技术可以降低影视产品的定制难度，这也意味着电影可以直接分发到电影院和个人消费者的家中。

5.2 供应网络应该如何配置

配置供应网络即确定其整体模式、形状和其中各个企业的排列方式。企业对供应网络中的其他企业没有直接控制权，但它仍希望能改变网络的形状。如今，许多行业的供应网络都在一系列趋势的推动下得到重塑。削减与企业合作的直接供应商数量是常见的网络重置方式。过多的供应商可能会增加企业运营成本，同时使其难以和供应商建立紧密的关系。其他配置决策包括对供应网络某些部分进行"脱媒"（disintermediation）、与"亦敌亦友"的企业展开合作竞争（co-opetition）、发展商业生态系统（business ecosystems）以及在供应网络中以三元视角代替二元视角。

● 脱媒

当今的某些供应网络存在这样一种趋势，即网络中的企业会绕过客户或供应商，直接和客户的客户或供应商的供应商进行对接。这种跳过中间人的做法被称为"脱媒"。举一个简单的例子，如今，有些供应商可以通过互联网实现"脱媒"，跳过传统零售商，直接向消费者提供产品和服务。例如，过去的许多旅游服务是通过零售商即旅行社销售的，但现在，人们也可以直接从供应商那里获取服务。消费者可以直接从航空公司、酒店和汽车租赁公司等供应商网站购买与旅行相关的服务。当然，他们也可以从旅行社订购旅游服务套餐，因为这样可以省去很多麻烦，但脱媒流程还是在供应网络中建立了新的联系。

● 合作竞争

有观点认为，供应网络中的所有企业周围都存在四种参与者：供应商、客户、竞争者和互补者。互补者的存在可以提升产品和服务的价值，因为客户不仅能获取企业的产品和服务，还可以获取其互补者提供的产出，二者结合后可以发挥更大的价值。竞争者则恰恰相反，他们会降低产品和服务的价值，因为除了企业本身的产出，客户还可以选择其竞争者的产品或服务。当然，竞争者有时也是互补者，反之亦然。例如，店面相邻的两家餐馆可能会把彼此当作互抢生意的竞争者，但从另一个角度看，他们也是互补者，因为该地如果只有一家餐馆可选，顾客多半就会去别处用餐。因此，餐馆、剧院、美术馆和旅游景点一般都会以合作的形式扎堆开放，从而扩大共同市场的总体规模。但企业为扩大市场总体规模而开展合作的方式与其竞争市场份额的方式有所不同，需要进行区分。有观点认为，客户和供应商应该发挥对称作用，也就是说，企业既要利用供应商的价值，也要关注客户的需求。供应网络中的所有参与者，无论客户、供应商、竞争者还是互补者，都可以根据具体情况在朋友和敌人的身份之间来回转换。

● 枢纽式结构与直连结构

供应网络中的企业越多，其结构就越复杂。通过"枢纽"（hub opera-tion）连接供应网络中的企业，则可以实现网络的简化。与其在网络中的各个企业之间建立连接，不如通过一个共同的纽带将其联系在一起。例如，物流网络中的枢纽往往是中心仓库，它能够为小型仓库、零售商或客户等提供服务。客运网络的枢纽则是某个地点。例如，机场就是一个枢纽，客户在前往最终目的地之前可在此换乘，其在航空运输业被称为轴辐式网络（hub and spoke model）。枢纽式结构与直连结构的区别如图 5-5 所示。

枢纽式结构具有很多优点，其中最明显的一点就是能减少需要规划和维护的路线。如果一个网络有 n 个节点，其中有一个是枢纽，那么网络中的路线就有（n -1 ）条。相反，如果采用直连结构，那么网络中的线路就有 n（n -1 ）/2 条。另外，枢纽式结构还能降低运营难度，尤其是当整个网络都属于同一家企业时。例如，航空公司通常都有枢纽机场，乘客可以在此中转，前往不同的目的地，不用在中途更换航线。此外，飞机在中转站的落地和起飞时间也可以协调，这样就能最大限度地缩短候机时间，同时平衡登机时间，避免拥堵。与此同时，枢纽式结构也更易于扩展，只需将新元素与枢纽连接起来即可。然而，直连结构也具备一定的优势。其最大的优点就是能缩短资源在各个环节流动的时间，其不必在枢纽处中转，也不用绕路而行。仍以航空业为例，在直连结构中，乘客无须在枢纽机

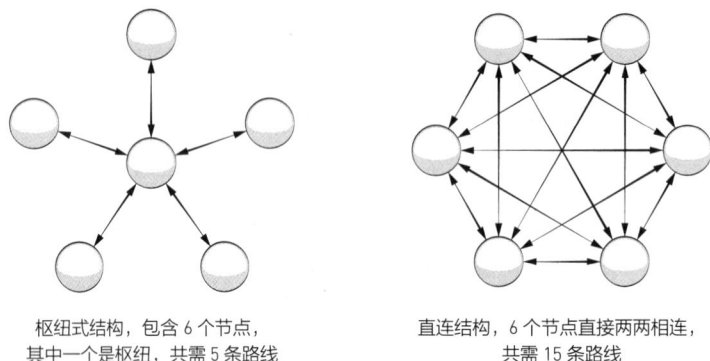

枢纽式结构，包含 6 个节点，
其中一个是枢纽，共需 5 条线

直连结构，6 个节点直接两两相连，
共需 15 条路线

图 5-5　枢纽式结构与直连结构的区别

场候机，从而节省了出行时间，也不用再担心航班延误带来的麻烦。同时，由于直连结构并不依赖于一个有可能出现故障的枢纽节点，所以其稳定性更强。例如，如果枢纽机场由于天气原因被迫关闭，那么整个网络都会受到影响。

　　枢纽式结构和直连结构的优劣由多种因素决定，流动成本就是其中之一。随着飞机运行越来越高效，航空公司，尤其是国内航空公司开始倾向于采用直连结构。然而，这种模式确实需要各航线保持一定的客流量，否则那些不经常启用的航线可能就无法继续运营。新型冠状病毒感染流行期间，航空公司的客流量大幅下降，多条航线重新采用了更加高效的枢纽式结构。下文中的"运营实践案例："阿尔斯梅尔：鲜花拍卖枢纽"介绍了枢纽式结构在鲜花分销领域的应用。

运营实践案例

阿尔斯梅尔：鲜花拍卖枢纽 [1]

　　供应网络配置的关键要素之一，是看它的各条供应链是否共同构成了一个网络枢纽。所谓的"枢纽"就是多条路线的汇聚点，在此可以进行资源共享。其有助于提高产能、技术和专业知识的利用率，同时有助于资源在网络中的顺畅流动，因此往往成为企业供应网络的重要特征。采用枢纽式结构会提高企业

服务水平、缩短生产时间并降低成本。这些优势在世界第一大鲜花交易所——阿尔斯梅尔鲜花拍卖市场（Aalsmeer Flower Auction）得到了充分体现。该市场位于阿姆斯特丹附近，隶属于皇家优荷花品（Royal Flora Holland）。每天4:00 – 11:00，在这座世界第二大的建筑物中，共有 4000 多万株来自全球各地的

鲜花和绿植上市拍卖,占据全球鲜花贸易的 50% 以上。粗略一看,这里的运营涉及约 2 万种绿植和花卉,似乎非常复杂。在大楼里,工作人员开着装有植物的小"列车"(为提高员工身体素质,现在越来越多的火车都改成了人工骑行)在质检区、分拣区、拍卖区和发货区之间穿行。拍卖室内的气氛同样火热,从 7:00 开始,这里每天都能在几小时内完成 12 万笔交易。然后,出售到当地的产品将通过卡车被送往市场,售往海外的产品则在 24 小时内通过附近的史基浦机场被送到世界各地。拍卖市场的内部流程及其供应网络中的各个流程全都经过了精心设计和协调。例如,各种鲜花和绿植用的都是标准化花盆,此举大大降低了产品的多样化程度,同时仍然保证各种产品都能经过巨大的花卉枢纽。而除了拍卖本身,皇家优荷花品还积极参与了运营网络的协调工作。为了不断提高整个网络的竞争力,该公司与供应商建立了合作关系,实现了信息共享,其中包括更精准的需求预测,在产品运输过程中对其位置和状态进行实时跟踪监测,为农民传授改进产品质量的新方法,开展共享研发项目,并且拜访供应商和客户。

● 商业生态系统

"商业生态系统"这一概念与供应网络中的合作竞争理念密切相关。与供应网络类似,商业生态系统也包含供应商和客户。然而,除此之外,它还包括某些利益相关者。这些利益相关者可能与主要供应网络基本没有直接联系,但能对客户价值主张的重要部分有所贡献,从而实现与供应网络的互动。商业生态系统在技术领域较为常见,在该领域中,创新性产品与服务无法凭空发展,它们需要汇聚专业知识、资金、供应商和客户等各种资源,从而创建合作网络。例如,为特定操作系统平台开发应用程序的开发商可能并不是供应商,但他们与提供移动设备的供应网络之间却存在互惠关系。围绕核心产品构建开发人员生态系统可以提高产品对最终客户的价值,同时增加新产品的使用率。这种由互补产品与服务构成的生态系统还可以为新的竞争者构建难以逾越的进入壁垒。所有潜在竞争者不仅要和新产品竞争,还要与整个生态系统竞争。

● 供应网络的三元视角

供应网络中存在很多企业,它们会以不同的方式进行互动。为简单起见,相关学者和专业人士通常会将关注点放在供应网络中的两家特定企业,对其个体互动进行分析。这种互动被称为二元互动或二元关系，即两个个体之间的联系，这两家企业则被称为二分体。因此，如果要研究焦点企业与某个供应商或某个客户之间的互动，就要对"供应商与焦点企业"和"焦点企业与客户"这两组二分体进行分析（见图 5-6a）。很多学术讨论和研究都以二元关系为基础，因为网络中的很多关系都是基于简单的二元关系构建的。然而近几年，特别是在服务供应网络的研究中，很多专家认为二分体并不能真实地反映供应网络的本质。相反，他们认为三分体（triads）才是供应网络的基本元素（见图 5-6b）。更复杂的供应网络都可以被视为三元互动的集合。三分体的概念在服务供应网络中尤为重要。企业越来越倾向于将部分服务外包给专业供应商，这些供应商会代表焦点企业（买方企业或买方）直接对接客户。例如，航空公司通常会与专业的行李托运公司签订合同，委托其为客户提供服务，如图 5-6b 所示。同样，越来越多的内部服务如今被外包给外部企业，从而形成内部三元关系。例如，如果一家公司将其 IT 运营工作外包出去，那么代表公司购买服务的人员、IT 服务供应商和使用 IT 服务的员工之间就形成了一个三分体。

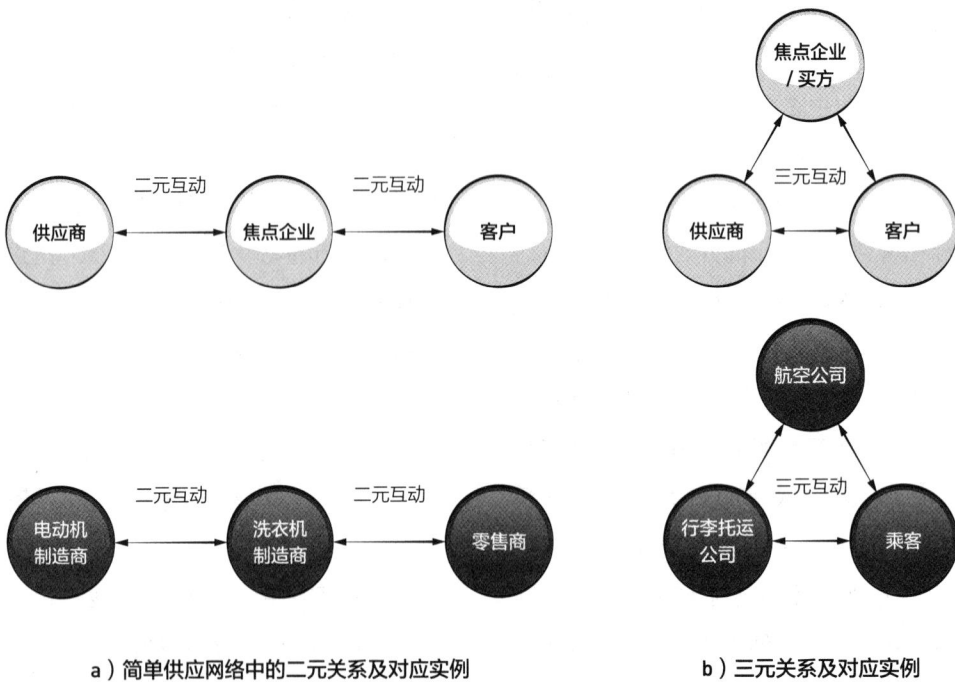

a）简单供应网络中的二元关系及对应实例

b）三元关系及对应实例

图 5-6　两个简单供应网络中的二元关系和三元关系及对应实例

有批评者认为，有关供应网络的讨论中不应当包含前文介绍的"商业生态系统"理念，商业生态系统只是管理领域的"流行术语"，和长期存在的供应网络理念没有什么区别。也有人认为，"生态系统"只是一种隐喻，意在体现企业的绿色发展。他们表示，这种隐喻暗示着为所有供应网络奠定基础的商业关系是依照自然价值观发展和运行的，因此不应受到社会或政府的干预。

以三元视角分析供应网络具有重要的战略意义。第一，该视角突出了企业在外包服务的过程中对供应商绩效的依赖。供应商的服务绩效是衡量买方绩效的重要依据。第二，在三元关系中，服务购买方对服务交付流程的控制力有所减弱。在传统供应链中，由于一系列二元关系的存在，企业可以在客户收到产品和服务之前进行干预。但在三元关系中，产品和服务供应商会跳过买方企业，直接将其提供给客户。第三，在三元关系中，由于服务供应商和客户之间存在直接联系，所以随着时间的推移，权利会逐渐从买方企业转移到服务供应商手中。第四，三元关系会导致买方企业越来越难以详细了解供应商与客户之间的日常交往情况。对供应商来讲，完全真实地向买方反馈绩效可能会损害其利益。这就是所谓的"委托代理"问题，其中的委托人是买方，代理人则是供应商。如果供应商和客户跳过买方，直接建立起紧密联系，那么买方就难以积累宝贵的经验。比如，若某专业设备制造商将设备维护工作外包给了一家专业的维护服务供应商，那么它就无法像以前一样充分掌握设备使用方法、不同条件下的设备性能以及客户对设备的改进建议等信息。设备制造商外包出去的不只是维护服务所需的成本及其涉及的问题，与此同时，它也将与客户直接对接带来的好处及学习机会转让给了第三方企业。

阿迪达斯关闭"近市场"工厂 [2]

对阿迪达斯（Adidas）来说，关闭"近市场"工厂似乎是明智之举。和绝大多数竞争者一样，阿迪达斯始终专注于运动鞋的设计、营销和分销工作，并将整个流程中的制造部分外包给了一个以亚洲为主要生产地的复杂供应网络。从20世纪90年代起，该公司就不再设立自己的制造工厂，也不再开展制造业务。

其委托的供应网络遍布 63 个国家及地区，共有 1000 多家工厂。然而，和其他类似企业一样，阿迪达斯的亚洲外包模式也面临种种问题。随着亚洲地区的经济不断发展，公司外包成本也相应增加，供应网络的范围不断扩大，复杂程度日益提高，于是供应网络变得更加难以控制，而在这样一个全球化的复杂供应链中，从构思设计到产品上架需要很长的交付周期，大约 18 个月。最棘手的问题在于，时尚运动鞋的"时尚寿命"较短。即使是补货订单也需要 2 ~ 3 个月才能完成交付，但运动鞋的流行时间变得越来越短，有的设计款式只流行 1 ~ 3 年。为应对这一问题，阿迪达斯开办了"速度工厂"（Speedfactory），将第一家工厂设在德国，第二家设在美国。速度工厂是全自动化工厂，能够集成和使用最新的制造技术，如利用动态捕捉技术实现 3D 打印等。由于所有制造阶段几乎都在同一地点完成，公司想借此提高生产速度和灵活性，尤其是要优化时尚单品的小批量生产流程。阿迪达斯希望速度工厂可以将运动鞋的生产周期缩短到几天，并为当季热销的产品及时补货。

然而，速度工厂仅仅开设了四年，阿迪达斯就宣布暂停所有工厂的生产活动。该公司表示，其应该将工厂的生产活动集中在亚洲，因为先进的专业技术和绝大多数供应商都聚集于此，而且该公司 90% 以上的产品也都是在亚洲制造的。阿迪达斯表示，会在两家亚洲供应工厂率先使用速度工厂技术，并将集中精力完成其他供应商的现代化改造。速度工厂并没有完全实现预期效果，部分原因在于其模型种类有限。该工厂旨在制造集针织鞋面和阿迪达斯独有的 Boost 弹性材料于一体的运动鞋，却无法制造橡胶底皮鞋，因为二者的连接工艺不同。因此，正如评论员所说，该工厂之所以失败，问题不在于其设立的目标，而在于它对制造流程本身关注度不够。但该公司也认为，从速度工厂获取的经验可以应用于其亚洲供应基地。

● 零售供应网络的结构复杂性

有的供应网络结构相对简单，既容易描述，也易于管理，有的供应网络则相对复杂。简单来说，图 5-6a 中以二元关系构建的三级供应网络比图 5-6b 中的三元供应网络更加简单。如果将多个三级关系组合成一个相互关联的供应网络，其结构就会更加复杂。当客户可以自由选择与供应网络互动的方式和时间时，其复杂性就会进一步提高，企业进行全渠道（omnichannel）零售模式的转型就是其中一个典型的例子。最初，零售商与客户之间的关系很简单，他们只是希望客户能从商店购买产品。而随着在线零售模式逐渐兴起，传统零售商即使开展在线业务，通常也会将其与实体门店区分开来，这就是所谓的单渠道模式，如图 5-7 所示。

　　然而，随着客户与零售商的联系方式，如手机、应用程序和社交媒体等越来越多，许多零售商都难以对多种不同的沟通渠道进行整合。实际上，他们经常将这些渠道视为独立的存在，这样就能将各个渠道与特定的目标客户群体进行匹配。这就是图 5-7 中的"多渠道"模式。后来，有人开始尝试将商业街上的实体店与最初的网络等渠道整合在一起，从而为顾客提供更好的购物体验。最后，全渠道零售模式出现了，许多零售分析师认为，该模式是零售业自在线服务出现以来取得的最重要的发展成果之一。其旨在完全整合所有可能的渠道，让顾客可以在任何交易阶段选择最方便的渠道，从而获得无障碍、一站式购物体验。也就是说，客户可以通过社交网络浏览同类产品，通过应用程序下单，通过网站管理账户，用手机付款。如果产品出现问题，客户还可以将产品退回实体店。从某种程度上讲，这种模式需要通过复杂的技术实现，并需要对市场营销、零售运营、分销和信息技术等内部职能部门进行协调。

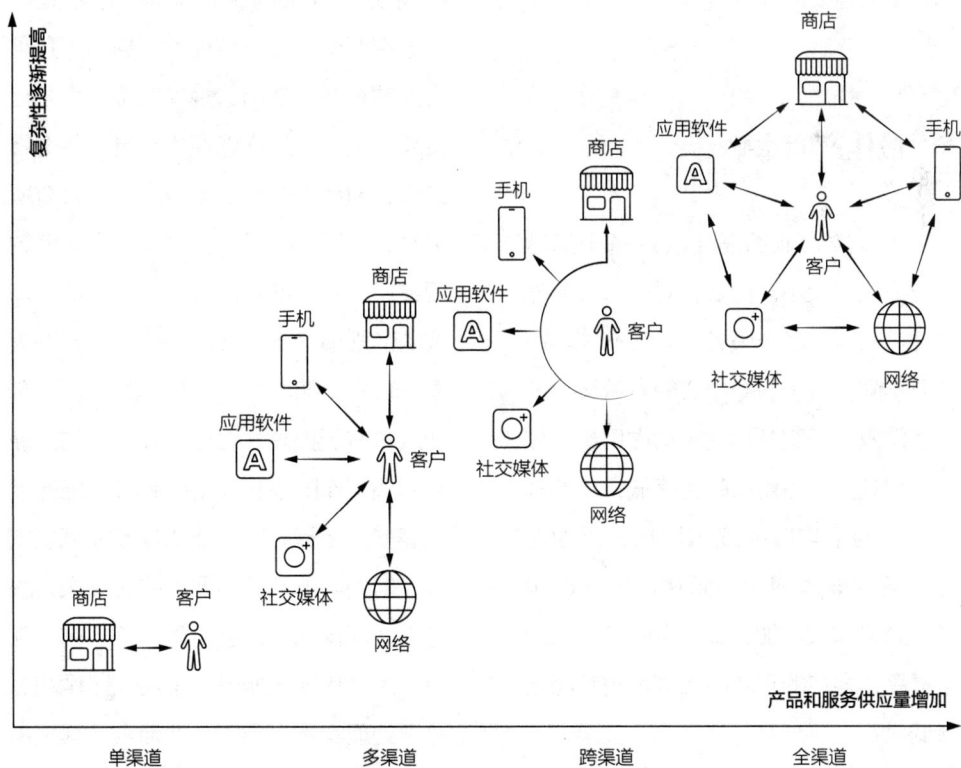

图 5-7　单渠道、多渠道、跨渠道和全渠道零售模式

5.3 各企业需要具备多少产能

接下来，我们要介绍的一组结构决策涉及供应网络各个部分的规模或产能。这里的产能是指广义的长期概念。关于中短期内产能的衡量与调整将在第11章中进行讨论。

企业拥有多少产能，往往取决于其对当前和未来需求的看法与预测。当需求量不断变化时，企业就需要做出多个产能决策，具体包括确定各单位的最佳产能和安排网络中各部分的产能变化时间。规模经济和规模不经济概念则是影响决策的重要因素。

● 最佳产能水平

大多数企业都需要确定各个运营单位产能的大小。例如，对卡车服务连锁公司而言，各个服务中心的产能可能有所不同。各个服务中心的有效运营成本通常取决于服务台的平均占用量。如果客户减少，占用量就会降低，从而导致客户的平均服务成本增加，因为企业的运营成本不变，而客户数量减少了。如果需求增加，服务台的平均占用量提高，客户的平均服务成本也就随之降低。

服务中心的平均成本随服务台占用量的变化如图 5-8 所示，虚线曲线代表的服务中心产能分别为 5、10 和 15 个服务台。首先，随着服务中心名义产能的增加，最低成本也会有所降低。这是因为所有企业的固定成本都不会随着产能的增加而等比例增加。如果两个服务中心一个产能为 10，另一个产能为 5，那么前者的固定成本是后者的 1/2。另外，建造运营设施的成本也不会和产能等比例增加。同样以上面两个服务中心为例，前者的建设成本是后者的 1 / 2。这两个因素合在一起就是人们常说的规模经济（economies of scale），它是一个通用概念，在一定程度上适用于各种类型的企业。然而，规模经济不会永远持续下去。一旦产能规模超过了某个特定值，曲线上的最低成本点可能会有所提高，如图 5-8 所示。这就是由所谓的规模不经济（diseconomies of scale）造成的。规模经济涉及两个非常重要的因素。首先，随着生产规模的扩大，复杂性成本有所提高。企业管理所需的沟通和协调工作的增长速度会超过产能的增长速度。尽管复杂性成本并不算直接成本，但仍可能产生重要影响。其次，服务中心规模越大，越可能得不到充分利用，因为固定设施内的需求是有限的。对于处理实物产品的企业而言，其规模过大，运输成本相应就会增加。如果一家制造商通过丹麦的某家大型工厂向整

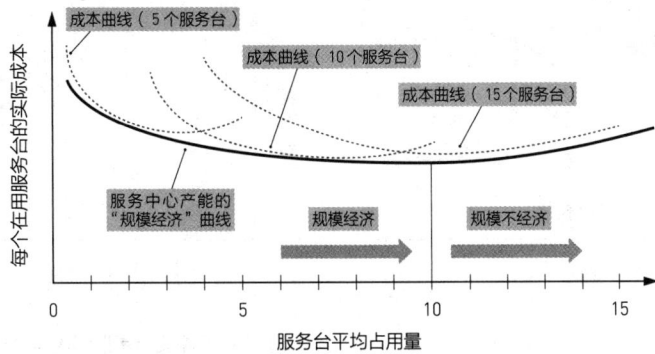

图 5-8　不同产能的卡车服务中心的单位成本曲线

个欧洲市场供应产品，那么它可能需要将所有供应品从几个不同的国家运到同一家工厂，加工成产品后再从工厂运送至整个欧洲市场。

　　如果产能利用率过高，占用率接近 100%，那么客户等待时间就会变长，服务质量就会随之降低。此外，如果利用率接近名义产能，就可能产生潜在的额外成本。例如，长时间加班可能导致生育率降低，同时增加额外的雇用成本；设施利用率过高会缩短设施的维护和清洁时间，从而导致故障率提高、设备有效寿命缩短等。也就是说，通常情况下，在低于企业理论产能的某一点处，平均成本就会开始增加。此外，虽然与小规模企业相比，大规模企业通常具备更大的成本优势，但小规模企业也有很多可以利用的潜在重要优势，具体如下：

» 能够积极应对变化，像创业者一样推出新产品和新服务；

» 与大规模企业相比，小规模企业能够更加灵活地制定决策，并为个体赋予更大的自主权；

» 由于靠近不断变化的市场，且拥有更多、更小的产能单位，小规模企业的市场感知能力往往也更强、更敏感。

● **产能随时间的变化**

　　要改变供应网络中任何企业的产能，不仅要确定其最佳产能，还要决定在何时启用新的产能。例如，某家制造商新产品的预测需求如图 5-9 所示。在确定新产能的

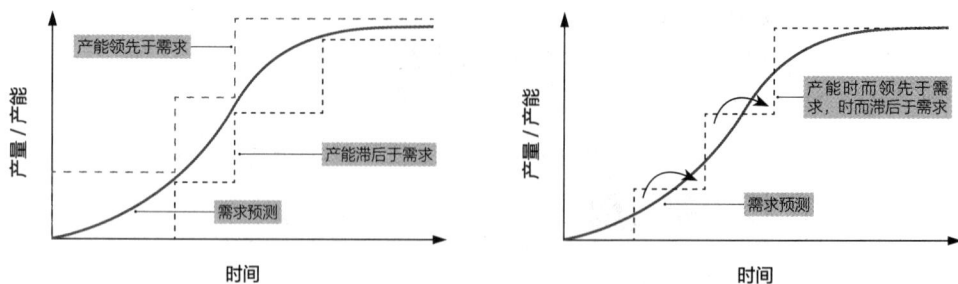

a）产能领先战略和产能滞后战略

b）库存缓冲战略是指利用某个时期的过剩产能来积累库存，从而在产能不足时满足需求

图 5-9 不同战略下产能与需求的关系

启用时间时，公司可以结合以下三种战略制定决策。

» 产能领先战略：在恰当的时机引入产能，使其始终可以满足预测需求。
» 产能滞后战略：在恰当的时机引入产能，使需求始终大于或等于产能。
» 在恰当的时机引入产能，使其时而领先于需求，时而滞后于需求，但将领先期积累的库存用于滞后期需求的满足。这就是所谓的"库存缓冲"（capacity-lagging）。

以上每种战略都有各自的优缺点，如表 5-1 所示。企业采用的实际方法取决于其如何看待各种战略的优缺点。例如，企业用于资本支出的资金有限，其很可能会选择产能滞后策略，因为可以延迟资本支出。当然，第三种战略，即库存缓冲战略，只适用于生产可储存产品的企业。酒店等面向客户的服务企业就无法用前一年的空置客房来满足后一年的住宿需求。

产能扩张的收支平衡分析

在收支平衡的基础上分析产能的增加对成本的影响，可以从另一种角度理解产能扩张。图 5-10 展示了产能扩张使企业从盈利走向亏损的过程。每增加一个单位的产能，就会出现一次固定成本断层（fixed-cost break），也就是支出的跳跃式上涨，而这笔款项必须在企业开展下一步运营活动之前完成支付。在产量极低的情况下，企业不可能盈利。如果价格高于边际成本，那么收入就会超过总成本。然而，当产出水平等于企业产能时，其收入可能不足以覆盖企业进一步提高产能所需的额外固定成本，从而使其在某些扩张阶段无法盈利。

表 5-1 产能领先战略、产能滞后战略和库存缓冲战略的优缺点

优势	缺点
产能领先战略	
始终有足够的产能可以用来满足需求，从而最大限度地增加收入、提高客户满意度	设施利用率长期保持较低水平，因此成本较高
在大多数情况下，产能领先战略可以提供"产能缓冲"，如果预测结果比较悲观（即市场需求高于预测水平），那么企业也可以满足这些额外需求	如果市场需求低于预测水平，就有可能出现更大（甚至是永久性的）的产能过剩情况
即使企业在开展新的运营活动时遇到了关键性问题或挑战，这些问题也通常不会对供应链产生重大影响	需要在早期阶段投入产能扩张所需的资本支出
产能滞后战略	
始终有足够的需求可以用来维持企业的满负荷运转，因此可以最大限度地降低单位成本	产能不足，无法完全满足客户需求，因此导致收入减少，客户满意度降低
如果预测结果乐观（即市场需求低于预测水平），就能最大限度地减少产能过剩问题	无法有效利用短期的需求增长
可以延迟企业运营的资本支出	如果新的运营活动在启动时出现问题，那么供不应求的状况就会进一步恶化
库存缓冲战略	
所有需求都能得到满足，客户满意度较高，因此可以实现收入最大化	库存成本会大大增加运营资本需求，当公司需要资金进行资本扩张时，该问题就变得尤为严重
产能利用率高，因此成本较低	产品变质或过时的风险较高
库存可以满足短期内激增的需求	

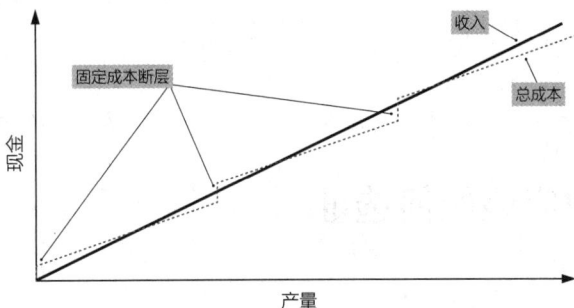

图 5-10 重复产生的固定成本会使总成本高于总收入

实例分析

德维尔图文公司

德维尔图文公司（De Vere Graphics）准备投资购买一种新机器，以便为客户提供高质量的印刷品。这些印刷品第一年的预计需求量约为 10 万件，第二年约为 22 万件。公

司为加工印刷品而购买的机器每台最大产能为 10 万件 / 年。其固定成本为 20 万欧元 / 年，变动加工成本为 1 欧元 / 件。该公司认为，其能够为生产这些印刷品收取 4 欧元 / 件的费用。请问第一年和第二年的利润分别是多少？

$$第一年的需求 = 10 \text{ 万件}，因此该公司需要购买 1 台机器$$
$$印刷品的生产成本 = 每台机器的固定成本 + 变动成本 \times 100\,000$$
$$= 200\,000 + （1 \times 100\,000）$$
$$= 300\,000（欧元）$$
$$收入 = 需求 \times 价格$$
$$= 100\,000 \times 4$$
$$= 400\,000（欧元）$$
$$因此，利润 = 400\,000 - 300\,000$$
$$= 100\,000（欧元）$$
$$第二年的需求 = 22 \text{ 万件}，因此该公司需要购买 3 台机器$$
$$印刷品的生产成本 = 每台机器的固定成本 + 变动成本 \times 220\,000$$
$$= （3 \times 200\,000）+ （1 \times 220\,000）$$
$$= 820\,000（欧元）$$
$$收入 = 需求 \times 价格$$
$$= 220\,000 \times 4$$
$$= 880\,000（欧元）$$
$$因此，利润 = 880\,000 - 820\,000$$
$$= 60\,000（欧元）$$

注意：因为额外购买的两台机器产生了额外的固定成本，所以第二年的利润比第一年低。

5.4 企业应该如何选址

供应网络中各个企业的位置（location）是确定网络结构的关键因素，又是网络实际运作的影响因素。如果供应网络中的某个企业选址不当，不仅会严重影响企业自身的利润，也会对网络中其他企业的利润产生重大影响。例如，如果数据中心的选址远离该领域专业人士的居住区，那么该中心的绩效及其服务质量就会受到影响。选址决策通常会影响企业运营成本及其服务客户的能力，进而影响收入。另外，选址决策一旦确定，就很难再撤销，因为成本往往非常高，也很容易给客户造成不便。因此，没有任何一家企业会轻易搬迁。

● 选址的决定因素

并非所有企业都能从逻辑上证明其选址的合理性。有些企业纯粹是出于历史原因而选择了自己的所在地，而大部分企业比较倾向于留在原地。如果企业真的选择了搬迁，往往是由于需求或供应情况发生了变化，而且根据企业的评估，新地址带来的潜在好处将大于搬迁产生的所有问题。

需求变化

客户需求的变化可能会促使企业搬迁。例如，随着服装制造商逐渐向亚洲迁移，拉链公司和线业公司等制造商也随之搬迁。另一个促使企业搬迁的因素是需求量的变化。为应对需求量的大幅增加，企业可能会对现有厂房进行扩建、搬迁到更大的厂区，或者在保留现有厂区的基础上，再在其他地方另建新厂，以开展新业务。后两种选择都涉及选址决策。可视化程度较高的企业无法通过扩建满足不断增长的需求。比如，干洗店如果只对现有店面进行扩建，其业务增长幅度可能比较有限，因为它提供的是当地服务，也正因如此，它才能为客户带来便利。所以，为新增业务另寻新址可能是干洗店扩展业务的唯一选择。

供应变化

在企业运营过程中，其所需的投入资源供应成本或供应量会发生变化，这也是导致企业搬迁的原因。例如，矿业公司或石油公司在其开采的矿产枯竭后就要搬迁；许多软件公司之所以在印度选址，也是因为印度有很多受过良好教育，但雇用成本相对较低的人才。

运营实践案例

新加坡的航空航天业 [3]

在过去的几年里，新加坡成功地吸引了亚洲大部分航空航天业务，如此卓越的成绩难免令人感到费解。和大部分亚洲国家不同，新加坡几乎没有自己的国内空运业务，但它却拥有世界上最知名的航空公司之一——新加坡航空有限公司，并吸引了空中客车公司、罗尔斯－罗伊斯、普拉特·惠特尼集团公司、法国泰雷兹集团和庞巴迪公司等多家国际航空航天企业。其成功的原因有很多。第一，新加坡掌握着高技术性生产活动所需的技能和基础设施。在 2019 年世界经济论坛（World Economic Forum）发布的《全球竞争力报告》（Global Competitiveness Report）中，新加坡的全球竞争力指数得分位列世界第一。第二，在为企业提供道德框架方面，新加坡的表现也是有目共睹的。在 2019 年的《全球竞争力报告》中，新加坡在知识产权保护方面的得分在亚洲地区同样位列榜首。[4] 第三，亚洲是航空业需求的主要来源。全球发展最快的航空公司基本都分布在中国、新加坡、印度尼西亚、印度等国家和海湾地区。第四，新加坡政府为有意投资航空业的企业提供了巨大帮助，如提供大幅税收优惠等。这些因素固然重要，但某些软因素发挥了更大的作用，正是这些软因素使新加坡得以吸引来自世界各地的航空企业。尤其值得一提的是，新加坡的高校培养出了众多高水平的科学家、工程师和专业人才，在某些容错率要求为零的产品生产过程中发挥了不可或缺的作用。航空业需要的就是源源不断的优秀人才。航空航天工程的相关课程在新加坡高等院校也很受欢迎，航空企业会与高校合作开发课程，并为学生提供实习机会和在职培训。同时，除了大型国际航空公司，新加坡政府同样鼓励中小型企业的发展。该领域很多中小型企业的技术能力得到了提升，其中飞机和发动机零部件制造方面的进展尤为突出。另外，这些企业还为客户提供部件维护、修理和大修服务等。

● 选址方案的评估

选址方案的评估往往是一项极为复杂的工作，因为方案数量、评估标准和各方案整体评分不相上下的特点都会使决策具有一定的战略敏感性。另外，选址决策本身往往具备高度的不确定性。无论搬迁活动本身，还是企业在新址的运营特点，都可能与做出决策时的假设有所出入。因此，企业有必要系统地开展以下工作：

» 确定备选方案；
» 根据合理的标准对各个方案进行评估。

确定备选方案

企业的首选搬迁方案应该是放弃搬迁。在某些情况下，搬迁不可避免，但留在原地往往也是一种可行的选择。即使另寻新址是显而易见的好办法，但企业仍然有必要对留在原地这个选项进行评估，并将其作为一个与其他方案进行比较的"基准方案"。而除了不搬迁，企业还应该制订多个备选方案。虽然不能只考虑一个地点，但寻找多个可选地址可能会耗费很多时间。规模较大的企业可能将办公地扩展到全球范围。全球化（globalisation）的选址决策可以让企业获得更多的备选方案，但与此同时，它也会提高各个方案相对优劣的不确定性。过多的备选项会使企业无法确定最优的选址决策。相反，在确定方案的过程中，企业往往只需要选择几个具有代表性的地点即可。例如，虽然配送中心往往需要靠近交通枢纽，但它还是有多个位置可以选择，既可以靠近人口密集区，也可以位于较偏远的农村地区。在选择方案的过程中，需要考虑上述因素，并进行综合考虑。然而，制订多个备选方案的前提是有多个地址可供选择，但实际情况有时并非如此。对许多零售店而言，始终可供选择的商业街店面为数不多。通常情况下，会等到合适的位置空出后再决定其是直接搬去那里，还是继续等待更好的店面空出。实际上，选址决策就是在一连串的选择或等待中做出选择。

制定评估标准

尽管备选地点的评估标准要根据具体情况而定，但通常可以参考以下五大类标准。

» 资金需求：厂址所需的资金或租赁成本通常是企业需要考虑的重要因素。其会受到厂址位置和特征的影响。另外，搬迁的成本也可能取决于企业最终选择的地点。

» 市场因素：企业的选址会影响市场对企业的看法。将综合医院建在郊区可能对员工非常有利，但不方便患者前来就诊。同样，餐馆、商店、银行和加油站等可视化程度高的企业也必须评估各个备选方案对其形象和服务水平的影响。这一点同样适用于劳动力市场。企业的位置也会影响其对新员工或老员工的吸引力。例如，

"科技园区"通常都位于高校附近，以此吸引那些想要利用高校资源的企业。但并非所有地点都一定拥有合适的技能资源。比如，某家电话服务中心位于苏格兰西部岛屿的偏远地区，那里的员工习惯了平静安逸的生活，但很多来电者咄咄逼人的态度让他们无所适从，因此需要让他们接受"决断力训练"。

» 成本因素：企业的地理位置主要影响以下两大类成本。第一类是产品和服务的生产成本。举例来说，不同地区的劳动力成本各不相同，从国际角度看更是如此。这类成本也会对企业选址决策产生重大影响，尤其是在服装业等劳动力成本占比较高的行业。其他成本因素即所谓的社区因素（community factors），来自企业所在地的地区、政治和经济环境，如当地税率、政府财政援助、政治稳定性、当地对外来投资的态度、语言、当地便利设施（如学校、剧院和商店等）、是否有可用的支持性服务、劳资关系历史和员工行为历史、环境限制以及规划程序等。第二类是将投入资源从产地运送到企业所在地的运输成本，以及将产品和服务从企业所在地送到客户手中的成本。所有企业的运营活动都会在某种程度上涉及第一种运输成本，但并非所有企业都会涉及第二种，一是因为有时客户会直接到企业所在地获取产品和服务，如酒店；二

是因为有些企业的服务运输过程几乎不需要成本，如某些技术服务台。然而对于以实物为中心的供应网络而言，其运输成本会非常高。

» 未来灵活性：由于企业轻易不会搬迁，所以新厂址不仅要适应当下的情况，也要适应未来可能发生的变化，这就是为什么在不确定的环境中，企业针对备选方案开展的所有评估都必须包含某种情景规划，必须针对未来可能出现的各种情况制订相应的计划。

» 风险因素：企业在选址过程中需要对各个备选方案进行风险因素评估，这项评估与未来灵活性概念密切相关。风险评估标准可分为过渡风险和长期风险。过渡风险是指搬迁过程中可能出现问题的风险。例如，相比于交通便利的位置，交通拥堵地区会提高企业无法按计划搬迁的可能性。长期风险则同样包括汇率或劳动力成本等投入因素的不利变化，以及更为重大的员工人身安全或财产安全风险。

5.5 企业供应网络应达到怎样的垂直一体化程度

企业对供应网络的控制范围是指其不选择外包，而在内部完成工作的程度。在确定整个企业的所有权时，我们通常将这一概念称为垂直一体化；而把单项活动作为分析对象时，则通常将其称为外包。我们将在下一节对外包决策进行探讨。虚拟集成决策首先需要确定企业是否有必要收购供应商或客户，同时对集成方向、集成跨度和各个垂直一体化阶段之间的平衡进行评估。从很大程度上讲，企业决定是否采取垂直一体化战略的决策过程就是一个权衡利弊的过程。

实际上，即使在同一行业，不同企业在供应网络中也可能选择截然不同的位置和参与度。图 5-11 展示了风力发电行业的供应网络（简化版）。原始设备制造商（OEM）负责组装风力涡轮机的机舱，内有发电机和齿轮箱。塔架和叶片通常遵循原始设备制造商的规格，既可以在企业内部制造，也可以由外部供应商制造。风力涡轮机的安装工作包括在现场组装机舱、塔架和叶片，树立塔架以及连接电网等。垂直一体化的程度因企业和负责的部件而异。在图 5-11 中，三家企业选择了不同的垂直一体化战略。A 公司主要负责机舱的设计和制造，同时还负责生产零件；B 公司主

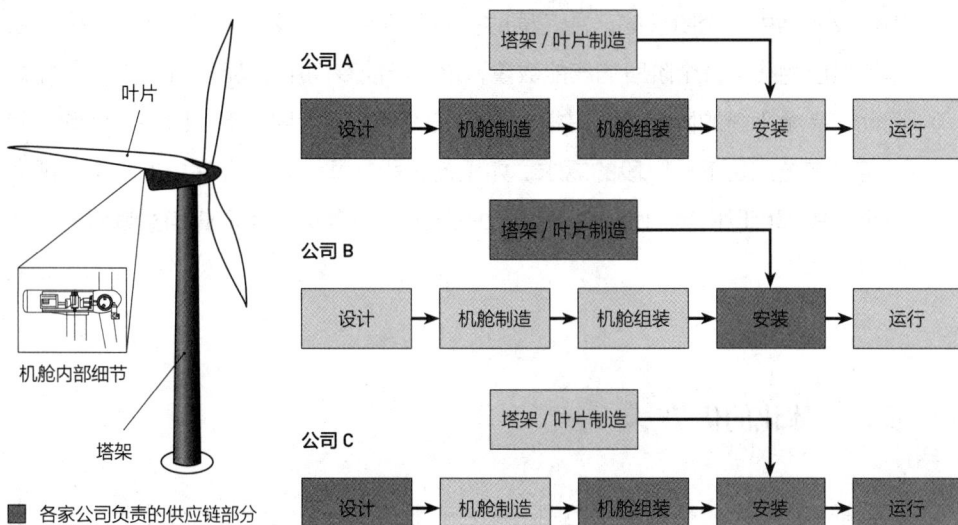

图 5-11　垂直一体化位置各不相同的三家风力发电企业

要负责安装，同时负责塔架和叶片的制造，机舱是从外部购买的；C 公司主要负责发电，同时也负责机舱的设计组装以及整个塔架的安装，但机舱部件、塔架和叶片的制造工作是外包出去的。企业的垂直一体化战略应考虑三个关键因素——集成的方向、跨度和各个垂直一体化阶段之间的平衡。

» 集成的方向：如果企业决定扩大其对供应网络的控制范围，那么它既可以选择收购供应商，也可以选择收购客户。向供应侧扩张的战略叫后向或"上游"垂直一体化，向需求侧扩张的战略叫前向或"下游"垂直一体化。后向垂直一体化战略使企业可以控制其供应商，因此通常用于获取成本优势或防止重要供应商落入竞争者手中。前向垂直一体化则使企业更加贴近市场，使其可以更自由地与客户直接接触，还有机会销售互补产品和服务。

» 集成的跨度：有些企业旨在进行小跨度集成，有的则选择了大跨度集成。以埃克森美孚公司等大型国际石油公司为例。埃克森公司参与石油的勘探和开采工作，并负责将原油提炼成汽油。同时，该公司还负责通过分销或零售的方式将汽油等产品交付于最终客户。其通过这条路径将材料运送至整个流程网络。同样，该公司的其他产品也有自己独特的路径，而其中涉及的所有流程完全或部分由该公司所有。

» 各个垂直一体化阶段之间的平衡：严格来说，这种平衡与供应网络所有权无关，而涉及网络中各个阶段的产能，同时在某种程度上涉及各阶段的运营行为。它是指供应网络中各个阶段的产能数量，这些产能专门用于为下一阶段提供资源。因此，完全平衡的网络关系是指一个阶段的产出完全用于下一阶段的活动，并且可以完全满足下一阶段的需求。如果各阶段之间没有实现完全的平衡，那么每个阶段都可以向其他企业出售自己的产出，或者从其他企业购买其所需的部分资源。

● 垂直一体化的优势

尽管垂直一体化战略的应用范围不像之前那么广泛，但仍有部分企业认为，掌握供应网络的多个连续阶段对其发展是有利的。企业仍然选择该战略的原因大多可归纳为以下四点。

» 可以帮助企业更好地控制供应链或市场渠道：企业之所以采取该战略，最根本的原因在于其能够确保企业获得可靠供应，或者拉近企业与客户之间的关系。有时候，供应市场无法满足企业的需求。在这种情况下，企业就只能自己供货。下游垂直一体化战略可以帮助企业更好地控制其市场定位。例如，苹果公司始终采用软硬件一体化的供应网络模式，其硬件和软件均由公司自行设计。

» 可以降低成本：采用垂直一体化战略的常见理由是与供应商的价格相比，企业自己完成工作花费的成本更少。该结论是企业通过比较自己完成某项工作所需的边际直接成本与从供应商处购买产品和服务所需的成本而得出的。当然，企业在计算节约成本时，也应将启动成本和学习成本考虑在内。当存在技术优势时，垂直一体化战略的优势则更加明显。例如，生产厨房铝箔需要先将金属铝轧制到所需的厚度，然后将其切割成成品宽度。在企业内部完成这两项活动可以节省装卸费和运输费。另外，垂直一体化还降低了与供应商和客户打交道所需的交易成本。交易成本是指在买卖过程中产生的除价格之外的其他费用，如寻找和选择供应商、建立监管机制和合同谈判等。然而，如果交易成本降低后，其与购买价格之和小于内部成本，就没有必要再采取战略一体化战略。

» 有助于提高产品和服务质量：有时，采用垂直一体化战略可以防止知识落入竞争者手中，从而保证自身的专业优势或技术优势。所谓的技术优势既可以是汽水的秘方，也可以是复杂的技术流程。例如，戴森公司在开发、制造和销售其高度创新的吸尘器、风扇和近期推出的吹风机时，将大部分价值流都控制在自己手中。该公司所有者詹姆士·戴森爵士提出，这种做法的主要目的是尽可能地保护知识产权。

» 能帮助企业了解供应网络中的其他活动：某些以拒绝传统垂直一体化战略而闻名的企业，也会选择将供应网络中的某些部分掌握在自己手中，哪怕其并非核心部分。例如，连锁餐饮企业麦当劳在其零售业务板块主要采用的是特许经营模式，但它的确拥有部分零售店的所有权。该公司认为，如果不采用这种模式，就无法充分了解本公司的零售业务。

● 垂直一体化战略的缺点

反对垂直一体化战略的理由通常可归纳为以下几点。

» 会造成内部垄断：有人认为，企业只有在迫切需要改变时才会改变。企业内部的供应环节缺乏竞争压力，但这种压力恰恰是企业不断改进的动力。对外部供应商而言，如果能为客户提供优质的服务，它就能获得更高的利润，反之则会遭受损失；但如果供应商也是企业的一部分，那么它就不会受到同等程度的激励或惩罚。

» 无法利用规模经济：企业内部的任何垂直一体化活动都可能在同行业的其他企业内部开展。但从整个行业的角度看，该公司在此过程中投入的资源和精力只占总体的一小部分。而对服务多个客户的专业供应商而言，其业务量通常会超过所有单个客户内部开展的业务量。如此一来，专业供应商可以获得规模经济的成本优势，从而以更低的价格向客户提供产品和服务。

» 会降低企业灵活性：根据定义可知，垂直一体化程度较高的企业需要自行承担大部分工作。也就是说，其成本中有很大一部分是固定成本，毕竟其在产能方面投入了大量资金，才能在内部完成大部分工作。而企业固定成本占总成本的比例相对较高，也就意味着活动总量一旦减少，企业经济效益就很容易接近或低于盈亏平衡点。

» 会使企业难以引进新技术或新理念：垂直一体化战略意味着企业要对内部提供产品和服务所需的流程与技术进行投资。但是一旦投入了资金，企业自然就想将它维持下去。而无论从经济角度还是从情感角度看，放弃投资都绝非一件易事。人们总是倾向于等到新技术正式问世后再承认自己的技术已经过时，这可能会导致企业在新技术或新理念的采纳方面出现延迟。

» 会分散企业对核心活动的注意力，造成失焦现象：垂直一体化战略的最后一个缺陷，也是它最致命的缺陷，就是会使企业无法保持高水平的技术能力，从而无法胜任众多领域的运营活动。所有企业都需要培养自己的专长。如果企业只专注于一个领域，而不是将注意力分散在各个方面，就更容易在其选择的领域内取得卓越成果。根据定义可知，垂直一体化战略意味着企业要做更多的工作，这会导致原本应该集中于少数重要工作的精力被分散到各个领域。

5.6 哪些活动应该在企业内部开展，哪些可以选择外包

外包是将原本在企业内部开展的活动转交给外部供应商的过程。从理论上讲，垂直一体化和外包基本算是同一个概念，唯一的差别就是规模不同。垂直一体化的概念通常适用于整个企业；而外包，即"自制或外购"（"do-or-buy"或"make-or-buy"）决策则通常适用于之前在企业内部完成的小规模活动。例如，某些质量检测工作原先在质量部门内部开展，后来由外部的专业实验室开展，这就是一种外包决策。尽管大多数公司通常都会将部分工作外包出去，但现在它们也会从供应商那里购买更多的直接活动。另外，很多间接流程和行政流程现在也会采取外包形式，这种外包通常被称为业务流程外包（business process outsourcing, BPO）。同样，企业也可以将餐饮服务等非核心流程外包给专业机构。流程的开展地点可能不会变动，但其员工和技术则由外包服务供应商管理。采取这种战略通常是为了降低成本，同时也可以大大提高服务的质量和灵活性。

● 外包和离岸外包

人们经常将外包和离岸外包（offshoring）这两种供应网络战略混为一谈。外包是指企业决定从外部购买产品或服务，而不是在内部开展活动；离岸外包则是指从

其他国家的企业获取产品和服务。当然，企业也可以同时选择外包和离岸外包。这两种战略密切相关，动机也非常相似。从成本较低的地区获取产品和服务通常是为了降低企业的总体运营成本，而将运营活动外包给专业技能更强、规模更大的供应商，也是为了降低总成本。

制定外包决策

外包决策通常比较复杂。处于不同环境下、具有不同目标的企业会做出不同的决策。尽管决策很复杂，但问题本身相对简单，不外乎是在特定情况下，要想达到合适的绩效目标，让企业更有效地参与市场竞争，那么应当选择内部供应还是外包供应。例如，如果企业运营的主要绩效目标是确保交付可靠性，同时应对客户交付需求的短期变化，那么其应该解决的关键问题就是"如何通过内部供应或外部供应提高交付可靠性和灵活性这两个绩效目标"。这意味着企业要评估两组对立因素，即有可能提高绩效的因素和有可能不利于提高绩效的因素。内部供应和外包对各个绩效目标的影响如表 5-2 所示。

表 5-2　内部供应和外包供应对企业绩效目标的影响

绩效目标	"自制"——内部供应	"外购"——外包供应
质量	采取内部供应战略通常可以降低质量问题的溯源难度，提高改进速度，但也可能导致企业缺乏改进动力	供应商可能拥有相关专业知识和更丰富的经验，同时会受到市场压力的激励，但沟通难度更大
速度	可以同步安排，从而加快物料和信息的流通速度，但如果企业有外部客户，那么内部客户的优先级就会比较靠后	可以在供应合同中加入响应速度的相关条款，从而通过商业压力提高供应商的绩效，但可能会出现长时间的运输／交付延误
可靠性	较低的沟通难度可以提高运营的可靠性，但如果企业还有外部客户，那么内部客户的优先级就会比较靠后	供应合同中有关延迟交付的处罚条款可以提高供应商的交付可靠性，但组织之间的壁垒可能会加大沟通难度
灵活性	企业运营部门与业务的实际需求联系紧密，因此可以敏锐地感知需求变化，但其响应能力会受到内部运营规模和范围的限制	相比于内部供应商，外包供应商可能规模更大、能力更广，因此应对变化的能力更强，但不同客户的需求可能会出现冲突，因此需要对此加以权衡
成本	内部运营部门无须像外部供应商那样赚取利润，因此原本需要支付给供应商的资金就会成为企业的利润，但由于产量较低，所以很难实现规模经济或从流程创新中获益	成本优势可能是外包战略受欢迎的主要原因。外包企业可以实现规模经济，同时可以积极降低成本，因为成本会直接影响其利润，但企业需要考虑到与供应商合作所需的交易成本

将战略因素纳入外包决策

虽然外包会对企业运营的绩效目标产生重要影响，但企业在评估外包可行性时也会考虑其他因素。例如，如果某项活动对企业具有长期战略意义，那么它就不可能将该活动外包出去。即使外部专业人士能够以更低的成本完成网站的设计和开发，零售商还是会将这些工作放在内部进行，因为该公司计划在未来某个时间点彻底转向在线运营。另外，企业通常不会将涉及专业技能或知识的活动外包出去。例如，某家生产激光打印机的公司可能已经积累了很多有关精密激光驱动器生产的专业知识，这些知识可以使其在未来引进产品或流程创新。在此情况下，将专业技能拱手相让就非常不明智。在对这两项更具战略意义的因素进行衡量后，企业还需要考虑运营绩效的问题。显然，如果其运营绩效已经优于所有潜在供应商，那么企业就不太可能将活动外包出去。即使企业当前绩效低于潜在供应商的绩效，但如果目标活动可以大幅提高自身绩效，它也不会选择外包。具体的决策逻辑如图 5-12 所示。

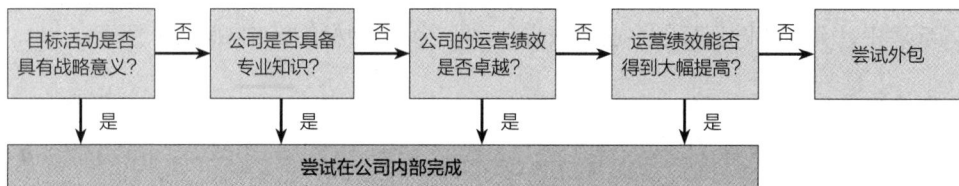

图 5-12　外包的决策逻辑

运营实践案例

金巴斯和沃达丰——外包现象的两个极端 [5]

有些企业已经在提供外包服务方面取得了卓越的成果，如餐饮服务无疑是最适合外包的业务之一，这也是许多餐饮公司愿意承接外包业务的原因。作为全球最大的餐饮集团，金巴斯集团旨在为各行各业的客户提供服务，其中包括工厂、公司食堂、学校食堂、钻井平台、军队、监狱和体育赛事等，还包括谷歌、

微软、耐克、汇丰银行和英特尔等众多企业客户。该公司的 60 万名员工满足了多个客户的不同餐饮需求，每年提供的餐食多达 55 亿餐，涵盖 5.5 万个服务地点。而它之所以能在餐饮服务外包领域占据领先地位，部分原因在于它将市场需求划分为企业与工业、医疗保健与老年服务、教育、运动休闲和国防、海

上钻井平台和偏远地区服务等不同领域。尽管金巴斯集团成功地确立了行业领先者的地位，但任何企业都有充足的理由将其餐饮业务外包出去。对大多数企业而言，餐饮服务显然不是它的核心业务。同时，无论其内部运营部门有多么优秀，都无法像金巴斯这样的企业一样提供如此多样、专业而颇具规模的餐饮服务。此外，大多数企业也不会像金巴斯一样走在食品行业的流行前沿。与此同时，这样的公司还可以提供非常规的餐饮服务，如活动餐饮、接待服务、办公室清洁和设施管理等。

如果外包餐饮服务出现问题，则会让餐饮公司服务的员工感到不满；如果外包客户服务出现问题，则会让客户感到不满，从而影响企业收入及其未来发展。企业选择外包客户服务的理由和选择餐饮服务类似。客户服务的外包供应商提供的服务质量可能与企业运营部门的服务质量相同，但前者的成本更低，尤其是当企业将服务外包给生活成本较低的国家时。另外，外包供应商的服务范围可能更广，也能应对激增的需求量。

同时，专业的外包企业能够为最新的技术投资。即便如此，客户服务仍然是一项非常重要的业务，因此其外包战略往往也存在一定的风险。如果客户对国外的电话服务中心感到不满，企业可能就要将其转移回国内。英国电信公司沃达丰就采取了这项措施，该公司宣布要将2000 多个工作岗位从海外电话服务中心（主要由位于南非的外部代理机构运营）转移到英国。该公司还表示，其将在英国各地的现有电话服务中心增设新的岗位。根据沃达丰的说法，将电话服务中心的工作岗位重新带回英国，可以使该公司的移动客户服务质量与面向英国企业和宽带客户的英国电话服务中心的服务质量保持一致，而这些新岗位也将为其客户和重点服务社区带来实质性影响。然而，尽管沃达丰的初衷是提升自身在英国国内的客户服务质量，但在其他地区，法律法规也是一项需要考虑的因素。例如，意大利政府颁布了一项法律，允许消费者在致电企业时不选择国外电话服务中心，而是选择本国服务中心。

● 全球化、地缘政治、"回流"和技术

企业将部分或全部运营活动外包给地理位置分散的供应商，这种模式在过去几十年里逐渐成为惯例。造成该现象的主要原因包括劳动力成本的差异、信息技术的廉价或高效、国家间签署的贸易协定以及运输成本的降低等。这就是所谓的全球化，在该模式下，产品、原材料、资金、技术和创意能够相对顺畅地在不同国家之间传播。全球化并非新兴事物，其历史最早可追溯到公元 1 世纪，那时中国和欧洲之间就已存在贸易联系。全球化趋势之所以兴起，是因为全球化的外包活动效率很

高。例如，苹果等公司可以在加利福尼亚设计产品，然后在中国组装；法国的航空航天企业也可以为巴西供应商的活动提供高效指导，仿佛它们只是相邻的城镇。该模式推动了各国的专业化分工和资源交换，促进各国经济发展，也拉近了国家之间的距离。

与此同时，脆弱性也就接踵而至。贸易分歧与冲突频发、人权抵制活动不断、政治民族主义抬头、地缘政治长期动荡等因素都阻碍着全球化的发展。另外，人们发现某些供应商会集中在特定区域，于是便开始关注供应链的脆弱性。

如今，越来越多的经济学家和商业评论家开始怀疑，全球化趋势是不是已经由盛转衰了。有人认为，某些发达国家面临的保护主义压力是全球化转折的标志；也有人认为，以前的发展中国家和落后国家的工资现在开始上涨，这会导致劳动力成本差异减小。另外，从企业所在地附近的供应商处采购所需资源可以使企业获得显著的运营优势，而减少对复杂的国际供应链的依赖，也可以帮助企业节省运输和库存成本，减少污染，同时降低由远处供应商行为不当造成的潜在名誉风险。除此之外，该举措还可以提高供应灵活性。例如，西班牙快时尚品牌 Zara 的部分畅销产品在亚洲的低成本工厂生产，但绝大部分需求难以预测的服装却在靠近市场的地区生产，如此一来，该品牌就能对不断变化的时尚潮流快速做出反应。这就是所谓的"回流"（reshoring），又称"回归"（back-shoring）、"家包"（home-shoring）或"在岸外包"（on-shoring）。技术的发展可能也会加速回流进程，自动化技术的发展则可能会加剧全面内包的趋势。也就是说，它可能会使发达国家不再需要将生产活动外包给工资较低的国家。

本书将在每一章的"社会责任"板块总结本章主题与重要的社会、道德和环境问题之间的关联。

本章介绍的每一项决策几乎都会对社会、道德或环境产生影响。改变供应网络的结构或范围必然会给与之相关的人和社会带来深刻的变化。企业的产能决策无疑具有一定的社会和道德影响，而除此之外，供应网络中某些企业的位置和所有权变更也可能引起争议，在当今的全球化背景下则更是如此。

企业在制定任何外包的决策时都需要在一系列相互冲突的优先事项中做出取舍，找到最优解。例如，相比于现有员工面临的失业困扰，企业是否应当优先顾及客户的低价需求？如果将运营活动外包给发展中国家，那么企业应当对供应方的就业条件承担多少责任呢？某些工作条件对于这些国家的员工而言是可以接受、较为普遍甚至很受欢迎的，

社会责任

但在发达国家就要另当别论。企业又该如何界定哪些条件在任何地区、任何情况下都不可接受，如奴役或强迫劳动，而哪些条件在某种情况下又可以接受，如工资低于本国可接受水平呢？

另外，外包活动即使不涉及办公地点的变化，——如餐饮服务外包，详见前文关于金巴斯和沃达丰的"运营实践案例"，也会存在某些道德问题。工会组织不止一次提到，外包公司之所以能用较低的成本完成工作，可能是因为降低了员工薪资，也可能是因为其办公环境较差，也可能二者兼而有之。另外，它们还表示，外包企业的灵活性完全是靠降低工作保障实现的。大公司的员工通常享有较高的工作保障，但当他的工作被外包出去后，其雇主可能就会变成一个不关心员工权益、一味削减成本的老板，他就可能无法享有和之前一样的工作保障。就连外包支持者也很快指出了该措施存在的问题。外包活动可能会遇到很多难以克服的障碍，如某些员工发现自己被外包后便会产生抵触情绪。有些企业也犯过"扔掉烫手山芋"之类的错误，换句话说，它们自己没有管理好流程，也没有正视这些问题，而是直接将有问题的流程外包出去。还有证据表明，尽管从长远角度看，外包流程可以降低成本，但在外包初期，双方需要就管理事宜进行磨合和学习，该阶段的成本反而会有所上升。

运营实践案例

灾难推动改革，但前路依然漫长 [6]

外包会带来风险和责任，这通常是因为企业未能对供应商进行有效控制。热那大厦倒塌事故就是血的教训。2013 年 4 月 24 日，孟加拉国达卡县附近的热那大厦服装工厂发生了倒塌事故，一共造成 1134 人死亡，2500 多人受伤，其中大部分是妇女和儿童。许多知名服装品牌都直接或间接地从该工厂采购产品。据说，当地警方和一家行业协会曾发出警告，称该建筑存在安全隐患，而面对这种情况，大楼所有者却威胁员工说，如果他们不照常工作，就会被解雇。于是毫不意外，当灾难发生后，人们立即要求孟加拉当局加强对工厂等建筑的监管。多年来，当地政府对国家建筑法规的执行力度较弱，当业主具有一定政治背景时更是如此。虽然此次事故发生后，当局承诺会在未来加大执法力度，但他们很可能与之前一样，只是开出空头支票。

从热那大厦等存在安全隐患的工厂进货的，大多是美国和欧洲的零售商。事故发生后，他们不得不面对压力，承担部分事故责任，并改变采购政策。此时，他们的选择不外乎有三种。第一，完全无视道德问题，继续像从前一样从成本最低的地方采购服装。第二，在孟加拉国的行业标准得到改善之前，不再从该国采购产品。但这可能难以执行，除非这些零售商能够从棉花种植环节开始，承担整个供应链的监管责任。该举措会损害所有孟加拉国企业的利益，包括那些努力遵守安全规定的企业。第三，继续从孟加拉国采购产品，努力改变该国的运作方式。其实在热那大厦倒塌事故发生之前，就已经有零售商开始试图改善孟加拉国 5000 多家工厂的安全状况。而且自该事件发生以来，该国服装业也取得了一定的进展。"时尚革命"（Fashion Revolution）、"商标背后劳工联盟"（Labour Behind the Label）、"反贫困组织"（War on Want）和"欧洲制造"（Made in Europe）等社会活动组织也开始敦促零售商提高供应链透明度。

有些品牌选择采取切实的措施，公开服装产地和制造商信息；有些组织则直接致力于改善工作条件。公平成衣基金会（Fair Wear Foundation）率先成立了反骚扰委员会，并为服装厂经理、主管和工人制订培训计划——85% 的服装厂女工都担心遭到职场性骚扰，其中真正经历过性骚扰的女工高达 60%。热那大厦倒塌事故发生一年后，世界上最大的时尚社会运动组织时尚革命发表了一份宣言，在其中列出了 10 项明确要求，旨在建立更好、更负责任的时尚产业。然而，该组织也承认，目前其进展仍然比较缓慢。一份来自纽约大学斯特恩商业与人权中心的报告称，孟加拉国成千上万的服装厂仍然存在安全隐患。

第 5 章要点小结

1. 什么是供应网络的结构和范围？

- 供应网络包括为企业提供投入资源的供应商链和从企业那里获得产出的客户链。
- 明确供应网络的性质，了解自身在供应网络中的作用，能够帮助企业把握竞争优势，确定网络中的重要环节，同时注重长期战略规划。

- 企业供应网络的结构取决于其形状与形式。结构决策包括确定供应网络的整体配置、网络内需要的产能和开展运营活动的地点。
- 企业供应网络的范围是指企业决定在多大程度上自行完成供应网络涉及的活动，而不是将其委托给供应商，其涉及垂直一体化程度和外包程度的确定。

2. **供应网络应该如何配置?**

- 配置供应网络,即确定其整体模式、形状和其中各个企业的排列方式。

- 企业可以通过削减供应商数量建立更紧密的关系,或绕过网络内的中间人即"脱媒",从而实现供应网络形状的改变。

- 供应网络中的所有参与者,无论客户、供应商、竞争者还是互补者,都可以根据具体情况在朋友和对手的身份之间来回转换。这一概念通常被称为合作竞争。

- 商业生态系统这一概念与供应网络中的合作竞争理念密切相关。与供应网络类似,商业生态系统也包含供应商和客户。除此之外,它还包括某些利益相关者。这些利益相关者可能与主要供应网络基本没有直接的联系,但能补充或贡献客户价值主张的重要部分,从而实现与供应网络的互动。

- 企业越来越倾向于将部分服务外包给专业供应商,这些供应商会代表焦点企业直接对接客户。这标志着二元视角向三元视角的转变。

3. **各企业需要具备多少产能?**

- 企业拥有多少产能,往往取决于其对当前和未来需求的看法与预测。关键的长期产能决策包括确定各单位的最佳产能和安排网络中各部分产能的增加或削减时间。

- 规模经济及其相关概念在确定最佳产能水平的过程中至关重要。

- 在确定产能变化时间时,公司可以结合以下三种战略制定决策:产能领先战略、产能滞后战略和产能缓冲战略(即领先期积累的库存要满足滞后期的需求)。

4. **企业应该如何选址?**

- 供应网络中各个企业的位置是确定网络结构的关键因素,又是网络实际运作的影响因素。

- 影响企业选址决策的关键因素是需求或供应情况的变化。

- 选址方案的评估包含以下两个关键步骤:①确定备选方案;②制定合理的评估标准,包括资金需求、市场因素、成本因素、未来灵活性和风险因素等。

5. **企业供应网络应达到怎样的垂直一体化程度?**

- 企业对供应网络的控制范围是指其不选择外包,而在内部完成工作的程度。在确定整个企业的所有权时,我们通常将这一概念称为垂直一体化;而把单项活动作为分析对象时,我们则通常将其称为外包。

- 企业的垂直一体化战略包含集成的方向、跨度以及各个垂直一体化阶段之间的平衡。

- 垂直一体化战略可以帮助企业更好地控制供应链或市场渠道、降低成本、提高产品和服务质量，并了解供应网络中的其他活动。

- 垂直一体化战略的缺点在于其会造成内部垄断、无法利用规模经济、降低企业灵活性并使企业难以引进新技术或新理念。

6. 哪些活动应该在企业内部开展，哪些可以选择外包？

- 外包是将原本在企业内部开展的活动转交给外部供应商的过程，也叫外购决策。

- 制定外包决策需要比较内部运营活动和外包供应商对关键绩效目标的相对影响。另外，企业还需将长期竞争优势和风险等战略因素纳入外包的决策。

- 外包和离岸外包存在根本差异。外包是指企业决定从外部购买产品或服务，而不是在内部开展活动；离岸外包则是指从其他国家的企业获取产品服务。

- 全球化是导致企业供应网络在地理上呈分散排布的关键因素，但在过去 10 年里，该趋势出现了逆转，这种逆转现象通常被称为回流。

第 5 章注释

[1] 案例信息来自 Schuetze, C.F. (2014) Dutch flower auction, long industry's heart, is facing competition, New York Times, 16 December; 该公司官网。

[2] 案例信息来自 Hernández, A. (2020) Learning from Adidas' Speedfactory blunder, Suppychaindive, 4 February; Bain, M. (2019) Change of plan, Quartz, 11 November。

[3] 很多论文和文章都介绍了新加坡的航空航天战略，如：Singapore EDB (2020) Singapore: Asia's aerospace hub, EDB Aerospace Industry brochure; Choo Yun Ting (2020) Support for SMEs to help aerospace industry soar, The Straits Times, 17 February; Raghuvanshi, G. (2013) Rolls-Royce pushes focus on Singapore, Wall Street Journal, 15 September。

[4] Schwab, K. (2019) The Global Competitiveness Report 2019, Insight Report, World Economic Forum。

[5] 案例信息来自金巴斯集团官网; Fildes, N. (2017) Vodafone to bring 2,100 call-centre jobs back to UK, Financial Times, 13 March; Flinders, K. (2017) Vodafone brings offshore contact centre work to UK, Computer Weekly, 13 March。

[6] Hendriksz, V. (2018) 5 years on: what effect has Rana Plaza had on garment workers lives?, Fashion United, 16 April; International Labour Organization (n.d.) 热那大厦倒塌事故及其后续影响，详见国际劳工组织官网。

运营设计

本书第二部分探讨了运营资源和流程的设计。这里的"设计"关注的是转换资源的整体形式、布置和性质如何影响被转换资源在运营活动中的流动。接下来，我们将按照如下顺序对运营设计相关的四个关键问题进行讨论。本部分包含以下章节。

第 6 章　流程设计

本章主要介绍各种类型的流程及其设计。

第 7 章　设施的布置与外观

本章讨论了不同的物理设施布置方式对企业外观和资源流动性质的影响。

第 8 章　流程技术

本章讨论了流程技术的快速发展对运营效率产生的影响。

第 9 章　运营人员

本章介绍了直属于运营管理领域的人力资源管理要素。

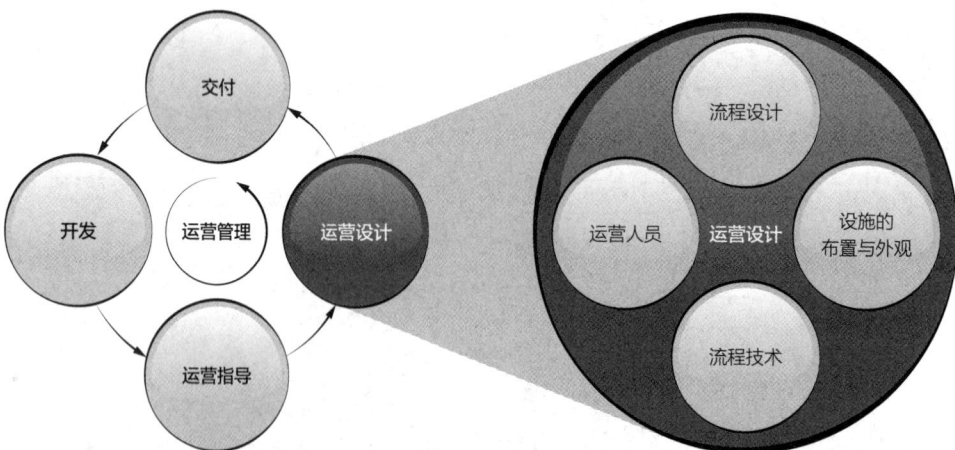

流程设计

本章学习目标

- » 什么是流程设计？
- » 流程设计的目标是什么？
- » 产量和种类对流程设计有哪些影响？
- » 如何对流程进行详细设计？

导语

本书第 1 章中提到，所有的运营活动都由一系列流程组成，这些流程相互联系，共同构成了企业的内部网络。这些流程都是企业整体运营的缩影，能够对其间流动的资源进行转换。另外，我们还将流程定义为一种资源和活动的安排方式，旨在将投入转换为满足内部或外部客户需求的产出。它们是所有企业运营的构成要素，因此在企业运营中起到了至关重要的作用。流程设计的重要之处就在于此。只有对每个流程进行合理的设计，才能将运营企业的潜力发挥到极致。运营管理者在流程设计过程中占据着举足轻重的位置。实际上，所有运营管理者都是企业的设计师。他们需要购买设备或重新安排设备摆放的位置，也可能要对流程中的工作方式进行调整——这些都属于设计决策，因为其会影响流程的外观、性质和绩效。本章将对流程设计展开讨论，其在运营管理整体模型中的位置如图 6-1 所示。

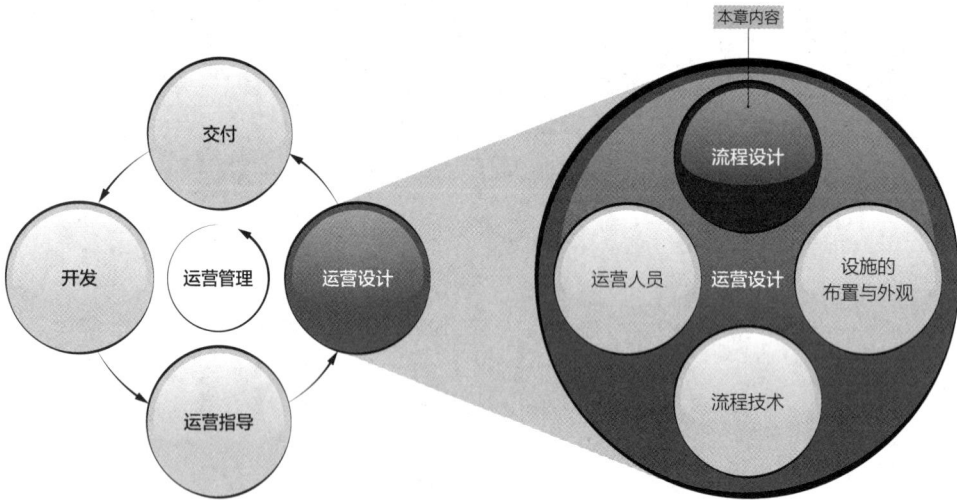

图 6-1 本章所探讨的流程设计在整体模型中的位置

6.1　什么是流程设计

"设计"就是在某个事物被创造出来以前对其外观、布置和运行方式等进行构思的过程。由此可见，设计是一种概念性活动，但必须产生具有实际应用价值的设计方案。它既包含整体设计，也包含细节设计。在进行设计活动时，设计者首先要确定事物的整体架构和设计目标，然后敲定其细节。流程设计也需要遵循这一原则。在流程设计（process design）的初始阶段，尤其是在确定流程的整体框架和性质时，设计者必须充分理解设计目标。通常情况下，设计目标可以根据流程产出的数量和种类加以确定。最后，设计者需要对流程细节进行详细分析，以确保设计成果能够满足设计目标。

● 流程设计与产品或服务设计相互关联

人们通常会将产品或服务设计与生产流程的设计视为两种独立的活动，实际上，二者之间显然是相互关联的。在没有考虑产品和服务的生产方式之前就先确定细节并非明智之举。产品和服务设计的细微变化都有可能对最终的生产方式产生深远影响；同样，流程设计也可以对产品和服务设计者施加一定的限制（见图 6-2）。这一点适用于任何企业的运营。然而，相比于产品设计，服务设计与流程设计的关联性则会更强。由于很多服务的转换过程需要客户的参与，所以客户通常无法将服务本身与其参与的流程完全分开。同样，制造或使用自己设计的产品可以帮助产品设计者确定设计重点。例如，在飞机制造技术发展的起步阶段，飞机的设计工程师同时也会担任首飞试飞员。

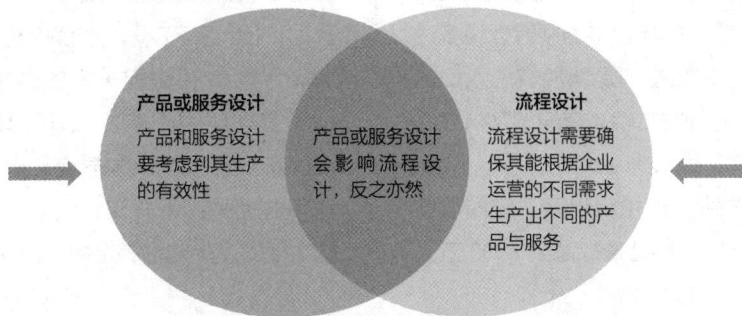

图 6-2　产品 / 服务设计与流程设计相互关联，应当协同进行

新加坡樟宜机场 [1]

机场的运营是一个非常复杂的体系。其运营流程涉及乘客、飞机、机组人员、行李、商业货物、餐饮、安保、餐厅等多种客户服务。机场运营管理者必须遵守航空管理的规章制度，处理大量机场的服务合同，管理成千上万名具备不同专业知识的员工，协调各个航空公司优先服务的需求，并为乘机经验各不相同的乘客提供服务。除此之外，小到航班延误、飞机故障和恶劣天气等，大到两大洲以外的工人罢工、暴力冲突和恐怖主义等，这些因素都有可能对机场流程造成干扰。由此可见，对机场流程进行合理设计，使其能够在上述条件下正常运行，无疑是运营管理领域最具挑战性的任务之一。在"世界上最繁忙的国际机场"榜单中，排名第六的新加坡樟宜机场连年以卓越的客户服务和高效的机场运营而获得"最佳机场"的荣誉，这无疑是一项非常值得骄傲的成就。作为亚洲的主要航空交通枢纽，新加坡樟宜机场服务的国际航空公司数量多达100多家，航线覆盖全球70多个国家和地区、300多座城市，每年接待的乘客数量多达6000万人，该数量约是新加坡总人口的10倍，每90秒左右就会有一架飞机在此起飞或降落。

第四航站楼正式启用后，新加坡樟宜机场的年旅客吞吐量提高到8200万人次左右。航站楼内的所有乘机流程都经过精心的设计，旨在为乘客带来最为顺畅的登机体验。航站楼在内部和周围设置的所有流程都是为了打造无缝衔接的登机程序，帮助乘客可以快速而顺利地完成各项手续。机场为登机流程的各个阶段配备了足够的产能，以应对预期的所有需求。第四航站楼共有两层，乘客进入后，可以通过自助值机设备直接办理自动值机、行李标签打印和行李托运手续。办理完成后，他们的行李就会通过先进的自动化行李处理系统传送到飞机机舱。同样，出入境柜台和登机口也采用了人脸识别等自动化技术。生物识别技术和畅快通行（fast and seamless travel，FAST）服务能够加快乘客通行的速度，提高运行效率。通过安检后，乘客就会进入一个1.5万平方米的餐饮购物中心。提升乘客体验感是第四航站楼的设计重点。在建筑设计方面，设计者希望其在实现功能的同时兼具审美价值，以乘客为中心为其提供便捷服务。由于机场日常运营活动涉及很多不同领域的公司，因此其在设计过程中也是尽可能地满足众多利益相关者的需求。为此，机场管理层组织航空公司、地勤人员、移民和安全机构、零售商和餐饮运营商等利益相关者召开研讨会，以确保第四航站楼的设计能够满足各方的需求。

流程网络

在第 1 章中，我们提到了"运营层次"这一概念，它指出，所有企业的运营活动都由流程网络组成，且都是其他企业运营网络的一部分。该理念对所有网络包括流程网络在内的有效运作至关重要。图 6-3 展示了某企业的简化版内部流程网络。其中包含很多流程，它们可以对资源进行转换，并将其传递到其他内部流程中。该网络中遍布很多"流程链"，即网络内的流程线。以网络视角来详细分析流程的方法具有诸多优势。首先，了解流程融入内部网络的方式并确定其在网络中的位置，可以帮助管理者制定合理的流程目标。其次，所有流程参与者都可以清楚地通过流程网络看到自己对最终客户的影响，从而更容易看到其为满足运营客户需求而做出的贡献。更重要的是，各个流程与客户之间还存在多个中间流程。通过流程网络，人们可以思考如何让各个流程推动中间流程的有效运作。另外，网络中的流程线也连接着上游的供应商，使其作用和重要性更加一目了然。

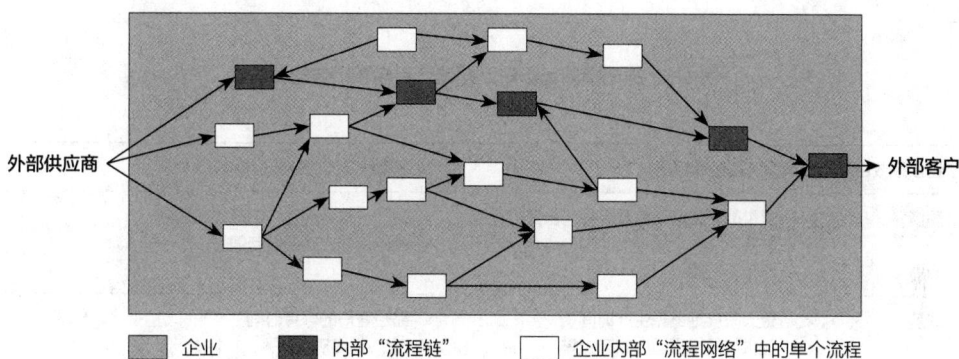

图 6-3　某企业的简化版流程网络，其中包含内部"流程链"

6.2　流程设计的目标是什么

流程设计的关键在于确保流程绩效与其努力实现的所有目标相适应。例如，如果某家企业主要依靠对客户需求的快速响应能力参与竞争，那么其流程设计就必须保证多数流程具备较短的生产时间。同样，如果某家企业的竞争优势在于低廉的价格，那么成本相关的绩效就要在其流程设计过程中占主导地位。换言之，整个企业努力实现的目标应通过某种逻辑与各个流程的绩效目标联系起来。我们在第 4 章分析产品与服务设计创新时提到，应当把可持续性作为流程设计的一个运营目标，但实际上，可持续性是一个更为广泛的社会问题，是组织"三重底线"的一部分（见第 2 章）。表 6-1 对此进行了说明。

"微观"流程目标

因为流程是在运营层面上进行管理的，所以流程设计也需要考虑一系列更为"微观"和详细的目标。这些目标主要涉及流程内的资源流动。任何处理对象进入流程后，都要以某种方式经历一系列转换活动。在活动间隙，该处理对象有可能会在库存中停留一段时间，等待进入下一个转换活动。也就是说，一个单位在流程中花费的时间（即生产时间）大于它在转换活动中花费的时间的总和。此外，用于开展

表 6-1　战略绩效目标对流程设计目标和绩效的影响

运营绩效目标	典型流程设计目标	良好流程设计的部分优点
质量	» 提供能够生产出合规产品与服务的适当资源 » 流程无差错	» 生产"符合规格"的产品和服务 » 减少流程内的回收与浪费
速度	» 最大限度地缩短生产时间 » 提供与需求相适应的产出率	» 缩短客户的等待时间 » 减少流程内的库存 » 具备应对突发事件（如供应或加工故障）的能力
可靠性	» 提供可靠的流程资源 » 提供可靠的流程产出时间和产量	» 准时交付产品与服务 » 减少流程中生产中断、混乱和重新安排等现象的发生
灵活性	» 提供适当能力范围内的资源 » 在不同流程状态之间轻松切换（流程处理对象是什么？如何处理？处理量是多少？）	» 具备处理多种产品与服务的能力 » 降低成本 / 提高产品与服务调整能力 » 降低成本 / 提高产量和生产时间调整能力 » 具备应对突发事件（如供应或流程问题）的能力
成本	» 提供能够满足需求的适当产能 » 从以下方面消除流程浪费： 　* 过剩产能 　* 过剩流程能力 　* 流程延误 　* 流程内错误 　* 不适当的流程投入	» 降低流程成本 » 降低资源成本（资本成本） » 降低延误 / 库存成本（运营资本成本）
可持续性	» 最大限度地减少能源使用量 » 减少对当地社区的影响 » 使产品易于拆解	» 降低对环境与社会的负面影响

流程活动的资源也有可能不会一直处于使用状态，因为并非所有处理对象都需要经过相同的转换活动，每种资源的产能也不一定与需求相匹配。所以无论在流程中流动的处理对象还是开展活动的资源，可能都无法得到充分利用。也正因如此，处理的对象离开流程的方式通常与其进入流程的方式有所不同。通常情况下，我们采用更加"微观"的绩效流程目标描述流程绩效。例如：

» 生产率或流速是处理对象离开流程、实现产出的速度，即单位时间内通过流程的处理对象数量。

» 节拍（cycle time）是生产率的倒数，是各个处理对象离开流程、实现产出的时间间隔。"节拍时间"（takt time）一词与"节拍"含义相同，但该术语通常适用于有固定节奏的流程，如流水线生产。它是满足需求所需的工作"节拍"或节奏。[2]

» 生产时间是指投入资源在流程中流动，最终成为产出所需的平均时间。

» 在产品（work-in-progress）或流程库存是指一段时间内，流程中的在产品数量平均值。

» 流程资源利用率（utilisation）是指流程内的资源实际用于有效工作的时间占其可用时间的比例。

运营实践案例

得来速快餐店（快，但不要太快）[3]

有人认为加利福尼亚的 In-N-Out 汉堡是第一家汽车穿梭餐厅或得来速餐厅，也有人认为，洛杉矶的 Pig Stand 才是第一家得来速餐厅，顾客可以直接驾车从该餐厅后门进入，厨师会在后门为顾客送上他们著名的烤猪三明治。不过，随着得来速的理念开始在餐厅及银行等服务业普及，人们逐渐意识到，该服务的设计会对企业效率和盈利能力产生极为重大的影响。如今，虽然得来速服务的流程变得更加顺畅，速度也比以前快得多，但大多数餐厅还是沿用之前的成熟模式——通常情况下，顾客需要通过话筒下单，然后在窗口取货。这套系统能够让得来速餐厅为顾客提供快速且可靠的服务。但实际上，因各家得来速餐厅之间存在激烈的竞争，它们都想设计出最为快捷、可靠的流程。例如，有些星巴克得来速门店在点餐板上战略性地安装了摄像头，如此一来，服务员就可以快速识别常客，并为其提前准备订单，甚至在顾客下单前就开始准备了。有的得来速餐厅还尝试使用更简单的点餐板和透明食品袋，从而提高服务的准确性。毕竟餐厅如果不能按照顾客订单来送餐，那么服务速度再快也没有意义。所以，这些细节很重要。据估计，一次得来速服务花费的时间每节省6秒，销售额就会增加1%。曾经有几家麦当劳餐厅共同开展了一项实验，旨在缩短其服务时间。在距离洛杉矶150英里的加利福尼亚中部海岸坐落着一家呼叫中心，它远程接收全美40家麦当劳门店的订单。呼叫中心将订单发回餐厅后，餐厅就在距离下单地点几米远的位置配好了餐品。虽然每份订单只节省了几秒，但在一天中订单较多的时段，节省的时间却能为其门店增加销售额。得来速餐厅推出的另一项创新是为提前下电子订单的顾客提供快捷通道。优良的得来速服务流程应能够帮助顾客加快速度。对此，餐厅采取了相应措施，如优化菜单项，使其易于阅读和理解等。

这就是"套餐"（汉堡、薯条和可乐）能够节省点餐时间的原因。相比之下，更为复杂的单品或需要定制的餐点则会拖慢点餐的速度。而当定制沙拉和三明治开始成为潮流时，满足这种定制需求可能会成为得来速餐厅面临的新问题。然而，也有迹象表明，当服务速度达到一定程度后，流程绩效的其他方面会变得更为重要。正如某得来速餐厅首席运营经理所说："你的服务速度可能非常快，但整体服务体验被破坏了，因为服务态度不再那么亲切友好了。"

流程标准化

最重要的流程设计目标之一就是实现较高的流程设计标准化程度，对大型组织而言更是如此。这里所说的标准化是指用同样的方式做事或采用相同的活动顺序、活动方法或设备使用方式。对大型组织而言，这是一个重要问题，因为往往随着时间的推移，组织中的不同部门会慢慢开始采用不同的方式完成相似或完全相同的工作。不过，我们为什么不能采取多种不同的方式完成同一项工作呢？这样，个人和团队还可以获得某种程度的自主权和自由度，从而行使自由裁量权。但问题是，多种工作方式会造成管理上的混乱和误解，最终拉低效率。如果将其应用于医疗流程，就可能引发医疗事故甚至导致患者死亡，而这种事故本来是可以避免的。例如，据英国皇家内科医师学会（Royal College of Physicians in the United Kingdom）披露，英国医院用于检测患者生命体征的图表有100多种。[4] 临床医师只要一有工作变动，就要学习新图表的阅读方式，这无疑会增加其工作的复杂性。如果他们能够采用统一的标准化床位表和流程，就能避免很多死亡事件的发生。如何清楚界定哪些流程必须进行标准化处理，哪些流程可以存在差异，这是大多数组织面临的实际困境。

励正集团的模块化房屋建造流程 [5]

有人可能会认为励正集团（Legal & General, L&G）是一家建筑公司，实际上，它是英国领先的金融服务集团之一，目前已在住宅建造、城市改造和清洁能源等领域投资超过 190 亿英镑，并已经开始参与模块化房屋的建设工作。建造模块化房屋更像是制造汽车，各个模块并非在建筑工地制造而成，而是在工厂中集中生产，然后被运往建筑工地的。正如某些模块化房屋支持者所说，以前，所有的汽车都是手工制造而成的，而现在它们都要在工厂进行组装。模块化房屋公司（Modular Homes）首席执行官、现代制造和建筑方法倡导者罗西·图古德（Rosie Toogood）曾就职于航空航天公司罗尔斯 - 罗伊斯，而制造运营总监斯图尔特·洛德（Stuart Lord）曾在汽车行业工作。

从零开始创办模块化房屋公司需要大量的投资，而像励正集团这样的大型金融集团刚好可以提供足够的资金。励正集团将这种方法称为"坚守传统，却有新意"，这意味着该公司在保留传统建筑优良品质的同时，也采用了现代工艺。具体来说，每条装配线上都有 4 台通过计算机操控的巨型切割铣削设备，还有 4 台小型同类设备，可用于切割木板，且精度高于传统建筑工地所能达到的精度，然后装好电线、管道、装饰品和地毯，并配置好厨房和浴室后，成品模块就完成了，之后便可以装车运往工地。一个模块化房屋是由一个或多个模块组合而成。采用这种方法意味着在开始生产之前，生产者就要对每座房屋的每个细节进行数字化建模，从而实现流程的标准化和简单化，以提高生产效率和房屋质量。另外值得一提的是，采用这种方法还可以实现持续改进，从而将成品房屋的交付时间缩短近一半。通过实现流程的标准化和简单化，企业可以优化产品质量，提高生产率，从而降低成本。此外，日益严格的能源指标也会对规模化的加工流程产生影响。与传统建筑方法相比，该流程用水量更少，同时可以减少工地产生的垃圾废料，进而减少废料桶数量，使工地更加安全及整洁。艾伦·麦克阿瑟基金会在报告中强调，异地施工可以带来某些潜在环境效益，如提高房屋能效等。

环境敏感型流程设计

随着环保问题的重要性不断提高，流程设计者必须在设计过程中考虑到"绿色"（即可持续性）问题。许多发达国家已经通过立法制定了某些基本标准。人们的关注点开始集中于以下一些基本问题。

» 产品或服务的投入资源来源：是否会破坏雨林？是否会消耗稀缺矿产？是否剥削穷人或雇用童工？

» 流程所消耗的能源量及其来源：生产塑料瓶是否会比生产玻璃瓶消耗更多的能源？废热是否应当进行合理回收，并用于鱼类养殖？

» 制造流程产生的废料数量和种类：这些废料能否有效回收，还是必须焚烧或填埋？

» 产品本身的寿命：如果产品使用寿命比较长，那么它消耗的资源是否会比寿命短的产品少？

» 废旧产品的处理：报废产品进行环保化处理的难度有多大？

虽然设计者有时难以获得制定最佳决策所需的所有信息，但他们还是需要在这些因素之间进行复杂的利弊权衡。目前，为了在设计活动中做出更合理的决策，部分行业正对生命周期分析（life cycle analysis）技术进行测试。该技术从总能耗和排放废物总量的角度对所有生产投入资源、产品生命周期使用情况和最终处置情况进行详细分析。分析者需要从基本原材料的开采或种植开始，对产品和服务创造过程的每个阶段涉及的投入资源和产出废物进行评估。下文"运营实践案例"会说明，企业可以将生态因素纳入产品和流程设计的各个方面。

运营实践案例

欧维洁的道德运营设计 [6]

欧维洁（Ecover）旗下的洗涤液等清洁产品以其生态性而闻名。这就是该公司的整体理念。欧维洁公司表示："我们在用心做清洁，无论洗衣液、地板清洁剂、洗手液还是餐具洗洁精等，都不含刺激皮肤的人造化学物质。"不过，建立在生态可持续理念基础上的，并不仅仅是该公司生产的产品。欧维洁的法国和比利时生态工厂也体现了其对可持续性的承诺。欧维洁指出，从工厂屋顶到能源的使用方式，再到生产用水的处理方式，公司都在最大限度地减轻对环境的影响。例如，欧维洁工厂完全采用绿色电力，即由风力和潮汐等自然能源产生的电力。另外，其工厂还选用了高能效的照明设备，且只在需要时才使用，从而最大限度地提高了能源的利用率。此外，工厂配置的机械符合行业标准，且采用的是低速设备，可以同时执行多项任务，且无须用水清洗，从而降低了能耗和用水量。例如，搅拌机的电机可以搅拌 25 吨的欧维洁清洁液，但其耗电量却和几台电熨斗差不多。另外，它还有一种高效的小型挤压装置，可以挤出管道中的每一滴产品，因而无须再用水冲洗。欧维洁表示："我们讨厌浪费，所以非常注重回收利用。我们最大限度地减少产品包装使用量，并确保公司使用的所有纸板或塑料都可以进行回收再利用或二次包装。其流程仍在不断优化和改进。实际上，公司最近还开发了一种新型的绿色塑料，我们将其称为植物塑料，它的主要原料是甘蔗，且可以 100% 再生、重复利用且可回收。"

该公司就连其建筑也是符合生态化理念的。其建筑设计巧妙，能够追随太阳从东到西的运动，从而最大限度地利用自然光开展生产活动，这样既可以节能，又有利于改善工作条件。工厂的建筑骨架并没有使用珍稀木材，而是使用了常见的松木，墙砖则由黏土、木浆和矿物废料等制成。这种砖块在烧制过程中所需的能源较少，且轻盈多孔、隔热性强。工厂的屋顶覆盖着厚厚的海绵状景天科植物——这是一种开花植物，常用于建造绿色屋顶，一年四季都能发挥隔热的作用。实际上，其隔热效果好到无须另行配备暖气或空调，因为工厂内的温度永远不会过低或过高。

6.3　产量和种类对流程设计有哪些影响

在第 1 章中，我们对不同产量的流程进行了详细介绍，其中有的产量很高，如信用卡交易流程，有的产量则很低，如为复杂的大型收购交易提供资金。同时，各个流程的产出种类也各不相同，有些企业流程产出的产品和服务种类极少，如电力公司，有的则种类繁多，如建筑事务所。通常情况下，产量和种类两个维度呈负相关关系。低产量流程生产出的产品和服务种类往往较多，高产量流程的产出种类则较少。因此，企业流程特征可以从产量低和种类多连续过渡到产量高和种类少，我们也能以此为依据，对流程进行定位。而同一运营活动中的不同流程可能会具备截然不同的产量和种类特征。例如，医疗服务在大规模医疗项目（如大规模免疫计划）中采取的服务方式与在移植手术中的方式存在明显差异，后者的治疗服务是专门为满足单个患者的需求而定制的。换言之，在任何情况下都能满足所有类型需求的最佳流程设计是不存在的，对不同的产品或服务而言，其产量和种类定位可能有所不同，因此，相应的流程设计也要有所差异。

流程类型

流程的产量和种类定位决定了流程的整体设计及其活动的通用管理方式。这些"通用管理方式"即流程类型。我们可以采用不同的术语指代侧重点不同的流程类型，即侧重于产品生产还是服务研发，且各个术语之间也会存在某些差异。例如，"制造"一词在服务业就很少见。图 6-4 说明了如何用这些"流程类型"描述不同的产量和种类定位。

项目型流程

项目型流程（project process）用来处理离散型产品，其定制化程度往往较高，各个对象处理完成的时间间隔通常也会比较长，每项工作都有明确的开始时间和结束时间。产量低且产出种类多，流程涉及的各项活动可能并没有被明确定义，因而具有不确定性。流程设计者可能要为各个处理对象专门组织转换资源，因为各个对象都不尽相同。这种流程可能比较复杂，部分原因在于该流程中的活动往往要根据专业判断酌情开展。软件设计、电影制作、大多数建筑工程和大型制造类运营活动（如制造涡轮发电机）都属于项目型流程。

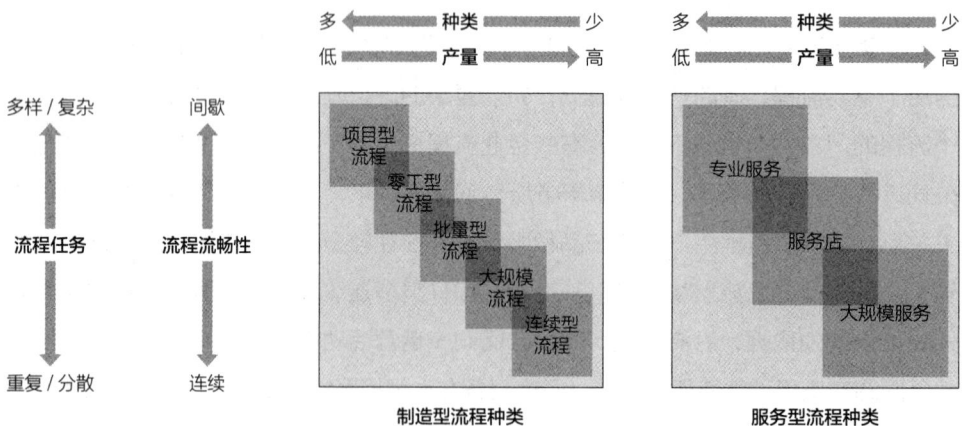

图 6-4　流程类型不同，其产量－种类特征也会有所不同

零工型流程

零工型流程（jobbing processes）的产出种类多且产量低。在项目型流程中，每个处理对象都在某种程度上拥有专用资源，但在零工型流程中，每个产品都要与其他产品共享运营资源。这些资源要对一系列处理对象进行加工，尽管每个处理对象都需要采用类似的处理方式，但其具体需求可能存在差异。零工型流程中的很多工作可能是一次性的，不会重复进行。同样，该流程可能相对复杂，虽然其实物产品体积通常较小，但有时却需要较高的技能水平才能完成。另外，此类流程通常可预测性较强。量体裁衣的裁缝、专业工具制造商等从事精密工程的个人或组织、家具修复师和为当地社会活动制作门票的印刷商等开展的都是零工型流程。

批量型流程

批量型流程（batch processes）和零工型流程看起来差别不大，但种类丰富度却并不相同。顾名思义，批量型流程可以一次处理多个对象，因此流程中的各个部分，在"批量"加工过程中需要花时间进行重复性工作。如果一个批次只包含两三个处理对象，那么该流程就与零工型流程没有差别。如果批次规模较大，其重复性就特别强。正因如此，批量型流程可以广泛应用于不同产量、不同种类丰富度的生产活动中。机床制造流程、特殊的高级冷冻食品生产流程和大规模生产组件（如汽车组件中的多数零件制造流程）都属于批量型流程。

大规模流程

大规模流程（mass processes）是指那些产量高、产出种类少的流程。例如，车辆装配流程最终可能会产生成千上万种车辆变体，但从本质上讲，这些变体不会影响基本的生产流程。大规模流程中的活动通常具备较强的重复性和可预测性。冷冻食品生产、自动包装线、汽车制造厂和电视机制造厂等采用的都是大规模流程。

连续型流程

与大规模流程相比，连续型流程（continuous processes）产量会更高，产出种类会更少，运行时间通常也会更长。在某些情况下，这些流程实现了真正意义上的连续，因为其产品具有不可分割性，是以持续不断的方式生产出来的。连续型流程通常采用资本密集型技术，灵活性相对较差，流程可预测性极强，产品可能会在某个流程节点停留一段时间，但从总体上看，它们在流程的各个部分之间是可以平稳流动的。污水处理厂、石化炼油厂、电力企业、炼钢厂和某些造纸厂等都采用了连续型流程。

专业服务

专业服务（professional services）

涉及与客户频繁接触的一系列流程，客户会在服务流程中花费相当长的时间。该流程可以提供高度定制化的服务，具有很强的灵活性，以满足客户的个性化需求。专业服务的基础不是服务的设备，而是从业人员。在为客户提供服务时，服务者通常拥有很大的自由裁量权。管理顾问、律师事务所、建筑师、诊所、审计师、健康与安全检查员和某些提供计算机现场服务的企业都采用了专业服务。

服务店

服务店（service shops）的种类和数量以及与客户的接触频率、定制化程度和员工自由裁量权介于纯粹的专业服务和大规模服务之间。其服务是前台与后台活动共同提供的。银行、高档商店、汽车租赁公司、学校、大多数餐馆、酒店和旅行社等都属于服务店。

大规模服务

大规模服务（mass services）涉及大量客户交易，与客户接触时间短，定制化程度低。员工的分工通常比较明确，且必须遵循既定程序。超市、国家铁路网、机场、电信服务公司、图书馆、电视台、警局和公用事业公司咨询台等提供的都是大规模服务。举例来说，几乎所有直接与客户打交道的企业都配备了呼叫中心，这些呼叫中心就是最常见的大规模服务供应方式之一。面对极大的咨询量，企业必须建立某种结构化的客户沟通流程，而这种结构化的流程往往需要通过精心设计的咨询流程脚本构建。

● 产品 – 流程矩阵

流程的产量 – 种类定位与其设计特征之间存在某种联系，在分析二者关系的方法中，最常用的就是"产品 – 流程"矩阵（"product-process" matrix），如图 6-5 所示。实际上，无论流程产出的是产品还是服务，都可以用该方法进行分析。[7] "产品 – 流程"矩阵的基本思想是，流程设计的很多要素都与其产量 – 种类的位置密切相关。因此，对任何流程而言，其所承担的任务、处理对象的流动情况、资源布局、使用的技术和工作设计等都会在很大程度上受产量 – 种类定位的影响。也就是说，大多数流程都处在"产品 – 流程"矩阵的对角线附近，而该对角线代表了流程与其产量 – 种类定位之间的"契合度"。这就是所谓的自然对角线，或称契合线。

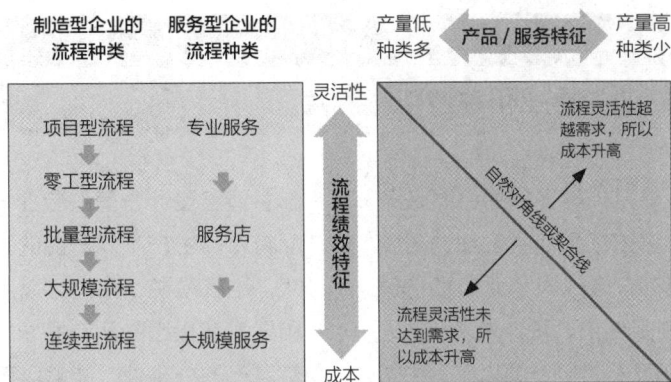

图 6-5 偏离"产品－流程"矩阵的自然对角线会对成本和灵活性产生影响

资料来源: Based on Hayes and Wheelright (1984)。

> 尽管流程类型不失为一种实用概念,但从很多方面看,其内容过于简单。实际上,各个流程类型之间并没有明确的界线。例如,很多加工食品的生产采用的都是大规模流程,但却采用分批次的方式生产。因此,如果以蛋糕为例,工厂生产完一批同种类的蛋糕后,可能会接着生产另一批不同的蛋糕,然后又一批,就这么一直生产下去。从本质上讲,其仍然算是大规模流程,但生产出的蛋糕却不是同一种,所以并不是纯粹的大规模流程。同样,服务流程的分类也很模糊。例如,专业相机零售商通常算作服务店,但它们会为顾客提供专业的技术建议。当然,专业相机零售商的服务和咨询公司所提供的专业服务也不相同,但其流程设计确实包含了专业服务流程的要素。正因如此,人们有时会将流程的产量和种类特征视为更切实可行的流程描述法。"产品－流程"矩阵采用的就是这种方法。

偏离自然对角线

在图 6-5 中,矩阵自然对角线上的流程通常比对角线外处于同一产量－种类定位的流程具有更低的运营成本,因为对所有产量－种类定位而言,自然对角线都代表着最契合的流程设计。自然对角线右侧的流程通常产量更低且种类更多。也就是说,它们的灵活性已经超越了其所处的产量－种类定位的需求。它们没有利用自身能力规范流程活动,因此成本可能比对角线附近的流程要高。相反,对角线左侧的流程通常产量更高且种类更少。这些流程存在"过度标准化"的现象,灵活性没有达到其产量－种类定位的需求。灵活性不足也会导致成本升高,因为它们无法像更灵活的流程那样轻松地在不同活动之间转换。[8]因此,检验现有流程设计的第一步就是检查它是否处在"产品－流程"矩阵的自然对角线上。

截然不同的迪尚集团和金沙电影制片厂 [9]

制衣应该算是人类最早的生产任务之一,如今,它依然是社会工业的重要组成部分。目前,全球服装业市场价值已达 1.3 万亿美元左右,预计未来从业人数将高达 7500 万人。[10] 一直以来,中国都在服装生产市场占据着主导地位,而迪尚集团(Dishang Group)是中国国内最大的服装和纺织品生产商与出口商之一。该集团成立于 1993 年,年营业额达 15 亿美元,为 Zara、玛塔兰(Matalan)和阿迪达斯等多个知名品牌生产服装。然而,迪尚集团虽然在专业技术和生产效率方面居于国内领先地位,但随着劳动力成本的增加,该集团也和其他生产商一样,开始在柬埔寨、缅甸和孟加拉国等国设立工厂。作为一家庞大而复杂的企业,迪尚集团在全球 12 个地区设有 80 家独资工厂,服装产量达到 7300 多万件。其现代化运营系统包括自动化技术、完整的在线和终端质量控制系统,以及根据每位客户的需求而采用的可接收质量标准(acceptable quality limit, AQL)检验水平。在迪尚集团总部,客户可以利用该集团的大型数字图书馆查阅近 5 万种面料的相关资料。客户一旦相中了其中的某种图案,就可以将图片上传到内部系统,然后便能从中找出类似的款式。迪尚集团董事长朱立华将集团成功的因素归结为以下三点:"第一,我们的规模优势是非常重要的。因为集团规模庞大,所以在采购原材料和配件时可以为客户提供更有竞争力的价格。第二,集团内部掌握着设计方面的专业技能,并同时配有专门生产不同产品的工厂和内部团队,也就是说,我们可以满足各大品牌和零售商提出的所有需求。第三,我们有自己的办事处,能够以不同的方式进入国际市场,无须中间商参与,从而节省成本。"[11]

当然,金沙电影制片厂(Sands Film Studios)的服装制作车间并没有这么大的生产量。除了现代戏服,车间需要为每部电影或电视剧的演员制作戏服,而且大多数电影都有很多角色,相应的服装需求量也很大。金沙电影制片厂位于英国伦敦,拥有一家固定的服装车间。该车间采用的就是典型的"零工型"流程,能够为客户提供多种戏装及其相关服务。其客户包括电影、舞台剧和电视节目等制作公司,每类公司的需求和交付周期都不尽相同。因为所有项目各不相同,所以项目需求也各有差异,制衣车间可能有时只需制造一套简单的服装,有时却要在较长的制作周期内完成多种专门定制的服装和附加工作。这些工作既包括裁剪、染色和印花等最普通的制衣流程,也包括制作紧身胸衣、裙撑和女帽等各种专业服务。这座制衣车间被称为戏服界的"阿拉丁宝库",在服装设计和制作过程中,演员们也常常会到此参观,这里就是他们第一次与自己饰演的角色"见面"的地方。项目获得批准并任命服装设计师后,车间才能开始制作服装。不过在此之前,项目人员可能已就相关问题和车间进行过讨论。预算和时间商定后，设计师就可以开始向车间提出自己的想法，并展示成品设计。

虽然该车间的工作流程现在已非常成熟，但因为制作每套服装需要用到的技能不同，各阶段的流程也就不尽相同。

"水表安装"部门

实例分析

　　某家自来水公司的水表安装部门主要负责安装和维修水表。由于水表必须适配不同的水管系统，所以每次的安装工作存在很大差异。当客户提出安装要求时，负责人需要先了解客户的供水系统，然后安排安装师傅上门安装水表。后来，该公司决定将现有的各种水表换成能够远程抄表的新型标准型水表。新水表配有通用的快装接头，能够节省安装时间，从而降低安装难度。在试验阶段，该公司还打算优先更换最老旧的水表，并测试新水表的实际使用效果，安装流程涉及的其他条件则保持不变。然而，新水表推出后，其安装成本远超预期，因此公司决定省略负责人了解供水系统这一流程阶段。新水表投入使用后，98% 的安装工作仅需一次上门服务便可完成。另外，安装新水表的工人即使不具备充分的专业资质，通常也能顺利完成工作，因此公司可以安排成本较低的安装工。

　　该案例中的产品和服务特征与流程绩效特征如图 6-6 所示。A 点是安装流程的初始位置。安装部门需要将多种水表安装到各种各样的供水系统中，因此需要初步了解其客户的供水系统，从而对工作性质进行评估，并安排熟练的员工完成这项复杂的任务。而安装新型水表改变了流程的产量－种类定位，使其种类减少、产量增加。然而，安装流程并未发生改变，因此该流程设计符合原有的产量－种类定位，但并不符合新定位。实际上，它此时已转移到图 6-6 中的 B 点，偏离了自然对角线，具备过强的灵活性，运营成本也有所升高。此时如果对流程进行重新设计，减少安装工作的种类，降低其复杂性，即移动到图 6-6 中的 C 点，就可以提高安装效率。

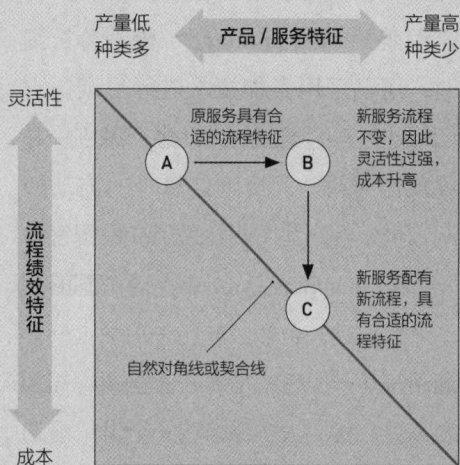

图6-6 "产品－流程"矩阵及水表案例中的流程定位

6.4　如何对流程进行详细设计

在确定流程的整体设计后，设计者需要对各项活动进行规划。详细流程设计的底层逻辑就是逐一确定完成流程目标时所需的所有活动，并确定活动的执行顺序和执行人。当然，该过程存在某些限制条件。有的活动必须在其他活动之前进行，有的人或设备只能用于特定活动。通常情况下，所有处于合理规模内的流程都有多种设计方案可供选择。因此，流程设计往往需要用到流程图等简单的可视化方法。

● 绘制流程图

简单来讲，绘制流程图（process mapping）就是根据流程内各项活动之间的关系描述流程。绘制流程图或称流程蓝图（blueprinting）、流程分析图时，可以采用多种技术进行呈现。它们都能对不同类型的活动进行识别，并展现出材料、人员或信息等的流动情况。另外，流程图还会采用流程图符号（process mapping symbols）对不同的活动进行分类。虽然目前还未归纳出一套通用符号，但有些符号在流程图中却较为常见，它们大多源自约一个世纪前的早期科学管理（见第 9 章），或是近些年采用的信息系统流程图。这些符号可以按流程顺序排列，既能串联也能并联，从而对任何流程进行描述。例如，某家剧场照明企业负责向剧团和活动组织方出租照明和舞台特效设备，其流程之一如图 6-7 所示。该流程图描述的就是技术人员处理客户来电的流程。

流程图的不同层次

对大型流程而言，绘制如此详细的流程图可能是一项非常复杂的工作。因此，在绘制详细的流程图之前，设计者需要先绘制出更加宏观的流程图，即所谓的高级流程图（high-level process mapping）。剧场照明企业“供应和安装照明设备”的总流程如图 6-8 所示。最高层次的流程图可简单地将其描述为投入转换到产出的流程，其中材料和客户是投入资源，照明服务是产出。至于如何将投入资源转换为产出，流程图并不会进行详细说明。层次稍低或更加详细的大纲流程图（outline process map 或 outline process chart）一般会确定各项活动的顺序，但也只会进行概括性说明。因此，图 6-8 将图 6-7 中详细说明的“咨询到交付”流程简化为一项活动。层次更为详细的“细节化式流程图”则会展现所有活动（图 6-8 针对流程中的“安装和测试”活动绘制了细节流程图）。

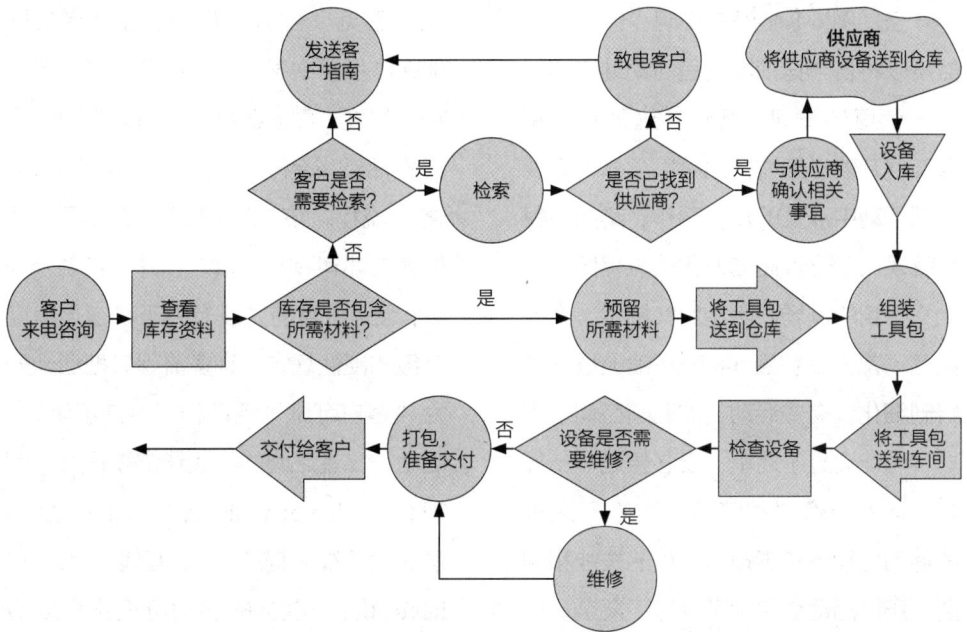

图 6-7　剧场照明企业中的"咨询到交付"流程图

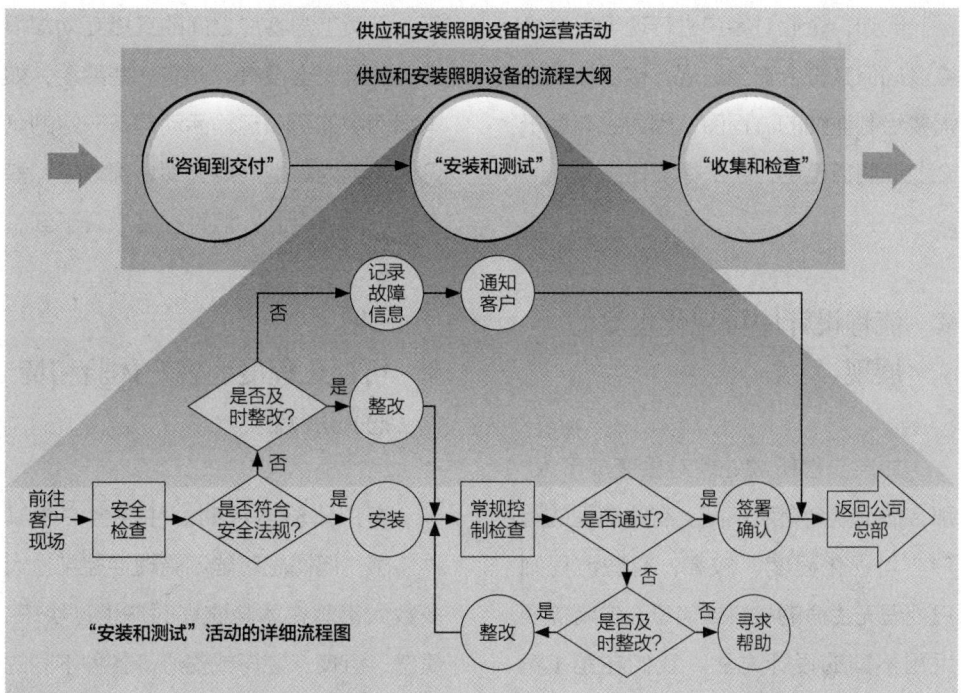

图 6-8　从 3 个层次绘制"供应和安装"运营流程图

虽然图 6-8 中没有说明，但我们仍然可以将各个详细的流程活动继续拓展成一套更加微观的活动。这种从微观层面展开的详细流程图可以具体地展现每项活动中涉及的每个动作。某些快餐店就采用了这种高度细化的流程图。在上文提到的剧场照明企业案例中，大多数活动都无法在图 6-8 的基础上进一步得到细化。有些活动，如返回公司总部这种可能会过于简单，没必要进一步展开。而对于像"故障设备维修"之类的活动可能依赖于技术人员的技能和判断，所以活动变化太多且过于复杂，无法绘制出详细的流程图。然而，有些活动是非常有必要绘制出详细流程图的，这样才能保证产出质量或保护公司利益。比如，企业对客户进行现场安全检查以确保其符合安全法规，这项活动就需要绘制详细的流程图，因为它有助于企业证明自己履行了法律责任。

流程设计中可视化程度的展现

如果流程所需处理对象变成了人，那么情况就会有所不同。有些流程的客户"可视化程度"较高，有些流程则只处理无生命的材料或信息，二者需要采用不同的设计方法。我们在第 1 章中曾提到，运营和流程主要涉及转换过程，人则能体验这一流程。当客户可以"看见"部分流程时，设计者最好能在流程图中展现其流程各个部分的可视化程度。图 6-9 展示了剧场照明企业运营活动的另一部分——"收集和检查"流程。该流程图展现了各项活动的客户"可视化程度"，并将其划分为 4 个级别。目前并没有关于可视化程度分级的硬性规定，许多流程只把活动分为"客户可见"活动和"客户不可见"活动，二者之间的界线通常被称为"可视线"（line of visibility）。图 6-9 展示了 3 类可视化程度。"交互线"（line of interaction）以上的活动可视化程度最高。在此类活动中，照明公司的员工和客户之间存在直接互动。其他活动则在客户现场开展或在客户在场的情况下进行，但员工与客户之间的直接互动却很少，甚至完全没有。还有一些活动，如本案例中的两项运输活动具备一定的可见性，因为其地点离公司总部较远，潜在客户可以看到，但直接客户看不到。

可视化程度、客户体验和情感的展现

客户体验流程时，往往会产生某种情感，但情感可能不受理性控制。大多数人都曾在体验流程时产生过快乐、愤怒、沮丧、惊讶或安心等各种不同的情绪。在分析流程对客户情绪的影响时，我们不能只关注那些旨在提供情

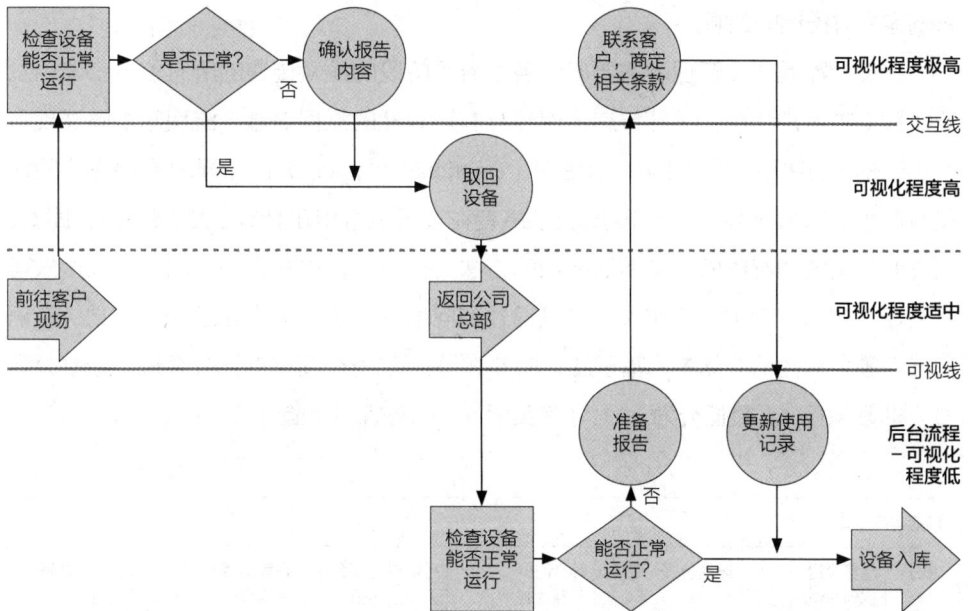

图 6-9 "收集和检查"流程图展现了不同层次流程的可视化程度

绪价值的流程，如主题公园等娱乐型组织。任何涉及与客户频繁互动的服务或产品都会给客户带来不同的体验。此外，客户体验还会对客户满意度产生影响，因此，企业可能会通过改善客户体验提高客户忠诚度，影响客户期望，并与客户建立情感纽带。这就是很多服务型组织将客户流程体验，即所谓的"客户旅程"作为流程设计核心的原因。

客户体验设计

如果客户体验在流程中占据重要地位，那么设计者就要在设计过程中系统考虑客户对流程体验可能做出的不同反应。这些体验包括客户在服务中接收的视觉、听觉与嗅觉信息，对氛围的感知，以及对整体服务的感受。要想吸引客户，使其与流程建立个人联系，就要加强"服务场景"（service scape）的设计，本书将在第 7 章对此进行讨论。设计此类流程最常见的方法之一就是考虑"接触点"（touchpoints）的设计。接触点是客户验证服务有效性的唯一根据。**[12]** 它们是流程与客户接触的端口，客户旅程中可能存在很多不同的接触点。客户通过接触点与流程互动而获得的所有体验，累积起来就构成了客户对该流程的判断。人们有时会将流程在接触点展现的特征称为"线索"或"暗示"，它们是客户随着流程进展而接收或体验到的信息。这些线索会引发的情感包含客户即将接收到的信息，因此会影响客户对流程的判断。

在设计流程时，管理者需要确保各个流程阶段的线索传递的所有信息都能引发他们预期的客户情感，不能传递错误或具有误导性的流程信息。流程图能够展现各项活动的顺序和关系，同样，情绪图（emotional mapping）也能展现客户在体验流程时产生的情感类型。图 6-10 展现了患者在诊所进行电子计算机断层扫描，即 CT 检查时产生的情感体验。绘制情绪图的方法有很多种，也有多种不同的图表形式可供选择。在本案例中，工作人员可以通过询问患者的预期与实际想法、感觉、言语和行为等了解他们的体验。基于此，图 6-10 采用了一个简单的评分系统，最高分为 +3（非常积极），最低分为 -3（非常负面），以对客户体验进行评价。

预期客户体验						
想法	能够轻松找到车位	环境友好、亲切	等待时间不算太长	扫描过程不会令人感到恐惧	在等结果时有很多事可做	医生的解释清楚、明白
感觉	不慌不忙	舒适、安心	放松	放松，不会感到恐惧	不会感到焦虑	能听懂医生的话
言语	真方便	这地方看着不错	这里很舒服	扫描过程比我想得简单	应该不用等太久	谢谢，我还有几个问题
行为	顺利停车	迅速完成登记，没有遇到问题	舒适地坐着等候	在扫描过程中保持不动	耐心等待结果	针对结果给出适当的回应

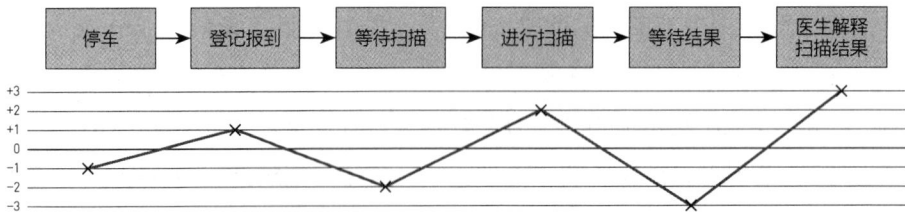

客户的实际体验						
想法	我该去哪儿停车？	我看到登记点了	我需要等多久？	看起来没那么吓人	我需要等多久？	我觉得我听懂了
感觉	不满	终于登记完了	感到不确定	放松，不会感到恐惧	不满，焦躁	安心
言语	停车位在哪儿？	还算顺利	接下来要做什么？	扫描过程比我想得简单	现在是什么情况？	谢谢，我还有几个问题
行为	到处找车位	确认详细信息	寻找一下可读的东西来打发时间	在扫描过程中保持不动	担忧	预约看诊

图 6-10 客户去诊所进行电子计算机断层扫描（即 CT 检查）时的情绪体验图

● 生产时间、节拍和在产品

截至目前，我们已从概念性流程类型和描述性流程图的角度对流程设计进行了详细讨论。现在，我们要从同样重要的分析性角度对流程设计展开进一步探讨，第一步就是要了解生产时间、节拍和在产品的概念以及三者之间的关系。如前所述，生产时间是指处理对象从进入流程到离开流程需要花费的时间，节拍是指各个处理对象离开流程的平均时间间隔，在产品是指任意时间点内处于流程中的处理对象的数量。此外，对某些分析过程而言，各个处理对象涉及的工作内容也是很重要的。它是生产单位产出所需的总工作量。例如，在按订单制作食品的三明治店中，制作并售出一份三明治所需时间为两分钟，该流程共有两名员工参与。每位员工服务一个顾客所需要的时间为两分钟，因此，每隔两分钟就会有两位顾客得到服务。也就是说，每隔一分钟就有一位顾客结束服务流程，即流程节拍为一分钟。顾客一旦进入流程队列，就会成为在产品（WIP）。如果某顾客进入流程时，队列中共有 10 人（其中包括刚刚进入的那位），那么这位顾客需要等待 10 分钟才能结束流程。简单来说：

$$生产时间 = 在产品数量 × 节拍$$

在本案例中：10 分钟的等待时间 = 流程中的 10 人 × 每人 1 分钟

利特尔法则

上文提到的公式（生产时间 = 在产品数量 × 节拍）即利特尔法则（Little's law）的代数表达式。该公式简单实用，适用于所有稳定流程。利特尔法则认为，系统中的平均存货数量等于存货单位离开系统的平均速率乘以存货单位在系统中的平均停留时间。换而言之，流程队列中的处理对象平均数是其进入速率和平均停留时间的乘积。以上文中的三明治店为例，如果该门店决定改变制作和销售流程，将流程中的平均人数控制在 10 人左右，顾客最长等待时间控制在每人 4 分钟，在新流程中，制作和出售一个三明治从顾客提出要求到其离开所需的时间则缩短到 1.2 分钟，那么参与流程的员工数应为多少人？

将上述条件代入利特尔法则：

$$生产时间 = 4 分钟$$

在产品数量（work in progress，WIP）= 10

由：
$$生产时间 = WIP \times 节拍$$

可得：
$$节拍 = \frac{生产时间}{WIP}$$

$$流程节拍 = \frac{4}{10} = 0.4（分钟）$$

也就是说，平均计算下来，每 0.4 分钟就会有一位顾客离开流程。假设一位员工服务一位顾客所需的时间为 1.2 分钟，那么：

$$所需员工数 = \frac{1.2}{0.4} = 3$$

换句话说，3 名员工可以在 1.2 分钟内服务 3 名顾客，平均每位顾客的服务时间为 0.4 分钟。

"你不可能让他们按时回来的"

迈克（Mike）非常确定地说："你不可能让他们全部按时回来的，不仅因为他们会浪费时间，也因为这个流程本身无法让所有人都能在 11:00 前喝到咖啡，然后赶回来。"此时，迈克正和同事迪纳（Dina）在演讲厅外看着参加研讨会的 20 名商界人士排队领取咖啡和饼干。现在是 10:45，迪纳知道，只有让这 20 人全部在 11:00 前回到演讲厅，自己才有可能在午餐前做完这次演讲。他对迈克说："我不知道你为什么这么悲观，这些人似乎对我的演讲内容很感兴趣，而且我觉得他们会愿意回来听听运营管理给生活带来的改变。"迈克摇了摇头说："我不是觉得他们对演讲内容不感兴趣，只是觉得外面这个流程无法按时为所有人配餐。我一直在计算他们供应咖啡和饼干所需的时间。每杯咖啡都是现做的，从服务员询问顾客需求，到顾客端走自己的咖啡和饼干，整个过程一共花费 48 秒。根据利特尔法则，生产时间等于在产品数量乘以节拍。这里的在产品就是正在排队的 20 名商界人士，节拍是 48 秒，那么总生产时间就是 20 乘以 0.8 分钟，即 16 分钟。加上最后那个人喝咖啡所用的时间，总生产时间肯定需要 20 分钟以上了。你没有为这个流程预留足够的时间。"这番话让迪纳赞叹不已。"呃……你刚才说的那是什么法则来着？"迈克回答："利特尔法则。"

实例分析

工作站翻新

　　某办公楼里的所有工作站都必须进行年度翻新，即开展测试、安装新软件等，时间只有一周，刚好安排在 8 月假期的中间，这样可以最大限度地降低翻新工作对正常工作的影响。去年，该公司的 500 个工作站在一个工作周 40 小时内全部翻新完毕，每次翻新平均耗时 2 小时，共有 25 名技术人员参与其中，一周内就完成了整个流程。今年，该公司共有 530 个工作站需要翻新，公司的信息技术支持部门设计了一种更快的测试和翻新流程，平均用时从 2 小时缩减到 1.5 小时。那么，该公司今年若想在一周内翻新完毕，共需安排多少名技术人员？

　　去年：

$$在产品数量（WIP）= 500 \text{ 个工作站}$$

$$所需时间（T_t）= 40 \text{ 小时}$$

$$平均翻新时间 = 2 \text{ 小时}$$

$$因此，生产速率（T_r）= 0.5 \text{ 小时 / 技术人员}$$

$$= 0.5N$$

$$其中 N = 技术人员数量$$

$$根据利特尔法则，WIP = T_t \times T_r$$

$$500 = 40 \times 0.5N$$

$$N = \frac{500}{40 \times 0.5}$$

$$= 25 \text{ 名技术人员}$$

　　今年：

$$在产品数量（WIP）= 530 \text{ 个工作站}$$

$$所需时间 = 40 \text{ 小时}$$

$$平均翻新时间 = 1.5 \text{ 小时}$$

$$生产速率（T_r）= 1/1.5 \text{ 小时 / 技术人员}$$

$$= 0.67N$$

$$其中 N = 技术人员数量$$

$$根据利特尔法则，WIP = T_t \times T_r$$

$$530 = 40 \times 0.67N$$

$$N = \frac{500}{40 \times 0.67}$$

$$= 19.88（约 20）\text{ 名技术人员}$$

生产效率

无论流程处理对象是什么，其生产时间都不等同于处理工作内容所需要的时间，这一概念非常重要。也就是说，在相当长的时间内，流程并没有对其中的材料、信息或客户开展任何有效工作。在前文提到的三明治制作流程案例中，每位顾客的生产时间都会在 4 分钟以内，但员工的实际工作即服务客户时间只有 1.2 分钟。因此，处理的对象顾客实际得到服务的时间只占生产时间的 30%（$\frac{1.2}{4} = 30\%$）。这就是流程的

生产效率（throughput efficiency）：

$$生产效率百分比 = \frac{工作内容}{生产时间} \times 100$$

与大多数流程相比，该三明治店的生产效率非常高，可能因为其"处理对象"是顾客，如果等待时间过长，他们就会非常不满。如果流程更侧重于处理材料和信息，那么生产效率就要比这低得多，其百分比通常不到 10%。

车辆牌照中心

车辆牌照中心的工作主要包括接收申请文件、录入详细信息、核对申请信息、根据所需的牌照类型对申请进行分类、确认付款并发放和邮寄牌照等。目前，该中心平均每天在 8 小时的工作时间内处理的牌照数量为 5000 份。最近的抽样调查结果显示，正在"处理中"或等待处理的申请数量为 15 000 份。已知处理完一份申请所需的总时间为 25 分钟，请问该流程的处理效率是多少？

$$在产品数量 = 15\,000\ 份$$

$$节拍 = \frac{工作时间}{生产数量} = \frac{8\ 小时}{5000\ 份} = \frac{480\ 分钟}{5000\ 份} = 0.096\ 分钟／份$$

根据利特尔法则，生产时间 = 在产品数量 × 节拍

$$= 15\,000 \times 0.096$$

$$= 1440（分钟）= 24（小时）= 3（个工作日）$$

$$生产效率 = \frac{实际工作时间}{生产时间} = \frac{25}{1440} = 1.74\%$$

虽然该流程的生产时间为 3 天（对此类流程来说，该生产时间比较合理），但申请实际得到处理的时间只占流程生产时间的 1.7%。

增值生产效率

在前文提到的生产效率计算方式中，我们默认所有实际工作时间都是必要的时间。但由"实例分析：车辆牌照中心"不难得知，改变流程可以大幅缩短完成任务所需的时间。因此，实际工作时间其实取决于完成任务所用的技术和方法。此外，任务涉及的个别工作可能并非"增值"工作。"实例分析：车辆牌照中心"中采用的新方法省去了某些不必要的步骤，也就是说，这些步骤并没有带来任何附加价值。因此，在增值生产效率（value-added throughput efficiency）计算公式中，实际工作时间只包含为处理对象增加价值花费的时间。这种方式一般可以将材料流动时间、延迟时间和某些检查时间等排除在外。例如，在"实例分析：车辆牌照中心"中，如果 25 分钟的实际工作时间中只有 20 分钟能够带来附加价值，那么：

$$增值生产效率 = \frac{20}{1440} = 1.39\%$$

工作流

如果流程中的被转换资源是信息（或包含信息的文档），且采用了信息技术对其进行传递、存储和管理，那么我们可以将这种流程设计称为"工作流"或"工作流管理"。它是指按照一套既定规则在流程参与者之间传递文档、信息或任务，从而实现或推进总体业务目标的自动化程序。尽管工作流可以手动管理，但通常情况下，其往往通过信息技术系统进行管理。该术语通常也与业务流程重组（business process reengineering）相关（见第 15 章）。具体来说，工作流涉及以下内容：

» 业务流程（business processes）的分析、建模、定义和后续的执行操作。
» 流程支持技术。
» 在流程中传递信息 / 文档的程序（决策）规则。
» 根据活动顺序、各项活动所需的人员技能和适当的信息技术资源确定流程。

● 流程瓶颈

流程瓶颈是指出现拥堵的活动或流程阶段，之所以出现拥堵，是因为工作量超出了处理能力的上限。换句话说，它是流程中工作负荷最重的部分。因此，流程瓶颈决定了整个流程的运行速度。以图 6-11 中的简单流程为例。该流程共有四个阶段，每个经过流程的处理对象所需的总处理时间为 10 分钟。在这种简单情况下，四个阶段的处理能力是相同的。在图 6-11a 所示的情况下，10 分钟的工作量被平均分配给 4 个流程阶段后，每个阶段有 2.5 分钟的工作量。也就是说，处理对象能够顺利通过流程，不会在任何阶段受到阻碍，流程的节拍就是 2.5 分钟。而在图 6-11b 所示的情况下，工作并没有被平均分配到各个阶段，这也与绝大多数现实情况相符，因为通常情况下，流程中的工作难度大，几乎不可能被绝对平均地分配。在此情况下，第四阶段的工作负荷最重，工作量为 3 分钟。因此，第四阶段就是该流程的瓶颈，它会将节拍延长到 3 分钟。瓶颈降低了流程的效率，因为即使瓶颈阶段的时间能够得到充分利用，其他阶段也仍然处于工作不饱和状态。此时，管理者应努力将工作平均分配到各个阶段，这种活动就叫"平衡"。

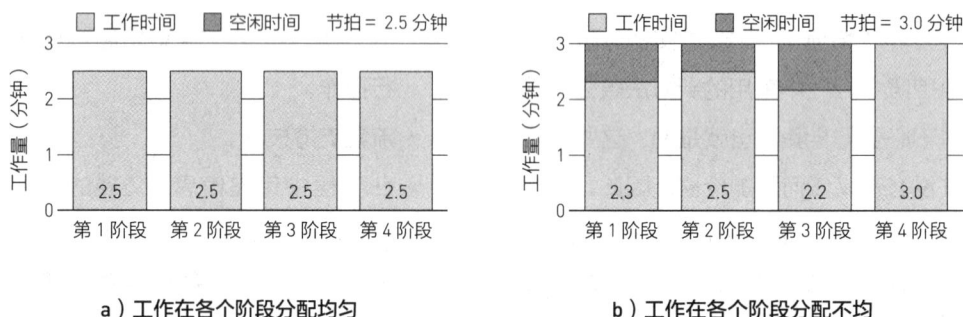

a）工作在各个阶段分配均匀　　　　　　　b）工作在各个阶段分配不均

图 6-11　瓶颈是流程中工作负荷最重的部分

伦敦地铁解决瓶颈问题 [13]

只要乘坐过伦敦地铁这种人流密集的公共交通工具，你就会知道这些交通系统每天能有多繁忙，通常在上下车时，到处都是排队等候的乘客。伦敦地铁站的自动扶梯可以算是乘客通行的瓶颈。乘客在乘坐扶梯时通常会站在扶梯右侧，将左侧通道空出来，以供需要快速通行的乘客在扶梯上行走。但为了缓解瓶颈处的压力，负责运营地铁系统的伦敦运输局（Transport for London）在霍尔本站试行了一项新规。他们认为，

该举措能够提高站点的扶梯载客量。因为新建地铁站的成本非常高，所以任何提高现有地铁站载客量的举措都很有吸引力，之所以选择霍尔本站，是因为该站人流量极大。这项在伦敦人看来比较激进的新规要求是人们在高峰时段不得在扶梯上行走，而是站在扶梯两侧。伦敦运输局之所以做出这一决策，是因为霍尔本站的自动扶梯高度超过了 24 米。显然，电梯高度会对乘客的步行意愿产生很大影响。当扶梯只有几米高时，大

多数人可能会选择走上去，而当高度达到 30 米左右时，只有精力非常充沛的人才会往上走。由图 6-12 可知，这次试验取得了技术上的成功，扶梯载客量大幅增加。实际上，该举措并没有长期推行，这是为什么呢？显然，它并不符合当地乘客的行为习惯，具体表现在以下两方面：首先，有少数人强烈地希望能在扶梯上快速行走，因为他们把这项活动当作每日的体育锻炼，新规定则降低了他们的行走速度；其次，乘客原来觉得自己至少在某种程度上拥有乘梯方式的自由选择权，但现在这种权利被剥夺了。

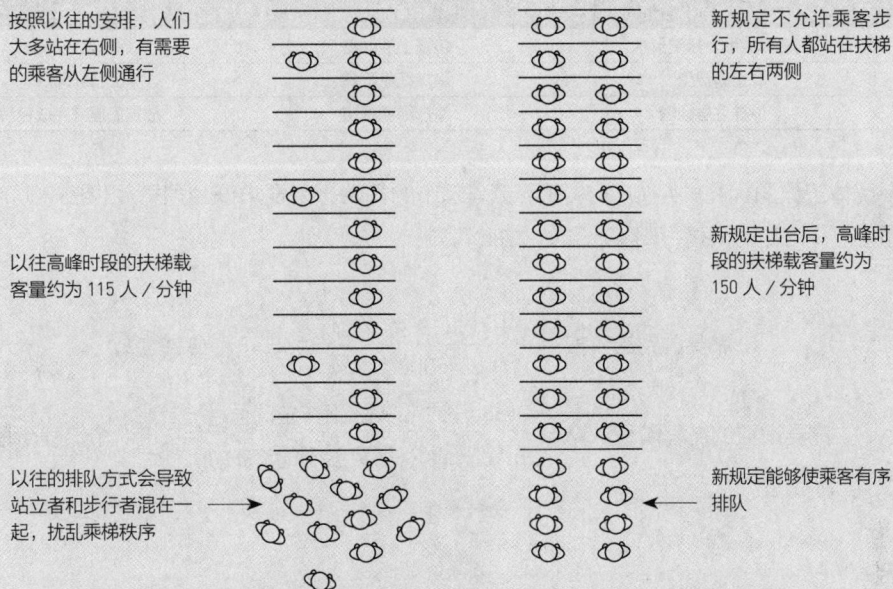

图 6-12 要求乘客站在自动扶梯两侧能够缓解扶梯瓶颈问题

平衡工时分配

流程的整体工作内容是由一项项单独的任务组成的，管理者在为各个流程阶段分配工作时，必须尊重各项任务的优先级。展现任务优先级最常用的方法是绘制"优先关系图"。它能够展现出各个元素的排列顺序，各项任务在图中用圆圈表示，并通过箭头连接在一起（这些箭头代表任务的完成顺序）。"实例分析：卡尔斯塔德蛋糕公司"中的图 6-13 说明了如何用优先关系图分配工时。

卡尔斯塔德蛋糕公司

卡尔斯塔德蛋糕公司（Karlstad Kakes，KK）是一家特制蛋糕制造商，最近该公司接到了一份为大型连锁超市定制航天火箭形蛋糕的订单。根据超市的需求量，蛋糕公司决定采用特殊的生产流程完成蛋糕的精加工、装饰和打包等工作。该生产线必须执行如表 6-2 所示的各项任务。

表 6-2　蛋糕精加工、装饰和打包整体工作中包含的各项任务

任务序号	具体流程	任务序号	具体流程	任务序号	具体流程
a	去掉锡纸，修整形状	d	包覆上层翻糖	g	涂抹蓝色糖霜
b	重新塑型	e	涂抹红色糖霜	h	印上转印图案
c	涂抹底层翻糖	f	涂抹绿色糖霜	i	放置底座并完成包装

整体工作的优先关系如图 6-13 所示。超市的初始订单要求该公司每周供应 5000 个蛋糕，工厂工作时间是每周 40 小时。由此可知：

$$需要达到的节拍 = \frac{40\ 小时 \times 60\ 分钟}{5000} = 0.48（分钟）$$

$$需要设置的流程阶段数量 = \frac{1.68\ 分钟（实际工作总时间）}{0.48\ 分钟（需要达到的节拍）} = 3.5（个流程阶段）$$

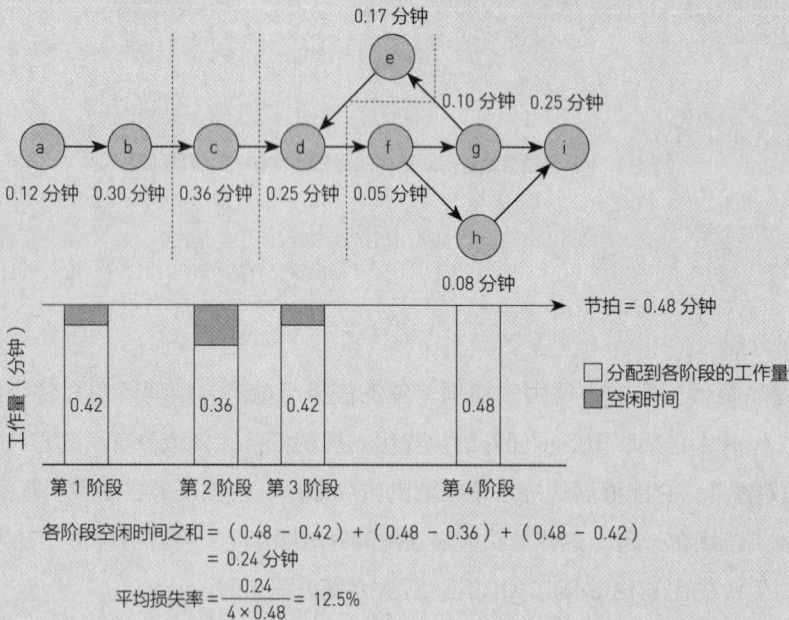

图 6-13　卡尔斯塔德蛋糕公司的优先关系图，其中展示了各项任务在各个阶段的分配情况

也就是说，该公司需要设置 4 个流程阶段。

从优先关系图的左侧开始分配，可以将任务 a 和任务 b 分配到第 1 阶段，如果加入任务 c，就会超出所需的节拍。第 2 阶段只能安排任务 c，因为加入任务 d 后，该阶段也会超出节拍，但该公司可以将其分配到第 3 阶段。除此之外，也可以将任务 e 或任务 f 分配到第 3 阶段，但不能将二者同时分配至此阶段，否则也会超出节拍。在此情况下，该公司选择分配任务 e，然后将其他任务安排到第 4 阶段。图 6-13 中的虚线表示各项任务在 4 个阶段的最终分配情况。

● 阶段安排

实际上，并非所有完成流程任务所需的阶段都以线性方式顺序排列。假设某抵押贷款申请流程需要设置 4 个阶段来完成任务，从而将处理每份申请所需的节拍保持在 15 分钟，那么这 4 个阶段有可能按顺序排列，每个阶段都有 15 分钟的工作量。然而，从理论上讲，如果将 4 个阶段安排成两条较短的生产线，每条生产线安排 30 分钟的工作量，也能达到同样的产出速率。再或者，按照这个逻辑，管理者还可以将各个阶段安排为 4 个平行阶段，每个阶段都要完成全部的工作量。以上 3 种方案如图 6-14 所示。

这虽然是一个简化案例，但反映了一个问题：是把流程按照"长瘦"（long-thin）的方式简单串联，还是按照"短胖"（short-fat）的方式并行排列，抑或使其置于二者之间？需要强调的是，这里的"长"是指阶段数量，"短"是指分配给各个阶段的工作量。在具体情况下，各个流程通常可能会存在技术限制，从而影响流程结构的选择，但一般来说，管理者都有多种方案可以挑选。极端的长瘦结构和极端的短胖结构各有优势，这也就解释了为什么管理者有时会采用不同的流程安排。

长瘦流程安排具有以下优势。

» 处理对象能够有序流动：可以使流程易于管理。

» 处理难度较低：处理对象较重、较大或难以移动时，这一优势就更加明显。

» 所需资金较少：某项工作任务需要使用一台专业设备时，那么整个流程只需采购一台；但在短胖流程安排中，企业需要为每个阶段都采购一台设备。

» 运行效率更高：每个阶段只负责整体工作的一小部分时，那么在该阶段从事直

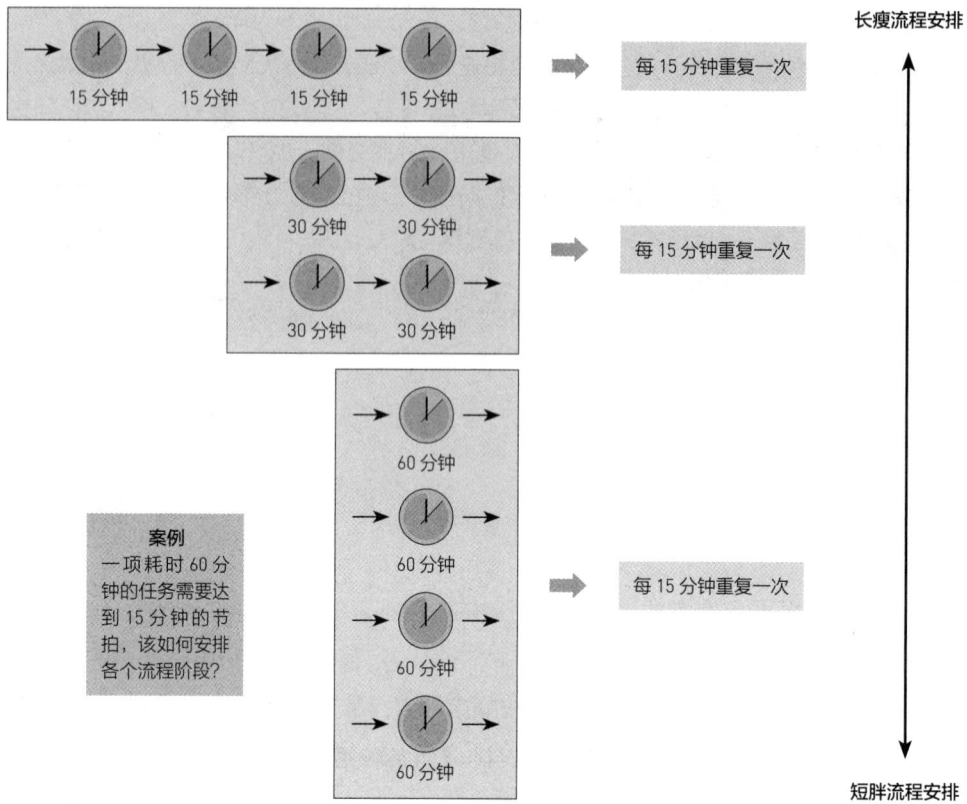

图 6-14 流程阶段的安排通常介于长瘦流程和短胖流程之间

接生产性工作的人员就会比从事非生产性工作的人员更多。

其中最后一项优势格外重要，我们将在第 9 章中讨论工作设计时对此进行全面阐述。

短胖流程安排具有以下优势。

» 可以更灵活地对处理对象进行组合：流程需要处理的对象包含多种类型时，那么各个阶段或整个流程都可以专门处理不同类型的对象。

» 产量灵活性更高：随着产量发生不同的变化，管理者可以直接根据需求关闭或启用任何阶段，但对于长瘦流程安排而言，每当节拍发生变化时，管理者就要重新平衡各阶段的工时。

» 抗风险的能力更强：某个流程阶段出现故障或以某种方式停止运行时，其他与之并联的阶段完全不会受到影响，但对长瘦流程安排而言，这种情况一旦发生，整个流程就会停止运行。

» 降低工作重复频率：在前文提到的抵押贷款申请案例中，短胖流程中的员工每小时重复一次工作，而在细长型流程中，他们则需要每 15 分钟重复一次。

本书将在每一章的"社会责任"板块总结本章主题与重要的社会、道德和环境问题之间的关联。

在讨论节拍较短的流程设计，如长瘦流程安排的优缺点时，我们并没有从伦理道德等角度对这种重复性极高的工作进行评判。然而，当员工长时间从事重复性劳动，且工作内容几乎完全没有任何变化时，其身心健康显然会受到不同程度的影响。相比之下，人们往往更愿意从事重复性较低、内容更加丰富的工作。该现象本身足以说明，大多数人都会觉得一成不变的重复性工作会令人感到厌烦。简单来说，这是因为重复性任务会让人觉得单调无聊，缺乏意义感，同时也会增加员工的心理压力。所以这种效应会进一步提高旷工、消极怠工和劳动力流失的可能性。实际上，重复性工作对心理健康的影响并非这么简单，但无论如何，相比于内容更加丰富的工作，此类工作会更容易让人感到空虚，这是不争的事实。此外，重复性工作可能会造成的负面影响不仅停留在心理层面。某些体力型重复性劳动，如流水线工作也可能造成手部疼痛和腱鞘炎等身体损伤。虽然科学研究的结果有时可能复杂且多样，但目前已有研究显示，不断做出非自然的动作，尤其是强度较大、重复性较高的动作，会在某种程度上引起疼痛或诱发疾病。[14]

通常情况下，有以下两种解决方案可以减轻重复性工作的负面影响：其一，重新设计工作内容，降低其重复性，即实现"工作丰富化"（job enrichment）；其二，实现工作自动化，使员工不必参与此类工作。关于工作丰富化的概念详见第 9 章。多年来，重复性工作的自动化技术往往只应用于某些制造型工作。然而，随着机器人流程自动化（robotic process automation，RPA）乃至人工智能（artificial intelligence，AI）等的普及，某些常规工作，如许多专业服务的后台工作也可能在未来实现自动化。

● 产量低、种类多的流程

本章介绍的诸多概念和分析方法主要是从产量高、种类少的流程中总结得来的。虽然这并不意味着它们不适用于产量低、种类多的流程，但需要通过某种方式进行修改或调整。例如，对于产量高、种类少的流程，管理者可以将各项活动细分成几个小部分，从而平衡各个阶段的工作量（见前文），但在活动种类繁多的情况下，这种方法往往既不现实也不可取。当然，管理者仍然有必要努力实现各个阶段的工作平衡，但在此情况下，他们只能实现近似的平衡，可能连流程图的绘制也存在问题。有些产量低、种类多的流程本身就很难简单地用按步骤依次进行的活动来表示。所有处理对象都有很多流程路径可供选择，具体的处理方式则可能取决于决策者的判断。与流程相关的具体情况也可能是前所未有的，如果处理对象是信息，那么这些信息也可能比较片面、模糊或具有不确定性。

● 流程自动化

本章对流程设计的各个方面进行了阐述，但其中涉及的流程大多以人工活动为基础。也就是说，这些流程需要一名或多名员工执行某种任务。很久以前，在"流程"这个词还没出现时，几乎所有流程都属于人工活动，运营管理的历史也是技术逐步取代人力的历史。最先以某种方式实现自动化的就是制造型流程。尽管目前依赖人力的制造型流程仍有很多，但已经有很多工厂基本成为"黑灯工厂"，几乎不需要员工参与生产活动。很多服务型企业，尤其是主要处理信息的企业，都通过专门设计的信息技术（information technology，IT）系统达到了同等的自动化水平。人们只要拥有银行账户，就能享受这些信息技术系统提供的服务。它们属于自动化的大规模流程，通常根据基本原理设计而成，有时可能会比较死板，不太人性化，但与人工流程相比，这种流程效率极高。

机器人流程自动化

尽管我们早先提到的"核心"运营流程，尤其是大规模流程，已经逐步实现了自动化，但还是有很多运营职能以外的流程也可以进行自动化改革。这些流程的产量通常会低于常规的核心运营流程，但它们仍然遵循一套逻辑规则。这就是所谓的"转椅式"流程。在该流程中，人们从一个系统，如电子邮件中提取投入信息，然后根据规则对其进行处理，再将处理后的产出信息记录到另一个系统中。新员工的入职流程、在内部授权支付系统录入发票、在客户关系管理系统录入客户详细信息等这些都属于"转椅式"流程。通常情况下，它们都以规则为基础，按照固定方式进行，可预测性较强，且由专业人士执行。但实际上这些专业人士的时间还可以得到更有效的利用。

"机器人流程自动化"就可以应用于"转椅式"流程。这个冗长的术语是一个统称，是指所有在其他计算机系统的人机界面运行的工具。当然，它所使用的并不是真正的实体机器人，而是用软件程序替代人类完成那些最枯燥重复的工作。其目的就是让那些原本由人力完成的日常流程变成自动化流程，从而提高运行效率。诚然，几乎所有以信息技术为基础的自动化系统都可以达到同样的目的，但机器人流程自动化和传统信息技术系统的区别主要在于以下几点。

» 机器人流程自动化最适用于产量－种类定位处于两端之间的流程。产量大、种类少的流程可以采用传统的专门信息技术系统实现其自动化，而产量少、种类多的工作更需要人类灵活的思维和决策能力来完成。介于两端之间的流程则可以采用机器人流程自动化实现自动化。

» 与专门设计的信息技术系统相比，机器人流程自动化开发难度会更低。前者需要强大的系统分析能力和编码技能，机器人流程自动化则往往只采用简单的"拖放"指令，只要了解流程自动化的目的就可以使用。

» 机器人流程自动化无须重新设计流程，而是围绕现有流程开展工作。人们有时将其称为"轻量级"信息技术，因为它会尽量避免干扰底层计算机系统。

● 流程变动性的影响

截至目前，我们针对流程设计展开了多方面的讨论。在此过程中，我们始终假定流程所要满足的需求和开展各种活动所需的时间不存在明显的变化。但很显然，现实并非如此。流程变动性会对流程运作产生影响，因此我们有必要对此加以关注和展开讨论。

流程出现变动的原因有很多，其中包括材料、信息或客户延迟或提前到达，某一流程阶段的工艺技术临时出现故障或崩溃，将处理有误的材料、信息或客户送回早期流程阶段重新处理或处理对象发生变化等。所有这些变动源头都会互相影响，最终导致以下两大类基本变动。

» 流程内个别阶段的需求变动，通常表现为待处理对象到达时间的变动。

» 各个流程阶段开展活动即处理一个单位对象所需时间的变动。

有些评论家对从"流程"角度研究运营的方式持批判态度。他们认为，将工作视为一项项流程的话会让管理者将所有活动当成一系列机器般的例行活动，几乎是在盲目地完成任务。从乐观的角度看，这种方式可以鼓励人们按照各个流程阶段的顺序完成工作，不用考虑真正涉及的内容，即所谓的"逐项打钩"；而在最坏的情况下，将所有活动都简单定义为"流程"会冲淡工作中所谓的人情味。但也有人反对说，该观点是对"流程"实际或理想意义的误解。流程只是一个框架，管理者可以围绕这个框架在合理的时间内安排适合的员工做适当的工作。该框架反映了管理者对工作的思考和描述。流程有可能比较正式、详尽，同时也受到严格规定，但也并不是都会如此。如果一项流程看起来过于死板，那么通常是因为其设计与产量－种类定位并不相符。

要想了解待处理对象到达时间的变动对流程绩效的影响，我们可以首先分析一个非常简单的例子：在其他条件不变的情况下，待处理对象到达时间的变化对流程绩效的影响。如图 6-15 所示的简单流程只包含一个阶段，该阶段的工时正好为 10 分钟。处理对象的到达速率保持恒定，具有可预测性。如果其速率为 30 分钟／单位，那么流程利用率只有 33.33%，处理对象就始终不必等待，如图中的 A 点所示。如果到达速率提高到 20 分钟／单位，那么利用率将增加到 50%，处理对象仍然无须等待，如 B 点所示。如果速率再提高到 10 分钟／单位，那么利用率则会达到 100%，但由于一个单位的处理对象到达时，前一个单位正好结束了流程，因此各个处理对象依旧无须等待，如 C 点所示。然而，如果到达速率超过 10 分钟／单位，那么流程活动之前的等待队列就会无限延长，如 D 点所示。因此，如果处理对象完全以恒定且可预测的速率到达流程，那么等待时间和利用率之间就会形成矩形函数，如图中点线所示。

但是，如果到达时间和处理时间发生了变化，那么流程有时就会存在等待处理的对象，而有时又处于等待对象到达的空闲状态。因此，同一个流程既可能存在等待队列，也可能存在利用率不足的情况。因此，如图 6-15 中的 X 点会更符合实际情况。如果平均到达时间与上文所说的到达速率发生同样的变化，那么平均等待时间和流程利用率之间的关系就如图 6-15 中的曲线所示。随着流程利用率逐步接近100%，平均等待时间也会越来越长。换句话说，要想最大限度地缩短处理对象的等待时间，唯一的方法就是降低流程利用率。

流程变动越大，等待时间和利用率之间的关系就会越偏离图 6-15 中"无变动"条件下的简单矩形函数。图 6-16a 展示了一组典型流程曲线，这种变动情况会对流程设计产生重要影响。实际上，它为流程设计者提供了 3 种缩短流程等待时间或提高

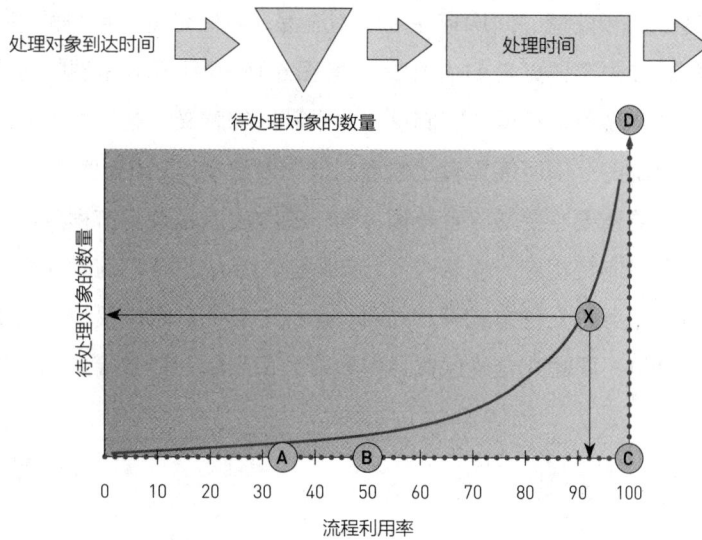

图 6-15 在到达时间和处理时间不变 / 变动时，流程利用率和待处理对象数量之间的关系

利用率的方案，如图 6-16b 所示。

» 延长平均等待时间，提高利用率（见 X 点）；
» 降低利用率，缩短平均等待时间（见 Y 点）；
» 减少到达时间或处理时间的变动，提高利用率，缩短等待时间（见 Z 点）。

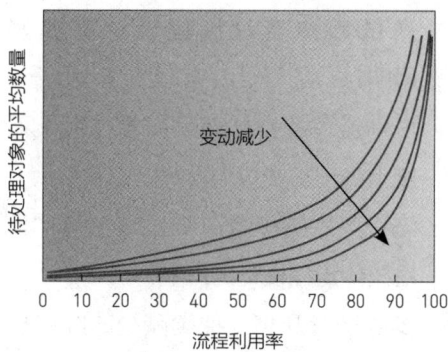

a）减少变动可以使管理者在不延长等待时间的
　　情况下提高流程利用率

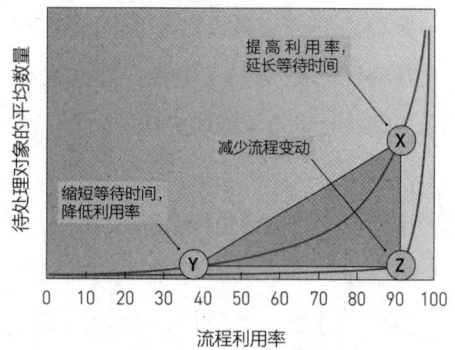

b）管理流程能力和 / 或变动性

图 6-16 在到达时间和处理时间发生变动时，流程利用率和待处理对象数量之间的关系

对于到达时间和处理时间均存在变动的流程，我们可以采用排队或"等候线"模型加以分析，该内容详见第 11 章附录。但图 6-15 和图 6-16 呈现的对应关系并不是无足轻重的技术现象，相反，它们具有非常深远的意义。这种关系清晰呈现出流程设计者需要面临的一项可能具有战略意义的重要选择：对企业而言，生产时间和利用率到底哪个更重要？要想二者兼顾，唯一的办法就是减少流程变动，而该举措本身也需要管理者制定相应的战略决策，如限制产品或服务的定制化程度，或者进一步限制产品或服务的交付方式等。同时，这种对应关系同样反映了日常流程管理中的一个重要问题：要想完全确保资源得到百分百利用，就要接受无限的在产品数量或等待时间。

第 6 章要点小结

1. 什么是流程设计？

- 设计就是塑造产品与服务的外观、目的及其生产流程的活动。

- 如果产品或服务设计和流程设计的互补活动能够相互协调，那么设计活动就会更容易取得成功。

2. 流程设计的目标是什么？

- 流程设计的总体目标是达到适当的质量、速度、可靠性、灵活性和成本水平，从而满足客户需求。

- 设计活动还必须考虑到环境问题，其中包括：原材料的来源和适用性，能源的来源和消耗量，废料的种类

和数量，产品本身的寿命，以及报废产品的处理等。

3. 产量和种类对流程设计有哪些影响？

- 任何流程的整体性质都会在很大程度上受到其产量和种类的影响。

- 流程类型的概念总结了产量和种类对整体流程设计的影响。

- 按照产量升高、种类减少的顺序排列，制造型企业的流程类型包括项目型流程、零工型流程、批量型流程、大规模流程和连续型流程。服务型企业虽在术语使用方面存在分

歧，但同样可以按照产量升高、种类减少的顺序排列。其常见的流程类型包括专业服务、服务店和大规模服务。

4. 如何对流程进行详细设计？

- 流程设计的第一步是将整个流程分解为单个活动，通常需要采用常用符号代表不同的活动类型，然后利用代表活动的符号表现流程活动的

先后顺序。这就是所谓的"流程图"。流程图可以用来比较不同的流程设计方案，改进后的流程则要从运营绩效目标方面进行评估。

- 利特尔法则说明了生产时间、在产品数量和节拍这 3 个流程绩效的关系：生产时间等于在产品数量乘以节拍。

- 变动性会对流程绩效，尤其是等待时间和利用率之间的关系产生重大影响。

第 6 章注释

[1] 案例信息来源：Zhang, S. (2016) 'How to fit the world's biggest in-door waterfall in an airport', Wired, 9 July; Airport Technology (2014) Terminal 4, Changi International Airport; Driver, C. (2014) And the winners are . . . Singapore crowned the best airport in the world (and Heathrow scoops top terminal), Mailonline, 28 March。

[2] "节拍时间"（takt time）一词最初由丰田汽车公司提出，是德语"taktzeit"一词的变体，原意为"时钟周期"。

[3] 案例信息来自 Oches, S. (2013) The drive-thru performance study, QSR magazine, September; Horovitz, A. (2002) Fast food world says drive-through is the way to go, USA Today, 3 April; Richtel, M. (2006) The long-distance journey of a fast-food order, The New York Times, 11 April。

[4] Press Association (2012) Standardised bed chart 'could prevent hundreds of hospital deaths', Guardian, 27 July.

[5] 案例信息来自 Wilmore, J. (2019) We take a look around L&G's housing factory, Inside Housing, 14 February; Legal and General Modular Homes website; The built environment: Achieving a resilient recovery with the circular economy', report by the Ellen MacArthur Foundation。

[6] 案例信息来自 Qureshi, W. (2020) Ecover relaunches biodegradable detergents in PCR plastic, Packaging News, 21 January; Cornwall, S. (2013) Ecover announces world-first in plastic packaging, Packaging Gazette, 7 March; Ecover website。

[7] 产品－流程矩阵这一概念最初以另一种形式出现在：The idea of the product-process matrix was originally presented in a different form in Hayes, R.H. and Wheelwright, S.C. (1984) Restoring our Competitive Edge: Competing Through Manufacturing, John Wiley & Sons, Inc., New York, NY。

[8] 需要强调的是，这一说法虽然符合逻辑，但只是一个概念模型，无法进行量化。虽然直观来看，偏离自然对角线会增加成本，但增加的具体数额却很难确定。

[9] 案例信息来自 Sutherland, E. (2017) Weihai and mighty, Draperson-line, 16 June; 金沙电影制片厂网站。

[10] Global fashion industry statistics – international apparel', Fashion United。

[11] 引自 Dishang Group's website.

[12] Shostack, G.L. (1984) Designing services that deliver, *Harvard Business Review*, 62 (1), 133–9.

[13] 案例信息来自 Matthews, T. and Trim, L. (2019) London Underground: why it would be better if we stood on both sides of the escalators, MyLondon Local News, 13 August; Sleigh, S. (2017) TfL scraps standing only escalators – despite trial being deemed a 'success', *London Evening Standard*, 8 March。

[14] 很多研究都对该问题展开了调查，如: Thomsen, J.F., Mikkelsen, S., Andersen, J.H., Fall- entin, N., Loft, I.P., Frost, P., Kaergaard, A., Bonde, J.P. and Overgaard, E. (2007) Risk factors for hand-wrist disorders in repetitive work, *Occupational and Environmental Medicine*, 64 (8), 527–33。

第 7 章

设施的布置与外观

本章学习目标

» 设施的布置与外观如何影响绩效？

» 基本布置类型及其对绩效的影响有哪些？

» 企业设施的外观如何影响绩效？

» 布置与外观设计需要哪些信息和分析？

导语

　　企业设施的布置与外观决定了它们的相对物理位置和美观性，其涉及所有设施、办公桌和机械设备的摆放位置。在大多数企业中，由于人员和设施是协同工作的，设施的布置与外观也影响着人员的位置与工作方式。它还涉及更广泛意义的运营的物理外观——鉴于它对运营中工作的员工和亲身体验运营的客户产生的影响，该问题日渐成为人们关注的焦点。设施的布置与外观会对企业的安全性、吸引力、灵活性和效率起到决定性作用。此外，它们还决定着被转换资源（材料、信息和客户）在运营活动中的流动方式。综上所述，设施的布置与外观设计是一项重要工作。大多数人刚进入一家企业，最先注意到的就是这些表层特征。另外，某些布置与外观上的变化虽然比较小（如超市商品陈列位置的变动、餐厅装潢的调整、体育中心更衣室的变化和工厂机器位置的挪动），但它们影响着资源在运营流程中的流动，进而影响运营的成本和总体效果。布置活动在运营设计整体模型中的位置如图 7-1 所示。在本章中，我们将对运营管理者调整设施的布置与外观的目的进行简要介绍，同时介绍几种公认的布置类型，探讨企业外观对效率的影响，并介绍布置与外观设计需要参考的信息。

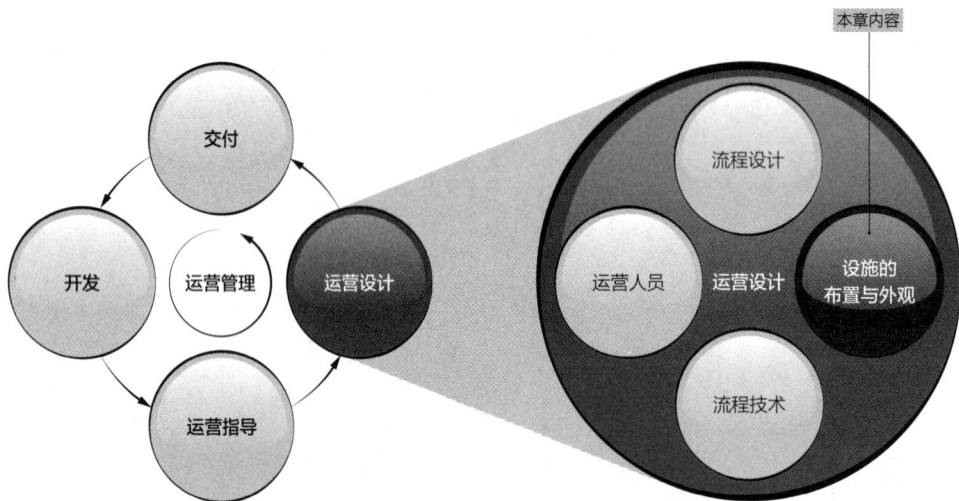

图 7-1　本章所探讨的设施布置与外观在整体模型中的位置

7.1　设施的布置与外观如何影响绩效

　　运营或流程中的"设施的布置与外观"是指各个设施相对位置的安排和总体外观设计。这些决策安排决定了被转换资源在运营或流程中的流动模式和性质，并且影响运营参与者的工作方式。在可视化程度较高的运营活动中，它们还会影响客户对运营体验的评价（因为客户本身就是被转换资源的一部分）。设施的布置与外观对部分运营设施评判因素的影响如图 7-2 所示。这两项决策都很重要，如果决策不当，就会使流程模式变得冗长或混乱，同时延长流程时间，降低运营灵活性，提高流程的不可预测性及成本，使运营人员产生挫败感。在可视化程度较高的运营活动中还会破坏客户的体验感。

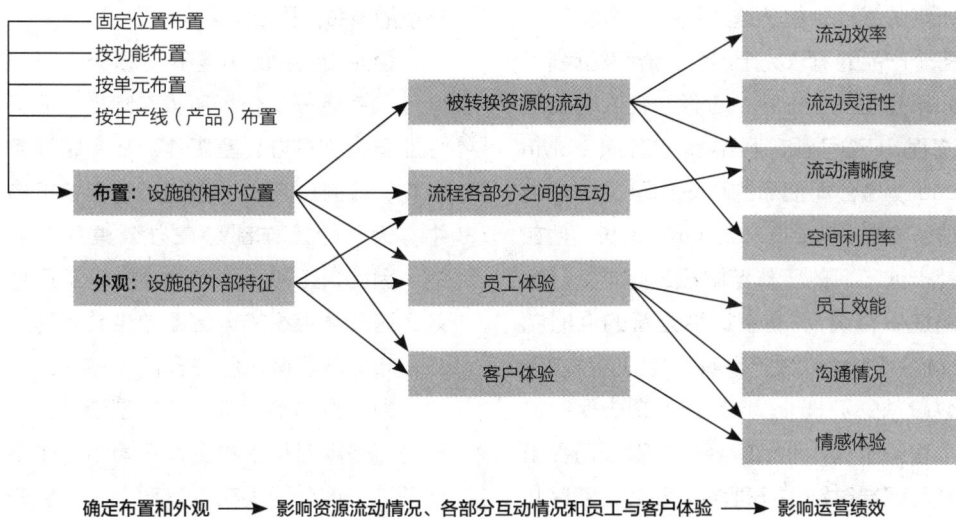

确定布置和外观 ⟶ 影响资源流动情况、各部分互动情况和员工与客户体验 ⟶ 影响运营绩效

图 7-2　设施的布置与外观涉及转换资源在运营和流程中的相对位置及其总体外观，它们共同决定了被转换资源流动的模式和性质、员工体验，以及客户在可视化程度较高的运营活动中的体验

运营实践案例

杜卡迪工厂和谷歌办公室，两个都要美 [1]

　　也许在你看来，对于机械工厂和国际化高科技企业总部而言，设施的布置与外观设计原则应该截然不同。但实际上，企业设施的摆放位置和外观设计对

二者同样重要。杜卡迪（Ducati）工厂和谷歌办公室就是两个典型的例子。

杜卡迪的博洛尼亚工厂

自 1946 年以来，杜卡迪就在现有的博洛尼亚（Bologna）工厂生产摩托车。现在，该工厂不仅要在旺季每天生产350 辆摩托车，还要承担接待工作，很多游客都渴望到此一睹名牌摩托车的制造过程。组装流程开始于工厂的"超市区"。杜卡迪生产的每个车型都有自己的"超市区"。该区域有很多组装好的生产托盘，上面准确地摆放着后续装配阶段所需的零件。由于这些零件"套装"与各个产品的需求完全匹配，流程结束后，如果托盘上还有剩余零件，就说明装配流程出了问题。利维奥·洛迪（Livio Lodi）是公司任命的厂史记录员和杜卡迪博物馆（Ducati Museum）馆长，他在杜卡迪工厂的工作年限已经超过 26 年。洛迪解释说："有了这种全新的准时制（just-in-time）生产系统，我们的残次品数量减少了 85%。该系统最初由保时捷工程师引入，他们曾经从丰田公司那里学习了准时制生产理念，后来又到这儿指导我们利用该理念开展生产活动。"

除此之外，杜卡迪工厂定期举办的参观活动也广受欢迎，正因如此，该工厂现已成为一个旅游景点。从某种程度上讲，它既是一家制造工厂，也是公司用来维护客户关系、开展市场营销的机构。因此，工厂设施不仅要具备生产功能，还要满足游客的参观需求。实际上，来过工厂的游客都对其赞不绝口，按他们的话说，"这是一次难忘的工厂之旅，导游非常亲切友好"，他们还说此次参观

"信息量满满，能让人学到很多专业知识""能在这儿看到杜卡迪摩托车组装流程的方方面面，非常有趣"。另外，他们也说："杜卡迪博物馆很不错，历史悠久，里面展出了几辆漂亮的老式摩托车，也有一些最新的获奖车型。"虽然游客中有很多人是杜卡迪车主，但实际上，该公司为所有人打开了工厂和博物馆的大门。他们表示，游客的车是什么牌子都无所谓。不过，如果游客骑着杜卡迪摩托车前来参观，就可以把车停在院内，如果是其他品牌，就要停在院外。

谷歌的革命性办公室

企业和企业的布置不仅局限于工厂、仓库和商店等工作场所，实际上，很多企业员工都在办公室工作。在金融服务机构、政府、呼叫中心和所有创意机构中，大部分工作都是在办公桌前完成的。因此，正如工厂布局会影响工厂绩效，这几类组织的运营绩效也会受到办公室布置的影响。和许多高科技企业一样，为了更好地刺激员工的创造力和生产力，谷歌对员工的工作环境给予了格外关注。该公司确实以其对办公环境的创新性使用而闻名，因为它的蓬勃发展依靠的是创新。同时，该公司认为，办公室的设计能够激发员工的创造力。谷歌办公室的布局设计旨在提高员工的创造力，同时促进员工之间的协同合作。人们在办公室的活动方式、接触与沟通的对象，这些都是可供所有设计过程参考的重要信息。而除了分析员工的正式工作需求，设计者还应当对员工的行为展开研究。例如，员工大部分时间都待在什么位置？在何时何地开会能取得最

大成效？员工会在什么时间，去哪里打电话？办公室在哪个时段人最少？谷歌全球办公室设计指南的编写团队负责人埃利奥特·费利克斯（Elliot Felix）表示："办公室内的各个要素都应当协调统一，这样员工才能获得和谐的工作体验。其设计不仅涉及物理空间，也涉及组织文化、社交礼仪和仪式活动。人们常常忘记，物理空间体现着企业价值观。"

● 布置的评判标准

和大多数运营决策一样，布置设计的评判标准在一定程度上取决于运营的战略目标。但具体到各家企业，其设施布置合理与否，往往要根据一套通用标准进行评判，如图 7-2 所示。这些标准如下所述。

» 被转换资源的流动：被转换资源在运营或流程中的流动路线取决于转换资源的相对位置。通常情况下，布置设计的目标是提高流动效率，最大限度地缩短资源路线，但这并不是绝对的。如果企业的被转换资源是客户本身（如超市），那么其布置目标就是引导客户按照最能促进消费的路线"流动"。然而有些时候，提高流动效率只能以牺牲灵活性为代价，即限制被转换资源可选择的路径数量。除此之外，其设计目标还包括提高材料和 / 或客户流的清晰度，以及有效利用运营空间等。

» 流程各部分之间的互动：流程中的各个设施或部分可能会因为物理距离较近而对彼此产生积极或消极的作用。容易产生废物的流程不能与其他流程离得太近，因为其造成的污染可能会降低流程效率；容易产生噪声的流程也应当远离那些需要专注的流程（详见下面的"运营实践案例：实验室中的动静调和"）。但在某些情况下，将不同的企业部门放在一起，也可能会产生积极效果，如促进员工之间的沟通交流等（详见"运营实践案例：杜卡迪工厂和谷歌办公室，两个都要美"）。

» 员工体验：无论对哪种企业而言，布置的基本原则都是保障员工的身心健康。因此，"消防通道应该有清晰的标识，保持其畅通无阻""过道要清晰明了，不得堆放杂物"等。不合理的布局会延长员工的移动路径，从而减少用于创造附加价值的工作时间。但同样值得一提的是，运营环境带给员工的视觉、触觉、味觉、嗅觉和知觉体验也会影响其工作体验，进而影响其工作热情和生产效率。

» 客户体验：对零售店或银行支行等可视化程度较高的企业而言，其布置情况，尤其是企业外观，会在一定程度上影响企业形象和客户的整体体验。因此，企业可以尝试利用特定的布置和外观构建企业形象。

目标的协调

某些设计目标（如安全、安保和员工福利等）是绝对必要目标。除此之外，对于设计中的非必要目标则可以适当取舍，或与其他目标进行权衡。例如，两项不同的流程有时可能需要相同的设备，那么二者完全可以共用一台设备。这就意味着设备购置资金可以得到充分利用。但如此一来，流程路线可能会延长或者变得复杂混乱，甚至两种情况同时发生。相反，购买两台设备会降低设备利用率，但同时也能缩短移动距离。下面的"运营实践案例"就举例说明了组织协调目标的方式。

运营实践案例

实验室中的动静调和 [2]

鲜少有科学实验室能在布置方面做到简单明了。实验室里的不同区域有不同的服务需求（如温度、通风和无振条件等）。除此之外，所有科学研究人员都要在两种不同的工作模式之间来回切换，而这两种模式的需求也截然相反。一方面，研究人员需要进行自由讨论，有时甚至需要即兴交流，这种互动能够催生新的想法；另一方面，研究人员也需要静下心来思考这些想法可能产生的影响。另外，不同的人有不同的模式偏好。研究人员之间的对话、讨论甚至嘈杂的辩论会让其他喜欢安静思考和记录的人感到烦躁不安，无法专心工作。即使颇具声望的研究机构也难以调和这种矛盾。例如，在伦敦市中心的弗朗西斯·克里克研究所（Francis Crick Institute）实验室，有些研究人员抱怨说，实验室的

开放式布局原本旨在促进成员间的交流合作，但这种设计也导致他们难以集中注意力。有些人喜欢有背景噪声的环境，感觉像在咖啡馆工作，有些人则喜欢在完全安静的环境中办公，不过很多研究人员都承认，这种布置方式非常有助于召开临时会议，还促成了很多新的合作项目。艾伦·佩恩（Alan Penn）教授始终致力于研究（广告公司或科学实验室等机构的）开放式布局对员工行为的影响，他指出，实验室如果能留出一片区域供人员来回走动，那么不同研究组的科学家就能利用这片区域开展有效的沟通交流。经过实验室的人也可以在门口停下脚步，加入讨论。同样，如果实验室旁边就是人来人往的走廊，那么研究人员在实验室内的谈话就会引发不同研究组之间的讨论。

图 7-3 展现了一种实验室设计的改进方案，该方案可以在一定程度上缓和研究人员对于沟通互动和安静环境的需求冲突。在左边的传统布局下，潜在的干扰性对话可能会影响安静工作的研究人员；右侧略微改动的布局则鼓励研究人员在靠近入口的位置进行交流，不会干扰其他同事。

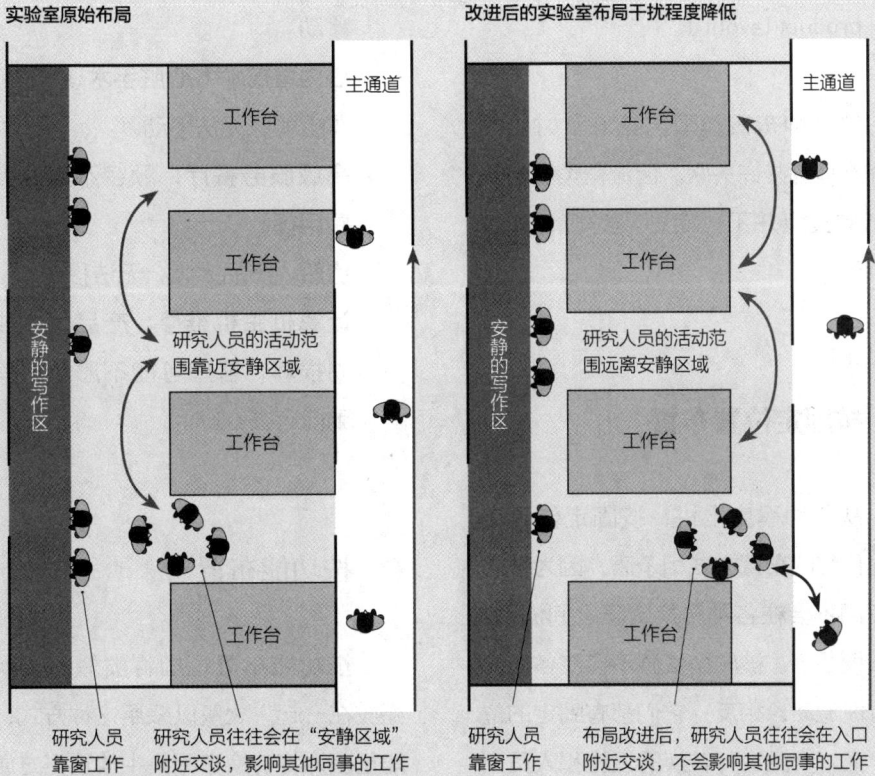

图 7-3　实验室布局改进示例，改进后的布局降低了不同工作（交流和写作）之间的干扰程度

7.2　基本布置类型及其对绩效的影响

在实际运营过程中，大多数企业的设施布置方式都由以下 4 种基本类型衍生而来：

» 按固定位置布置（fixed-position layout）；

» 按功能布置（functional layout）；

» 按单元布置（cell layout）；

» 按生产线（产品）布置（line / product layout）。

这几种布置类型与第 6 章讨论的流程类型有些许关联。但流程类型与基本布置类型并不一定一一对应，如表 7-1 所示。

● 按固定位置布置

从某种程度上讲，按固定位置布置与传统的布置方式相矛盾，因为被转换资源不会在各种转换资源之间流动。在该模式下，被转换资源不会在各个运营阶段流动，相反，它们都有固定的位置，而对资源进行转换的设施和人员则要按需移动。这可能是因为被转换资源过大、易损或不方便流动。以下是几种采用固定位置布置的组织或活动。

» **修建高速公路：** 产品太大，无法移动。

» **心内直视术（心脏手术）：** 患者身体虚弱，无法移动。

» **高级服务餐厅：** 顾客不愿意到后厨用餐。

» **造船：** 产品太大，无法移动。

» **计算机主机维修：** 产品太大或容易损坏，客户可能不愿意将其送到门店去维修。

● 按功能布置

按功能布置是指将类似的转换资源放在一起。之所以采用这种方式，可能是因为将转换资源集中放置更方便开

表 7-1　每种流程与多个基本布置类型的对应

制造型流程	可能采用的布置类型		服务型流程
项目型流程	按固定位置布置 按功能布置	按固定位置布置 按功能布置 按单元布置	专业服务
零工型流程	按功能布置 按单元布置	按功能布置 按单元布置	服务机构
批量型流程	按功能布置 按单元布置		
大规模流程	按单元布置 按产品布置	按单元布置 按产品布置	大规模服务
连续型流程	按产品布置		

展运营活动，也可能是因为这样可以提高资源利用率。也就是说，转换资源在运营过程中流动时，会根据需求确定自己在各项活动间的移动路径。不同的产品或客户会有不同的需求，因此采取的路线也各不相同，这会使运营中的流动模式变得非常复杂。以下是几种按功能布置的组织或活动。

» **医院**：有些流程（如 X 光检查或实验室检测）需要服务的患者类型众多，有些流程（如普通病房流程）则可以实现很高的人员和床位利用率。

» **超市**：有些商品（如罐头）放置在一起可以方便补货；有些区域（如冷冻蔬菜区）需要采用相同的冷冻技术；还有的区域（如新鲜蔬菜区）合并后会对顾客更有吸引力。

» **飞机发动机部件加工**：有些流程（如热处理）需要得到专业调试人员的技术支持（如排烟散热）；有些流程（如加工中心的流程）同样需要专业调试人员的技术支持，或者需要实现较高的利用率。

与大多数按功能布置的机构一样，图书馆也有多种用户，其流动模式多种多样。图 7-4 展示了一座大学图书馆的布局图，其用户分类方式与零售客户非常相似，主要分为以下 3 种。[3]

» **浏览者**（browsers）：这类用户主要通过上网、浏览书架和翻阅图书寻找有趣或有用的资料，他们会在评估材料价值时慢慢走动。
» **目的型用户**（destination traffic）：他们有特定的目的或任务，不会受到周围环境或馆内其他材料的干扰。

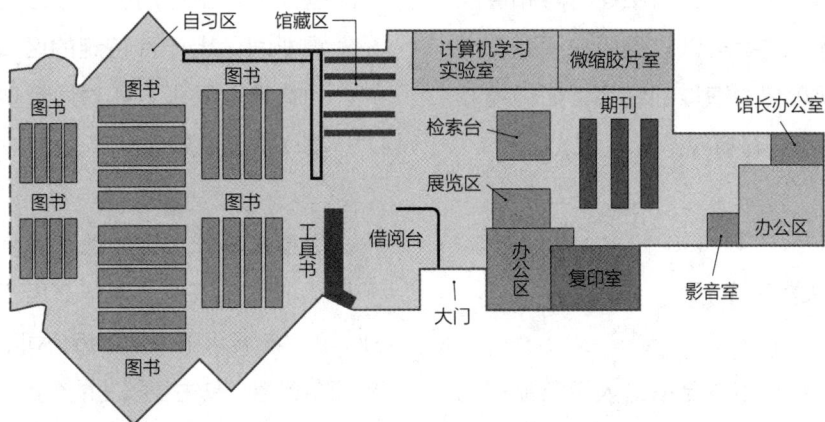

图 7-4　按功能布置的图书馆布局示例

» 直线型用户（beeline traffic）：他们致力于实现的目标与图书馆的使用功能无关，如邮递员、送货员或维修工等。

图书馆针对不同类型的客户展开了跟踪研究，并根据研究结果为图书馆的布局制定了如下设计准则。

» 需要让来访者注意到的陈列品或服务必须安排在大楼前部。
» 入口右侧应摆放新购入的图书、冲动购入且没有找到合适替代品的图书，以及读者需要反复查看才能确定选择的图书。
» 有些材料只有在格外方便拿取时才会有用户借阅（如参考书），这类材料要放在左前方。
» 借阅台是读者离馆前最后经过的区域，应放置在入口左侧。
» 图书馆后部应放有用户最需要的物品或设施，如课程材料和会议室，或者可以放置用户愿意花时间和精力获取的物品，如微缩胶片打印材料等。

● 按单元布置

按单元布置是指进入运营流程的被转换资源，被预先选择（或自行选择）流动到运营的某个部分（或单元），该部分或单元集中了所有转换资源，以满足其即时处理需求。单元本身也可以按功能布置或按生产线布置。在一个单元处理完毕后，被转换资源就会进入下一个单元。实际上，按功能布置运营设施会让流程变得复杂，按单元布置则可以使这种复杂的流程清晰、有序。以下是几种按单元布置的组织或活动。

» **超市的午餐商品区：** 有些顾客到超市只为买些三明治、美味小吃、冷饮和酸奶之类的东西当午饭，所以超市经常将这类商品放在一起。如此一来，如果顾客只想买午饭，就不用在店里四处寻找了。
» **医院妇产科：** 妇产科的服务对象是一个明确的群体，她们可以一起接受治疗。除了妇产科必要的设施，她们一般不再需要其他的医疗设施。
» **某些计算机部件的制造流程：** 某些计算机部件的加工和组装可能需要划分出一片特定的区域，专为有特殊需求（如对质量要求极高）的客户制造部件。

尽管按单元布置的理念通常应用于制造业，但该理念同样适用于服务业。图7-5展示了一家百货公司的底层平面布置图，其主要按功能布置，每种商品都有独立的专卖区，但"店中店"（shop-within-a-shop）却与其他区域有

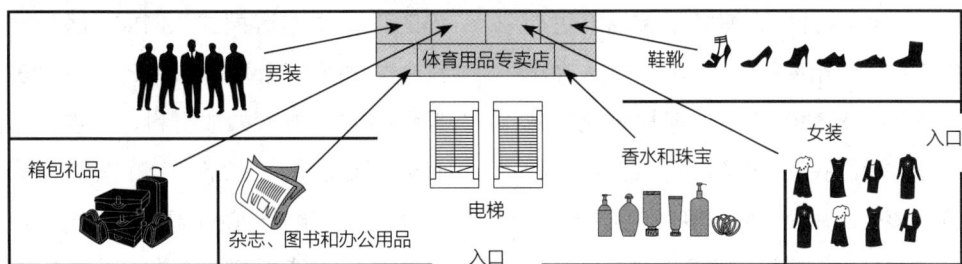

图 7-5　百货公司底层平面图，其主要按功能布置，但中间也包含体育用品"店中店"单元

所不同。该区域专门销售体育用品，如运动服、运动鞋、运动包、体育杂志、体育类图书和运动器材等。将这些商品放在同一单元，并非因为它们是同类商品（鞋、图书和饮料通常不会被放在一起），而是因为它们可以满足某一特定群体的需求。在百货公司管理者看来，专门到商场购买体育用品的顾客数量较多，所以应当为其设置专卖区。

● **按生产线布置**

按生产线布置是指完全按照被转换资源的需求确定转换资源的位置。每件产品、每条信息或每位客户都沿着预先设定的路线行进，需要遵循的活动顺序与设施摆放顺序相对应。被转换资源根据产品需求沿着生产线流动。因此，这种布置类型有时也被称为按流动路线布置或按产品布置。流动路线清晰明了，具有可预测性，所以比较容易控制。通常情况下，如果产品或服务需要

进行标准化处理，那么企业会选择按生产线布置设施。以下是几种按生产线布置的组织或活动。

» **群体性预防接种：** 所有客户都需要按相同的顺序完成信息登记、接种活动和咨询活动。

» **自助餐厅：** 一般来说，所有顾客的需求顺序（开胃菜、主菜、甜点和饮料）都是一样的，但这种布局同样能够控制顾客的流动。

» **汽车装配流程：** 同一车型的所有版本都要遵循相同的加工顺序。

需要注意的是，按生产线布置并不意味着一成不变。和其他日本公司一样，丰田也在世界各地建造了工厂，与此同时，它还想保留在日本的生产活动，所以必须节约成本。为提高装配线的效率，该公司在日本宫城工厂采用了两种布置方法，如图 7-6 所示。我们从示意图的上半部分可以看到，该公司一改传统，将车辆摆放方向由纵向转为横

向，从而将生产线缩短了 35%（进而提高空间利用率），并缩短了工人在车辆之间的移动距离（进而提高流动效率）。我们从示意图的下半部分可以看到，该公司并没有将车辆底盘悬挂于顶端传送带，而是将其放置于高台。如此一来，建造成本比原来减少了一半，天花板高度也可适当降低，从而提高空间利用率，同时还能将供暖和制冷成本降低 40%。

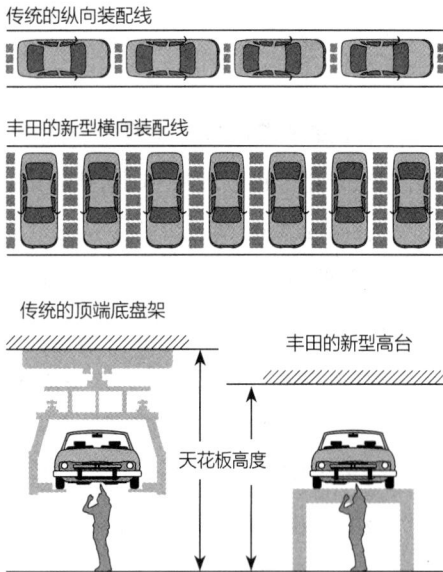

传统的纵向装配线

丰田的新型横向装配线

传统的顶端底盘架

丰田的新型高台

天花板高度

图 7-6　汽车装配厂两种不同的按生产线布置的模式

● 混合型布置

很多企业要么采用混合型布置，将部分或全部基本布置类型融合在一起，要么在不同的部分采用某种"纯

粹的"基本布置模式。例如，医院通常会按功能布置设施，即每个科室代表某种特定功能（如放射科、手术室和血液检验室等）。然而，各科室内部却可以采用完全不同的布局类型。放射科可能会按功能布置，手术室按固定位置布置，血液检验室则可以按生产线布置。

图 7-7 所示的餐饮中心就采用了混合型布置模式，其包含 3 种类型的餐厅和 1 间为各类餐厅供应餐食的厨房。其中厨房按功能布置，将各种流程（如食物储存、准备流程和烹饪流程等）集中在一起。传统的服务型餐厅采用固定位置布置，顾客坐在桌前不动，服务员主动过来上菜（有时菜品也在餐桌上完成烹饪）。自助餐厅按单元布置，每个自助区都包含完整的流程（菜肴），能够为顾客提供开胃菜、主菜或甜点。最后一部分则是自助食堂，这里的所有顾客都沿同一路线取餐。他们可能无法尝遍所有菜品，但其流程顺序却是一致的。

● 企业应该选择哪种布置类型

资源流动对企业的重要性取决于其产量和种类特征（见图 7-8）。如果产量很低、种类较多，那么资源流动就不是运营的主要关注点。例如，按固定位置布置可能适用于通信卫星的制造活

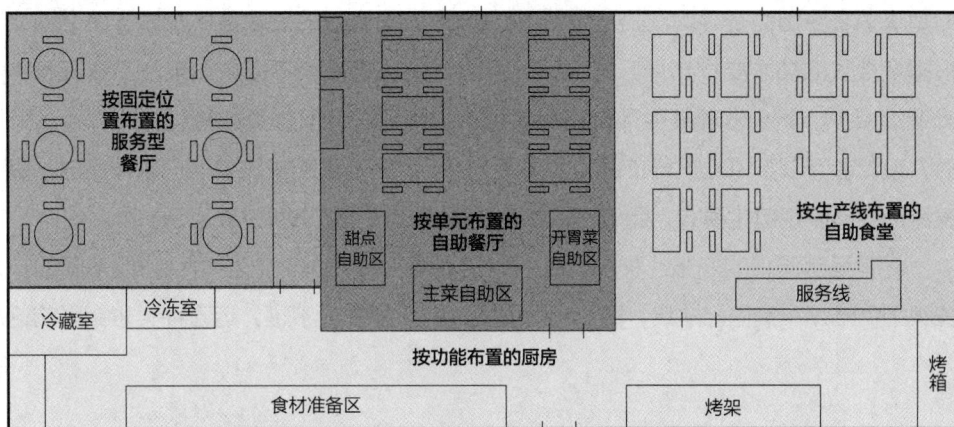

图 7-7 包含四种基本布置类型的餐饮中心

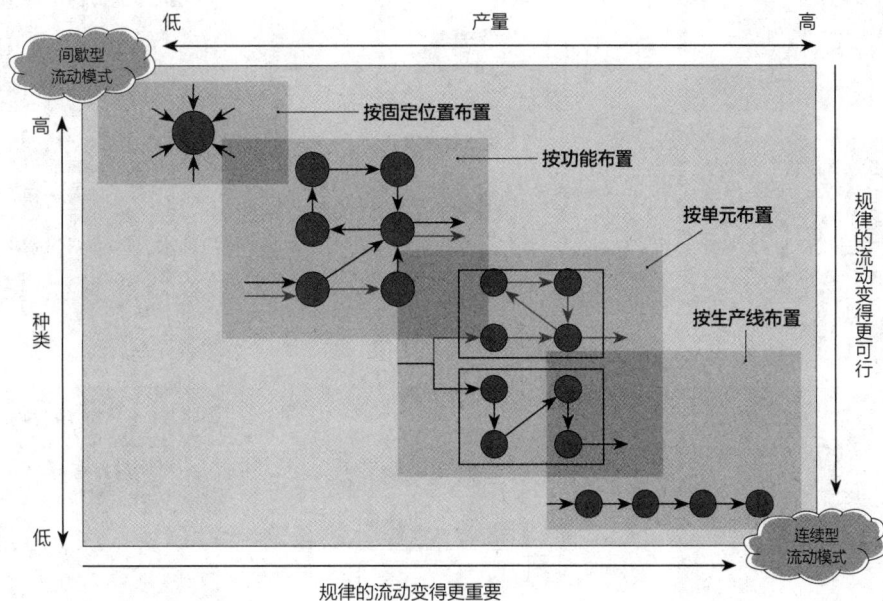

图 7-8 不同的流程布置类型适用于不同的产量－种类组合

动，因为每件产品各不相同，而且产品在运营流程中的流动频率很低，所以在布置
设施的过程中，设计者没必要以最大限度减少零件流动为主要目标。如果产量增加、
种类减少，那么资源流动的重要性就会随之增强。如果产出种类仍然较多，那么流
动模式也就不尽相同，如此一来，设施布置就很难完全由资源流动模式所主导。例
如，图 7-4 中的图书馆会配备各种图书和服务，从某种程度上讲，其位置安排要尽量

缩短来访者在馆内的平均"流动"距离。但由于来访者的需求各不相同，图书馆会根据多数人的需求安排布局，这会给一小部分来访者带来不便。如果产品或服务种类继续减少，就会出现某种具有相似需求的"类别"，但种类数量仍然不算少，此时，设计者可以按单元进行布置，如图 7-5 所示。当种类相对较少而产量较高时，资源流动会形成规范化模式，此时可以按生产线进行布置，如图 7-6 所示。

尽管运营流程的产量 – 种类特征可以将布置方案缩减到一至两种，但不同的布置类型仍然存在其他优缺点，图 7-9 列举了其中一部分。不过，运营种类也会影响这

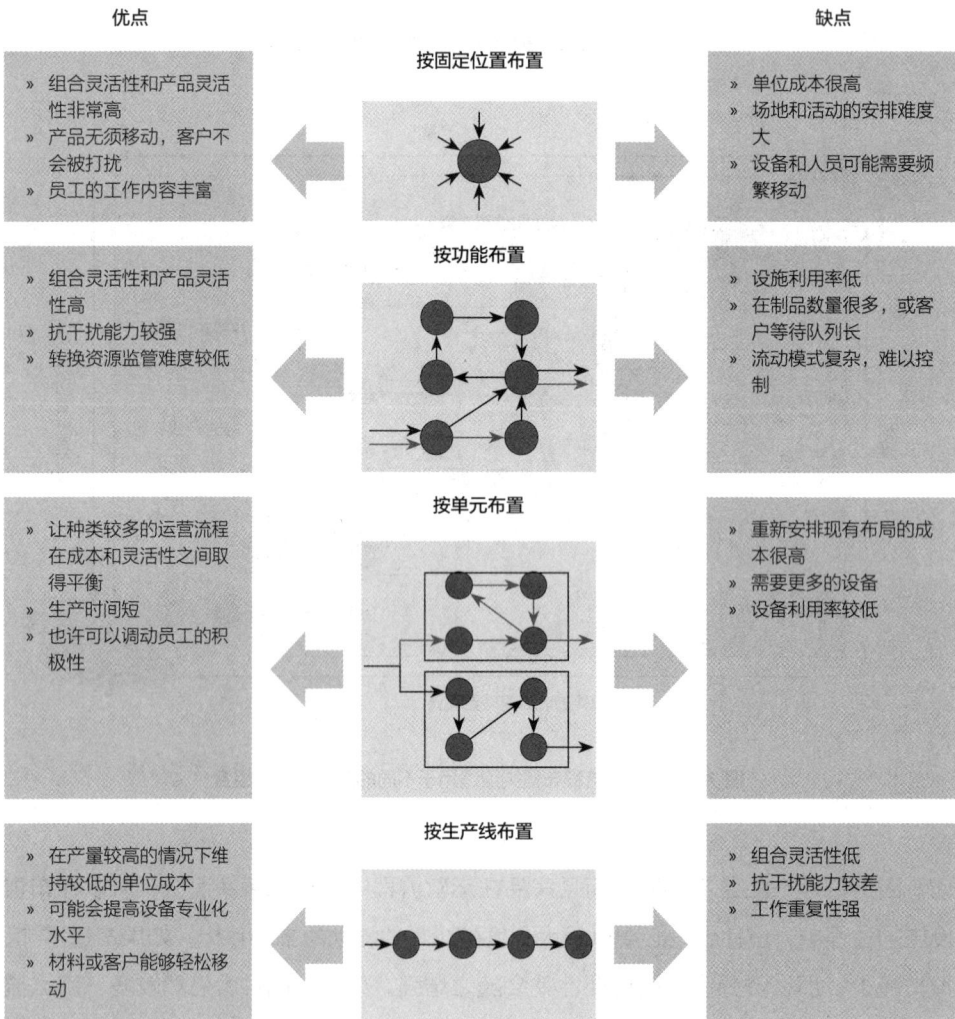

优点		缺点
按固定位置布置		
» 组合灵活性和产品灵活性非常高 » 产品无须移动，客户不会被打扰 » 员工的工作内容丰富		» 单位成本很高 » 场地和活动的安排难度大 » 设备和人员可能需要频繁移动
按功能布置		
» 组合灵活性和产品灵活性高 » 抗干扰能力较强 » 转换资源监管难度较低		» 设施利用率低 » 在制品数量很多，或客户等待队列长 » 流动模式复杂，难以控制
按单元布置		
» 让种类较多的运营流程在成本和灵活性之间取得平衡 » 生产时间短 » 也许可以调动员工的积极性		» 重新安排现有布局的成本很高 » 需要更多的设备 » 设备利用率较低
按生产线布置		
» 在产量较高的情况下维持较低的单位成本 » 可能会提高设备专业化水平 » 材料或客户能够轻松移动		» 组合灵活性低 » 抗干扰能力较差 » 工作重复性强

图 7-9　各种布置类型的部分优缺点

些优缺点的相对重要性。例如，高产的电视机制造商更倾向于按产品进行布置，因为该模式成本较低；游乐园可能也会选用相同的布置类型，但主要是因为它可以控制客流。

超市布局

要想让超市的生意红红火火，首先要明白一点：店铺的设计和布局会对盈利能力产生巨大影响。正因如此，所有大型连锁超市都会通过广泛的研究，探索各区域最有效的布局方式和特定商品的最佳摆放位置。它们必须充分利用每一寸空间，实现收益最大化，最大限度地降低店铺运营成本，同时为顾客带来愉快的购物体验。从根本上说，超市必须对各个区域的面积进行合理分配，还要为其配置合适的陈列和存储设施。然而，在售商品的需求固然重要，但是布局对顾客心理的影响同样不容忽视。超市过道通常设计得很宽，这样可以让购物车以较慢的速度在其中穿行，从而使顾客更加关注货架上的商品（所以买的东西也就更多）。然而，宽敞的过道可能会压缩货架空间，如此一来，货架上存放的商品种类随之减少。确定各个商品的实际摆放位置也是一项关键决策，会直接影响购物的便利性、顾客的自发购买意愿和超市的补货成本。尽管超市售卖的商品大多是包装罐头或冷冻产品，但放在入口附近的往往是水果和蔬菜，它们能给顾客留下新鲜、健康的印象，

从而吸引顾客进来采购。而像面粉、肉类、糖类和面包这些大多数人都要购买的生活必需品可能会被摆在后方，而且会被分散放置，这样顾客就要在过道上多走几段路，从而在寻找目标商品的过程中看到那些高利润商品。高利润商品在货架上的位置通常与视线齐平，这样它们就更容易被看到，低利润商品则被摆在较低或较高的位置。有些顾客进入超市后，可能会先漫无目的地走上几步，然后才开始寻找自己要买的东西。所以有些超市把过道前几米处的货架称为"死角"，上面不适合摆放那些诱导顾客冲动购买的商品。超市的关键货架则是所谓的"端架"（gondola-end），即过道尽头的货架。将商品移至此处可以使销售额增加 200% ~ 300%，供应商都愿意花钱将自己的商品摆在这里也就不奇怪了。另外，顾客的行进路线也必须得到合理设计，而究竟怎样才算合理，主要取决于超市在哪个国家。美国人喜欢沿逆时针方向逛超市，相反，英国人更喜欢走顺时针路线，其背后的原因至今仍是一个谜。

成本分析

布置类型具有多方面的特征，其中有一点几乎对所有企业都很重要，那就是它对单位成本的影响。为了充分理解这种影响，我们可以将每种布置类型的成本分为固定成本和可变成本。如果一家企业采用固定位置布置，那么无论其产出的是何种产品或服务，建造过程的固定成本都要比采用其他布置类型产生的固定成本更低。相比之下，产出每件产品或服务的可变成本会比较高。因此，将 4 种布置类型按固定成本从低到高的顺序排列，依次为：按固定位置布置、按功能布置、按单元布置、按生产线布置。然而，按照该顺序，每件产品或服务的可变成本往往呈下降趋势。每种布置类型的总成本都取决于产品或服务的产量，如图 7-10a 所示。由图可知，无论产量多少，都存在一种成本最低的基本布置类型。实际上，布置方案的成本分析很少能如此清晰明了，其确切成本往往难以预测，它很可能取决于多种不确定因素。因此，相比于用细线表示随产量而增加的布置成本，用"成本带"展现实际成本的范围可能更为合理，如图 7-10b 所示。如此一来，不同布置类型之间的成本差别就没那么明显了。在某些产量范围内，运营成本最低的布置类型可能有两到三种。成本不确定性越大，"成本带"就越宽，最佳布置方案也就越不清晰。具体布置类型的预计成本需要结合图 7-9 所示的优缺点进一步确定。

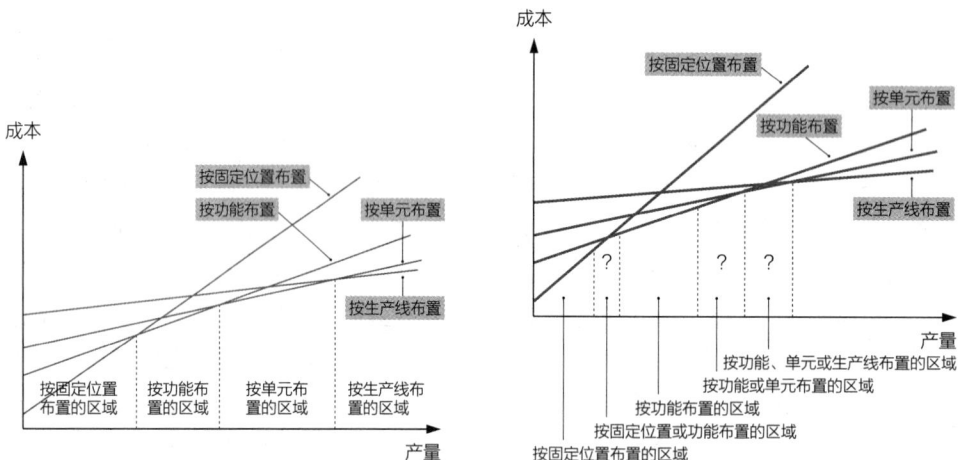

a）不同的基本布置类型有不同的固定成本和可变成本特征，这些因素似乎对布置方案的选择起到决定性作用

b）在实际运营过程中，每种布置类型的实际固定成本与可变成本都具有不确定性，即企业基本不会仅凭成本制定决策

图 7-10 每种布置类型的总成本都取决于产品或服务的产量

7.3 企业设施的外观如何影响绩效

通常情况下，运营管理者关注的是与设施布置关联更加明显的流动模式问题。然而，布局的美观性（也就是布局的外观及其给人的感觉）同样重要，且该问题已逐渐成为运营管理应当关注的问题之一。对于零售店、医院和酒店等可视化程度较高的企业而言，运营设施的外观会影响客户体验，这一点始终是众所周知的事实。而现在，大多数行业都逐渐意识到了美观的重要性。其部分原因在于，越来越多的研究结果表明，不同的企业外观会让顾客和员工产生不同的情绪反应，从而影响其行为和满意度。还有部分原因在于，某些科技公司打造了更为轻松、灵活的工作环境，旨在方便员工随意地沟通互动，这种布置方式已经影响到了那些不太光鲜亮丽的行业（详见"运营实践案例：杜卡迪工厂和谷歌办公室，两个都要美"）。

● 工作场所的设计对员工的影响

在工作场所的设计中，某些显而易见的基本方面会对身在其中的工作人员产生影响。比如，温度是否偏低或偏高？光线是否充足，视物是否清晰？是否过于嘈杂？这些因素都会影响工作人员的生理感受，影响人们对工作环境的适应程度。如果员工觉得很冷，或者被噪声吵得烦躁不安，抑或连手头正在处理的工作都看不清，那么他们显然无法获得舒适的体验，也无法高效工作。关于此类问题，我们将在第 9 章进行探讨。但除此之外，还有其他与工作场所设计相关的因素也会对员工的态度、积极性和行为产生影响。因此，近年来，许多公司都在工作场所的布置与外观设计方面投入了大量资源，如越来越多的企业开始在工作区设置会议专区、咖啡角、鱼缸、舒适的懒人沙发、游戏机、吊床和乒乓球桌等设施。这是为什么呢？

采用这些设计元素的主要原因在于，工作场所不仅包含各种设施的组合及其形成的流动模式，还包括家具、空间的使用方式甚至是墙壁涂料的颜色。有些工作场所设计师也会考虑更深层次的问题。工作场所的美观性能反映组织文化（组织文化并没有统一的标准定义，但通常情况下，它是指组织成员体会到的感觉，即"组织的氛围"）。[4]因此，有人认为，工作场所的外观应该反映组织文化。关键问题在于，"我们的工作场所反映了怎样的组织文化？"以及"我们如何通过工作环境进一步强化企业文化？"此外，管理者还要学会因地制宜，适用于一家企业的设计方案有可能与另一家企业的文化相悖。

　　工作环境的美观性及其组成成分的影响也存在一定争议。虽然在很多权威人士看来，工作场所中美观的装潢和良好的氛围会对员工的表现产生积极影响，但并非所有的研究都能证明这一点。例如，一个以脑力劳动者为研究对象的研究项目，对不同生产力驱动因素的重要性展开探讨，并强调员工幸福感的重要性，但其结果未能证实工作场所对生产力的驱动作用。[5] 另外，也有证据表明，开放式办公空间、休闲会议室和"客厅式"环境并不能受到所有人的喜爱。设计公司甘斯勒（Gensler）从 10 个行业入手，调查了9 万多人对"流动式""开放式"工作环境的看法。结果显示，有相当多的员工对此感到不满。许多人表示，这种办公环境，尤其是开放式办公室，往往存在很大噪声，让人难以集中注意力。实际上，他们渴望的是相对安静的工作环境，这样才能专心工作。[6]

艾伦曲线

　　任何工作场所的设施布置都会直接影响人与人之间的物理距离，从而进一步影响个体沟通交流的可能性。缩短或延长员工之间的距离会对其互动产生怎样的影响呢？麻省理工学院的托马斯·J. 艾伦（Thomas J. Allen）对此展开了研究，并首次确定了延长物理距离对员工沟通效果的影响。1984 年，他在《技术流管理》（*Managing the Flow of Technology*）一书中提出了所谓的"艾伦曲线"（the Allen curve）理论。该曲线显示，员工之间的物理距离与沟通频率之间存在密切的负相关关系。据估计，在相距 2 米时，两位员工定期沟通的可能性是相距 20 米时的 4 倍（例如，不同楼层的员工可能不会就某种技术信息开展定期沟通）。正如某些专家所说，办公室不再是一个物理空间，电子邮件、远程会议和协作工具让人们在不见面的情况下也能沟通交流。然而，一项研究 [7] 表明，所谓的远程沟通技术其实更加凸显了近距离的重要性，面对面交流和数字化沟通都遵循艾伦曲线。

运营实践案例

办公室布局与设计 [8]

　　曾经，新冠肺炎病毒的流行曾导致线下办公的人数急剧减少，尽管如此，在未来几年内，办公室也不太可能彻底消失。所谓的"混合办公"是指人们一部分时间在家工作，剩下的时间则在办公室工作（详见第 9 章）。该模式改变了人们对办公室功能、位置和内部设计的需求。但办公室仍然是一个重要的工作场所。疫情暴发之前，在全球北方的40 个经济体中，约有 4 亿人主要在办公室工作。以英国为例，其办公室职员的收入占总收入的 55%。办公室设计确实出现了变化，但在疫情暴发之前，这种变化已经存在很多年。

其中最重要的变化就是在 20 世纪末，工位由一排排标准化的办公桌（有点像大学考场）变成了一个个独立的隔间（有人认为这也是一种标准化布置）。该设计的发明者罗伯特·普罗普斯特（Robert Propst）是办公家具公司赫曼米勒（Herman Miller）的设计师，他希望这种设计可以为办公室带来灵活性和独立性。普罗普斯特提出了首个模块化办公系统理念，并将其命名为"第二代动感办公室"（Action Office II）。该系统由一块块墙壁般的垂直面板组成，它们可以通过多种方式拼接在一起，并将空间分隔开来。在普罗普斯特看来，这些"墙壁"的最佳组合方式是以 120° 进行拼接。但令他失望的是，办公室设计者认为，将垂直面板以 90° 进行拼接，形成经典的隔间结构，就能在有限的空间内容纳更多的人。这种隔间并没有受到普遍欢迎，可能因为它挡住了人们的面部表情和肢体语言等影响社交互动的社交线索。尽管如此，目前仍有公司在使用办公隔间，可能是因为人们非常注重隐私，所以办公室设计者想要通过设置隔间营造出一种私密的假象。人们用照片、鲜花和地毯装饰隔间的行为似乎也证实了这一说法。

到了 21 世纪初，一种相对轻松的开放式设计开始流行，其通常包含可移动的家具、模块化的墙壁和更加活泼的装饰（详见"运营实践案例：杜卡迪工厂和谷歌办公室，两个都要美"）。然而，有些开放式办公室设计也不免会遭遇差评。其中最广受诟病的显然是开放式办公室的噪声水平，不过设计者可以通过吸音板或软装减少一部分噪声（但也有职员抱怨办公室过于安静）。还有的开放式办公室会采用"办公桌轮用制"分配个人空间。虽然这种制度不仅提高了空间灵活性，也节约了成本，但它确实从一定程度上削弱了办公室的"个性化"特征。还有人表示，当占用率较高时，员工只能四处找位置办公，从而浪费了工作时间。此外，人们还需要花时间完成一些辅助性工作，如设置计算机、调整座椅和寻找对接人所在的位置等。

● 工作场所（服务场景）的设计对客户的影响

如果企业外观会影响员工的工作体验，那么和在可视化程度较高的企业一样，当客户进入企业工作场所时，难免会受到其外观的影响。客户对企业环境的观察和感知通常被称为"服务场景"（不过该术语有时也指代员工对工作环境的看法）。许多学术研究表明，企业的服务场景在很大程度上决定了客户对企业（正面和负面）

的看法。[9] 一般认为,服务型企业的环境条件、空间因素以及标志和符号共同为员工与客户打造了一种环境体验。这种环境体验应该为服务理念提供支持。

影响环境体验的个体因素会带来某些反应(同样,其作用对象既包括员工,也包括客户)。这些反应可分为以下 3 类:

» 认知反应(想法);

» 情绪反应(心理感受);

» 生理反应(身体感受)。

但需要强调的是,服务场景不仅包含客观、可测量和可控制的刺激因素,还包含主观、无法测量和通常无法控制的因素,这些都会对客户行为产生影响。举一个最简单的例子,一家企业的老客户也会影响其他客户对企业的看法。除了门店的颜色、灯光、设计、空间和音乐等可控因素,其他客户的数量、年龄和外貌也会影响客户对企业的印象。

7.4　布置与外观设计需要哪些信息和分析

任何运营设施的布置和外观设计最终都要落实到设计细节。也就是说,无论采用哪种基本布置类型,要达到何种审美效果,企业都要让影响设计决策的一般性原则落地。但任何设计都应当以信息的收集和处理为基础,这些信息包括布局要容纳的资源流动的性质和数量,以及员工(和客户)的行为和偏好。

布置的资源流动分析信息

从细节层面看,布置可能比较复杂。通常情况下,各个设施的相对位置存在多种选择。以最简单的情况为例,假设工作中心只有两个,那么相对位置的安排方式也就只有两种。但如果工作中心的数量增加到 3 个,那么排列方式就有 6 种;如果增加到 5 个,排列方式就有 120 种。这是一种阶乘关系。假设工作中心的数量为 N,那么排列方式就有 N 的阶乘($N!$)种,即

$$N! = N \times (N-1) \times (N-2) \times \cdots$$

因此，假设企业布置相对简单，有 20 个工作中心，那么排列方式也有 $20! = 2.433 \times 10^{18}$（种）。这就是所谓的"组合复杂性"（combinatorial complexity）。过多的排列方式会让设计者难以在实际设计中选出最佳方案。大多数企业的布置方案都是通过直觉、常识和系统的试错流程确定的，这一过程可利用计算机辅助设计（CAD）软件完成。有些软件通过启发式程序（heuristic procedures）处理组合复杂性问题。该程序利用所谓的"推理捷径"（shortcuts in the reasoning process）和"拇指规则"（rules of thumb）寻找合理的解决方案。虽然启发式程序偶尔会找到一种最佳方案，但其目的并非寻找最优解，而是试图推导出一个良好的次优解。然而，决策所需的信息及其使用方式取决于设计者选用的基本布置类型。

● 按固定位置布置所需的信息和分析

对于按固定位置布置而言，资源位置并非根据被转换资源的流动情况而定，而是根据转换资源本身的情况进行设计。按固定位置布置的详细设计是为了给企业打造一种布局，以便让所有转换资源都能为被转换资源提供有效"服务"，从而最大限度地为转换过程做出贡献。某些按固定位置布置（如建筑工地）的详细布局可能会非常复杂，如果预先确定的活动安排频繁变更，那么情况就会更加复杂。试想，如果重型卡车不断（伴随着巨大的噪声）经过工地办公室，就会有某家承包商的货运卡车只能通过其他承包商的项目场地，才能到达自己的材料存储区，而有的工作人员大部分时间都待在建筑所在地，却被安排在离建筑最远的位置，如此一来，工地就会陷入混乱。有些技术手段可以帮助设计者确定按固定位置布置中的资源位置，但这些技术并未得到广泛应用。

运营实践案例

虚拟现实技术让布局栩栩如生 [10]

你可能已经发现，本章所有的布置图都是二维图。当然，布局设计者也面临同样的限制。虽然他们可以通过构建三维模型更真实地感受布置效果，但与此同时，其价格相对高昂。后来，功能更强大的计算机辅助设计技术问世，三维模型也在设施外观和布置的可视化处理方面得到应用。如今，设计人员只需佩戴虚拟现实（virtual reality, VR）头戴式显示器就可以获得全方位视野，从而身临其境地感受布置方案的内部情况。除此之外，不同团队的设计师只要戴上头戴式显示器，哪怕相隔千里，也可以共享视野，获得同样逼真的体验，实时讨论设计方案并提出修改建议。不过，利用 VR 技术进行协作的，不只有设计师这一个群体，客户（在建筑师设计过程中）或未来使用设施的客户和员工等利益相关者，也可以通过该技术"参观"尚未开发的空间。位于瑞士洛桑的 Vizerra SA 公司开发了一种用于布置设计的 VR 工具，名叫瑞斯图（Revizto，名称源自拉丁语，意为"目视检查"）。它是一款以云技术为基础的可视化协作软件，主要目的是帮助建筑师、工程师和承包商对设计进行可视化处理，并在项目团队内部开展信息交流。该软件的交互式三维环境让设计师可以像玩电子游戏一样浏览布置方案，还可以对自己发现的结构和操作性问题做标记。瑞斯图等 VR 软件的一个突出优势在于，设计师可以根据实际几何图形的假设生成逼真的布局影像，并与他人共享，实现协同合作。另外值得一提的是，此类软件能够将布置细节与实际建造过程中会用到的其他信息（如所需材料数量和建设进度表）整合在一起。

● 按功能布置所需的信息和分析

如果企业选择按功能布置设施，那么在开始详细设计之前，设计者需要掌握以下基本信息：

» 各个工作中心所需的面积；
» 各个工作中心的区域形状；
» 各个工作中心之间的资源流动程度和方向（如行程数、负载量或单位距离的流动成本）；
» 工作中心是否需要彼此靠近，或是靠近布局中的某个固定点。

流动的程度和方向通常会在流动记录图上有所体现，详见下面"实例分析"中的图 7-11。该信息可以从路线信息中获得，而在图书馆这种流动随机性较强的设施中，设计者可以通过观察来访者在典型时段内的流动路线收集信息。

最大限度地缩短流动距离

在大多数按功能布置的实例中，企业的首要目标往往是最大限度地降低与资源流动相关的运营成本。而通常情况下，降低运营成本也就意味着要最大限度地缩短资源在企业设施中的总流动距离，详见下面"实例分析"中的图 7-12。从这个简单层面看，布置的有效性可以通过如下公式进行计算：

$$\text{布置的有效性} = \sum F_{ij}D_{ij}, \text{ 在任何情况下，} i \neq j$$

式中，F_{ij}——单位时间内从工作中心 i 到工作中心 j 的负荷或行程流动量；

D_{ij}——工作中心 i 和工作中心 j 之间的距离。

有效性得分越低，布置设计就越好。

在按功能布置设施的过程中，确定工作中心的位置需要遵循一定步骤，详见下文"实例分析。

实例分析

鹿特丹教育集团

鹿特丹教育集团（Rotterdam Educational Group，REG）旨在为远程课程和培训机构设计并生产教育资源。该公司租用了一座占地面积达 1 800 平方米的新大楼，并要在其中设置 11 个部门。在搬进新大楼之前，该公司开展了一项调查，旨在了解员工在 11 个部门之间的平均流动次数。虽然有些流动过程可能比其他过程更重要（员工的负荷量不同），但该公司还是决定将所有的流动视为等价值过程。

第 1 步：收集信息

图 7-11 所示的资源流动图展现了各部门所需的面积和日均流动次数。在本案例中，流动方向不在考虑范围内，频率极低（每天少于 5 次）的流动过程也并未包含在内。

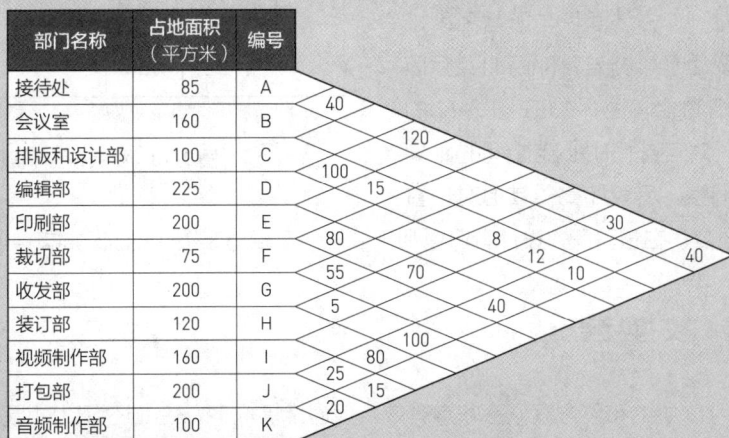

图 7-11　鹿特丹教育集团的流动信息

第 2 步：绘制布置示意图

图 7-12 是各部门的初版布置示意图。最粗的线条代表最高的流动频率（70 ~ 120 次）；中等宽度的线条代表流动频率在 20 ~ 69 次；最细的线条代表流动频率在 5 ~ 19 次。绘制布置示意图的目的是让设计者将粗线连接的部门安排在一起。流动频率越高，路线越短。

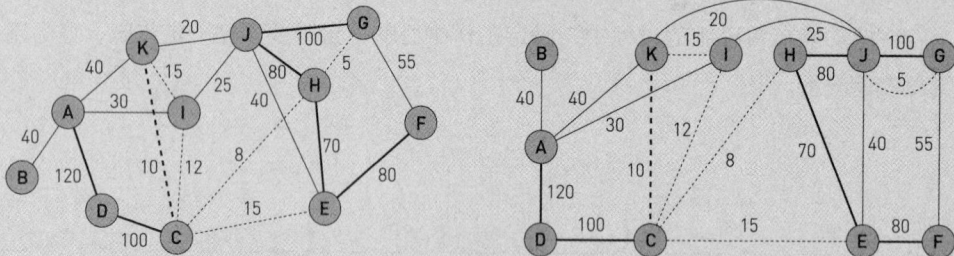

a）将流动频率高的部门集中安排后得到的布置示意图　　b）根据大楼几何形状调整后得到的布置示意图

图 7-12　各部门的初版布置示意图

第 3 步：调整布置示意图

如果按照图 7-12a 的方式安排各部门的位置，那么大楼就会呈现不规则的形状，从而提高建造成本。因此，该公司需要根据大楼形状调整布局。图 7-12b 展示了一种更有序的、与大楼尺寸相符的布置方式。

第 4 步：绘制布置平面图

在图 7-13 中，各部门按大楼的实际尺寸排列，占地面积与所需面积接近。为了让示意图与各部门的实际区域形状相吻合，图 7-13 在图 7-12 的基础上，对各部门中心点之间的距离进行了调整。尽管如此，其相对位置

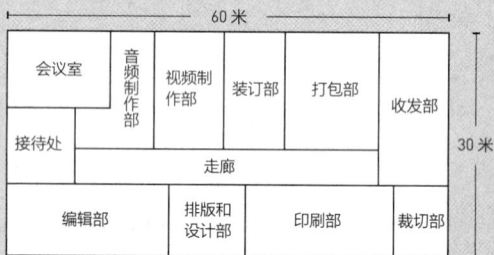

图 7-13　终版布置平面图

并没有改变。在该阶段，设计者可以利用公式计算相对布置中的流动成本。

第 5 步：交换检查

图 7-13 中的布置方案似乎非常有效，但通常情况下，企业还可以对调不同部门的位置，从而探索优化方案，看看能否进一步缩短总流动距离。例如，鹿特丹教育集团可以将部门 H 和部门 J 的位置进行交换，然后重新计算总流动距离，看看数值是否降低。

● 按单元布置所需的信息和分析

在图 7-14 中，一片按功能布置的区域被划分为 4 个单元，每个单元都有处理某个 "零件系列" 所需的资源。在划分过程中，企业管理层的行为隐含着两个相互关联的决策，分别为：

» 选择采用的单元范围和性质；

» 资源在各单元间的分配。

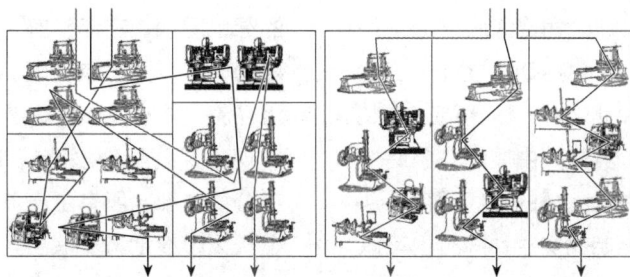

图 7-14 按单元布置的模式可以将某一产品 / 服务系列所需的处理流程组合到一起

运营实践案例

劳斯莱斯工厂的环保设计 [11]

　　一直以来，劳斯莱斯（Rolls-Royce）汽车都是顶级制造、尖端品质的代名词。正因如此，位于英国南部古德伍德（Goodwood）小镇的劳斯莱斯总部和装配厂自然也采用了严格的建造标准。劳斯莱斯是一个古老的品牌，其历史可以追溯到 1906 年。不过，该公司在著名的古德伍德赛道附近建造的创新环保型建筑却比品牌本身年轻得多。该建筑于 2003 年投入使用，在此之前，劳斯莱斯汽车公司已成为宝马集团的全资子公司。实际上，该建筑的规划工作早在 4 年半之前就开始了。在每个规划建设阶段，该公司都坚定不移地遵循着创始人亨利·莱斯爵士（Sir Henry Royce）提出的理念，并称其设计灵感也来源于莱斯爵士的名言："每件事情都力臻完美。"（Strive for perfection in everything you do.）这也从某种程度上说明了为什么其原始建筑的成本高达 6500 万英镑，2013 年的扩建投资也高达 1000 万英镑。

　　该建筑始终以绿色环保为根本原则，

近 20 年来，其环境管理和污染防治系统一直获得 ISO14001 国际标准的认证。劳斯莱斯的古德伍德厂址位于英国政府指定的"杰出自然风景区"内。因此，为了与周围的景观和谐相融，建筑本身需要采用创新的设计和精心挑选的材料。另外，该公司还要最大限度地降低建筑设计对环境的影响。大楼的方方面面都体现着可持续设计理念。建筑外墙由石灰石和雪松木混合制成，二者都是可持续资源。同时，该公司最大限度地采用可回收材料，其中包括动工之前从工地开采的砾石。除此之外，该建筑还安装了木质百叶窗，其开关由屋顶气象站控制，可以调节进入大楼的光线强度，从而减少对人工照明的需求，同时也可以调节室内温度。建筑墙壁的热效率比当地建筑法规的要求还高出 25%。另外，该公司还在整个厂区栽种了 40 多万株花木，其中包含 120 多个品种，很多都是自然生长的本土植物。当然，该公司也对该区域（占地面积达 42 英亩[①]）产生的所有绿色废物进行了堆肥处理。

除此之外，厂区中央还有一大片湖泊，不仅吸引了很多野鸟，还能作为工厂气候控制系统的散热装置，比传统的空调系统更省钱、更节能。同时，这片湖还是可持续水资源管理和防洪系统的一部分，可以储存来自屋顶和停车场的过滤径流，并使其自然排入地下。主楼的一大特色就是占地 3.2 万平方米的绿色屋顶，上面种植着成千上万株适应力强、维护成本低的景天科植物，是英国最大的绿色屋顶。它让整座大楼与自然环境融为一体，同时改善隔热性能，减少雨水径流，并成为野生动物的天堂。不过，体现环保创新理念的还不止建筑本身。在公司内部，所有生产流程的设计都旨在最大限度地减少浪费，同时降低能耗和用水量。产生的废弃物中有 60% 以上都能得到回收利用，其中包括纸板、纸张、塑料、轮胎和聚苯乙烯。制作汽车豪华内饰剩下的皮革也在时装业和制鞋业得到二次利用。木料和饰面的边角料则被捐给了当地慈善机构，用于制作家具等筹资产品。

---

① 1 英亩 = 4046.86 平方米。

生产流程分析

按单元进行详细布置是一项艰巨的任务，部分原因在于，单元布置本身就是介于流程布置与产品布置之间的折中方案。要想使任务得到简化，设计者可以只侧重流程和产品中的某个方面。如果设计者选择重点关注流程，那么他们可以通过聚类分析（cluster analysis）找出能够自然组合的流程。聚类分析需要对各种流程进行检查，并了解该流程产出的产品或部件还可能需要哪些其他类型的流程。

利用生产流程分析（production flow analysis，PFA）法，可以将工作任务和设备分配到各个单元，还可以同时对产品需求和流程分组进行分析。例如，在图 7-15a 中，一家制造型企业将其生产的部件分为 8 个系列，其中系列 1 的部件需要 2 号和 5 号设备。此时，该矩阵似乎没有表现出自然分组的迹象。但如果改变行列顺序，让叉号尽量靠近从左上角到右下角的对角线，那么该矩阵就会呈现更清晰的分组模式，如图 7-15b 所示。此时，各个设备可以自然而然地被归入 3 个单元，即图中的 A、B 和 C 三个区域。

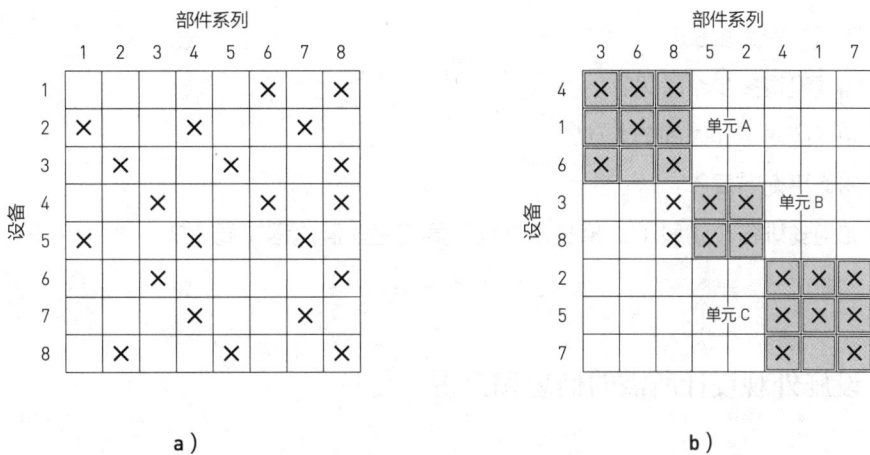

图 7-15　矩阵 a 和矩阵 b 都采用生产流程分析法为各个单元分配设备

虽然生产流程分析法非常实用，可以帮助设计者将设备分配到各个单元，但该方法很少能得出完全清晰的结果，图 7-15 中的案例就是如此。其中系列 8 的部件需要用 3 号和 8 号设备进行加工，而这两台设备却被分配到了单元 B。有些方案确实可以解决部分问题，如企业可以为单元 A 购置额外的设备。诚然，这不失为一种有效的解决办法，但如此一来，企业就要投入额外的资金购买新设备，而新设备又可能无法得到充分利用。除此之外，企业也可以先在单元 A 加工系列 8 中的部件，加工完毕后再将其转移到单元 B（如果有必要，甚至可以在加工过程中完成转移）。该方案无须购置新设备，但与按单元布置的基本理念有所冲突，也就是说，它没能对复杂流程进行充分简化。再或者，如果有多个部件存在类似情况，企业可能也要为其设置一个特别单元（通常将其称为"剩余单元"），而该单元基本算是微缩版的功能布置模式。不过，这种剩余单元确实可以将"麻烦的"部件从其他运营活动中移除，从而提高流程的有序性和可预测性。

● 按生产线布置所需的信息和分析

在设计决策的性质方面，按生产线布置与其他布置类型略有不同。在该模式下，设计决策关注的不是将某个设施摆放在哪个位置，而是在某个位置摆放哪些设施。也就是说，设计者需要先确定工作区域，然后为各个区域分配工作。因此，这类布置活动和我们在第 6 章中讨论的流程设计非常相似。按生产线布置涉及的主要决策包括以下几项：

» 所需节拍有多长？
» 需要设置多少个阶段？
» 如何应对工作时间的变动？
» 如何平衡布局？
» 如何安排各个阶段（选择长瘦流程布局还是短胖流程布局）？

● 设施外观设计所需的信息和分析

通常情况下，企业会通过问卷或访谈形式，评估员工和客户对当前及未来工作场所设计的态度。一般来说，问卷或访谈不仅会设置满意度指标，也会设置不满意度指标。该举措很有必要，因为满意度高并不一定意味着不满意度低。不同的员工和 / 或客户对布置的定位和外观可能持有截然不同的观点。最近，某些组织也开始利用远程记录的方法了解客户（有时也包括员工）对企业布置和外观的反应。

本书将在每一章的"社会责任"板块总结本章主题与重要的社会、道德和环境问题之间的关系。

一提到设施布置对可持续发展目标的影响，我们可能会觉得，在正常情况下，企业的财务目标应该与环境目标完全一致。毕竟常见的企业布置目标就是最大限度地缩短实物的运输距离，而达到这一目标不仅可以节约时间和成本，还能最大限度地减少运输能耗。然而，如果从更宏观的角度出发，更全面地考虑工作空间的整体外观和布置，就会发现一些隐藏的问题。设想一个工作场所从选址、采购建筑材料、建造大楼、进行内部设计到持续运营的全过程，在此期间，企业有很多机会履行自己的社会责任，在此过程中也会出现很多阻碍可持续发展目标的潜在问题。首先是选址问题。办公楼是否与周

社会责任

围的环境相协调？它是否会破坏自然环境？施工过程是否会给人们的生产、生活带来很多不便？……这些都是企业要考虑的问题。近年来，可持续（也称"绿色"或"环保"）建筑理念应运而生，其旨在推动环保设计的发展，从而为人们创造可持续的工作（和生活）环境，同时将负面环境影响和能源消耗降到最低。联合国环境规划署（UN Environment Programme）发布的 2017 年全球状况报告（Global Status Report 2017）显示，建筑与施工行业的能源使用量占全球总量的 35% 以上，与能源相关的二氧化碳排放量占比接近 40%。[12] 虽然可持续建筑理念是一个复杂的课题，超出了本书的讨论范畴，但该领域的大部分研究都与节能、节水，以及通过减少碳排放等方式提高建筑环保水平有关。然而，大多数运营管理者更关心的是日常运营活动的可持续性问题（同时他们也承认，这种可持续性在某种程度上取决于办公楼的设计）。图 7-16 列举了一些可能的能耗影响因素，它们可以分为以下 4 类。

» 工作场所或建筑本身的环境效益：通过外缘散失的热量、自然光的用量和水质过滤情况等。
» 建筑服务系统的有效性：供热通风与空气调节系统的能耗，以及水、气等资源服务的有效利用情况等。
» 企业独立设施（如设备）的需求：能源和其他服务需求。
» 因设施布置而产生的能耗：维持企业内资源流动所需的能源。

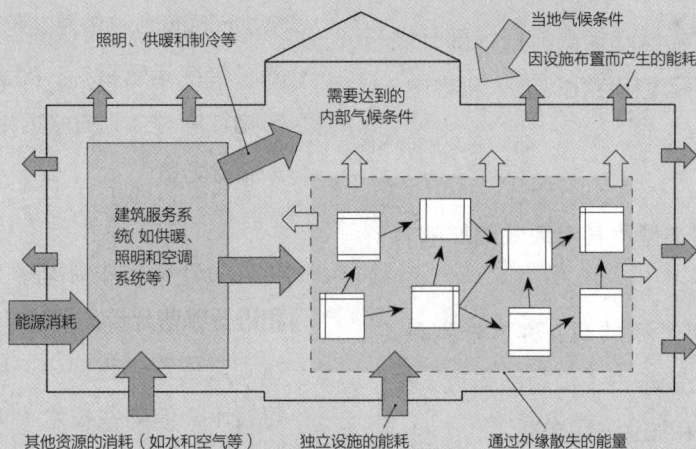

图 7-16　办公楼设计中存在的某些能耗影响因素

第 7 章要点小结

1. **设施的布置与外观如何影响绩效?**

- 运营或流程的"布置与外观"是指各个设施相对位置的安排和总体外观设计。

- 这些决策安排决定了被转换资源在运营或流程中的流动模式和性质,并且影响着运营参与者的工作方式。在可视化程度较高的运营活动中,它们还会影响客户对运营体验的评价(因为客户本身就是被转换资源的一部分)。

- 布置目标包括:最大限度地缩短(有时要延长)被转换资源的流动距离,尽量降低或提高流程各部分之间的互动程度和优化员工(和客户)的体验。

2. **基本布置类型及其对绩效的影响有哪些?**

- 基本布置类型共有 4 种,分别是:按固定位置布置、按功能布置、按单元布置和按生产线布置。

- 企业选择哪种布置类型在某种程度上取决于流程性质,而流程性质又取决于其产量 – 种类特征。另外,该决策也部分取决于运营目标,其中成本和灵活性受布置决策影响最大。

- 每种布置类型的固定成本和可变成本各不相同,因此从理论上讲,任何产量的流程都对应一种成本最低的基本布置类型。实际上,布置设计的实际成本存在不确定性,因此很难准确判断哪种布置类型成本最低。

3. **企业设施的外观如何影响绩效?**

- 布置的整体外观和美观性不仅会影响员工对其所在企业的看法,还会影响客户行为。

- 员工之间的沟通频率会随着距离的增加而降低,这就是艾伦曲线。

- 除了传统运营目标,布置设计还会影响客户对企业的感觉和总体印象,即服务场景。

4. **布置与外观设计需要参考哪些信息和进行哪些分析?**

- 按固定位置布置很少采用正式的布置技术,但某些技术(如资源位置分析)可以为设计者提供一种系统化方法,从而最大限度地减少按固定位置布置中的流动成本和因此造成的不便。

- 对于按功能布置的企业而言,详细设计的目标通常是最大限度地缩短被转换资源在企业中的流动距离（尽管有时也存在例外）。在详细设计的过程中，设计者可以采用人工设计法，也可以采用计算机辅助工具。

- 对于按单元布置的企业而言，详细设计的目标是对产品或客户类型进行分组，从而根据其需求进行单元设计。设计者可以采用生产流程分析法将产品分配到各个单元。
- 对于按生产线布置的企业而言，详细设计包含一系列决策，如确定设计方案需要达到的节拍、运营阶段的数量、生产线各个阶段的工作分配方式和生产线各个阶段的安排。
- 收集信息是分析设施外观的基础，通常情况下，企业会通过问卷或访谈形式，评估员工和客户对当前及未来工作场所设计的态度。最近，某些组织也开始利用远程记录的方法了解客户（有时也包括员工）对企业布置和外观的反应。

第 7 章注释

[1] 案例信息来自 Urry, J. (2017) Inside Ducati: MCN walk around the Bologna factory, *Motorcycle News*, 21 September; Hickey, S. (2014) Death of the desk: the architects shaping offices of the future, *Guardian*, 14 September; Segran, E. (2015) Designing a happier office on the super cheap, Fast Company, 30 March。

[2] 案例信息来自 Booth, R. (2017) Francis Crick Institute's £700m building too noisy to concentrate, *Guardian*, 21 November。

[3] Koontz, C. (2005) Retail interior layout for libraries, Information Today, Inc., January/February。

[4] Schein, E.M. (1999) *The Corporate Culture Survival Guide: Sense and Nonsense About Culture Change*, Jossey-Bass, San Francisco, CA.

[5] Palvalin, M. (2019) What matters for knowledge work productivity? *Employee Relations*, 41 (1), 209–27。

[6] Economist (2013) Montessori management: the backlash against running firms like progressive schools has begun, *Economist* print edition, 7 September.

[7] Waber B., Magnolfi, J. and lindsay, G. (2014) Workspaces that move people, *Harvard Business Review*, October.

[8] 案例信息来自 Economist (2019) Future of the workplace: redesigning the corporate office, *Economist* print edition, 28 September; Economist (2019) Why open-plan offices get a bad rap, *Economist* print edition, 24 October; Waber, B., Magnolfi, J. and lindsay, G. (2014) Workspaces that move people, *Harvard Business Review*, October。

[9] "服务场景"这一概念最初来源于 Bitner, M.J. (1992) Servicescapes: the impact of physical surroundings on customers and employees, *Journal of Marketing*, 56 (2), 57–71。

[10] 案例信息来自 Urbanist Architecture (2020) Virtual reality in architecture: visit your home before it's been built with VR, 12 April。

[11] 案例信息来自 Rolls-Royce (2020) Birds, bees, roses and trees all thriving at the home of Rolls-Royce, Rolls-Royce Media Information, Goodwood, 2 July; Burstein, L. (2015) An inside look at the Rolls-Royce assembly plant in Goodwood, Robb Report, 23 October; Rolls-Royce (2017) Home of Rolls-Royce motor cars, press release, Rolls-Royce Media Information, Goodwood, 7 April。

[12] UN Environment Programme and International Energy Agency (2017): Towards a zero-emission, efficient, and resilient buildings and construction sector, Global Status Report 2017.

流程技术

本章学习目标

» 什么是流程技术，它为什么越来越重要？

» 如何了解新流程技术的潜力？

» 如何评估新流程技术？

» 如何开发和实施新流程技术？

导语

如今，新型流程技术层出不穷，几乎没有一家企业能够免受流程技术进步的影响。种种迹象表明，技术的发展脚步并没有放慢，甚至还在很多方面加速发展。从简单的云计算服务，到最先进、复杂的人工智能自动化工厂，几乎所有企业都会在运营过程中采用某种流程技术，因此，技术发展对运营管理者具有重要意义。但本章不会着重讨论具体技术，因为它们不胜枚举，而且变化极快。本章关注的是运营管理者面临的共性问题，它与具体的技术种类无关。所有运营管理者都要从宏观层面了解新兴技术能做什么和怎么做，以及能为企业带来哪些优势，又可能造成哪些限制。流程技术在运营管理活动整体模型中的位置如图 8-1 所示。

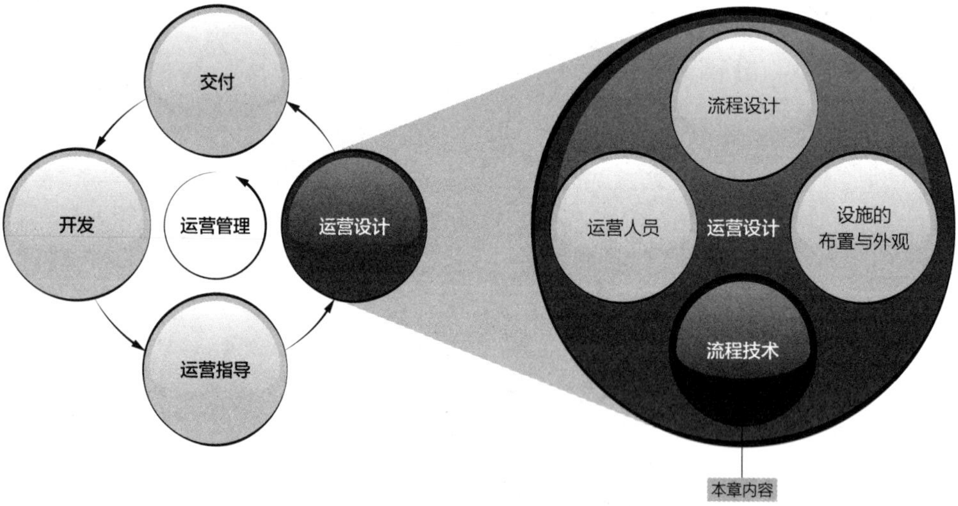

图 8-1　本章所探讨的流程技术在整体模型中的位置

8.1 什么是流程技术，它为什么越来越重要

"利用技术提高运营效率"这一理念并不稀奇。举例来说，人们常常用某种自动化手段取代人工劳动，这种模式至少已经延续了300年。而不同之处在于，今日的技术更加复杂，应用范围更广，综合性也更强，它们持续发展并不断得到应用，几乎在各行各业都成为运营活动的一部分。这种趋势不仅会对技术的应用模式产生重要影响，还会促使企业充分利用新技术的新兴能力，从而在很大程度上影响运营活动的组织方式。更重要的是，面对不断加速和深化的技术变革，运营管理者必须灵活应对。如今，如何处理流程技术已经成为决定管理者运营能力的关键决策之一。

● 流程技术与产品技术

在本书中，"技术"一词是指科学知识在现实世界中的应用，我们要重点讨论的并不是"产品"或"服务"技术，而是"流程"技术。对制造型企业而言，二者比较容易区分。比如，计算机的产品技术（product technology）体现在硬件和软件上，而制造计算机的流程技术是不同部件的制造和组装技术。但对服务型企业而言，二者的区分难度很大。比如，像迪士尼乐园这种主题公园会在某些游乐设施中采用飞行模拟器技术。这些模拟器被安装在可移动液压平台上的大房间中，和宽屏投影结合后，可以为游客带来逼真的太空飞行体验。但这种技术究竟是产品/服务技术还是流程技术呢？显然，它服务于迪士尼乐园的游客，但与此同时，它也是产品（即游客体验）的一部分。实际上，产品/服务技术和流程技术是一回事。我们在此将"流程技术"正式定义为创造和/或提供产品与服务的机器、设备和装置。从挤奶机到阅卷软件，从人体扫描仪到面包机，从移动电话到铣床……这些都是流程技术。实际上，该技术已经遍及各行各业，对企业运营的质量、速度、可靠性、灵活性和成本都有非常重大的影响。因此，我们才用一章的篇幅对此展开讨论。

即使在产品和服务的实际创造过程中，技术似乎并不处于核心地位，但它也可以在运营投入资源的直接转换过程中发挥关键作用。例如，有的信息技术既可以用来实施计划，也可以用来管理活动和库存控制系统，与此同时，它们还可以协助管理者和操作者对流程进行控制与改进。这就是所谓的间接流程技术（indirect process technology）。如今，间接流程技术的重要程度正不断提升。相比面向材料、信息或

客户的直接流程技术，有些企业甚至会在控制流程的计算机系统上投入更多的资源。

值得注意的是，产品 / 服务技术和流程技术之间的区别可能要视情况而定。一家企业的产品 / 服务技术可能就是另一家企业的流程技术。例如，软件公司在计划和控制系统中嵌入的产品 / 服务技术就是其客户的（间接）流程技术。日本机器人制造商发那科（Fanuc）在日本忍野（Oshino）工厂用自己的工业机器人来生产工业机器人，每班只安排 4 名监工。这些机器人既是产品技术，也是流程技术。

● 新技术的"新"体现在哪里

新技术为什么变得如此重要？原因主要有以下两点。其一，大多数新流程技术比被替代的技术功能更强大，换句话说，新的流程技术能完成旧技术无法完成的工作，或者完成效果更好。其二，这些功能更强大的新技术应用范围更广。它们可以应用于各行各业，也可以应用于各种运营活动，而且发挥着比旧技术更重要的作用。

● 新技术的功能往往更强大

在许多企业中，像机器人这样的技术已然不足为奇，但与此同时，它们也变得越来越便宜、熟练和灵活。例如，算法技术既可以应用于银行的日常交易业务，也可以帮助快递公司规划线路，其决策能力已经超过人类。在与人工智能结合后，算法技术还可以开展和 / 或支持医疗诊断等活动，而这些活动以前只能依靠专业人士的判断。另外，有些技术的成本也在降低。在过去 20 年里，工业机器人的成本降低了一半，而发达国家劳动力成本的涨幅超过 100%。因此，有些企业自然会为了取代人工劳动而采用新技术。但这并不意味着成本在任何情况下都能成为新技术应用的主要驱动力，其他绩效优势可能更为重要，我们将在后文对此展开讨论。

运营实践案例

人工智能真的"智能"吗 [1]

人工智能可以做什么，不能做什么？其实，这个界限一直在变化，不过有的任务确实相对容易一些。近年来，与人工智能有关的新闻层出不穷，其中最受瞩目的就是"最佳棋手"李世石（Lee Sedol）和"阿尔法围棋"（Alpha-Go）之间的 5 场对弈，后者正是深度思考（DeepMind）公司开发的谷歌计算机围棋程序。最后，"阿尔法围棋"以 4:1 的成绩获胜。该事件之所以意义重大，是因为围棋看似简单，实际上比国际象棋复杂得多，人工智能开发者也一直在努力研究这种棋类竞技。从棋盘尺寸看，一场棋局会出现无数种可能，具体来说，大约有 10^{170} 种，比宇宙中可观测的原子数量（约为 10^{80}）还多出近 100 个数量级。在阿尔法围棋被开发出来以前，最厉害的围棋程序也只是比熟练的业余选手稍强一些。而阿尔法围棋的突破之处在于，它将以往程序采用的某些理念与新方法相结合，重点关注计算机如何产生自己的"直觉"，从而找出最佳步法。阿尔法围棋通过一种名叫"深度学习"的技术，了解那些经验丰富的选手只可意会不可言传的本能。阿尔法围棋的能力之所以令人振奋，部分原因在于，这种人工智能技术是通用的，和电力系统一样，能够影响整个经济体系，也是所有模式识别技术的应用基础。

人工智能技术虽然强大，却仍然存在局限性，而且通常难以应用（详见下文的"莫拉维克悖论"）。它们很难培养出人类推理所需的认知能力。也有人将其称为人工"白痴天才"，因为它们能出色地完成那些明确的任务，但如果遇到意外情况就可能会出错。换句话说，它们缺乏一种难以定义却非常重要的品质——常识。[2]人工智能具备基本的学习能力，但的确需要以非常庞大的数据库作为支撑。比如，它们难以处理人类之间可能存在的频繁而微妙的互动。大多数人都能胜任客服工作，但能成为围棋大师的人寥寥无几。然而，对弈不过两种结果，非输即赢，二者界限分明，基本的对局规则也比较简单明了，人工智能非常适合解决这种明确的问题。但要打造一款客服聊天机器人就难得多，因为每次与客户互动都会产生许多不同的结果。相比之下，人类就更擅长处理这种微妙的情况，因为人类更善于对世界的运作方式进行"自上而下"的推理。在"自下而上"的感官信号不清晰或不充分时，这种推理能力可以指导人们做出判断。而人工智能很难做到这点。虽然它们可以完成明确的任务，但是一旦出现变化，哪怕只是微小的变化，也可能会造成问题。

莫拉维克悖论

有的任务对大多数人来说是小菜一碟，但人工智能却很难完成，这种令人费解的现象就称为"莫拉维克悖论"（Moravec's paradox）。该理论由卡内基梅隆大学的汉斯·莫拉维克（Hans Moravec）提出。莫拉维克发现，要让计算机具备某些成人才有的能力（如解决棘手的逻辑问题）并非难事，但对于某些需要感知和移动技能来完成的任务，计算机却很难完成，甚至对它的理解完全无法达到 1 岁幼儿的水平。换句话说，对人工智能而言，有些复杂的问题很简单，有些简单的问题却很复杂。然而，某些技能（如人类本能的学习能力）虽然常常被视为"简单"技能，实际上它们是人类数十亿年进化的结果，只是我们将它们"变得"简单了。尽管如此，我们也并非有意识地将其分解成逻辑步骤，或是明确解决问题所需的一切计算过程，不过，要想让人工智能具备类似的"简单"能力，就只能采用这些方法。通过上面的"运营实践案例"，我们便可以发现，人工智能应用的关键就在于其能否掌握这些"简单"技能。

新技术越来越多地应用于各类企业

过去，人们会将企业简单地分为以下两类：一类是采用大量流程技术的企业（通常是制造型企业）；另一类是很少或完全不使用流程技术的企业（通常是服务型企业）。但现在，这种划分方式已然不再适用。如今，几乎所有的企业都在积极采用某种技术支持运营流程。例如，我们在机场可以利用机器办理登机手续并扫描护照，然后连人带包一起经过（半）自动扫描设备完成安检，接着通过扫描登机牌或手机图像进入登机口。即使在飞行过程中，飞行员可能也只在前几分钟亲自驾驶，随后便将剩下的飞行任务交给自动驾驶仪来完成。即使医疗和法律服务这种产量较低、种类较多的专业服务，也能从新的增值技术中获益。

● 我们该如何看待新技术

有时，面对各种宣传与猜测，人们很难看清一项新技术的真实面貌，尤其是在人们尚未完全了解其潜力时。为此，信息技术研究和咨询公司高德纳（Gartner）创建了技术成熟度曲线（Gartner Hype Cycle），旨在说明人们对一项技术有用性的看法是随着时间的变化而变化的。技术成熟度曲线共包含 5 个连续阶段（有时也存在重叠），如图 8-2 所示。

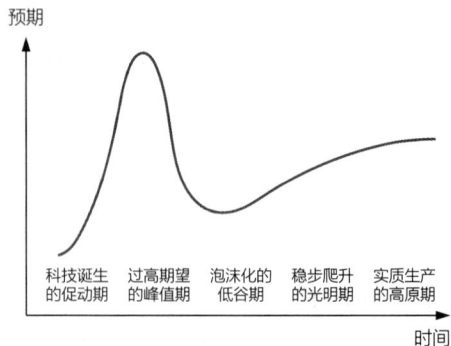

图 8-2 技术成熟度曲线

资料来源：高德纳咨询公司授权。

» 第 1 阶段——"科技诞生的促动期"（technology trigger）：这是一项技术出现的早期阶段，此时新技术可能仅停留在理论或原型阶段（已经引起了媒体的关注），但并没有经过实践检验。

» 第 2 阶段——"过高期望的峰值期"（peak of inflated expectations）：在该阶段，技术已经发展到一定程度，某些勇于冒险的"先行企业"已经将其投入使用。媒体也开始对应用效果进行报道，其中既有成功案例，也有失败案例。

» 第 3 阶段——"泡沫化的低谷期"（trough of disillusionment）：实际应用过程中出现的困难开始暴露技术缺陷，从而使人们在某种程度上产生抵触情绪，进而对该技术产生失望和幻灭感。

» 第 4 阶段——"稳步爬升的光明期"（slope of enlightenment）：该技术存在的问题慢慢得到解决，人们对技术潜力的认识也更加切合实际。越来越多的企业开始采用该技术，并学会了如何根据企业的具体情况进行技术应用。

» 第 5 阶段——"实质生产的高原期"（plateau of productivity）：该技术以成熟形态得到广泛应用，用户和供应商可能会共享技术标准。

● 流程技术与被转换资源

通常情况下，我们可以根据实际处理对象的类型（即材料、信息或客户）对不同流程技术进行区分。在第 1 章讨论运营和流程投入资源时，我们就采用过这种区分方法。

材料加工技术

材料加工技术包括所有以塑型、运输和储存等方式使物理对象发生改变的技术。其中既包括制造型企业（manufacturing operations）采用的机械和设备 [机器人、3D 打印和计算机集成制造（computer integrated manufacturing）系统等]，也包括卡车、传送带、包装机、仓储系统甚至零售展示单元等工具或设施。对制造型企业而言，技术进步意味着企业不再停留于传统的部件组装过程，而是实现了材料加工方式的自动化。虽然企业自动化程度大幅提升，但更多的技术挑战也接踵而至。

信息处理技术

信息处理技术简称信息技术（information technology，IT），是企业中最常见的单一技术类型，包括所有收集、处理、存储或分发信息的设备。起初，互联网技术的应用对企业运营（尤其涉及买卖活动的运营）产生了最为显著的影响。其不仅可以扩大运营范围（即增加可接触的客户/供应商数量，以及为其呈现的商品数量），也可以提高运营丰富度（即提供更多有关在售商品和客户/供应商行为的详细信息）。后来，其他信息处理技术也为流程创新提供了机会，其中最为典型的是那些涉及分析能力的技术，如算法决策（algorithmic decision-making）、人工智能和数据挖掘；涉及通信或连接的技术，如区块链（blockchain）；以及能处理视觉信息的技术，如增强现实（augmented reality，AR）等。

运营实践案例

技术 vs 人才，未来职场将何去何从 [3]

　　一直以来，技术进步都影响着企业的工作需求，进而影响着被淘汰的工作类型。如今，许多常规工作都已被机器人和电子表格取代，而不容易被取代的通常是那种难以分解成一套标准化元素的工作。其中比较典型的就是以判断力和洞察力为基础的决策工作、幼儿教育和疑难杂症诊断等。但现在，这类工作的前景也开始出现不确定性。如今，数据收集和分析过程越来越便捷、高效，流程知识也在不断积累，企业可以更轻易地将多种工作分解为例行工作，从而实现自动化发展。而这种自动化最终会达到何种水平，目前仍在讨论中。牛津大学的卡尔·贝内迪克特·弗雷（Carl Benedikt Frey）和迈克尔·奥斯本（Michael Osborne）认为，可实现自动化的工作范围远远超出人们的想象，其中会计、法律工作、技术写作，甚至教育工作等传统白领岗位最容易被技术替代。这不仅是因为技术智能化水平正在不断

提升，也因为它能充分获取更多的数据。弗雷和奥斯本甚至估算了未来 20 年内，某些岗位从业人员被技术取代的可能性（这需要一定的勇气，因为此类预测往往极为困难）。最容易被替代的工作有电话推销员（有 99% 的可能性）、会计和审计员（94% 的可能性）、零售销售员（92% 的可能性）、技术撰稿人（89% 的可能性）和零售房地产经纪人（86% 的可能性）。不太可能被替代的工作有演员（37% 的可能性）、消防员（17% 的可能性）、编辑（6% 的可能性）、化学工程师（2% 的可能性）、体育教练（0.7% 的可能性）和牙医（0.4% 的可能性）。然而，经济合作发展组织（OECD）开展的另一项调查显示，这些预测结果过于悲观，被人工智能和机器人取代的工作不会有这么多。但可以确定的是，技术影响着流程的设计，正因如此，未来很多人的工作也会发生重大变化。

客户处理技术

为了在保证服务水平的同时大幅降低成本，企业正逐渐用客户处理技术代替人工服务。客户处理技术可分为以下 3 类。第一类是主动交互技术，如车辆、购物网站、健身器材和自助收银台等。对这类服务而言，客户需要自己利用技术来获取服务。相比之下，公共交通系统、电动步道、电梯、电影院、健身监测器和大多数主题公园的游乐设施都属于被动交互技术，它们需要通过某种方式"处理"（或控制）客户（或客户的某些方面），但并不需要客户直接参与互动，这是第二类客户处理技术。有些客户处理技术可以"感知"到客户的存在，但客户未必能察觉到技术的存在。例如，商场或国家边境海关区会采用安全监控或人脸识别技术。而采用这些"隐蔽技术"就是为了用隐蔽的方式跟踪顾客的移动路线或交易行为，这是第三类客户处理技术。

集成技术

当然，有些技术处理的资源不止一种，它们还可能与其他技术相结合，这就是所谓的"集成技术"。例如，电子销售点（electronic point of sale，EPOS）集扫描技术与信息技术于一体，能够对顾客、产品和信息进行处理。最近讨论热度最高的集成技术当属"工业 4.0"。这是制造技术自动化和集成化领域的术语，后文将对此进行详细解释。

● 运营管理者应如何管理流程技术

运营管理者需要参与流程技术的选择、部署和管理过程，因此对他们而言，流程技术的管理始终是一个重要课题。但运营管理者如何才能确定流程技术（尤其是以前并不适用的技术）的最佳启用方式呢？对此，他们应当做到以下 3 点。

» 管理者需要充分了解技术，要能阐明技术可以解决的问题。这并不是要求他们成为技术核心科学领域的专家，而是要求他们充分了解技术的运作原理。

» 管理者要对替代技术进行评估（尤其是在这些技术影响企业运营活动时），并参与技术选择决策。

» 管理者必须对技术进行开发、规划和实施，充分发掘其潜力，为运营绩效做贡献。

8.2 如何了解新流程技术的潜力

运营管理者的首要职责是了解流程技术的功能。但"了解流程技术"并不（一定）意味着详细了解该技术包含的与科学和工程相关的知识，而是要足够了解技术背后的原理，从而能够轻松地对技术信息进行评估，与技术专家打交道，并有足够的信心提出相关问题。

● 4 个关键问题

以下 4 个关键问题可以从很大程度上帮助运营管理者把握技术要点：

» 该技术与其他类似技术有何不同？
» 该技术是如何运作的，即该技术通过哪些特点实现其功能？
» 采用该技术可以为企业带来哪些好处？
» 采用该技术会给企业带来哪些限制或风险？

在下面的"实例分析"中，我们可以结合这 4 个关键问题进行实例分析。

● 新兴技术——了解其主要功能

上述 4 个关键问题可以帮助管理者了解所有新型或新兴技术对运营管理的影响，从这方面来讲，以上问题具有普适性。尽管如此，但是公众对新技术重要性的普遍看法也会对运营管理者产生影响，因此，管理者有必要考虑外界对技术的评价。

QB 理发店 [4]

某天，日本的小西邦良（Kuniyoshi Konishi）被迫为了理发而排队等待，还要支付3000 多日元的权益费，他为此感到十分懊恼，觉得理发店一定能找到更好的方法为顾客提供服务。"为什么不能开一家简简单单的理发店，让顾客只花 1000 日元（7 欧元），

实例分析

就能在 10 分钟内理完发呢？"后来他意识到，将技术与流程设计相结合可以加快基本理发工作的速度，于是便开了一家名叫"QB 理发店"的连锁理发店。他们家的理发师从不收现金，每家分店都有一台自动售票机，可以接收 1000 日元的纸币（不找零），并为顾客开出理发票据，顾客将票据交给理发师，就可以获得理发服务。另外，QB 理发店不接受预约，所以无需接待员，也不用找人安排预约。同时，该理发店还开发了一套系统，可以显示顾客需要等待的时间。等待区每个座椅的下方都设置了电子传感器，可以对等待人数进行实时监控。如果店外亮的是绿灯，说明没有顾客在排队；如果亮黄灯，说明要等待 5 分钟左右；如果亮红灯，则可能要等待 15 分钟左右。该系统还能精确地记录每位顾客接受服务的时间。除此之外，日本理发师通常会在顾客理完发后用洗发水洗去散落的头发，但 QB 理发店省去了这一传统做法。他们采用独家的空气洗发系统，从天花板拉下软管，用吸尘器将顾客的落发清理干净。QB 连锁理发店一开业便受到广大消费者的热烈欢迎，其门店遍布东南亚多个国家，每年都有接近 400 万顾客前来体验 QB 的 10 分钟理发服务。

分析

» **该技术有哪些功能？** 答：能够向顾客发出信号，说明服务可用性，从而管理客户期望。不需要理发师收取现金。用空气洗发系统代替传统洗发水，从而加快服务速度。

» **该技术是如何运作的？** 答：在座椅、自动售票机和空气洗发系统中设置简单的传感器。

» **该技术可以为理发店带来哪些好处？** 答：它可以加快服务速度，提高等待时间的可预测性（即提高服务的可靠性），降低成本，从而降低服务价格。

» **该技术会带来哪些限制或风险？** 答：顾客可能会对服务质量产生负面看法。QB 理发店所提供的并不是某种"高端"服务，而是一种有价值的基本服务，所以顾客需要调整期待，明确使用方法。

按照主要功能对技术进行分类

　　要想深入了解一项技术，就要了解它通常能够解决哪些问题。换句话说，就是要了解它的主要功能是什么，又比被取代的技术强在哪里。图 8-3 列举了某些新技术（至少在撰写本书时，这些技术还比较新）。当然，图中列举的并不全面。其中有些是专门技术，也就是说，它们只能应用于某一类企业，而其他技术（在撰写本书时）仍然处于开发阶段。我们在此并不是要提供一份全面的技术调查报告（报告本身就足以写成一本书），也不是要深入探讨技术细节。我们是要说明运营管理者应该如何

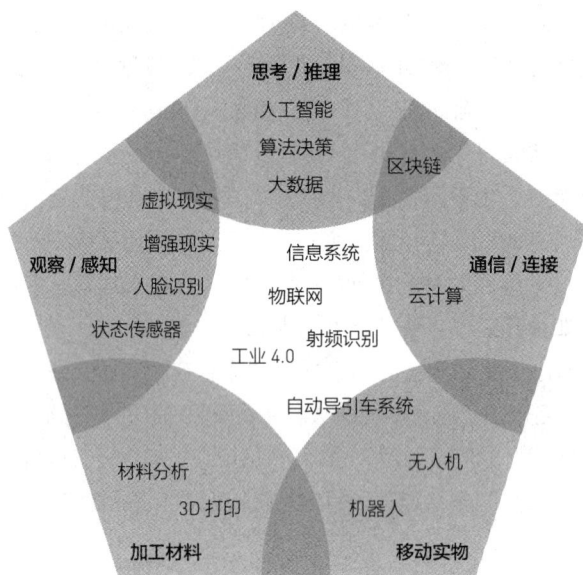

**图 8-3　根据思考 / 推理、观察 / 感知、通信 / 连接、移动实物和加工材料
这 5 种主要功能对新型和新兴技术进行定位**

透过表象深入了解技术，从而逐步理解技术的预期作用。图 8-3 根据以下 5 种主要功能对技术进行定位：

> » 可以思考或推理的技术；
> » 可以观察或感知的技术；
> » 可以通信或连接的技术；
> » 可以移动实物的技术；
> » 可以加工材料的技术。

可以思考或推理的技术

　　在所有试图模仿（甚至超越）人类思维的技术中，最著名的就是人工智能。人工智能通常是指一种以计算机为基础的能力，重点在于创造一种能像人类一样做出反应并完成工作的智能技术。它也是语音识别、预测规划和解决问题等学习活动的技术基础。自计算机问世以来，人类就始终与之合作，并得到了它的协助。后来，其功能不断提升，能够胜任的工作也越来越多，进而对原本的人机关系提出了挑战。相比之下，算法决策虽然没有那么复杂，但（目前）在运营管理领域的应用更为广泛。算法是一系列预先定义的指令或规则。本书采用的很多模型都是可以纳入决策程序的算法。另外，算法决策还可以和大型数据集［通常又称"大数据"（big data）］相结合。大数据是大量结构化和非结构化数据的集合，对大数据进行分析可以揭示隐藏的模式和关联等信息。

可以观察或感知的技术

某些技术可以控制由计算机生成或增强的视觉信息。例如，增强现实技术可以为人们呈现增强版的现实世界，也就是将计算机生成的图像叠加于环境实景，从而丰富个体对现实的感知。相比之下，虚拟现实技术则更为强大，它能够带来完全由计算机生成的模拟环境，人们只需戴上装有传感器的特制头戴式显示器与手套，就能以一种看似真实的方式在虚拟环境中互动。虽然目前增强现实和虚拟现实都主要应用于娱乐领域，但它们在手术培训、维修规划和流程设计方面也很有应用价值。从总体上看，它们都需要用户主动利用技术来观察物体，但人脸识别（face recognition）技术则与之相反。它利用场景的静态图像或动态视频来对一个或多个个体进行识别或验证，通过内部存储的人脸数据识别用户身份，从而实现自动收取服务费、提高服务安全性或进行广告投放等目的。相比之下，状态传感器（Condition sensor）与被监测对象的距离更近。它们可以感知人体特征（如健身监测器）或材料特征（如质量控制传感器）。

可以通信或连接的技术

可以说，目前对各个流程技术而言，最重要的功能就是使企业流程中的各个要素相互连接和沟通，而这一功能也在越来越多的流程技术中得到体现。例如，云计算（cloud computing）可以通过（实时）共享信息和信息库的方式，让不同地区的团队进行虚拟协作。区块链技术依赖的也是相互连接的网络，但它采用的不是共享技术，而是分布式数据库，所有网络节点都维护着一个共享的记录列表（即所谓的"区块"），每个加密代码区块也都包含之前所有区块的历史交易信息，每次交易都有确切的"时间标记"。网络内部清晰透明，但没有任何一个节点记录会遭到黑客的攻击或破坏。从更富有技术性的层面看，采用射频识别技术（RFID technologies）可以大大提高实物之间的通信有效性。射频识别设备可以利用无线电波自动识别物体，收集相关数据，并将数据传送到信息系统（即用于收集、存储和处理数据，并提供信息和知识的集成组件）。

可以移动实物的技术

人们时常会觉得机器人的能力与人类相差无几，实际上，它们的主要用途是处理材料（如在设备上装卸工件）、抓取工具进行材料加工和组装部件。有些机器人会通过视觉和触觉控制，获得有限的感知反馈。其中，自动导引车系统（automated guided vehicle，AGV）与机器人关系密切。这是一种材料处理系统，主要利用编程技术让自动导引车在不同的地点（通常是制造厂或仓库）之间移动，无须人工驾驶。将视线从陆地转向空中，制导无人机和自动无人机也都在工业领域得到了越来越广泛的应用。而在非军事领域，无人机主要用于安全质量检测、摄影和新闻报道、搜寻和救援，以及精准农业和短途配送。

可以加工材料的技术

材料加工技术的种种发展通常具有极高的专业性和技术性，因此很难引起大众的关注。然而，很多新型（或较新）的加工工艺有时也会对材料加工活动的经济效益和操作方式产生重大影响。随着微型化技术问世，激光得到应用，人们开始创造出形状复杂且含有多功能材料的产品……所有技术发展都为材料加工带来了新机遇。3D 打印（也叫增材制造）就是其中一种广受关注的技术。在制造三维产品的过程中，3D 打印机将对材料进行逐层堆积，直至最终成型。但 3D 打印本身并不算新技术。从 20 世纪 90 年代开始，企业会在正式生产之前用 3D 打印技术制造产品原型，整个过程速度快、成本低。而现在，越来越多的企业开始利用该技术为真正的客户制造成品。值得一提的是，3D 打印采用了"增材"技术，因而可以大大减少浪费。相比之下，在某些航天部件的加工过程中，材料浪费率有时可高达 90%。

具有多种主要功能的技术

在前文提到的各种技术中，有的技术可能具有多种主要功能，只是其中一种功能占据了主导地位。比如，虚拟现实技术是一种视觉技术，但如果没有较为强大的思考 / 推理能力，它就无法发挥作用。自动导引车系统主要负责搬运实物，但常常也可以发挥通信功能，同时"看到"行动目的地，并推理出多个路线方案。还有些重要技术可以将更多的主要功能集合在一起。比如，物联网（Internet of Things，IoT）能够利用射频识别技术，结合传感器与执行器，将各个组件通过无线网络连接起来，实现信息系统和物理网络的融合。企业资源系统开发商思爱普（SAP）将物联网描述为："一个实物被无缝集成到信息网络的世界，在这里，实物可以成为业务流程的积极参与者。在确保隐私安全的前提下，用户可以通过物联网获取相关服务，从而与

'智能物品'展开互动，查询或更改物品状态和所有相关信息。"[5]

工业 4.0

在所有集多种主要功能于一体的技术中，最成熟的当属工业 4.0（Industry 4.0）。人类社会共经历了 4 次工业革命：第一次是通过水和蒸汽动力实现机械化；第二次是在电力的驱动下形成大规模的生产装配线；第三次是实现自动化和计算机化；第四次，也就是最近一次，人类创造出了集数字、虚拟和物理系统于一体的智能工厂。"工业 4.0"这一名称也由此而来。2011 年，一群商界人士、政界代表和学者在提高德国制造业竞争力的倡议大会上，首次公开使用了"工业 4.0"这一术语。为此，德国联邦政府成立了一个工作小组，并发布了工业 4.0 愿景。他们认为，工业 4.0 是由智能设备、存储系统和生产设施组成的网宇实体系统（Cyber-Physical System），能够自动交换信息，触发行动，而且彼此之间可以实现独立控制。

运营实践案例

马麦酱工厂的能源回收技术 [6]

马麦酱（Marmite）在某些地区可能并不常见，实际上，它是一种营养丰富的咸味酱料，内含维生素，可以夹在三明治中间，可以抹在吐司上，也可以用作烹饪调料。有的人并不喜欢马麦酱的味道，正如广告语所说，人们对它"非爱即恨"。然而，该产品的巧妙之处还不只在于广告语，作为大型食品公司联合利华旗下的产品，马麦酱可以回收生产过程中产生的残余物，并将其在工厂中转化为能源，成为残余物回收利用的先行者。其工厂位于英国，每年凝固在生产加工设备表面的酱料残渣约有 1.3 万吨。多年来，这些被清理出来的残渣要么被直接冲进下水道，要么被送往垃圾填埋场。后来，联合利华安装了厌氧消

化器，即一种堆肥器，里面含有以废料为食的微生物。在分解废料的过程中，微生物会释放出甲烷，而甲烷在锅炉中燃烧后，与锅炉连接的发电机就可以产生电能。除此之外，该系统还可以收集废热，从而对工厂水系统起到加热作用（见图 8-4）。

联合利华每年都会发布可持续行动计划（Sustainable Living Plan），详细介绍该公司的可持续发展目标在全球和国家层面的进展，马麦酱工厂的回收计划只是众多计划中的一项。该计划按表现形式分为以下 3 类。第一类是"真正进展良好的计划"，其中包括可持续采购、营养和生态效益（马麦酱项目就属于这一类）。第二类是"必须认真考虑

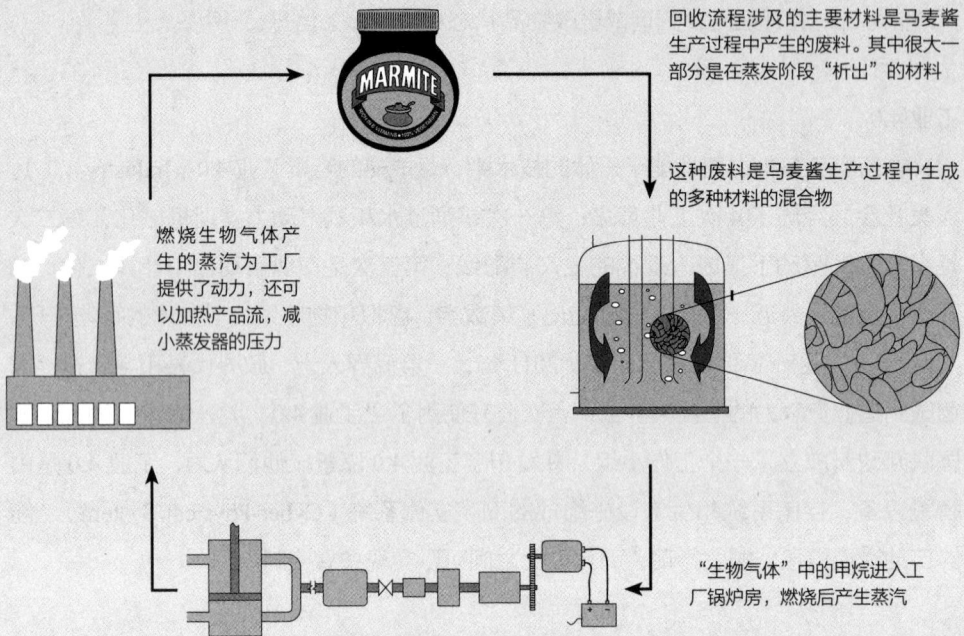

回收流程涉及的主要材料是马麦酱生产过程中产生的废料。其中很大一部分是在蒸发阶段"析出"的材料

这种废料是马麦酱生产过程中生成的多种材料的混合物

燃烧生物气体产生的蒸汽为工厂提供了动力，还可以加热产品流，减小蒸发器的压力

"生物气体"中的甲烷进入工厂锅炉房，燃烧后产生蒸汽

图 8-4 马麦酱工厂的废料回收系统

如何实现目标，但已经准备好扩大规模的计划"。比如联合利华推出了一个提高喷雾罐回收率的计划，旨在鼓励更多的地方政府在街头收集喷雾罐。当然，该公司也在报告中指出："我们还有很多工作要做，为此，我们要与各个行业、政府和非政府组织合作，努力提高回收利用率。"第三类是"难以取得进展，需要寻求合作的计划"，其中包括那些需要改变消费者行为的计划，如鼓励低盐饮食，或者减少淋浴和洗衣时的热水用量等。

8.3 如何评估新流程技术

对运营管理者而言，最常见的技术决策可能就是确定要不要用某种新技术取代目前的技术。这是一项重要决策，因为流程技术会对运营能力产生重大影响，而且没有人愿意对成本高昂的技术进行频繁更换。如今，新技术不断涌现，有些技术的功能可能模糊不清，因此，技术评估流程就变得更加困难，也更加重要。此外，新技术也存在新风险，如安全性、时效性和实施问题等。与此同时，有些企业还可能会为了创新而创新。为此，我们可以从以下 3 个方面进行评估：

> » 新技术是否符合流程任务的产量－种类特征？
> » 新技术可以改善运营绩效的哪些方面？
> » 新技术能否带来可接受的经济回报？

● 流程技术是否符合流程任务的产量－种类特征

不同类型的企业需要采用不同的流程技术，这不仅是因为它们的被转换资源不同，还因为其产量和种类不同。种类多、产量低的流程一般需要通用型流程技术，因为这种技术可以完成多种流程活动，从而满足较高的种类需求。产量高、种类少的流程可以采用偏专业型的流程技术，从而适应较低的种类需求。在通用型和专业型之间，流程技术主要在以下 3 个方面受到产量和种类的影响：

> »"自动化程度"；
> » 工作处理能力，即"规模"或"可扩展性"；
> » 与其他技术的整合程度，即技术的"耦合度"或"连接度"。

技术的自动化程度

从某种程度上看，所有技术都需要不同程度的人力干预。有些干预程度可能微乎其微，如石化炼油厂中的定期维护；有些干预程度也可能很高，技术使用者需要充当整个流程的"大脑"，如利用锁孔微创技术开展手术。技术与人力的投入比例有时称为流程技术的资本密集度。一般来讲，与种类少、产量高的流程相比，种类多、产量低的流程更适合采用自动化程度较低的技术。例如，投资银行的交易对象是高度复杂和精密的金融"衍生品"，这些衍生品往往要根据不同顾客的需求进行定制，每件产品的价值可能高达数百万美元。这些交易必须由银行后台人员处理，以确保按时付款和文件无误等。这些流程大多采用电子数据表等相对通用的技术，决策者是经验丰富的后台工作人员，并非技术人员。与之形成鲜明对比的是产量高、种类少的流程，如简单的股票交易。此类流程大多简单明了，可以直接通过"自动化"技术进行批量处理，日处理量可达数千。

技术的规模或可扩展性

通常情况下，各个技术单元的规模具有一定的选择空间，如大型综合办公楼的文印部既可以投资购买一台大型快印机，也可以购买多台体积较小的低速复印机，并将它们分配到企业的各个流程中。航空公司既可以购买一两架宽体客机，也可以购买更多的小型飞机。与小规模技术相比，大规模技术的处理成本通常更低，但一般适用于大批量生产流程，也无法满足较高的种类需求。相比之下，小规模技术更加灵活，适用于种类多、产量低的流程。例如，4 台小型机器可以生产 4 种不同的产品（不过生产速度较慢），而产量与 4 台小型机相等的大型机器一次只能生产一种产品（不过速度较快）。另外，小规模技术稳定性更强。假设某家企业要在 3 台小型机和 1 台大型机之间做选择，选择前者后，如果 1 台机器发生故障，那么企业就会损失 1/3 的产能；如果选择后者，那么产能就会降为零。大规模技术与第 5 章讨论的大规模产能扩张具有类似的优势。

对某些信息处理技术而言，其可扩展性相当于技术规模。所谓可扩展性，是指以较低的成本快速调整有效产能的能力。可扩展性与绝对规模类似，因为它也受产量－种类特征的影响。信息技术的可扩展性依赖于一致的信息技术平台架构和高度标准化的流程，后者通常产量较高、种类较少。

技术的耦合度或连接度

耦合是指在单项流程技术中将不同活动连接在一起，形成一个相互连接的流程系统。紧密耦合的技术通常可以提高生产速度。例如，自动化生产系统中的产品可以在各个阶段迅速流动，不会出现延迟，库存量也更低——因为各项活动之间没有"间隙"，也就不会产生库存。较高的技术耦合度也可以简化流程，提高可预测性，流程阶段减少，部件的跟踪难度也就随之降低；同样，当信息可以自动分发到信息网络的各个部分时，信息的跟踪难度也随之降低。然而，耦合度高的技术不仅成本较高（因为每次连接都可能需要资金支持），还很脆弱（一旦互联系统的某个部分出现故障，整个系统都会受到影响）。在完全集成的制造系统中，部件严格遵循预定的流动方式，所以此类系统并不适合处理对加工要求不尽相同的产品。因此，耦合技术一般更适用于种类较少、产量较高的流程。而产出种类较多的流程一般需要更高的自由度，因为产品和服务不同，需要开展的流程活动也就多种多样。

新技术正在改变自然对角线

流程技术的 3 个方面以及不同的产量—种类组合的自然对角线如图 8-5 所示。除此之外，该示意图还说明了，某些技术的发展如何在一定程度上克服灵活性与成本之间隐含的权衡限制。具体来说，数字化的发展和很多新技术计算能力的大幅提升，可以使企业更轻松地降低成本，同时提供多种产品。例如，网银服务背后的信息技术系统、数据库和算法技术可以为客户带来种类繁多的定制服务，同时维持或提高后台效率。同样，所谓的三维编织机可以仅用一台机器、一根线来生产整件服装，就连通常需要单独生产并缝在一起的袖子和衣领等部位也可以一起生产。如此一来，企业不仅能以较低的成本生产出各种各样的服装，还能减少材料浪费。采用新技术后，从前公认的"自然"对角线就会出现弯曲。

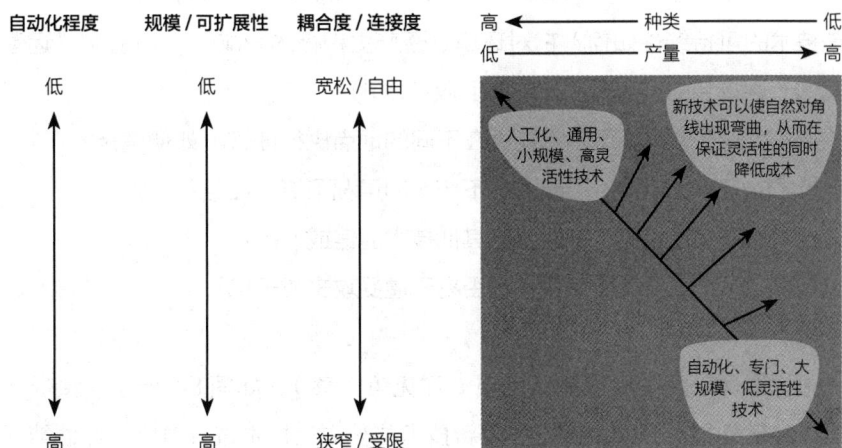

图 8-5　不同的流程技术适用于不同的产量 – 种类组合，但某些新技术可以兼顾灵活性和成本

● 技术如何提高运营绩效

在第 2 章中，我们确定了 5 个用来评估运营或流程的运营绩效目标。因此，在对企业所有流程技术的影响进行评估时，管理者应首先评估技术对质量、速度、可靠性、灵活性和成本的影响。然而，在评估过程中，管理者要对常规的绩效目标进行两方面的细化。一方面，鉴于某些流程技术可以执行全新的任务（例如，3D 打印技术具有新颖的塑型方式和材料使用方式），因此，管理者可以将质量标准细分为规格质量（技术能做什么）和一致性质量（能否准确无误地完成任务）。另一方面，管理者可以将技术灵活性分为响应灵活性（任务切换难度）和范围灵活性（可以执行的任务种类）。此外，由于某些新流程技术的功能正不断增强，任何评估流程都应该包含其他标准。

在此，我们列出以下几个评估问题，管理者可以将其作为评估的起点，具体评估标准应根据技术针对的具体运营活动进行调整。

» 该技术能做什么？它能否完成以往的技术无法完成的某项（或多项）任务？
» 该技术的使用效果如何？它能否准确无误地完成任务？
» 该技术的运行速度如何？它能否提高工作速度？
» 该技术是否可靠？它能否提高运营可靠性？
» 该技术的灵活性（响应速度）如何？它能否在不同的任务之间轻松切换？
» 该技术可以完成的任务范围有多大？它能执行多少种不同的任务？
» 该技术的可持续性如何？它对环境是否产生积极的影响？（如前文"运营实践案例"中提到的马麦酱工厂能源回收技术。）
» 该技术可以在哪里使用？它能否在不同的地点执行任务（如便携技术）？
» 该技术的安全性如何？它能否在不伤人的情况下执行任务？
» 该技术的连接性如何？它能否与其他技术通信或连接？
» 该技术的系统安全性如何？它是否易于遭受攻击或干扰？

以上标准可以通过极坐标图呈现（详见第 2 章），如图 8-6 所示。接受评估的技术可以映射到极坐标中。该方法将新技术与被取代技术进行对比，评估结果分为"劣于"（中心圆部分）、"基本相同"（浅灰色圆环部分）和"优于"（深灰色圆环部分）。该极坐标图以两项技术为例。第一个例子是前文"实例分析"中提到的 QB 理发店的技术。由图可知，与传统理发店相比，QB 理发店有两点优势——（通常）速度更快、价格更低。然而，该理发店的服务点较少（对应问题为"该技术可以在哪里使用"），且等待时间并不完全可靠。从其他标准看，该理发店的绩效与传统理发店大致相同。

第二个例子评估的是某种 3D 打印机，它可以生产可生物降解型半硬性塑料包装模具的原型。我们将该打印机的效能与目前通过传统加工技术制造模具的方法进行比较。结果表明，新的 3D 打印技术几乎在各个方面都更胜一筹，其中在速度、灵活性、范围、可持续性（可大大减少材料浪费），以及与其他技术（特别是设计系统）的连接方面表现最为优越。然而，较强的连接性也会使设计方案更容易被窃取或复制。

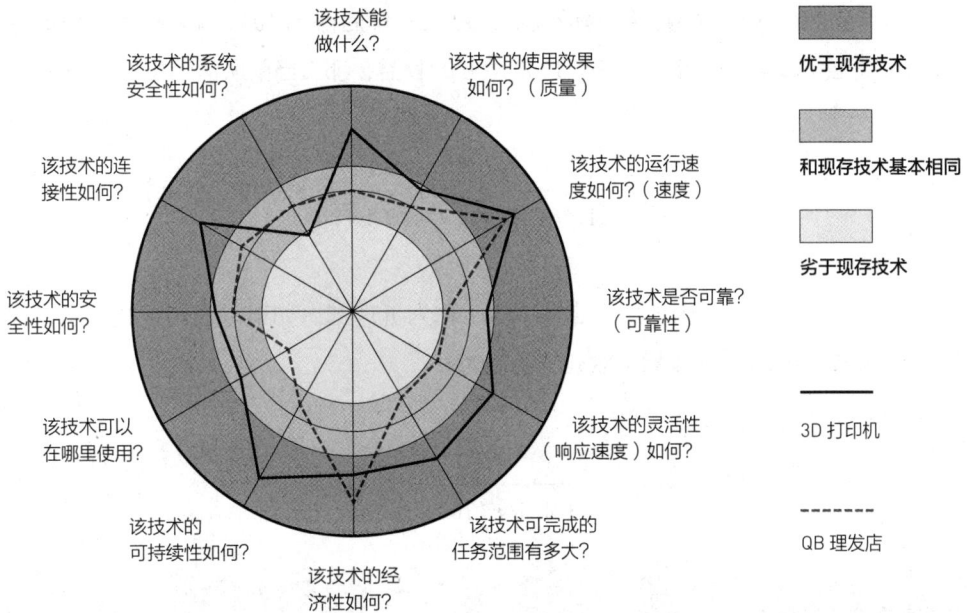

图 8-6　评估流程技术对运营绩效的影响

● 新技术能否带来可接受的经济回报

　　对流程技术投资的财务价值进行评估，这本身就是一个专业课题。虽然本节并非旨在深入探讨财务分析的细节，但需要强调的是，投资新技术产生的收益可以在未来几年逐步显现，而技术投资的相关成本却通常产生于前期。这一点对财务评估至关重要。因此，我们必须考虑到货币的时间价值。简单来说，货币的时间价值意味着现有的 1000 欧元收益要比一年后得到的 1000 欧元收益更值钱。因为现有的 1000 欧元可用于投资，如此一来，其带来的价值就高于一年后收到的 1000 欧元。或者反过来想，如果一年后想获得 1000 欧元的收益，那么现在需要投入多少资金？根据该方法得出的投资数额（低于 1000 欧元）就是一年后收到 1000 欧元的净现值。

　　举例来说，假如当前年利率为 10%，那么要想在一年后获得 1000 欧元，现在需要投入的资金数额为

$$1000 \times \frac{1}{1.10} \approx 909.10 \text{（欧元）}$$

考虑到我们无法立刻获得这份收益，那么一年后得到 1000 欧元的净现值约为 909.10 欧元。如果想在两年后获得 1000 欧元的收益，那么当前所需的投资金额为

$$1000 \times \frac{1}{1.10} \times \frac{1}{1.10} = 1000 \times \frac{1}{1.10^2} \approx 826.50 \text{（欧元）}$$

其中，我们假设的当前年利率（10%）称为折现率。如果以通用公式表示，那么当折现率为 $r\%$ 时，n 年后 x 欧元的现值为

$$\frac{x}{(1 + r/100)^n} \quad ①$$

布兰克斯顿仓库

布兰克斯顿（Blankston）是一家存储和分发备件的仓库。该仓库正准备投资建设新的"检索和打包"系统，可以将销售订单转换为"检索清单"，并通过材料处理设备从货架自动拣取货物，然后将其送到打包区。购买和安装新系统所需的资本成本可以分 3 年投入，而该系统一旦有效运行，就可以节省总体运营成本。将仓库的必要开支和节省资金相结合，即可得出年度现金流情况，如表 8-1 所示。

表 8-1 仓库流程技术的现金流

（金额：千欧元）

时间 / 年	0	1	2	3	4	5	6	7
现金流	-300	30	50	400	400	400	400	0
现值（折现率 = 10%）	-300	27.27	41.30	300.53	273.21	248.37	225.79	0

不过，为了评估资金现值，该仓库必须对现金流进行贴现。在本案例中，布兰克斯顿仓库采用的折现率为 10%，表 8-1 对此也有所体现。假设该系统有效寿命为 6 年，那么：

总现金流（所有现金流之和）= 138 万欧元

净现值（NPV）= 81.65 万欧元

① 原书公式有误，此处已将其修正。——编者注

布兰克斯顿认为该数值可以接受。

将折现率代入公式进行计算虽然完全可行，但可能比较麻烦。因此，我们通常可以用表格代替计算过程，如表 8-2 所示。

此时的净现值为

$$NPV = DF \times FV$$

式中，DF——表 8-2 中的贴现因子；FV——未来价值。

先在表 8-2 中找到与折现率（百分比）相对应的纵列，然后找到与收款年份相对应的横行，最后得到的行列交叉点即 1 欧元的现值。用该现值乘以预期未来价值即可求得总现值。

表 8-2　未来获得的 1 欧元的净现值

（金额：欧元）

时间(年)	3.0%	4.0%	5.0%	6.0%	7.0%	8.0%	9.0%	10.0%
1	0.970	0.962	0.952	0.943	0.935	0.926	0.917	0.909
2	0.942	0.925	0.907	0.890	0.873	0.857	0.842	0.827
3	0.915	0.889	0.864	0.840	0.816	0.794	0.772	0.751
4	0.888	0.855	0.823	0.792	0.763	0.735	0.708	0.683
5	0.862	0.822	0.784	0.747	0.713	0.681	0.650	0.621
6	0.837	0.790	0.746	0.705	0.666	0.630	0.596	0.565
7	0.813	0.760	0.711	0.665	0.623	0.584	0.547	0.513
8	0.789	0.731	0.677	0.627	0.582	0.540	0.502	0.467
9	0.766	0.703	0.645	0.592	0.544	0.500	0.460	0.424
10	0.744	0.676	0.614	0.558	0.508	0.463	0.422	0.386
11	0.722	0.650	0.585	0.527	0.475	0.429	0.388	0.351
12	0.701	0.626	0.557	0.497	0.444	0.397	0.356	0.319
13	0.681	0.601	0.530	0.469	0.415	0.368	0.326	0.290
14	0.661	0.578	0.505	0.442	0.388	0.341	0.299	0.263
15	0.642	0.555	0.481	0.417	0.362	0.315	0.275	0.239
16	0.623	0.534	0.458	0.394	0.339	0.292	0.252	0.218
17	0.605	0.513	0.436	0.371	0.317	0.270	0.231	0.198
18	0.587	0.494	0.416	0.350	0.296	0.250	0.212	0.180
19	0.570	0.475	0.396	0.331	0.277	0.232	0.195	0.164
20	0.554	0.456	0.377	0.312	0.258	0.215	0.179	0.149

最佳健康诊所

最佳健康诊所（Best-health clinic）正考虑购买一套新的分析系统，其净现金流如下所示：

第 1 年：-10000 欧元（现金流出）；

第 2 年：3000 欧元；

第 3 年：3500 欧元；

第 4 年：3500 欧元；

第 5 年：3000 欧元。

假设该诊所实际折现率为 9%，请根据净现值表（即表 8-3）说明新系统能否收回成本。计算结果如表 8-3 所示。由此可知，因为现金流的净现值为正数，所以新系统能收回成本，同时还能（刚好）让诊所获利。

表 8-3　诊所的净现值计算结果

时间（年）	现金流（欧元）		贴现因子		净现值 / 欧元
1	（-10000）	×	1.000	=	（-10000.00）
2	3000	×	0.917	=	2752.29 [①]
3	3500	×	0.842	=	2945.88
4	3500	×	0.772	=	2702.64
5	3000	×	0.708	=	2125.28
			净现值	=	526.09

仿生浮萍 [7]

对技术的未来进行预测从来都不是一件简单的事情。技术的发展和应用时间可能比预测的时间早，也可能比预测的时间晚。对技术变化的可能性视而不见绝非明智之举。但如果一味等待下一项技术突破的到来，而迟迟不肯做出决策，也是矫枉过正，这种现象就叫"仿生浮萍"。"仿生浮萍"是指人们担心未来可能出现更好的技术，因此对当前的技术采取观望态度的现象。这个貌似

---

① 由于四舍五入的原因，计算结果略有出入。——编者注

奇怪的术语最初由记者兼铁路专家罗杰·福特（Roger Ford）在英国议会委员会作证时首次使用。当时，有人认为"15 年后，我们可能会推出新的燃料或电池动力列车，该列车可以利用仿生浮萍中提取的氢气来供电"，因此，人们决定推迟英国铁路网的电气化投资。福特对此表示反对，他说，这种说法是拖延的理由，因为人们认为现在进行铁路电气化改革会浪费资源。换句话说，今天不投资，明天就会出现仿生浮萍。正如一位评论员所说："我的计算机……刚买来的前两年就坏了好几次。我想买台新的，实际上，我还在不断地修修补补，艰难地用着旧的计算机。为什么呢？就是怕未来会出现'浮萍'。也就是说，我换计算机的时间越晚，新计算机的功能就越强大，价格也就越低。"

8.4 如何开发和实施新流程技术

开发和实施流程技术就是要组织所有相关活动，从而使该技术按计划运行。在成功实施之前，无论技术可能达到怎样的先进水平，获得多大的效益，都只能算是预期效益。然而，技术实施过程与具体情况密切相关。对任何技术而言，实施方式都在很大程度上取决于其具体性质、技术可能带来的变化和实施过程适用的组织条件。接下来，我们将探讨影响技术实施的 4 个关键点：技术的长期规划方式、资源和流程的"距离"概念、考虑客户接受度的必要性，以及"任何可能出错的事情最终都会出错"这一概念。

● 长期技术规划——技术路线图

运营管理者要在正式的规划流程中与公司其他部门协商合作，共同参与流程技术的开发。技术路线图（technology roadmap，TRM）则可以为管理者提供一种结构，从而协调其与各部门之间的合作。20 世纪 70 年代，摩托罗拉公司（Motorola）最先提出这种方法，以便为其产品和支持性技术的开发提供支持。从本质上讲，技术路线图是一种流程，能够让有助于技术战略实施的各种活动更好地协调合作，从而为技术开发提供支持。技术管理者可以利用技术路线图确定技术规划涉及的各种要素的时间和关系，从而提前确定公司的技术发展路线。比如，这些要素可以包括公司的业务目标、市场发展或特定时间、相关产品/服务的组成部分、产品/服务和流程技术，以及这些技术所代表的基础功能等。图 8-7 举例说明了设施管理服务的产品/服务、技术和流程开发的技术路线简图。

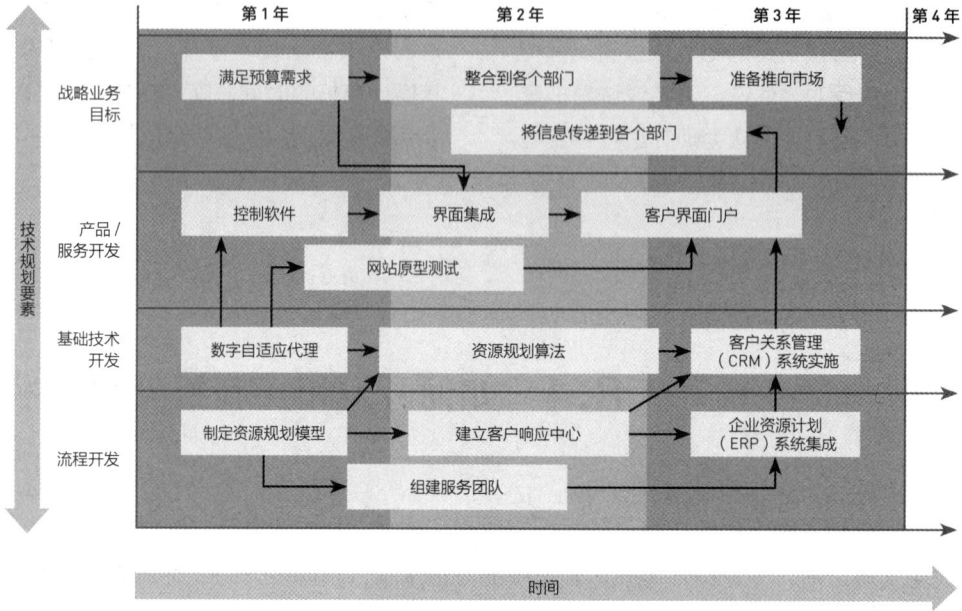

图 8-7　设施管理服务的产品/服务、技术和流程开发的技术路线简图

运营实践案例

"奇形怪状"的包裹难倒英国邮政公司 [8]

在被收购的前一年，英国邮政公司（UK Mail）那座价值 2000 万英镑的全自动分拣中心在中部城市考文垂揭幕。当时，英国邮政还以为新技术可以帮助公司取得竞争优势。这项投资原本可以为公司带来变革性技术，当时的首席执行官盖伊·巴斯韦尔（Guy Buswell）也表示，新的分拣中心将在公司网络中发挥关键作用。作为皇家邮政公司（Royal Mail）的业务竞争对手，英国邮政公司将有望在新技术的加持下获得可观的税前利润。但投入运营后，情况却与想象的截然不同。实际上，在面对需要处理的大量不规则包裹时，新的先进分拣设备显然有些力不从心。因此，该公司只能调整预期方案，将更多的分拣工作转

为人工流程，从而产生额外的运营成本。后来，该公司在 4 个月内发布了第二份盈利预警。此时，巴斯韦尔也承认，新技术遭遇的滑铁卢"显然非常令人失望"。另外，这些问题还影响了公司股价。就在第 2 年，英国邮政便宣布公司将被德国邮政敦豪集团（Deutsche Post DHL Group）收购。

技术路线图的主要优势在于，它能将技术战略的重要利益相关者及其所持的各种（不同）观点集合在一起。它可以解决某些基本问题，如为什么要开发技术，要通过技术功能实现哪些目标，离目标还有多远，应该采用怎样的活动顺序以及何时实现发展目标等。然而，技术路线图无法为任何公司的技术战略选择提供解决方案。实际上，它无须提供备选技术的发展路径。从本质上讲，它只对一系列相互关联的技术发展可能出现的情况进行叙述性描述，但无法得出确切的结论。因此，有人认为，该方法会让人们对未来的态度过于乐观。尽管如此，它还是为管理者提供了一种技术战略评估计划。

越大，流程距离（process distance）就越远。资源和流程距离越远，新技术就越难实施，因为距离拉开后，企业就很难通过系统的方法对变化进行分析，并从错误中汲取教训。而如果流程或资源距离（resource distance）相对较小，那么组织就会获得理想的学习机会。和所有经典科学实验一样，保持不变的变量越多，因果关系就越容易确定。相反，在实施过程中，如果资源和流程的"距离"过远，一切几乎都存在变动，那么企业就很难确定真正发挥作用的因素。更重要的是，它也很难确定各个因素发挥作用或者没有发挥作用的原因，[9] 如图 8-8 所示。

● 资源和流程的"距离"

流程技术的实施难度取决于技术资源的创新度和运营流程的变化度。人们对新技术资源了解得越少（可能受创新度影响），其与企业现有技术资源基础的"距离"就越远。同样，在技术实施过程中，企业对现有流程的改动

● 客户接受度

当企业客户与流程技术存在互动时，对技术的评估就必须考虑其与客户的互动情况。如果客户直接与技术接触，就必须了解其使用方式。如果二者之间存在积极互动，那么客户对技术了解程度的局限性，可能会成为其使用技术的主要制约因素。举例来说，即使

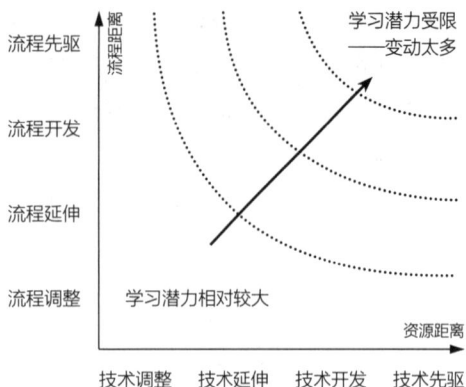

图8-8　学习潜力取决于技术资源和流程的"距离"

是智能电视等家电技术，有时也无法得到充分利用。其他以客户为导向的技术也会面临同样的问题。值得一提的是，如果客户无法使用网银等技术，银行的客户服务就会受到严重的商业影响。制造型企业的员工可能要经过数年培训才能掌握所需技术，而服务型企业可能无法像制造型企业一样进行客户培训。

沃利（Walley）和阿明（Amin）[10]认为，企业对客户的培训能力取决于3个因素：复杂性、重复性和客户任务的多样性。如果服务比较复杂，那么客户可能就要接受更高级的"培训"。例如，在使用主题公园和快餐店技术时，顾客需要模仿他人的行为。与此同时，技术使用频率也很重要，因为如果客户经常使用某项技术，那么培训的"投资"回报率会更高。此外，随着时间的推移，客户可能会忘记技术的使用方式，定期重复则能强化培训效果。最后，如果客户面临的任务种类较少，培训难度就会降低。例如，自动售货机售卖的往往是单类产品，如此一来，客户就可以在使用过程中保持相同的操作顺序。还有些时候，技术可能无法得到客户的信赖，因为它是技术而不是真人。在某些情况下，即使人类的能力不如技术强大，我们也更愿意选择人类服务者。例如，与传统手术相比，机器人手术具有明显的优势，不过，即使机器人由外科医生控制，有些患者和医生仍然对此持怀疑态度。如果它们完全摆脱人类的直接掌控，自行开展手术，不再简单跟随外科医生的动作，那么人们的抵触情绪就会更加强烈。如果某项技术在早期应用阶段造成了威胁人身安全的事故，那么消息传出后，客户的抵触情绪就会加剧，详见下面的"运营实践案例"。

运营实践案例

横冲直撞的机器人 [11]

机器人的安全隐患并不是什么大问题（至少目前不是），但当它们开始与客户直接接触后，情况也许就会大不相同。机器人可能会变得很危险，而这种危险不仅存在于高度自动化的工厂。当然，工厂机器人也确实存在危险性。2015 年，大众汽车（Volkswagen）工厂的一名工人在安装机器人时，被机械臂抓起并压在金属板上，胸部遭受致命伤害，最终不治身亡。除此之外，让机器人与客户直接互动也可能会给公司带来新的名誉风险。比如，2016 年，加利福尼亚州帕洛阿尔托市一家购物中心的安保机器人意外碾压了一名 16 个月大的男童。讽刺的是，帕洛阿尔托市恰恰以高科技产业而闻名。造成意外的机器人重达 130 千克，形似《星球大战》（Star Wars）中的 R2-D2。显然，它没有感应到行进路线上有一名摔倒的男童，也没有在撞到孩子之前停下。孩子的母亲说："机器人撞到了我儿子的头，使他的脸朝下并摔在地上，然后它也没停，继续往前走。"

几十年前，在机器人还没有出现时，其安全问题就已引起了人们的关注（或讨论）。具有远见卓识的作家艾萨克·阿西莫夫（Isaac Asimov）为保护人类，提出了所谓的"机器人三原则"。

* 机器人不得伤害人类，或者看到人类受伤而袖手旁观。

* 机器人必须服从人类的命令，除非这些命令会让人受到伤害。
* 机器人必须保护自己，除非自我保护行为与以上两条相矛盾。

该机器人的制造商骑士视界（Knight-scope）表示，这起事件"简直骇人听闻"，并表示公司将向男童家属道歉。该公司还表示，这种机器人的巡逻里程已达 2.5 万英里，此前从未发生过类似事件。尽管如此，购物中心仍然决定暂停使用该安保机器人。

除此之外，某些担心承担法律责任和名誉风险的公司也提出了其他问题，如扫地机器人等家用设备可能会对人或宠物造成伤害。一位韩国女性消费者的扫地机器人就曾在她睡在地板上时，"吃掉"了她的头发。此外，某些"自动化"服务也会使客户分不清真假，从而无意间泄露更多的信息。比如，一款名叫"虚拟男友"的月付应用可以向客户的手机发送"虚假"浪漫短信和语音邮件——但有些人并没有意识到，"虚拟男友"并不是全自动服务，其背后也隐藏着人工操作。

● 实施问题的预测

几乎所有的组织变革都会带来调整问题，这也是实施流程技术必须考虑的问题。所谓的"调整问题"，是指在改进工作达到预期效果之前可能产生的损失。但通常情况下，预估实施问题的性质和程度是一项非常困难的工作。这一点毋庸置疑，因为很多事件都遵循墨菲定律的原则。所谓"墨菲定律"，是指"任何可能出错的事情最终都会出错"。很多企业都在实际运营活动中验证了该定律的准确性，涉及新型流程技术时更是如此。麻省理工学院的布鲁斯·丘（Bruce Chew）[12]在具体讨论技术相关变革时提出，之所以出现调整成本，是因为新技术的功能与现有的运营活动之间存在未曾预测的不匹配问题（实际上，该观点几乎适用于所有技术实施过程）。新技术很少会按计划运行，而一旦出现变化，整个组织都会受到影响。

　　另外，丘还提出了墨菲曲线概念，其示例如图 8-9 所示。图中展现了企业引入新流程技术后绩效（这里指的是质量）下滑的典型模式。由图 8-9 可知，实施新技术可能需要一些时间，因此，企业需要为"爬坡"过渡期（'ramp-up'period）预留（allowances）时间和成本。实际上，实施准备期出现的干扰会导致绩效下滑。甚至在开始实施后，这种下滑趋势仍在持续，要等几周甚至几个月后才能回到原来的绩效水平。下降区域的面积则代表调整成本的大小，也代表企业面临的脆弱程度。

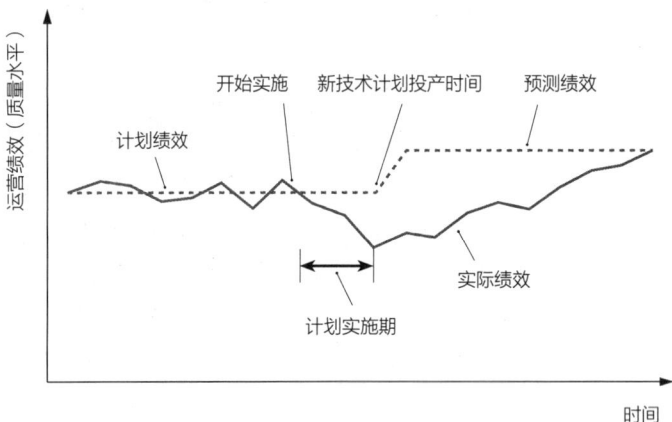

图 8-9　新流程在实施中和实施后出现的绩效下滑能够反映调整成本

　　本书将在每一章的"社会责任"板块总结本章主题与重要的社会、道德和环境问题之间的关联。

　　新流程技术从来都不是中立问题。从强烈反对将新型纺织机引入纺织业的勒德分子（Luddite），到最近要求加强网络数据管控的隐私运动者，技术发展过程总存在某些"破坏性"的变革期，而这些时期往往伴随着相应的焦虑情绪。面对新技术，人们往往会格外关注与之相关的负面信息，如人体无法长时间地忍受火车的高速运行，电视会阻碍我们外出娱乐等。事实上，有些担忧不无道理。我们已在前文的"运营实践案例"中探讨了其中最重要的一个问题，但这显然不是运营管理者面临的唯一问题。实际上，随着新

社会责任

技术日益普及，其功能越来越强大，影响也越来越深远。图 8-10 列出了技术使用方式涉及的一系列道德问题，虽然并不全面，但也可略作参考。

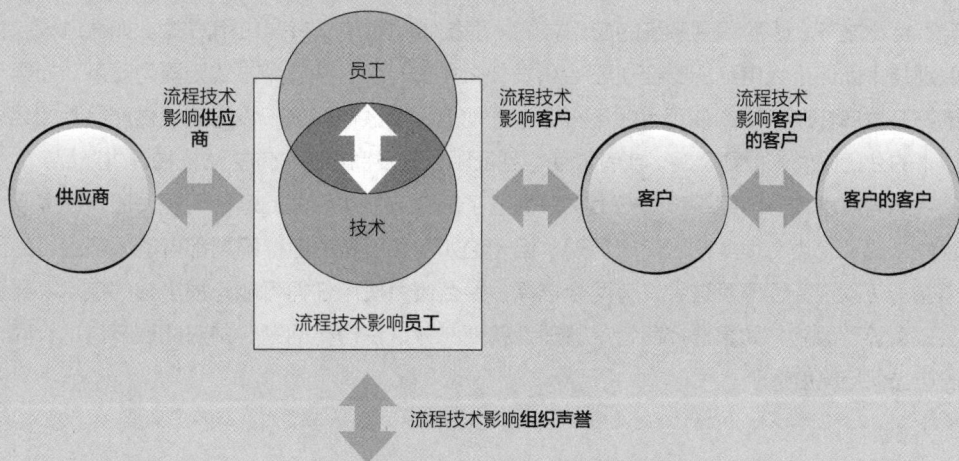

图 8-10　流程技术会产生深远的道德影响

流程技术会影响供应商。随着供应商系统与信息技术的联系越来越紧密，企业做出的任何调整都要与供应商相协调。因此，企业不仅要考虑新技术的内部影响（如物联网遭受黑客攻击对企业本身的影响），还必须从道德角度考虑其对供应网络中其他成员（包括供应商）的影响。

流程技术会影响员工。显然，员工的工作可能会被技术取代，但除此之外，技术也会从其他方面对他们产生影响。其中争议最大的是，新技术可能会监控员工绩效（详见第 9 章）。如果人们必须与技术共同做出决策，这样的改变会给人带来怎样的影响，这也是人们越来越关心的话题。例如，医生如果依靠人工智能进行病情诊断，那么他们会不会盲目相信人工智能得出的结果？律师如果依靠"大数据"系统起草合同，是否会逐渐丧失专业能力或忽略重要问题？

流程技术会影响客户。如今，技术已逐渐成为企业与客户沟通的首选（通常也是唯一）方式。互联网已经成为信息交流的默认媒介。信息和数据在（最广义的）客户生活中发挥着举足轻重的作用，正是这种关键作用引发了显而易见且备受争议的数据隐私问题。某些人对企业获取客户数据的行为持批判态度，他们表示，企业会将这些数据重新包装成"预测产品"，然后放到"行为期货市场"中出售。实际上，这些产品在封闭的企业对企业市场中流通，而所有人都是这些商品的原材料。[13] 除此之外，当假新闻在社交媒体平台传播时，相应的媒体公司应该为遏制谣言承担多大的责任，这也是一个备受争议的问题。

流程技术会影响客户的客户。如果企业的产品或服务本身就是流程技术，那么其运营就会涉及某些道德问题，即企业应该对客户的技术使用方式承担多大的责任。例如，某家支付系统公司可以在系统中引入一种算法，用来预测某个人违约拖款的可能性。该算法可能要与其他信息结合使用，但开发公司如何确保客户按预期方式使用这项技术呢？相比之下，人脸识别系统的应用更能体现技术的影响。有些应用方式（如通过人脸识别技术确保个人电脑的安全）不会引发什么争议，但有些应用方式则更为复杂。如果系统开发商怀疑用户的使用目的不符合道德规范，那么他们该不该为其提供产品？如果技术的公正性尚未得到证明，或者即使得到证明，开发商该不该向执法机构提供产品？

流程技术会影响组织声誉。上文只列举了部分与技术相关的道德问题，还有许多问题尚未提及，也有很多问题尚未显现。但无论如何，所有的道德问题都可能影响组织的声誉。可以说，运营管理者只有两个选择：要么避免使用任何可能有损声誉的技术，要么试着管理风险。如果选择后者，管理者就要充分认识道德问题，并对此展开讨论，同时应当保持高度透明。

第 8 章要点小结

1. 什么是流程技术？为什么流程技术越来越重要？

- 流程技术是帮助企业创造或提供产品与服务的机器、设备和装置。间接流程技术有助于促进产品和服务的直接创造。

- 大多数新流程技术比被替代的技术功能更强大，而且很多都可应用于所有类型的运营活动。

- 通常情况下，我们可以根据实际处理对象的类型（即材料、信息或客户）对不同流程技术进行区分。

2. 如何了解新流程技术的潜力？

- 运营管理者无须了解所有的技术细节，但必须掌握以下 4 个关键问题：该技术能完成什么任务？它是如何运作的？它可以为企业带来哪些好处？它会带来哪些限制？

- 面对种种宣传与猜测，人们很难看清一项新技术真实的样子。为此，技术成熟度曲线将技术发展过程分为 5 个连续阶段，旨在说明人们对一项技术有用性的看法随时间的变化。

- 要想深入了解一项技术，就要了解它的"主要功能"。也就是说，要了解该技术比被取代的技术强在哪里。主要功能包括思考或推理功能、观察或感知功能、通信或连接功能、移动实物功能和材料加工功能等。

3. 如何评估新流程技术？

- 所有的技术都应符合流程任务的产量－种类特征。
- 所有的技术都应根据其对运营绩效目标（质量、速度、可靠性、灵活性和成本）及其他运营因素的影响进行评估。
- 所有的技术都需要进行财务评估。财务评估通常需要采用的某些常见的评估方法，如净现值等。

4. 如何开发和实施新流程技术？

- 实施流程技术就是要组织所有相关活动，从而使该技术按计划运行。
- 技术路线图可以为管理者提供一种结构，旨在确保技术的发展（和投资）、未来可能的市场需求和相关运营能力的新发展协调一致。
- 技术实施过程中隐含的资源和流程"距离"体现了技术的实施难度。
- 对以客户为处理对象的技术而言，客户接受度可能会阻碍实施过程。
- 管理者必须考虑实施过程中的调整成本。

第 8 章注释

[1] 案例信息来自 Economist (2020) Businesses are finding AI hard to adopt, *Economist Technology Quarterly*, 11 June; Economist (2016) Artificial intelligence and Go: Showdown, Economist, 12 March; Koch, C. (2016) How the computer beat the Go master, Scientific American, 19 March。

[2] Economist (2020) Artificial intelligence and its limits, *Economist Technology Quarterly*, 13 June.

[3] 更多信息详见：OECD (2018) Automation, skills use and training, OECD Social, Employment and Migration Working Papers, OECD, ISSN: 1815199X; Economist (2014) The future of jobs: the onrushing wave, *Economist*, 18 January; Economist (2013) Schumpeter: the age of smart machines, Economist, 25 May; Finkelstein, D. (2013) Machines are becoming cheaper than labour, *The Times*, 6 November; Groom, B. (2014) Automation and the threat to jobs, *Financial Times*, 26 January; Frey, C.B. and Osborne, M.A. (2013) The future of employment: how susceptible are jobs to computerisation? Oxford Martin School Working Paper, 1 September; Brynjolfsson, E. and Mcafee, A. (2014) *The Second Machine Age: Work, Progress, and Prosperity in a Time of Brilliant Technologies*, W.W. Norton, New York。

[4] 案例信息来自 QB 理发店官网。

[5] 思爱普对物联网的定义引自：SAP Research。

[6] 案例信息来自 West, K. (2011) Turn up the heat with Marmite, *The Sunday Times*, 2 October。

[7] 案例信息来自 Harford, T. (2020) Why tech isn't always the answer – the perils of bionic duckweed, *Financial Times*, 30 October。

[8] 案例信息来自 Walsh, D. (2015) Irregular parcels put UK Mail out of shape, *The Times*, 8 August; 英国邮政官网。

[9] Dosi, G., Teece, D. and Winter, S.G. (1992) Towards a theory of corporate coherence, in Dosi, G., Giametti, R. and Toninelli, P.A. (eds) *Technology and Enterprise in a Historical Perspective*, Oxford University Press, Oxford.

[10] Walley, P. and Amin, V. (1994) Automation in a customer contact environment, *International Journal of Operations and Production Management*, 14 (5), 86–100.

[11] 案例信息来自 Deng, B. (2016) Security robot runs over toddler at shopping centre, *The Times*, 15 July; Times Leader (2016) They, robots, *The Times*, 1 January; Hall, A. (2015) Factory robot grabs worker and kills him, The Times, 3 July。

[12] Chew, W.B., Leonard-Barton, D. and Bohn, R.E. (1991) Beating Murphy's Law, *MIT Sloan Management Review*, 32 (3) (Spring), 5–16.

[13] Zuboff, S. (2019) *The Age of Surveillance Capitalism: The Fight For a Human Future at the New Frontier of Power*, Profile Books, London.

第 9 章

运营人员

本章学习目标

- » 为什么人员对运营管理格外重要？
- » 如何组织运营部门？
- » 如何设计工作岗位？
- » 如何分配工作时间？

导语

人们通常会将运营管理视为一门以技术、系统、程序和设施为主要关注点的学科，换句话说，它关注的是组织中的"非人"部分。当然，这种看法并不正确。相反，组织的人力资源管理方式会对运营效果产生深远的影响。在本章中，我们将重点探讨人力资源管理要素，这些要素通常直属于运营管理领域。它们包括：战略和文化问题、组织设计、岗位设计，以及为各项运营活动分配的"工作时间"。附录9A 从更详细（和传统）的角度对后两个要素展开了进一步讨论。本章探讨的内容在运营管理活动整体模型中的位置如图 9-1 所示。

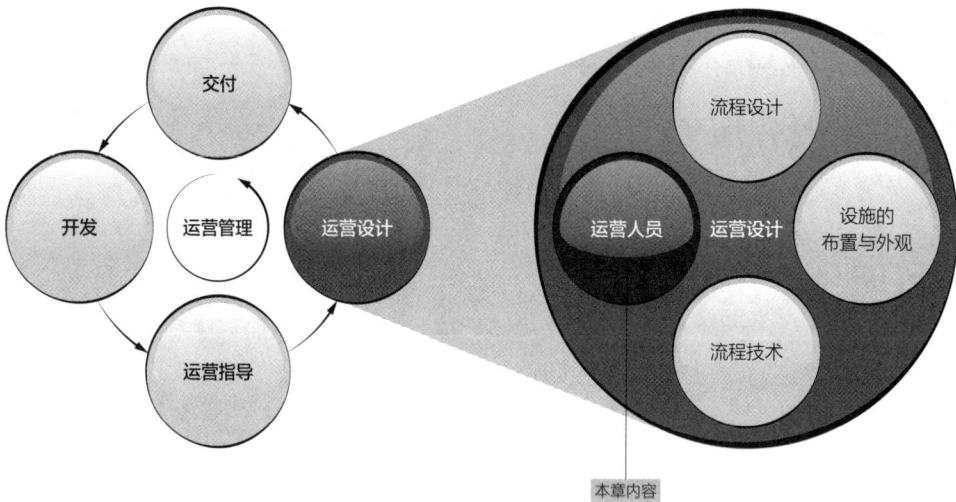

图 9-1 本章所探讨的运营人员在整体模型中的位置

9.1　为什么人员对运营管理格外重要

人力资源是组织最宝贵的资产，这已是老生常谈。值得注意的是，运营部门人员的能力、态度和文化非常重要。毕竟大部分"人力资源"都集中于此。所以，运营管理者在人员的领导、发展和组织工作中扮演着最重要的角色。但是，运营管理对员工的影响并非只涉及本章所讨论的内容。本书讨论的每个主题几乎都与"人"有关。然而在某些章节中，人员角度尤为重要。比如，除了本章，第 15 ~ 17 章的主题也与人有关，其主要讨论的是"如何利用员工贡献"这一问题。从本质上讲，本章涉及的内容决定了人们的职场生活。它帮助员工确定自己需要达到的工作目标，影响着员工对自我工作价值的看法，确定了员工之间的合作内容，也引导着企业不同部门之间信息流的传递。最重要的是，它有助于塑造组织文化，即员工共同的价值观、信念和期望。

● 组织文化

从运营部门的角度看，我们所说的文化具体指什么？目前，已有大量学术和通俗文献论述过"组织文化"这一概念，但并没有得出通用的权威定义。尽管如此，大多数人都大致了解组织文化的含义。它是指身为组织一员的感受。组织文化涉及人们对工作方式的默契理解，而不是企业的明文规定。用该领域一位著名作家的话说，它是指"我们在组织内的做事方式"。[1] 但组织文化的概念也适用于像运营部门这种单一职能的部门。不同部门之间的文化差异有时会导致所谓的"文化分裂"（cultural fragmentation）。实际上，消除文化差异也是研究员和实践者都颇感兴趣的话题。尽管企业的所有部门可能会有共同的组织文化要素，但不同的部门也很可能有其独特的子文化。

冰山理论（iceberg metaphor）

为了方便理解，人们常常将组织文化比喻成"冰山"（iceberg)[2]。冰山的大部分山体都隐藏在海面之下，文化也是如此。在"文化冰山"中，实体物品是文化的外在表现或有形的表面特征。它包括办公场所、服务环境中的物理要素（参见第 7 章中的服务场景），如办公椅、计算机和工作服等。这些实物能够让客户和服务人员了解到组织文化的某些方面。

冰山的中间层代表企业无形的活动与流程。它们通常通过使命宣言或战略文件等正式文件传达给员工，有时也可以通过树立榜样、构建绩效管理（performance management）系统，特别是奖励制度等方式进行传达。

深藏在海面之下的最底层是组织的基本价值观、设想、信念和期望（它们往往与创始人或领导者的价值观相对应）。这里蕴含着企业坚定贯彻的价值观和设想。基本价值观、设想、信念和期望极难改变。就算发生变化，它们也可能会引发组织成员的焦虑情绪和防御行为。有人认为，如果不深入探究冰山底层包含的基本设想，就无法充分解释服务环境中的实物设置以及无形的活动与日常事务。冰山理论的示意图，如图 9-2 所示。

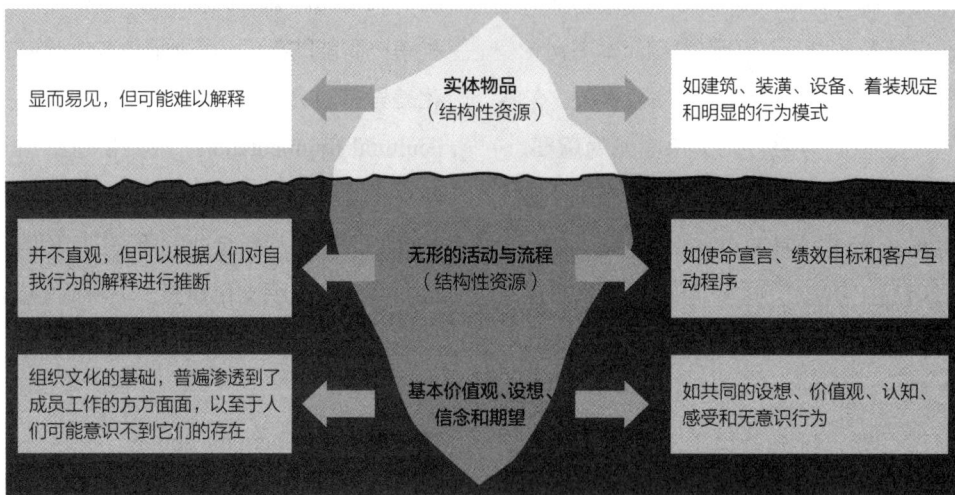

图 9-2 文化冰山理论

信、知、行

文化是难以解释的。某所文化气息格外浓厚的大学就有这样一句俗语："由外往里看，无从理解；由里往外看，无从解释。"对运营部门而言，运营团队的所信、所知和所为就是其文化的集中体现。运营文化的三要素，即信念、知识和行为，为运营职能推动企业发展并随着时间的推移而逐步完善奠定了基础。

» **信**：对运营部门的员工而言，有些道理不言而喻，这就是所谓的"运营信念"。比如，运营部门的员工是否觉得自己应该充分理解其他部门的战略及其对企业的影响？他们能否在运营资源和流程中培养出某种能力，从而不断地为企业带来独特的战略优势？

» **知**：运营团队应该了解什么？显然，他们需要了解运营和流程工作的基本指导原则。运营部门只有深入了解运营管理的目标、概念、工具和技术，才能充分发挥作用，并为企业的成功做出贡献。

» **行**：运营管理者应当遵循的行为模式与其他有效管理者并无本质区别。在过去几十年里，无论大众读物还是学术文献，都对有效领导的"关键行为"展开了诸多讨论，而且多年来，其讨论的内容似乎都没有发生太大变化，如"不要进行微观管理，要对团队成员适当放权，同时为其提供建议""要成为团队的教练""明确目标，以结果为导向，但要为团队指明目标方向""要构建清晰的愿景和战略""保持双向沟通，倾听团队的意见""支持公开讨论，倾听团队的顾虑"。这些建议似乎已无须多言，但对管理者而言，它们确实具有一定的参考意义。

运营实践案例

从员工到公司所有者 [3]

Torchbox 是一家网站设计和开发公司，总部位于英国牛津郡（Oxfordshire）、布里斯托尔（Bristol）和剑桥（Cambridge）。该公司约有 70 名员工，客户主要来自慈善机构、非政府组织和公共部门，其主要负责为客户提供"高质量、高性价比且符合道德规范的解决方案"。该公司由现任技术总监汤姆·戴森（Tom Dyson）与现任创意总监奥吕·威兰斯（Olly Willans）合作创建，二人相识于 OneWorld 社区健康中心。Torchbox 是一家独特而前卫的网站设计公司，参与了乐施会（Oxfam）和基督徒互援会（Christian Aid）等组织的首批网站建设工作。很快，汤姆和奥吕发现他们有一个共同的理想：推动行业的积极变革。于是，这份热情促使他们着手开办了一家数字代理公司。凭借卓越的创造力和成功的技术，该公司逐渐积累起一批受人尊敬的非营利组织客户。到 21 世纪前 10 年末，汤姆和奥吕迎来了创业初期所期待的客户：绿色和平组织（Greenpeace）、红十字国际委员会（International Red Cross）和世界自然基金会（WWF）。他们还成功招募了一批才华横溢、热情满满的员工，以及确定了长期合作伙伴，这些新成员不仅分布在牛津郡、布里斯托和剑桥总部，还拓展到了美国、匈牙利、菲律宾、希腊和印度。汤姆·戴森表示，该公司在为皇家艺术学院（Royal College of Art）建立新的内容管理系统时取得了巨大的成功。

他们将该系统命名为"Wagtail"，意为鹡鸰，即聚集在牛津郡办公室外的那些可爱的小鸟。仅仅一两年内，Wagtail 就变得比 Torchbox 更加出名。

21 世纪前 10 年后期，进入不惑之年的奥吕和汤姆开始为 Torchbox 和自己的未来做打算。对企业所有者而言，标准的"退出"方式是出售公司，也就是将自己的公司卖给规模更大的企业，以获得现金收益，同时在条款中要求当前所有者在规定期限内为公司工作。在英国，像 Torchbox 这种规模较大的独立数字代理公司几乎寥寥无几，因此对大公司而言，Torchbox 是一个诱人的收购对象。然而汤姆和奥吕都认为，广告公司或大型科技公司这样的大企业不会做出可靠的承诺，并保留 Torchbox 的道德关注点，而道德关注点恰恰是多数员工选择加入公司的原因。为了解决这一问题，汤姆和奥吕一改传统，用他们的话说，Torchbox 不会卖给外人，而是要卖给自己人。在 2019 年的"员工所有权日"上，汤姆和奥吕将公司所有权移交给了员工。根据协议，在未来四五年内，新的所有者（即公司员工）无须用自己的钱向原始所有者支付费用，而是用公司的未来利润付费。汤姆说："虽然 Torchbox 由我和奥吕创办，但公司所有的成绩都要归功于那些优秀的、富有创意和想法的员工。

他们能成为 Torchbox 的新主人，我们也很高兴。在此之前，我们将继续推动公司的发展，为热爱的事业贡献自己的力量。如果公司的新老板们允许，我们也会继续为公司奋斗。目前，他们已经选出了一个员工代表董事会监督我们的工作，该委员会拥有公司的最终控制权。新的公司所有者向原始所有者支付完费用后，可以自行分配利润，也可以将收益捐赠给慈善机构，还可以投资新项目，或推行四天工作制等。"

市场经理莉萨·巴勒姆（Lisa Ballam）认为，对全体员工和她个人而言，新的所有权制度会带来某些重大变化。"（目前）还没有为企业员工所有制转型提供指导的规章手册，也没有介绍最佳推进方法的相关指南，因此，我们仍在探索、测试和学习，寻找最适合我们的方法。公司由原本的两人（外加一个高级管理团队）负责制变成集体所有制，这是一次文化上的转变。在瞬息万变的商业环境中，有效而果断地做出决策对企业而言至关重要。因此，我们公司的日常运营仍由高级管理团队负责，但所有重要战略决策都要征求员工代表董事会的意见。员工还可以通过内部选举产生的'发声小组'分享观点，参与那些与他们息息相关的倡议，为实现共同目标而努力。"

● 企业是社会技术系统

人们普遍认为，运营管理的主要关注点是"技术"，但这种观点并不正确。在实际工作中，所有的运营管理者都要重点关注与人相关的问题，同时还要为这些问题耗费大量的时间。要确保运营管理的有效性，就要在了解"技术"的同时，充分了解企业中的人。社会技术系统（socio-technical systems，STS）模型对该理念进行了阐述。它是一个成熟的模型，能够帮助人们对复杂组织（如大多数企业）展开分析。该模型指出，组织内部的人与技术之间存在相互作用，并且二者与复杂的运营环境之间也存在相互作用。社会技术系统的一般模型如图 9-3 所示。所谓的"社会"子系统包括企业中正式和非正式的组织结构（如汇报关系、责任范围和利润构成等），以及企业中的人员特征（如态度、技能和价值观等）。"技术"子系统的定义比运营管理领域普遍采用的定义更为广泛。它包括将投入转换为产出的技术，还包括软件、知识、设施布置、流程和被转换资源在运营活动中的流动路线。

　　关键问题在于，为了实现"联合优化"（joint optimisation），管理者要在利用社会技术系统的过程中考虑社会和技术子系统的方方面面。"联合优化"这一术语由伦敦塔维斯托克研究所（Tavistock Institute in London）的研究人员首次提出。他们指出，潜在创新技术往往会以失败告终，因为企业没有充分考虑新技术对相关人员（社会子系统）的影响。因此，研究人员认为，企业应在系统设计过程中优先处理好技术、组织、人员、业务流程和流程支持系统之间的复杂关系。社会技术系统分析

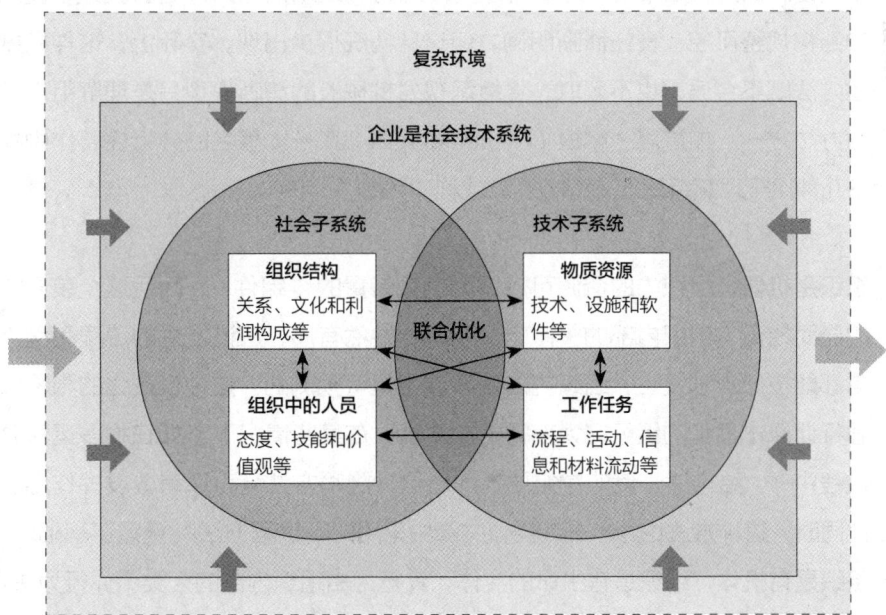

图 9-3　社会技术系统分析法要考虑社会和技术子系统的方方面面及其相互关系

法的核心原则在于，只有将社会和技术元素视为相互依存的因素，才能充分实现企业及其系统的改进，因为一个子系统出现变动，另一个子系统必然也会随之改变。

9.2 如何组织运营部门

相比于运营部门本身，"企业如何根据其他部门组织运营部门"这个问题显然更加宽泛。这是整个公司的决策，但对运营部门非常重要，因为该决策能够确定职能部门的内部定位及其关系。首先，我们需要学会描述"组织"。

● 组织喻象

我们对组织的描述方式在很大程度上反映了我们对"组织"本身及其运作方式的基本假设。例如，如果某个组织可以用传统的"组织结构图"进行描述，就意味着它的结构规整可控，责任清晰明确。但这种情况很少出现。实际上，这种机械化的描述方法既不合适，也不可取。将组织视为机械般的清晰模型只是理解组织常用的隐喻方法之一。加雷思·摩根（Gareth Morgan）在一本著名的分析性著作中提出了以下几种用于理解组织的"意象"，或称"喻象"。[4]

» **组织是机器**：组织内的资源可以视为机械装置的"组件"，而且这个装置的目的显而易见。组织内部的关系定义明确、井然有序，应该发生的流程和程序通常都能按原计划发生，组织内的信息流也是可预测的。这种机械化的隐喻似乎强行让原本混乱的组织行为变得更加清晰。在某些情况下（如在很多运营分析过程中），结构清晰度非常重要，此时这种隐喻方法就可以有效发挥作用。与此同时，这种方法也为本书或类似文章中采用的"流程方法"奠定了基础。

» **组织是有机体**：组织是有生命的实体，其行为由组织内部的人类个体行为决定。与不同物种要适应自然环境一样，个体及其构成的组织也要适应环境。如果环境的某些部分（如市场需求）发生了根本性变化，那么在此情况下，"有机体"

的隐喻就格外适用。组织能否生存下来，就取决于其能否表现出足够的灵活性以应对环境。

» **组织是大脑**：和大脑一样，组织也会处理信息并做出决策。它们能够平衡相互矛盾的标准，权衡种种风险并确定结果的"及格"标准。另外，它们还具备学习能力，会根据经验调整对世界的认知模型。这种认知模型以制定决策、积累经验和从经验中学习为重点，对理解组织非常重要。同时，组织还由相互冲突的群体构成，其中权力和控制是关键。

» **组织是文化体系**：组织文化通常是指组织内部共同的价值观、意识形态、思维模式和例行习惯。不同的组织有不同的生存环境和发展历史，因而孕育出不同的文化。文化喻象能够让组织成员关注其共同"创造现实"的过程，这也是该喻象的主要优势之一。探寻组织内部的"符号"和共同的现实观，可以帮助我们透过外部信息看到组织内部的真实情况。

» **组织是政治体系**：组织和社会一样，需要进行管理。通常情况下，管理体系既不是纯粹的民主，也不是绝对的独裁。组织管理体系一般包含理解不同的理念、寻求共识或实现和谐共存的方式，有时也包括对立意见合理化的方式。组织内的个人和团体会努力通过组织的具体政治机制实现自己的目标。他们会结成联盟、协调权利关系并处理冲突。这种喻象有助于组织的政治机制合法化，并使其成为组织生活中不可避免要涉及的方面。

● 组织结构形式

"组织结构"有多种不同的定义方式。在此，我们将其定义为：将任务和职责划分为不同组别的方式，以及各个组别之间责任和协调关系的划定方式。大多数管理者在设计组织结构时，都试图将组织划分为不同的部分，并为其赋予一定的内部决策权。除了最小的组织，所有组织都要通过这种方式下放决策权，从而实现专业化，让最合适的人制定相应的决策。组织结构设计的主要问题在于分组时采用的专业化维度。以下是 3 种基本分组方法。

» 根据资源的职能目的进行分组，如销售、营销、运营、研发和财务等。

» 根据资源本身的特点进行分组，如可以将相似的技术（挤压技术、轧制技术和铸造技术等）组合在一起，也可以将类似的技能（审计、并购和税务等）组合在一起；还可以根据特定产品或服务（冷藏食品、冷冻食品和罐头食品等）所需的资源进行分组。

» 根据资源服务的市场进行分组，如按市场地点（北美、南美、欧洲和中东以及东南亚等）或客户类型（小公司、国内大公司和大型跨国企业等）进行分类。

企业可能采用的组织结构不一而足，但是目前出现的某些纯粹的组织类型可以对不同的组织设计方法进行说明，其包含以下几种。

» **U 形组织（U-form organisation）**：U 形组织也称单一型组织，主要根据职能目的对资源进行分组（clusters）。典型的 U 形组织如图 9-4a 所示，其管理结构呈金字塔形，每个层级的员工都要向对应的上层管理者汇报工作。这种结构优先强调的是流程效率，而不是客户服务和市场应变能力。U 形组织能够将专业技术集中在一起，从而促进技术知识的共享和创新。因此，U 形组织的问题不在于能力的发展，而在于能力的灵活应用。

» **M 形组织（M-form organisation）**：这种组织结构形式之所以能够出现，是因为随着公司规模扩大、市场复杂性增强，U 形组织中以职能为基础的结构会变得过于烦琐。而 M 形组织可以根据各个产品或服务组的需求对资源进行分组，或者按照资源服务的特定地域市场进行分类，然后将各类资源分配到不同的部门。如图 9-4b 所示，同种职能的资源可能会分配到不同的部门，从而降低规模经济效益和运营效率；但与此同时，M 形组织也确实能让各个部门专注于其市场的特定需求。

» **矩阵型组织（matrix forms）**：矩阵型组织通常是 M 形组织和 U 形组织的结合体。实际上，这种组织能同时拥有两种不同的结构，如图 9-4c 所示。在矩阵结构中，每个资源组至少受两个层级管理，如它可能既受事业部门管理，也受职能部门管理。虽然矩阵型组织结构能充分代表公司各部分的利益，但这种结构非常复杂，有时甚至难以理解。

» **N 形组织（N-form organisation）**：N 形组织中的"N"代表"网络"（network）。和其他组织一样，N 形组织也对资源进行分组，但不同之处在于，该组织从更大程度上对这些资源的战略管理责任进行了下放。N 形组织的汇报层级较少，控制程度较低。各个资源组与其他群组联系在一起，形成了一个网络，各群组之间的关联强度会根据具体情况随时间的推移而变化，如图 9-4d 所示。高级管理层会制定广泛的目标，并试图构建统一的文化，而不是像其他组织那样采用强有力的"指挥与控制"策略。

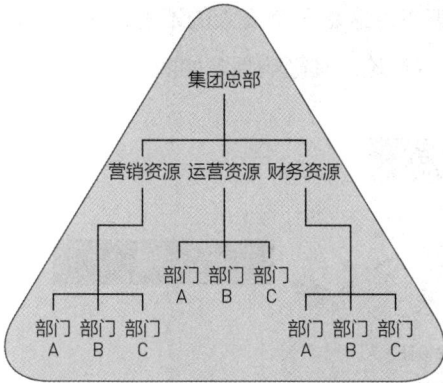

a）U 形组织主要根据职能目的对资源进行分组

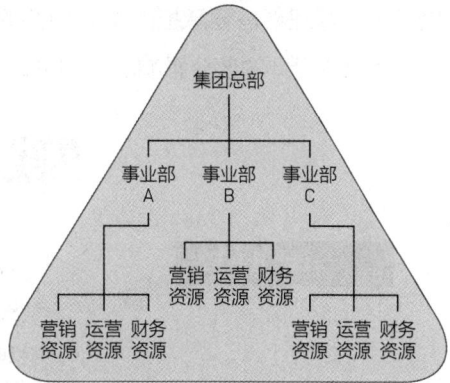

b）M 形组织将组织资源分配到不同的事业部门

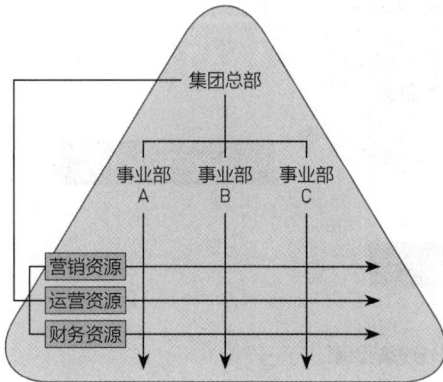

c）在矩阵型组织中，组织资源有两个（或两个以上）责任层次

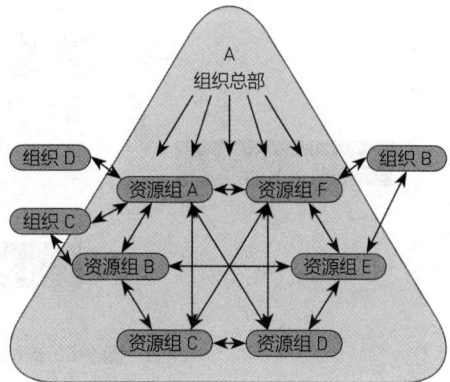

d）N 形组织将各个内部资源组和其他外部组织联系在一起，形成了一个松散的网络

图 9-4

9.3　如何设计工作岗位

　　工作岗位设计就是安排每个人的工作、所属团队（如有）、工作场地以及人与技术之间的互动方式。在本节中，我们将对工作岗位设计进行讨论。通常来说，它

也是运营管理者需要承担的与人相关的核心职责。这是一个庞大的课题，在此，我们只对岗位设计的部分影响因素和设计方法进行讨论。其影响因素如图 9-5 所示。

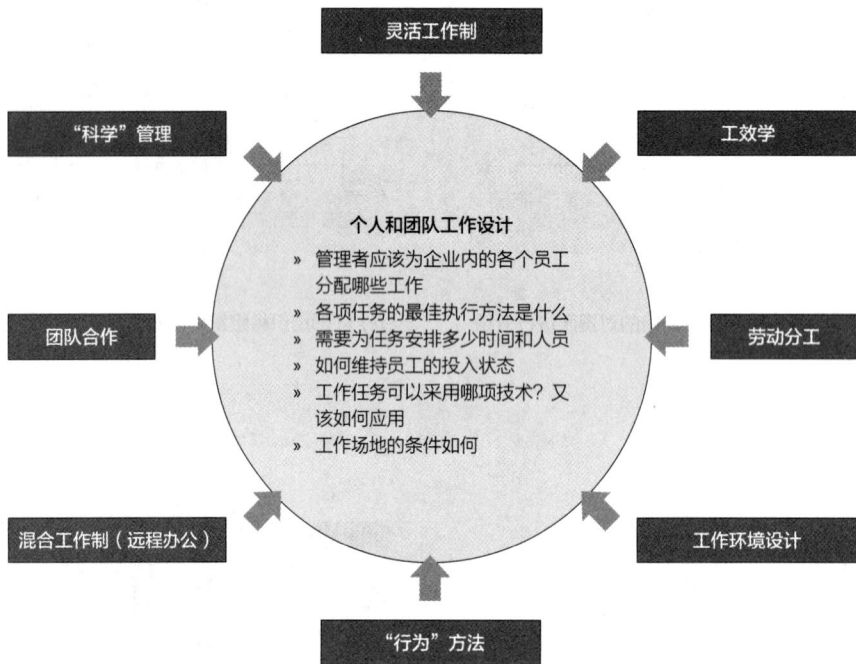

图 9-5 岗位设计的部分影响因素

工作岗位设计的决策

工作岗位设计包含很多独立而相关的要素。

» **管理者应该为企业内的各个员工分配哪些工作？** 产品和服务生产涉及的是两类不同的工作任务，管理者需要将这些任务分配给企业员工。不同的分工方法会带来不同的分配结果。

» **各项任务的最佳执行方法是什么？** 每项工作都应该有一种公认（或最佳）的执行方法。虽然"最佳"可以有多种解释，但一般来说，最佳的方法就是最有效的方法，它既要适用于任务本身，又不对其他任务造成过度干扰。

» **需要为任务安排多少时间和人员？** 工作测量法可以帮助我们计算出完成某项工作所需的时间，进而计算出该工作需要多少人员。

» **如何维持员工的投入状态?** 可以说，在工作岗位设计中，最重要的就是了解如何激励员工，并使其保持对工作的投入状态。因此，工作岗位设计的核心是行为方法，包括赋权、团队合作和灵活工作制。

» **工作任务可以采用哪项技术? 又该如何应用?** 许多运营工作都需要用到技术。管理者不仅要对技术进行适当的设计，还要对人员和硬件之间的互动方式进行设计。

» **工作场地的条件如何?** 工作条件会对人员的工作效率产生巨大的影响。虽然该因素常常被划分到工作设计的范畴，但在本章中，我们将对其进行单独讨论。

● 任务分配——劳动分工

所有企业都必须权衡专业人才和综合型人才的任用比例，这一理念与劳动分工有关。所谓劳动分工，就是把总体任务分成较小的部分，并将各个部分交给某个员工或团队来完成。1776 年，经济学家亚当·斯密（Adam Smith）在其著作《国富论》（*Wealth of Nations*）中首次正式提出了这一概念。劳动分工在流水线上得到了集中体现，其产品沿单一路径移动，工人则不断地重复着单一的任务。对多数大规模产品生产和部分大规模服务生产流程（如快餐店）而言，劳动分工是工作岗位设计的主要模式。其真正优势如下所述。

» **提高学习速度。**相比耗时较长的复杂任务，耗时较短的简单任务显然更容易学会。也就是说，劳动分工可以缩短新员工的培训时间，使其快速上岗。

» **降低自动化难度。**将总体任务分割成若干部分后，其中一些小任务就更容易实现自动化。相比耗时较长的复杂任务，从事耗时较短的简单任务的劳动力更容易被技术代替。

» **减少非生产性工作。**这也算是劳动分工最大的优势。在执行内容繁多的复杂任务时，人们会花很多时间拿放工具和材料，通常还要在寻找、定位和搜索工作上浪费大量的时间。举例来说，一名工人组装整个汽车发动机可能需要 2 ~ 3 小时，其中很多时间都花在了寻找零件和定位等工作上。也就是说，这名工人有一半的时间都在进行拾取、定位和搜寻工作，这些就是所谓的非生产性工作。但在实际制造过程中，整个工作可能被分成了 20 ~ 30 个独立阶段，每个阶段都由专人负责，各个负责人只需执行整体工作的一部分。与此同时，专业设备和材料处理装置也可以帮助他们提高工作效率。此外，这种简化任务涉及的搜寻、定位和拾取工作相对较少。劳动分工可以大大减少非生产性工作，其工作量占比大概可以降到 10% 以下，进而大大降低运营成本。

然而，高度分工模式也存在严重的弊端，具体如下。

» **使工作变得枯燥。** 工作任务耗时越短，重复频率就越高。例如，在高度分工模式下，员工可能每 30 秒就要将同样的任务重复一次，而这样的模式每天要持续 8 小时，每周要持续 5 天，确实不算充实。这种枯燥的工作不仅在道德层面遭到抵制，也引发了更为明显的实际问题，包括旷工率、人员流失率和出错率的上升，甚至导致恶意破坏行为的产生。

» **造成身体伤害。** 在某些极端情况下，不断重复少数动作可能会对身体造成伤害。过度使用某些身体部位（如手、手腕和手臂）会引发疼痛，削弱体能。这种症状有时也被称为重复性劳损（repetitive strain injury，RSI）。

» **降低工作灵活性。** 将一项任务分割成若干部分通常会使工作设计变得死板僵化，使公司难以应对不断变化的环境。举例来说，如果某条装配线只为某种特定产品量身定制，而该公司后来又需要生产一种完全不同的产品，那么整条装配线就需要重新设计。此举可能会改变所有员工的工作，而这也是一个漫长又艰难的过程。

» **降低稳定性。** 在高度分工模式下，材料（或信息）要在多个阶段之间传递。如果一个阶段出现问题（如设备故障），那么整个运营活动都会受到影响。但如果每个员工都能完成整个工作，那么无论出现什么问题，受影响的只有这一个人的产出。

● 工作方法设计——科学管理

1911 年，弗雷德里克·泰勒（Frederick Taylor）的著作《科学管理原理》（*The Principles of Scientific Management*）首次出版发行，"科学管理"（scientific management）一词由此诞生，这种工作岗位设计方法有时也被贬称为"泰勒制"（Taylorism）。在该作品中，泰勒提出了其设定的科学管理基本原则。[5]

» 以科学为基础，对工作中的方方面面展开研究，从而制定适当的法则、规则和公式，以对最佳工作方法进行管理。

» 要想确定"合理的日工作量"，就要通过这种调查性方法对工作展开研究。

» 要对工人进行系统性挑选，培训和促进个人发展，使其能够胜任自己的工作。

» 管理人员应对工作进行规划（分析工作并对最佳方法进行标准化处理），工人则要按照规定标准完成工作。

» 管理人员和工人的合作应建立在双方"利益最大化"的基础之上。

需要强调的是，科学管理确实采用了调查性方法，并在一定范围内通过理性主义方法改善运营，但实际上该方法本身并不算特别"科学"，也许将其称为"系统管理"更合适。它催生了两个独立而相关的研究领域：一是方法研究，即确定工作中应当包含的方法和活动；二是工作测量，即衡量工作需要花费的时间。这两个领域通常合称为"工作研究"，附录 9A 对此进行了详细说明。这两个领域仍然影响着很多运营管理者的工作设计方式。不过，这种方法也存在争议。详见后文的"社会责任"部分。

● **互动方式设计——工效学工位设计**

工效学（ergonomics）主要涉及工作岗位设计的生理学方面，而生理学关注的是人体运作方式。工效学包含两个方面：一是人与周围工作区域的互动方式；二是人对环境条件做出的反应。在本章后面部分，我们将对第二个方面进行探讨。工效学有时也被称为"人因工程"（human factors engineering）。其包含的两方面内容存在以下两个相同的理念。

» 人必须与自己从事的工作相适应。要实现这一点，只有两个办法：要么调整工作，使其适应工作人员；要么调整人员（或采用更温和的方式，即招聘新人），使其适应工作。工效学采用的是第一种方法。

» 管理者需要采用"科学"方法设计工作岗位，如通过数据分析法确定人们对不同工作设计条件的反应，并努力找出一类最佳条件，最大限度地提高舒适度和运营绩效。

人体测量学问题

很多企业在从工效学角度改善工作环境时，主要关注的是人体测量学问题，即与人的身材尺寸、轮廓体型和其他体能有关的问题。例如，在设计装配工作时，设计者应考虑到装配人员的体型和力量。工效学专家在设计过程中使用的数据被称为人体测量数据（anthropometric data）。因为每个人的体型和体能各不相同，所以人的体能范围也就成为工效学专家颇为关注的话题。正因如此，人体测量数据通常用百分位数表示，如图 9-6 所示。该图展示了体型（此处为身高）变化的概念，只有 5% 的人比最左侧的人（对应第 5 百分位数）矮小，而比最右侧矮小的人（对应第 95 百分位数）占到 95%。如果用该方法衡量身体其他维度（如臂长），就可以根据测量数据设计工作区域。例如，根据人体测量数据，设计者可以确定正常工作区域和最大工作区域，如图 9-6 所示。根据手臂伸展距离的第 5 百分位数可以确定最大工作区域，常用部件或工具通常不宜放在该区域之外。

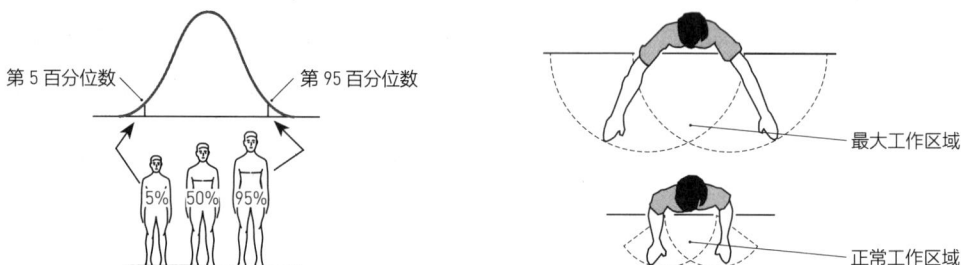

图 9-6　人体测量数据在工作岗位设计中的应用

运营实践案例

避免机体劳损的外骨骼设备 [6]

外骨骼并不是什么新概念。自 20 世纪 60 年代以来，人们就一直想用它增强人的自然体能，以达到某些医疗或军事目的。在自然界中，外骨骼是"覆盖、支撑和保护昆虫与甲壳纲动物等无脊椎动物的坚硬外壳"。但应用于体力劳动的外骨骼通常是指动力外骨骼，即一种可穿戴的动力移动设备，可以为人体的运动或定位提供辅助，从而增强力量和耐力。长久以来，外骨骼一直是科幻小说的主题，但如今该技术已开始在工业环境中投入测试。例如，与其他汽车公司的员工一样，福特汽车装配线上的员工也要长时间保持抬手姿势。这种姿势可能会导致腰背和肩颈疼痛，还可能会导致全身性疲劳。因此，福特公司决定与加利福尼亚的 Ekso Bionics 公司合作，对一种名为 EksoVest 的上半身外骨骼装置展开测试，该装置可以抬升并支撑手臂。马蒂·斯梅茨（Marty Smets）是该公司的工效学专家，致力于人体系统和虚拟制造工作。他表示，自 2011 年起，福特公司就已经开始针对可穿戴机器人解决方案展开研究，但公司并不是想让工人拥有超人般的力量，而是要防止他们受伤。"目前，我们只应用了上半身支撑设备，但同时也想试试其他系统。当前的目标就是要弄明白如何将外骨骼集成到我们工厂。一旦成功引用，我们就

可以开始复制，并找到最佳应用场景。"

使用方法

① 扣好 EskoVest 背带卡扣

② 轻击位于上臂两侧的制动器，为穿戴设备提供弹簧负载的动力

③ 工业钻机更容易举起，减少了人体的负担

● 员工的投入状态设计——工作岗位设计的行为方法

管理者如果只根据劳动分工、科学管理或工效学中的某种单一原则设计工作岗位，可能会使员工产生疏离感。因此，工作岗位设计还应考虑个体对自尊的需求及其实现个人发展的愿望。从这方面看，激励理论及其对工作岗位设计行为方法的贡献确实非常重要。该方法实现了工作设计的两个重要目标。首先，它能够提高员工的工作、生活质量——从道德角度讲，这一目标本身就很有价值。其次，它能够提高员工的工作积极性，进而从产出的质量和产量方面提高运营绩效。这种工作岗位设计方法包含两个概念性步骤：第一步，探索工作岗位的各个特征对员工积极性的影响；第二步，探索个人工作积极性对其工作绩效的影响。

哈克曼（Hackman）和奥尔德姆（Oldham）提出了这种工作岗位设计

方法的典型模型 [7]，如图 9-7 所示。该模型提出了很多工作岗位设计的"技巧"，旨在影响工作的特定核心"特征"。一般认为，这些核心特征会影响个体对工作的积极"心态"。与此同时，这些心态也会产生特定的绩效结果。图 9-7 中某些"技巧"（哈克曼和奥尔德姆最初将其称为"实施理念"）的具体含义如下。

» 合并任务是指增加个人工作分配量。

» 构建自然工作单元是将多项活动组合到一起，形成一个连贯的整体。

» 建立客户关系是指员工与内部客户直接接触。

» 纵向负荷是指在工作中加入"间接"活动（如维护工作）。

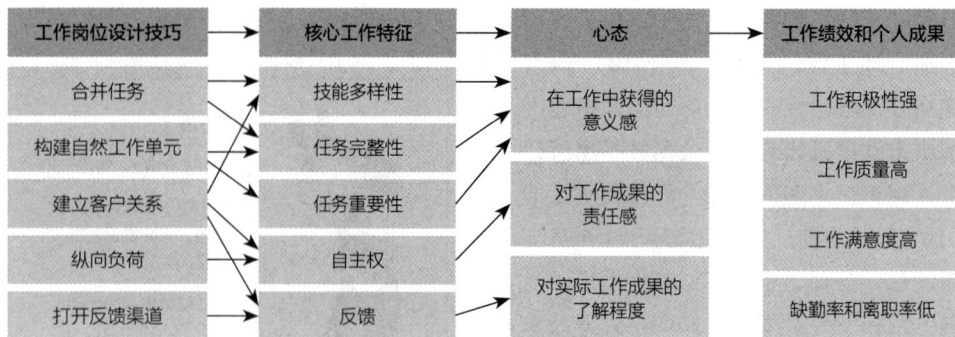

图 9-7　典型的工作岗位"行为"设计模型

» 打开反馈渠道是指内部客户直接提供反馈。

除此之外，哈克曼和奥尔德姆还说明了这些工作岗位设计技巧对最终工作核心特征的塑造方式，以及核心特征对员工"心态"的影响。心态是指个人对工作的态度，具体而言，它是指员工在工作中获得的意义感和责任感，其对工作方式的控制权及其对实际工作成果的了解程度。所有这些心态都会从工作积极性、工作质量、工作满意度、离职率和缺勤率等方面影响员工的工作表现。

轮岗制度

如果企业因流程技术等原因难以增加工作中的相关任务量，那么可以考虑轮岗制度（job rotation）。轮岗制度是指将员工定期调动到不同任务组，以增加其工作多样性。企业如果能成功实行轮岗制度，就可以增强员工技能灵活

性，并从一定程度上减轻员工的枯燥感。然而，这种制度并没有得到普遍认可。管理者认为，轮岗制可能会使工作无法顺利进行，员工则认为该制度会打乱他们的工作节奏。

工作扩大化

要实现工作行为设计（behavioural job design）目标，最简单的办法就是增加个人工作分配量。如果这些额外任务与原任务基本属于同一类型，那么这种变化就被称为工作扩大化（job enlargement）。工作范围扩大后，任务难度也许不会提高，其带来的满足感可能也不会增强，但完整度更高，因此也更有意义。一般情况下，工作内容得到扩充的员工不会频繁重复自己的工作，如此一来，其枯燥感也可以略微减弱。举例来说，假设某产品原本采用的是装配线生产模式，整个生产过程按顺序分成 10 项工作量相等的任务；后来，企业将该工作重新设计成两条平行装配

线，每条线上安排 5 名员工，那么整个系统的产量虽然没有变化，但每名员工要完成的工作量却变成了原来的两倍。这就是所谓的工作扩大化。员工的重复频次降低，任务种类可能有所增加，但每位员工承担的责任或拥有的自主权可能不会加大。

工作丰富化

工作丰富化不仅意味着要增加员工任务量，还要给员工分配额外任务，这些任务涉及更大的决策权、自主权和控制权。比如，维护、规划、控制乃至质量水平监测，这些都属于额外任务。工作丰富化既可以降低重复性，又可以赋予员工更大的自主权，促进其个人发展。仍以上文中的产品装配线为例，除

了为每个员工分配两倍的工作量，企业还可以让他们负责日常维护、记录和材料供应管理等工作。纵向变动与横向变动的区别如图 9-8 所示。从广义上讲，横向变动是扩充某项工作中类似任务的种类，纵向变动是赋予员工更大的责任、决策权或自主权。工作扩大化只涉及横向变动，工作丰富化则一定涉及纵向变动，抑或二者皆有。

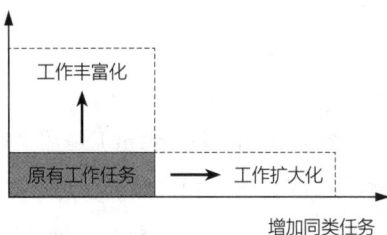

图 9-8　工作扩大化与工作丰富化

运营实践案例

米其林的"responsabilisation" [8]

早在 1928 年，时任米其林（Michelin）集团董事长的爱德华·米其林（Édouard Michelin）说："赋权精神始终是我们集团价值观的一部分，也是米其林集团'遗传密码'的一部分。执行特定任务的人非常了解任务内容，所以让他们承担责任就是我们的原则之一。"如今，米其林集团依然沿用这种赋权方式，其在法语中被称为"responsabilisa-

tion"，包含了赋权与问责两层含义。为了精简组织结构、加快反应速度、提高反应效率和加快决策速度，米其林集团实行了一系列举措，为员工赋权就是其中之一，团队赋权则是该举措的重要组成部分。米其林集团表示："（团队赋权）不仅可以提高员工的积极性，促进彼此间的沟通交流，还可以拉近决策与运营和客户之间的距离。目前，我们正在整

个集团范围内构建赋权组织，建立以信任为基础的关系，鼓励所有员工参与集团的转型工作。另外，我们也在为一线团队赋权，使其能够自行组织工作，并在管理层确定的框架内找到实现既定目标的最佳方案。如此一来，管理者就可以重新担任团队顾问，培养员工和团队的能力。"从本质上讲，"responsabili-sation"就是将更多的运营责任转交给生产线上的工作人员。该过程涉及一些新技能：如何在团队中有效工作，如何组织项目工作，如何处理冲突以及如何以温和的方式沟通。在该模式下，团队领导者不是直接发布指令，而是充当教练；如果发生冲突，领导者则要充当裁判。团队成员分工完成生产调度、安全程序和质量控制等任务。集团将赋权理念引入其中一家工厂后，该厂员工表示，自主权扩大后，他们的工作幸福感更强了，效率也更高了。米其林集团认为该举措取得了成功，便将其推广到了欧洲和北美的6家工厂。

赋权

赋权（empowerment）是自主权这一工作特征的延伸，在工作岗位设计的行为方法中占据突出位置。然而，赋权的含义要比自主权更加丰富。自主权是指让员工拥有改变工作方式的能力，而赋权不仅赋予员工改变工作方式的能力，还赋予他们改变工作本身的权利。在工作岗位设计过程中，管理者可以根据实际情况对员工进行不同程度的赋权。赋权的基本要求是让员工提出运营改进建议。在此基础上，企业还可以让员工重新设计工作岗位。如果要进一步扩大权限，还可以让员工参与整个组织的战略方向和绩效管理。一般来说，为员工赋权可以加快企业对客户需求的响应速度（其中包括满意度较低的客户），提高员工的工作满意度，激发员工与客户的互动热情，促进"口碑"宣传，防止客户流失。与此同时，赋权也存在弊端，它会提高选拔与培训成本，让接受服务的客户感觉自己被区别对待。另外，某些员工也可能会做出错误的决策。

运营实践案例

混合工作制的是与非 [9]

有些在职员工每周都有一部分时间在家工作，对某些岗位而言，这种现象已经非常普遍。如果员工能与公司的信息技术系统无缝连接，那么在家工作就不足为奇，这就是所谓的"远程办公"（remote working/telecommuting）， 也叫灵活工作制（flexible working）或居家办公（working from home）等。新冠疫情暴发后，很多人被迫放弃线下办公，在此期间，居家办公成为普遍模式。该模式曾引发争议，因为有人认为，居家办公是减轻工作强度的借口；还有人指出，居家办公模式会阻碍员工之间高效创新的沟通（此观点确实有一定的道理）。实际上，早在几年前，时任雅虎（Yahoo）首席执行官的玛丽莎·梅耶尔（Marissa Mayer）就制定了相关规定，不允许员工居家办公，必须到办公室线下办公。此举在当时引发了一场有关工作时间、地点和方式自由度的讨论。当时，社会已经开始在一定程度上允许甚至鼓励员工（尤其是高科技企业员工）采取居家办公模式，梅耶尔女士的决定却与社会趋势背道而驰，这也许才是该举措最令人惊讶的一点。相关调查显示，在某些行业，尤其是在信息系统、工程和科学领域，居家办公越来越常见，也受到了人们的欢迎。此外，许多技术公司生产出了支持居家办公的硬件和软件，因此，这些公司的员工使用这些硬件和软件居家办公也是合理的。

雅虎公司的观点得到了投资银行高盛集团的肯定。该公司首席执行官戴维·所罗门（David Solomon）表示，尽管在新冠疫情期间，居家办公成为数十亿人的工作常态，但这只是暂时现象。像高盛这样具有创新协作精神的企业，不可能让居家办公成为新常态。相反，这是一种异常模式，应当尽快加以纠正。反对混合工作制的主要原因在于，线下办公可以为员工提供偶然会面的机会，从而激发员工的活力，催生新创意，但混合工作制无法提供这种机会。此外，有人认为居家办公会大大降低人们的社交频率，从而带来孤独感。

然而，包括汇丰银行和劳埃德银行在内的多家公司却趁机削减了全球各地的办公空间（其中汇丰银行削减了40%），预计它们未来会在更大程度上采用混合工作制。同样，跨国专业服务合作伙伴普华永道也认为，新冠疫情从根本上改变了人们的工作态度，为"出勤主义"（presenteeism）时代画上了句号（"出勤主义"是指出勤等于有效工作的理念）。不过，该公司董事长凯文·埃利斯（Kevin Ellis）也承认，他很怀念办公室的氛围和文化，并预计未来每周将有三四天的线下办公时间。然而，工作方式发生改变的不只有办公室里的白领。举例来说，达能曾计划在墨西哥重新设计瓶装矿泉水生产流程，使其更加环保，但该项目却因疫情中断。技术专家出行受限，无法前往墨西哥安装新兴技术设备。相反，他们只能通过视频会议软件Zoom对当地技术人员开展培训。线上模式的确用时较长（准备和实施阶段的原定时长为 4 天，实际却花了两周），但成本低于人员线下派遣费用。更重要的是，该方法可以重复使用。达能公司时任首席执行官范易谋（Emmanuel Faber）表示，办公策略的变化说明整个公司都在逐步向更灵活的员工队伍转变。

团队合作

与赋权概念密切相关的另一个工作设计发展趋势是以团队为基础的工作组织（有时也称自我管理型团队）。在该组织中，员工具备的技能往往相互重叠，他们需要共同执行一项规定任务，并对实际执行方式具有较高的自主决定权。团队通常会管理成员之间的任务分配、进行工作调度并负责质量的评估与改进，有时还负责招聘员工。从某种程度上讲，大多数工作一直都以小组合作的形式开展。然而，团队合作的概念更具规范性，它为小组成员制定了一套共同的目标和责任。在协同合作的过程中，小组成员可以充分发挥各自的技能，而当我们强调类似的合作优势时，可以将小组描述为团队。另外，团队还可以缓冲其他组织结构变化带来的影响。例如，在组织结构日趋扁平化的情况下，组织管理层次减少，各个管理者需要控制的活动范围就会扩大。此时，能够自主决策的团队就具有明显优势。团队合作的优势可以归纳为以下几点：

- » 提高员工的积极性和灵活性，从而提高生产力；
- » 提高质量，鼓励创新；
- » 提高个人的工作有效性，从而提高工作满意度；
- » 团队愿意分担技术变革带来的挑战，因此，团队合作可以降低工作场所的技术变革难度。

灵活工作制

在过去 25 年里，大多数工作的性质都发生了巨大变化。新技术层出不穷，市场活力持续增强，客户要求不断提高。除此之外，个人该如何帮助组织在竞争中脱颖而出，这一问题的答案也发生了变化，而这些变化也都对组织和个人产生了相应的影响。与此同时，人们对家庭生活、工作生活和社会生活的平衡有了新的理解。人们正在探寻新的组织形式和工作态度，它们能够在一定程度上允许并鼓励员工以灵活的方式开展工作，从而满足市场对灵活性的需求。从运营管理的角度看，灵活工作制的重要意义主要体现在以下三个方面：技能灵活性、时间灵活性和地点灵活性。

- » **技能灵活性：** 能够胜任多种不同工作的灵活员工团队可以按需调配（或自行转岗）到任何有需要的岗位。从短期角度看，在仓库工作的超市员工可以根据需要去货架补货，再去收银台收银。从长远角度看，当某种长期需求趋势凸显后，如果员工具备多种技能，企业就可以使其在不同技能领域间流动。例如，假设一位工程师以前需要到复杂设备的安装现场进行设备维护，那么现在该工程师也许可以通过远程计算机进行设备诊断，或者利用"服务热线"提供支持，从而完成大部分工作。企业要提高工作灵活性，就必须加强培训、学习和知识管理。显然，确定执行特定任务所需的知识和经验，并将其转化为培训活动，这是有效开展多技能培训的前提。

» **时间灵活性：** 并非所有人都愿意全天工作。很多人往往为了照顾家庭，只想花一部分时间工作，有时甚至只想将工作安排在一天或一周中的某个特定时段（因为要照顾孩子等）。同样，雇主在不同时段需要的员工数量可能也不尽相同。比如，他们可能只在需求高峰期才需要额外的员工。"灵活工作时间"或"弹性工作制"（flexi-time working）的目标就是将员工供应量与工作需求相结合。这些制度可以为每名员工确定相应的核心工作时间，其他时段的工时也可以灵活累积。除此之外，企业还可以采用"年度工时制"（annual hours），该

制度可以解决第 11 章阐述的产能管理问题。

» **地点灵活性：** 目前，在全球北方的大部分经济体中，服务业岗位数量占所有岗位数的 70%～80%。即使在制造业中，间接岗位（即不直接参与生产制造的岗位）的员工比例也出现大幅增长。因此，"定点"工作的数量开始增加。所谓"定点工作"，就是必须在固定地点开展的工作。比如，商店店员必须在店里工作，装配线工人必须在装配线工作。但除此之外，还有很多非定点工作，只要能与组织内的其他部门通信联系，在哪里都能进行。企业意识到这一点后，便有了所谓的混合工作制、灵活工作制、居家办公、异地办公（teleworking）和移动办公。换句话说，这些新模式就是让员工（至少在部分时间段内）居家工作。详见"运营实践案例 9-4"。

批判性评注

团队合作不仅难以成功实施，还会给团队成员带来不必要的压力。在某些情况下，组建团队是为了避免全面重组等更激进的解决办法。团队无法弥补设计不当的组织流程带来的负面影响，也无法替代管理层履行确定决策方式的责任。通常情况下，组织会要求团队做出决策，却没有为其赋予足够的权责来执行决策。即使团队可以达成预期的结果，也要付出一定的代价。20 世纪七八十年代，瑞典汽车制造商沃尔沃（Volvo）引入了自治团队，提高了员工的工作积极性，也鼓舞了士气，但最终成本却高得惊人。[10] 另外，有人认为团队合作是在用一种压力替代另一种压力，也许这才是最严重的问题。团队也许拥有自主权，但其仍然承受着压力。自上而下的管理控制模式被过度的同辈压力取代，而后者在某些方面比前者更为隐蔽。

混合工作制／远程办公虽然在技术上可行，但不一定能在组织中推行，二者之间往往存在很大的差异。该模式确实存在弊端，而且有些远程模式一旦开启，员工之间就无法会面。如此一来，组织往往就要面临诸多困难。该模式的问题包含以下几点。

» 使员工缺乏社交：办公室是一个社交场所，人们可以在这里吸收组织文化并相互学习。有人认为，所有的知识都可以通过远程形式整理编撰并进行正式学习，这其实是一种不成熟的看法。
» 降低沟通有效性：我们与同事的基本沟通有很大一部分是偶然发生的面对面交谈。它通常出现在"偶遇"场合，但对于传播背景信息和确定工作所需的具体信息非常重要。
» 影响问题解决效率和效果：在解决问题时，相比于利用通信技术正式提出请求，非正式地向同事求助往往更高效也更有效。
» 带来孤独感：移动办公或居家办公带来的孤独感才是该模式真正的问题。对许多人来说，工作场所就是社交互动的主要发生地，它是计算机屏幕无法替代的。

● 工作压力

工作岗位设计和工作压力之间存在某种联系，这已经不是什么新鲜说法。就连早期的某些科学管理先驱也认为，管理者在安排工作时，应避免创造出容易造成压力的工作条件。如今，人们普遍认为压力会严重影响工作与生活的质量，进而影响工作效率。在此，我们将压力定义为"人们负担过大或面对工作要求时所产生的不良反应"[11]。显然，从道德角度看，企业应尽量减轻员工的工作压力，但除此之外，为员工减压对企业运营也有很多好处，比如：

» 如果员工在工作时感觉更快乐，那么他们的工作与生活的质量就会提高，工作表现也会更好；

» 如果"压力"得到有效管理，那么企业就更容易引入改进措施；
» 从劳资关系角度看，为员工减压可以降低问题解决难度；
» 出勤率提高，病假次数减少。

表 9-1 列举了工作压力的部分形成原因以及运营管理者可以采取的措施。

● 工作与生活的平衡

如今，人们的工作与生活越来越难以分离，其背后的原因有很多。首先，人们普遍开始从工作时间界定非常明确的企业（通常是采用高产量固定流程的企业）转移到活动（和流程）不那么正式和／或明确的企业。当然，

表 9-1 工作压力的形成原因及解决办法

形成原因	解决办法
员工如果无法应对公司为其安排的工作量或工作类型，就会感到不堪重负	改变工作岗位设计方式，对培训需求和灵活工作制的可行性展开评估
员工如果对自己从事的工作没有控制权或发言权，其工作满意度就会降低，最后导致工作表现不佳	努力让员工参与决策制定和团队贡献评估，并通过绩效审查识别个人在工作中的优势和劣势
员工感到孤立无援：如果员工觉得无法向管理者反映困扰他们的问题，其病假次数就会增加	让员工有机会反映导致压力的问题，向他们表示同情，并及时为他们提供信息
如果组织成员没能以良好的行为和信任为基础，建立良好的人际关系，就会引发纪律问题、投诉问题和霸凌事件	检查组织对投诉问题、绩效低下问题、考勤问题、不良行为和霸凌与骚扰事件的处理办法
员工如果不了解自己在组织中的作用以及组织对他们的期望，就会对自身工作和组织感到焦虑	检查入职流程，编写准确的岗位职责，始终将个人目标与组织目标紧密联系在一起
组织变动会带来巨大的迷茫感和不安感	提前制订计划，让员工做好准备。征求员工的意见，让他们真正参与其中，共同解决问题

后者的工作时间也没有得到明确界定。其次，"工作"设备（笔记本电脑和移动设备等）与个人设备越来越难以区分，即人们如今很难从工作邮件和工作来电中"脱身"。与此同时，居家办公的人越来越多，所以对工作时间进行界定有时并非易事。另外，有些组织文化还将"延长工作时间"与"提高工作质量"混为一谈。通常情况下，合理划分工作与生活的目的，就是不让工作过分占用员工履行家庭义务、享受个人爱好的时间（但"过分占用"的具体定义可能会引发争议）。从组织角度看，实现工作与生活的平衡通常有以下几点好处。

» 降低员工流失率：员工如果觉得不堪重负，可能就会另谋高就。

» 建立良好声誉：提倡工作与生活的平衡能让企业建立良好声誉，从而吸引更多的优质人才。

» 工作与生活一旦失衡，员工就会"精疲力尽"，最终使身体和精神疾病的发病率上升。这不仅不符合道德规范，也会导致缺勤率上升，从而造成经济损失。

» 提高员工绩效水平：目前的观点普遍认为，过大的压力或过重的负荷会降低员工的工作效率，但这一说法尚存争议。尽管某些研究表明，工作与生活达到平衡的员工效率更高，但也有研究人员表示，"并没有足够的证据能证明，减少工作与生活的冲突可以提高绩效"。[12]

本节介绍的很多工作机制都能促进工作与生活的平衡，如各种灵活工作制、居家办公制、工作分担制和办公室育儿制等。

难缠的客户让人"压力山大" [13]

有些岗位的工作人员需要直接与客户打交道，甚至要为庞杂的客户群体提供全天候服务，这样的工作可能会给人带来极大的压力。并非所有的客户都通情达理、谦和耐心，有的甚至缺乏基本的理智。因此，与客户频繁接触的员工需要经过培训，还需要企业提供专业支持，或许还需要具备特殊技能。客户如果没有得到满意的服务，就会感到愤怒。在此情况下，与之打交道的人员可以采取以下应对办法：承认（客户眼中的）问题，尝试站在投诉者的角度考虑问题，弄清事件原委，努力纠正问题。这些步骤说起来容易做起来难，但是如果工作人员能有效解决问题，满足客户需求，就可以带来巨大的效益。调查显示，在投诉得到解决的客户群体中，有 90% 的客户都愿意再次使用同一项服务，有的甚至会成为该服务的"粉丝"。尽管如此，如果碰上特别难缠的客户，就连经验丰富的员工也难以保持礼貌和宽容。曾在美国捷蓝航空公司（JetBlue）担任空乘的史蒂文·斯莱特（Steven Slater）就经历了这样的事情。有一次，斯莱特在一趟飞往纽约的航班上，遇到两名乘客因头顶的行李架占用问题而发生争执，于是他不得不出面调解。结果其中一名乘客对斯莱特破口大骂，还把行李舱门拉下来，砸到他的头上。飞机着陆后，他们无视斯莱特的要求，在飞机滑行阶段擅自离开座位，起身从头顶的行李架中拿行李。据说，那名旅客当时又一次对斯莱特破口大骂。而这一次，斯莱特的耐心彻底耗尽，并选择以一种格外戏剧性的方式发泄自己的不满。他走到对讲机前，向机上全体人员广播道："刚才骂我的那位乘客，去你的。我干这行已经 28 年了，我受够了。"说完，他拿起手提行李，又从手推车上拿了两瓶啤酒，打开机舱门，启动逃生滑梯，郑重地说："感谢在过去 20 年对我以礼相待的乘客们，祝你们旅途愉快。"然后他便滑出飞机（好在当时飞机静止不动），并落在了跑道上。当然，这种辞职方式并不可取。斯莱特后来也因此被捕，并被控刑事破坏罪和过失伤害罪。

● 如何设计工作环境

我们在前文提到的工效学问题讨论的是人与周围工作区域物理因素（如空间大小）的互动。但除此之外，工作岗位设计还要考虑人与工作环境的互动。工作环境是指工作区的温度、照明和声音条件等。显然，这些因素都会对工作绩效产生影响。

温度过高或过低、光线太强或太弱、噪声太大或寂静无声都会影响工作效果。其中许多问题都属于职业健康与安全法规的管理范畴，这些法规对世界各地的工作环境条件进行了规定。只有从该方面深刻理解工效学的含义，才能在法规允许的范围内开展工作设计。

温度条件

实际上，设计者很难预测个体对环境温度的反应。环境温度不同，每位员工的工作表现及其感受到的舒适度也各不相同。此外，多数人对"温度"的判断也受环境湿度和空气流动状况的影响。尽管如此，设计者仍然可以在设置温度条件时参考以下几条一般性原则。

» 最适温度范围取决于员工从事的工作类型，相比于工作繁重的员工，工作轻松的员工所需的环境温度更高。

» 对某些需要保持警惕的工作而言，如果温度超过 29℃，员工的工作效果就会受到影响；如果工作不需要投入太多的体力，那么相应的最适温度也稍低一些。

» 当温度高于或低于工作所需的舒适范围时，事故的发生概率也会提高。

运营实践案例

音乐真的可以提高生产力吗？[14]

在工作场所播放背景音乐并不是什么新鲜事。几个世纪以来，不少企业都采用过这种模式。早在工业革命时期，管弦乐队和歌手偶尔会受雇到安静的工厂为工人表演。后来，到 20 世纪 40 年代，英国广播公司（BBC）专门为工人推出了一档名为《工厂音乐角》（*Music While You Work*）的广播节目，每天播放两次。受邀参加节目的艺术家需要"演奏欢快的音乐，从而帮助工人集中注意力"，因为人们觉得这样可以提高生产

力。但在工作场所播放音乐有时也需要成本。例如，按照英国法律规定，企业在公共场合播放录制音乐前，必须获得表演权协会（Performing Right Society，PRS）的许可，该协会负责向企业收取费用，并向作曲家及其发行商支付版税。但用耳机听歌就不用花钱。不过，音乐真的可以提高生产力吗？

当然，有些机构肯定认为音乐对工作效果会产生积极影响。音乐工作坊（Musicworks）引用的研究表明，在工

作场所听音乐可以改善员工的心情，培养团队精神，提高员工警觉性，同时减少工作事故发生率（音乐工作坊受 PRS 支持，因此并非完全独立的组织）。其还表示，音乐可以缩短员工的病假时长，提高生产力。另外，迈阿密大学的特雷莎·勒苏克（Teresa Lesiuk）在研究中发现，工作时听音乐的信息技术专家要比不听音乐的专家工作速度更快，提出的想法也更好。但并非所有人都认可这一点。职业心理学学院（Institute of Work Psychology）的卡罗琳·阿克斯特尔（Carolyn Axtell）博士表示："如果人们在工作时需要全神贯注，那么音乐就可能成为一种干扰。当人们选择主动倾听时，音乐会给人带来积极的影响：它可以让人放松，也可以帮助人们对抗噪声等外界干扰。相反，如果将音乐强加于人，员工就会感到心烦，工作压力也会增加。"然而，每名员工对音乐的反应也不尽相同，如果同事之间发生冲突，就会造成一些问题。阿克斯特尔还表示："如果有的东西你不想看，还可以转移视线，但耳朵却是关不上的。"

外科医生也常常在手术室播放音乐。在另一项研究中，伦敦大学的研究人员对该现象展开了分析，其中医生的播放列表包括轻柔古典乐、重金属音乐和电子舞曲等多种音乐。患者接受麻醉后不会再抱怨，但手术团队中的其他成员有时并不喜欢这种模式。因为音乐声会妨碍团队成员之间的沟通，使成员听不清指示。更可怕的是，如果音乐声忽大忽小，或者有新歌忽然响起，再或者外科医生一听到喜欢的歌就调高音量，那么其他成员也会受到干扰。虽然研究人员

得出的结果有时相互矛盾，但其中包含某些共性。

* 工作"沉浸度"不同，音乐对生产力的促进效果也会有所不同。"沉浸度"是指工作任务对多样性和创新性的要求程度。原创作品需要极强的创造力，这就是"沉浸式工作"，而回复电子邮件之类的例行工作就不属于这种类型。对于明确的、重复性较强的例行工作而言，音乐在多数情况下都有促进生产力的作用。

* 音乐会影响人的情绪。显然，提高生产力的并不是背景音乐本身，而是你喜欢的音乐为你带来的好心情。某项研究显示，工作时听音乐的信息技术专家要比不听音乐的专家工作速度更快，提出的想法也更好，这是因为音乐改善了他们的心情。

* 在开放式办公室里，有些人可能受不了外界的嘈杂声，在此情况下，耳机可以帮助他们抵挡环境噪声。

* 音乐对学习没有帮助，因为它会分散人的注意力，从而妨碍新知识的吸收和记忆。

* 背景音乐中如果有歌词，尤其是新颖有趣的歌词，就会对沉浸式工作的完成效果产生影响。因为听歌词会激活大脑的语言中心，所以此时，人们很难再执行和语言有关的其他任务。

（实话实说，本书的大部分内容是作者一边听歌一边写就的。）

照明条件

要想让员工取得令人满意的工作成果，就要根据不同的工作性质设置不同的照明强度。有些工作对员工操作的精密度要求极高（如外科手术），在此情况下，工作场所需要达到的照明度也非常高。相反，对精细度要求较低的工作就不需要这么高的亮度。

声音条件

与其他环境因素相比，噪声过大产生的破坏性影响也许更容易理解。如果工作场所的环境音量超过安全范围，那么这种噪声就会导致员工听力丧失，

目前已有大量资料证明了该影响的真实性。需要强调的是，就噪声水平而言，英国工作日内的（法定）安全音量上限为 90 分贝，不过在世界其他地区，法定音量上限低于此数值。另外值得注意的是，分贝（噪声强度单位）是一个对数单位。也就是说，噪声每提高 3 分贝，实际强度就提高到原来的 2 倍。诚然，高强度噪声会产生破坏性影响，相比之下，间歇性噪声和高频噪声对员工的影响要小得多，但后者仍然会影响工作绩效，对于需要注意力和判断力的工作任务而言，其影响格外明显。

社会责任

　　本书将在每一章的"社会责任"板块总结本章主题与重要的社会、道德和环境问题之间的关联。

　　前文已对（并不科学的）"科学"管理概念进行了介绍，它只是工作岗位设计的影响因素之一。尽管如此，在某些人看来，运营管理仍然受到"科学"管理理念的过度影响。显然，"科学"管理之父泰勒（1856—1915）是其所处时代的代表人物，即使在他逝世以前，也出现过很多反对科学管理方法的声音。一份提交给美国劳资关系委员会（the United States Commission on Industrial Relations）的文件对科学管理方法的描述如下所述。[15]

» "从精神和本质上讲，（科学管理方法）是一个精心设计的提速和'压榨'系统。"
» 科学管理方法强化了"工作任务专业化的现代趋势"。
» 科学管理方法将"工人困在单调乏味的例行工作中"。
» 科学管理方法将"可能损害工人利益的信息交到雇主手中"。
» 科学管理方法倾向于"将工人的所有传统知识、判断能力和技能转移到管理者手中"。
» 科学管理方法大大强化了"不必要的管理指令和纪律"。
» 科学管理方法倾向于"强调数量，轻视质量"。

可以说，其中某些批评观点反映了运营管理的本质，即注重生产力、专业化和标准化，同时侧重于采用以信息技术为基础的规划与控制系统。这些都会剥夺企业员工的责任与权力，某些极其现代化的企业遵循着与泰勒制相似的运营方式，也因此受到了批评。以履单中心为例，该组织是线上零售业成功的关键，而组织中的员工往往要接受严格的绩效衡量与控制。与之类似的还有主题乐园的员工，他们的行为和外表也会受到相应的规定与限制。显然，传统运营目标和更加文明包容的员工管理方式之间存在某种冲突。在科学管理方法的影响下开展工作岗位设计确实遭到了不少反对，但在所有的批判性观点中，有两点最值得关注：其一，科学管理轻则提高工作标准化程度，重则造成劳动的高度分工，这种不可避免的结果会强化过度分工的负面影响；其二，科学管理将判断性、规划性的高技能工作与例行性、标准化的低技能工作正式分离开来，前者由"管理层"负责，后者则由"工人"完成。至少可以说，这种工作划分剥夺了大部分员工通过有意义的方式为工作做贡献的机会（同时也剥夺了其为组织做贡献的机会）。以上两种批判性观点都指向同一个问题：按照"科学"管理原则进行工作岗位设计会打击员工的工作积极性，使员工缺乏对工作的掌控感，从而产生沮丧情绪，同时降低员工的参与感。

9.4　如何分配工作时间

如果不对工作活动所需的时间进行估算，就无法确定个人或团队的工作分配量，也无法预估任务完成时间、执行成本、计划推进情况以及运营管理所需的其他重要信息。也就是说，如果不事先预估工时，那么运营管理者只能盲目行动。与此同时，准确或较有把握地衡量工时也并非易事，这一点想必不难理解。任何工作所需的时间都取决于工作者的经验、熟练度、工作动力或积极性、工具配备情况、环境条件和疲劳程度等。因此，管理者最多只能对任务需要或应该花费的时间进行估算，无法精准"测量"。工时估算值就是对任务所需时间"最合理的猜测"，正因如此，我们才将工时估算过程称为"工作时间分配"。而之所以要为工作任务分配合理的时间，是因为很多重要的运营管理决策都需要参考这些时间信息，如：

» 对某项流程可以完成的工作量（即流程能力）进行规划；

» 确定工作任务所需的员工数量；

» 为特定人员分配单项任务；

» 平衡各流程阶段的工作量（见第 6 章）；

» 核算产品或服务的劳动成本；

» 估算员工和 / 或流程的效率或生产力；

» 计算奖金金额（近年来，其重要性有所降低）。

虽然工作测量法并没有充分的理论支持，但理解工作与时间的关系显然是工作岗位设计的一个重要部分。对工作进行结构化、系统化的测量，可以为所有工作的评估与比较提供一种通用的度量标准。既然工时分配具有重要意义，那么管理者应该如何进行分配呢？实际上，经过多年探索，人们已在该领域积累了大量的知识和经验。这就是所谓的"工作测量法"，当然，正如前文所说，其"测量"结果并不准确。工作测量法的正式定义是"确定合格员工按标准绩效水平完成特定工作所需时间的过程"。虽然该定义并不完

全准确，但一般认为，其中的特定工作是指已经区分相应类别，大部分方面都已明确的工作；合格员工（qualified worker）是指"具备工作所需的身体素质、智力水平、专业技能、教育背景和知识储备的员工，他们能够以合格的安全、质量和数量标准完成工作任务"；标准绩效（standard performance）水平是指"合格员工在积极投入工作且不过度劳累的情况下，在工作日内达到的平均产出率"。

工作测量技术

以前，一谈到工作测量法，人们的脑海中就会浮现"效率专家""动作和时间研究员"或"生产定额核算员"的形象，这些人拿着秒表在工厂里走来走去，只为节省几美分或是几便士。如今，虽然这种印象（几乎）不复存在，但用秒表确定工作基本时间（basic time）的方法仍然具有实际价值，并应用于"工时研究"。工时研究和工作测量的一般性问题将在附录 9A 中加以讨论。

运营实践案例

工作场所中的技术与监控 [16]

企业对员工的工作方式进行监控和分析早已不是什么新鲜事。一直以来，企业都在通过分析和评估工作方法开展

工作研究，进而提高生产力。在传统模式下，这种观察活动是在"前台"进行的，被观察者可以感知它的存在；而如

今越来越多的企业开始通过电子监控技术跟踪工作过程。据称，与传统模式相比，这种监控方式更加有效，但争议也更大。监控技术的范围很广——从简单要求员工进出打卡（该方法已经使用了一个多世纪），到利用生物测量技术制作身份识别徽章，这些都属于监控技术。它们可以跟踪员工的位置、行动、互动情况、对话持续时间乃至说话的语气。有些技术还可以检测出员工是否坐在办公桌前、工作被打断多少次、正在发送什么邮件或者拨打什么电话，甚至能识别员工的说话方式。监控技术支持者认为，这些功能都可以帮助企业提高生产力，并设计出新的工作方法。但反对者对此持有异议。这种监控本身就存在危险性，而在技术高速发展的时代，企业也有更多的机会用前所未有的方式对员工进行监控。当然，并不是所有人都喜欢被监控。某研究显示[17]，人们在工作中被侵犯隐私的感觉越强烈，其工作满意度就越低（这一发现当然不足为奇）。此外，如果员工觉得企业开展监控是多

此一举，或是觉得监控过于严密，就更可能想方设法破坏或"欺骗"监控系统。当然，他们还会采用更正式的方法发起抗议。例如，英国《每日电讯报》（The Telegraph）的记者发现报社高管在其办公桌上安装了跟踪传感器，它可以监测体温，进而对员工在办公桌前的停留时间及其走动频率进行监控。为此，员工们通过工会发起抗议，并拆除了这些装置。工会助理秘书长表示："按照法律规定，企业在引入这种隐私数据处理程序时，应当首先征询员工的意见。（我们）抵制新闻编辑室中的老大哥式监控。"尽管如此，在工作场所安装监控仍是必要之举。2018年，英国食品标准局（UK Food Standards Agency）宣布，为了改善卫生条件，降低食物中毒风险，其将对监控范围内的900家肉类切割厂安装闭路电视。此前，食品标准局发现有几家工厂篡改肉类保质期，有的还将掉在地上的肉放回生产线，以上做法均违反了食品安全规定。

除了工时研究，实际运营中采用的工作测量方法还包括以下几种。

» 基本数据合成技术（synthesis from elemental data）将以往获得的基本时间数据整合在一起，从而确定按标准绩效水平完成工作所需的时间。其中，基本时间数据可能来自企业对其他相关工作的研究结果，也可能来自合成数据。

» 预设动作时间系统（predetermined motion-time systems，PMTS）将人类基本动作的预设时间进行加总，从而确定按标准绩效水平完成工作所需的时间。其中人类基本动作可以按动作性质分类，也可以按运动条件分类。

» 分析估算法（analytical estimating）由估算法衍生而来，根据企业对相关基本

任务的了解和研究经验，对按标准绩效水平完成工作基本任务所需的时间进行估算。

» 工作抽样法（activity sampling），即在一段时间内对一组机器、流程或员工进行多次瞬时观察。在每次观察的过程中，观察者都会记录该瞬间正在发生的事情，而某个特定活动或延迟现象出现次数占总观察次数的比例，就代表了该活动或延迟现象所需时间占总时间的比例。

批判性评注

关于工作测量法的批评言论比比皆是。其中最常见的有以下几点。

» 企业无法对标准时间概念的任何基础理念进行准确定义。合格的员工、特定的工作甚至标准绩效水平都不可能得到清晰的定义。

» 即使人们努力遵循这些定义，也只能让工作变得死板僵化。如今的工作大多需要一定的灵活性，但严格定义的工作很难具备这种特性。

» 用秒表为员工计时不仅有辱人格，也（通常）会适得其反。往小了说，这种做法令人反感；往大了说，它其实把人当成了"研究对象"。

» 工时研究中隐含的评级程序是主观的，而且通常由研究者任意设定。除了研究者的意见，没有其他合理依据。

» 特别值得一提的是，工时研究很容易进行操控。雇主可以根据特定的成本目标"倒推"出"所需"的工作时间。此外，有经验的员工也会故意"装样子"，以此误导时间记录员。

第 9 章要点小结

1. 为什么人员对运营管理格外重要？

• 人力资源是组织最宝贵的资产。通常情况下，大部分"人力资源"都集中在运营部门。

• 社会技术系统分析法体现了人和社会问题的重要性。

2. 如何组织运营部门?

- 我们可以从多种角度看待组织。对组织的描述方式在很大程度上反映了我们对"组织"的基本假设。例如,我们可以将组织描述为机器、有机体、大脑、文化体系和政治体系。

- 企业可能采用的组织结构不一而足。大多数企业会将两种或两种以上的"纯粹组织类型"混合使用,这些纯粹组织类型包括 U 形组织、M 形组织、矩阵型组织和 N 形组织。

3. 如何设计工作岗位?

- 工作岗位的设计因素有很多,其中包括:劳动分工、科学管理、方法研究、工作测量和工效学,以及行为方法,如轮岗制度、工作扩大化和工作丰富化、赋权、团队合作和灵活工作制(包括混合工作制,也称"远程办公")。

4. 如何分配工作时间?

- 最著名的工作测量方法就是工时研究。除此之外,工作测量方法还包括基本数据合成技术、预设动作时间系统、分析估算法和工作抽样法。

第 9 章注释

[1] Schein, E.H. (1999) *The Corporate Culture Survival Guide: Sense and Nonsense About Culture Change*, Jossey-Bass, San Francisco, CA.

[2] Schein, E.H. (1992) *Organizational Culture and Leadership*, 2nd edn, Jossey-Bass, San Francisco, CA.

[3] 案例信息来自对汤姆·戴森的采访以及 Torchbox 官网。

[4] 摩根对组织喻象的阐述详见 Morgan, G. (1986) *Images of Organization*, Sage, Thousand Oaks, CA。

[5] Hoxie, R.F. (1915) *Scientific Management and Labor*, D. Appleton and company, New York, NY. 另见泰勒 1911 年首次出版的原著: Taylor F.W. (2005) *The Principles of Scientific Management*, 1st World Library – Literary Society。

[6] 案例信息来自 Byers, D. (2017) Bionic suits to make tools feel weightless, *The Times*, 24 July; Coxworth, B. (2017) Exoskeleton helps Ford workers reach up, New Atlas, 13 November; Goode, L. (2017) Are exoskeletons the future of physical labor? The Verge, 5 December。

[7] Hackman, J.R., Oldham, G., Janson, R. and Purdy, K. (1975) A new strategy for job enrichment, *California Management Review*, (17) 4, 57–71.

[8] 案例信息来自 Hill, A. (2017) Power to the workers: Michelin's great experiment, *Financial Times*, 11 May; Hill, A. (2017) Michelin chief Jean-Dominique Senard devolves power to workers, *Financial Times*, 14 May; Michelin (2017) 2016 Annual Report。

[9] 案例信息来自 Nixey, C. (2020) Death of the office, *Economist 1843 Magazine*, 29 April; Economist (2020) Countering the tyranny of the clock, *Economist* print edition, 17 October; Treanor, J. (2021) Has Goldman's DJ just pulled the plug on WFH? The Sunday Times, 28 February; Hill, A. (2020) Future of work: how managers are harnessing employees' hidden skills, Financial Times, 1 September。

[10] Berggren, C. (1992) *The Volvo Experience: Alternatives to Lean Production in the Swedish Auto Industry*, ILR Press.

[11] 该定义来自英国安全与健康执行局（The Healthand Safely Executive，HSE）。

[12] Beauregard, T. A. and Henry, L.C. (2009) Making the link between work-life balance practices and organizational performance, *Human Resource Management Review*, 19 (1), 9–22.

[13] 案例信息来自 Bone, J., Robertson, D. and Pavia, W. (2010) Plane rumpus puts focus on crews' growing revolution in the air, *The Times*, 11 August。

[14] 案例信息来自 Jones, A. (2015) The riff: dangers of music at work, *Financial Times*, 5 August; Ciotti, G. (2014) How music affects your productivity, *Fast Company*, 11 July; BBC (2013) Does music in the workplace help or hinder?, *Magazine Monitor*, 9 September。

[15] Hoxie R.F. (1916) *Scientific Management and Labor*, published originally by The United States Commission on Industrial Relations, Scientific Management; and in the *Monthly Review of the U.S. Bureau of Labor Statistics*, 2 (1) (January 1916), 28–38.

[16] 案例信息来自 Derousseau, R. (2017) The tech that tracks your movements at work, BBC Worklife, 14 June; Solon, O. (2017) Big Brother isn't just watching: workplace surveillance can track your every move, *Guardian*, 6 November; Staats, B.R., Dai, H., Hofmann, D. and Milkman, K.L. (2016) Motivating process compliance through individual electronic monitoring: an empirical examination of hand hygiene in healthcare, *Management Science*, 63 (5), 1563–85; Webster, B. (2018) CCTV to monitor hygiene in meat factories, *The Times*, 3 March。

[17] Samaranayake, V. and Gamage, C. (2012) Employee perception towards electronic monitoring at work place and its impact on job satisfaction of software professionals in Sri Lanka, *Telematics and Informatics*, 29 (2), 233–44.

附录 **9A**：工作研究

导语

据说，方法研究创始人弗兰克·吉尔布雷斯（Frank Gilbreth）在一次科学会议上发表了一场题为"早起穿衣的最佳方法"（The best way to get dressed in the morning）的演讲。在演讲中，他分析了早上扣马甲纽扣的"最佳"方法，令科学界的听众颇感困惑。最后，他得出这样一个结论：马甲永远要从下往上扣（因为这样可以顺便拉直领带；如果从上往下扣，最后就要再抬一次手）。要想了解科学管理，特别是方法研究（method study）的奥义，不妨先从这个简单的例子入手。首先，他的说法完全没错。方法研究和科学管理的其他技巧往往缺乏逻辑和科学验证，但总体来说，它们可以在特定领域发挥作用。其次，该结论是吉尔布雷斯通过对完成工作所需的动作进行系统性、批判性分析而得出的。需要强调的是，详细的分析和细致入微的系统性分析正是科学管理的特征所在。最后（可能也是最重要的一点），研究结果并不会产生太大的影响。但为了得出一个不太可能引起轰动的结论，研究者需要在整个过程中投入大量的精力。实际上，科学管理方法自 20 世纪初开始逐渐发展，也面临多种批判性观点，其中一种观点就指出，科学管理研究往往致力于完成相对有限甚至琐碎的目标。

如今，负责应用科学管理原则的已不再是"动作和时间研究员"，而是可以通过这些原则改进工作内容和工作方式的员工。此外，实践证明，科学管理的某些方法和技巧（尤其是那些属于"方法研究"总体范畴的方法和技巧）与科学管理理念有所不同，它们可以帮助管理者以批判性态度重新审视工作岗位的设计。也许正是因为它们具有实用性，所以才能在问世近一个世纪后仍然影响着工作岗位的设计过程。

9A.1 工作岗位设计的方法研究

方法研究是一种旨在找出最佳工作方式的系统方法，共分为以下 6 个步骤：

1. 选择要研究的工作；
2. 记录与现行方法相关的所有真实情况；
3. 依次对这些真实情况展开批判性分析；
4. 制定最经济实用且有效的方法；
5. 实行新方法；
6. 通过定期检查应用情况对新方法进行维护。

第 1 步：选择要研究的工作

大多数企业都有成百上千种独立的工作和活动可供研究，方法研究的第一步就是选择时间投资回报率最大的工作作为研究对象。也就是说，那种很快就会结束或者只是偶尔进行一次的活动一般不值得研究。另外，企业应该优先选择改进空间最大的工作，或者选择造成运营瓶颈、延误或问题的工作。

第 2 步：记录现行方法

方法研究中可以采用的记录技巧有很多，其目的大多可归纳为以下几类：

» 记录工作中的活动顺序；

» 记录活动时间的相互关系；

» 记录某些工作部分的移动路径。

在所有方法研究技巧中，最常用的应该就是绘制流程图，对此，我们已在第 6 章进行了讨论。需要注意的是，在该步骤中，我们记录的是现行工作方法。然而，方法研究的目标是设计出更好的方法，从这一点看，投入大量的时间和精力记录现行方法似乎有些奇怪。而之所以采用这一步骤，原因有以下几点：首先，记录现行方法可以让人们对工作本身有更深入的了解，只有这样，人们才能找到新的工作方式；其次，记录现行方法是开展批判性评估，从而改进工作方式的起点；最后，从当前工作方法出发，对其进行详细的批判，这种改进方式要比"从零开始"更加容易。

第 3 步：对真实情况展开分析

该阶段旨在对现行方法进行彻底的批判性分析，可以说是方法研究中最重要的阶段。其往往要通过所谓的"提问技巧"完成。提问技巧旨在找出现行方法基本原理中的缺陷，并以此为依据建立替代方法（见表 9A-1）。它看起来精细烦琐，但体现了方法研究理念的基础，即一切都必须经过批判性分析。然而，该阶段往往会出现分析不严谨的问题，所以部分组织选择采用事先设计好的调查表来逐一列出问题，并在

表 9A-1　方法研究中的提问技巧

宽泛问题	详细问题
各项活动的目的（确定企业对工作元素的基本需求）	做了什么工作？ 为什么要做？ 还可以做些什么？ 应该做些什么？
各个工作元素的开展地点（也许能帮助人们对某些活动或操作进行组合）	工作在哪里开展？ 为什么要在那里开展？ 还可以在哪里开展？ 应该在哪里开展？
各元素完成的顺序（也许能帮助人们调整某些活动的顺序）	工作在何时完成？ 为什么此时完成？ 应该在何时完成？
开展活动的人（也许能帮助人们对某些职责或顺序进行组合和调整）	谁来完成？ 为什么由这个人完成？ 还可以由谁完成？ 应该由谁完成？
活动的执行方式（也许能帮助人们探索新方法）	如何完成？ 为什么用这种方法完成？ 还可以用什么方法完成？ 应该用什么方法完成？

表格中留出空间，让工作岗位设计者填写正式的回复和理由。

第 4 步：制定新方法

通过之前的批判性分析，我们也许已经确定了某些可以调整或完善的方面。而第 4 步就是要将这些想法进一步付诸实践，从而实现以下目标：

» 淘汰活动的某些部分；

» 将元素组合在一起；

» 改变活动顺序，提高工作效率；

» 简化活动，以减少工作内容。

在该过程中，我们可以采用改进后的动作经济原则（principles of motion economy）清单等辅助工具，如表 9A-2 所示。

表 9A-2 动作经济原则

广义原则	如何实施
采用最适合人体的工作方式	» 工作安排要顺应人体自然节奏，保证工作流畅运行
	» 尽量使动作同步对称
	» 充分利用人体能力
	» 如果员工需要用手和手臂来承担负荷，那么设计动作时要考虑物理定律，以节省员工的体力
	» 尽量简化任务
合理布置工作场所，从而提升绩效	» 所有设备和材料都要有明确的位置
	» 设备、材料和控制装置要靠近使用位置
	» 合理安排设备、材料和控制装置的位置，使员工可以采用最佳运动顺序和路径
	» 工作场所既要与工作任务相适应，也要与人体能力相协调
利用技术减轻人体负担	» 工作执行地点应准确满足工作需求
	» 利用导航设备协助定位，且无须工作人员密切监督
	» 控制装置和脚踏设备可以在一定程度上解放双手
	» 机械装置可以提高员工的能力
	» 机械系统应适合人员使用

第 5 步和第 6 步：实行新方法并定期维护

在方法研究中，新工作方法的实行主要以实行流程的"项目管理"为中心。另外，新的工作岗位设计得到推行后，企业还需要定期监测其有效性。

● 工作岗位设计中的工作测量

基本时间

术语的准确使用对工作测量过程非常重要。合格的工人以标准绩效水平完成指定工作所花费的时间就是该工作的基本时间。"基本时间"是一个实用概念，因为它是进行时间估算的"基石"。一旦确定了各种任务的基本时间，运营管理者就可以估算出由这些任务构成的大规模活动所需的时间。最著名的基本时间确定技巧应该就是时间研究。

时间研究

时间研究（time study）是"一种工作测量技巧，旨在记录特定工作要素在特定条件下的完成时间和完成速度，然后进行数据分析，从而估算以标准绩效水平完成工作所需的时间"。该技巧通过以下 3 个步骤估算工作要素的基本时间：

> » 观察并测量各个工作要素的完成时间；
> » 将观察结果进行调整或"标准化"处理；
> » 求平均值，得出该要素的基本时间。

- 第 1 步：观察、测量和评定　一项工作往往需要经过多轮观察。在该步骤中，每项工作要素的执行过程都要用秒表来计时。在观察的同时，研究者还要对相应工作人员的感知绩效进行评定。评定（rating）是"根据观察者对达到标准绩效水平所需速度的判断，对员工工作速度进行评估的过程"。观察者可以单独评估工作所需的一个或多个因素（如动作速度、努力程度、敏捷度和稳定性等），也可以将上述因素结合起来，进行综合评估。评定记录方法有很多，其中最常用的是量表法。该方法用 100 分来代表标准绩效水平，如果观察者将完成某项要素所需的时间评为 100，那么其观察到的时间就是任一工作人员按标准绩效水平完成工作所需的实际时间。

- 第 2 步：调整观察结果　在该步骤中，我们要对观察时间进行调整，从而计算出正常的基本时间，计算公式为

$$基本时间 = \frac{观察时间 \times 观察评分}{标准评分}$$

　　在此，我们采用通用评分量表，标准评分为 100 分。比如，如果观察时间为 0.71 分钟，观察评分为 90 分，那么基本时间为

$$基本时间 = \frac{0.71 \times 90}{100} = 0.64（分钟）$$

- 第 3 步：计算基本时间平均值　虽然在前面的步骤中，我们已经通过评定机制对观察时间进行了调整，但各个要素的基本时间都是单独计算的，彼此之间存在差异。这并不一定意味着评分不准，甚至不一定是由评定程序本身的模糊性造成的；相反，这是一种自然现象。任何由人类完成的活动，都不可能每次花

费一样的时间。

标准时间

工作的标准时间（standard time）是基本时间的延伸，二者用途不同。工作的基本时间是一项数据信息，可以在工作时间估算的第一步中加以应用，它没有特定的条件限制；而标准时间是指在特定条件下完成工作所需的总时间。也就是说，标准时间包含宽放时间。受工作条件的影响，人们在工作中需要适当的休息和放松，宽放时间就是用来放松的时间。因此，各个要素的标准时间主要由两部分组成——基本时间（即合格工人以标准绩效水平完成指定工作所需的时间）和宽放时间（休息、放松和满足个人需求所需的附加时间）。

宽放时间

宽放时间是对基本时间的补充。在特定条件下开展特定工作时，员工的生理和心理状态会受到影响，而宽放时间旨在让员工从这些影响中恢复过来，同时满足个人需求。宽放时间的长短取决于工作性质，其计算方法以及各项宽放程度影响因素的确切宽放时间也因组织而异。表 9A-3 是某家用电器制造商的宽放时间表。每项工作都安排了 10% 的宽放时间。表中还列出了适用于各项工作要素的宽放率。此外，企业还可以根据意外情况、与其他工作的同步情况和特殊工作条件等因素设置额外的宽放时间。

将各项工作要素的平均基本时间与各项要素的宽放时间结合在一起，即可估算出整个工作过程的标准时间，如图 9A-1 所示（图中列出的宽放率较低）。

表 9A-3 某家用电器制造商的宽放时间表

宽放因素	示例	宽放率（%）
需要耗费的体力		
忽略不计	无	0
极少	0 ~ 3 千克	3
少	3 ~ 10 千克	5
适中	10 ~ 20 千克	10
多	20 ~ 30 千克	15
极多	> 30 千克	15 ~ 30
所需的姿势		
正常姿势	坐	0
站立姿势	站	2
持续站立	长时间站立	3
躺卧姿势	侧卧、仰卧或平躺	4
高难度姿势	下蹲等	4 ~ 10
视觉疲劳程度		
几乎要持续集中注意力		2
持续集中注意力，焦点不断变化		3
持续集中注意力，焦点不变		5
温度		
极低	< 0℃	> 10
低	0 ~ 12℃	0 ~ 10
常温	12 ~ 23℃	0
高	23 ~ 30℃	0 ~ 10
极高	> 30℃	> 10
空气质量		
优	通风良好	0
良	闷热 / 有异味	2
差	多尘 / 需要净化器	2 ~ 7
极差	需要戴面罩	7 ~ 12

工作任务 打包（每组20）　　　　地点 包装部　　　　观察员 FWT

要素		观察次数										平均基本时间	宽放率	要素标准时间
		1	2	3	4	5	6	7	8	9	10			
制作箱子	观察时间	0.71	0.71	0.71	0.69	0.75	0.68	0.70	0.70	0.70	0.68			
	评分	90	90	90	90	80	90	90	90	90	90			
	基本时间	0.64	0.64	0.63	0.62	0.60	0.61	0.63	0.65	0.63	0.61	0.626	10%	0.689
打包 ×20	观察时间	1.30	1.32	1.25	1.33	1.33	1.28	1.32	1.32	1.30	1.30			
	评分	90	90	100	90	90	90	90	90	90	90			
	基本时间	1.17	1.19	1.25	1.20	1.20	1.15	1.19	1.19	1.17	1.17	1.168	12%	1.308
封口和加固	观察时间	0.53	0.55	0.55	0.56	0.53	0.53	0.53	0.55	0.49	0.51			
	评分	90	90	90	90	90	90	90	90	100	100			
	基本时间	0.48	0.50	0.50	0.50	0.48	0.48	0.48	0.50	0.49	0.51	0.496	10%	0.545
组装外部固定器和标签	观察时间	1.12	1.21	1.20	1.25	1.41	1.27	1.27	1.15	1.20	1.23			
	评分	100	90	90	90	90	90	90	100	90	90			
	基本时间	1.12	1.09	1.08	1.13	1.27	1.14	1.14	1.15	1.08	1.21	1.138	12%	1.275

原始标准时间	3.817
总体工作宽放时间 5%	0.191
工作标准时间	4.01**SM**

图 9A-1　包装任务的时间研究——整个过程的标准时间计算

蒙罗维亚大使馆

实例分析

　　蒙罗维亚大使馆（Monrovian Embassy）共有两个负责处理签证申请的团队。团队 A 负责处理欧洲、非洲和中东的签证申请；团队 B 负责处理北美、南美、亚洲和大洋洲的申请。团队 A 中的 3 名组员要各自负责整个申请处理流程；相比之下，团队 B 中的 4 名成员则被平均分成了两个小组：一个小组负责拆信，检查犯罪记录（任何有犯罪记录的人都不能进入蒙罗维亚，违章驾驶除外），另一个小组检查财产情况（只有存款超过 1000 利比里亚元的人才能进入该国）。其领事主管想弄清楚两种组织结构在效率上是否有差异。问题在于，不同地区的申请组合存在差异。通常情况下，团队 A 处理的商务签证和旅游签证比例为 2∶1，团队 B 的商务签证和旅游签证比例则为 1∶2。

» 某项研究结果显示：

处理一份商务签证的平均标准时间＝ 63 标准分钟；

处理一份旅游签证的平均时间＝ 55 标准分钟；

> » 团队 A 的每周平均产量为
>
> 商务签证 85.2 份；
>
> 旅游签证 39.5 份；

> » 团队 B 的每周平均产量为
>
> 商务签证 53.5 份；
>
> 旅游签证 100.7 份；

所有团队成员每周的工作时间都为 40 小时。

通过比较实际产量（以标准分钟表示）和工作时间（以分钟表示）的比值，可以计算出各个团队的效率。

因此，团队 A 的处理效率计算如下：

$$（85.2 \times 63）+（39.5 \times 55）= 7540.1 \text{ 标准分钟的工作量}$$

$$3 \times 4 \times 60 \text{ 分钟} = 7200 \text{ 分钟}$$

$$效率 = \frac{7540.1}{7200} \times 100 = 104.72\%$$

团队 B 的处理效率计算如下：

$$（53.5 \times 63）+（100.7 \times 55）= 8909 \text{ 标准分钟的工作量}$$

$$4 \times 40 \times 60 \text{ 分钟} = 9600 \text{ 分钟}$$

$$效率 = \frac{8909}{9600} \times 100 = 92.8\%$$

因此，经过初步计算，团队 A 的组织结构似乎更加高效。

第三部分

交付

企业运营中的所有设计活动应该指明那些能够满足顾客需求的可转化资源的特性和形态。然后，企业才能创造产品和提供服务并交付给顾客。这是通过计划和控制日常转化资源的活动实现的，以确保充足的产品和服务供应，满足市场的需求。本部分将探讨当产品和服务在工序、运营和供应网络中运转时，计划和控制交付的五个不同方面。各章节的主要内容如下。

第 10 章 计划和控制

本章讨论的是企业运营活动如何持续地交付产品和服务，以满足顾客的需求。

第 11 章 产能管理

本章解释了随着市场对其产品和服务的需求产生波动，企业运营如何有针对性地改变其产能（如必要）。

第 12 章 供应链管理

本章阐述的是在更广大的供应商和客户网络中，企业运营活动是如何相互关联的，以及如何管理好这些关系。

第 13 章 库存管理

本章探讨的是转化后的资源在工序、运营或供应网络中流转时，如何积累为库存。

第 14 章 计划和控制系统

本章描述了企业如何通过系统管理计划和控制运营活动中所需的大量信息，以及如何用企业资源计划系统（enterprise resources planning，ERP）完成这一任务。

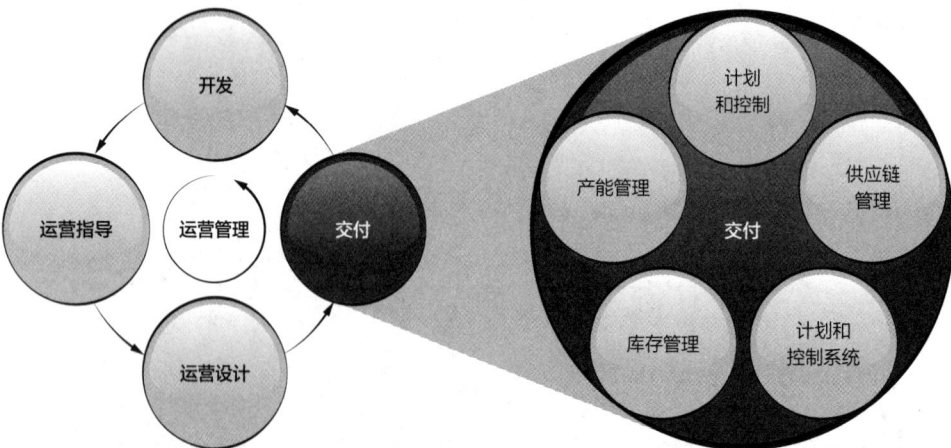

第 10 章

计划和控制

本章学习目标

» 什么是"计划和控制"?

» 供给和需求如何影响计划和控制?

» 什么是"负荷"?

» 什么是"排序"?

» 什么是"排程"?

» 什么是"监控"?

导语

　　企业运营的设计决定了可用于创造产品和提供服务的资源，之后企业运营必须持续交付这些服务和产品。而企业交付能力的核心是，其计划和控制经营活动的方式必须以满足顾客需求为目的。本章介绍并概述了计划和控制的一些原则及方法。后续其他章节则提出了对企业交付服务和产品至关重要的具体主题。我们首先讨论产能管理，然后延伸到库存管理，概述供应链管理，最后研究计划和控制系统，特别是如何利用企业资源计划（ERP）管理信息，以确保有效交付。图 10-1 显示了本章主题在运营管理活动中所处的位置。

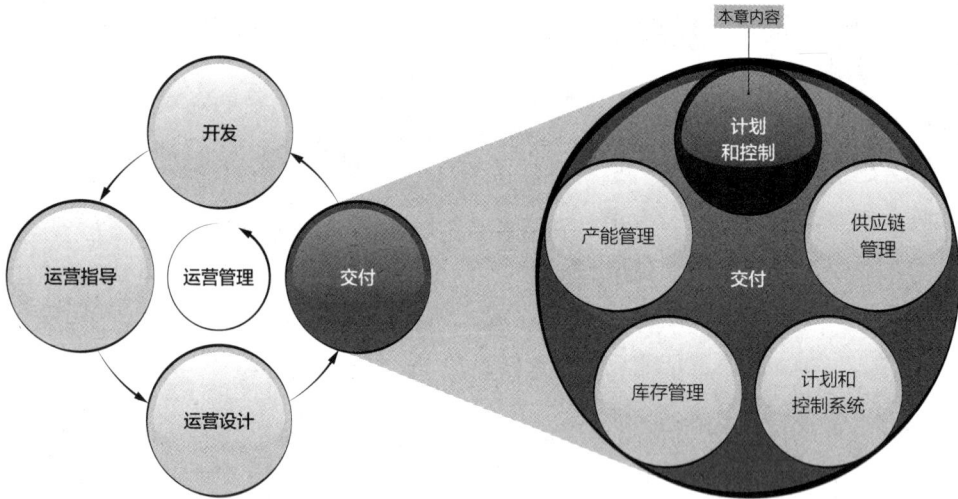

图 10-1　本章主题：计划和控制

10.1　什么是"计划和控制"

　　"计划和控制"是指试图让市场需求和企业资源的交付能力保持协调一致的运营活动。它包含不同的系统、流程和决策，将供应和需求的不同方面综合在一起，如医院常规手术的组织方式。当患者准备来医院接受手术时，手术的大部分计划都已经完成。医院预留好了手术室，手术室的医生和护士也很快掌握了患者病情的所有信息。术前和术后护理也被安排妥当。这一切涉及医院不同部门的人员和医疗设施，他们必须得到相同的信息，并且必须协调好所有活动。患者到达医院后会接受检查，以确保病情符合预期（类似于在原料到达工厂时进行检查）。如果有必要，患者会验血，医院保留血液样本，并将所有需要的药物都准备好（就像在工厂里把所有不同的材料汇集在一起一样）。任何最后一刻的改变都需要一定程度的重新计划。例如，如果患者出现突发状况，那么在手术之前必须进行观察。这不仅会影响该患者自己的治疗安排，也会影响其他患者的治疗安排（就像工厂里的一项工作推迟了，机器也需要重新安排一样）。至少部分医疗活动对患者来说是必需的，也是计划和控制医院资源所必需的。

运营实践案例

法国航空的运营控制 [1]

　　法国航空公司的里卡德·莫奈（Rikard Monet）说："在很多方面，一家大型航空公司可以被视为一个大的计划问题，而大的计划问题通常被看作许多较小的独立的计划问题（但仍然是困难的）。需要计划的事情似乎无穷无尽：机组人员、代理机构的预订、行李、航班、过境旅行、维护、登机口、库存和购买设备。每一个计划问题都有其自身的考虑、复杂性、时间范围和目标，但所有这些都是相互关联的。"

　　法国航空在戴高乐机场的飞行计划办公室有 80 名飞行计划人员 24 小时轮班工作。他们的工作是确定最佳的飞行路线，预测可能出现的任何问题，如天气变化，并尽量降低燃料消耗。总之，飞行计划活动的首要且最重要的目标是保证安全；其次是降低成本和提高乘客舒适度。日益强大的计算机程序可以用来处理计划飞行所必需的海量数据，但最终许多决定仍依赖人类的判断。即使是最复杂精密的专业系统（expert systems）也只能作为飞行计划者的辅助。计划法国航空的行程是一项艰巨的工作，具体包括以下内容。

* **频率：** 航空公司应该为每个机场提供多少独立的服务？

* **飞机排班：** 每段航程应使用哪种类型的飞机？

* **"银行"：** 在乘客到达并可以转乘其他航班的任何一个航空枢纽，航空公司都喜欢安排由几架飞机组成的"银行"，这些飞机在相近的时段到达同一个航空枢纽，方便乘客换乘，然后这些飞机在相近的时段一起离开。

* **总飞行时间：** 飞机从机场的登机口离开到抵达目的地机场登机口之间的时间。可允许的总飞行时间越长，飞机就越有可能按航班安排的时间起飞。即便有一点点延误也无妨，但这样可安排的航班会更少。

* **提前计划维护：** 任何飞行排班都必须留出飞机维护的时间。

* **机组人员计划：** 飞行员和客舱机组人员必须按两个原则进行排班：安排飞行员驾驶他们持有执照的飞机，并让他们尽可能多排班。

* **登机口计划：** 如果地面上有多架飞机，可能会出现同一时间既有乘客登机也有乘客下机的问题。

* **飞行恢复：** 在航空业，许多事情都可能导致计划的偏离，所以必须考虑到飞行恢复的问题。

对于在 12 个地理带内或之间的航班，法国航空的计划人员会制订一个飞行计划，作为几小时后实际飞行的基准。所有的计划文件都需要为机组人员备好，他们会在预定起飞时间前两小时到达。机长始终拥有飞行的最终决定权，对乘客的安全和飞行舒适度负责，并且在一切准备工作都就绪的情况下，才与计划人员共同签署飞行计划。

计划和控制的区别

请注意，我们选择将"计划和控制"放在一起讨论，是因为无论在理论上还是在实践中，"计划"和"控制"之间的界限都不明确。不过，有几个一般特征可以用来区分它们。计划是把未来某一时刻将要发生的事情形式化。但计划并不能确保某件事真的会发生，它是一份意向声明。虽然计划是基于预期的，但在执行过程中，事情并不总是如人所愿。对自己想要什么产品或服务，什么时候想要得到它，顾客总是会改变主意。供应商并非一直能按时交货，加工工艺可能会失败，或者员工可能因病缺勤。控制是应对这些变化的过程。这可能意味着短期内需要重新制订计划，也可能意味着需要在运营中进行"干预"以使其回到"正轨"。例如，寻找一个能够快速交付的新供应商，使加工工艺恢复正常运转，或者从其他部门调来人员解决人员不足的问题。对活动做出调整，目的是使运营能够实现计划设定的目标，即使计划所基于的前提已不成立。

长期、中期和短期的计划和控制

计划和控制活动的性质随着时间的推移而变化。从长远看，运营经理制订的计划通常是关于他们打算做什么，他们需要什么资源，以及他们希望实现什么目标。重点在于计划，而不是控制，因为现阶段没有什么是需要控制的。他们预测潜在需求时通常用总计数字表述。例如，一家医院会为 2000 名患者制订计划，但不一定会详细了解这 2000 名患者的个人需求。同样，医院可能计划招 1000 名护士和 200 名医生，但同样没有决定每位员工的具体属性。运营经理主要关注的是总产出量和财务目标。

中期计划和控制会更加具体、详细。二者以未来的视野评估总体需求，所以运营组织必须以部分分解的方式满足需求。例如，到中期计划和控制的时候，医院必须区分不同类型的需求。交通事故的病例和急症病例需要与常规手术病例区分开来。同样，员工的不同职能以及每项职能的员工职级需要予以区分。同样重要的是，应急措施需要到位，让计划有稍稍偏离预期的空间。这些应急措施就是"储备"资源，在短期内可以使计划和控制更容易。

在短期的计划和控制中，很多资源都已设定好，很难做出大的变动。但是，如果事情没有按计划发展，也可以进行短期干预。到那时，要彻底分解需求后再进行分析，如所有类型的外科手术都将被当作独立的个体对待。

更重要的是，每位患者都会根据各自的姓名，预约各自的治疗时段。在对计划进行短期干预和改变时，运营管理人员将对具体情况进行具体分析，动态地平衡其运营活动的质量、速度、可靠性、灵活性和成本。虽然短期计划和控制对这些目标的实现情况无法进行精确计算，但是大概了解目标的优先次序可以为运营决策提供背景信息。图 10-2 显示了随着某一事件的发生时间临近，"计划和控制"中的控制方面会变得越来越重要。

● 总产出量变化对计划和控制的影响

正如前文所述，一家企业的总产出量与多样性会对其计划和控制活动产生影响。与大规模生产标准化服务或产品的企业相比，较小规模生产多种服务或产品的企业

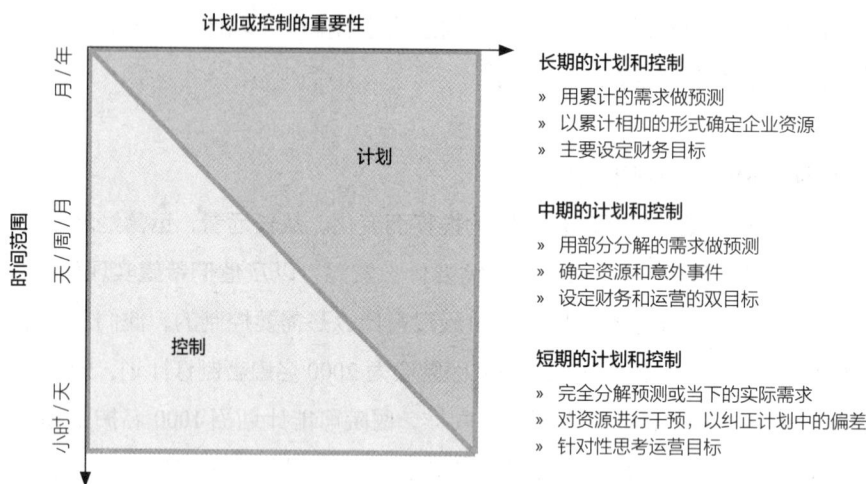

图 10-2 计划和控制之间的平衡随着长期、中期和短期的变化而发生变化

会拥有不同需求的顾客，并采用不同的工序（见表 10-1 ）。

以两个对比鲜明的运营为例——建筑企业的经营和公共电力公司的运营。建筑企业可以提供高度多样化的定制服务，这意味着其无法在顾客提出要求之前完成设计。正因如此，它向顾客提供服务所需的时间相对较长。顾客理解这一点，但他们期望建筑企业要询问清楚他们的需求。只有当按照顾客的要求设计每栋建筑时，每项工作的细节和要求才会出现，所以计划是在相对短期的基础上进行的。在计划过程中做出的每一项决策通常会涉及活动和事件的时间安排，如交付设计的时间、计划开始建造的时间、该设计所需的每一位建筑师的时间安排。

表 10-1 总产出量的变化对计划和控制的影响

总产出量	变化	顾客响应	计划周期	重要的计划决策	控制决策	稳健性
低	高	慢	短期	时间节点	微观性	高
↓	↓	↓	↓	↓	↓	↓
高	低	快	长期	总量	整体宏观性	低

控制决策也是比较详细的。设计的某一部分稍有延误，可能会对其他工作产生重大影响。对建筑师来说，计划和控制不可能完全是例行公事，项目需要根据具体情况进行管理。然而，运营的稳健性相对较高（即如果运营中某一部分出现问题，整体运营都会遭受严重打击）。所以，如果建筑师无法在工作的某一部分取得进展，

那么他可以推进其他事情。

　　但是，公共电力公司与其相比是非常不同的。它产量高，生产可持续性强，几乎不存在变化。顾客的期望是，只要电源接口插上电器，就会有电。

　　发电的计划期限可以很长。关于发电站产能的重大决策都是提前几年做出的。即使日常需求的波动，也可以提前预测到。广受欢迎的电视节目会影响每分钟的电力需求，类似的情况早在几周或几个月前就已安排妥当。天气也会影响电力需求，其不确定性更大，但在某种程度上也是可预测的。公共电力公司做出的特殊计划决策是不考虑时间因素的，而是考虑发电量。因为电是同质化产品，所以控制决策影响的是发电量的总数，如产出电力的总千瓦数。然而，电力公司运营的稳健性非常低。一旦发电机出现故障，电力公司的供电能力就会随之失效。

10.2　供给和需求如何影响计划和控制

　　如果把计划和控制看作协调供求关系的过程，那么计划和控制在一项运营中做出的决策的性质，取决于该运营活动中供给和需求的性质。在本节中，我们将研究供给和需求的一些差异，这些差异会影响运营经理做出计划和控制的方式。

● 供给和需求的不确定性

　　如果未来是完全可预测的，做计划就会简单直接，也就不需要控制了。可惜未来并非完全可预测的，其充满了各种不确定性，这让计划和控制更加难

以落实。有时，对某项业务的供给可能是不确定的。计划活动所需的时间可能比预期的长。同样，需求也是不可预测的。比如购物中心里的快餐店，有多少人会来就餐，什么时候来，点什么餐都是无从得知的。预测某些模式或许是可能的，比如午餐时段的需求会增加，但一场突如其来的暴雨会让购物者留在室内，这也会产生始料未及的短期需求高峰。

　　无论供给的不确定性还是需求的不确定性，都使得计划和控制变得更加困难，而二者的结合更是让计划和控制成为难上加难的事情。

● 相关需求和独立需求

有些企业可以相对确定地预测市场需求，因为市场对其服务或产品的需求取决于一些已知的其他因素，这就是所谓的"相关需求"。比如，一家汽车工厂对轮胎的需求并不是一个完全的随机变量，其需求预测的过程相对简单，如检查汽车工厂的生产时间表，从中推测出轮胎的需求。如果某天要生产600辆汽车，那么很容易计算出汽车工厂会需要3000个轮胎（每辆车5个轮胎）——需求取决于一个已知因素，即待生产的汽车数量。轮胎组装商可以根据汽车工厂对轮胎的需求，向轮胎制造商订购轮胎并确定交货时间表（见图10-3）。事实上，汽车工厂对汽车部件的需求来自其成品车的装配时间表。

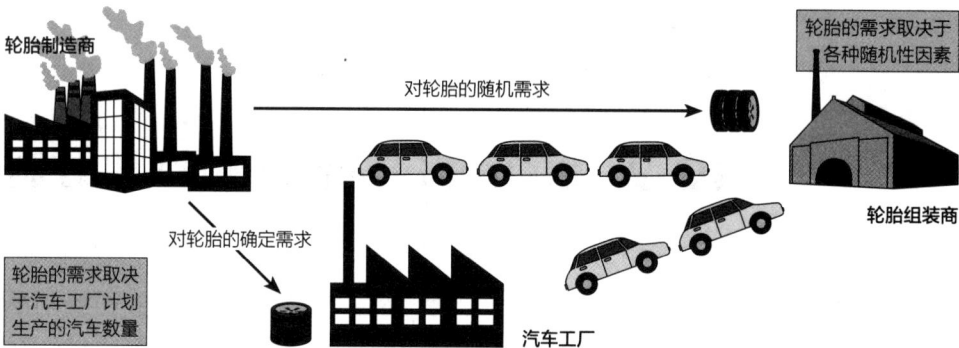

图 10-3 相关需求源自对其他东西的需求，而独立需求更具随机性

企业会根据其所提供的服务或产品的性质以及相关需求展开经营。例如，一位做定制服装业务的裁缝不会只为了万一有人路过想买一条裙子，而买面料做不同尺寸的各种裙子。高级餐厅也不会早早就烹饪好食物，以防有顾客到了餐厅就开始点餐。在这两种情况下，产品或服务的风险和非持久性并存，使得经营者直到接到一个确定的订单后才开始创建产品或提供服务。在相关需求的情况下，计划和控制的重点在于，当需求出现时企业应如何积极响应。

相较之下，有的企业则受制于独立需求。它们要在未来需求尚不可知的情况下，满足未来需求；或者用计划和控制的术语来说，它们对顾客的订单没有一个确定的"前视度"（forward visibility）。

比如，一家家庭式的美国个体轮胎企业王牌轮胎公司（Ace Tyre Company），从事的业务是提供一种免下车式汽车轮胎更换服务，所以它必须管理好轮胎库存。从这个角度看，王牌轮胎公司面临的管理任务，与汽车工厂里轮胎库存经理面临的任务几乎是相同的。但是，汽车工厂面向的轮胎需求与王牌轮胎公司面向的需求是截然不同的。汽车工厂既不能预测顾客需求的总量，也不能预测顾客的具体需求。从这个角度看，汽车工厂必须根据需求预测决定库存轮胎的总数和类型，以应对可能出现的缺货风险。

这就是面向独立需求做计划和控制的本质。它对未来需求做"最准的猜测"，努力把满足未来需求的资源安排妥当，并且当实际需求与预测情况不符时，能迅速采取应对措施。第 13 章讨论的"库存计划和控制"是典型的、面向独立需求做计划和控制的活动。

● **响应需求**

企业计划和控制的性质将取决于其如何响应需求，而需求又与企业创造的产品或提供服务的类型有关。

例如，广告公司只有在顾客（广告公司也将其称为"客户"）敲定了广告合同后，才会开始策划广告和控制广告创作。广告的创意"设计"将来自客户提供的"需求介绍"。

只有等广告设计被客户认可后，广告公司才会与其他合适的资源签约合作（如导演、编剧、演员和广告制作公司等）。之后，进入广告的实际拍摄和后期制作（剪辑、后期特效等）阶段，再之后就是在电视上"播放"已经拍好的广告。图 10-4 展示了这种"设计、统筹资源、创建和交付订单"的运营过程。

除非顾客选定了某种特定的服务或产品，否则有些企业主要提供标准的服务或产品，不提供特定的服务或产品。因此，只有在客户下了确定的订单后，有标准设计的房屋建筑商才会建造房屋。因为房屋设计是相对标准的，所以材料供应商很快就可以敲定，即使建筑公司本身没有任何库存物品。图 10-4 展示了"创建并交付订单"的运营过程，制造业将其称为"定制"运营。

有些企业提供可预测的服务或产品，所以它们可以在特定的客户订单出现之前就开始"创建"产品或服务。这方面最有名的例子可能是戴尔计算机公司（Dell Computers）。客户可以在戴尔公司网站上选择不同的组件来"定制"他们的计算机。这些组件都是提前生产好的（通常由供应商提供），但要按照特定的客户订单进行组装。图 10-4 展示了"部分创建并交付订单"的运营模式，制造业将其称为"按订单组装"（make to order）的运营。

当服务或产品已经标准化运作后，企业可能在知晓需求之前就创建出产品或服务。例如，几乎所有的国内产品都是"为库存而创建"或"为库存而制造"（make to stock）的（见图 10-4），产品从仓库里出来就被直接交付给顾客了。沿着这个思路看，企业其实是让顾客自己收集他们想要得到的服务或产品。图 10-4 中的"从库

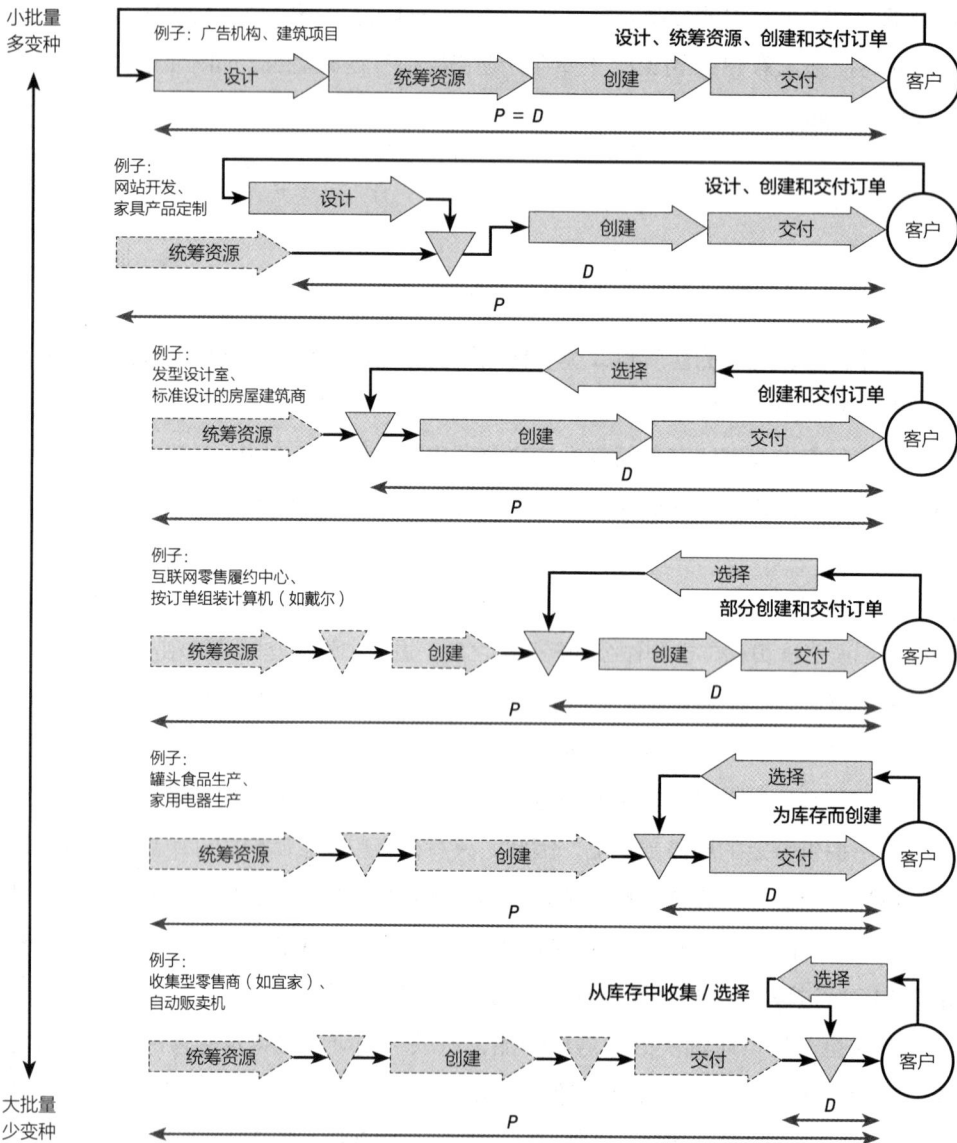

图 10-4　企业的 P/D 比率，即生产周期与需求周期的比率，是指顾客等待一项服务或收到产品所需的时间，与企业为使顾客获得该服务或产品而做出的所有活动所需的总时间之间的比率

存中收集 / 选择"图片就展示了这一点。宜家和大多数商业街的零售业务都是如此。

需要注意的一点是，在图 10-4 所示的经营活动中，企业对需求的响应方式与其"总产出量 – 变化"的特点有关。很显然，按订单设计、统筹资源、创建和交付的运营方式是专为小批量、高度多样性的企业而设计的。根据定义，设计不同的服务或产品会导致高度多样性，而对大批量生产的企业来说，为每个顾客提供特定的订单履约过于烦琐。与之相反的是，"为库存而创建"或"从库存中收集 / 选择"的模式依赖于标准化的服务或产品。

● *P/D* 率

另一种展示两种模式，即"设计、统筹资源、创建和交付订单"模式与"从库存中收集 / 选择"模式，分别在计划和控制活动上的区别的方法是采用 *P/D* 率。*D* 是指"需求周期"，*P* 是指"生产周期"，*P/D* 率是生产周期与需求周期之间的比率。其中，"需求周期"*D* 是指顾客对服务或产品提出需求和接收服务或产品之间等待的总时间长度，"生产周期"*P* 是指从开始生产到交付完成的产出时间（throughput time）。产出时间是指企业从设计服务或产品（如果是定制的）、统筹资源、创建和交付服务或产品所需的所有时间。

P 和 D 的时间取决于企业运营

图 10-4 展示了每种运营模式的 *P* 和 *D*。一般来说，随着企业从"设计、统筹资源、创建和交付订单"模式转向"从库存中收集 / 选择"模式，*P/D* 率会越来越大。换言之，当一家企业沿着这个幅度向下移动到"为库存而创建"和"从库存中收集 / 选择"的这一端时，该企业已经预测了顾客需求，且已经创建了服务或产品，即使没有人能保证它所预期的需求真的会发生。对计划和控制活动来说，这是特别重要的一点。因为 *P/D* 率越大，企业的计划和控制活动就越具有投机性。在极端情况下，采用"从库存中收集 / 选择"运营模式的企业，比如一家设在商业街的零售商，在还没有确定顾客想要买产品之前，就开始"赌"了——设计、统筹资源、创建和交付产品（或者更有可能的是，将业务外包给别人去做）到店，这些全都会完成。这与前面提到的广告公司的"设计、统筹资源、创建和交付订单"的运营模式形成了鲜明的对比。在这里，*D* 和 *P* 是一样的，面向短期需求的投机性不存在了，因为一切都是对一个确定的订单的响应。因此，通过降低 *P/D* 率，企业会减少投机性活

动，也会减少对预测的依赖（错误的预测会产生其他问题）。

但我们也不要认为，当 *P/D* 率接近 1 时，运营中的所有不确定性都会消失。需求量（以顾客"订单"数来计算）可能是已知的，但履行每一个"订单"所需的时间是未知的。我们再以广告公司为例：从设计到交付过程中的每个阶段，广告公司通常要多次征求顾客的认可和 / 或收集反馈。而且可以肯定的是，每一次调整必然会出现一些返工的情况。另外，与同步开发新服务和产品类似（见第 4 章），可以在前一个阶段尚未完成时就启动下一个阶段。例如，在美工设计完成之前，视频拍摄导演就已经开始工作了，如图 10-5 所示。在整个过程中，每个阶段的时间节点是不确定的。

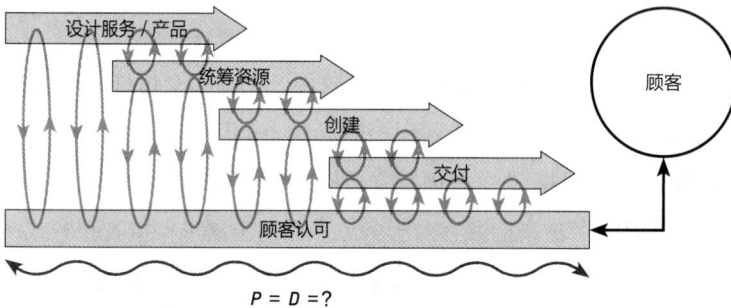

图 10-5 在"设计、统筹资源、创建及交付订单"的运营模式中，每个阶段之间的关系会因为中间出现多次咨询确认和不可预知的返回重做而变得复杂，如广告公司的运营模式

● 销售和运营计划

传统的运营计划和控制存在一个问题：在整个过程中经常涉及几个常规职能部门，但每个职能部门都有一系列截然不同的目标。例如，营销部门可能最关心的是收入最大化和保证向顾客持续交付的问题。运营部门的压力在于成本最小化（可能通过相对长期和稳定的运营水平实现）；财务部门关心的是减少运营资本和库存，以及减少固定成本……然而，这些职能部门，再加上工程或人力资源管理等其他职能部门，会受到整体运营计划决策的影响，而且涉及它们各自的计划流程，因为它们的计划流程部分依赖于整体运营计划流程的推进。随着物料需求计划（见附录 14A）变成一个常用流程，销售和运营计划（sales and operations planning，S&OP）开始作为计划的一个重要部分被推而广之。最初，执行制造资源计划经常是低效的，因为整个系统是被各种无法实现的计划驱动的。这就是销售和运营计划要解决的难题，这一计划流程要确保所有的战术性计划既能在各业务部门之间协同运作，还能与公司的长期战略计划保持一致。

　　这是一个正规的业务流程，着眼于未来 18 ~ 24 个月的发展。换言之，这不是一个短期流程。事实上，销售和运营计划力求整合短期和长期计划，以及整合关键职能的计划活动。销售和运营计划是一个累计汇总的流程，不着眼于具体细节的活动，而是侧重于企业整体的产出（通常是合计的总数）。一般来说，这是一个月度流程，并经常在企业高管中进行，比一般的业务计划涉及更多的高级管理人员。销售和运营计划还有多个不同的名称，可以被称为综合业务计划、综合业务管理、综合绩效管理、滚动业务规划和区域业务管理等。我们还注意到，有的企业仍在用"销售和运营计划"这个名称，但它们彼此理解的意思大不相同。

● 计划和控制的活动

　　计划和控制需要在总产出量、时间和质量方面协调好供需关系。在第 10 章中，我们将重点概述计划和控制总产出量与时间的活动（第 10 章的大部分内容都与这些问题有关）。其中，有四个彼此重合相关的活动：负荷、排序、排程和监控（见图 10-6）。使用这四个术语时要严谨。不同的企业可能有不同的表述方式，甚至连运营领域的教科书也对它们有很多不同的定义。例如，一些权威机构将我们所说的"计划和控制"称为"运营排程"（operations scheduling）。不过，如何统一使用计划和控制的术语并不重要，重要的是我们理解接下来内容中阐述的基本思想。

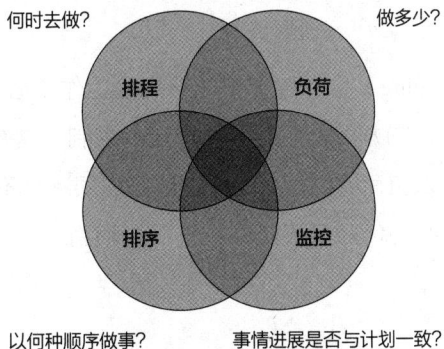

图 10-6　计划和控制的活动

10.3　什么是"负荷"

负荷（loading）是指分配给工作中心的工作量。举个例子，从理论上说，制造企业车间的一台机器每周可以工作 168 小时。但这并不一定意味着可以把 168 小时的工作量负荷到该机器上。图 10-7 显示了减少机器可用时间的因素。在某些时期，如在法定假日和周末时，机器是无法工作的。因此，为机器分配其负荷量时必须考虑到这一点。其他损失也会进一步减少机器可以工作的时间。例如，从生产一个组件转换到生产另一个组件时，就可能会浪费时间。如果机器发生故障，就完全不能用了。如果可以获得机器的可靠性数据，就必须将其纳入考虑范围。有时，机器可能因为正在等一些零部件送达而停转，或由于其他原因而"空转"。还有时，机器的运行速度低于其最佳运行速度（如机器因为没有得到适当的维护而无法达到最佳速度），或者机器产生了"质量损失"或缺陷，这些都会减少机器的工作时间。当然，在管理良好的企业中，这些损失应该是很小的或不存在的。然而，即使在最佳企业中，可用于高效工作的、极其宝贵的运营时间（valuable operating time）也会大大低于其可用的最长时间。第 11 章讨论产能管理时，我们会进一步讨论这一点。

最大化可用时间							
有价值的运营时间	质量损失	慢速运行的设备	设备闲置	停机故障	换装调试	不能运行（计划之外）	不能运行（计划之内）

图 10-7　可用的运营时间是如何减少的

有限和无限负荷

有限负荷（finite loading）是一种把工作分配给工作中心（一个人、一台机器，或者一组人、一组机器）的方法，但有一个设定的限制。这个限制是对工作中心产能多少的估计（基于可以负荷的时间）。超过此产能限制是不可以的。图 10-8 中的第一张图显示了工作中心的负荷量不允许超过产能限制。有限负荷特别适用于以下运营情况。

» 可以限制负荷量的活动。例如，医生和护士做手术或理发师理发前需要预约。

» 有必要限制负荷量。例如，出于安全考虑，航空公司只允许有限数量的乘客携带有限重量的行李登上飞机。

» 限制负荷量的成本不会太高。例如，一家专业跑车制造商只接受有限数量的订单，这不仅不会对需求产生不利影响，甚至可能会提高需求。

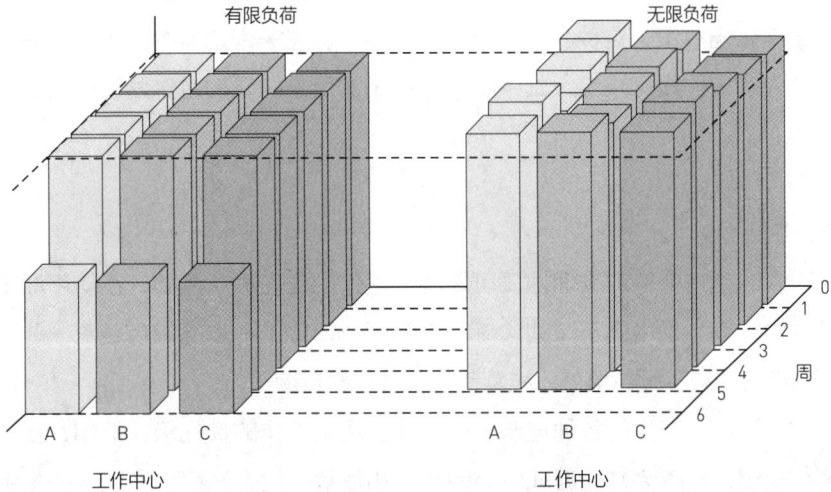

图 10-8 A、B 和 C 三个工作中心的有限和无限负荷工作。有限负荷限制了每个中心的产能，即便这意味着推迟工作。无限负荷允许每个中心的负荷量超过其产能，以确保工作不会被推迟

无限负荷（infinite loading）是一种负荷工作的方法。它不限制接待的工作量，而是努力应对被负荷的工作。图 10-8 中的第二张图展示了这种负荷模式，没有限制负荷量，也就不会限制产能，因此工作可以提前完成。无限负荷适用于以下运营情况。

» 不可能限制负荷。例如，医院的急诊科不应该拒绝任何需要看急诊的人。

» 没有必要限制负荷。例如，快餐店的设计是为了灵活调整其产能，不管客多客少都能应对。在繁忙时段，顾客可以接受他们必须排队一段时间才能得到服务。除非人多得离谱，否则顾客一般是不会去其他地方的。

» 限制负荷的成本高得令企业承担不起。例如，如果一家零售银行因为其接待的客户量达到一个限定量就把其他客户拒之门外，那么很多客户就会对其服务感到不满意。

复杂的计划和控制活动中有多个阶段，每个阶段都有不同的产能和不同的生产设备组合。比如对一家工程公司的机械车间来说，有限负荷所施加的限制会使整个工作的载荷计算变得异常复杂，但投入大量的精力计算这些根本不值得。

10.4　什么是"排序"

　　无论负荷的方法是有限的还是无限的，当要工作时，人们必须根据工作处理的优先级顺序做出决策，这种活动被称为"排序"。在一家企业中，工作优先级通常由一组预先确定的规则决定，其中一些规则相对复杂。我们对这些复杂规则进行了如下总结。

物理性限制

　　已投入的生产资料的物理性质可能决定工作的优先级。例如，在使用油漆或染料的操作中，颜色是由浅至深的。每一步的颜色都比上一步的颜色更深一些。这是因为深颜色无法被浅颜色覆盖，浅颜色却能被深颜色覆盖。

　　有时，运营中产生的各种混杂工作可能会决定工作的优先级。例如，在一家面料生产公司里，面料会被裁剪成所需的尺寸和形状。这个过程会产生一些多余的面料，如果这些多余的面料不能用于其他产品，很容易被浪费。因此，拼装工作就可能被安排在一起进行，以减少浪费。下面的"运营实践案例"，也是同一类问题。

运营实践案例

航空公司可以为乘客排序吗 [2]

　　天体物理学家杰森·斯蒂芬（Jason Steffen）博士对于他和同航班的其他乘客要花费大量的时间才能登机这件事感到非常恼火。在他之前的很多人也表达过类似的感受。他决定想个办法，让等飞机的人不那么无聊。因此，在之后的一段时间里，他暂缓了手头上研究太阳系外行星、暗物质和宇宙学的工作，转而做实验测试是否有一种更快的登机方法。他发现，通过改变乘客登机的顺序，航空公司可能会节省大量的时间和金钱。他相信，只要发挥自身优异的计算能力，利用计算机模拟，一定能找到一种更优化的排序方法。他的模拟实验显示，最常见的登机方式是效率最低的，也就是所谓的"分区登机法"，即按前中后区域划分座位，从后排区域开始，依次让乘客排队登机。此前，航空业的其他专家建议，座位靠窗的乘客首先登机，然后是座位在中间和靠过道的乘客——这被称为"威尔玛登机法"（Wilma Method）。

　　但根据斯蒂芬博士的模拟实验，在威尔玛登机法中，有两个因素使得登机时间大大延长。首先，部分乘客可能需要在过道等一会儿，直到前面的乘客先把行李放好并坐下来。其次，已经坐在过道或中间座位的乘客不得不经常站起来，走到过道上，只是为了让其他乘客走到靠窗的座位上坐下来。斯蒂芬博士提出在威尔玛登机法的基础上进行改进，既能把第一个因素的影响减至最小，还能消除第二个因素的干扰——他建议每隔一排依次登机，从后排往前，首先安排靠窗的座位。这种方法［现在已经被称为"斯蒂芬登机法"（Steffen Method）］的具体使用规则是，安排飞机一侧每隔一排靠窗位置的乘客首先登机。接下来，安排飞机另一侧每隔一排靠窗位置的乘客登机。然后，剩余靠窗位置的乘客登机。最后，中间座位和过道座位的乘客也同样重复这个过程（见图 10-9）。

随后，他们通过一架波音 757 飞机的模型和 72 名携带行李的志愿者测试了各种方法的有效性。他们测试了 5 种不同的情况：分区登机法，几个区域从后向前按顺序登机；一排接一排的方法，从后向前按顺序依次登机；威尔玛登机法；斯蒂芬登机法；以及随机登机法。在这 5 种情况下，带小孩的乘客都可以优先登机。一般情况下，家庭成员可能更想坐在一起。实验结果正如斯蒂芬博士所预测的那样，传统的区域登机方法是最慢的，严格地从后向前一排排登机的方法也没有快多少。几家廉价航空公司采用的随机登机方法（未分配座位）要高效一些，很可能是因为随机登机减少了发生空间冲突的概率。72 名乘客分别用这 5 种方法完成登机，所花的时间如下：分区登机法是 6 分 54 秒，从后向前按排依次登机的方法是 6 分 11 秒，随机登机法是 4 分 44 秒，威尔玛登机法是 4 分 13 秒钟，斯蒂芬登机法是 3 分 36 秒。

不过，实际应用中存在一个大问题，即乘客是否真的会按这种顺序登机。一些航空公司认为，引导乘客登机有点像让一群猫咪乖乖排队，简直是不可能完成的任务。

图 10-9 飞机乘客排序登机的最佳方法

客户优先级

企业有时会按客户优先级进行排序，允许重要的、需要帮助的客户或重要易碎物品排在其他客户或物品之前而被"处理"，而不考虑客户或物品到达的顺序。这种方法通常用于客户群体存在明显区分的企业，它们的客户包括大量的小客户和若干非常重要的大客户。例如，一些银行会优先考虑重要客户。同样，在酒店，发出投诉的顾客会被优先接待，因为他们的投诉可能会让其他顾客对该酒店的印象大打折扣。更严重的情况是，紧急服务部门不得不用自己的判断来确定收到的服务请求的紧急程度。例如，图 10-10 展示了医院经常用分诊（triage）系统对患者进行优先排序（参见下面的"运营实践案例"）。虽然客户优先级排序可以为某些客户提供高水平的服务，但也会降低为其他许多客户提供的服务水平。如果为了适应重要客户而打乱工作流程，可能会降低企业的整体绩效。

1	立即复苏	患者需要立即接受治疗以维持生命
2	非常紧急	生命没有危在旦夕的重病或重伤患者
3	紧急	患者有严重问题，但看起来情况稳定
4	标准	情况不十分紧急或不严重的标准病例
5	不紧急	患者的情况很轻微，不紧急

图 10-10　医院分诊系统的优先等级

截止日期

按截止日期进行优先排序，意味着工作是根据"到期"交付的时间进行排序的，而不考虑每项工作的工作量或每个客户的重要性。例如，提供支持性服务的企业，如一家印刷单位，通常会询问复印品的到期交付日期，然后根据这个到期日期对工作进行排序。按截止日期排序通常可以提高交付可靠性和平均交付速度，但可能不会提高最优生产率，因为更有效的工作排序会降低总成本。但是，当有新的、紧急的工作到达工作中心时，也可以灵活调整排序。

运营实践案例

医院分诊系统的实验 [3]

多米尼克－让·拉雷（Dominique-Jean Larrey）是拿破仑战役期间法国军队中的一名军医。在治疗战场上的伤者时，拉雷必须决定哪些士兵最需要紧急治疗（不管他们的军衔高低）。为了帮助人们做出这个在医学上和道德上都很困难的决定，他提出了一个区分紧急患者和非紧急患者的概念，就是如今的"分诊"（triage）——这个词来自法语 trier（意思是"筛选"）。如今，医院仍然利用这一概念对那些等待有限医疗资源（如医护人员、医院床位、重症监护和呼吸机）的患者进行优先级排序。其中主要的区别在于，在拿破仑时代，许多人受伤意味着大多数人会死亡。现在，由于医疗技术的进步，大多数人都可以被治愈，前提是医疗资源充足。例如，医院急诊科的人员、床位和设备有限，而患者是不定期地随机到达医院的，所以医院的接待人员和医务人员的工作，就是迅速对符合大多数治疗必要标准的患者进行优先级排序。严重受伤或出现严重疾病症状的患者通常需要紧急护理。有些不适但还没有危及生命的患者只能耐心等待，等紧急患者得到治疗后才轮到他们。常规的非紧急病例的优先级最低。在许多情况下，这些常规患者不得不等待几小时。如果医院忙于处理太多优先级更重要的病例，无法顾及其他患者，常规患者甚至可能被拒之门外。

分诊系统总是面临道德困境和取舍，这点也在此次新冠病毒大流行期间暴露了出来。医生们被迫面对最艰难的决定：如何分配稀缺的医疗资源。在医疗资源极度短缺的情况下，病情最严重的患者并不一定能优先得到治疗。事实上，在某些情况下，一旦超过某个临界点，重病患者就不太有机会接受治疗了。有人认为，在特殊情况下，如果治疗会给患者造成巨大的痛苦，而这位患者又必然走向死亡，那么此时给他戴上呼吸机，反而会增加他的痛苦，这简直残忍至极。更何况，这些医疗设备本可以更好地用于病情较轻、更有可能活下来的患者。做出这样的取舍会让医护人员难以承受。疫情期间，有媒体报道称医生在医院走廊里哭泣，因为他们需要不停地做出这样的选择。尽管大多数医疗专业人士都同意，医疗资源应该分配给最有可能被成功治愈的患者，以及那些预期寿命最长的患者，但这样做意味着医生必须做出残酷的决定，实际上就是决定人的生死。医生说，如果区分患者优先级的标准和决策框架已经事先被确定，并且以非常郑重和小心的方式告知患者及其家属，这将会对医生的工作有所帮助。也许，不是让前线的医生，而是让其他人来做困难的决定会更好。美国的一些州设有分诊官员或委员会，他们会做出此类决定，而且如果前线医生认为某一决定是错误的，他们可以提出上诉。

后进先出

后进先出（last in，first out，LIFO）是一种排序方法，通常是基于现实原因而被采用。例如，用后进先出的排序方法卸载电梯中的货物更方便，因为电梯只有一个出入口。不过，这种方法不够公平。在医院看病的患者如果看到晚到的患者先接受检查，可能会火冒三丈。

先进先出

有些企业完全按照顾客到达的顺序提供服务，这种排序方法被称为"先进先出"（first in，first out，FIFO）排序，有时也被称为"先到先得"（first come，first served，FCFS）。例如，英国出入境办公室会根据邮件到达的日期进行分类。他们在处理邮件时，会按顺序打开邮件，然后按邮件到达的顺序处理护照申请。在主题公园里，排队买票的长队伍可能会被安排站成蜿蜒的蛇形长队，直到买票的人到达柜台。当顾客排到队伍前面时，他们会被安排到附近的空闲柜台。

最长作业时间

企业认为有必要先对作业时间最长的工作进行排序，我们将其称为"最长作业时间"排序。这样做的好处是可以长时间占用工作中心。与之相反的是，在企业内部推进的作业时间相对较短的工作将占用每个工作中心的时间，因为它们需要从一项工作转换到另一项工作。尽管最长作业时间排序的方法保持了较高的利用率，但它却没有考虑到交付速度、可靠性或灵活性。事实上，它直接与这三个运营绩效目标背道而驰。

最短作业时间

发展到一定阶段的大多数企业会面临资金短缺的难题。在这种情况下，企业可能会调整其排序规则，首要处理短期作业，这被称为"最短作业时间"排序。完成这些作业后，企业可以开出发票并收到付款，以缓解现金流紧张的问题。需要花更多时间的大型作业无法让企业快速开出发票。如果企业交付的测量单位是完成作业的数量，那么这种排序方法可以提高企业交付的绩效。但是，它可能会对企业的总生产力产生负面影响，并影响面向大客户的服务。

判断排序的规则

判断排序的规则是否有效，有 5 个考察目标，或者也可以分成更详细的小目标。其中，可靠性、速度和成本的目标尤为重要。以下几个绩效目标是常用的：

» 向客户按照所承诺的"到期日"完成交付（可靠性）；

» 作业在流程中花费的时间最小化，也被称为"流转时间"（速度）；

» 最小化在产品存货（成本的一个因素）；

» 减少工作中心的闲置时间（另一个成本因素）。

史蒂夫·史密斯——网站设计者

史蒂夫·史密斯是一所商学院的网站设计师。他休完年假，回到了学院（他在离开之前完成了所有工作）。一回到工作岗位，他就被分配了 5 项设计工作。他给这 5 项工作分别编上了代码，从 A 到 E。现在他必须决定按哪个顺序做这些工作。他既想尽量减少在办公室里处理工作的平均时间，又想在截止日期（交付时间）前完成所有工作。

他的第一个想法是按照工作被分配给他的顺序完成，即先进先出规则（见表 10-2）。

表 10-2　排序规则——先进先出

工作顺序	处理周期 / 天	开始时间	结束时间	截止日期	延迟 / 天
A	5	0	5	6	0
B	3	5	8	5	3
C	6	8	14	8	6
D	2	14	16	7	9
E	1	16	17	3	14
总处理时间	60	总延迟时间			32
平均处理时间（总处理时间 /5）	12	平均延迟时间（总延迟天数 /5）			6.4

看到平均延迟天数这么多，史蒂夫惊呆了。他决定试试截止日期（due date，DD）规则，其结果如下（见表 10-3）。

表 10-3　排序规则——截止日期

工作顺序	处理周期 / 天	开始时间	结束时间	截止日期	延迟 / 天
E	1	0	1	3	0
B	3	1	4	5	0
A	5	4	9	6	3
D	2	9	11	7	4
C	6	11	17	8	9
总处理时间	42	总延迟时间			16
平均处理时间（总处理时间 /5）	8.4	平均延迟时间（总延迟天数 /5）			3.2

用截止日期规则对工作进行排序，其平均延迟天数明显降低了，结果好很多！不过，

史蒂夫还用最短作业时间规则进行了排序，结果如下（见表 10-4 ）。

表 10-4 排序规则——最短作业时间

工作顺序	处理周期 / 天	开始时间	结束时间	截止日期	延迟 / 天
E	1	0	1	3	0
D	2	1	3	7	0
B	3	3	6	5	1
A	5	6	11	6	5
C	6	11	17	8	9
总处理时间	38	总延迟时间			16
平均处理时间（总处理时间 /5 ）	7.6	平均延迟时间（总延迟天数 /5 ）			3.2

与截止日期规则的排序结果相比，用最短作业时间规则排序，平均延迟天数是相同的，但平均处理时间更少。因此，斯蒂夫决定使用最短作业时间规则对工作进行排序。

将实例分析中展示的三个排序规则，加上前面提到的另外两个排序规则，用来解决同一问题，然后做对比，得出了表 10-5 中的结果。最短作业时间规则可以使平均处理时间最少，平均延迟时间最短。不同的排序规则会造成不同的结果，这取决于排序问题的具体情况。不过在实践中，最短作业时间规则一般都是最佳方案。

表 10-5 对比 5 种排序规则

排序规则	平均处理时间 / 天	平均延迟时间 / 天
先进先出	12	6.4
截止日期	8.4	3.2
最短作业时间	7.6	3.2
后进先出	8.4	3.8
最长运行时间	12.8	7.4

10.5 什么是"排程"

确定了待处理工作的顺序后,有的企业会要求制定一个详细的排程表,显示各项工作应该在什么时间或日期开始以及何时结束,这就是日程安排/排程。在很多场景下,时间表都是一种表示总产出量和时间的常见方式。例如,公共汽车时刻表显示,在交通高峰时段,更多的公共汽车会以更频繁的频次上路行驶。公共汽车时刻表还显示了每辆公共汽车到达某一公交线上每个车站的预计时间。工作进度表适用于需要做计划以确保满足顾客需求的运营活动。但是有的业务运营不能在短期内做排程,比如当顾客突然变多时,企业就要快速响应服务。只有当服务有时间限制时,这类企业才能响应需求。

运营实践案例

伦敦希思罗机场的排序和排程 [4]

位于伦敦的希思罗机场(Heathrow airport)是英国最繁忙的机场,也是世界上最繁忙的双跑道机场,每日飞机起降多达 1300 次。因为机场每天要降落大约 650 架飞机,空中交通管制员要处理世界上最复杂的一项排序工作,他们要决定从等待区(也被称为"飞行堆栈")呼叫哪一架飞机,让它停在两条跑道中的哪一条跑道上。许多机场采用"先到先得"排序方法。然而,这种排序方法不一定能让机场绩效最大化,因为机场绩效是由跑道利用率、飞机总吞吐量、旅客吞吐量和旅客等待时间等指标评估的。像希思罗这样繁忙的机场,需要一种更精密的排序方法。在大多数时间里,希思罗机场的一条跑道只用于起飞,另一条跑道只用于降落(这种运行模式被

称为"分离式"模式)。然而,在特别繁忙时,两条跑道都要用于降落。在决定何种排序最为合适时,保障安全是最重要的。飞机起飞或降落时必须有一个最短的时间和距离,这是因为飞机会有"尾迹涡流"(wake vortex)——这是飞机的"升力"形成的一种气流。如果没有"升力",那么飞机就无法起飞。

升力是由机翼上下表面之间的压力差引起的。如果一架飞机与前面一架飞机靠得太近,产生的尾流旋涡会导致飞机遭遇气流,乘客会感觉颠簸,还可能会很痛苦。这种尾流旋涡甚至会对后面的飞机造成损害。尾流旋涡的大小取决于飞机的大小,大飞机会引起更多的空气气流。因此,跟在一架大型飞机后面就意味着,在另一架飞机着陆之前,空

中交通管制员要留出一段（相对）较长的时间。相反，一架轻型飞机产生的空气气流很少，所以，在其他飞机降落之前，只需要（相对）较短的时间延迟即可。换句话说，飞机降落的排序决定了飞机完成降落所需的总时间。但是，除了要决定飞机降落的排序，空中交通管制员还必须制定一个时间表，以此确定每架飞机的降落时间。这个时间表应该做到以下 3 点：

* 让飞机有充足的时间能安全地从飞机堆栈中飞到跑道上，这样它才能按顺序在合适的位置降落；

* 确保飞机在等待降落时不会出现燃油不足的情况；
* 确保飞机降落时不要靠得太近。

天气也会让事情变得更复杂。飞机必须逆风起降，所以飞机的降落方向取决于盛行风（其风向可以改变）。这就是为什么气象专家要持续监测 3 万英尺[①]高空的天气状况。此外，机场必须尽量减少飞行噪声对当地社区造成的影响，这意味着早上 4 点 30 分之前是不允许飞机降落的，早上 6 点之前最多起降 16 架飞机，而且最好是噪声最小的飞机。

---

① 1 英尺 = 0.3048 米。

排程的复杂性

排程是运营管理中最复杂的任务之一。首先，排程的人必须同时处理几种不同类型的资源。机器具有不同的能力和产能，员工拥有不同的技能。更重要的是，随着运营活动和工序的数量增加，排程表的数量也会迅速增加。例如，假设一台机器要处理 5 项不同的任务，它可以先处理其中的任何一项任务，然后处理剩余 4 项任务中的任何一项，依此类推。这意味着不同的排程表可能会有：

$$5 \times 4 \times 3 \times 2 = 120（种）$$

换句话说，如果有 n 项任务，就会有 $n!$（n 的阶乘）种通过单一工序做排程的不同方式。但是，假设有两台机器，机器 1 的排序就没有必要与机器 2 的排序相同。我们假定这两台机器的排序是相互独立的，那么用这两台机器对 5 项任务进行排序，排程表可能会有：

$$120 \times 120 = 14\,400（种）$$

因此，我们可以设计一个通用公式来计算在任何给定情况下可能产生的排程表数量，如下所示：

可能产生的排程表数量 = $(n!)^m$

式中，n 是任务的数量；

m 是机器的数量。

在实践中，这意味着，即使是处理小规模的任务排程，都会产生数百万个可执行的排程表。这就是为什么排程几乎不寻求一个"最优"解决方案，而是用一个"可接受的"、可行的解决方案来解决问题。

正向排程和逆向排程

正向排程（forward scheduling）是一种一接收到作业就尽快开工的排程方法。逆向排程（backward scheduling）是一种按最晚开工时间向前倒推的排程方法，即从交付时间开始向前倒推，计算出每道工序最晚开工的时间，以保证在交付日期前完成工作。例如，假设一家合同制的洗衣店需要 6 小时来洗涤、烘干和熨烫一批工作服。如果是上午 8 点接到任务，下午 4 点交付任务，期间有 6 个多小时完成这项任务。表 10-6 显示了每项作业的不同开始时间，取决于它是正向排程还是逆向排程。

表 10-6　正向排程和逆向排程的效果

任务	持续时间	开始时间（逆向排程）	开始时间（正向排程）
熨烫	1 小时	下午 3 点	下午 1 点
干燥	2 小时	下午 1 点	上午 11 点
洗涤	3 小时	上午 10 点	上午 8 点

选择正向排程还是逆向排程，要具体情况具体分析。表 10-7 列出了这两种方法各自的优缺点。

表 10-7　正向排程和逆向排程的优点

正向排程的优点	逆向排程的优点
劳动力利用率高——员工总是迅速开工	较低的原材料成本——只有在十分必要的情况下，才会用原材料，因此直到最后一刻才会增加成本
灵活性——一旦闲下来，可随时做其他任务	万一出现因客户原因而导致排程表变动的情况，可以降低风险
	根据客户的交付日期来重点关注运作

甘特图

甘特图（Gantt chart）是一种粗糙但简单的排程方法。这是一个简单的工具，在图表上用条形或横道表示时间。甘特图会显示活动开始和结束的时间，有时也会显示工作的实际进度。甘特图的优势在于，它用一种简单、可视化的方式展示了运营中应该按计划取得进展的情况以及实际的进展情况。此外，它也可以用来"测试"备用的排程方案。用甘特图展示可备用的排程方案是一项比较简单的任务（相较于找到一个完美适用于所有资源的排程表，这要简单得多）。图 10-11 展示了一个面向专业软件开发人员的甘特图。这张图展示了几项任务的实际进展情况，它们预计要经过 5 个生产阶段。记住，甘特图不是一个优化工具，它只是通过有效沟通推进更好的备选方案。

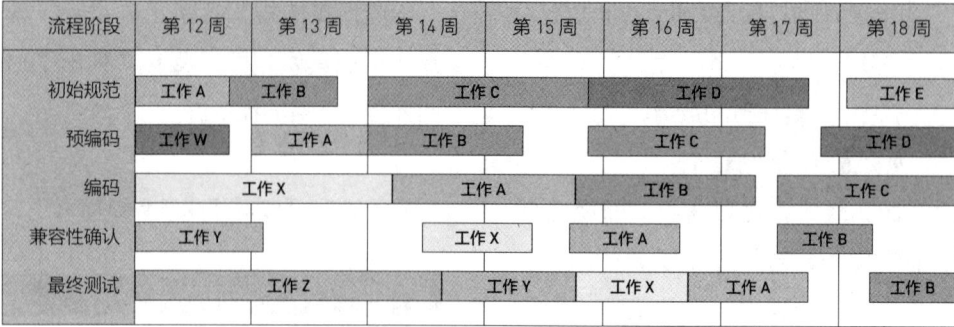

图 10-11 该甘特图展示了每个流程阶段中的任务安排情况

排程工作模式

如果一家企业的主要资源是其员工，那么工作时间的排程表有效地决定了企业本身的产能。因此，排程的主要任务是，确保在任何时间段都有足够数量的员工在工作，及时提供能满足那一时间段需求水平的产能。这通常被称为员工"花名册"（rostering）。呼叫中心、邮政公司、警察局、节假日的快递商、零售商店和医院等组织需要根据需求来安排员工的工作时间。因为这些组织具有较高的"可见性"，所以结果非常直观（第 1 章中提到了这一观点）。此类组织不能将其输出产品存在库存中，必须直接响应客户的需求。例如，图 10-12 展示了在一家小型软件公司里，一个小规模的技术"热线"支持服务的排班表——这家公司为客户遇到的技术问题提供建议。服务时间为周一 4:00 – 20:00、周二至周五的 4:00 – 22:00、周六 6:00 –

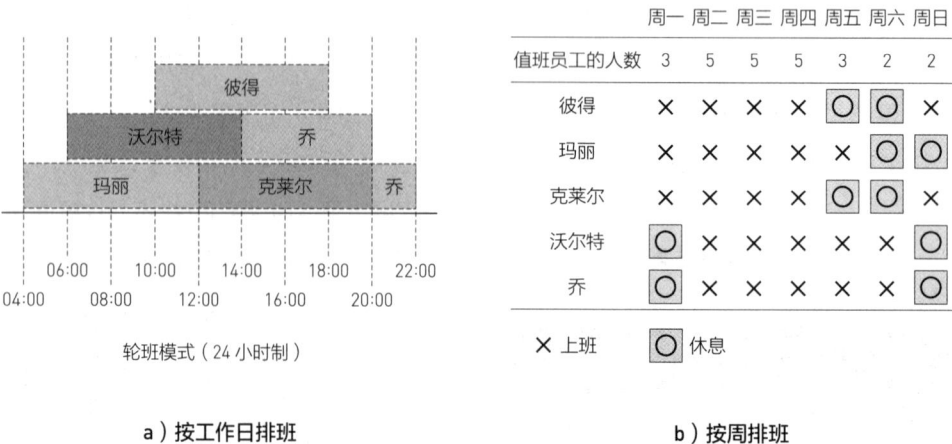

a）按工作日排班

b）按周排班

图 10-12 某小型软件公司提供支持服务的轮班排程表

22:00、周日 10:00 – 22:00。顾客需求在周二至周四处于高峰，周五开始逐渐减少，周末保持较低水平，到下周一再次开始增加。

这类问题的排程任务可以从不同的时间尺度来考虑，图 10-12 展示了两个不同时间尺度的安排。在一个工作日期间，每天的工作时间需要与员工个人达成共识。在一个工作周期间，每周的休息日需要全体达成共识。在一年中，假期、培训期和员工不在的其他时间段需要全体达成共识。所有这一切都必须按这样的原则安排：

» 产能与需求相匹配；

» 轮班的工作时间段既不能太长也不能太短，以免让员工失去兴趣；

» 尽量减少在非工作时间安排工作；

» 休假天数要与规定天数保持一致——本案例中，员工希望每周连休两天；

» 要留出假期和其他"休息"时间段；

» 排程表要足够灵活，以应对未预期的供给（如员工生病）和需求（客户电话激增）的变化。

员工时间排程是最复杂的排程问题之一。图 10-12 展示的是一个相对简单的例子，而且我们假设所有员工具有相同的技术水平和技能类型。大型组织（如大型医院）需要安排不同类型的工作技能，应对各种不确定的需求，所以它们的排程问题是极其复杂的。我们可以用一些数学技巧辅助进行排程，但是在实践中，大多数这类难题都会慢慢探索到解决方法（经验法则）。其中一些方法已被收入软件包，企业可以按需购买。

运营实践案例

瑞安航空在"员工排班"出错后取消了航班 [5]

瑞安航空（Ryanair）是欧洲最大的航空公司，经常因各种缘由登上各大媒体头版头条。比如这一次，它宣布取消多个航班，导致多达 28.5 万名乘客受到影响的消息，再次登上头条。据瑞安航空公司的市场营销负责人肯尼·雅各布斯（Kenny Jacobs）所说，原因是"我们没有安排好飞行员的假期，但我们正在努力解决这个问题"。该公司没有设定好飞行员排程表，导致员工没有时间休息，同时没有为定期航班安排足够多的飞行员。瑞安航空公司表示，实际上只有不到 2% 的航班会被取消，且这不会阻止公司实现其 90% 的年度准点率目标。但是，乘客依然抱怨航班取消增加了各方面的不确定性。

造成人员严重短缺的根本原因有两个——年假和飞行时间限制。对欧洲航空公司来说，安排飞行员假期一直是一个棘手的问题，部分原因在于需求的季节性。欧洲的短途飞行具有很强的季节性，从 4 月的复活节到 9 月初这一时段的需求远远高于一年中其他时段的需求。对瑞安航空这样的大型航空公司来说，这是一个重要的时段，因为这是它们赚取大部分利润的时候。正因如此，大多数航空公司更想要飞行员在 9 月到次年 3 月之间的某个月，选择某个时间段进行休假。

为了休完剩余的假期，在航空公司计划允许的情况下，飞行员可以安排休"临时"假。但是，飞行时间限制让这项排程任务变得十分复杂。飞行时间限制规定，飞行员在任何一个 28 天周期内最多可工作 100 小时，在一个日历年中最多可工作 900 小时，或者在任何一个 12 个月的滚动时期内最多可工作 1000 小时。员工排程人员必须确保飞行员的时间表符合这些规定限制。这些规则是确定要执行的。爱尔兰航空管理局（Irish Aviation Authority）要求瑞安航空不要把飞行员的工作时数和休假的时间，限制在 4 月到次年 3 月，而是改为使用自然年的日历，目的是使其与欧洲监管机构采用的计算方式保持一致。这让瑞安航空公司的问题爆发了。瑞安航空公司表示，这一改变意味着它必须在 9 月和 10 月（在相对较短的时间内）为飞行员安排休年假。肯尼·雅各布斯说："大部分航班被取消是因为员工假期积压，很多航空公司的员工都赶在年底前申请休假。"瑞安航空公司想让飞行员"卖回"他们的年假。然而，只要有飞行时间限制，这并不总是可行的，总有一些飞行员不愿意在短时间内改变他们的假期计划。

● 约束理论

与排程密切相关的一个重要概念是约束理论（theory of constraints，TOC）。这一概念认为，对已经发现的能力制约因素做好计划是非常重要的。它把排程工作集中在企业的薄弱部分。根据约束理论，企业可以找到运营中受到制约的环节，努力消除其制约因素，然后寻找并消除下一个制约因素，如此，企业就能集中关注系统中决定其产出速度的部分。基于这一理论的实践方法被称为"最佳生产技术"（optimised production technology，OPT）。"最佳生产技术"后来被开发成一个专有软件产品，其开发和营销工作都是由以色列籍物理学家和企业管理大师埃利亚胡·高德拉特（Eliyahu Goldratt）博士发起的。[6] 它按照企业能负荷最多的资源（即瓶颈资源）的速度，安排生产系统。如果生产系统的任一环节的活动速率超过了瓶颈资源的活动速率，则系统中在产的物品就无法被使用。如果生产系统的工作速率低于瓶颈资源的速度，这意味着整个系统未得到充分利用。"最佳生产技术"的以下 10 个"原则"表现出对瓶颈资源的关注。

"最佳生产技术"的原则

1. 平衡物流，而不是能力。更重要的是减少产出时间，而不是在工序或流程之间实现名义上的能力平衡。

2. 非瓶颈资源的利用率是由系统的其他约束条件决定的，而不是由其本身能力决定的。这一点适用于流程中的各道工序、运营中的各个流程以及供应网络的运作。

3. 资源的"利用"和"激活"不是同一个意思。根据约束理论，当一种资源对整个流程或运作产生更多产出的贡献时，它才能被真正利用起来。一个流程或一道工序正在运行，从某种意义上讲，这意味着资源是处于利用中的，但它可能只是在创建库存或执行其他非增值的活动。

4. 瓶颈资源损失（未被使用）1 小时，相当于整个系统损失 1 小时。瓶颈资源限制了整个流程或运作的产出量，因此瓶颈资源的不充分利用会影响整个流程或运作。

5. 在非瓶颈资源上节约 1 小时以提高生产率是一种幻想。无论怎样，非瓶颈资源都会有剩余。为什么还要在这方面浪费精力呢？

6. 瓶颈资源控制着系统的产销率和库存量。如果瓶颈资源控制着物流，那么它们就控制着产出时间，而产出时间又反过来控制着库存量。

7. 无须在生产时转移批量。通过将大的生产批量分成小的生产批量，物流效率可以得到改善。

8. 加工批量是可变的，而不是固定不变的。加工批量的大小是动态变化的，会根据不同产品的实际情况而定（参见第 13 章对 EBQ 模型的讨论）。

9. 关联流程和排序相关流程的波动是相互促进的，而不是抵消直至达到平衡的。因此，如果两个并行流程或工序能够达到一个特定的平均产出率，那么它们将永远无法实现相同的平均产出率。

10. 制定排程表时应同时考虑所有的约束条件。因为复杂系统中存在多个瓶颈资源和约束条件，很难根据一个简单的规则系统来制定排程表。所以，要考虑到所有的约束条件。

10.6 什么是"监控"

通过负荷、排序和排程为运营创建了计划之后，我们必须对运营的每个部分进行监控，以确保计划中的活动如期进行。一旦发生偏离计划的情况，我们可以通过干预的方式进行纠正，如有必要，可能会重做计划。图 10-13 展示了一个简单的控制视图。我们要对工作中心的产出进行监测，并将其与计划进行比较。计划展示了工作中心应该正在运营的事情。一旦发现偏离计划的情况，我们就要重新制订计划，以及对工作中心进行必要的干预，以期确保新计划得以执行。我们会开始新一轮的监测，发现偏离计划活动的情况，如此循环往复。

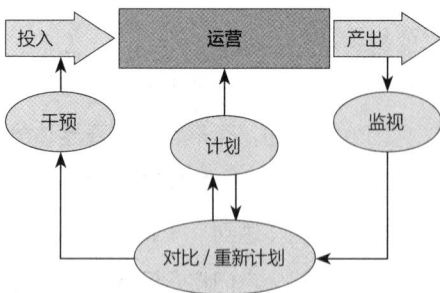

图 10-13 一个简单的控制视图

推进式控制和拉动式控制

控制的一个要素是定期干预经营活动。这就要提到一个重要的决策，即如何进行定期干预。干预信号有不同的类型，它们之间有一个关键性区别：一些干预信号在运营中会通过流程推进工作，而另一些干预信号只在必要情况下才拉动工作。在推进式控制系统（push system of control）中，中心系统会安排各种运营活动，像物料需求计划系统（MRP）这种可以发出核心指令的系统，会推动运营活动完成（见第 14 章）。每个工作中心只需把工作推出去，不考虑下一个接手的工作中心是否用得上。各工作中心通过中央运营计划和控制系统进行协调。实际上，种种原因导致实际生产情况与计划大不相同。最后，这导致一个结果：闲置时间、库存和排队成了推进式控制系统的特征。相比之下，在拉动式控制系统（pull system of control）中，完成工作的速度和规格是由"客户"工作站设定的，这是它从上一个工作站（供应商）"拉动"的工作。顾客充当生产系统运作的唯一"触发器"。如果企业没有把客户的要求传递给供应商，供应商就不能生产任何东西或移送任何材料。客户的请求不仅会推动供应商的生产，还会促使供应商进一步要求自己的上游供应商完成交付。通过这种方式，需求由最初客户的最初需求点，通过各个生产阶段又传了回来。

推进式控制系统和拉动式控制系统的库存结果

　　理解推进式系统和拉动式系统的不同原则很重要，因为它们对库存管理会产生不同的影响。拉动式系统不太可能导致库存积压问题，因此它被纳入了精益化运营的范围（见第 16 章）。为了弄清楚原因，我们可以做一个类比。图 10-14 用"重力"做了一个类比展示。在这里，推进式系统以一个生产运营过程为代表，每个生产阶段都比前一个阶段要低一个水平。当物品在每个阶段被加工处理时，重力会沿着斜坡面推动它们，进入下一个生产阶段。在每个阶段里，加工时间的延迟或变化都会导致该物品成为库存积压。而在拉动式系统中，物品不能自然地向上爬坡式流动。只有当下一个生产阶段有意地拉动它们前进时，它们才能继续前进。在这种情况下，库存积压是不太可能产生的。

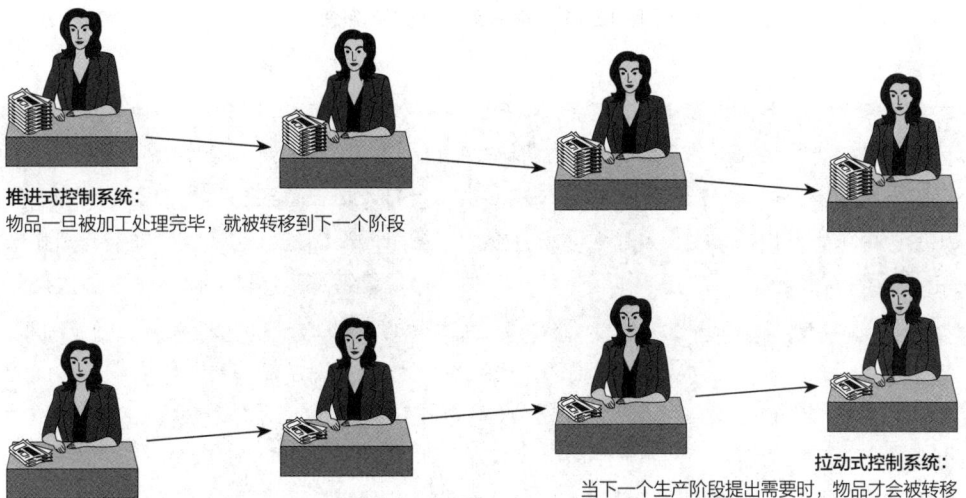

推进式控制系统：
物品一旦被加工处理完毕，就被转移到下一个阶段

拉动式控制系统：
当下一个生产阶段提出需要时，物品才会被转移

图 10-14　推进式控制系统与拉动式控制系统的对比：以重力做类比

● "鼓 - 缓冲 - 绳"法

　　"鼓 – 缓冲 – 绳"（drum，buffer，rope）的概念来自前面描述的约束理论，这一概念有助于工厂更好地进行加工过程排程。大多数工厂都没有把相同数量的工作负荷分配到每个单独的工作中心（也就是说，它们的工作量不是完全平衡的）。这意味着当工件在加工系统中运转时，部分工序会成为瓶颈。约束理论认为，加工过程中的瓶颈应该成为整个系统的控制点。它被称为"鼓"，因为它为接下来的工序设定了"节拍"。因为它没有足够的能力，所以瓶颈（或应该是）一直在工作。因此，明智的做法是，在瓶颈前保留一个缓冲库存，以确保它总是有工作要做。因为瓶颈

资源制约了整个系统的产出，瓶颈损失的时间会影响整个生产系统的产出，所以在瓶颈之前的部分工序不值得满负荷运作。它们要做的就是产生工件，这些工件会在加工过程中越积越多，一直到达瓶颈限制工件流动的那个点。因此，需要在瓶颈和流程的投入之间建立某种形式的沟通，以确保瓶颈之前的工序不会过度生产。这就是"绳子"（rope）（见图 10-15）。

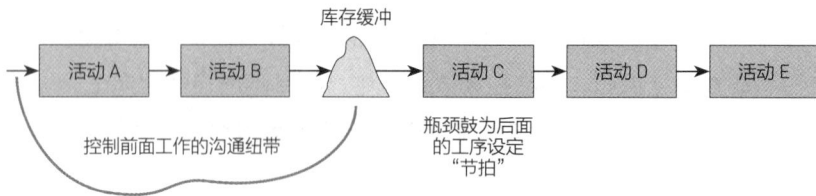

图 10-15 "鼓－缓冲－绳"的概念

　　本章中关于控制的大多数内容都是简化过的，现实只会比书中的情况更混乱复杂。本书采用的模型就像机械系统（如汽车发动机）一样，但在真实的组织中工作过的人都知道，组织不是机器。组织是社会系统，充满了复杂而模糊的互动。从机械系统如此简单的模型看，运营目标总是明确且始终一致的，但是组织是政治性实体，其中总是存在不同的目标，甚至相互冲突的目标的对抗。而且，运营产出是很难被准确测量的。例如，一所大学也许能够测量其学生的数量和资格，但它无法测量学校教育对他们未来幸福的全面影响。此外，即使有可能制定出适当的干预措施，使企业运营重回"控制"之下，但大多数企业也无法完美预测干预措施的效果。即使最大的汉堡连锁店也不能准确预知，新的轮班分配制度会如何影响业绩。此外，有的企业从来不会重复做同样的事情。建筑企业的大部分工作都是一次性的。如果每次产出都不同，那么"控制者"怎么知道接下来应该发生什么？他们做出的计划本身就只是猜测。

批判性评注

● 运营控制并非千篇一律

　　图 10-13 展示的监视控制的简单模型可以让我们理解监视和控制活动的基本功能。不过，正如上面的"批判性评注"所说，这是简化后的情况。一些简单的常规工序可能是这样的，但很多运营活动更复杂。事实上，"批判性评注"中引用的一些具体评论提出了一组有效问题，可用于评估关于企业运营控制的困难程度。特别是以下几个问题：

» 企业的目标应该是什么？企业内部是否达成了共识？

» 干预措施对运营的影响是否可预测？

» 运营活动大多是重复性的吗？

先从第一个问题开始，战略目标是否清晰且明确？许多企业太过复杂，无法详细阐述其目标的方方面面。对于企业目标应该是什么，企业内部并不能始终保持一致。例如，在社会公益性组织中，一些管理人员负责保护社会弱势群体，另一些管理人员负责确保公共资金不被浪费，还有一些管理人员负责保护公益专业人员的独立性。简化后的控制模型假设，组织总会知道如何实现预期结果，即在做出一项决定时，人们可以对预测其影响有一定的信心。也就是说，我们可以认为，为了让一道工序重新得到控制而采取的干预措施，确实会达到预期效果。然而，这意味着，在生产过程中采取的干预措施和随之产生的结果之间的关系是可预测的，这又反过来得出另一个假设，即企业内的流程熟悉程度是相当高的。

例如，如果一个组织决定搬迁，目的是更方便地服务其顾客群，这可能是正确的，也可能是错误的。顾客的反应可能是无法预测的。事实上，许多运营决策是在对因果关系一知半解的情况下做出的。关于控制的最后一个观点是，运营控制的干预措施是以重复的方式高频率执行的（例如，以每小时或每天的频率检查一道工序）。这意味着，企业有机会了解干预措施是如何影响生产过程的，而这会大大加强控制。然而，有的控制情况是不重复的，所以企业不太可能了解到干预措施的影响。

图 10-16 显示这些问题可以构成一个"决策树"的模型，而该模型说明

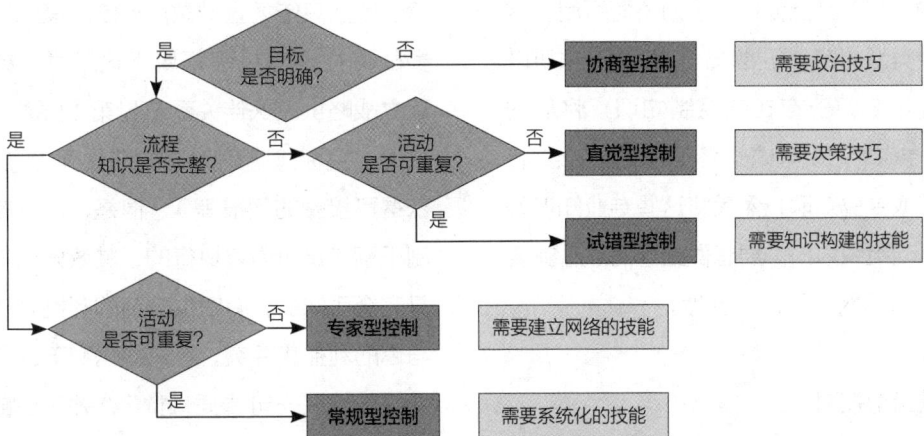

图10-16　控制并非千篇一律，不同的情况需要不同类型的控制

了运营控制的本质是如何受到影响的。运营控制是相对直接的：目标明确，干预的效果是可知的，并且控制活动是可重复执行的。这种类型的控制可以用预先确定的规则完成。尽管如此，成功实施常规控制，仍然面临一些挑战。比如，企业需要具备较强的运营能力，以确保控制流程被系统性执行。不过，最主要的一点是，如果采取了与常规控制所需的必要条件不一致的措施，就意味着不同类型的控制。

专家型控制

如果运营目标明确，干预措施的效果已知，但控制活动是不可重复执行的（如安装、升级软件或 IT 系统），那么我们可以将此类控制活动委托给"专家"。对他们来说，这些活动是可重复执行的，因为他们在过往经验的基础上构建了自己的专业知识。要想专家型控制活动取得成功，就需要找到这样的专家并且让他们可以为公司所用。这种类型的控制还要求一点，即专家可以利用公司已存在的控制知识，将他的"专家"知识与内部潜在的支持相结合，获取专业知识，然后将这些专业知识融合到组织内部。要想做到这两点，就要强调"网络"的必要性。

试错型控制

如果战略目标相对明确，干预措施的效果尚不可知，但控制活动是可重复的，那么企业可以从自身的失败中获取有关如何成功控制的知识。换句话说，虽然在进行控制干预的早期阶段没有简单有效的方法，但组织可以通过积累经验学习如何成功做到控制干预。

例如，如果一家快餐连锁店要在新市场开设新店，它一开始可能不确定如何安排才是最好的方式。但如果它之后还要再开设新店，那么目标就不只是让每一次开店都取得成功，重要（甚至更重要）的是，它必须从每一次开店经历中吸取经验。正是这些构建知识的技能将最终决定试错型控制的有效性。

直觉型控制

如果目标相对明确（运营目的也是明确的），但控制干预的效果不明确，控制的活动也不是可重复执行的，那么通过试错学习控制是不可能的。在这种情况下，与其说控制是一门科学，不如说它是一门艺术。在这种情况下，管理团队只能凭直觉做出控制决策。许多战略性运营过程都属于这一类，如建立战略供应伙伴关系（见第 12 章）。这时，目标是明确的（长期共同生存，获得可接受的回报等）。但是，不仅控制干预不是可重复执行的，其效果也不是完全可知的，有时供应商的利益可能与你的利益相冲突。在这些情况下，只是简单地说一句"凭直觉"，并不是特别有助于解决问题。当然，本能和感觉是管理团队的宝贵属性，但这二者在一定程度上是充分利用团队的共同理解、知识和决策技能的结果。所以，要做到直觉型控制，就不能"机械地"做出决策，而是需要进行透彻的决策分析，构建决策框架，以便发现其中的逻辑，明白其产生的结果，最终有所收获。

协商型控制

战略控制最困难的情况是，目标不明确。这种类型的控制包括通过确定更明确的目标，尽可能减少模糊性。有时，之所以会出现这么困难的情况，是因为高级管理人员武断地决定目标应该是什么，丝毫不考虑反对意见。例如，关于儿童保育服务的控制活动可能涉及专业社会工作者之间的不同观点，这些社会工作者负责做出日常决策。通常，大家会通过谈判解决问题，然后这就成为一个明确的目标。或者可以邀请外部专家协助谈判，或者从意见相左的人那里取消其控制权。但是，即使在框架内进行谈判，如果目标不明确，几乎总是存在政治因素。在某种程度上，谈判的方向取决于权力结构。

社会责任

本书将在每一章的"社会责任"板块总结本章主题与重要的社会、道德和环境问题之间的关联。

一般来说，计划和控制，特别是排程，可能会相当复杂。即使被安排的资源或作业是无生命的，也是一样。日程可能安排得很好，也可能安排得不好，但至少被安排的事情不会抱怨。员工的日程安排则不同。让人们在不方便的时间工作，或者工作时间太长，或者当工作的严苛要求超出了他们的工作能力时，他们不仅会抱怨，还会变得不满，甚至可能辞职。糟糕的员工日程安排可能会对员工及其运营绩效产生严重的后果。在本章一开始，我们就简要地描述了员工排程的问题，但现在有必要进一步说明为什么它会造成特殊的问题。

造成特殊问题的因素有很多，举例如下。

» 一个显而易见的问题是，运营的需求可能与员工想要的工作时间不匹配。例如，许多客户接触性比较高的业务，如餐馆或呼叫中心，在午餐时间需求很高，但此时员工也需要吃午餐。
» 兼职员工不会每天或每周都在同一时间段工作。
» 全职工作人员期待员工排程表能考虑短期休假请求和长期假期安排，这很合理。
» 员工会因为突发疾病而无法上班。
» 灵活的工作安排越来越受欢迎，这意味着员工排程表变得越来越复杂。

一项针对员工排程表的调查表明，某些岗位的人越来越按照不合理的排程表工作，有时工作时间不规律，有时排班发生变化却没有通知员工，而且没有和员工进行充分的协商。员工排程不仅在技术上很复杂，要适应员工的需求，还要考虑到由此产生的排程表对人的影响。不稳定或计划不周的排程表会让员工压力倍增、产生焦虑情绪，影响他们的工作效率和生活幸福感。那么我们就要思考一个问题：员工想从排程表中得到什么？

» 灵活性：允许员工灵活安排工作时间的排程表通常能降低缺勤率和员工流动率，就像压缩的工作天数一样，员工每天工作更长的时间，但每周工作的天数更少。据推测，这是因为它给了员工更多的自由时间。

» 稳定性：大多数人希望他们每周的工作时间大致相同，这有助于他们有效地安排自己的时间。一个固定或相当稳定、模式化的排程表通常会很受员工欢迎，因为它们对员工个人生活的干扰比较少。

» 通知：大多数人都希望可以提前几天规划他们的个人生活。他们也明白情况瞬息万变，但还是希望在发生变化时企业能尽可能多地告知自己。

请注意，当描述员工"普遍"希望从员工排程表中得到什么时，我们用"大多数人"或"通常"之类的词。换句话说，有些员工并不这么想。这就提出了一种可能性，即一些权威人士建议，排程表应该与员工个人的需要、期望和个性保持一致。也就是说，"一刀切"的员工排程方法既是不公平的，也是无效的。排程表也许应该做到个性化，以满足个体的需要和期望。制定更"特殊"的排程表甚至会帮助企业在二者之间找到平衡：雇用足够多的员工以满足顾客的需求，同时也要满足员工的个人偏好。

第 10 章要点小结

1. 什么是"计划和控制"？

• 计划和控制是一种对企业提供产品和服务的能力与顾客对企业的需求之间的协调。它是持续推动运营过程的一系列日常活动。

• 计划是对未来某一时刻将要发生的事情的形式化体现。控制是处理计划之外的变化以及与之相关的运营活动的一个过程。虽然在理论上计划和控制是可分离的，但在实际中它们通常被放在一起处理。

- 计划和控制之间的平衡随着时间的推移而改变。从长远看，计划占主导地位，而且通常是在整体的基础上完成的。在短期内，控制通常是指运营资源的控制，但也会对运营过程进行干预，以应对短期环境的变化。

2. **供给和需求如何影响计划和控制?**

- 需求的不确定性程度影响着计划和控制之间的平衡。需求的不确定性越大，计划难度就越大，企业就必须更加重视控制。

- 不确定性是与相关需求和独立需求的概念联系在一起的。相关需求是相对可预测的，因为它依赖于一些已知的因素。独立需求的可预测性较低，因为它取决于市场或客户行为发生的概率。

- 满足需求的不同方式，可以通过企业的 *P/D* 率的差异表现。*P/D* 率是服务或产品的产出时间与需求时间之比。

- 企业运营的产出总量与多样化特点会影响其计划和控制活动。

3. **什么是"负荷"?**

- 负荷是分配给工作中心的工作量。它规定了分配给运营每个部分的工作量。

- 有限负荷是一种只在设定限度内将工作分配给工作中心的方法。无限负荷是一种接收工作的方法，不仅在接收的工作量上不设限，还会努力完成全部工作。

4. **什么是"排序"?**

- 排序决定了运营系统中处理工作的顺序。它决定了企业运营中工作的优先级，而这种工作优先级通常由一些预先定义的规则决定，即所谓的"排序规则"。

- 排序规则包括物件的物理约束、客户优先级和截止日期等因素。

5. **什么是"排程"?**

- 排程决定了运营活动的详细时间表，以及运营活动何时开始和结束。这是一项复杂的工作，因为随着活动和工序的增加，排程表的数量也会随之迅速增加。

- 有两种主要的排程方法，即正向排程和逆向排程。正向排程是指作业一到就开工。逆向排程是一种从交付时间开始向前倒推，计算出每道工序的最晚开工时间的排程方法。

6. **什么是"监控"?**

- 监视和控制包括检查运营中发生的情况，必要情况下要重新计划，并进行干预以实施新的计划。

- 有两种重要的控制类型：拉动式控制和推进式控制。拉动式控制是一种由工作中心（内部）的客户提出要求，由此触发需求的系统。推进式控制是一种集中式系统，通过这种系统，控制（有时是计划）决策被发布到工作中心，然后工作中心被要求完成作业并将其供给下一个

工作站。在制造业中，拉动式排程表的库存水平通常比推进式排程表的库存水平低得多。

- 控制的难易程度因运营活动不同而有所差异。

第 10 章注释

[1] 案例信息来自 Caswell, M. (2020) Air France to operate 50 per cent of schedules during November and December, *Business Traveller*, 28 September；Farman, J. (1999) 'Les Coulisses du Vol', Air France, talk presented by Richard E. Stone, NorthWest Airlines at the IMA Industrial Problems Seminar, 1998。

[2] 案例信息来自 Barro, J. (2019) Here's why airplane boarding got so ridiculous, *New York Magazine Intelligencer*, 9 May；The Economist (2011) Please be seated：a faster way of boarding planes could save time and money, Economist print edition, 3 September。

[3] 案例信息来自 Economist (2020) Triage under trial：the tough ethical decisions doctors face with covid-19, *Economist* print edition, 2 April；Jones, C. (2020) What a career in intensive care nursing has taught me about triage, Financial Times, 6 February。

[4] 案例信息来自 Heathrow 网站. For a technical explanation of the aircraft landing algorithm, see Cecen, R.K., Cetek, C. and Kaya, O. (2020) Aircraft sequencing and scheduling in TMAs under wind direction uncertainties, The Aeronautical Journal, 124 (1282), 1896-912；and Beasley, J.E., Sonander, J. and Havelock, P. (2001) Scheduling aircraft landings at London Heathrow using a population heuristic, *Journal of the Operational Research Society*, 52, 483-93。

[5] 案例信息来自 Calder, S. (2017) Ryanair cancellations：the truth behind why 2000 flights are due to be scrapped, *Independent*, 19 September。

[6] Goldratt, E.Y. and Cox, J. (1984) *The Goal*, North River Press.

产能管理

本章学习目标

» 什么是产能管理？

» 如何预测需求？

» 如何测算产能？

» 如何管理需求方？

» 如何管理供给方？

» 企业如何理解其产能管理决策的结果？

导语

产能管理是了解一家企业的需求和供给的性质，并解决二者之间不匹配的活动。它包括预测需求，估量企业提供产品和服务的能力，然后根据企业的绩效目标和长期市场前景选择合适的需求方和供给方的应对措施。在此过程中，运营经理必须能够理解和协调两个互相矛盾的要求：一方面是快速地向客户提供服务和产品，这对维持客户满意度至关重要；另一方面是企业（及其延伸的供应网络）需要通过最小化过剩产能的成本提高效率。这就是产能管理如此重要的原因——它对收入和成本都有影响，因此对盈利能力（或者是非营利组织中服务交付的总体有效性）也有影响。在本章中，我们将在总体（aggregated）层面研究这些彼此制衡的因素。在这个层面，管理者本质上是把不同的产品和服务捆绑在一起，以获得对需求和产能的总体评估。例如，一家酒店可能会从"每月间夜数"①角度思考其需求和产能，虽然这忽略了每个房间的客人数量和他们的个人需求，但还是一个很好的思考角度。图11-1 显示了本章在本书结构中的位置。本章的末尾，我们补充了关于排队的内容，帮助读者更详细地了解产能管理中这一个重要的子主题。

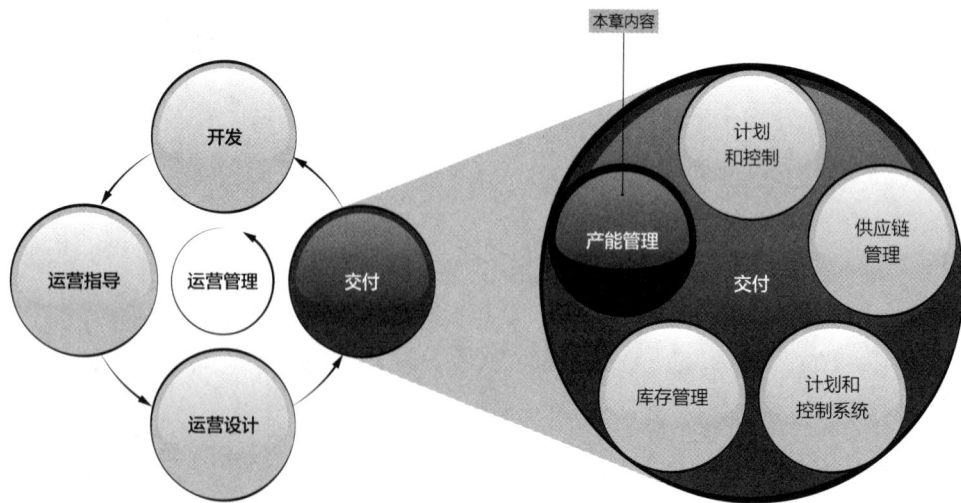

图 11-1　本章探讨的是"产能管理"

---

① 一个住宿单位在一天内被租用并计算为一个"间夜"。它代表了住宿设施的入住率和业务量。——编者注

11.1 什么是产能管理

产能管理关注的是理解需求和供给（产能）的本质，并通过协调客户满意度和资源效率这两种相互矛盾的需求，减少供需之间的不匹配。这些决策是在企业、供应商的供给能力、人员可用性等多个约束条件下做出的。因此，每一层的产能决策都是在更高一层的约束下做出的。从另一个方向上看，短期决策为长期计划提供重要反馈。不同时间范围之间的这种相互影响，如图 11-2 所示。

在第 5 章中，我们研究了长期产能决策，这类决策与企业的业务结构和范围有关。在第 10 章中，我们研究了围绕任务分配、排序和资源分配的更短期的产能决策。在本章中，我们更多地关注产能管理的中期决策，因为中期决策主要是在企业长期产能战略设定的物理产能的约束之下做出的。中期产能管理通常包括评估 2 ~ 18 个月时间范围内的需求预测，在此期间，计划产出量可以通过改变资源利用的小时数而改变。然而，在实际中，几乎没有预测是准确的，而且大多数企业还需要对更短时间内发生的需求变化做出响应，这被称为"短期产能管理"。例如，酒店和餐馆每天晚上都会应对意料之外的事情，显然是随机性的需求变化，但凭经验也能知道，平均而言，它们总会有一段时间比其他时间更忙。

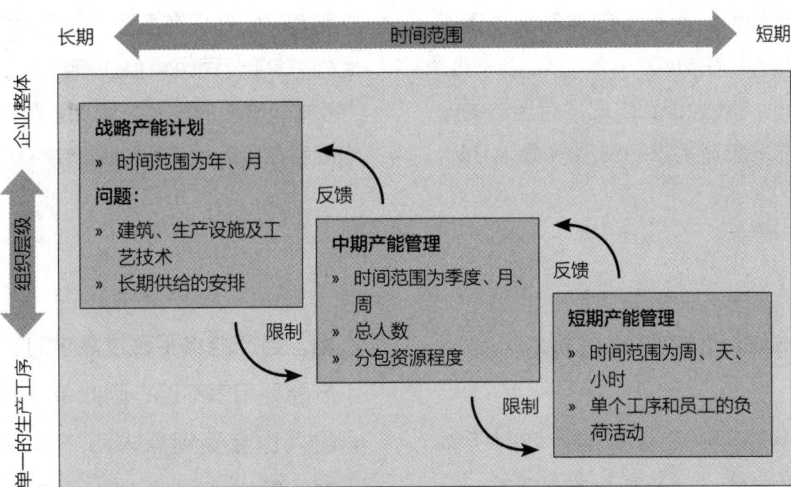

图 11-2 产能管理应该跨层级进行整合，因为每一层级都约束了下一层级可以做的事情，并且能为上一层级提供反馈

3M 公司为应对新冠病毒而产能激增 [1]

在新冠病毒肆虐期间，全球对防护装备的需求飙升，尤其是用于保护一线医护人员安全的 N95 防护口罩。这些口罩（在欧盟也被称为 FFP2 口罩）使用合成聚合物纤维的细网，过滤空气中至少 95% 的颗粒物，从而限制病毒的传播，保护人们免受感染。在新冠疫情暴发的最初几个月，霍尼韦尔（Honeywell）、金伯利－克拉克（Kimberley-Clark）、安博（Ambu）、麦迪康（Medicom）、泰利福（Teleflex）、上海大生（Shanghai Dashsheng）和美戴斯麦（Moldex-Metric）等口罩制造商都在努力提高产量。但有一家公司可以说比所有竞争对手都领先了一步，那就是 3M 公司。该公司是一家跨国公司，业务涉及工业业务、安全设备、医疗保健、电子产品和能源以及其他消费品等领域。3M 从过去的失败中总结了经验教训，为 N95 口罩的需求激增做好了准备。在 2002 – 2003 年"非典"暴发期间，3M 意识到自己没有足够的运营灵活性来应对需求的突然激增。因此，

该公司决定在其遍布全球的工厂网络，针对波涌产能（surge capacity）增加投资，即投资建立平时"休眠"，只有需要时才会启动的装配线。这使 3M 在面对未来危机及其相关需求激增时能够迅速提高产能。这之后发生的一系列紧急事件，如 2009 年的 H1N1 流感大流行、2013 – 2016 年西非的埃博拉疫情，以及 2019 年澳大利亚暴发史上最严重的森林火灾，使 3M 进一步提高了其产能灵活性。

随着疫情蔓延，3M 让许多员工倒班工作，然后启动了应急产能。在短短两个月内，该公司将 N95 口罩的全球产量翻了一番，达到每月产出 1 亿只。要实现这一目标，该公司依靠的不仅仅是其闲置的生产基础设施，还有大量在危难之际依旧坚持工作的员工。尽管公司对员工有了新的工作限制条件（如保持社交距离），他们还是很好地完成了工作。此外，3M 公司也将供应商纳入了对这类"突发"事件的规划，以保证整个供应网络能够在疫病大流行期间激增其产能。

● 产能管理的绩效目标

运营经理在制订产能计划时所做的决策将影响绩效的几个不同方面。

» 成本会受到需求和产能平衡的影响。当产能水平超过需求时，意味着产能利用率不足，因此单位成本高。

» 收入也会受到需求和产能平衡的影响，但与成本正好相反。在任何时间点，如果产能水平等于或高于需求的水平，这意味着所有需求都得到了满

足，没有收入损失。

» 如果一家企业决定在需求形成之前建立成品库存，那么营运资金将受到影响。这可能会让需求得到满足，但组织将被迫为库存投入资金，直到它被售出。

» 服务质量可能会受到产能计划的影响，出现产能水平大幅波动的情况，如雇用临时工。新员工的加入和企业日常工作中出现的干扰因素都可能会增加质量下滑的可能性。

» 通过专门提供多余的产能避免顾客排队或者建立产品库存，都可以提高企业对顾客需求的响应速度。

» 供应的可靠性将受到需求水平与产能之间接近程度的影响。需求越接近运营的产能上限，企业应对任何意外干扰事件的能力就越弱。

» 灵活性，特别是总产量的灵活性，将通过过剩产能得到增强。如果需求和产能处于平衡状态，企业将无法应对任何需求增加的意外情况。

● 产能管理的框架

产能管理包括一系列活动，如图 11-3 所示。最常见的第一步是在需求方那一边，要测量（预测）不同时间段内对服务和产品的需求。这包括从一系列定性（专家小组会议法、德尔菲法和情景规划法）和定量（时间序列分析法和因果关系模型）工具中做选择，以得到更准确的需求预测。第二步通常关于供给方，包括估量企业提供服务和产品的产能。这里应该考虑产品服务组合、时间框架和输出规格的影响。第三步是，考虑是否以及如何使用需求管理（demand management）和收益管理技能管理需求。第四步是，通过确定合适的平均产能水平管理供给方，然后决定是保持这个常数（水平产能计划）还是根据不断变化的需求模式调整产能（追踪产能计划）。最后，运营经理必须了解不同的产能管理决策对需求方和供给方的影响。

11.2　如何预测需求

产能管理的第一项任务是了解在不同的时间框架下（每小时、每天、每周、每月、每年等）产品和服务的需求模式。重要的是，知道需求可能上升或下降是一个有用的开始，但仅仅做到这一点是不够的。了解变化的速度对于业务计划是至关重要的。比如，随着业务的不断增长，一家律师事务所不得不在某个节点上做出接受另一个合作伙伴的决定。雇用一个新的合伙人可能需要几个月的时间，所以律师事务所要能够预测到，大概什么时候律所会到达那个节点，即什么时候需要启动招聘。

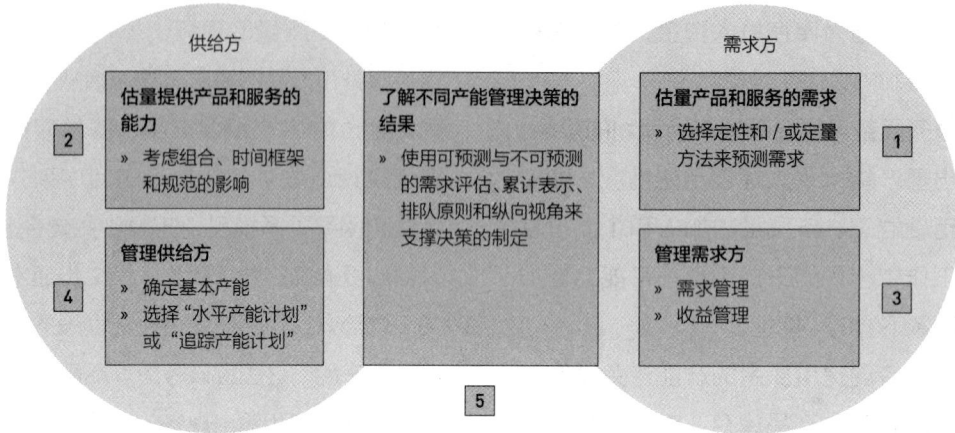

图 11-3　产能管理框架

定性预测方法

管理者有时会使用基于判断和过去经验的定性方法预测需求。最常用的三种定性方法是专家小组会议法、德尔菲法和情景规划法。

专家小组会议法

就像体育专家小组聚集在一起预测比赛结果一样，政治家、商界领袖、股市分析师、银行和航空公司也会组织一个专家小组会议来预测需求。专家小组就像一个焦点小组（focus group），每个人在会议上都能公开发表意见。虽然常言"三个臭皮匠顶个诸葛亮"，但人们很难达成共识，或者有时说话声音最大的人或地位最高的人的观点可能会占压倒性优势（从众效应）。所以，虽然专家小组会议法（panel approach）做预测比一个人做预测更可靠，但它也有弱点，会议中的每个人，甚至是专家，都有可能出错。

德尔菲法

利用专家进行预测的最著名的方法就是德尔菲法（Delphi method）。这是一种更正式的方法，它减少了面对面会议流程的影响。它会对专家展开调查，然后把收到的回复和匿名摘要发送给所有专家。然后，这些专家会被要求根据其他专家的回复和提出的论点，重新思考他们最初的预测。这个过程会重复几次以达成共识，或者至少缩小决策的范围。改进德尔菲法的一个办法是，为个人及其提出的建议加权重，如基于他们的经验、他们过去预测的准确率以及其他人对他们个人能力的评价来加权重。使用德尔菲法要注意一个重要问题，要策划恰当的问卷调查和选择合格的专家小组。

情景规划法

情景规划法（scenario planning）可以用于不确定性更大的情况。该方法通常适用于长期预测，与德尔菲法一样，采取小组形式。小组成员通常会按照要求设计一系列未来情景，然后讨论每种情况，并考虑其固有的风险。与德尔菲法不同的是，情景规划法不一定要成员们达成共识，而是寻找一系列选择，制订计划，尽量避免最不希望出现的情况，并针对最想要出现的情况采取相应的措施。

● 定量预测方法

管理者有时更喜欢用定量的方法来预测需求。两种关键的分析方法分别涉及时间序列和因果关系（causal modelling）。时间序列分析法是通过检查过去的行为模式预测未来的行为。因果

关系分析法是一种描述和评估关键变量之间因果关系的方法。

时间序列分析法

时间序列分析法（times series analysis）是一种预测方法，它检查时间序列数据的模式，并通过剔除可确定原因的潜在变化，推断未来的行为。在这里，我们讨论以下几种时间序列分析法：简单移动平均法、简单指数平滑法、趋势调整后的指数平滑法和季节性预测模型。

简单移动平均法

简单移动平均法是通过对最近 n 个时间段的需求取一个平均值，以此估计未来一段时间的需求。n 的值可以设置在任何水平，但通常在 3 ~ 7 的范围内。例如，如果将 n 设置为 4，则通过对前 4 个时期的实际需求进行分析，计算其移动平均值，以此预测下一个时期的需求。因此，如果第 t 周的预测需求为 F_t，第 t 周的实际需求为 A_t，则：

$$F_t = \frac{A_{t-1} + A_{t-2} + A_{t-3} + A_{t-4}}{4}$$

简单指数平滑法

简单移动平均法的主要缺点是其在预测时没有使用 n 个时间段之外的数据。简单指数平滑法则通过考虑当前时间段的实际需求和之前做出的预测，预

测下一个时期的需求。它是根据以下公式进行预测的:

$$F_t = \alpha A_{t-1} + (1 - \alpha) F_{t-1}$$

式中,F_t 是指新的预测需求;A_{t-1} 是指前一个时期的实际需求;F_{t-1} 是指前一个时期的预测需求;α 是指平滑常数。

实际上,平滑常数 α 是预测者所能获得的最后一条信息(因此被认为是最重要的)的权重。然而,该公式还蕴含另一个意思,当期的预测包括前一个时期的实际需求,并依此类推。从这个角度看,所有前一个时期的数据对下一个时期的预测都会产生影响(尽管是递减的)。

用简单指数平滑法预测欧速公司的需求

实例分析

表 11-1 显示了欧速(Eurospeed)公司使用简单指数平滑法预测包裹需求的数据,其中平滑常数 $\alpha = 0.2$。例如,第 35 周的预测需求为:

$$F_{35} = (0.2 \times 67.0) + (0.8 \times 68.3) = 68.04$$

表 11-1 用简单指数平滑法预测包裹需求的结果

周(t)	实际需求(A,$\times 10^3$)	预测需求 [$F_t = \alpha A_{t-1} + (1 - \alpha) F_{t-1}$,$\alpha = 0.2$]
20	63.3	60.00
21	62.5	60.66
22	67.8	60.03
23	66.0	61.58
24	67.2	62.83
25	69.9	63.70
26	65.6	64.94
27	71.1	65.07
28	68.8	66.28
29	68.4	66.78
30	70.3	67.12
31	72.5	67.75
32	66.7	68.70
33	68.3	68.30
34	67.0	68.30
35		**68.04**

α 的值决定了对需求变化的预测响应性和预测稳定性之间的平衡。α 越接近 0，预测越容易受到之前预测的抑制（不是很明显，但稳定）。图 11-4 显示了用四周移动平均线绘制的欧速公司的成交量数据，平滑常数 α 分别为 0.2 和 0.3。

以千为计的需求量

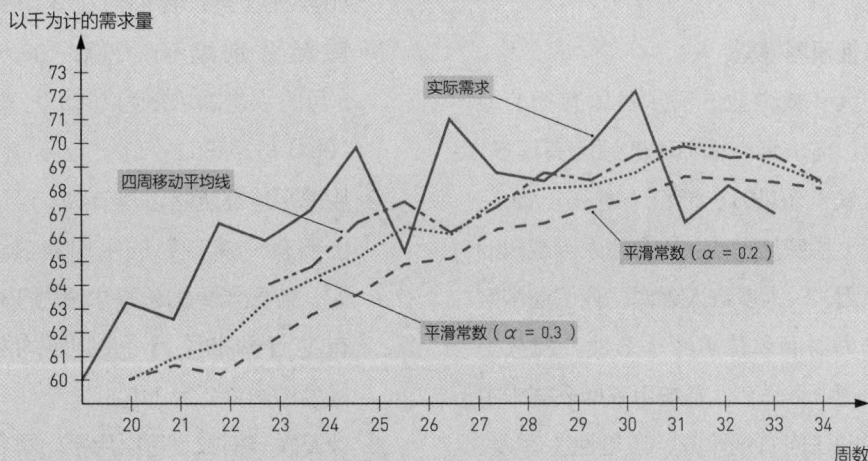

图 11-4　简单移动平均法与简单指数平滑法的对比，其中平滑常数 α 为 0.2 和 0.3

趋势调整后的指数平滑法

简单指数平滑法的主要缺点是它假设存在一个稳定的基础平均值。当平均值出现一个趋势变化时，指数平滑的预测会滞后于基础需求的变化。较高的平滑常数（> 0.5）确实有助于减少预测误差，但如果平均值是系统性变化的，那么预测仍然可能滞后。因此，在指数平滑预测中纳入趋势变化的考量，可以提高准确性。调整后新的公式如下：

$$FIT_t = F_t + T_t$$

式中，FIT_t 是指考虑趋势变化后

的需求预测值；F_t 是指指数平滑处理后的需求预测值；T_t 是指数平滑处理后的趋势。

对于经过趋势调整的预测，我们必须对平均值（F_t）和趋势（T_t）做平滑处理。平滑常数用符号 α 表示，趋势用符号 β 表示。为了得出包括趋势（FIT_t）在内的预测，我们必须按以下两个公式计算：

$$F_t = \alpha A_{t-1} + (1-\alpha)(F_{t-1} + T_{t-1})$$
$$T_t = \beta(F_t - F_{t-1}) + (1-\beta)T_{t-1}$$

式中，F_t 是指平滑处理后第 t 个周期的需求预测值；T_t 是指第 t 个周期的

趋势；A_t 是指第 t 个周期的实际需求；α 是指平滑常数平均值；β 是指趋势调整后的平滑常数。

季节性预测模型

大多数企业的需求具体有季节性特点。需求具有季节性的原因有很多，如气候（假期）、节日（购买礼物）、财务（税费处理）、社会性原因或政治性原因。对大多数人来说，我们通常会以年为时间单位思考季节性。但在需求预测中，季节性是被用来描述需求中出现的任何有规律的、重复性（季度、月、周、日或小时）的变化。例如，公共事业公司可能会经历以年为时间单位的较大季节性需求变化，也会面临以周和以天为时间单位的季节性变化模式。把季节性纳入预测的一种流行方法是乘积季节模型，它涉及以下五个步骤（为了简单起见，我们假设数据中除了季节性没有其他趋势）。

1. 求得每个"季节"的平均需求，方法是将该季节的需求相加，然后除以可计算的季节数量。例如，如果在 3 月，我们过去 3 年的销售量分别是 80、75 和 100，则 3 月的平均需求量为（80 + 75 + 100）/3 = 85。

2. 用总平均需求除以季节数，可计算出所有"季节"的平均需求。例如，如果年平均总需求量为 1320，有 12 个季节（月），则平均需求量为 1320/12 = 110。

3. 计算季节指数，可以用平均季节需求（步骤 1）除以平均需求（步骤 2）。例如，3 月的季节指数为 85/110 ≈ 0.77。

4. 使用本小节中描述的一种或多种定性或定量方法，估算下一个时间段（在本例中为年度）的总需求。

5. 用估算出的估计值除以季节数（在本例中为 12 个月），再乘以季节指数，得到一个季节的预测值。

松山咨询公司的季节性需求预测

实例分析

总部位于日本的松山咨询公司（Matsuyama Consulting）预计，2023 年，关于供应链战略咨询的年度需求将达到 7500 小时。使用乘积季节模型，我们可以预测 2023 年 6 - 8 月的需求（见表 11-2）。

2023 年 6 月的需求预测值 =（7500 /12）× 1.10 = 687.50（小时）；

2023 年 7 月的需求预测值 =（7500 /12）× 1.32 = 825.00（小时）；

2023 年 8 月的需求预测值 =（7500 /12）× 0.79 = 493.75（小时）。

表 11-2　松山咨询公司的季节性需求预测

月份	2020 年	2021 年	2022 年	2020 − 2022 年的平均需求	平均月度需求	季节性指数
1 月	450	475	475	466.67	570.14	0.82
2 月	500	500	550	516.67	570.14	0.91
3 月	625	600	575	600.00	570.14	1.05
4 月	600	600	650	616.67	570.14	1.08
5 月	550	600	600	583.33	570.14	1.02
6 月	600	625	650	625.00	570.14	1.10
7 月	700	750	800	750.00	570.14	1.32
8 月	450	400	500	450.00	570.14	0.79
9 月	500	450	450	466.67	570.14	0.82
10 月	550	500	525	525.00	570.14	0.92
11 月	650	600	650	633.33	570.14	1.11
12 月	600	600	625	608.33	570.14	1.07
	年度平均总需求			6841.67		

因果关系模型

因果关系模型通常采用各种复杂的技术来理解变量之间的关系强度，以及它们对彼此的影响。"简单回归"模型可以确定两个变量之间"最佳拟合"的表现形式。假设一家冰激凌公司想要预测其未来的销量，在了解之前的需求后，它发现影响工厂需求的主要变量是上周的平均气温。为了理解二者之间的关系，该公司绘制了需求与上周气温的关系图，如图 11-5 所示。根据这张图，假定市场的其他条件相当稳定，一旦平均气温是已知的，公司就可以对需求做出合理的预测。

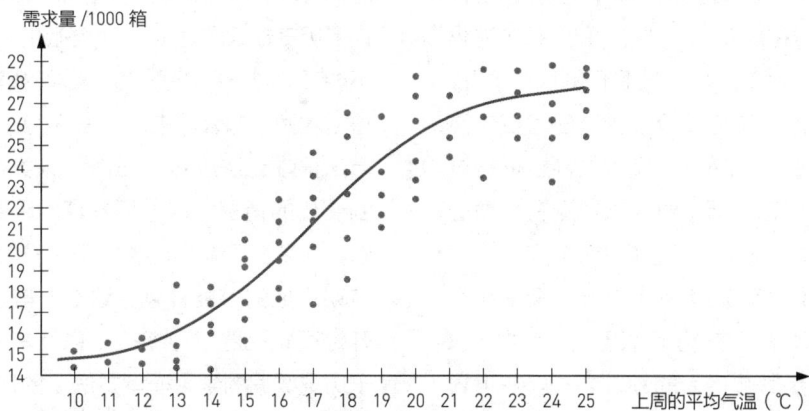

图 11-5　回归线可以显示出上周的平均气温和需求之间的关系

如果"简单回归"模型不能解释平均气温和需求之间的因果关系，就要用"多元回归"模型考虑其他影响需求的变量。该模型更复杂，包含许多变量和关系，每个变量和关系都有各自的一套假设和限制条件。虽然开发这样的模型和评估每个变量的重要性超出了本书的范围，但许多软件技术可以帮助管理者进行这种更复杂的建模，并将数据反馈到模型中，以进一步完善和发展它，特别是结构方程模型。

运营实践案例

如何使用人工智能进行需求预测 [2]

人工智能（artificial intelligence，AI）在多个领域都有巨大的应用潜力，其中需求预测被认为是最有应用价值的领域之一。特别是，机器学习技术的进步提高了预测的可用性和可靠性，加快了预测产生的速度。与传统的需求预测方法一样，基于人工智能的系统先设定一组假设和规则，然后将其应用于可用数据，产生预测结果。人工智能中的"深度学习"可以使用大量的历史数据学习和改进这些规则。然而，机器学习模型有一个重要的限制：当输入的数据与它们"被训练"的数据相似时，它们的工作效率要高得多。当一些出乎意料的需求上升或下降时，很难准确预测现实情况，因为算法系统还没有接受过任何应对重大变化的"训练"。换言之，当根据过去的数据无法得出对未来预测有帮助的见解时，人工智能就会变得不可信。

例如，新冠病毒大流行对几乎所有的商业领域都造成了巨大影响，其中需求模式是受影响最大的领域之一。在世界各地，口罩、洗手液、清洁产品、卫生纸、家庭和园艺设备、医疗用品、罐装和冷冻食品以及游戏和家庭健身器材的生产商，都面临其产品需求在短时间内急剧增长的情况。同样，外卖、物流、在线视频通话和社交媒体平台等服务的需求也大幅增长。其他公司的需求则大幅下降，尤其是与旅游、石油和天然气、酒店和休闲以及汽车行业相关的公司纷纷受到重创。这些对需求预测的影响是显著的。几乎在一夜之间，许多公司从相对稳定和可预测的需求变化模式（对运营经理来说，是最容易应对的模式），转变为更不稳定和更不可预测的需求变化模式（最具挑战性的模式）。这意味着，我们原本可以依据许多历史数据准确做出需求预测，现在却不能了。对于那些投资机器学习模型来支持需求预测的公司来说，在危机时期，AI算法根本无法应对"正常"人类行为急剧变化的情况。这一根本性的限制意味着，许多公司需要大量的人工干预来推翻自动生成的产能计划，这让一些评论员开始质疑机器学习模型（以及其他依赖于历史数据的学习模型方法）的适用性，尤其是在更动态的商业环境中。然而，一种相反的观点是，人工智能的本质是一种

"学习技术"。通过适当的人为干预，机器学习模型可以被"重新训练"，去学习更动态的数据集。一些专家建议，一种解决方法是将更长的时间框架纳入人工智能的训练，并在此过程中加入过去一个世纪的其他"黑天鹅"事件。他们认为，通过这种方法，机器学习模型可以得到显著改进。

● 为运营经理提供有用的预测

从运营经理的角度看，有三种关键方法可以评估需求预测的有用性，即准确性水平、显示相对的不确定性，以及使用有助于产能管理的术语表达。

准确性水平

如果预测是相当准确的，产能管理将受益较多，因为需求可能瞬间发生变化，但在决定改变产能和该变化真正生效之间通常有时间滞后。通过计算预测误差的方式，评估需求预测的相对准确性是可能的。在这个方面，可以使用平均绝对偏差（mean absolute devia-tion，MAD）、均方误差（mean squared error，MSE）和平均绝对误差（mean absolute per cent error，MAPE）来预测。其计算公式分别如下。

$$MAD = \frac{\sum |E_t|}{n}$$

$$MSE = \frac{\sum E_t^2}{n}$$

$$MAPE = \frac{\sum [(E_t/A_t) \, 100]}{n}$$

式中，n 是指预测时间周期数；E_t 是指绝对误差；A_t 是指实际需求值。

计算辛餐馆的预测误差

辛餐馆（Sinh）是一家位于印度加尔各答的小餐馆。表 11-3 显示了这家小餐馆每周的预测客流量和实际客流量。

MAD、MSE 和 MAPE 的计算过程如下：

$$MAD = \frac{\sum |E_t|}{n} = \frac{2270}{6} \approx 378.33$$

$$MSE = \frac{\sum E_t^2}{n} = \frac{1\,159\,900}{6} \approx 193\,316.67$$

$$MAPE = \frac{\sum [(E_t / A_t) \, 100]}{n} = \frac{92.45}{6} \approx 15.41$$

表 11-3　计算预测误差

(t)	实际销售额（A_t）	预测（F_t）	绝对误差（E_t）	误差^2（E_t^2）	绝对误差百分比
1	2500	2250	250	62 500	10.00
2	2600	2200	400	160 000	15.38
3	2580	2900	320	102 400	12.40
4	2700	3000	300	90 000	11.11
5	2250	3100	850	722 500	37.78
6	2600	2450	150	22 500	5.77

显示相对的不确定性

也许最重要的是，良好的预测能显示相对的不确定性。额外延长营业时间和招聘额外员工的决定，通常会基于需求的预测水平，但这在实践中可能与实际需求有很大的差异，导致不必要的成本增加或服务达不到客户的要求。例如，一家超市的需求水平的预测一开始可能会显示生意冷淡，到午餐时段才会出现需求高峰。之后，需求放缓，在傍晚高峰期需求再次增加，最终在营业结束时再次下跌。超市经理可以利用这个需求预测调整全天的结算产能。虽然这可能是一个准确的平均需求预测，但没有哪一天的实际运营会完全符合这个预测的模式。同样重要的是，对实际需求的估计可能会大大不同于平均需求。通过检查需求统计数据，建立一天中每个时间点的需求分布，我们就可以发现这一点。这样做的重要性在于，经理现在真正懂得什么时候需要储备员工，也许是补充货架时，但收银台只需在高峰期安排员工随时待命即可。

使用有助于产能管理的术语表达

如果仅仅是以货币的形式表述对需求的预测，而没有给出一些指示说明需求是与企业产能相关的，那么它们就需要被转换为更实际的需求预期，并用表述产能的单位（如人员、机器和空间等）来表达。其实，需求预测也不应该用货币术语表示，如销售额，因为这些销售额本身是产能规划的结果。例如，一些零售企业使用销售预测安排员工全天的工作时间，如此，销售额将是员工分配的一个结果。所以，零售企业最好使用"流量"做预测，即在员工足够的情况下，企业想要服务的客户数量。

11.3　如何测算产能

　　产能管理的第二项任务是理解产能的本质（即供应能力）。企业产能是企业在正常运营条件下一段时间内所能达到的增值活动的最高水平。至关重要的是，这个定义反映了能力的规模，更重要的是它的加工能力。比如，一家制药商投资了一个容量为 1000 升的反应堆，或者一家房地产公司购买了一个可以容纳 500 辆车的停车场。这些信息可以让你很好地了解产能的规模，但对运营经理来说，这远不是一个有用的产能测算标准。相反，制药公司关注 1000 升的反应堆容器可以实现的产出水平（即处理能力）。如果每小时可以生产一批标准产品，那么计划的加工产能可能高达每天 24 000 升。如果反应需要 4 小时，在生产批次之间的清洗需要 2 小时，那么该容器每天平均只能生产 4000 升。同样，停车场在工作日可能被办公室工作人员完全占用，每天只能停 500 辆汽车。或者，它可以留给平均只停留 1 小时的购物者，以及在晚上占用 3 小时的剧院观众。这样一来，停车场的加工产能将达到每天5000 辆汽车。

运营实践案例

新一代信号技术提高了铁路产能 [3]

　　在全球许多地方，铁路网络早已不堪重负，处于崩溃的边缘。在一天中的高峰时段，一些通勤线路几乎陷入拥堵，许多人将其归咎于运力不足。但回想一下，我们之前关于企业产能的定义，即企业在正常运营条件下一段时间内所能达到的增值活动的最大水平。对铁路网来说，就像机场、港口、公路和其他交通基础设施一样，它不仅仅关系到你拥有的资源（产能的规模），还关系到你能用它做什么（产能的处理能力）。但问题就在这里：增加产量往往是困难的，代价高昂，进度非常缓慢，而且往往具

有政治敏锐性。因此，在等待运力长期增长的同时，铁路局（与其他企业一样）必须充分利用现有的资源。

　　实现这一目标的方法之一，就是铁路信号系统的数字化。传统的信号系统是近两个世纪前发明的，叫作"区间闭塞"方法，即在任何时候，一个"区间"里只能有一列火车。然而，信号的位置是固定的，这意味着火车是不可能在不危及安全的情况下增加运力的。此外，世界各地的许多铁路现在结合各种不同的系统管理列车——有些地区可能借助先进的软件自动安排列车路线，而在另

一些地区，信号工作人员继续手动操作电线系统来控制位于轨道一侧的信号灯。这使得铁路运营网络非常复杂、效率低下，而且经常出现故障。

不久之后，情况开始发生变化。管理火车运行及其相关信号和信号箱的物理基础设施的"区间闭塞"方法，被欧洲列车控制系统（the European Train Control System，ETCS）取代了。ETCS 创建了一个数字"移动块"，通过沿着轨道紧密放置的传感器传输火车的实际位置，这与飞机应答器向空中交通管制报告飞机位置的方式大同小异。大型铁路运营中心随后使用了先进的软件计算列车之间的最佳距离，并兼顾列车速度、制动距离和路线上的站点。结果，每列火车周围都创造出了一个安全缓冲区，同时最大限度地缩短了火车之间不必要的距离。一旦它被应用于实践，ETCS 将通过改善列车协调性，对安全性和总体可靠性产生积极影响，而且增加了有效产能。传统的铁路网络既有高速客运列车，也有低速货运列车，这对位置固定的"区间闭塞"系统来说是一个巨大的挑战。而 ETCS 使用的"移动块"可以将有效产能提高大约 40%。

该系统已被用在许多专用高速线路上，如中国的武汉至广州高铁线路和法国的 TGV 线路。然而，随着移动块技术在更复杂、有更多旧系统要被取代的铁路项目中被广泛采用，该技术将会面临更大规模的测试。这些项目包括在连接多个欧盟国家的跨欧洲"走廊"路线上安装 ETCS，在澳大利亚、匈牙利、意大利和新西兰的特定路线或地区，以及在比利时、丹麦、德国、以色列和英国的整个铁路网上安装 ETCS。不过，比起即将在印度庞大的铁路网上安装 ETCS 的项目，前面这些项目就显得微不足道了。印度铁路网每天运送超过 2000 万名乘客和 300 万吨货物。最初的计划是 6 年内在整个 65 000 公里的网络上推广这项技术，合同金额为 7800 亿卢比（120 亿美元）。然而，因为成本问题，项目规模缩减，印度铁路局决定，先在德里至加尔各答的 780 公里路线上进行全面试点，再确定未来是否推广。

测算产能可能听起来很简单，实际上其定义很难明确，除非运营活动是标准化和可重复的。例如，一个主题公园的游乐设施的产能可以被设计成每 3 分钟接待 60 人，即每小时接待 1200 人。在这种情况下，测算产出是最合适的测算产能的方法，因为运营的产出在性质上没有变化。然而，对很多企业来说，产能的定义是模棱两可的。例如，当大范围的产出对加工工序提出不同的需求时，用产出来测算产能的方法就不那么有效了。这时，产能测算经常意味着投入产能的测算。几乎每种类型的运营都可以混合用投入量和产出量这两种计量方法来测算产能，但在实践中，大多数企业选择使用其中一种方法（见表 11-4）。

表 11-4 不同企业的投入产能测算指标和产出产能测算指标

企业	投入产能的测算指标	产出产能的测算指标
医院	**可用的病床数量**	每周可收治的患者的数量
空调制造工厂	可投入使用的机器运转时间	**每周可产出的部件数量**
剧院	**可预订的座位数**	每周可接待的客人数量
大学	**学生的数量**	每年的毕业生数量
电力公司	发电机容量	**以兆瓦计算的发电量**
零售店	**卖场面积**	每日售出的商品数量
航空公司	**可预订的飞机座位数量**	每周服务的乘客数量
啤酒厂	发酵罐的容积	**每周产出啤酒的升数**

注：最常用的测量指标是用粗体标注的。

活动组合对产能测算的影响

在一定程度上，一家企业的供给能力取决于它被要求做什么。例如，一家医院可能很难测算自身产能，因为它的服务性质非常独特。医院的产出取决于其参与的各种活动的组合，大多数医院参与许多不同类型的活动，结果很难预测（但也不是完全不可能）。不同活动组合引起的一部分问题可以用测算聚合产能的方法来解决（"聚合"意味着不同的产品和服务是被捆绑在一起的，以便获得对需求和产能的整体评估）。

活动组合对无人机生产能力的影响

一家位于瑞典斯德哥尔摩的小型工程公司生产了 3 种商用无人机，分别是 Vortex、Elysia 和 Moln（云产品）。Vortex 模型可以在 2.5 小时内组装完成，Elysia 可以在 1.5 小时内组装完成，Moln 可以在 0.75 小时内组装完成。该公司每周用于组装生产的工时有 600 小时。假设 Vortex、Elysia 和 Moln 3 种无人机的需求比例为 2:2:4，那么按需求比例计算，以组装 8（2 + 2 + 4 = 8）台无人机为一个单元，则组装一个单元所需的时间为：

$$2 \times 2.5 + 2 \times 1.5 + 4 \times 0.75 = 11 （小时）$$

每周可完成组装的单元数量是：

$$\frac{600}{11} \times 8 \approx 436.4 \text{（个）}$$

若将活动组合的比例改为 3:2:3，以组装 8（3 + 2 + 3 = 8）台无人机为一个单元，则组装一个单元所需时间为：

$$3 \times 2.5 + 2 \times 1.5 + 3 \times 0.75 = 12.75 \text{（小时）}$$

现在每周可完成组装的单元数（即该业务的新产能）为：

$$\frac{600}{12.75} \times 8 \approx 376.5 \text{（个）}$$

● 时间框架对产能测算的影响

在短时间内可进行的活动和产出水平，与定期可持续生产的产能水平是不同的。例如，在财政年度结束（或开始）的高峰期，一个纳税申报单处理机构每周能处理 120 000 份纳税申报表。

为了达到这一产出量，该机构可以延长员工的工作时间，不鼓励员工在这段时间休假，甚至让员工高强度地工作，以做到维护好 IT 系统，使其避免遭遇任何潜在的破坏。然而，员工确实需要休假，他们不能连续长时间地工作，并且信息系统需要升级，这也要花费时间。正因如此，在衡量能力时，运营经理应该考虑图 11-6 所示的 3 种不同的产能测算标准。设计产能（design capacity）是一家企业在理论上的产能，

图 11-6　设计产能、有效产能和实际产出

是技术设计师在设计企业能力时就已经在设想的能力。有效产能（effective capacity）是企业把计划损失列入账后的生产能力。最后，实际产出是企业把计划损失和计划外损失都列入账后的生产能力。质量问题、机器故障、缺勤和其他可避免的问题都会造成生产损失。由此，就产生了两种测算产能绩效的方法，计算公式如下。

$$利用率 = \frac{实际产出}{设计产能}$$

$$效率 = \frac{实际产出}{有效产能}$$

产能泄漏

有时，这种由可预测和不可预测的损失引起的生产能力减损被称为"产能泄漏"。评估产能泄漏的一种常用方法是设备综合效率（overall equipment effectiveness，OEE），其测算方法如下。

$$OEE = a \times p \times q$$

式中，a 是设备的可用率；

p 是设备的绩效率；

q 是设备所创建的产品或服务的质量率。

在设备发生了一些产能泄漏，导致其可用性降低的情况下，设备综合效率可以被用来测算产能泄漏。例如，因时间损失而导致的可用性损失，如换装调试损失（当设备或正提供服务的工作人员，要为下一项生产活动做准备时而产生的损失）、停机故障（当机器正在维修时，或正在提供服务的员工要接受培训或缺勤时）。一些产能损失是由于速度损失而造成的，如当设备空转时（当设备暂时停机等待另一道工序的作业时），以及当设备以低于其最佳工作速率运行时带来的产能损失。在服务型工作中，当个体员工没有以最佳效率工作时，也会出现同样的产能损失，如在冬季假期之后，呼叫中心员工会经历一个工作效率低下的平静期。最后，一项运营活动包含的产品和服务并非十全十美，随之而开展的检查活动、返工或处理投诉，都会导致产能损失。

运营实践案例

公共运输系统在应对需求波动方面的选择有限 [4]

经常在大城市通勤的人都知道交通高峰期的拥堵是多么令人沮丧。当然，感到沮丧的不只是乘客，还有运营经理，因为他们必须应对变化巨大的出行需求。大多数大城市依赖的公共运输系统正面临史上最困难的产能管理问题。因为城市出行有三个特点：需求随着时间的变化而变大，供给在很长一段时间内是相对固定的，供给的服务是不可储存的，所以城市的公共交通设施很容易面临交通拥堵的情况。在这方面，伦敦地铁就是其中一个典型的例子。

伦敦地铁是世界上最久远、最繁忙的大众地铁系统（mass rapicl transport，MRT）。对于运营该系统的伦敦交通局（Transport for London，TfL）来说，它面临一个同样紧迫的问题，即如何应对每日需求的波动。在伦敦地铁穿行的大部分地区,早高峰时段为 7:30 ~ 9:30,晚高峰时段为 16:40 ~ 18:30。在一周内的晚上时段,伦敦地铁一般是停止运行的,除了在周五、周六晚上和特殊情况,伦敦地铁才会通宵运行。

然而,证据表明,由于乘客特意避免在高峰时段出行,城市交通需求正在"扩散"。这一模式也反映在其他公共交通系统中。新加坡陆路交通管理局(Singapore's Land Transport Authority,LTA)推出了一项名为"智能旅行"(Travel Smart Journeys,TSJ)的激励政策。该政策鼓励交通拥堵地区的通勤者考虑其他交通方式或路线,从而更均匀地分配高峰时段的交通需求。一些人认为,这种模式的转变,尤其是非高峰时段出行的增加,反映了人们正在改变他们的生活和工作方式。

在伦敦,越来越多的人开始在家工作,自由职业者的增长速度远远快于该市整体就业人口的增长速度。为了鼓励

这种趋势,一些 MRT 采用差别定价(如非高峰时票价较低等)。大多数 MRT 面对的另一个主要困难是,其交通网络的产能几乎是固定的。增加列车数量、提高列车质量会有助于解决这一难题,但成本太高。伦敦地铁正在进行新列车的试运行计划,其中一些列车允许乘客在不同列车之间自由移动,以更有效地疏散人群。但是,伦敦地铁几乎没有可以灵活调整地铁载客量的措施。必要的维护是在夜间地铁停运期间进行的,更重要的轨道维护偶尔会在周末需求较低时进行。同样,清洁工作也可以在夜间进行。伦敦地铁有近 1 万名夜班工人。如果能鼓励乘客快速地上下车,也会有助于提高地铁载客量。新列车也可以帮助解决这一问题。它们在车站之间的速度并不快,但确实能更快地让乘客离开站台,这有助于地铁系统在高峰时段保持流动性。

为了做到有效地运行,各项流程需要在可用性、表现性(速度)和质量三个维度上都有出色的表现。分开看,这三个单独的指标都是考核流程绩效的重要指标,但它们并不能完整反映一项流程的总体效率。相反,把这三个维度结合为一体,就像设备综合效率一样,可以更准确地反映出流程的有效运行时间占其计划产能的百分比。图 11-7 展示的是,某小型软件公司如何用

设备综合效率来评估其客户支持服务团队的生产能力。

● **理解产能的变化**

虽然大多数企业最关心的是应对需求的变化,但也有一些企业必须应对产能的变化(有的企业将其定义为"供给能力")。例如,图 11-8 显示了两家

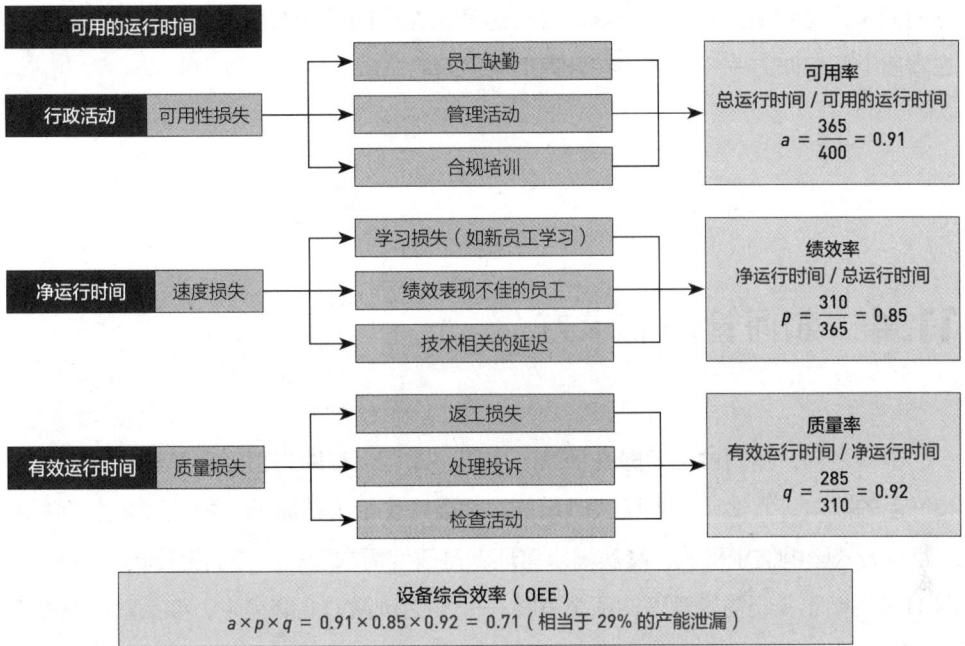

图 11-7 某小型软件公司的客户支持服务团队的设备综合效率

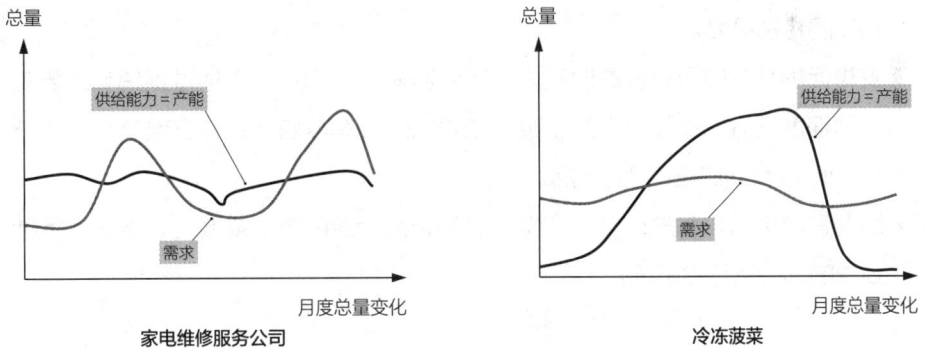

图 11-8 需求变化 VS 产能变化

企业的需求和产能变化情况。第一家企业是一家家电维修服务公司，产能相对稳定。只有当现场维修服务人员喜欢在一年中特定时间休假时，这家企业才会出现一些产能变化。相比之下，这家企业的需求波动更大，峰值需求大约是需求低谷时的两倍。第二家企业是一家生产冷冻菠菜的食品制造商。该产品的需求在一年中相对稳定，但是该企业的产能变动很大。在种植和收获季节，供给能力很强，但在一年中的部分时间里，供给能力几乎降至零。尽管这两家企业的产能有所不同，但其产能管理在本质上是相似的——二者都在处理供需之间的缺口。

11.4　如何管理需求方

本章之初，我们讨论了提高预测的作用，即可以帮助运营经理了解市场对服务和产品的需求。显然，需求模式对运营方式会产生很大的影响，因此许多企业谋求以某种方式影响需求模式。其实需求管理就是改变需求模式，使其更接近可用产能。图 11-9 说明了实现需求管理的两个思路——要么刺激非高峰需求，要么限制高峰需求。以下是几种需求管理的方法。

» **价差：** 调整价格以反映需求［参见下文"运营实践案例"提及的峰时定价机制（surge pricing）］。例如，滑雪和露营在当季开始和结束时最便宜，但在学校放假期间特别昂贵。

» **安排促销：** 在需求较低的时期，为了刺激消费，企业可以通过促销和广告宣传不同程度地激活市场。例如，英国和美国的火鸡养殖者会在圣诞节和感恩节以外的时间大力推销他们的产品。

» **限制客户访问：** 客户只允许在特定时间访问企业的产品或服务。例如，各种场合中的预约和预约系统。

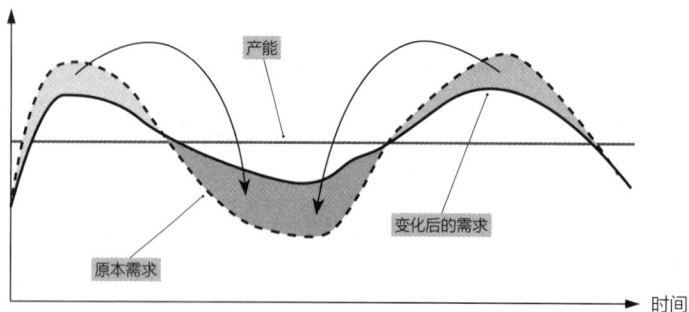

图 11-9　需求管理计划

» **服务差异：** 在高需求时期，适当降低服务水平，而在低需求时期，适当提高服务水平，以此种服务水平（隐含或明确地）的变化来反映需求。

» **创造或提供可替代的产品或服务：** 开发新的服务或产品，以维持淡季的产能。例如，在假期，大多数大学的办公楼和演讲厅都被用于召开各类会议。滑雪胜地可能会在夏季推出一些有组织的爬山活动，园艺拖拉机公司可能会在秋冬季节制造除雪机。

峰时定价机制可以调整出租车和艺术画廊的需求 [5]

峰时（或动态）定价是一种需求管理机制，通过频繁调整价格影响供给和需求，特别是需求。例如，根据不同时段消耗的用电量，供电局会按不同的价位收取电费。同样，在一些收过路费的国家，高峰时段的通行费会被设定在更高的价格水平，以保持交通顺畅。采用峰时价格机制最典型的例子是打车应用优步（Uber）使用的算法。在需求过剩或供给不足的时期，当想要打车的人数超过可用司机的数量时，优步会根据可用司机的稀缺性，用一个系数来提高正常打车价格。优步公司表示，这样做是为了确保那些需要打车的人能打到车。此外，动态定价更能确保所提供的接车服务是快速且可靠的。对优步司机来说，峰时定价意味着更高的打车费和源源不断的乘车需求。

就连英国皇家艺术学院（Royal Academy of Arts）、巴比肯美术馆（Barbican）和伦敦国家肖像画廊（National Portrait Gallery）等全球领先的艺术场馆也引入了峰时定价机制，在访客高峰期收取更高的价格。通常，这类艺术场馆采用峰时定价机制的理由是，这些额外收入可以为一些不太受欢迎的展览提供门票补贴。这也有助于让艺术场馆一周内的参观人数保持平稳。然而，一些艺术评论家认为，艺术界不应该引入这种商业性的需求管理方法。即使在打车这个毫无疑问的商业领域，峰时定价也可能非常不受顾客欢迎。不管是在传统媒体还是社交媒体上，总能听到顾客抱怨的声音，人们都说优步公司在利用他们。但一些营销专家认为，在一定程度上，这其实反映了一个立场问题，除了限制系数，优步还应该让计算系数的方式更加透明，限制调价的频率，宣传这种定价机制的好处，并改变这种定价机制的叫法（目前已有人提出可以叫"确定性定价"或"优先定价"）。

● 收益管理

在产能相对不灵活的企业中，如航空公司和酒店，重要的是最大限度地发挥产能潜力来增加收入。这类企业使用的一种方法被称为收益管理。这实际上是一系列方法的集合，其中一些方法我们之前已经讨论过，这些方法可以确保企业盈利的潜力最大化。在产能相对固定的情况下，收益管理特别有效。它能对市场进行相当清晰的细分；不以任何方式存储服务；服务提前出售，而且业务销售的边际成本相对较低。

例如，航空公司就符合所有这些标准。它们采用一系列方法，努力从其产能中获得最大的收益（即利润）。超额预订产能可以用来补偿那些没有赶上航班的乘客。然而，如果乘客比预期的多，乘客就会因为等得太久而心烦意乱。通过研究过去的航班需求数据，航空公司试图平衡超额预订和不足预订的风险。在需求不太可能满足产能的淡季，企业也可以使用价格折扣。例如，酒店通常会在节假日之外提供更低的房价，以努力增加自然下降的需求。此外，许多大型连锁酒店将大幅打折的房间出售给第三方，第三方则承担了为这些房间找到消费者的风险（和回报）。

11.5　如何管理供给方

我们现在从产能管理框架中的需求方管理转向供给方管理。其中，决策包括设定基本产能水平，然后使用管理供给方的两种关键方法：一种方法是水平产能计划（level capacity plans），其中名义产能保持不变；另一种是追踪产能计划，即对产能进行调整，以"追踪"随时间发展而出现的需求波动。

● 设定基本产能

管理供给方最常见的起点是确定产能的"基本水平"，然后定期上调或下调企业产能，以反映需求波动。设定基本产能水平时，以下三个重要因素需要考虑：

　　» 行动的绩效目标；

　　» 行动产出的易逝性；

　　» 需求或供给的可变性。

绩效目标对基本产能水平的影响

　　基本产能水平的设定，应主要反映企业绩效目标（见图 11-10）。当设定的基本产能水平远高于平均需求时，会导致企业的产能利用率相对较低。

　　当一家企业的固定成本较高时，产能利用不足就会产生严重的不利影响。相反，较高的基本产能水平在大部分时间会导致产能"缓冲"，因此企业响应客户服务的柔性生产能力将极大增强。当运营的产出能够被存储时，设定基本产能水平要在固定资本和营运资本之间进行权衡。较高的基本产能水平可能需要相当大的投资，而较低的基本

产能水平会减少对资本投资的需求，但需要建立库存以满足未来需求，因而会使营运资本增加。对某些业务来说，建立库存要么是有风险的，因为产品的保质期很短（如易腐食品、高性能计算机或时尚物品），要么是没有必要的，因为其产出根本无法储存（大多数服务）。

易逝性对基本产能水平的影响

　　当供给或需求都是易消亡的物品或服务时，基本产能需要设定在一个相对较高的水平，因为运营的投入或产出都不能长期储存。例如，一家生产冷冻水果的工厂需要足够的冷冻、包装和储存的能力，以在收获季节很好地收集水果。同样的道理，酒店不能储存其住宿服务。如果酒店的一个单间是无人居住的，那么当晚该房间的销售能力就"消失"了。事实上，除非每晚都是客满的，否则酒店的接待能力总是高于顾客对其住宿服务的平均需求。

需求或供给的变化对基本产能水平的影响

　　无论需求的变化还是产能的变化，都会降低一家企业处理投入的能力。第 6 章讨论了单一流程中出现变化的结果。需要提醒的是，在一个流程中，作业到达时间（需求）或生产活动时间（供给）的变化越大，流程就越有可能经历长产出时间和低利用率。这一原则适用于整个运营流程，由于产出时间长

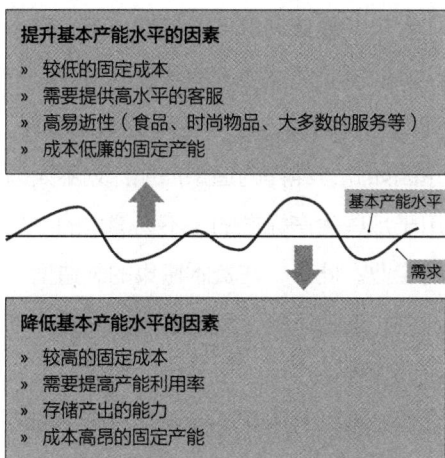

提升基本产能水平的因素
» 较低的固定成本
» 需要提供高水平的客服
» 高易逝性（食品、时尚物品、大多数的服务等）
» 成本低廉的固定产能

基本产能水平

需求

降低基本产能水平的因素
» 较高的固定成本
» 需要提高产能利用率
» 存储产出的能力
» 成本高昂的固定产能

图 11-10　基本产能水平应该反映企业绩效目标的相对重要性

意味着在运营中会形成队列，变化大也会因此影响库存水平。这就意味着，变化越大，企业需要提供的额外产能就越多，如此才能补偿可用产能利用率的降低。图 11-11 对此进行了说明。

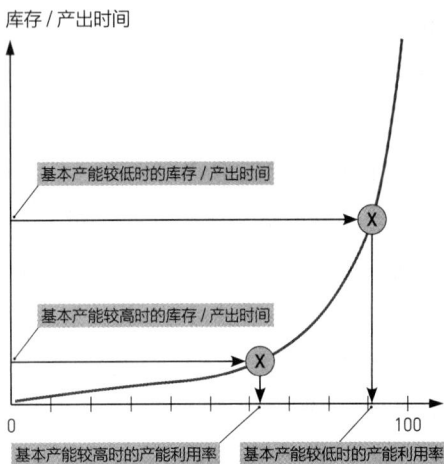

图 11-11 变化性对产能利用率的影响

● 水平产能计划

一旦确定了基本产能，第一种可选择的供给方的方法是"水平产能计划"。在整个计划期间，无论预测需求的波动如何，产能都是固定的（见图 11-12a）。水平产能计划提供稳定的就业模式、高流程利用率，以及较低单位成本时的高生产率。遗憾的是，这些也可能产生大量的原料、客户或信息的库存。此外，水平产能计划不适用于"易消亡"的产品，如食品和某些药品，也不适用于风格变化快速且不可预测的

产品（如时尚服装）或定制产品。

在许多服务性场景中，低利用率会导致水平产能计划的成本过于高昂，但在单一销售损失的机会成本非常高的情况下，水平产能计划可能是合适的，如在零售利润高的珠宝行业和房地产代理业就是如此。在一定程度上，产能设定低于预测的峰值需求水平，可以降低产能利用不足的程度。然而，当需求预测将超过计划产能时，客户服务质量可能会有所下降。顾客可能要排很长时间的队，或者可能需要接受更快但更不贴心的"服务"。

● 追踪（需求）产能计划

与水平产能计划相比，追踪产能计划试图通过改变产能水平紧密匹配需求模式（见图 11-12b）。追踪产能计划比水平产能计划更具挑战性，因为每个生产时期可能需要不同数量的员工、不同的工作时间，甚至不同数量的设备。正因如此，纯粹的追踪产能计划不太适用于那些生产标准的、不易消亡的产品的企业。此外，在资本密集的制造型企业中，追踪产能计划这种方法需要高水平的物理性产能，但其中大部分产能只会偶尔得到利用。不能储存其产出的企业更经常使用纯粹的追踪产能计划，如一些客户订单加工型企业或生产易消亡的产品的生产商。它避免了水平产能

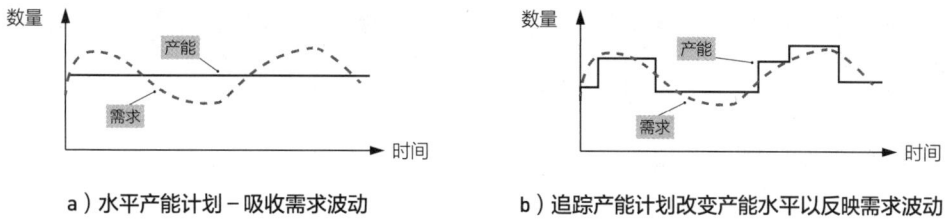

a）水平产能计划－吸收需求波动　　　　b）追踪产能计划改变产能水平以反映需求波动

图 11-12 "水平"产能计划 VS "追踪"产能计划

计划中出现的配置过量员工的浪费情况，但在整个计划期间仍然可以满足客户需求。在产出可以储存的企业运营中，为了尽量减少或消除成品库存，特别是在未来需求的性质（在数量或组合方面）相对不可预测的情况下，企业会采取追踪需求（chase demand）策略。调整产能（见表 11-5）有多种不同的方法，但它们并不都适用于所有类型的企业。

表 11-5 执行追踪（需求）产能计划的方法

调整产能的方法	优势	劣势
加班：员工工作时间超过正常工作时间	最快、最方便	需要提供额外的报酬和征得员工的同意。时间长了，生产力会降低
年化工作小时数：员工签订劳动合同时规定，每年工作一定的小时数，而不是每周工作一定的小时数	没有与加班相关的成本，企业可用的员工数量可以在全年内根据需求的变化而变化	当出现非常大的、意想不到的需求波动时，所有已经协商好的年度工作弹性时间都可以在年底前被使用
员工排程：安排工作时间（开始和结束时间），以改变可在任何时间工作的员工总数	在不改变工作职责或雇用新员工的情况下，调整人员配备水平以满足需求	确定开始和结束（轮班）的时间，既要满足员工对合理的工作时间和轮班模式的需求，又要在不能满足需求的困难时提供适当的产能
改变劳动力规模：在高需求时期雇用额外的员工，并在需求下降时解雇他们，也可将其称为"雇用和解雇"	快速降低基本劳动力成本	新员工有一个学习期，因此在产生雇用成本的同时，生产率也不会很高。裁员会产生遣散费，并可能导致员工士气低落，企业在当地劳动力市场失去商誉
使用兼职员工：招聘工作时间少于正常工作日的员工（在最繁忙的时候）	这是一个调整产能以满足可预测的短期需求波动的好方法	如果每个雇员的固定雇用成本很高（不管他们工作多长时间），那么该方法的成本是高昂的
提高员工技能的灵活性：在工作设计和工作划分方面保持灵活性，以便在业务不太繁忙的时候将员工调至其他岗位	对短期需求波动做出快速反应的方法	进行所需的技能培训，可能造成一些内部混乱
分包/外包：购买、租赁或共享其他企业的产能或产出	不中断经营	成本会非常高，因为分包商需要赚取利润，而且分包商可能没有动力提供相同水平的服务或产品质量，同时还有知识泄漏的风险
改变产出率：期待员工（和设备）比平时工作得更快	无须提供额外的资源	只能作为权宜之计。员工可能会不满，或者工作质量会降低，或者两种情况兼而有之

本书将在每一章的"社会责任"板块总结本章主题与重要的社会、道德和环境问题之间的关联。

零工经济的伦理 [6]

零工经济（也被称为"临时工合同"）描述的是一种企业在自由职业者的基础上雇用分包商，而不再依赖全职员工的趋势。在这种情况下，雇主不会为个人提供任何具体工作时间的保证。在临时工（零工）合同下工作的人也没有义务接受雇主提供的工作时间要求。从产能管理的角度看，这有助于企业在面对多变的需求时保持高水平的客户服务，同时达到高水平的利用率。当需求下降时，企业可以降低员工或设施的固定成本，但当需求增加时，又可以迅速提高产能。这种临时工方法被广泛应用于艺术和设计、交通、建筑、酒店、媒体、教育和专业服务等行业。

优步应该是全球最著名的零工经济公司。它的技术平台把那些想要打车、点餐和收寄小包裹的顾客与想要提供此类服务的个人联系起来。它让分包司机在工作时间和地点上拥有相当大的灵活性，从而形成了所谓的完全竞争的供给市场。为了扩展其核心的拼车服务，优步还在全球 600 多个城市开展了其他业务，包括水上出租车服务、摩托车运送服务、送餐服务和快递包裹服务。

支持临时工合同的人强调，它为企业提供了极大的灵活性，以满足不同的需求模式，并让供应商自由地承担工作，以及选择何时承担工作。不过另外一些人认为，为了满足需求，选择雇用兼职员工或临时工，或通过雇用和解雇的方式调整劳动力，这样的做法是不道德的。他们认为，通过一系列生产活动从而将就业维持在稳定水平，是企业的责任。此外，人们在实践中发现，企业以短期合同雇用员工，会导致他们提供较差的服务，这进一步导致他们陷入一种能否保住工作的长期焦虑。从更实际的角度看，在日益全球化的商业世界中，公司往往在不同的地方设有办公地点，那些允许雇用和解雇方式存在的国家比那些立法禁止裁员的国家更容易受到"裁员"的影响。此外，对知识型导向的组织来说，使用这种无法有效管理员工的劳动合同，存在重大风险。换句话说，员工当天下班离开后第二天早上是否正常上班，企业根本无法确定！

这种担忧促使世界各地出台了各种法律和制度，以此保障临时工的权益。例如，截至本书截稿时，临时工合同在中国香港地区、马来西亚、挪威、新加坡和美国等国家是被允许的（尽管通常不被称为临时工合同），在荷兰、英国和瑞典也是被允许的，但相关的监管制度越来越严格，而临时工合同在奥地利、比利时、中国内地、捷克共和国、法国、德国、意大利和西班牙等地区或国家一般是不被允许的。此外，为"零工工人"争取更大的法律权利（如病假工资、产假和带薪假期）的举措，减少了临时工合同这一方法为雇主带来的一些运营优势。例如，在詹姆斯·法勒（James Farrar）和亚辛·阿斯拉姆（Yaseen Aslam）提起的一宗具有里程碑意义的诉讼中，英国最高法院裁定，优步司机应被视为工人，而非独立承包商。这一决定对优步产生了重大影响，该公司在英国的 7 万名运营员工现在有权要求获得最低工资、假日工资和养老金，而且该公司在其他多个国家也被起诉。这一法律案件对全球范围内零工经济产生了深远影响，人们预计，一些地区会因此收紧企业使用零工工人的规定。

11.6 企业如何理解其产能管理决策的结果

做出产能管理决策时，管理人员要在两个需求之间做到平衡：迅速响应；以客户为导向，同时最大限度地节约成本。为了做到这点，大多数企业选择混合运用本章中概述的一系列方法。例如，一家会计公司可能会通过向选定的客户提供折扣满足需求（需求管理计划），以试图让需求峰值提前到达。在一年最繁忙的月份，企业也可以使用外包供应商的方式增加产能（追踪产能计划）。然而，在需求较高时，一些企业的产能可能会受到限制（如公司提供的专家咨询服务），因此客户仍可能会遇到延迟（水平产能计划）。

在采用这三种"纯"产能管理计划（需求管理、水平产能或追踪产能）中的一种或多种之前，企业还应该评估其决策可能产生的结果。在此类评估中，以下四种方法特别有用：

» 考虑可预测的需求变化与不可预测的需求变化；

» 累计表示需求和产能；

» 用排队原则做产能管理决策；

» 采取纵向视角，兼顾短期和长期前景。

● 考虑可预测的需求变化和不可预测的需求变化

当需求稳定且可预测时，运营经理的日子就相对轻松了！如果需求是多变的、可预测的，那么运营经理可能需要进行产能调整，但至少这是可以提前计划的。在需求变化不可预测的情况下，如果企业要应对需求变化，就必须迅速做出反应；否则，产能变化就无法帮助企业按客户需求交付产品和服务。图 11-13 展示了产能管理的目标与任务是如何根据可预测变化和不可预测变化之间的平衡而变化的。

		不可预测的变化	
		变化程度低	变化程度高
可预测的变化	变化程度高	目标：尽可能高效地调整计划产能 **产能管理任务** » 评估应对产能波动方法的最佳组合 » 研究如何降低实施计划的成本	目标：尽可能高效地调整计划产能，并且提高快速调整产能的能力 **产能管理任务** » 综合考虑应对可预测变化和不可预测变化
	变化程度低	目标：确保合理的基本产能 **产能管理任务** » 寻找有效提供稳定产能的方法	目标：尽可能高效地调整计划产能 **产能管理任务** » 找到额外产能以及 / 或者使用过剩产能 » 研究如何快速调整产能以及 / 或者提高产能的利用率

图 11-13　需求与产能之间的可预测变化和不可预测变化的组合，决定了产能管理的性质

● 累计表示需求和产能

图 11-14 显示了一家巧克力工厂的累计需求和产能，该工厂采用的是水平产能计划，以 14.03 吨 / 生产日的速度生产。

图中显示，尽管总需求在 9 月达到峰值，但由于可用的生产天数有限，每个生产日的需求峰值的出现提前了一个月，在 8 月出现。同时，全年需求的波动非常显著。月峰值需求与月最低需求的比为 6.5:1，但每个生产日的峰值需求与最低需求的比为 10:1。每个生产日的需求与运营经理的关系更为密切，因为每个生产日代表了产能的时间要素。

在累计的基础上绘制需求和产能的一个显著的优点是，企业可以评估计划的可行性和结果。图 11-14 表明，当前产出计划在年底前可以满足累计需求。到第 168 天左右，累计产量的线会高于累计需求的线。然而，到第

198 天，需求量大约为 3025 吨，但企业只生产了 2778 吨产品，因此存在247 吨的短缺。

当产能计划满足需求的时候，其累计生产线必须始终位于累计需求线之上。因此，判断一个产能计划是否足够满足需求，是一项简单的任务，只需要看它的累计生产量。通过判断累计生产曲线和需求曲线之间的面积，企业也可以从累计的角度得到一个库存的结果。图 11-15 显示，该巧克力制造商有足够的水平产能计划足以满足需求，并且加上了库存成本。假设每吨库存每天的储存成本为 2 英镑。取月初和月末库存水平的平均值作为每个月的平均库存，那每个月的库存持有成本是平均库存、每天每吨库存成本和当月天数的乘积。

追踪（需求）产能计划也可以用累计的数据来说明。累计生产线没有一个恒定不变的斜率，而是用一个不断变化的斜率来表示在任一时间点的生

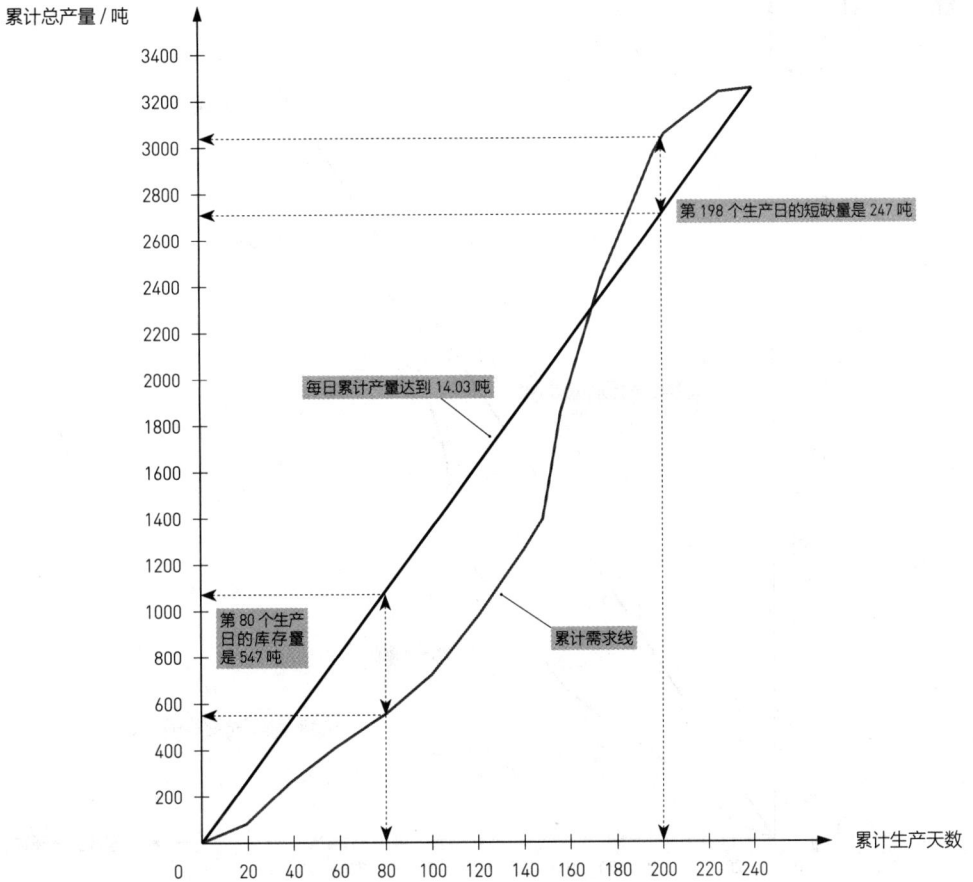

累计总产量 / 吨

第 198 个生产日的短缺量是 247 吨

每日累计产量达到 14.03 吨

第 80 个生产日的库存量是 547 吨

累计需求线

累计生产天数

	1 月	2 月	3 月	4 月	5 月	6 月	7 月	8 月	9 月	10 月	11 月	12 月
需求量 /（吨 / 月）	100	150	175	150	200	300	350	500	650	450	200	100
生产日	20	18	21	21	22	22	21	10	22	22	21	18
需求量 /（吨 / 月）	5	8.33	8.33	7.14	9.52	13.64	16.67	50	30.95	20.46	9.52	5.56
累计生产天数	20	38	59	80	102	124	145	155	176	198	219	237
累计需求量	100	250	425	575	775	1075	1425	1925	2575	3025	3225	3325
累计生产量 / 吨	281	533	828	1122	1431	1740	2023	2175	2469	2778	3073	3325
最终库存 / 吨	181	283	403	547	656	715	609	250	（106）	（247）	（150）	0

图 11-14 一个水平产能计划（该计划在年底满足了需求，但仍造成了短缺）

产率。如果企业采用一个纯需求追踪计划，则累计生产线将与累计需求线完全匹配，两条线之间的差距为零，库存（如果是服务，则对应排队时间）为零。

正如我们之前所论述的，这会消除库存持有成本，但会产生与改变产量水平相关的成本。通常而言，一次产能变化的边际成本会随变化的规模扩大而增加。例如，如果巧克力制造商希望将产能增加 5%，这可以通过要求员工加班实现——这是一种简

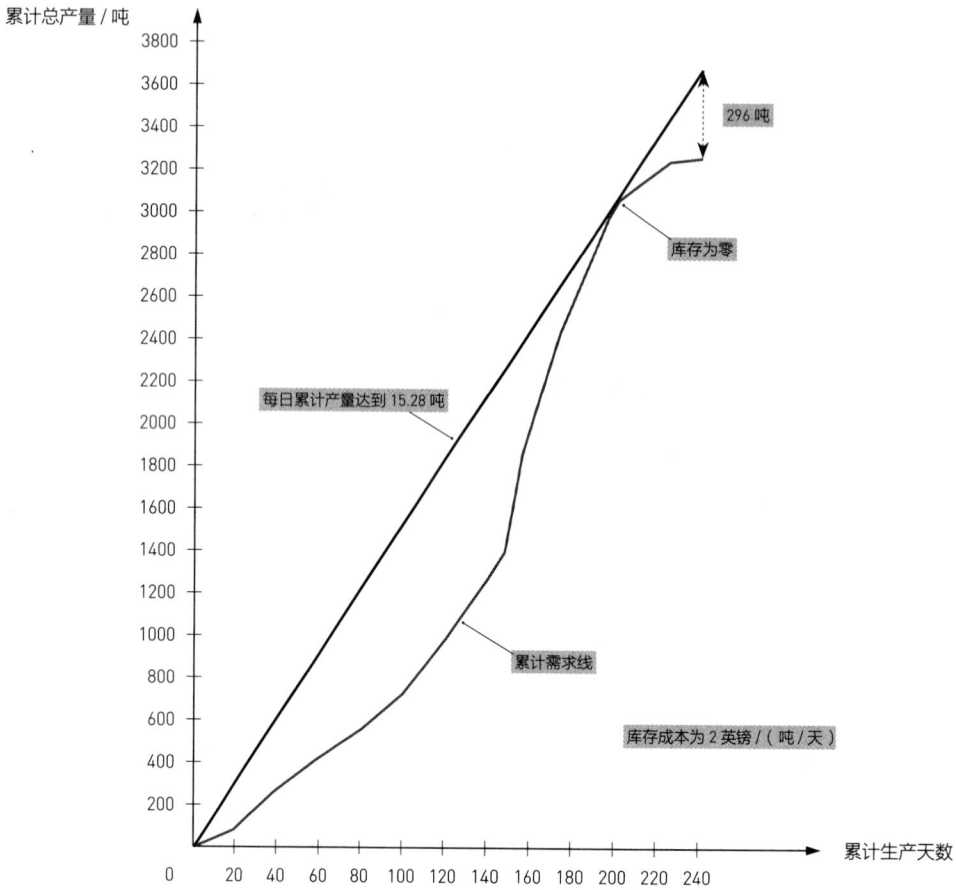

图 11-15　一个全年都满足需求的水平产能计划

	1月	2月	3月	4月	5月	6月	7月	8月	9月	10月	11月	12月
需求量 /（吨 / 月）	100	150	175	150	200	300	350	500	650	450	200	100
生产日	20	18	21	21	22	22	21	10	21	22	21	18
需求量 /（吨 / 月）	5	8.33	8.33	7.14	9.52	13.64	16.67	50	30.95	20.46	9.52	5.56
累计生产天数	20	38	59	80	102	124	145	155	176	198	219	237
累计需求量	100	250	425	575	775	1075	1425	1925	2575	3025	3225	3325
累计生产量 / 吨	306	581	902	1222	1559	1895	2216	2368	2689	3025	3346	3621
最终库存 / 吨	206	331	477	647	784	820	791	443	114	0	121	296
平均库存 / 吨	103	270	404	562	716	802	806	617	279	57	61	209
每月的库存成本 / 英镑	4120	9720	16 968	23 604	31 504	35 288	33 852	12 340	11 718	2508	2562	7524

年度总库存成本是 191 608 英镑

单、快速且成本较低的选择。如果产能增幅是 15%，那么加班就不能提供足够的额外产能，企业就需要雇用临时员工——这是一个成本更高的解决方案，也会花费更多的生产时间。如果产能增幅超过 15%，企业只能通过向外分包部分工作量实现目标，但这个解决方案的成本甚至会更高。

● 使用排队原则做出产能管理决策

当企业有能力将其成品作为库存存储时，产能计划的累计表示是有用的。但是，从业务本质上讲，对于不能存储其产出的企业，如大多数服务型企业，则最好用排队等候或排队理论（queuing theory）做产能管理决策。从这个角度看，运营经理要接受这样的情况：有些顾客的需求可能会立即得到满足，但在其他时候客户可能不得不等待。如果单一需求到达某一企业的时间难以预测，创造产品或提供服务的时间也不确定，或在二者兼而有之的情况下，这样的安排尤其合理。在这些情况下，在任一时间点提供足够的产能就变得特别困难。图 11-16 显示了这一产能问题的一般形式。客户以某种概率分布陆续到达，等待被接待（除非企业有一部分空闲的运营能力）；当他们到达队列的最前面时，n 个并行"服务器"中的一个会对他们进行加工处理（它们的处理时间也以概率分布形式进行描述），之后客户离开运营系统。这类系统有很多例子，表 11-6 给出了部分示例。所有这些例子都可以用一组共同的元素描述，这些元素定义了客户的排队行为。

表 11-6　采用并行服务器的运营示例

运营主体	到达的顾客	加工处理的能力
超市	购物者	收银台
医院、诊所	患者	医生
绘画艺术家	佣金	艺术家
定制蛋糕装饰师	订单	蛋糕装饰师
救护车服务	紧急情况	有救护人员的救护车
维修部门	故障	维修人员

» **客户来源：** 在队列管理中，"客户"并不总是指代人。例如，"客

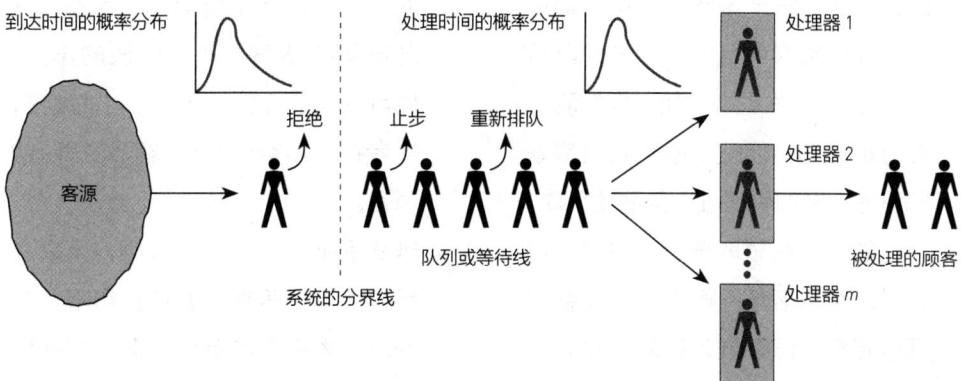

图 11-16　作为排队问题的产能管理

户"既可以是到达地磅桥的卡车，也可以是等待处理的订单或等待维修的机器等。排队系统的客户来源既可以是有限的，也可以是无限的。有限客源是指已知数量的潜在客户。例如，如果一个维修人员可以为4条装配线提供服务，则该维修人员的顾客数量是已知的，即4个。在一定概率下，其中一条装配线会发生故障，需要维修。然而，如果一条生产线真的发生故障，另一条生产线需要维修的概率就会降低，因为只剩下3条生产线可能会发生故障。因此，在客源有限的情况下，客户到达的概率取决于已经服务的客户数量。相反，无限客户是指有无数的潜在客户，因此无论企业正在为多少客户提供服务，总会有另一位客户到达。大多数处理外部市场的排队系统都有无限的或"接近无限的"客户来源。

» **服务器：** 服务器是处理队列中客户的设施。在任一排队系统中，都可能有任意数量的且以不同方式配置的服务器。图11-16中的服务器是并行配置的，但有些服务器是串联配置的。例如，在进入自助餐厅时，你可能会排队领取托盘和餐具，然后进入服务区域，再次排队点餐和领取餐食，然后进入饮料区域，再次排队点餐和领取饮料，最后排队支付餐费。在这种情况下，你已经

经过了4个服务员（尽管第一个服务区里没有服务人员），这是一个串联配置的服务系统。当然，很多排队系统是串联和并行都有的复合型系统，处理每个客户所需的时间也可能存在差异。即使客户的需求都差不多，人工服务器执行重复服务任务所需的时间也会有所不同。所以，和到达时间一样，加工处理时间通常以概率分布的形式来描述。

» **到达率：** 需要服务的客户到达服务器的速度。顾客很少以稳定和可预测的速度到达，即他们的到达率是变化的。因此，有必要用概率分布的形式描述客户到达率。这里需要特别注意一点，在排队系统中，有时没有顾客到达，有时许多客户是在相近的时间到达的，这是正常的。

» **排队：** 等待服务的顾客形成了队伍或者排队等候的队伍。如果对任一时间内可排队的顾客数量没有限制，我们就可以假设，出于所有实际目的，无限排队是可能的。当然，这些排队并不总是真人性质的排队，也可以是等待定制产品交付的客户，或者在手术前6个月就开始排队的患者。

» **排队规则：** 这是一组规则，用来决定在队列中等待的客户获得服务的顺序。大多数简单的排队，如商店里的排队，都采用先到先得的排队规则。第10章中所提到的各种排序

规则就是不同的排队规则的示例。

» **拒绝**：如果队列中等待的客户数量已经达到所允许的最大数量，那么之后的客户可能会被系统拒绝。例如，在流量需求较大时，一些网站不允许用户访问网站的部分内容，直到对网站服务的需求下降。

» **止步**：当顾客拥有自由意志（并且会被惹恼）时，如果他认为等待队列太长，就会拒绝加入队列等待服务。在排队术语中，这被称为"止步"。

» **中途退出**：类似于"止步"，但这里的顾客已经排队一段时间，然后（可能对进度不满意）离开队列，从而失去了被服务的机会。

排队的可变性

管理排队系统产能的难题是分析在任一时间点有多少服务器可用，以避免出现排队时间太长或服务器利用率过低的情况。由于顾客的到达时间和处理时间不确定，只在极少数的情况下，运营能力正好可以匹配服务到达的顾客。有时，如果有几个顾客短时间内接连到达，处理时间比平均时间更长，企业前面就会排起长队。在其他时间，当客户到达的频率低于平均水平，并且要求处理的时间也短于平均水平时，排队系统中的一些服务器将处于闲置状态。因此，即使企业的平均产能（处理能力）与系统上的平均需求（到达率）是相匹配的，排队和闲置时间依然会存在。

如果运营的服务器太少（即产能设置在过低的水平），尽管此时服务器的利用率很高，但队列会累积到一定程度，顾客会觉得等待的时间过长。相反，如果服务器太多（即产能设置在过高的水平），顾客预计等待的时间不会很长，服务器的利用率会很低。这就是为什么这类企业的产能计划和控制问题通常表现为，要在客户等待时间和系统利用率之间寻求平衡。因此，这类企业在做出产能决策时，重要的是能够预测一个特定排队系统中的这两种因素。附录 11A 部分详细介绍了一些理解排队行为的更简单的数学方法。

顾客对排队的看法

通常，顾客并不想排队，企业可以对排队进行管理，从而让顾客对排队感到更满意一些。毕竟，顾客评价获得的服务的一个重要维度，就是他们如何看待排队花费的时间。正因如此，排队系统的管理通常涉及以某种方式管理顾客的看法和期待。下面是一组可以帮助评估和改善排队的"原则"（当然，这些原则适用于无法通过流程改进消除排队的情况）。

1. 产能闲置的时间比被占用的时间感觉更长。
2. 处理前的等待时间感觉比处理中

的等待时间长。

3. 焦虑会让等待过程看起来更长。

4. 不确定的等待比已知、有限时间的等待感觉更长。

5. 没有解释、毫无理由的等待比解释清楚的等待感觉更长。

6. 不公平的等待感觉比公平的等待更长。

7. 价值越高的服务，顾客乐于等待的时间就越长。

8. 独自等待的时间感觉比集体等待的时间长。

9. 感觉不舒服的等待时间，比感觉舒服的等待时间更长。

10. 新顾客或不活跃的顾客觉得他们等待的时间比活跃顾客的等待时间长。

这些原则帮助许多组织尝试了一系列干预措施，目的是为客户提供更舒适的排队等待体验，从而减轻排队的不利影响。这些干预措施包括运用音乐、灯光、气味、艺术、家具和色彩，以及员工可见度、客户互动和专门为儿童准备的视频游戏等社交元素。同样值得注意的是，在某些情况下，排队也有重要的积极作用。一些排队可以增加产品或服务给顾客的感知价值。比如，当顾客认为产品或服务是短缺的，排队可以增加需求，留出时间让客户做决策或做好心理准备，或者提高顾客的积极预期水平。

● 采用一个考虑短期和长期前景的纵向视角看排队

到目前为止，我们的重点一直放在产能管理的计划方面。在实践中，产能管理是一个动态的过程，是指在需求发生时，要对实际需求和实际产能进行控制与做出反应。产能控制过程可以看作一系列部分反应性的产能决策。在每个生产时段的开始，企业运营管理要考虑到对预测的需求、对当前产能的认知，以及（如果合适的情况下）从上一生产时段结转了多少库存。有了这些信息，企业就可以计划下一个生产时段的产能。在下一个生产时段，需求可能会符合预期，也可能不会；实际的运营产能可能如计划的那样出现，也可能不会。但是，无论这个生产时段的实际情况如何，在下一个生产时段开始时，企业都必须根据新情况做出同样类型的产能决策。

通常，成功的产能管理需要综合考量成本、收入、营运资金和客户满意度（进而影响收入），并受到在任何时间点可用于运营的实际产品或服务产能的影响。然而从本质上讲，产能管理是一种前瞻性的活动。考虑采用哪一种或多种产能策略时，最重要的一个考虑因素通常是，需求量的长期前景与短期前景之间的差异。图 11-17 显示的是，通过对比长期前景和短期前景，企业可以采取适当的产能管理策略。如果需求的长期前景是"好的"(即需求高于当前产能),那么即使短期需求是"差的"(即需求低于产能),这也不太可能促使企业大规模或难以逆转地削减产能。

反之,需求的长期前景是"差的"(从某种意义上讲,需求低于当前的产能),那么即使短期需求是"好的"(即需求大于产能),这也不太可能促使企业承担起巨额或难以逆转的额外产能。

		短期需求量的前景		
		低于当前产能	与当前产能持平	高于当前产能
长期需求量的前景	低于当前产能	长期减少产能(减半)。比如,减少人员编制,减少供给计划	计划长期减少产能(减半)。比如,停止人员招募,调整供给计划	临时增加产能。比如,增加员工工作时长,以及/或者雇用临时人员,调整供给计划
	与当前产能持平	临时减少产能。比如,减少员工工作时长,调整供给计划	维持现有的产能水平	临时增加产能。比如,增加员工工作时长,以及/或者临时雇用人员,调整供给计划
	高于当前产能	临时性减少产能。比如,减少员工工作时长,但有新员工招募计划,调整供给计划	计划提高现有的产能水平;计划增加供给计划	长期增加产能(加半)。比如,招募新员工,增加供给计划

图 11-17　在某种程度上,产能管理策略取决于长期需求量和短期需求量的前景

第 11 章要点小结

1. 什么是产能管理?

• 产能管理是了解对服务和产品的需求的性质,并有效地计划和控制产能的活动。

• 产能决策是跨多个时间范围进行的,每一级的产能决策都会受到更高一级的产能决策的限制。在另一个方面看,短期决策为长期计划提供了重要反馈。

• 长期产能管理(或战略)侧重于引入或消除产能的主要增量(见第 5 章),短期产能决策侧重于任务的分配、排序和资源分配(见第 10 章)。在本章中,我们更多地关注产能管理的中期方面,即中期产能管理决策主要是在企业长期产能战略设定的物理产能的限制下做出的。

- 产能管理的过程包括：①测量和预测总需求的变化；②测算产能（提供产品和服务的能力）；③管理需求方；④管理供给方；⑤了解不同产能管理决策的结果。

2. 如何预测需求？

- 企业可以使用定性预测方法（专家小组会议法、德尔菲法和情景规划法）和定量预测方法（时间序列分析和因果关系模型）的组合预测需求。

- 好的需求预测应该：①尽可能准确；②可以明确指出相对不确定性；③用产能管理的术语来表示（如每小时的单位数、每月的运营人员等）。

- 在做出更好的预测和在没有完美预测的情况下，运营必须在这二者之间找到需求上的某种平衡。投入预测的资源，应对预测的误差做出不同程度的反应。

3. 如何测量产能？

- 一家企业的产能是指该企业在正常运营条件下一段时间内所能创造的增值活动的最高水平。

- 通过投入资源的可用性或所创造的产出量，企业可以测算自身的产能。

- 产能的利用情况通过"利用率"和"效率"测算。测算产能泄漏的一个

有效指标是设备综合效率（OEE）。

- 一些企业可以通过改变产品或服务的规格增加其产出（不过，这种方法更适用于服务型企业）。

4. 如何管理需求方？

- "需求管理"是指改变需求的模式，使其更接近可用的产能，可以通过刺激非峰值需求或限制峰值需求实现。

- 管理需求的方法有很多，包括不同的定价策略、安排促销、限制客户准入、差异化服务以及创造或提供可替代的产品或服务。

- 收益管理是一种在产出无法储存的情况下，企业经常用来应对需求与产能不匹配的情况的方法。

5. 如何管理供给方？

- 产能计划通常是指，设定一个基本产能水平，然后围绕这一水平对产能波动做出计划。基本产能水平的设定取决于以下三个主要因素：企业绩效目标的相对重要性、运营产出是否易消亡以及需求或供给的可变性程度。

- "水平产能"计划不涉及产能变化，而是通过对原材料的利用不足或过度利用，或者使用库存等方法，让企业应对需求与能力不匹配的情况。

- "追踪"（需求）计划涉及产能变化，以尽可能密切地跟踪需求。其方法

包括：增加工作时长、工作时间年度化、员工排程、多元化的劳动力规模、使用兼职员工、提高技能灵活性、分包、采用临时工合同雇用不同的人员和改变产出率。

6. 如何理解产能管理决策的结果？

- 大多数组织选择采取多种产能管理方法的组合，因为单一的方法并不能满足将竞争性目标和经营性目标相结合的需求。
- 了解可预测的需求变化和不可预测的需求变化之间的平衡，对企业选择最合适的产能管理策略组合是至关重要的。
- 以累计形式表示需求量和产出量，可以用来评估其他产能计划的可行性。
- 许多企业，特别是服务型企业，可以用排队方法来评估不同产能策略的结果。
- 企业采用纵向视角，兼顾考虑长期和短期的需求前景，可以进一步评估产能管理决策备选方案的优劣。

第 11 章注释

[1] 案例信息来自 Gruley, B. and Clough, R. (2020) How 3M plans to make more than a billion masks by the end of the year, *Bloomburg Businessweek*, 25 March；Technavio (2020) Coronavirus outbreaks boosts the sales of the world's top 10 N95 mask manufacturers, blog, 8 April。

[2] 案例信息来自 Heaven, W. (2020) Our weird behaviour during the pandemic is messing with AI models, *MIT Technology Review*, 11 may；S&P Global (2020) Industries most and least impacted by COVID-19 from a probability of default perspective, blog, 22 march；McKinsey & Company (2020) COVID-19：Briefing materials：global health and crisis response, 6 July。

[3] 案例信息来自 Das, A.K. (2019) Six bidders vie for Indian Railways eTCS Level 2 pilot project, *International Railway Journal*,7 november；Rail Technology magazine (2017) network Rail awards landmark £150m eTCS signalling contract, 20 December；Railway pro (2018) India to install eTCS Level 2 on its entire broad-gauge network, 8 march；Jha, S. (2018) Modi blocks Indian Railways eTCS plan, *International Railway Journal*, 11 April。

[4] 案例信息来自 Chong, A. (2019) What will it take for LTA's latest anti-congestion plan to work？ *Channel News Asia*, International edition, 13 may；economist (2015) Squeezing in：what the London Underground reveals about work in the capital, *Economist* print edition, 23 may。

[5] 案例信息来自 Gadher, D. (2019) Art-lovers see red at surge pricing, *The Sunday Times*, 18 August；The economist (2016) A fare shake：jacking up prices may not be the only way to balance supply and demand for taxis, *Economist*, 14 may；Dholakia, U.m. (2015) everyone hates Uber's surge pricing – here's how to fix it, *Harvard Business Review*, 21 December。

[6] 案例信息来自 Cornelissen, J. and Cholakova, m. (2019) profits Uber everything? The gig economy and the morality of category work, *Strategic Organisation*, 23 December; Russon, m. (2021) Uber drivers are workers not self-employed, Supreme Court rules, BBC news, 19 February ; O' Brien, S. (2021) Uber' s UK drivers to get paid vacation, pensions following Supreme Court ruling, *CNN Business*, 17 march ; The new york Times (2018) What will new york do about its Uber problem?, 7 May。

附录 11A：分析排队模型

导语

在第 11 章前面的部分，我们讲述了企业，特别是在服务型企业中，排队方法（它在美国被称为"等候线方法"）在产能管理中是如何发挥作用的。它之所以有用，是因为它处理了可变性问题，既包括一项流程的顾客（或物品）到达的时间，也包括处理每个顾客（或物品）所需的时间。

如果一项流程存在可变性（就像在大多数过程中一样，但特别是在服务流程中），则企业所需的产能不能轻率地以平均值为基础，而必须考虑变化的影响。遗憾的是，许多用于理解排队的计算公式是极其复杂的，特别是那些用于复杂系统的排队计算公式，已经超出了本书的讨论范围。事实上，现在人们都是用计算机程序预测排队系统的行为。不过，研究排队公式可以发现排队系统运行方式的一些有用特征。

● 符号

排队系统行为的不同方面使用的符号，有几个不同的约定。因此，我们建议在使用不同作者的公式之前，先检查一下他们使用的符号。我们会使用以下符号。

C_a = 到达时间变异系数；C_e = 处理时间变异系数；m = 站内并行服务器的数量；r_a = 到达率（单位时间内的物品）= $1/t_a$；r_e = 处理率（单位时间件数）= m/t_e；t_a = 平均到货间隔时间；t_e = 平均处理时间；u = 生产站的利用率 = r_a/r_e =（$r_a t_e$）$/m$；W = 系统预期等待时间（排队时间 + 处理时间）；W_q = 排队等待时间；WIP = 队列

中正在进行的平均工作（项目数量）；WIP_q = 队列中预期正在进行的工作（次数）

其中一些因素将在后面文中阐释。

● 可变性

可变性的概念是理解队列行为的核心。如果没有可变性，就没有必要出现队列，因为一项流程的产能就可以相对容易地被调整以匹配需求。例如，假设一名工作人员（一台服务器）在银行柜台为顾客服务，顾客每 5 分钟到达一次（即每小时 12 次）。并且再次假设，每个顾客都正好需要 5 分钟才能得到服务，因为到达率小于或等于处理率以及两数值保持不变，所以没有客户需要等待，下一个客户会在前一个客户离开时或离开之后就到达，即 $WIP_q = 0$。

而且，在这种情况下，服务器一直在运行，同样，这是因为在一个顾客离开时，下一个顾客就来了。也就是说，$u = 1$。

即使有多台服务器的情况，该运营方式也适用。例如，如果到达柜台的时间是 5 分钟（每小时 12 次），而每个顾客的处理时间现在总是正好 10 分钟，那么柜台需要两台服务器。因为到达率小于或等于处理率以及两数值保持不变，所以，这同样意味着 $WIP_q = 0$，$u = 1$。

当然，如果到达率 / 处理率等于一个整数，计算就很方便了（但这种情况很罕见）。当情况并非如此时（下面这个简单示例没有任何变化），利用率按下式计算。

利用率 = 处理率 / （到达率 ×m）

例如，如果到达率 r_a 为 5 分钟，处理率 r_e 为 8 分钟，服务器数量 m 为 2，那么利用率 u 的计算结果如下。

$$u = 8/（5×2）= 0.8（或 80\%）$$

结合可变性

前面的例子是不符合实际的，到达时间或处理时间没有变化的这种情况很少发生（除非人为操控）。我们可以计算到达时间和处理时间的平均数或中位数，但也需要考虑这些平均值的变化。要做到这一点，我们需要使用概率分布——图 11A-1 对比了两个处理时间的概率分布的不同流程。图中显示到达的主体是人，但其也可以是到达机器一侧的任务、需要维修的卡车或任何其他不确定事件。位于图中上方的

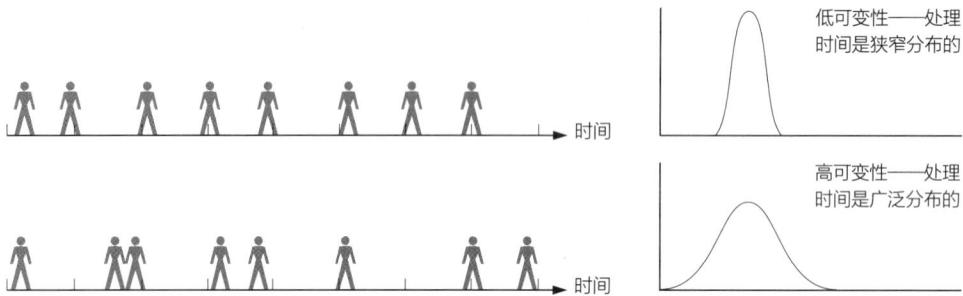

图 11A-1 处理时间的高可变性和低可变性

例子显示了处理时间的低可变性，顾客是以相对可预测的方式到达的。

在图下方的例子中，到达的顾客的平均数量相同，但这次他们的到达时间是不可预测的，有时到达时间前后间隔很长，有时两三个顾客几乎同时到达。当然，我们可以做一个类似的分析来描述处理时间。同样，有些差别较小，有些差别比较大，有些则介于二者之间。

在图 11A-1 中，到达时间的高差别分布比到达时间的低差别分布具有更大的范围（称为"离散"）。统计学上，通常表示分布扩散的测量标准是它的标准差 σ。但变化并不仅仅取决于标准差。例如，到达时间的分布的标准差可能是 2 分钟。这可能表明，当平均到达时间为 60 分钟时，差别比较小。当平均到达时间为 3 分钟时，就意味着非常大的差别。因此，为了使标准差归一化，通常用标准差除以其分布的平均值。这种度量方法称为分布的变异系数法。由此，到达时间变异系数 c_a 和处理时间变异系数 c_e 的计算公式如下。

$$c_a = \sigma_a / t_a \quad , \quad c_e = \sigma_e / t_e$$

结合利特尔法则

在第 6 章中，我们讨论了流程管理的基本法则之一——利特尔法则。该法则描述了一个流程的循环时间（物件在流程中出现的频率）、流程中正在处理的工作量和流程的产出时间（一个项目、一个人或一条信息在整个流程中移动所需的总时间，包括等待时间）之间的关系。该法则可以用下面的简单关系来表示：

产出时间 = 在制品数量 × 周期时间

则： **在制品数量 = 产出时间 / 周期时间**

即　　　$WIP = T / C$

我们可以利用利特尔法则来理解排队行为。以车站前的排队为例，则：

队列中正在进行的工作量＝队列到达率（即 1/周期时间）× 排队等待时间（相当于产出时间）

整个系统的等待时间＝排队等待时间＋站内平均处理时间

即　　　　　$WIP_q = r_a \times W_q$

$$W = W_q + t_e$$

稍后我们将使用此关系来研究排队行为。

● 排队系统的类型

通常来说，排队系统的特征可以用 4 个参数来表示，分别为 A、B、m 和 b：

A——到达时间的分布（或者更恰当的说法是，到达间隔时间或到达之间的运行时间）；B——处理时间的分布；m——每个站点的服务器数量；b——系统负荷的最大物品（或人）的数量。

用来描述 A 或 B 的最常见的分布是：

（a）用 M 表示的指数分布（或马尔可夫分布）；

（b）用 G 表示的一般分布（如正态分布）。

因此，例如，M/G/1/5 排队系统表现出一个呈指数分布的到达时间，和一个呈一般分布（如正态分布）的处理时间，系统中可负荷一台服务器，其最大的项目（或人员）数量为 5。这种类型的表示法被称为"肯德尔表示法"（Kendall's notation）。

排队理论可以帮助我们研究任何类型的排队系统，但为了简化数学计算的过程，我们在这里只处理两种最常见的排队情况，即

M/M/m——m 台服务器的呈指数分布的到达时间和处理时间，队列没有最大限制；

G/G/m——m 台服务器的呈一般分布的到达时间和处理时间，队列没有限制。

首先我们来看一下 m（服务器数量）＝ 1 的简单情况。

M/M/1 排队系统

对于 M/M/1 排队系统，公式如下：　$WIP = \dfrac{u}{1 - u}$

利用利特尔法则，有： WIP = 周期时间 × 产出时间

产出时间 = WIP/ 周期时间

则： $产出时间 = \dfrac{u}{1-u} \times \dfrac{1}{r_a} = \dfrac{t_e}{1-u}$

因为队列中的产出时间 = 总产出时间 − 平均处理时间，那么：

$$W_q = W - t_e = \frac{t_e}{1-u} - t_e = \frac{t_e - t_e(1-u)}{1-u} = \frac{t_e - t_e - ut_e}{1-u} = \frac{u}{1-u} t_e$$

再次利用利特尔法则，则： $\text{WIP}_q = r_a \times W_q = \dfrac{u}{(1-u)} t_e r_a$

然后，因为： $u = \dfrac{r_a}{r_e} = r_a t_e$ ， $r_a = \dfrac{u}{t_e}$

那么： $\text{WIP}_q = \dfrac{u}{(1-u)} \times t_e \times \dfrac{u}{t_e} = \dfrac{u^2}{(1-u)}$

- **M/M/m 系统** 当一个站点有 m 台服务器时，排队等待时间的计算公式（以及所有其他公式）需要修正。同样，我们对这些公式不会进行推导，而只是把它们列出来，

  即 $W_q = \dfrac{u^{\sqrt{2(m+1)}-1}}{m(1-u)} \times t_e$

基于这一公式，其他公式可以像前面讨论的一样推导而得出。

实例分析

一家银行要对于午餐时间安排多少员工这件事做出决策。在这段时间内，每小时有 9 位顾客到达银行，顾客的询问服务（如开立新账户、安排贷款等）平均需要 15 分钟完成。银行经理认为在此期间应该有 4 名员工值班，但要确保客户在接受服务之前平均等待时间不超过 3 分钟。经理被告知，客户到达时间和处理时间的分布是指数级的。因此可以得出：

$r_a = 9$, $r_e = 4$

则： $t_a = 6.67$, $t_e = 15$

因为计划安排的服务器数量 m = 4，该系统的利用率为： $u = 9/(4 \times 4) = 0.5625$

根据计算 M/M/m 系统中排队等待时间的公式： $W_q = \dfrac{u^{\sqrt{2(m+1)}-1}}{m(1-u)} \times t_e$, $m = 4$ 可得：

$$W_q = \frac{0.5625^{\sqrt{2(4+1)}-1}}{4(1-0.5625)} \times 0.25 = \frac{0.5625^{2.162}}{1.75} \times 0.25 = 0.042（小时）= 2.52（分钟）$$

因此，4 台服务器的平均等待时间为 2.52 分钟，正好在经理可接受的等待容忍范围内。

- **G/G/1 系统** 在上述 M/M/m 系统中，到达时间和处理时间呈指数分布是基于一个假设条件才成立的，其计算和推导是非常简单的。但是，在实践中，处理时间很少表现为真正的指数分布。因此，了解 G/G/1 和 G/G/m 队列的行为是很重要的，二者假设到达时间和处理时间都是正态分布的。然而，这样的分布是不可能得出精确的数学关系式的。因此，它需要某种近似值。下面是一个常用的近似值，虽然它并不总是精确的，但可以解决实际问题。对于 G/G/1 系统，排队等待时间的公式如下：

$$W_q = \left(\frac{c_a^2 + c_e^2}{2} \right) \left(\frac{u}{1-u} \right) \times t_e$$

  关于这个方程式，有两点需要说明。首先，它与 M/M/1 系统的等效方程完全相同，但其中一个因素考虑了到达时间和处理时间的可变性。其次，这个公式有时被称为 VUT 公式，因为它将排队等待时间定义为以下因素之间的函数关系：

  V——排队系统中的可变性；

  U——排队系统的利用率（即需求与产能之比）；

  T——站内的处理时间。

  换句话说，我们可以得出一个直观的结论，即随着可变性、利用率或处理时间的增加，排队的时间也会增加。

- **G/G/m 系统** 同样的修正也适用于使用一般方程和 m 台服务器的排队系统。此时计算排队等待时间的公式如下：

$$W_q = \left(\frac{c_a^2 + c_e^2}{2} \right) \left(\frac{u^{\sqrt{2(m+1)}-1}}{m(1-u)} \right) t_e$$

"我不明白。我们已经计算出我们的产能数字。我确信，一个员工应该能够应付需求。我们已知，每小时大约有 6 名客户到达，同时也知道，任何一位训练有素的员工都能以每小时 8 人的速度服务他们。那么，为什么会排这么长的队伍，等待时间会这么长呢？到底是什么原因导致的？"

莎拉知道，出现这样的情况，可能是因为顾客的到达时间和每个顾客的处理时间发生了变化。在两天的时间里，她得知需求量基本处于正常水平。她计算了每个客户的确切到达时间和处理时间。下面就是她的计算过程。

顾客到达时间的变异系数 $c_a = 1$

顾客处理时间的变异系数 $c_e = 3.5$

顾客的平均到达率 $r_a = 6$（人 / 小时）

因此，平均到达间隔时间 = 10（分钟）

平均处理率 $r_e = 8$（人 / 小时）

因此，平均处理时间 = 7.5（分钟）

因此，单个服务器的利用率 $u = 6/8 = 0.75$

使用 G/G/1 排队系统的等待时间公式进行计算：

$$W_q = \frac{1 + 12.25}{2} \times \frac{0.75}{1 - 0.75} \times 7.5 = 6.625 \times 3 \times 7.5 = 149.06（分钟）= 2.48（小时）$$

同样，因为：$WIP_q = $ 到达率（r_a）× 队列等待时间（W_q）$= 6 \times 2.48 \approx 15$

因此，莎拉发现顾客的平均等待时间是 2.48 小时，平均有 15 人在排队。

"所以，处理时间的差别很大，导致排队的人越来越多。我们不如买一套新的计算机系统，最大限度地标准化处理时间？我已经和我们的技术人员谈过了，他们认为，如果我们投资一个新系统，我们可以把处理时间的变异系数降低到 1.5。这会带来什么样的变化呢？"

在 $c_e = 1.5$ 的条件下：

$$W_q = \frac{1 + 2.25}{2} \times \frac{0.75}{1 - 0.75} \times 7.5 = 1.625 \times 3 \times 7.5 = 36.56（分钟）= 0.61（小时）$$

因此：$WIP_q = 6 \times 0.61 = 3.66 \approx 4$

换句话说，降低处理时间的差别，可以将平均排队时间从 2.48 小时减少到 0.61 小时，并将预计排队的人数从 15 减少到 4。

供应链管理

本章学习目标

» 什么是供应链管理？

» 供应链应该如何竞争？

» 如何管理供应链中的关系？

» 如何管理供给方？

» 如何管理需求方？

» 供应链的动态是什么？

导语

宜家、京东、亚马逊（Amazon）、飒拉（Zara）、声田（Spotify）、新加坡航空（Singapore Airlines）、谷歌、苹果、日本的 7-11（7-Eleven）和马士基集团（Maersk）等企业是如何在竞争激烈的市场中取得卓越成绩的？部分原因在于，这些公司提供了优秀的服务和产品，而这是它们在管理供应网络方面表现出色的一个结果。由于企业的外包活动比例通常很大（而且该比例还在不断增加），所以管理供应网络是一个尤其重要的活动。在第 5 章中，我们探讨了运营的结构和范围；相比之下，本章的重点是，在这之后，如何管理好供应链和供应网络。这包括确定供应网络的关键绩效目标，确定供应商关系（交易关系与合作伙伴关系），为不同的产品和服务制定采购策略，选择合适的供应商，与供应商就合作合同条款进行谈判，管理日常供应，逐渐提高供应商的供应能力，并尽量减轻供应链动态性的影响。图 12-1 显示了项目管理在运营管理整体模型中的位置。

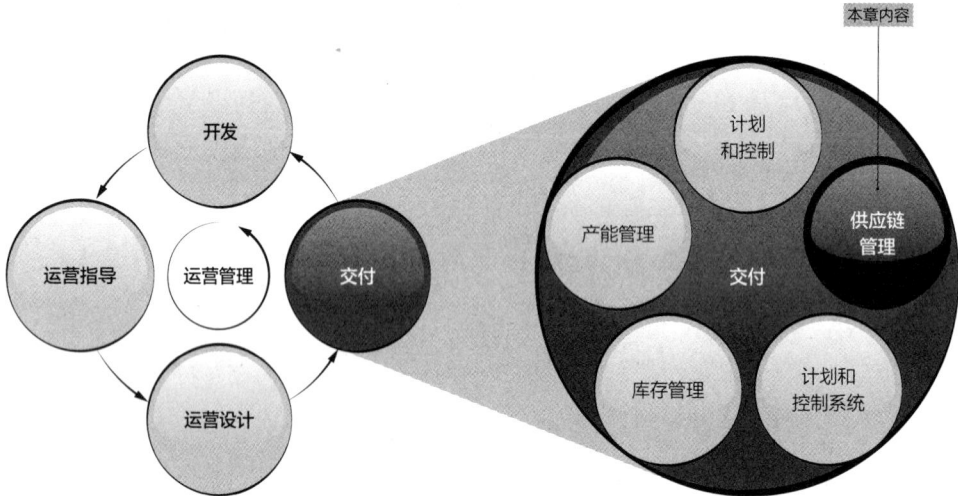

图 12-1 本章探讨的是"供应链管理"

12.1　什么是供应链管理

供应链管理（supply chain management，SCM）是一种集成的管理思想和方法，通过管理和优化从生产到发货、从供应商到终端用户的一系列（或整个链条）的企业和流程之间的关系和流动，以服务和产品的形式为终端用户提供价值。如图 12-2 和图 12-3 所示，从严格意义上讲，供应链和供应网络是有所区别的。在大型供应网络中可能会有数百个供应链，而供应链是通过单一企业串联起多个企业的。令人困惑的是，"供应网络"和"供应链"这两个术语经常（错误地）互换使用。同样值得注意的是，供应链中的"流"并不局限于下游流动，即让产品和服务从供应商流向顾客。供应链管理中最常见的失败是下游产品或服务流未能满足客户要求，但其根本原因可能是上游信息流的失败。因此，供应链管理既包括管理产品和服务的流动，也包括管理信息流（上游和下游）。

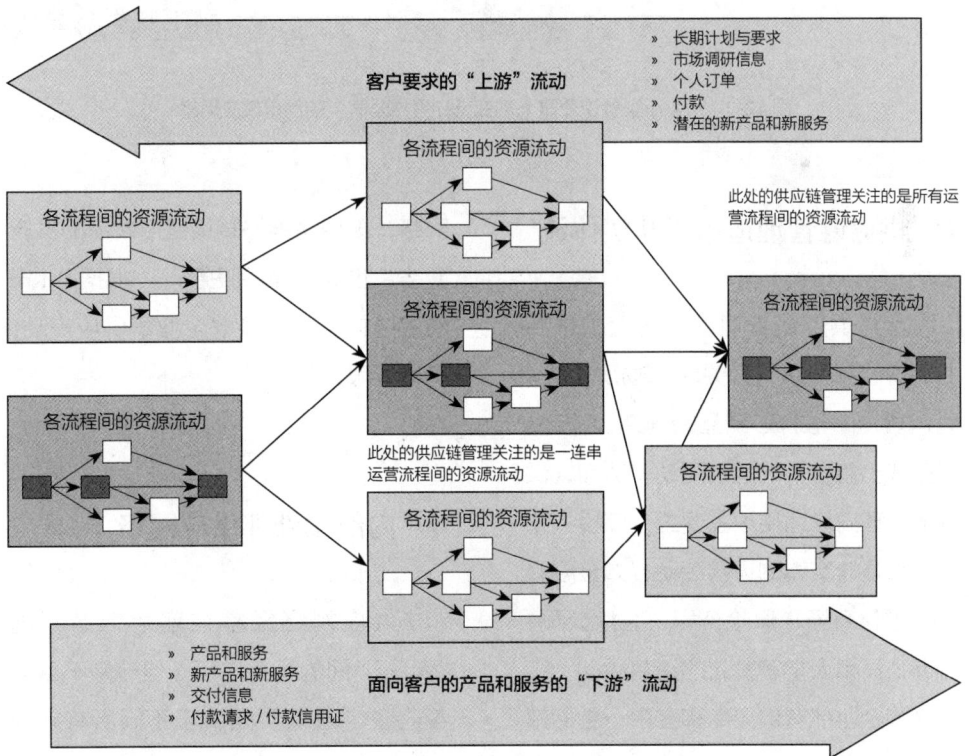

图 12-2　供应链管理是指管理一系列作业之间的物流和信息流，其中这一系列作业构建起供应网络中的各种网线或者"链"

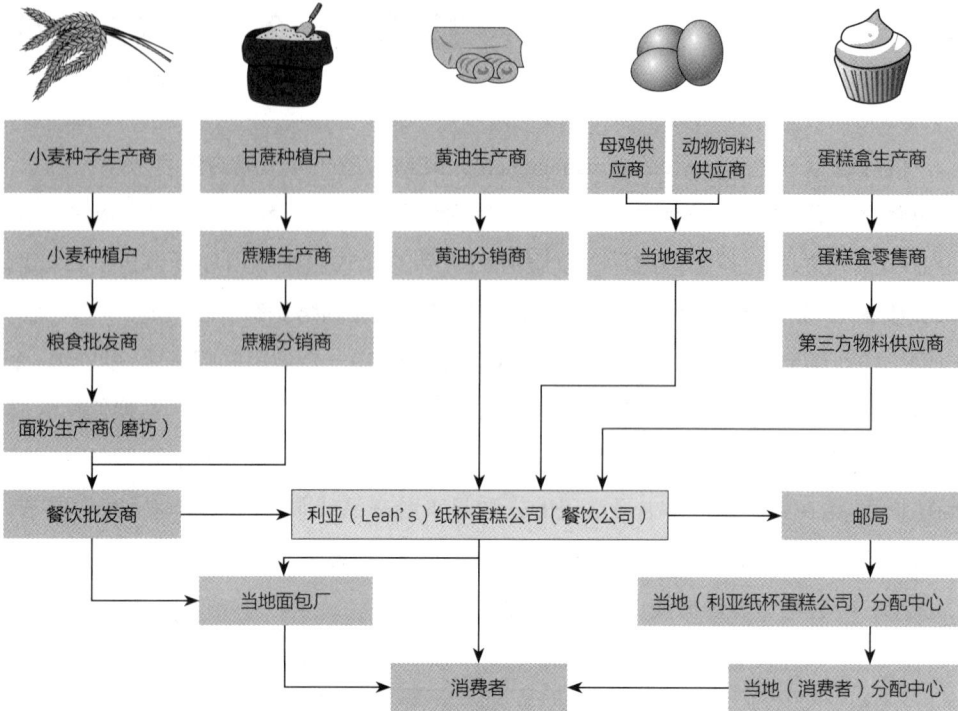

图 12-3 一家小型餐饮公司（利亚纸杯蛋糕公司）的简单供应网络

供应链管理适用于非实体流

聚焦供应链管理挑战的大多数图书、博客和文章一直关注"物质转换"型运营，即与有形产品的创造、流动、存储或销售有关的运营活动。然而，供应链管理同样适用于主要或全部投入和产出都是非实体的运营活动，如金融服务、零售商场、保险公司、医疗公司、咨询公司和大学等发起的运营活动。所有这些企业都有供应商和客户，它们都要购买服务，并且都必须选择向消费者提供服务的方式。换句话说，它们都必须管理好自己的供应网络。所有的供应网络，即便是能够转换有形物品的供应网络，也需要提供服务——根据第1章的部分内容，大多数企业既供应产品，又提供服务。

内部和外部供应网络

供应网络经常被理解为是不同"组织"间的相互连接，但这并不意味着这些"组织"是属于不同所有者并由不同所有者管理的独立组织单元。本书第1章中提到，"网络"这一概念不仅适用于"组织对组织"关系的供应网络层面，而且适用于"流程对流程"的内部运营层面，甚至适用于"资源对资源"的流程层面。我们还引入了"内部客户"和"内部供应商"的概念。把这两个相关的概念放在一起时，人们就会发现，在"组织对组织"供应网络的这一背景下讨论的许多主题，有助于更深刻地理解内部的"流程对流程"供应网络。

运营实践案例

Zipline 的无人机物流供应网络 [1]

当无人机开始在供应链管理中被部署时，使用无人机最成功的用户之一不是某家大型物流供应商，而是新晋独角兽公司 Zipline。Zipline 建立了世界上最大的自动物流网络，在多个国家开展覆盖全国范围的无人机送货业务，并在一些比较贫穷的南半球国家或地区运送血液和医疗用品。在卢旺达，Zipline 帮助建立了极具价值的公路运输替代方案，以便运送高价值、轻重量的物品。尽管卢旺达过去一直在投资建立交通运输网络，但该国 80% 以上的道路仍是未经铺设的土路，这让卢旺达的道路行驶非常困难，并且在雨季是几乎不可能通行的。对关键的医疗用品来说，运送延误意味着对病患产生严重的负面影响，是非常严重的问题。此外，医疗用品的需求是难以预测的，其保质期短，非常适合用无人机运送。一些需要从药物的安全库存中调货的订单也适合用无人机运送。Zipline 拥有一支小型自动无人机队伍，每架无人机的载重量为 1.5 千克（相当于 3×500 毫升血液），能够在 22 500 平方千米的服务区域内送货。因此，Zipline 建立起一个高效的医疗用品运送网络，服务范围覆盖了卢旺达 1200 万人的一半以上。

因为很多订单时间紧迫，该公司重点专注于缩短无人机升空的时间。一个创新之处在于，Zipline 将全球定位系统（Global Positioning System，GPS）电路从无人机移到了电池上，实现了持续的 GPS 连接，在发射前建立稳定的信号，节省了宝贵的时间。无人机的模块结构使订单能够被放置在机身内，然后机身被放置在发射器上，这样，其机翼部分和电池模块就可以连接起来。这使得无人机更易于操作，并确保在飞行前的检查中发现的问题可以通过更换故障模块快速解决。通过使用移动检查应用程序和计算机视觉算法，飞行前检查的冗长时间通常可以大幅缩短。总体效果是把订单接收和无人机发射之间的时间缩短到 5 分钟。之后，一个机动发射器能在 0.3 秒内使无人机提速到最大 100 千米/时。不仅运送的速度很重要，运送服务的可靠性也很重要。无人机上的每个关键部件都有备份，以防主要部件出现故障，这大大降低了交付失败率。在目的地，无人机只需使用由蜡纸和可生物降解胶带制成的降落伞抛下医疗用品箱，根本不需要利用交付现场的基础设施。

对于一些客户，Zipline 提供了"交叉对接"解决方案。客户只需准备好包裹，之后包裹会被统一发送到 Zipline 的配送中心。Zipline 会在最终收件人方便的时间里安排送货。其他客户更喜欢把 Zipline 当作第三方物流（third-party logistics，3PL）供应商。Zipline 从客户那里接收库存产品，将其保存在配送中心，并且一收到订单就立即打包产品和发货。Zipline 的终极目标是创建一个尽可能高效（精益）且尽可能快速（敏捷）响应的供应网络。降低供应网络的库存量和产品淘汰量可以降低成本，从而部分抵消无人机运货所产生的更高成本。此外，在速度、可靠性和最关键的患者健康等方面，无人机送货有巨大的优势。

12.2 供应链应该如何竞争

供应链管理有一个共同的、核心的目标——满足终端用户。无论一家企业距离终端用户有多远，构成供应网络的各个供应链的所有阶段最终都必须考虑终端用户。当一位顾客决定购买时，他会触发供应网络中一系列供应链的活动。因此，每个供应链中的每家企业都应该满足自己客户的需求，但也要确保终端用户同样感到满意。

运营实践案例

卓越的京东供应链：一个电商巨头的崛起 [2]

与亚马逊、阿里巴巴和苏宁易购一样，京东现已成为全球最大、最成功的电子商务公司之一。该公司营收超过 7450 亿元人民币（超过 1140 亿美元），为超过 5 亿名活跃用户提供约 600 万种产品，其中主要用户来自中国（2019 年，京东的活跃用户数为 3.62 亿）。

京东在过去 10 年能够快速发展，依靠的是一个高度复杂的、数据驱动的供应网络，其速度和可靠性在全球享有盛誉。京东拥有超过 1000 个仓库，占地面积约 2100 万平方米，为来自世界各地的品牌提供仓储、冷链配送、跨境分销和库存分析，使品牌商能够触达京东的用户，即使这些品牌商尚未在中国设有实体店。然而，令人印象深刻的不仅是京东的运营规模之大，还包括它对供应网络中技术应用和创新的高度重视。比如，在仓储方面，京东在机器人和自动化方面投入巨资，每天可以组织、包装和分发多达 1 亿个包裹。京东还在上海建成了世界上首批全自动仓库，并引领了包括无人驾驶卡车在内的若干种机器人配送方式的发展。京东还投资建设了世界上最大的无人机配送基础设施，拥有150 个配送中心，目的是向更广大的农村地区运送产品。

重要的是，京东供应网络的数字化产生了大量的数据——每天产生的数据达到惊人的 30 拍字节！京东能够利用这些数据开发其机器学习和人工智能的功能，从而对其网络内的消费者行为和产品流动有更深入的了解。为了支持其"智能供应链"的持续发展，京东成立了一个专注于物流和自动化的研究实验室——JD-X。该实验室专注于自动化履约、区块链技术、物联网、图像和视觉识别以及深度学习技术的持续发展。此外，为了更准确地预测消费者的需求趋势，京东在算法开发方面进行了大量投资（如使用语音识别和语音指纹技术）。事实上，因为供应链履约能力非常强大，京东将其从内部独立出来，创建了子公司京东物流（JD Logistics），为各行各业的企业提供智能供应链服务。为了表彰其在供应链方面的卓越表现，京东[与联合国世界粮食计划署、阿里巴巴、联想、OCP 和纪念斯隆－凯特琳癌症中心（Memorial Sloan Kettering）一起]入围了高级分析和运筹学领域最具声望的奖项之———由美国运筹学与管理科学学会（INFORMS）设立的弗兰兹厄德曼奖（Franz Edelman Award）的 2023 年总决赛名单。

● 供应网络的绩效目标

就像个人运营的目标一样，供应链管理的目标是为终端用户提供在质量、速度、可靠性、灵活性、成本和可持续性等方面都符合其期望的服务和产品。

质量

服务或产品到达顾客手中时的质量水平，就是提供该服务或产品的供应链中每一项运营环节的质量绩效。这意味着，供应链每个环节出现的错误会倍增地影响终端用户得到的服务效果。例如，一个供应链有 7 个环节，如果每一个环节的错误率为 1%，那么当产品或服务到达终端用户手中时，只有 93.2%（0.99^7）是质量良好的。

因此，只有每个环节对自己及其供应商的绩效负责，整个供应网络才能达到高水平的终端用户质量。

速度

在供应链中，速度有两层含义。第一层含义是为客户提供服务的速度有多快（从客户提出服务需求到完全接受服务之间的时间）。然而，通过在供应链内增加过多的资源或过多的库存，就可以做到快速的客户响应。例如，在零售业务中，非常大的库存量可以将缺货的概率降低至几近为零，随之客户的等待时间也被减少至几近为零。同样，一家会计公司可以通过安排大量的会计人员随时待命以应对需求激增，从而能够对客户的需求做出快速反应。速度的第二层含义是，产品和服务在供应链中流动所花费的时间。例如，产品从原材料供应商到零售商的这一供应链上会快速流动，其作为库存的时间很短，因为为了加快产出时间，原材料作为库存不能长时间停留。这反过来又降低了供应链中的营运资本和其他库存成本，从而降低了向终端用户交付的总体成本。在响应顾客需求的速度和生产的速度之间（尽管两种速度并非不相容）取得平衡，要取决于供应网络竞争的方式。

可靠性

在供应链中，可靠性与速度极为相似，以至于人们只需要通过在供应链中保存过多的资源就可以保证"准时"交付。然而，产出时间的可靠性是一个更理想的目标，因为它减少了供应网络中的不确定性。如果某一企业不能按时交付，那么顾客就会倾向于超额订购或提前订购，以防止延迟交货。同样的理由也适用于服务或产品数量不确定的情况。因此，在供应链中，交货可靠性通常是以"货物按时、按量、按质交付"来衡量的。

灵活性

在供应链环境中，灵活性通常是指供应网络应对变化和干扰的能力，这通常被称为"供应链敏捷性"。敏捷性的概念包括前面讨论过的话题，如关注终端用户，确保快速的生产和对客户需求的响应。除此之外，供应链还应具有足够的灵活性以便应对各种变化，无论来自客户需求的变化还是供应链内企业供应能力的变化。

成本

除了供应网络中每家企业把投入转换为产出所产生的成本，作为一个整体的供应网络还会产生来自企业各自开展业务的额外成本。这些"交易"成本包括寻找合适的供应商、制定供应商协议（如招标、谈判和签订合同）、持续供应（如订购、加急赶工、监控供应绩效、开发票和付款）、处理失误、供应商培训以及退出不满意合作关系的潜在成本。重要的是，要考虑与供应商进行交易的交易成本，而不是只简单地考虑服务或产品的价格（关于这个问题的更多信息，请参见本章后面关于选择供应商方法的"批判性评注"）。供应链管理中的许多新发展的内容，如合作伙伴协议或减少供应商数量，都是为了尽量减少这类交易成本。

可持续性

追求可持续发展目标的任何一家组织都希望确保一件事：从负责任的供应商那里购买所需的产品和服务。其方法包括以下几种：尽可能从当地供应商处购买；从有道德标准的供应商那里采购物资；选择环保型的产品和服务；改善供应链内的工作条件；远离（不环保的）航空货运方式等。

运营实践案例

温布尔登网球的两次环游世界

[对于此实践案例，要感谢英国华威商学院（Warwick Business School）的马克·约翰逊（Mark Johnson）教授]

温布尔登"大满贯"网球锦标赛是世界上历史最悠久，也可以说是最负盛名的网球锦标赛。英国运动器材制造商史莱辛格（Slazenger）自 1902 年开始，一直是温布尔登的官方网球供应商。在温布尔登赛场上使用的那些网球及其制作材料，在抵达中央球场之前，需要经过 11 个国家，跨越四大洲，历经长达 81 385 千米的旅程。华威商学院的马克·约翰逊教授说："这是我见过的、经历最长旅程的一个产品。从表面看，为了制造一个网球而跋涉 8 万多千米，似乎相当可笑，但这恰恰显示了全球化生产的特点，并且最终证明，这是制造网球最具成本效益的方式。史莱辛格公司

把生产地点设在靠近主要原料来源地的附近，即菲律宾巴丹岛，那里的劳动力成本相对较低。"

制造网球所需的黏土是从美国的南卡罗来纳州空运来的，二氧化硅是从希腊运来的，碳酸镁是从日本运来的，氧化锌是从泰国运来的，硫黄是从韩国运来的，橡胶需要从马来西亚运到菲律宾的巴丹岛进行硫化——这是一种使橡胶更耐用的化学过程。然后，羊毛从新西兰被运到英国，在那里被压成毛毡，然后被空运回菲律宾的巴丹岛。与此同时，来自中国淄博的石油萘和来自菲律宾巴西兰的胶水被运送到史莱辛格制造网球的基地——菲律宾巴丹岛。最后，装网球的包装盒是从印度尼西亚运来的。一旦将网球包装好，它们就被送到温布尔登。约翰逊教授说："史莱辛格几年前就

关闭了英国的工厂，把生产设备搬到了菲律宾的巴丹岛。它仍然使用产自英国的斯特劳德的毛毡，因为其制作需要更专业的技术。把羊毛从新西兰运到英国的斯特劳德制作成毛毡，再把毛毡运到菲律宾，这要走很多英里的路程，但显而易见，史莱辛格公司想用最好的羊毛制作温布尔登的网球。"

● 精益与敏捷供应网络

正如第 1 章和第 2 章所讨论的，不同的服务或产品在市场竞争中往往表现出明显的差异。供应链管理中常用的一种方法是区分出"功能型"服务或产品和"创新型"服务或产品。功能型服务或产品的需求是相对稳定且可预测的，而创新型服务或产品的需求是极其不稳定的。此外，与功能型产品相比，创新型产品的利润率通常要高得多。即使在同一家公司内，也可能同时存在功能型和创新型两类产品。例如，顾问的一些工作是非常标准化的，从一个客户到下一个客户的工作只有很小的变化，另一些工作则是为每个具体项目量身定制的。[3] 医院有常规的"标准化"外科手术，如白内障摘除，但也必须有根据患者情况定制的紧急创伤后手术。鞋履制造商会卖风格变化不大、被视为经典款的鞋子，也会卖只流行一季的时尚鞋。

根据产品或服务的性质不同，采用不同的供应网络可能更合适〔这个想法最初是由马歇尔·费雪（Marshall Fisher）教授提出的〕。[4] 对于功能型产品，精益（或高效）供应链战略通常是最合适的。高效的供应链战略包括保持较低的服务能力或较少的库存，特别是在供应网络的下游部分，以保持较高的生产效率。另一个重点是最大限度地利用供应网络中的所有资源，以最大限度地降低成本。信息必须在供应链上快速流动，以最大限度地利用时间，有效地调整时间表。

相比之下，创新型产品更适合敏捷（或响应型）供应链战略。该战略的一个重点是提供高服务水平和对终端用户的快速响应。供应网络中的服务能力或库存要尽可能地安排在离客户近的地方。这样，即使在客户需求发生剧烈变化时，供应网络也能及时供应。供应网络上游部分的企业要保持高生产效率，以补充下游的业务运营。图 12-4 概述了功能型产品与创新型产品的关键特征，并且指出了这些特征与最合适的供应网络类型之间的自然一致性。

在实践中，一些企业在运营其供应网络时会采取一种混合的方法。例如，世界上最大、最成功的时装零售商之一——西班牙企业 Inditex，运营着一个敏捷供应网

例子	桶	面包	手机	时尚包
推出新产品 / 服务的时间	10 年以上	1 年至 10 多年	1 ~ 1.5 年	3 ~ 6 个月
利润率	微薄	低	非常高	高
数量和品种	大批量 / 品种非常少	大批量 / 品种少	中等批量 / 品种适量	中等批量 / 品种适量
需求的不稳定性和不确定性	非常低	非常低	中等程度	中高等程度

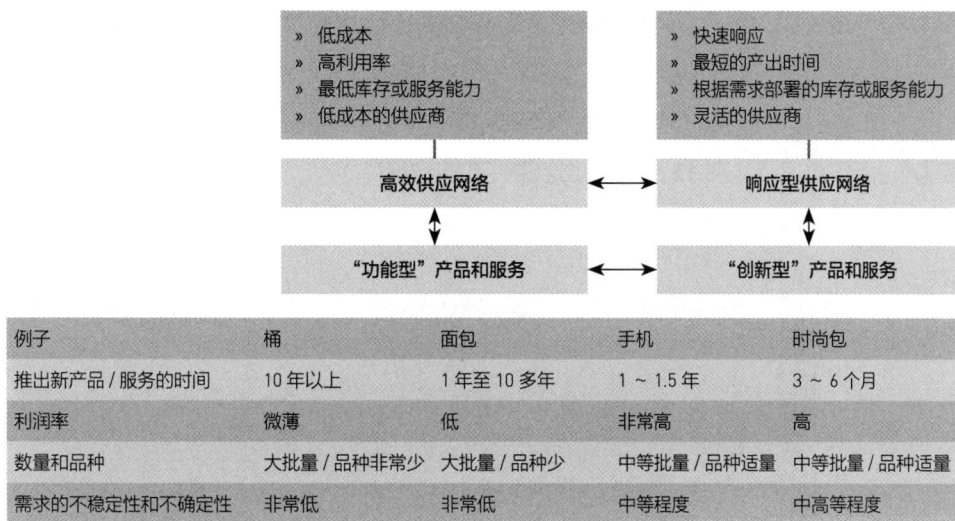

图 12-4　不同的产品和服务特点匹配不同的供应网络设计

络，但它在一些运营活动中也表现出精益供应网络的特点。我们会在第 16 章更深入地讨论精益供应链战略。

12.3　如何管理供应链中的关系

供应网络中各企业之间的"关系"是交换服务、产品、信息和货币的基础。管理供应链就是管理关系，因为关系影响着企业和流程之间的顺畅流动。不同形式的关系适用于不同的环境。有两个方面特别重要——公司选择外包什么业务，以及选择谁来提供相关产品和服务。在外包什么业务方面，关键问题是"应该外包多少业务活动"（一种极端选择是在企业内部完成所有业务活动，另一种极端选择是把所有业务活动都外包出去）和"外包出去的业务活动有多重要"（一种极端选择是只外包相对不重要的业务活动，另一种极端选择是连核心业务活动都外包出去）。在第 5 章探讨供应网络范围时，我们已经详细讨论了这些问题。

面对选择谁来供应服务和产品这一问题时，同样有两个方面很关键，即"该业务将需要多少供应商"（一个极端选择是采用多个供应商执行同一系列的业务活动，另一个极端选择是每个业务活动只选择一个供应商）和"与供应商的关系有多密切"（一个极端选择是保持一定距离的"一臂之遥"关系，另一个极端选择是保持亲密和密切的合作关系）。图 12-5 描述了这些关系的特征。

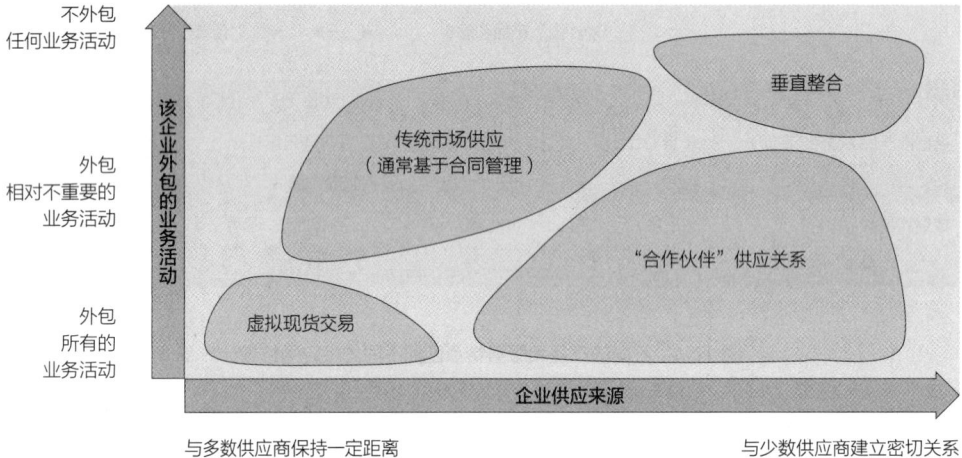

图 12-5　供应网络布局的类型

● "交易"关系与"合作伙伴"关系

交易（或合同）关系［transactional（or contractual）relationships］是指以"纯粹"市场的方式采购服务和产品，而且每次在进行必要采购时通常都会寻找"最佳"供应商。交易关系可以是长期的，也可以是短期的，但超出即时合同之外的东西是无法得到保证的。当短期利益很重要时，交易关系是合适的。相比之下，合作伙伴（或合作）关系［partnership（or collaborative）relationships］是长期的，包括长期共同努力以获得共同利益的承诺。这种关系强调合作、积极互动、信息共享、共同解决问题，有时甚至分享利润。真正的合作伙伴关系意味着互惠互利，而且往往包括相互让步和牺牲。如果一家企业的文化不接受放弃一定程度的行动自由，那么它不太可能建立起一个成功的合作伙伴关系。表 12-1 列出了这两种极端的供应关系的关键优点。

所有企业都认为，只建立一种供应关系是不明智的。大多数企业都选择建立一个组合型关系，尽可能包括不同的供应关系。此外，在交易或合作的基础上，任何

表 12-1　供应链交易关系和合作伙伴关系各自的优点

供应链交易关系的优点	供应链合作伙伴关系的优点
» 保持备选供应商之间的竞争 » 如果需求发生变化，那么客户可以改变供应商的数量和类型；有一种更快、更便宜的替代方案，可以重新规划企业内部活动 » 有更广泛的创新来源（但是创新机会可能比合作伙伴关系更难获得） » 在转向合作伙伴关系之前，可以对供应商进行有效评估 » 适用于一次性或不定期采购	» 与交易关系相比，客户的忠诚度更高 » 减少频繁再承包的时间和精力 » 降低交易成本（取决于采购的性质） » 降低合规性监控的成本 » 减少质量失败和意外失败 » 更早地识别故障 » 出现故障时，强调共同解决问题，而不是互相指责 » 通过能力共享，持续创造更多的价值

特定的供应关系都可以被管理好。真正的问题是：在从交易到伙伴关系的范围内，每一种关系应该如何定位？"理想"的关系形式无法用一个简单公式来确定，但一些重要的因素可以影响企业的决定。最明显的一个因素是企业打算如何在市场上竞争。如果价格是企业的主要竞争因素，那么供应关系就由哪种方法最能节省成本来决定。一方面，以市场为基础的合同关系可以使企业购买服务的实际支付价格降至最低，合作伙伴关系可以使企业的交易成本最小化。如果一家企业的竞争优势主要在产品或服务创新上，那么该企业的供应关系的类型取决于创新可能出现的地方。如果创新依赖于供应商和顾客之间的密切合作，那么该企业需要建立合作伙伴关系。另一方面，如果供应商正忙着在创新方面相互竞争，特别是当市场正处于动荡且快速增长中（就像许多软件和互联网相关的行业），那么企业会倾向于选择用市场机制快速更换供应商。

12.4　如何管理供给方

一旦企业决定购买服务或产品（而不是在内部进行活动），企业管理者就必须决定不同产品和服务的采购策略，选择合适的供应商，管理持续供应，并且长期提高供应商的能力。这些活动通常是企业内采购（purchasing）部门的职责。采购应该在企业与其供应商之间建立一个重要链接。

● 采购策略

在第 5 章中，我们概述了关于供应网络结构的一些问题。改变供应网络布局的方法包括：减少企业的供应商数量，发展更密切的供应关系；绕过供应网络中一些企业或者对其进行去中介化。在这里，我们进一步研究四种关键的采购策略——多家采购、独家采购、委托采购和平行采购。

多家采购（multiple sourcing）是指从多个供应商处购买产品或服务组件。通常在竞争激烈的市场中，企业转换供应商的成本较低，企业绩效目标主要集中在价格和可靠性上。在供应商选择失败或客户需求变化的情况下，多家采购可以帮助企业维持供应市场的竞争，降低供应链风险，增加供应链的灵活性。此外，一些企业喜欢布置多个采购源，以防止对某个供应商的依赖，允许采购量的变化，从而降低供应商破产的风险。但是，多家采购也存在缺点，它很难鼓励供应商做出承诺，因此限制了企业在供应链管理中发展合作伙伴关系的机会。

独家采购（single sourcing）是指从单一供应商处购买一种产品或服务的所有组件。这类采购的成本通常占企业总支出的很大比例，或者采购项目具有战略重要性。然而，在其他情况下，公司只是更喜欢独家采购的简单性（以及随之产生的交易成本降低）。许多独家采购的供应结构比多家采购的供应结构具有更长期的重点，并关注更广泛的绩效目标。然而，独家采购的供应结构会增加被锁定的风险，并降低买方的议价能力。

委托采购（delegated sourcing）是管理供应商关系的分层方法。这意味着一个供应商负责交付一揽子服务，而不是单一服务，或者负责交付整个子装配线，而不是单一部件。这一采购策略的好处是，大大减少了一级供应商的数量，同时允许企业专注于战略合作伙伴。然而，委托采购可能会改变供应市场的动态，并可能在供应网络中产生具有重大权力的"大型供应商"。

平行采购（parallel sourcing）的目标是同时具备多家采购和独家采购的优势。平行采购包括为不同的服务包建立独家采购的服务关系。如果一个供应商不能令企业满意，那么企业有可能更换另一个可以立刻提供相同服务但属于不同服务包的替代供应商。这种采购方式的优势在于，它保持了供应商之间的竞争，并允许企业更换供应商。但是，管理委托采购的工作是相对复杂的。

减少供应基地

在过去的 30 年里，组织减少供应商数量已经成为一种趋势。这种趋势基于合作伙伴关系的理念，在一定程度上认识到组织资源是有限的。因此，一些组织决定与关键的供应商建立少但质量更高的关系。供应基地的减少会大幅降低日常运营成本，如订购、加急赶工、供应商访问和各种故障干预的成本。然而，这也会产生潜在的不利影响，特别是一些供应商更容易投机取巧，导致供应风险增加。此外，随着买方越来越依赖剩余的供应商，整个供应链的权力动态会变得更有利于供应商。

制定采购策略的决策

鉴于每种采购策略各有优点和缺点，企业面临的一个关键挑战是决定哪一种采购策略是最合适的。在这里，我们可以探讨两个关键问题：供应市场的风险是什么？采购的服务或产品对企业有多重要？首先，谈到供应市场的风险，我们可以考虑备选供应商的数量、从一个供应商切换到另一个供应商的难易程度、退出壁垒，以及将业务带回内部的成本。其次，谈到重要性，管理者会综合考虑购买量、占总购买成本的百分比或对业务增长的影响等几个方面，判断一个服务或产品组件的重要性。通过供应市场风险和重要性这两个维度，我们可以在以下四个关键象限——非关键性、瓶颈 [5]、杠杆和战略性中，找到服务或产品组件的大概定位，并选择合适的采购策略。图 12-6 显示了智能手机制造商是如何选择采购策略的。

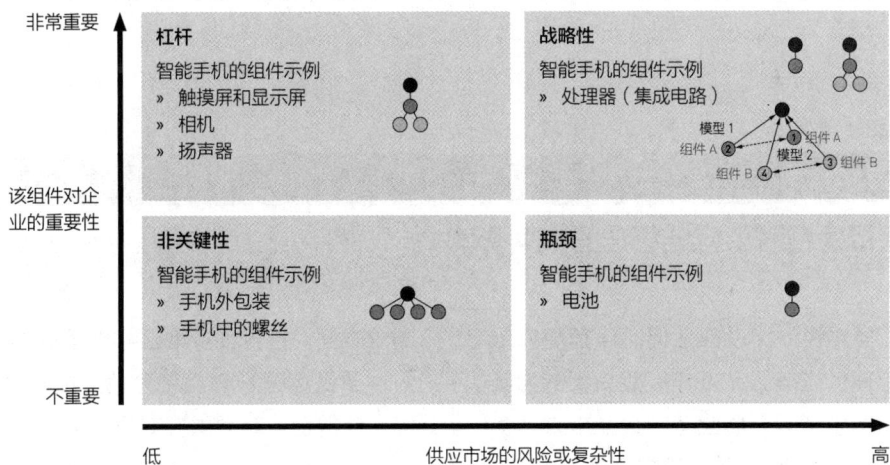

图 12-6　一家智能手机生产商的关键性采购分类

» 非关键性：用于运输和展示的包装，以及将手机组件固定在一起的螺丝，在产品总成本中所占的比例相对较低。此外，因为有众多替代供应商的存在，这些组件的供应风险较低。对于非关键性象限中的产品或服务来说，多家采购策略往往是最常见的策略。不过，减少供应基地的措施有时会导致独家供应商的情况，但这些供应商的合同期限一般较短。

» 瓶颈：与智能手机产品的其他组件相比，电源包的成本相对较低。然而，电池替代方案是有限的，而且电池转换成本相对较高，这无疑增加了电池的供应风险。对于处于瓶颈象限中的服务或产品来说，由于供应市场上的选择较少，独家采购是常见的采购策略。此外，企业有时会降低其产品或服务需求的独特性，以此增加可供选择的供应商数量。

» 杠杆：触摸屏和显示屏，以及越来越小的摄像头和扬声器，占智能手机采购成本的比例较高。但因为有相对大量可用（和可靠）的供应商，所以这些组件更易于采购。大量的供应商给买方带来了强大的议价能力，所以杠杆象限内的供应商通常要有价格竞争力。对于处于杠杆象限中的服务或产品来说，在许多情况下，各种需求的捆绑会让企业转向委托采购策略。

» 战略性：战略性服务或产品的采购非常复杂，但它们对企业至关重要，占其总支出的较大比例。在这个例子中，处理器（智能手机的"大脑"部件）位于战略性象限。有能力提供高质量的战略性组件的公司相对较少，因此转换成本很高。对于战略性服务或产品来说，独家采购的方式仍然很流行。然而，考虑到前面提到的独家采购的相关风险，一些公司已经转向委托采购或平行采购策略。

运营实践案例

新冠病毒对供应链管理的长期影响 [6]

世界经济比以往任何时候都更加依赖全球供应链。2020年新冠病毒的大流行给寻求跨国开展业务的企业带来了多重挑战。随着新冠疫情在全球大流行，以及需求模式越来越难以预测，危机会议在世界各地的董事会中已经变得习以为常。为了缓冲需求不确定性的影响，许多公司大幅提高了其库存水平和服务能力，但这在营运资金、库存空间和协调方面构成了重大负担。

然而，企业面对的挑战不仅仅来自需求方面。世界很多地区实施运输封锁，对供应链运营、物流和分销造成严重破坏，使得企业获得供应变得越来越困难。例如，在食品行业，许多供应商根本无法以合理的成本运输产品。多数国际航班的取消意味着许多产品面临货运不足的问题，很多产品经常通过客机运输。由于员工缺勤（这是由激增的新冠病毒感染病例以及与压力相关的工作休假双重因素导致的）以及工作模式的剧烈改变，许多服务型公司的有效运力都面临下降的危机。

令很多人诧异的是，受到新冠病毒大流行影响的供应网络中也有大赢家。许多在线零售商的需求飙升，因为顾客经常被迫待在家里或者被严格限制出行。随着防疫限制措施的放开，一些人恢复了以前的购物习惯，但相当一部分人的购物行为彻底转向了在线网站渠道。因此，在线零售商在仓储和最后一英里配送方面进行了大量投资，尤其是考虑顾客对配送速度的期望越来越高。新冠疫情还导致许多供应链缩短，一个最明显的证据是，直连供应商与买家的应用程序和其他平台越来越受欢迎。

展望未来，一些评论人士预计，鉴于对扩展的全球供应网络中存在风险的重新评估，供应链缩短的趋势会持续下去。新冠大流行期间和之后出现的保护主义贸易政策进一步推动了供应链的缩短趋势。然而，其他专家则提出警告，

虽然这些反应是可以理解的，但在许多情况下，它们不会从根本上提高供应网络应对未来大流行病事件的快速恢复能力。面对重大危机期间实施的全国性封锁时，国内供应商和海外供应商一样会受到影响。因此，增加国内供应商比例的公司可能会意识到，供应链风险的降低是有限的。一些评论家认为，与其从根本上重新配置供应商的地理位置，不如把精力用来提高全球供应网络的可见性和快速恢复能力。要做到这一点，企业需要对各种集成技术（如物联网设备或传感器技术）进行大量投资。因为当各种资产（材料、信息以及真实的顾客）在供应链、企业和流程中时，这些技术会提供数据。此外，几位专家强调了人工智能技术的价值，它能实时跟踪各种风险指标，以尽早注意供应网络中潜在的中断之处。

● 选择供应商

为不同的服务和产品确定采购策略的同时，企业还可以选择合适的供应商。考虑外包趋势的变化、供应基地的合理化、供应商参与新产品/服务开发以及长期供应商关系等因素，供应商的选择过程对企业的成功至关重要。图 12-7 列出了供应商选择的四个关键步骤。

初步资格审查　确定衡量标准　获取相关信息　做出选择

图 12-7　供应商选择流程

» 初步资格审查：这一步骤是为了将可选的供应商数量减少到可测集合，以供后续评估。各个企业资格预审的标准大不相同，但通常会设定 3 个能力的最低门槛：技术能力（供应商是否有技术知识提供符合规定要求的供应）、运营能力（供应商是否具备生产工艺知识确保持续、及时、可靠和成本合理的供应）以及财务能力（供应商是否有资金实力为业务运营提供短期和长期的资金）。

» 确定衡量标准：此阶段的重点是确定关键绩效目标（质量、速度、可靠性、灵活性、成本和可持续性等）的相对重要性。对于这些绩效目标，企业需要明确测量标准。例如，衡量成本时，公司可能会考虑单价、定价条件（如总量折扣）、汇率影响等。

» 获取相关信息：这一阶段的重点是收集候选名单中潜在供应商的进一步信息。这包括在配送选择和成本结构、实地考察和测试（如小批量测试的订单）方面的额外详细信息，目的是在可能出现供应需求增加的情况之前，评估供应商的能力。在一定程度上，企业在相关信息搜索上投入的时间和精力，受到采购的战略重要性和供应基地的供应能力的影响。例如，当供应市场被普遍认为是有能力稳定供应的，而采购的产品或服务的战略重要性比较低时，有限的信息搜索是合适的。相反，如果企业购买的是具有战略重要性的服务，而供应市场中存在很多不确定性，那么企业必须在信息搜索方面进行更多的投资。采购类型也会影响购买过程。多次或常规的订购（如向现有供应商订购一项相当成熟的服务）需要低水平的信息搜索。调整后的重购（如从已知供应商处购买新服务，或从新的供应商处购买现有服务）需要中等水平的信息搜索。最后，全新购买（如从未知供应商处采购全新的服务）具有高度的不确定性，需要大量的信息搜索。

» 做出选择：得出一组可行的备选方案后，企业可以使用各种多准则决策模型做出选择。这些模型旨在为每个关键选择的标准提供可量化的信息，并对其相对重要性进行加权，以便对不同的供应商进行客观评估（见下面的"实例分析"和"批判性评注"）。

法律服务供应商的选择

　　比利时一家商业银行决定更换其法律服务提供商。这家银行对 3 家律师事务所进行了评估，评估标准是一组数值范围为 1 ~ 10 的关键标准。每个标准都有一个权重，权重的数值范围是 1 ~ 10，以此表示其对银行购买决策的相对重要性。根据表 12-2 以及"加权计分法"，Juris Civilis 律师事务所是首选的供应商。如果随后的谈判达成令人满意的结果，该律所将会被银行选为法律服务供应商。

表 12-2 法律服务供应商的加权选择标准

选择标准	加权	Sullivan & Anderson	Juris Civilis	Altium Legal
服务质量	10	7（10×7 = 70）	8（10×8 = 80）	6（10×6 = 60）
范围的灵活性	8	5（8×5 = 40）	7（8×7 = 56）	6（8×6 = 48）
产能的灵活性	4	8（4×8 = 32）	3（4×3 = 12）	7（4×7 = 28）
平均服务速度	7	5（7×5 = 35）	8（7×8 = 56）	9（7×9 = 63）
可靠性记录	9	4（9×4 = 36）	8（9×8 = 72）	7（9×7 = 63）
可持续性	4	5（4×5 = 20）	6（4×6 = 24）	7（4×7 = 28）
潜在的创新能力	3	5（3×5 = 15）	7（3×7 = 21）	7（3×7 = 21）
服务价格	6	9（6×9 = 54）	6（6×6 = 36）	5（6×5 = 30）
总加权分数		302	357	341

批判性评注

[7] 对于选择供应商的基本方法，需要仔细考虑，这是多年来学术界和实践者一直在争论的一个问题。一些组织仍倾向于选择降价方法，即服务或产品的最低单价通常决定了胜出的供应商。这种方法的优点是简单、数据最少，并且对买家设置了明确的激励机制。但是，该方法忽略了其他非价格成本要素，如风险和营收方面。总到岸成本（total landed cost，TLC）方法综合考虑了物流、处理、税收、关税和贸易合规等成本，解决了一些限制。但是，TLC 对非价格成本因素的处理仍然相对有限。

认识到采购决策中成本复杂性的一种方法是总拥有成本（total cost of ownership，TCO）方法。该方法努力量化一项服务或一件产品的长期价格（即总成本或生命周期成本），而不是其短期价格（即单价）。除了总到岸成本方法中考虑的成本，总拥有成本方法还考虑了各种沉没成本（如设计和开发、供应商评估、供应商认证和谈判成本）、间接成本（如进货检验、供应商监控、存储和分销以及供应商开发），以及生命周期成本（如备件、服务保证的差异、产品处置和供应关系终止时的转换成本）。相较于降价方法和总到岸成本方法，总拥有成本方法是一种选择更多元的供应商选择方法，但它一直受到批评，因为该方法让决策者继续锚定成本，而不是其他绩效变量。

由约翰·格雷（John Gray）、苏珊·赫珀（Susan Helper）和贝弗利·奥斯本（Beverly Osborn）提出的另一种替代方法是总价值贡献（total value contribution，TVC）。总价值贡献方法认为，采购决策不应以成本最小化为重点，而应以组织长期价值最大化为驱动。因此，除了总拥有成本分析所需的因素，总价值贡献方法还将三个关键因素纳入采购决策中——风险（如知识产权损失、品牌损害、短缺、中断和停机）、收入（如服务质量、对消费者需求的影响以及三重底线绩效的各个方面），以及选项的价值（如供应商的学习潜力、未来增长前景和供应商的创新能力）。三位提出者认为，总价值贡献方法的关键优势在于，它将决策重点锚定在客户价值而不是成本上。如此，企业可以降低根据容易衡量的东西而不是真正重要的东西选择供应商的风险。此外，总价值贡献方法明确考虑，并试图抵消各种认知偏见和传统的采购激励，这些偏见和激励往往让企业在供应商选择中过度关注成本。然而，总价值贡献方法也有缺点，它很难量化价值的不同维度，并且收集各种选择标准需要大量时间（注意，总价值贡献方法确实提出这样的建议，仅对潜在供应商之间有意义差异的因素进行量化，以此节省时间）。

面对从一个极端的降价方法到另一个极端的总价值贡献方法，企业要根据所采购的服务或产品的非价格因素在推动企业长期价值实现方面的重要性，决定该采用何种方法选择供应商。

● 在选择供应商的过程中，与供应商进行谈判

选择供应商过程中的一个关键部分是谈判。谈判的方法自然会受到一些早期决策的影响，如绩效优先级、供应商类型（即传统型供应商与合作伙伴关系型供应商），以及采购策略（如独家采购、多家采购、委托采购或并行采购）等。然而，无论通常的谈判方法如何，通晓不同谈判技巧的管理者更可能得到更好的结果。在买方和供应商之间的谈判中，有几种谈判策略是显而易见的，包括情绪、逻辑、威慑、讨价还价和妥协。表 12-3 列出了使用每种策略时需要考虑的一些重要因素。

谈判者必须熟练掌握表 12-3 中展示的策略，但是，这种"倡导方法"，即谈判者主张其中一方要获得最有利的结果，是存在一些风险的。这些风险包括：以牺牲潜在的长期收益为代价，重视短期解决方案；引起个人冲突；损害买方与供应商的关系；增加"双输"的概率。另一种方法是"合作谈判"，又称"原则谈判"或"互利议价"。这需要谈判者采取一种不同的思维方式，这种思维方式强调满足双方需求，让整个过程保持透明，重点发展个人关系，采用创造性的头脑风暴技巧（做大蛋糕而不是瓜分"固定的蛋糕"），以及支持可以长期双赢的协议。

● 管理持续供应

管理供应关系不仅仅是选择合适的供应商，然后让其保证日常供应，还包括要确保供应机制到位，从而让供应商得到正确（以及一致）的信息和激励，以维持顺畅的供货。顾客可能会认为，"在任何情况下"供应商都有责任确保适当的供应。如

果客户和供应商视对方为"合作伙伴"，那么保持信息的自由流动，以及对偶尔出现的问题持相互包容的态度，就是确保供货顺畅的最佳方法。

表 12-3　买方和供应商谈判中常用的谈判策略

	谈判策略要点
情绪	» 积极和消极情绪对"限定"谈判的"框架"有极大的影响 » 愤怒是谈判中最常见的情绪，但也是最可能破坏潜在解决方案的情绪 » 积极情绪支持合作性的谈判方式 » 谈判早期可以使用情绪从而使自己的影响力最大化 » 要真诚，不要让情绪控制你 » 讨价还价时用来增加"可感知的价值"
逻辑	» 确保你的逻辑是可信的，使用一个有力的论据，而不是多个薄弱的论据 » 在对方开始谈判前，就带着你的逻辑进入谈判 » 用逻辑对抗基于情绪的策略
威慑	» 在可能的情况下避免威慑，并且在任何威慑中都要让人信服 » 如果你真的要用威慑的方式，就威慑企业，而非威慑个人 » 谨慎或隐晦的威慑比直接威慑的风险要小 » 在任何威慑中都要用"如果"，给对手回旋的空间
讨价还价	» 避免在谈判中过早地暴露自己的立场 » 每走一步都要循序渐进，并在可能的情况下获取回报 » 不要走得太快，"一口吃不成胖子"，以免显得太急功近利
妥协	» 使用其他策略之后，再使用妥协 » 使用妥协时，要利用极端（但可信）的立场使价值最大化 » 避免在谈判中过早地提出妥协方案，因为这会阻碍产生更有创造性的解决方案，且有利于谈判的另一方

社会责任

　　本书将在每一章的"社会责任"板块总结本章主题与重要的社会、道德和环境问题之间的关联。

把环保和道德实践嵌入供应网络

　　提到责任主题时，全球供应网络一直受到广泛的批评和争议。许多评论人士认为，企业的社会责任标准与其供应链中正在运营的供应商的商业行为之间存在主要脱节，而企业通常没有采取足够的措施解决这一难题。

　　提到环境问题，人们会指责全球供应网络对地球造成了重大危害。人们对环保的担忧包括：化石燃料的使用，不必要的材料浪费，能源利用，有毒废物，森林砍伐，水污染，对空气质量的危害，生物多样性的丧失，以及对生态系统的长期破坏。作为回应，许多企业已经开始减少对环境的破坏，并努力使其供应链更加透明。例如，公众环境研究中心发布的绿色供应链地图是一个实时工具，为许多国际领先的品牌分享部分供应商的生产设施信息，如服装零售商盖璞公司（Gap Inc.）、三星集团、零售业巨头乐购、国际化零售连锁集团家乐福、李维斯、彪马、美国休闲品牌埃斯普利特（Esprit）、阿迪达斯、全球时装零售品牌西雅衣家（C&A）、全球最大的时装零售集团 Inditex、爱尔兰的服装零售商普利马克（Primark）和耐克。

一提到道德行为，近年来人们关注的一个重点是与"不雅工作"、强迫劳动有关的行为。这导致在一些经济体中，人们努力促进（或加强）结社自由和集体谈判，这些被视为建立工人权利和改善人们工作条件的重要基石。然而，改善供应网络内工人们的工作条件远非易事，许多全球品牌一直努力在其供应网络中强加价值观。

这些事件以及其他类似事件凸显了许多全球品牌企业处于一个关键的紧张关系中。一方面，越来越大的利益相关者施加的压力要求企业在环境或社会责任方面做得更多；另一方面，人们担心供应网络透明度的提高会暴露一些难以忽视的问题，而解决这些问题可能会对企业本身造成极具破坏性的影响。事实上，一些专家认为，在供应网络中占主导地位的"以买家为中心的方法"，即买家决定标准，然后试图强迫买家遵守标准从根本上是有缺陷的。相反，他们认为需要一种更全面的方法，让广泛的利益相关者参与进来，寻求建立规范和可控的行为。此外，他们认为，为了确保环境或道德干预措施是有效的，企业有必要根据当地情况做出重要调整。换言之，在解决供应链管理中的责任问题时，没有一刀切的方法。

● 供应链关系中的感知差异

供应链管理的最大问题之一是，客户和供应商对需求的看法与供应关系的实际执行方式并不匹配。图 12-8 展示了在供应链关系中偶尔出现的四个关键差距。第一，从客户的角度看（见图 12-8 中的场景 A），你（客户）对自己真正想从供应商那里得到的产品或服务有一个预期。这个预期可能不会用服务等级协定（servicelevel agreement，SLA）来形式化，但捕捉到客户预期要求的所有内容往往是难以实现的。你作为客户描述的需求与供应商理解的需求之间往往存在差距。这就是需求感知差距。第二，作为客户，你会对供应商的表现形成一个看法。你的看法和供应商自认为的表现之间会出现不一致，这就是履约感知差距。第三，供应商改进差距是客户对供应商的期望与他们对供应商绩效的看法之间的差距。这会影响客户为供应商设定的发展目标类型。第四，供应商绩效差距是供应商对客户需求的认知与它对绩效的自我评估之间的差距。这将表明供应商最初是如何持续改善自己的绩效的。

从供应商的角度看（见图 12-8 中的场景 B），相同的方法也可以用来理解客户的看法，包括他们的需求和他们对供应绩效的看法。一种不太常见却同样有价值的

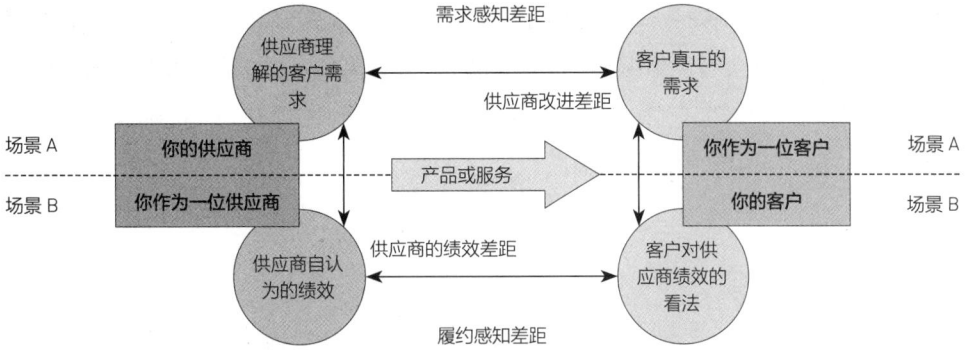

图 12-8　供应链关系中潜在的感知差异

方法是，使用这个模型检查一个问题，即客户需求及其对绩效的看法究竟是否准确、合理。例如，客户可能在没有充分考虑后果的情况下向供应商提出要求。对服务的轻微修改或许不会给客户带来不便，但会给供应商带来显著的好处，然后这些好处又可以传递给客户。同样，客户可能不善于衡量供应商的绩效，在这种情况下，当前的良好服务可能不会得到认可。

供应链关系是多层级的构成

截至目前，我们普遍认为供应链关系只存在于两个完整的组织之间。然而，供应链关系是多层级的构成，如图 12-9 所示。因此，供应网络中两个组织之间的正式合同必须由双方的管理层解释。反过来，服务本身是由服务人员提供且被客户所接受的。本质上，供应链的每一个层级都是有关系的。在理想情况下，这些关系在态

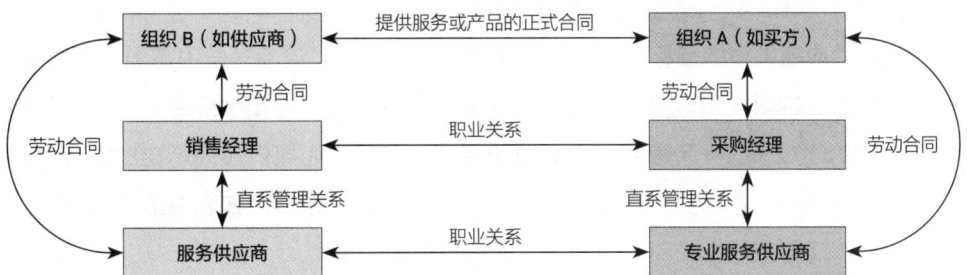

图 12-9　供应链关系是多层级的构成

资料来源： 与芬兰阿尔托大学的 Juri Matinheikki 和 Katri Kauppi 以及荷兰鹿特丹伊拉斯姆斯大学的 Erik van Raaij 合作编制。

度、行动和感知方面保持一致。但是，供应链关系的这些层级之间往往存在显著差异。此外，我们还会看到组织及其员工之间具有复杂的动态关系。再次强调，组织希望其管理人员和员工交付的服务，与实际的服务交付的情况之间的落差，会在多层级的供应链关系中产生重大问题。

● 开发供应商

客户承担一些开发供应商能力的责任，是符合客户的长期利益的，除非二者的合作关系纯粹是基于市场和交易。客户帮助供应商改进，不仅可以提高供应商提供的服务水平，还可能带来更高的供应商忠诚度和长期承诺。这就是为什么一些特别成功的企业会成立一个供应商开发团队，该团队的职责是帮助供应商改进自己的运营流程。供应商开发的过程可以分为以下四个关键阶段。

- » **选择要开发的产品或服务和供应商**：不是所有的供应商都可以成为所有产品的供应者，只有那些提供战略性产品或服务的供应商（位于图 12-6 的 "战略性"象限中）才可能是候选者。从这个象限看，那些目前绩效相对较弱但有改进潜力的供应商可能更有开发吸引力，正如那些转换成本高的供应商一样。
- » **组建一个项目团队，为供应商开发争取多方支持**：项目团队应该把买方、供应商和其他相关方的关键利益相关者聚集在一起。我们将在第 19 章中详细讨论这一问题，但更值得注意的部分是关键利益相关者合作的重要性。在供应商开发过程的早期阶段，争取 "支持"可能需要付出大量的时间和努力，特别是遇到供应商管理层对开发需求比较抵触的情况。
- » **确定供应商发展的目标和措施**：像所有项目一样，供应商开发也需要在时间表、成本和关键可交付成果方面明确界定范围，以确保买方和供应商对成功交付有一致的认知。这一阶段还应包括风险评估。例如，如果供应商承诺的缺失被视为一种风险，那么买方可以采取措施缓解该风险，如在潜在利益的内部营销上或完善财务激励（如利润分享）方面进行更多的投资。
- » **实施、监控和学习**：供应商开发团队的一项重要工作是监控项目进度，并且在项目偏离其绩效目标的情况下进行干预。同样，庆祝成功也很重要，因为项目成功能进一步强化供应商开发对所有利益相关者的价值。此外，从供应商开发计划中学习，可以为与其他供应商的后续合作项目提供强有力的信息支持。

在考虑供应商开发时，我们关注最常见的方法，即客户对其供应商和次级供应商"强加"主动性和绩效要求。这种方法有两个主要的局限性。首先，大多数供应商都有几个重要的客户，这些客户可能会对它们提出相互冲突的开发要求。因此，当客户需求出现各种变化时，供应商在变化的程度上很可能会误导客户，这反过来会侵蚀双方交易关系中的信任基础。其次，批评人士指出，供应网络中传统的"串级"和"干预"方法想当然地认为，客户的想法优于供应网络中其他各方的想法。然而，实际上，许多供应商的知识储备，即使不比它们的客户更充实，也基本同客户保持在同等水平上。这些批评意见催生了"共同"开发计划，其中客户和供应商在确定开发优先级方面都贡献了各自的知识和专业技能。一些批评人士思考得更为长远，他们认为供应网络开发比供应商开发更合适。注意，在这里，其目标是改进整个网络，而不是单个组织。供应网络开发活动包括全网络范围内的技术计划、利益相关者的建议计划和供应网络委员会。

12.5　如何管理需求方

供应链管理不仅涉及供应方的活动，还涉及管理人员必须做出的与供应网络需求方相关的重要决策。在这里，我们研究两个重要的问题——物流服务和客户关系管理。

● 物流服务

物流（logistics）（或配送）是把产品从供应商处运送到客户手中的活动。许多公司认为物流不是它们考虑的事情，因为它们只关注非实体的产出，或者它们交付的产品在其业务中所占的比例很小，以至于它们只会在有需要的时候临时启用分销服务。然而，对更多以产品为导向的其他公司来说，管理物流往往是一个关键问题，特别是在分销成本占其总成本的比例很大的情况下。

一些组织经营第一方物流（first-party logistics，1PL），其中物流活动是一个完全的内部流程。例如，超市会从供应商那里收集产品，或者用自己的货车车队送货上门。有些公司决定把物流服务外包给供应链的某个特定环节，这被称为第二方物流（second-party logistics，2PL）。例如，超市可能会聘请海运公司将产品从特定的集采点运输到特定的目的地，并在必要时进行存储。第三方物流（third-party logistics，3PL）是指企业与物流公司签订合同，与其他运输公司合作，更全面地管理其物流业务。这是一个比 2PL 更广泛的概念，可以涉及运输、仓储、库存管理，甚至包装或再包装产品。第四方物流（fourth-party logistics，4PL）是一个比 3PL 更广泛的概念。咨询集团埃森哲（Accenture）最初将 4PL 定义为"一个集成商整合自己和其他组织的资源、能力和技术，以设计、构建和运营全面供应链解决方案"。最后（几乎不可避免地），一些公司将自己推销为第五方物流供应商（fifth-party logistics，5PL），主要是将自己定义为范围更广的电子商务平台（e-business）。

总量、规模和价值

在选择物流运输方式时，组织通常会考虑其产品的总量、规模和价值特征。例如，在世界各地分销少量、小型和高价值产品的公司，更有可能采用空运，而在其供应网络中分销大量、大型和低价值产品的公司更有可能使用海运。通常情况下，把给定产品从一个地方转移到另一个地方，成本最高的运输方式是空运，然后是公路运输、铁路运输、水路运输，最后是管道运输。在选择最合适的运输方式时，不同选项的成本显然要考虑在内。然而，选择也可能受到"纵向权衡"的影响，因为一种运输方法相对于另一种运输方法一直在改进（如新的高速铁路网络的发展或航运的燃油经济性不断提高），不同选择的优势可能随着时间的推移而改变。此外，"横向权衡"考虑的是一种特定运输方法的成本与其他潜在可获得的利益之间的平衡。例如，全球知名快时尚零售品牌 Zara 在其全球物流中主要采用（高成本）空运方式，这会促成更快的交货时间，以及在其供应网络中保持更低库存的能力，公司进而获利更多。

运营实践案例

驴——供应网络的无名英雄 [8]

在过去的 150 年里，产品在供应网络中的运输方式发生了巨大的变化。在

航运业，"集装箱化"使海运业务的效率达到以前难以想象的水平，为全球化

铺平了道路。同一时期，莱特兄弟在1903 年成功进行了第一次动力飞行，最终航空业诞生，并且航空货运成为一种新的运输方式。同样，卡尔·本茨（Karl Benz）在 1886 年申请的"奔驰一号"专利，最终催生了一种新的地面交通运输模式。然而，在所有这些变化中，世界各地的供应网络中依然留存着一位无名英雄——驴。

几千年来，人们使用各种动物，将他们的财产和物资从一个地方运送到另一个地方，包括骆驼、狗、大象、山羊、美洲驼、牛、驯鹿和绵羊等。但是，到目前为止，在现代供应链中使用最广泛的动物是驴（同小马、骡子或马一起，被统称为"驮马"）。在世界各地的货运中，驴扮演着各种各样的角色，如卡车、救护车、拖拉机和校车等。它们在秘鲁搬运甘蔗，在阿根廷运输农作物，在牙买加搬运鲜花，在马拉维搬运玉米，在美国拉雪橇，在墨西哥收集垃圾，在巴西充当移动沙滩酒吧，在毛里塔尼亚搬运鱼，在塞内加尔运送水，在纳米比亚搬家，在埃塞俄比亚运送移动图书馆，在肯尼亚搬运建筑材料，在也门牵牲畜，在阿富汗充当产妇的救护车，在印度的砖窑工作。在世界各地的很多旅游目的地，驴、骡子、小马和马被用来拉旅游车厢，或者在海滩上载孩子。

用驴来运输的决策遵循与其他运输方式一样的基本流程。首先，必须确定可用的运输方式。运输方式的选择自然会受限于产品运输的地形和现有供应链的基础设施。其次，判断可用运输方式的优势性能（对比质量、速度、可靠性、灵活性、成本和可持续性等方面）。这样，即使替代方案在技术上是可行的，驴仍然可能是供应链绩效的最佳平衡选择。这就解释了，在一个技术解决方案日益现代化的世界里，驴和驮马仍然具有重要地位。尽管驮马在我们所知的文明建设中发挥了重要作用，但令人伤心的是，它们却是地球上最受虐待的动物之一。虐待的形式包括营养不良、殴打、超载、不合适的背包和长时间在极端气候下生活与工作。世界各地的动物慈善机构一直在游说，为参与运输的动物制定行为准则。此外，一些慈善机构提供廉价或免费的兽医治疗，并向动物主人提出如何照顾动物的建议。

物流与物联网

基于互联网的通信网络对物流和分销产生了重大影响，特别是通过"物联网"。简单来说，物联网是一个实体物品（如产品、设备、材料处理设备、卡车）的网络，在这些物品中植入电子设备、软件和传感器，可以收集和交换数据。在与 GPS 结合后，物联网允许对卡车、材料和人员进行即时跟踪，使物流公司、仓库、供应商和客户能共享关于产品在供应网络中的位置以及下一步走向的信息。这会带来更有效的协调，并可能节约成本。例如，运输公司会思考一个重要的问题——回程装载。

当该公司按合同规定将货物从 A 地运输到 B 地时，该公司的车辆从 B 地返回 A 地的途中，可能不得不空载。回程装载意味着运输公司要找到一个潜在的客户，这位客户希望自己的货物在合适的时间范围内从 B 地运输到 A 地。

物联网增加了公司在外出和返程途中装满其运输车辆的概率。同样，物联网使"跟踪和追踪"技术成为现实，因此包裹配送公司可以通知并向客户保证它们的服务可以按照承诺交付。

在供应链管理中使用技术并非广受欢迎，因为有人认为，使用技术会阻碍紧密的合作伙伴关系的建立。此外，许多公司低估了在其供应网络中成功融合这些新技术的挑战。因此，一些供应链改进计划的预期回报往往无法实现。此外，还有人担心，一些供应链技术有可能会对就业、个人隐私和供应链安全构成威胁。例如，物联网可能会提高供应网络被黑客攻击的概率。然而，任何基于网络的连接总是会出现新的漏洞。有一种观点认为，我们不再拥有嵌入计算机的物品，而是拥有与物品相连的计算机。可以肯定的是，在物联网的应用中，供应链安全的问题没有得到足够的重视。

批判性评注

● 客户关系管理

当人们想要证明用信息技术分析客户信息的重要性时，经常会引用这样一个故事。美国大型连锁超市沃尔玛（Walmart）对顾客的购买习惯进行了一项分析，发现顾客买啤酒和买纸尿裤的行为之间在统计学上存在显著相关性，尤其是在周五晚上。为什么？因为爸爸们通常会去超市给孩子买纸尿裤，但因为有了孩子后，他们不能像以前一样经常外出喝酒，所以爸爸们在超市买纸尿裤的同时也会买啤酒。根据该推测，超市开始在商店里把纸尿裤放在啤酒旁边，结果二者的销量都增加了！

不管这个故事是真是假，它确实说明了分析数据可以了解客户。这是客户关系管理（customer relationship management，CRM）的基础。这一方法可以让企业更深入地了解客户的需求和行为，从而与客户建立更牢固的关系。客户关系管理通常依赖于信息技术，但如果就此将其视为一种"技术"，那么这将是一种误解。客户关系管理汇集了所有关于客户的不同信息，以更深入地了解客户的行为及其对业务的价值。通过以下方式，客户关系管理有助于更有效地销售服务，并增加收入：

» 提供更贴近客户需求的产品或服务。

» 留住现有客户并发现新客户。

» 提供更好的客户服务。

» 更有效地交叉销售服务。

客户关系管理帮助组织了解它们的客户是谁，以及它们在产品生命周期中的价值。为了实现这一点，企业可以通过几个步骤，建立客户接口流程。首先，企业必须确定客户的需求以及如何最好地满足这些需求。例如，银行可以持续跟踪其客户的年龄和生活方式，以便在他们需要的时候提供适当的服务，

如抵押贷款或养老金。其次，企业必须检查组织中收集、存储和使用客户相关信息的所有不同方式和部分。企业可以通过不同的人以不同的方式与客户互动。例如，销售人员、呼叫中心、技术人员、运营和分销经理都可能在不同的时间与客户接触。客户关系管理系统应该整合这些数据。最后，企业必须分析所有与客户相关的数据，以获得对每个客户的整体视图，并找出服务的可改进之处。

批判性评注

尽管称呼上是"客户关系管理"，但一些批评人士认为，客户关系管理的最大缺点是没有充分地直接帮助客户。作为一种提高效率、强制标准化流程和更好地了解业务状态的方式，客户关系管理系统被出售给企业高管。但是，该系统很少帮助组织解决客户问题，无法更快地回答客户问题，或帮助客户解决自身问题。这解释了为什么企业的工作重点会从促进内部前台功能的自动化转向精简流程，如实施在线客户支持。

12.6 供应链的动态是什么

供应链中各公司之间存在一些动态因素，这些动态因素往往会导致错误、不准确和不稳定，而且会增加供应链上游的运营环节。这种效应被称为"牛鞭效应"（bullwhip effect）。之所以称为"牛鞭效应"，是因为供应链一端产生的小扰动会在其向供应链另一端移动的过程中引起越来越大的扰动。该效应产生的主要原因是供应链中不同环节之间存在一种可理解的和理性的冲动，即每个环节都想合理地管理自己的服务活动水平和库存。为了清楚地说明这一点，我们可以查看表 12-4 中展示的供应链的生产率和库存水平。这是一个四层级的供应链，原始设备制造商（original equipment manufacturer，OEM）有三个层级的供应商提供服务。原始设备制造商的市场需求一直是每个周期 100 件产品，但在第二周期，其市场需求减少到每个周期 95 件产品。所有层级的供应商都遵循一个原则，即每个层级要保留一个周期需求的库存量。这是一种简化，但不是全体性的简化，因为许多企业要根据其需求率匹配各自的库存水平或服务能力。每一层级供应商的"库存"栏都显示了每个周期开始时的起始库存和每个周期结束时的结束库存。在周期 2 开始时，原始设备制造商有 100 件产品的库存（这是周期 2 开始之前的需求量）。周期 2 的需求是 95 件，因此原始设备制造商知道它需要生产足够多的产品，才能在周期 2 结束时达到 95 件产品的库存量（这是新的需求量）。要做到这一点，原始设备制造商只需要生产 90 件产品；有了新生产的 90 件产品，再加上从起始库存中取出的 5 件产品，就可以满足周期 2 的需求，并且留下一个数量为 95 件的成品库存。周期 3 开始时，原始设备制造商有 95 件库存量。市场需求也是 95 件产品，因此维持在 95 件产品这一库存水平的生产率，就是每个周期生产 95 件产品。原始设备制造商现在以每个周期生产 95 件产品的生产率稳定运营。然而，需要注意的是，需求变化仅仅是 5 件产品，却让原始设备制造商的生产率产生了 10 件产品的波动幅度。

表 12-4　随着终端用户需求的微小变化，供应链的生产水平也会发生波动
［起始库存（a）+ 产量（b）= 成品库存（c）+ 需求，即上一层级的产量（d）。注意，供应链的所有层级都保持一个周期的库存，即 $c = d$。］

周期	第三层级供应商		第二层级供应商		第一层级供应商		原始设备制造商		需求
	产量	库存	产量	库存	产量	库存	产量	库存	
1	100	100	100	100	100	100	100	100	100
		100		100		100		100	
2	20	100	60	100	80	100	90	100	95
		60		80		90		95	
3	180	60	120	80	100	90	95	95	95
		120		100		95		95	
4	60	120	90	100	95	95	95	95	95
		90		95		95		95	
5	100	90	95	95	95	95	95	95	95
		95		95		95		95	
6	95	95	95	95	95	95	95	95	95
		95		95		95		95	

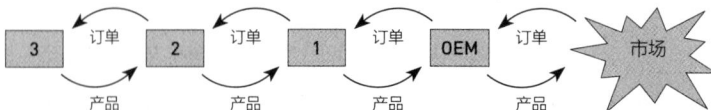

将同样的逻辑应用到第一层级供应商，我们会发现，在周期 2 开始时，第二层级供应商有 100 件产品库存。第二层级供应商在周期 2 必须提供的需求量是由原始设备制造商的生产率得出的。这一需求量在周期 2 已经下降到 90 件产品。因此，第一层级供应商必须生产足够的产品满足 90 件产品（或同等数量）的需求，并留出一个月的需求（现在是 90 件产品）作为其成品库存。每月 80 件产品的生产速度可以达到这一目标。因此，在周期 3 开始时，初始库存为 90 件产品，但原始设备制造商的需求现在已经上升到 95 件产品。因此，供应商必须生产足够的产品满足 95 件产品的需求，并留下 95 件产品的库存。要做到这一点，供应商必须在周期 3 生产 100 件产品。周期 3 过后，第一层级供应商恢复稳定状态，每月生产 95 件产品。但是，我们要再次注意的是，供应商生产率的波动幅度要比原始设备制造商的生产率波动幅度大，最低降至 80 件产品 / 周期，最高涨到 100 件产品 / 周期，然后生产率稳定达到 95 件产品 / 周期。再把这一逻辑推回第三层级供应商，显而易见的是，一个环节在供应链中的位置越靠后，其生产率的波动幅度就越剧烈。

这个简单的论证忽略了几个使波动更加明显的因素。这些因素包括缺乏预测、预测错误、数量折扣（鼓励较少频率但数量较大的订单）、价格波动、信息流（订单）与物流或服务提供（交付）之间的时间滞后、提前期的变化以及预期短缺引发的或对短缺做出反应的恐慌性订购。图 12-10 显示了所有这些影响因素之下供应链的净结果。离终端用户越远，订单模式的变化幅度和差异就会越大。

供应链动态（supply chain dynamics）对供应网络中运营的企业会产生若干负面影响。这些负面影响包括为应对需求飙升，而投入超大规模生产设施和导致过剩库存而产生的成本，而这些过剩库存往往没有得到充分利用。就人力资源而言，企业的服务能力通常在未充分利用和过度利用之间来回波动，许多公司在面对牛鞭效应引起的需求模式变动时，不得不雇用、解雇和重新雇用员工。此外，不固定的工作模式会导致工作效率低下、延误（伴随着加急订单的额外成本），以及客户和员工的不满。另外，到目前为止，我们假设终端用户的需求是基本稳定的（见图 12-10a）。但是，服务或产品的销售是不可能稳定的，其原因包括需求的基本性质、促销活动或恐慌性购买（如新冠大流行期间某些服务和产品出现了被哄抢的情况）。在这种情况下，牛鞭效应会变得更加极端（见图 12-10b）。

最后要指出的是，一些新出现的证据表明，与在产品为导向的供应网络中的效果相比，牛鞭效应在服务供应网络中会产生更明显的效果。服务供应网络中促使牛鞭效应加剧的因素包括：缺少关于供应链中当前返工量的准确数据，否则，这些准确数据可以用来表明产生新的牛鞭效应的概率；在许多自动化服务环境中，人工返

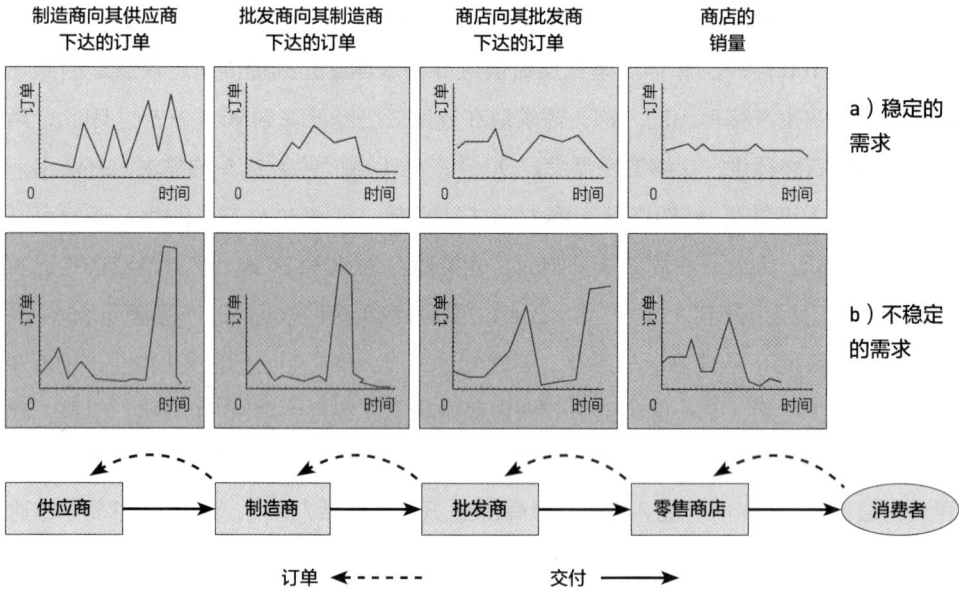

图 12-10　典型的供应链动态

工造成的中断；许多服务环境中供应网络协调水平较低，这限制了企业对紧急出现的牛鞭效应型问题做出反应的速度。

控制供应链动态

改进供应链绩效的第一步是努力减弱牛鞭效应。这意味着企业要协调好供应链上的业务活动，通常协调的方式有以下几种。[9]

供应网络中的渠道对齐

渠道对齐是指调整排程表、物料移动、库存水平、定价等销售策略，使供应链中所有运营活动相互一致。这远超出了信息提供的范畴。这意味着在整个供应链中，计划和控制决策的系统与方法都是协调一致的。例如，即使用相同的信息，预测方法或采购实践的差异可能导致供应链中各企业的订单波动。避免出现这种情况的一种方法是，让上游供应商管理其下游客户的库存。这就是所谓的供应商管理库存（vendor-managed inventory，VMI）。例如，包装供应商可以负责一个食品制造商客户持有的包装材料库存。反过来，食品制造商可以负责其客户（如超市）在仓库中存放的产品库存。

供应网络的运营效率

在这种情况下，"运营效率"是指供应链中每家企业为了降低自身的业务复杂性、降低与供应链中其他企业交易的成本、减少其总生产时间所做的各种努力。这些努力累积后产生的效果就是，简化整个供应链上的生产过程。例如，想象一个由绩效水平较差的企业构建的供应链会出现的情况：频繁出现质量缺陷、订购产品和服务的交货时间长、交货不可靠等。整个供应链的行为会是一连串的错误，然后为了补偿这些错误，整个供应链会不断地耗费精力重新做规划。质量差意味着出现了很多额外和计划外的订单，而不可靠的交货服务和缓慢的交货时间意味着出现了过高的安全库存量或闲置的服务能力。同样值得注意的是，大部分企业经理的时间被用来解决效率低下问题。相比之下，一个由运营绩效水平较高的企业构建的供应链会更具可预测性，而且生产效率更高，这二者都有助于最大限度地减少供应链的波动。

信息共享

准确的需求信息对控制供应链动态非常有帮助，因此在整个供应网络中共享需求信息，避免信息扭曲，是有意义的。一个显而易见的改进措施是，让上游的企业获得终端用户需求的信息。为了做到这一点，许多零售商采用了电子销售点（electronic point-of-sale，EPOS）系统。来自收银台或收银机的销售数据被整合并传输到仓库、运输公司和供应商制造企业构成的供应链中。同样，电子数据交换（electronic data interchange，EDI）有助于信息共享，并影响供应链中各企业之间运输的经济订货批量。另一种获得可信的供应网络整体情况的方法是，利用正在快速开发中的区块链技术（见下一节的内容）。

● 供应网络中的区块链技术

区块链（从技术上讲，属于"分布式账本"）如今已被广泛用于多个商业领域，其中就包括供应链管理。

区块链是一个分散的、数字化的、记录各种交易（移动、授权、支付等）的公共分类账本（列表）。"区块"是一个最新交易的记录。当每个区块完成记录（验证）时，它会被添加到链中，从而创建一个区块的链条，或称"区块链"。区块链技术有以下五个基本原则。[10]

» 使用分布式数据库：区块链上的所有参与者都可以访问整个数据库及其完整的

历史记录。任何一个参与者都无法控制数据或信息。每个参与者都可以直接验证其交易伙伴的交易记录，无须任何中介。

» 使用点对点（P2P）传输方式：所有的通信都直接发生在对等的点（或者更确切地说是它们的计算机，被称为"节点"）之间，而不是发生在一个中心节点。网络中的每个节点都会存储信息并将其转发给其他节点。

» 透明，可匿名使用：任何可以访问系统的人都可以看到每笔交易。区块链上的每个节点（用户）都由一个唯一的、由30多个字符组成的地址标识。用户可以选择匿名，也可以选择性地向他人提供自己的身份证明。交易发生在区块链地址之间。

» 记录是不可逆的：一旦交易被输入数据库（并且账户被更新），这些交易记录就无法改变，因为它们与之前的每一笔交易记录都是相关联的（这就是为什么它被称为"链"）。区块链用各种计算算法和方法确保数据库上的记录是永久的、按时间顺序排列的，并且可被网络上的其他人使用。

» 使用计算逻辑：因为分布式账本是数字化的，所有的区块链交易都可以绑定到一个已知的计算逻辑上。这意味着参与者可以设置算法和规则，以自动触发节点之间的交易。

区块链技术在供应链管理中的作用

为什么区块链会在供应链管理中得到广泛应用？第一，供应网络往往很复杂，包括很多操作。但是，对分布式账本网络来说，网络中的节点数量越多，网络的安全性越高，所以实际上，供应网络固有的复杂性加强了区块链技术。第二，大多数供应网络的顺利运行需要非常大量的交易。在这种情况下，如果供应网络跨越国界，区块链解决方案会特别有用；许多监管机构都需要海关、证明和其他文件。第三，区块链技术是安全的，其加密技术让黑客基本无法更改信息。区块链的验证规则意味着，潜在的黑客需要访问区块链中一半以上的节点（这就是为什么区块链的节点越多越安全）。第四，区块链的安全性意味着各方都可以信任供应品的来源（历史），这一点在处理食品供应、奢侈品（经常被伪造）或良知商品（如避免"血钻"现象）时尤为重要。第五，供应链是"通过供应网络的运营环节构成的线"——关键词是"网络"。区块链技术是"分布式的"——整个概念基于作为供应网络一部分的供应链是如何运行的。图12-11展示了区块链技术在供应链中的应用。

2. 交易请求被加密，并被光波传送给供应链中其他企业的 P2P 网络（被称为节点）

1. 供应链中一家企业提出一个交易请求

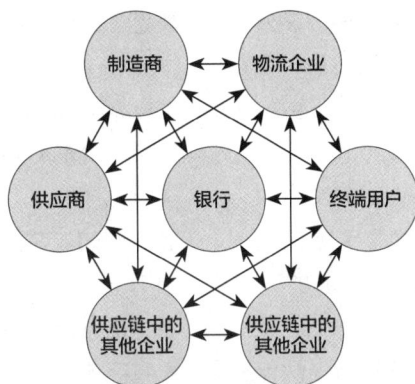

3. 网络中的节点用已知算法验证了交易的密码，确认了交易请求者的身份

4. 该交易一旦被验证，就会和其他交易合并在一起，并在分布式账本的网络中形成新的"区块"数据

5. 新的区块会被永远地、不可更改地纳入现有的区块链

图 12-11　区块链技术记录和验证供应链的交易过程

TradeLens 贸易透镜平台——区块链彻底改变了航运业 [11]

　　虽然区块链技术仍处于起步阶段，但国际航运巨头马士基集团在 2018 年 1 月宣布，在获得监管机构批准的情况下，它将与全球最大的信息技术和业务解决方案公司 IBM 共同成立一家合资企业，专门为采用区块链技术的全球贸易提供更高效、更安全的方法。IBM 已经被公认为区块链技术的领先提供商。超级账本（Hyperledger）是一个旨在推动区块链跨行业应用的开源项目。作为超级账本的早期成员，IBM 与其他客户一起合作，推动区块链的应用。IBM 表示，其目标是提供一个基于开放标准的联合开发平台，并为整个全球航运生态系统的应用而设计。评论人士表示，IBM 与马士基合作是有道理的，因为马士基拥有遍布 130 个国家和地区的综合运输、集装箱运输、港口和物流等非常复杂的业务。80% 以上的消费者日常使用的产品是由远洋航运业运输的。但是，从传统意义上讲，这是一个文件密集型行业。据估计，航运这些货物所必要的贸易文件的生成和处理成本，已经达到实际货物运输成本的 1/5。区块链技术被视为非常适合应用于复杂供应链中不同合作伙伴构建的大型网络。马士基公司的高管表示，通过访问一个共享的、可信的交易记录，全球航运公司将节省成本，并以更好的服务展开竞争。

　　这家合资企业的首席执行长迈克尔·怀特（Michael J. White）说："现今，由于效率低下、容易出错的人工流程，大量资源被浪费了。试点证实了我们的预期，整个行业对效率提升具有巨大的需求，而行业效率提升来自数字解决方案简化和标准化信息流。我们的目标是应用这些经验，建立一个完全开放的平台，让全球供应链中的所有参与者都能参与其中，并从中获取巨大价值。随着我们朝着全球解决方案的方向发展，我们期待进一步扩大我们的合作伙伴生态系统。"

2018 年年底，马士基公司和 IBM 公司公开了它们合作开发的平台的名称——"TradeLens"。在接下来的几年里，该平台在航运业迅速扩张，许多大的远洋货轮及其生态系统的合作伙伴（占据 50% 以上的全球集装箱货物）都使用 TradeLens。TradeLens 平台的协作性质，对于鼓励竞争对手［法国达飞海运集团（CMA-CGM）、赫伯罗特海运公司（Hapag-Lloyd）、地中海航运公司（MSC Mediterranean）、南星海运（Namsung）和海洋网联船务（Ocean Network Express, ONE）］与 TradeLens 合作至关重要。例如，在宣布赫伯罗特海运公司采用 TradeLens 平台时，IT 董事总经理马丁·格纳斯（Martin Gnass）表示："扩大数字协作对集装箱航运业的发展至关重要……我们可以共同加速这一转变，在供应链中提供更大程度的信任、透明度和协作，促进全球贸易发展。"

第 12 章要点小结

1. 什么是供应链管理？

- 供应链管理是指对整个供应链上的企业与流程之间的关系与流动过程进行管理。从技术上讲，它与供应网络管理不同，后者着眼于网络中的所有企业或流程。但是，这两个术语通常可以互换使用。

- 外部供应链（不同企业之间的流动）的管理原则也适用于内部供应链（不同流程和部门之间的流动）。

2. 供应链应该如何竞争？

- 供应链管理的核心目标——满足终端用户。

- 供应链中的每家企业（以及供应网络中的每条"链"）都应该努力达到让终端用户对质量、速度、可靠性、灵活性、成本和可持续性满意的综合要求。

- 在努力达成以上目标的过程中，其中一家企业的失败都可能成倍地增加整个供应链的失败概率。因此，可能每家企业的绩效良好，但整个供应链的绩效可能会很差。

- 精益供应链网络和敏捷供应链网络之间有一个重要的区别。广义而言，精益（或高效型）供应网络适用于稳定的"功能型"服务或产品，而敏捷（或响应型）供应网络适用于更不可预测的服务和产品。

3. 如何管理供应链中的关系？

- 供应链关系的范围是从一个极端，即交易和"一臂之遥"的关系，到另一个极端，即密切和长期的合作伙伴关系。
- 所采用的供应关系类型可能由市场本身的结构决定。

4. 如何管理供给方？

- 管理供给方关系包括确定采购策略、选择合适的供应商、管理持续的供应活动和开发供应商。
- 采购策略包括多家采购、独家采购、委托采购和平行采购。对于它们的选择受到供应市场的复杂性和风险，以及服务或产品对企业重要性的影响。
- 供应商选择要权衡不同的供应商属性，通常使用计分评估方法。
- 管理持续的供应链关系要说清楚供应的期待水平，通常使用服务等级协定（SLA）说明。
- 开发供应商对供应商和客户都有好处，尤其是在合作伙伴关系中。通常，开发供应商的障碍来自客户和供应商在认知上的不一致。

5. 如何管理需求方？

- 物流是供应链管理的重要组成部分。企业必须决定是采用第一方物流（1PL）、第二方物流（2PL）、第三方物流（3PL）、第四方物流（4PL）还是第五方物流（5PL）。
- 通过两个步骤，决定采用哪种运输方式。首先，必须确定可行的交通方式。其次，根据现有交通方式的相对绩效优势（在质量、速度、可靠性、灵活性、成本和可持续性等方面），做出选择。
- 客户关系管理（CRM）是一种更多地了解客户需求和行为，从而与客户建立更牢固关系的方法。提供更贴近客户需求的服务，有助于增加企业的营收。

6. 供应链的动态是什么？

- 供应链具有一种动态，被称为牛鞭效应。这意味着，供应链需求端发生的相对较小的变化向供应链上游移动时，会逐步引发大的扰动。
- 减弱牛鞭效应的方法包括：通过标准化的规划和控制方法协调整个网络，从而对齐渠道；提高供应链上各环节的运营效率，防止局部错误成倍增加；改善整个网络的信息共享。
- 区块链技术越来越多地被应用于对供应链交易进行可信的评估。

第 12 章注释

[1] 案例信息来自 Banker, S. (2017) Drones deliver life saving supplies in Africa, *Forbes*, 13 October; Stewart, J. (2017) Blood- carrying, life-saving drones take off for Tanzania, *Wired*, 24 August。

[2] 案例信息来自 van Marle, G. (2021) E-commerce giant JD.com applies to spin-off supply chain arm, The loadstar, 19 February; CIW Team (2021) JD.com annual customers grew 30% to 472 million in 2020, China Internet Watch, 12 March; JD.com 'About us'; JD.com announces first quarter 2021 results (2021), JD.com。

[3] 有关顾问公司运作方面的详情，见 Brandon-Jones, A., lewis, M., Verma, R. and Walsman, M. (2016) Examining the characteristics and managerial chal- lenges of professional services：an empirical study of man- agement consultancy in the travel, tourism, and hospitality sector, *Journal of Operations Management*, (42–43), March, 9–24。

[4] Fisher, M.l. (1997) What is the right supply chain for your product?, *Harvard Business Review*, 75 (2).

[5] Adapted from Kraljic, P. (1983) Purchasing Must Become Supply Management, *Harvard Business Review*, September.

[6] 案例信息来自 Evans, J. (2020) Covid-19 crises highlights supply chain vulnerability, *Financial Times*, 28 May; MacDowall, A. (2021) Managing warehousing in a changed world, *Financial Management*, 5 January; Bonadio, B., Huo, Z., levchenko, A. and Pandalai-nayar, n. (2020) The role of global supply chains in the COVID-19 pandemic and beyond, Vox Eu/CEPR, 25 May; Harapko, S. (2021) How COVID-19 impacted supply chains and what comes next, EY, 18 February。

[7] 感谢俄亥俄州立大学（The Ohio State university）的约翰·格雷（John Gray）和贝弗利·奥斯本（Beverly Osborn），以及凯斯西储大学（Case Western Reserve University）的苏珊·霍珀（Beverly Osborn），感谢他们撰写这篇"批判性评注"。关于 TVC 方法的更多详情，请参阅 Gray, John V., Helper, S. and Osborn, B. (2020) Value first, cost later：total value contribution as a new approach to sourcing decisions, *Journal of Operations Management*, 66 (6), 735–50。

[8] 案例信息来自 author visit to The Donkey Sanctuary, Sidmouth, uK, 2020; Hameed, A., Tariq, M. and yasin, M.A. (2016) Assessment of welfare of working donkeys and mules using health and behavior parameters, *Journal of Agricultural Science and Food Technology*, 2 (5), 69–74.

[9] 感谢埃克塞特大学（University of Exeter）的斯蒂芬·迪士尼（Stephen Disney）在这部分的帮助。

[10] Iansiti, M. and lakhani, K.R. (2017) The truth about block- chain, *Harvard Business Review*, January–February.

[11] 案例信息来自 del Castillo, M. (2018) Shipping blockchain：Maersk spin-off aims to commercialize trade platform, Coindesk. com, 16 January; Slocum, H. (2018) Maersk and IBM to form joint venture applying blockchain to improve global trade and digitize supply chains, Maersk, press release, 18 January; Maersk (2019) Tradelens blockchain-enabled digital shipping platform continues expansion with addition of major ocean carriers Hapag-lloyd and Ocean network Express, Maersk, press release, 2 July。

库存管理

本章学习目标

- » 什么是库存？
- » 为什么要有库存？
- » 订货量决策：应该订购多少？
- » 时机决策：什么时候下订单？
- » 如何控制库存？

导语

运营经理通常对库存持矛盾的态度。一方面，库存成本很高，有时会占用相当多的营运资金。它们也存在风险，因为库存的物品可能会变质、过时或丢失。此外，在企业中它们还占据了相当宝贵的空间。另一方面，它们在不确定的环境中提供了一定的安全性，如果客户需求出现，企业就可以提供库存产品。这就是库存管理的困境：尽管库存会产生成本并增加其他的相关劣势，但库存确实促进了供需平衡。事实上，只有当供需之间不完全协调时，才会产生库存（见图 13-1 ）。

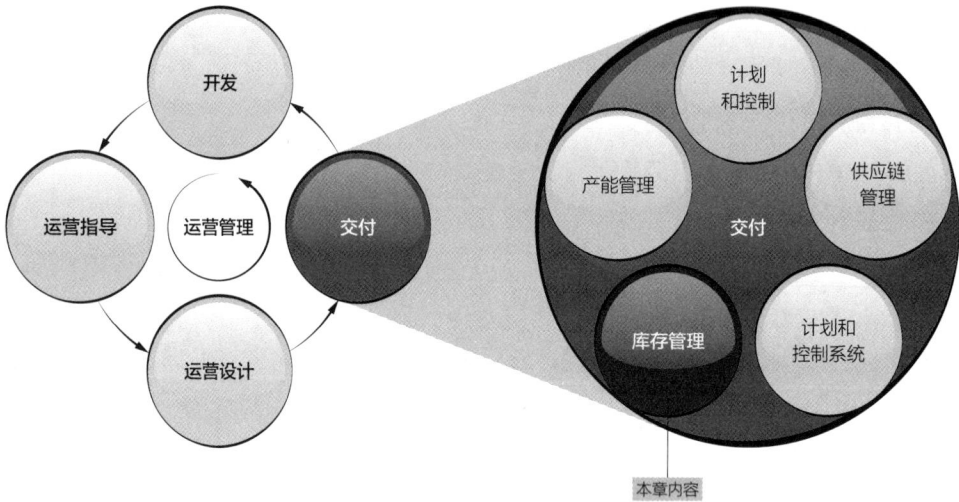

图 13-1　本章探讨的是库存管理

13.1　什么是库存

库存是一个术语，用来描述当物资、客户或信息在流程或网络中流动时产生的积累。偶尔，这个术语也被用来描述转换后的资源，如酒店的房间或汽车租赁公司的汽车，但在本章，我们用"库存"这个术语描述在流程、企业或供应网络中流动的转换后的资源的积累。实物库存（stock）是指部件、零件、制成品或实物（纸质）信息记录等实物材料的积累。队列是指客户的积累，正在排队的人、在机场候机室的人、在电话线末端等待服务的人，或在线提出请求的人。数据库是对数字信息积累的存储，如医疗记录或保险的详细信息，管理这些积累就是所谓的"库存管理"，这很重要。工厂的原材料库存占据了营运资金中相当大比例的现金。最小化库存可以释放大量现金。然而，库存减少得太多，可能导致客户的订单无法完成。排队时间过长，客户可能会被激怒、生气，甚至可能离开，从而使收入减少。数据库对于存储数字信息是至关重要的，数据存储可能所需费用不高，但维护数据库可能所需费用高昂。

● 所有流程、企业和供应网络都有库存

大多数可流动的东西都是以不平衡的方式进行的。河流在陡峭的路段或被挤进峡谷时，其流速更快。在相对平坦的地面上，它们的流速缓慢，进而形成水池甚至大湖，那里有自然的或人为的障碍挡住了它们的路径。在企业运营中，亦是如此。机场里的乘客是从公共交通工具或他们自己的车辆中"流出"，然后必须在办理登机手续、安全检查和入境等几个地方排队。然后，他们在候机室再次等待（即使他们正在坐着，也正在排队），因为他们要与其他乘客一起（成批地）组成一个数百人的群体，准备登机。最后，他们必须通过廊桥有序依次排队登机。同样，在拖拉机装配厂，库存的部件被批量运入工厂，然后被储存在装配线旁，准备进行装配。装配完成的拖拉机也会被储存起来，等到大型运输设备把一辆或几十辆拖拉机运到经销商那里，或者直接运到最终客户那里。同样，政府税务部门从各种渠道收集公民的财务信息，包括雇主、纳税申报表、银行或其他投资公司的信息，并将这些信息存储在数据库中，然后这些信息会被检查确认（有时是人工检查确认，有时是自动检查确认），用来创建公民的税收代码和 / 或税单。事实上，大多数企业都涉及物

资、客户和 / 或信息的流动，因此或多或少，企业都会有物资和信息的库存，以及排队等待产品或服务的客户（见表 13-1 ）。

表 13-1　流程、企业或供应网络持有库存的例子

流程、企业或供应网络	库存		
	实物库存	客户队列	数据库里的信息
酒店	食品、饮品、盥洗用品	签入和签出的服务台	客户的详细信息、会员卡持卡人、餐饮提供商
医院	医用敷料、一次性医疗器械、血库	在等候单上的患者、卧床等待手术的患者、在康复房里的患者	患者的医疗记录
申请信用卡的流程	银行卡、财务报表	在电话线上等待的客户	客户的信用卡和个人信息
计算机生产商	装配件、包装材料、待售的计算机成品	等待计算机快递的客户	客户的详细信息、供应商信息

　　库存往往是流动不均匀的结果。如果在一个流程或网络的任何节点上，供需的时间或速度存在差异，就会产生积累。一个常见的类比例子就是如图 13-2 所示的水箱。如果随着时间的推移，水箱的供水量与需水量不同，就需要一箱水（库存）维持供应。当供给率超过需求率时，库存就会增加；当需求率超过供给率时，库存就会减少。因此，如果一家企业或一个流程能够匹配供需率，那么它也能成功地降低其库存水平。但是，大多数企业必须应对供需不平衡的情况，至少，在供应链的某些节点上是这样。

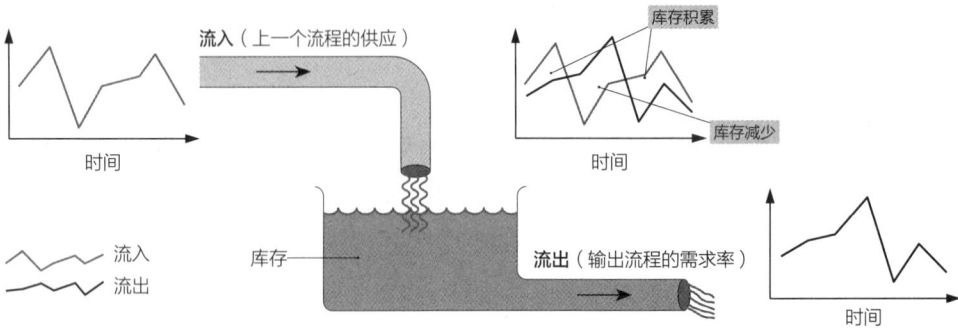

图 13-2　库存的产生是为了弥补供需时间点之间的落差

库存信息有所不同

当用"水流"类比信息的流动和积累（库存）时，会有一个复杂的情况。信息库存既可以像物资和人员一样，因为流动不均匀而被存储，也可以因为企业需要使用这些信息处理未来的事情而被存储。例如，一家在线零售公司处理收到的每一份订单，因为不均匀的客流量，需要积累信息库存。但是，除此之外，客户的详细信息也会被永久存储在数据库中。之后，这些信息不仅会被用于处理同一客户的未来订单，还会被用于其他流程，如有针对性的推广促销活动。在这种情况下，信息库存已经从被转换的资源变成了可转换的资源，因为它被用来转换其他信息，而不是让自己被转换。因此，管理实物材料涉及订购和持有适量的货物或原材料以应对流动变化，管理队列是指管理应对需求的资源水平，而数据库是信息的积累，但不会中断流动。管理数据库是指组织数据，涉及数据的存储、安全和检索（访问和搜索）。

运营实践案例

能源库存 [1]

库存的存在是为了消除随着时间的推移而产生的供需差距。供需差距越大，库存的作用就越大。但对一些行业来说，库存有一个很大的问题：它们处理的东西不太容易储存。最好的例子可能就是能源生产和供应行业。首先，需求会大幅波动，尤其是在大量使用能源来制冷或供暖的国家。而且，发电量不能只根据平均需求规划。就发电来说，当需求在没有预警的情况下飙升时，总需求和平均使用量并没有多大的参考意义。其次，能源并不能在人们需要的时间随时可用，特别是最方便或最清洁的能源形式。例如，风不是每时每刻都在吹。更糟糕的是，风往往在夜间最为猛烈，而此时能源需求是较低的。再次，在大多数国家，监管机构要求能源公司在预计的总需求方面保持一个安全边际，以保障对公民的可靠能源供应。最后，能源是不容易储存的。如果能源公司能够轻松地储存多余的能量，如储存风力涡轮机在夜间产生的能量，以备高峰时段使用，这是最理想的情况。这种所谓的"时间转换"能抵消风能和太阳能等"绿色"能源的不规则供应，使这些能源更容易地被整合进输电网。如果能源可以储存，那么能源公司就可以进行所谓的"调峰"，即使用储存的能源，而不必在现货（短期）市场上购买更昂贵的能源。那么，如何储存能源呢？电池在短时间内可以提供电力，但是当需要高速率（数百兆瓦）或大量（数千兆瓦时）储存（或放电）能量时，电池就会非常昂贵。不过，这种情况正在改变。"你已经看到价格跌破了底线。"彭博新能源财经部门（Bloomberg New Energy Finance）的高级分析师克莱尔·库里（Claire Curry）说，"电池一直非常昂贵，然而，由于价格急剧下降，我们现在看到在一些情况下，公用事业公司或电网运营商看到了电池的价值。"

最实用、应用最广泛的储能方法是抽水蓄能（pumped-storage hydropower，PSH）。这种方法是利用水和重力"储存"非峰值电力，然后在高需求时期释放这些非峰值电力。释放的方式是把水从一个水库抽到另一个海拔位置更高的水库。然后，当需要电力时，通过涡轮发电，水又被释放流回海拔位置较低的水库。传统的抽水蓄能的一个缺点是，需要海拔不同的两个水库。这就是为什么人们需要开发新方法来储存更环保的能源。一种想法是使用风力涡轮机将水从水库的中央深处抽到海里，这些水可以通过产生电力的涡轮机流回水库。另一种方法是通过抽水抬高一个活塞，然后活塞下沉会通过发电机发电。还有一种方法是，在一条专门建造的轨道上，利用非高峰时段的电力让改装过的火车到达山顶，然后让这些车厢沿着轨道下滑，这样它们的运动就能驱动发电机发电。其他的想法还包括使用压缩空气储存能量，即使用氩气转换两个装满碎石的巨大储罐之间因摩擦产生的热量，然后以熔融盐的形式储存能量。就创造能源库存而言，无论以上方法中哪一种方法被证明是最有效的，都会在潜在市场以及在更好地利用可持续能源方面获得巨大的回报。

13.2　为什么要有库存

尽可能避免库存积累的原因有很多。表 13-2 列出了其中一些原因，特别是那些涉及成本、空间、质量和运营 / 组织问题的原因。

● 库存存在的意义

从表面看，在经营性的流程和网络中，如果物料、客户和信息以非常顺畅和均匀的方式流动，就没有任何积累，这似乎才是明智的方法。事实上，库存对企业和客户都有很多好处。如果客户离开一家企业而选择竞争对手，或者因为缺货，或者因为客户不得不等太长时间，或者因为每次客户打来电话时公司都坚持要收集客户的所有个人信息，那么库存的价值似乎是无可争议的。运营管理的任务是，只有当库存的利大于弊时，才允许库存的积累。以下是库存的一些好处。

表 13-2　避免库存产生的原因

考虑因素	库存		
	实物库存	客户队列	数据库里的信息
成本	占据营运资本，并产生高额的运营成本和保险成本	主要增加客户的时间成本，如浪费客户的时间	创建、访问、更新和维护数据库的成本
空间	要求足够的库存空间	要求留出等待区，或者占用电话线路以保持电话畅通	内存容量的要求，保证安全和 / 或特定环境方面的要求
质量	随着时间的推移，产品会腐坏，变成次品或者过时产品	如果等待时间太长，那么客户会失望，导致客户流失	数据可能会被破坏，或者丢失，或者失效
经营性或组织性考虑	会隐藏问题 (见第 16 章 "精益运营" 的内容)	员工会面临巨大的压力，并且会为了保产量而牺牲质量	数据需要长期管理；访问控制、更新和安全

» **实物库存是一种应对不确定性的保障：** 库存可以作为应对供需意外性波动的缓冲。例如，零售企业永远不可能准确地预测交货时间内的需求。它会从供应商那里订购商品，并始终保持最低库存水平，以应对交货期间需求超过预期的可能性。这就是安全库存或缓冲库存。它还可以补偿商品供应到店过程中的各种不确定性。输出库存也是如此，这就是为什么医院总是确保血液、缝合线和绷带的供应，以应对紧急事故和急诊患者。同样，汽车维修服务商、工厂和航空公司可能会储备一些选定的关键备件的库存，以便最常发生的故障可以立即得到修复。具体案例可以见下方的"运营实践案例"。

运营实践案例

咖啡的安全库存和新冠病毒感染 [2]

　　一直以来，人们都认为，剧烈变化、难以预测的供应中断是做好安全库存的

理由——至少在理论上是这样的。安全库存的存在是为了应对很少发生但一旦

发生就极其麻烦的情况，如日本发生地震或波兰供应商工厂里发生机械故障。一些企业会保留库存以保护自己。但问题在于，灾难来袭时看似非常正确的事情，却在正常情况下被视为资源浪费。例如，出于政治中立的立场和自力更生，瑞士一直有储备大量食品、药品和动物饲料的传统。

这是瑞士自 20 世纪 20 年代以来保持的一项政策。在瑞士从事咖啡贸易的公司，如雀巢，按法律规定都必须储存大量的生咖啡。这些咖啡安全库存加在一起，足以满足瑞士人 3 个月的咖啡需求。此举耗费巨大，但买单的却是政府。因此，瑞士国家经济供给联邦办公室（Swiss Federal Office for National Economic Supply）决定不再为咖啡的大量安全库存买单，并声称咖啡饮料并不是"生命必需品"。但它低估了瑞士民众的反应，瑞士每年人均咖啡消费量约为 9 千克（是美国人均消费量的两倍）。由瑞士零售公司米格罗（Migros）（一家连锁零售公司，同时拥有一个咖啡品牌）赞助的一项民意调查发现，2/3 的受访者"几乎无法想象没有咖啡的生活"。面对民众的这种反应，联邦办公室迅速暂停了其决定。

当所涉及物品不是咖啡这类人们日常消费的物品时，做出安全库存的决定就更为艰难了。以新冠病毒大流行刚开始时的医保行业为例。新冠疫情暴发之初，各国对医疗用品所需安全库存的数量和类型各不相同。大多数卫生系统已经认识到新冠病毒感染大流行的可能性，尽管它依然被视为"黑天鹅事件"——影响非常大，但发生概率非常低的事件。

大多数卫生系统都保留了某种程度的安全储备。但安全储备通常是为了应对"正常"波动或需求激增的情况，而不是为了应对新冠疫情引发的需求大规模增长。例如，在英国，个人防护装备（personal protective equipment, PPE）的库存量，无论在当地还是在交付途中，最多能满足 5 ~ 6 周的需求。另外，什么情况下可以释放安全库存？在英国，在技术层面上，只有在世界卫生组织宣布"大流行性流感"的情况下，才能释放安全库存的储备，但此时新冠病毒感染尚未被视为大流感。负责的政府机构不得不（相对较快地）进行干预，下令释放安全库存的储备。但安全库存储备中的物品是针对大流行性流感而储备的，而新冠病毒感染是一种不同的疾病，住院率更高。因此，它包含了应对流感暴发所需的外科口罩、FFP3 过滤式口罩、手套和围裙，但没有足够的防渗透隔离衣和面罩，这些对于治疗新冠病毒感染这类新型病毒是至关重要的，因为新冠病毒可以在体外存活更长的时间。通常情况下，安全库存的物品是不能迅速更换的——这就是它们被作为库存保存的原因。在疫情暴发之初，人们恐慌地购买个人防护装备，各国政府和私营卫生组织都争先恐后地补充库存。各州和企业参与了一场竞购战。在被卖给竞争对手之前，寄售的个人防护装备就已经被偷偷地从机场运走。甚至，当供应商收到更高报价时，一些已经发出的货物就被转移了。

» **实物库存可以弥补灵活性缺失的劣势**：当面临广泛的客户选择时，除非一家企业能做到完美地灵活调整供需，否则，这家企业在从事其他活动时必然需要库存确保供应。这种库存，有时候被称为循环库存（cycle inventory）。例如，图 13-3 显示了面包师在制作三种面包时的数量库存概况。由于混合和烘焙过程的性质，一次只能生产一种面包。面包师必须以足够大的批量生产每种面包，从而在每批面包的销售期内，确保满足客户对每款面包的需求。所以，即使在需求稳定且可预测的情况下，面包师也会准备一些库存，以此弥补每种面包的间歇性供应。

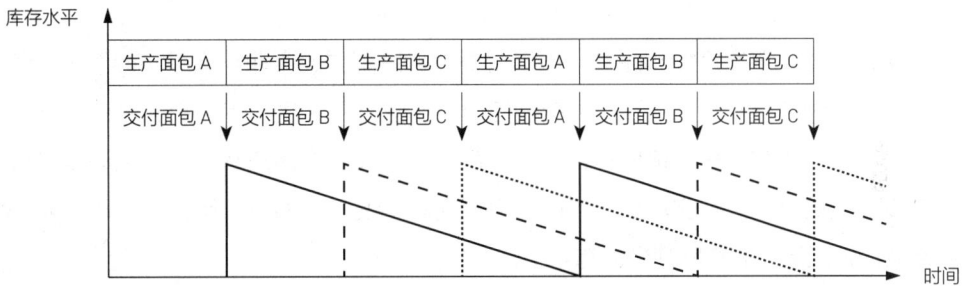

图 13-3　面包店的循环库存

» **实物库存使企业能够利用好短期机会**：即使没有即时需求，也会出现积累库存的机会。例如，供应商可能会在有限的时间内针对一些选定的产品开展特别优惠的交易，这可能是因为它们想减少自己的成品库存。在这种情况下，采购部门可能会抓住机会利用短期价格优势。

» **实物库存可以用来预测未来需求**：中期的产能管理（在第 11 章中讨论）可以用库存应对需求产能。与其只在有需求时才生产一种产品（如巧克力），不如在需求出现之前就全年生产，存入库存，直到有需求时才释放。这种类型的库存被称为预期库存（anticipation inventory），最常用于需求波动较大但相对可预测的情况。

» **实物库存可以降低总成本**：较大批量的库存可能会比固定库存更节省成本。这种情况出现在当批量采购可以尽可能降低投入成本时，或者当大批量订单既能减少小的订单数量，又能减少相关的运营和原材料处理成本时。这是"经济订货数量"（economic order quantity，EOQ）方法的基础。本章后面会讨论这一方法。

» **实物库存可以增值**：有时，作为库存的物品可以增值，从而成为一项投资。例如，相比其他葡萄酒的经销商，精品葡萄酒的经销商更愿意持有库存，因为随着时间的推移，精品葡萄酒的质量会更好（不过，也可以这么认为，保留好酒直到它们达到质量顶峰只是整个流程的一部分，而不是库存本身）。一个更明显的例子是货币库存。大多数组织的财务流程都会试图最大化所持有的现金库存，因为这可以为它们赚取利息。

» **实物库存可以填满处理"管道"：** "管道"库存（pipeline inventory）之所以存在，是因为转换后的资源不能在供应点和需求点之间即时移动。当零售商店下了一个订单后，其供应商会在自己的仓库中把一部分库存"分配"给零售商店进行包装，装载到卡车上，运输到目的地，并将其卸载到零售商的库存中。库存从被分配的时间（如此，它不能被其他客户使用）到被零售店拿到货这段时间，就是管道库存。在地理分散比较大的供应网络中，会存在大量的管道库存。

» **客户队列有助于平衡产能和需求：** 如果主要服务资源的成本非常高昂，如医生、顾问、律师或像计算机分层扫描仪（CAT 扫描仪）这样的昂贵设备，那么客户队列的方法尤其有用。在客户到达后等待的短时间内，创建一个客户队列，那么该服务总是有待处理的客户。在客户到达时间难以预测的情况下，如不使用或不可能使用预约系统的情况下，客户队列也很有帮助。

» **客户队列可以对任务进行优先级排列：** 在服务资源固定且客户以不同的优先级进入系统的情况下，形成客户队列可以允许组织先为紧急客户提供服务，同时让其他不太紧急的客户等待。在某些情况下，事故和急诊病房里的患者很少需要等待 3 ~ 4 小时才会被医治，因为更紧急的病例会优先被处理。

» **排队让顾客有时间做出选择：** 排队的时间让顾客有时间决定他们需要什么产品 / 服务。例如，在快餐店排队等待的顾客有时间看菜单，这样，当他们到达服务柜台时就可以直接点餐了，而不用一直占用服务员的时间。

» **队列能够高效地利用资源：** 通过排队，客户可以成批地聚集在一起，从而高效地利用运营资源。例如，人们在电梯门口排队，可以更好地利用其容量；在机场，通过把顾客叫到登机口，工作人员可以更高效、快速地完成飞机装载。

» **数据库可以提供高效的多层级访问：** 数据库是一种相对便宜的信息存储方式并允许多人访问，尽管会存在访问限制或不同层级的访问。医生的接待员能够调出患者的就诊记录确认其姓名和地址，并进行就诊预约，然后医生能够调出预约信息和患者的就诊记录，药剂师能够调出患者的姓名和处方，并交叉核对其他处方和已知的过敏症等信息。

» **信息数据库可以捕获单一数据：** 企业每一次与客户或供应商交易时，不再需要捕获数据，尽管可能需要检查。

» **信息数据库加快了业务流程：** 例如，征得客户的同意后，在线零售商亚马逊会存储客户的送货地址和信用卡信息，这样客户只需点击一下就可以完成购买，从而让客户享受既迅速又方便的购物服务。

● 减少实物库存

在本章的剩余部分，我们集中讨论实物库存，因为大多数运营经理认为"库存"就是指实物库存。而且，我们假设管理实物库存的人的目标是，保持可接受的客户服务水平的同时，降低库存的总水平（和 / 或成本）。表 13-3 列出了减少实物库存的一些方法。

表 13-3　减少实物库存的几种方式

持有库存的理由	举例	减少库存的方式
对抗不确定性的一种保障	当需求或供应无法被准确预计时，要持有安全库存	» 提高需求预测的能力 » 设定服务水平减少损失，以此收紧供应
弥补灵活性缺失的劣势	当加工其他产品时，要做好循环库存以保证供应	» 增加流程的灵活性，从而减少转换时间（参见第 16 章） » 使用并行流程，同时保证产出（参见第 6 章）
利用好短期机会	供应商提出了"有时间限制"的低成本交易	» 说服供应商实施"每日低价"（参见第 2 章）
预测未来需求	低需求量时期做好库存，用于高需求量时期	» 转向"追逐需求"计划，增加总产量的灵活性（参见第 11 章）
降低总成本	批量购买，以降低交付和运营成本	» 通过提高采购流程效率降低管理成本 » 调查可降低运输成本的其他交付渠道
填满处理"管道"	将物品直接交付给客户	» 缩短客户提出需求和发货之间的处理时间 » 减少下游供应链的总生产时间（参见第 12 章）

存货对资产回报率的影响

人们总结一家企业的财务绩效如何时，可以观察库存管理的因素是如何影响其"资产回报率"的，这是一项关键的财务绩效衡量标准。图 13-4 显示了库存管理的一些因素。

» 库存决定了企业向客户供应产品的能力。没有库存意味着客户的不满意，可能会导致收入减少。

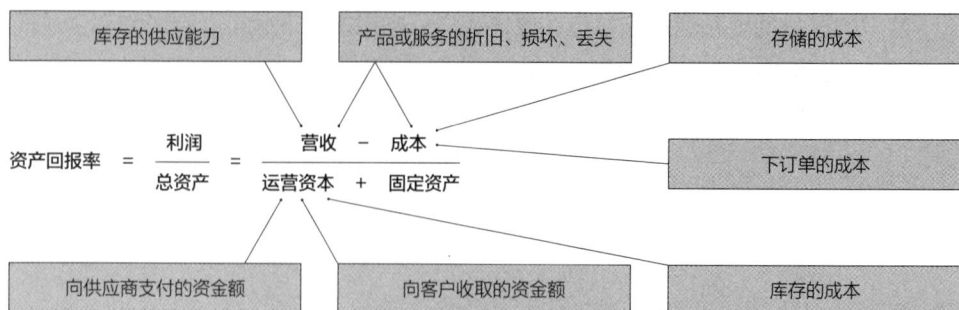

图 13-4　库存管理对企业的资产回报率会产生重要影响

» 随着替代品的出现，库存可能会被淘汰，或者可能会损坏、变质或被直接丢弃。这增加了成本（因为资源被浪费了），并减少了收入（因为过时、损坏或丢失的物品是无法出售的）。

» 库存会产生存储成本（租赁空间、维持适当的存储条件等）。如果储存物品是有危险的（如易燃溶剂、爆炸物、化学品）或物品难以储存，需要特殊的设备（如冷冻食品），存储成本会很高。

» 库存涉及管理和保险成本。货物的每一次交付，都需要投入时间和成本。

» 存货以营运资本的形式占用了资金，因此这些资金无法用于其他用途，如减少借款或投资于生产性固定资产（我们后面会详细介绍营运资金的概念）。

» 与供应商签订的库存合同可以规定供应商收到合同款项的时间。如果企业在收到其客户付款之前，被供应商要求付款（这是正常情况），那么企业

欠供应商的资金额与供应商欠企业的资金额之间的差额就会增加营运资金需求。

● 日常库存决策

无论库存积累在哪里，运营经理都需要做好管理库存的日常任务。从内部或外部客户那里接收订单；这些订单将被发出，需求会逐渐耗尽库存；下订单来补充库存；订单货物到达，然后进行储存。管理库存系统时，运营经理主要做以下三种类型的决策。

» 订购多少：每次下补货的订单，订单量应该是多少？（有时也叫作订货量决策）

» 何时订货：在什么时间点或者库存水平是多少时，应该下补货的订单？（有时称为时机决策。）

» 如何控制系统：应该安装什么程

序和常规作业，协助做出这些决策？是否应该对不同的库存物品分配不同的优先级？应该如何存储库存信息？

13.3　订货量决策：应该订购多少

为了说清楚这个决策，请再考虑一下我们家里的食物和饮料的例子。在管理这类物品的库存时，我们会不自觉地对订单数量做出决策，即一次应该购买多少。做出这个决定时，我们要平衡两组成本：外出购买食品产生的相关成本和持有库存产生的相关成本。一个选择是持有极少量或不持有食品库存，且只在需要时才去购买每种食品。这样做有一个好处，就是只需要很少的钱，因为我们只在需要时才购买。然而，这样就意味着一天要购买好几次食品，很不方便。另一个相反的选择是，每隔几个月去一次当地超市，购买我们在下次去超市之前的这段时间里需要的所有食品，这减少了购买花费的时间和成本，但每次去超市购买都需要一大笔钱，而这些钱本可以投资到其他地方。我们可能还得购置额外的橱柜单元和一个很大的冰箱。介于这两种选择之间的是另一种订购策略，可以把购买食物的总成本和所花费的精力降到最低。

库存成本

适用于家庭内采购的原则，同样适用于商业性订单数量的决策。在决定采购多少时，运营经理必须设法确定受到采购决策影响的成本。前面我们研究了库存决策是如何影响资产回报率等重要部分。这里，我们从成本的角度出发，重新检查资产回报率的这些重要部分，以确定随着订单数量的增加，哪些成本会上升，哪些成本会下降。在下面的阐述中，前三项的成本会随订单量的增加而降低，后四项成本通常会随订单量的增加而增加。

» **下订单的成本：** 每次下订单补充库存时，都需要进行许多交易，这给公司带来了成本。这些成本包括准备订单、与供应商沟通、安排交货、付款和维护交易的内部记录。即使我们在自己企业下了"内部订单"，也可能产生与内部管理有关的相同类型的交易成本。

» **价格折扣成本**：供应商通常为大批量订单打折扣，为小批量订单增加成本费用。

» **缺货成本**：如果我们对订单数量判断错误，就会导致库存缺货，进而不能向客户供货，最终造成收入损失（机会成本）。外部客户会将业务转移给其他竞争对手，而内部客户将遭受流程效率低下的困扰。

» **营运资金成本**：收到补货订单后，供应商会要求付款。当然，最终在我们向自己的客户完成供货后，我们也会从客户那里收到付款。但是，向供应商付款和收到客户的付款之间很可能会有一个时间差，届时我们将不得不为库存成本提供资金。这被称为存货的营运资本。与之相关的成本是我们付给银行的贷款利息，或者是没有把这部分资金投资到其他地方而产生的机会成本。

» **存储成本**：这些是与实际存储货物有关的成本。仓库的租金、供暖和照明以及库存保险所需费用可能会很高昂，尤其是当库存需要低温或高安全性等特殊条件时。

» **折旧成本**：当我们订购大批量物品时，通常会让库存物品长时间被存储。这会增加很多风险，因为存储的物品要么会被淘汰（如时尚发生了变化），要么随着时间的推移而变质（如大多数食品）。

» **运营效率低下的成本**：根据精益管理的理念，高库存水平会让我们无法看到运营中的全部问题。第16章将会进一步探讨这一方面的内容。

值得注意的是，产生成本的可能不是同一个组织。例如，有时供应商同意持有寄售库存，这意味着它们将大量库存交付给客户储存，但只会在库存货物被使用时才收取费用。与此同时，它们仍然是供应商的财产，因此客户不必投入资金，但确实提供了存储设施。

库存曲线

库存曲线是一段时间内库存水平的可视化表示。图 13-5 显示了在一家零售企业中，关于某一特定库存物品的一个简单库存曲线。每次下订单时，Q 物品会被订购。补货订单会被成批地送达。然后，该产品的需求变得稳定且完全可预测，以每月 D 个单位的速度增长。当需求耗尽了所有库存物品时，另一个订单的 Q 物品会立即被送达，依此类推。在这些情况下：

$$平均库存 = \frac{Q}{2}$$

（因为图 13-5 中两个阴影面积一样大）

$$订单交付之间的时间间隔 = \frac{Q}{D}$$

$$订单交付的频率 = 时间间隔的倒数 = \frac{D}{Q}$$

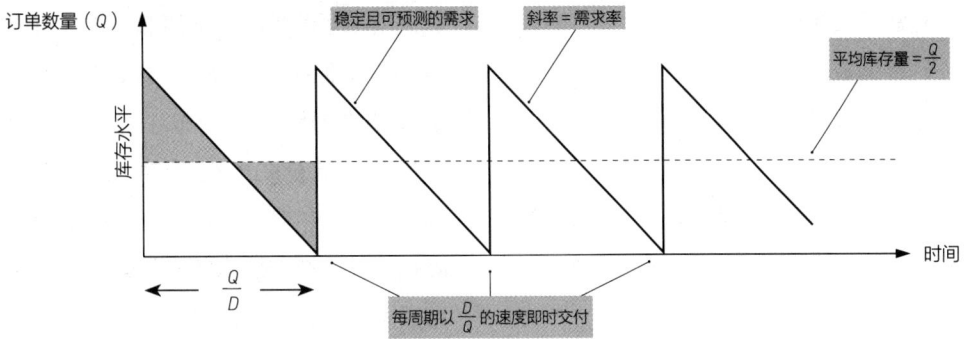

图 13-5　库存曲线记录了库存水平的变化

● 经济订货数量公式

当补充库存时，决定订购多少特定产品最常用的一种方法是经济订货数量（economic order quantity，EOQ）。这种方法在持有库存的利弊之间找到最佳平衡。例如，图 13-6 显示了一件商品的两种可选的订单数量策略。计划 A，用不间断线表示，一次订购的数量为 400 个单位。在这种情况下，需求是每年 1000 个单位。虚线代表计划 B，采用的是小批量但更频繁的补货订单。一次订单只下 100 个单元，下订单的频率是原来的 4 倍。然而，计划 B 的平均库存是计划 A 的 1/4。

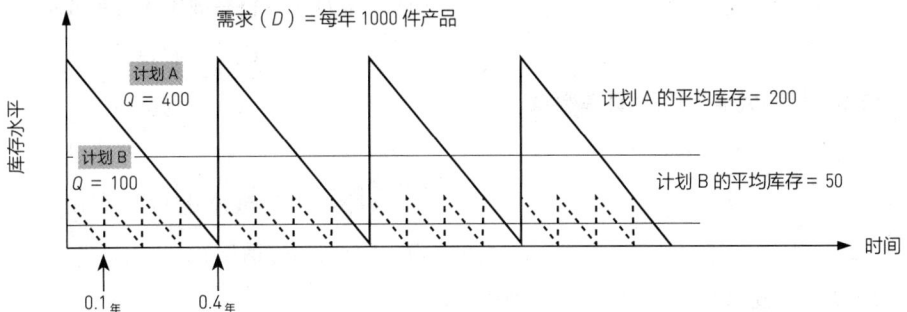

图 13-6　不同订单数量（Q）的两种可选的库存计划

为了确定这些计划中的任何一个计划或者其他计划，是否最小化了库存总成本，我们需要进一步的信息，即持有一个库存单位一段时间的总成本（C_h）和下订单的总成本（C_o）。一般来说，持有库存的成本包括以下三个方面：

» 营运资金成本；
» 存储成本；
» 淘汰风险成本。

计算订单成本要考虑以下两个方面：

» 下订单的成本（包括从供应商那里运输商品的相关费用）；
» 价格折扣成本。

在这种情况下，持有库存的成本按每年每件商品 1 英镑计算，下订单的成本按每笔订单 20 英镑计算。

我们现在可以计算任一特定订购计划的总持有成本和订购成本如下：

持有成本 = 持有成本 / 单位 × 平均库存

$$= C_h \times \frac{Q}{2}$$

订购成本 = 订购成本 × 每期订单数量

$$= C_o \times \frac{D}{Q}$$

所以，总成本为

$$C_t = \frac{C_h Q}{2} + \frac{C_o D}{Q}$$

现在我们可以计算出采用不同订货量策略的成本，如表 13-4 所示。如

我们所期望的那样，Q 值低，则持有成本很低，但下订单的成本很高（因为必须非常频繁地下订单）。随着 Q 值的增加，持有成本也会增加，但下订单的成本会下降。最初，订购成本的下降幅度大于持有成本的增加幅度，进而总成本是下降的。但是，经过某个点之后，订购成本的下降速度减慢，而持有成本的增加速度保持不变，然后总成本开始增加。在这种情况下，让持有成本和订购成本之和最小化的订单数量 Q 为 200。"最优"订货数量被称为经济订货数量。图 13-7 用图形说明了这一点。

一种更简洁而有效地找到经济订货数量（EOQ）的方法是，推导出它的一般表达式。这可以使用下方的简单微分学完成。首先：

总成本 = 持有成本 + 订单成本

$$C_t = \frac{C_h Q}{2} + \frac{C_o D}{Q}$$

那么，总成本的变化率由 C 对 Q 的第一次微分得出：

$$\frac{dC_t}{dQ} = \frac{C_h}{2} + \frac{C_o D}{Q^2}$$

表 13-4　采用不同订单数量计划的成本

需求（D）= 每年 1000 单位 订单成本（C_o）= 每批订单 20 英镑			持有成本（C_h）= 每件产品每年 1 英镑		
订单数量（Q）	持有成本（$0.5Q \times C_h$）	+	订单成本 [（D/Q）× C_o]	=	总成本
50	25	+	$20 \times 20 = 400$	=	425
100	50	+	$10 \times 20 = 200$	=	250
150	75	+	$6.7 \times 20 = 134$	=	209
200	100	+	$5 \times 20 = 100$	=	200[1]
250	125	+	$4 \times 20 = 80$	=	205
300	150	+	$3.3 \times 20 = 66$	=	216
350	175	+	$2.9 \times 20 = 58$	=	233
400	200	+	$2.5 \times 20 = 50$	=	250

当 $\dfrac{\mathrm{d}C_t}{\mathrm{d}Q} = 0$ 时，成本会降至最低，即 $0 = \dfrac{C_h}{2} + \dfrac{C_o D}{Q_o^2}$

其中 Q_o 是经济订货数量。重新排列这个表达式得出：$Q_o = \mathrm{EOQ} = \sqrt{\dfrac{2C_o D}{C_h}}$

当用到经济订货数量时：

$$\text{订单之间的时间间隔} = \frac{\mathrm{EOQ}}{D}$$

$$\text{订单频率} = \frac{D}{\mathrm{EOQ}} \text{ / 每周期}$$

经济订货数量的灵敏度

　　从图 13-7 中总成本曲线的图形表示可以看出，虽然只有一个 Q 值可以使总成本最小化，但是，经济订货数量出现任何相对小的偏差，都不会显著增加总成本。换言之，如果选定的 Q 值与经济订货数量相当接近，那么成本就会接近最优。换而言之，持有成本或订单成本的估算出现小错误，不会导致经济订货数量的显著偏差。这特别实用，因为在实践中，对于持有成本和订单成本是很难做出准确估算的。

---

① 为最低总成本。

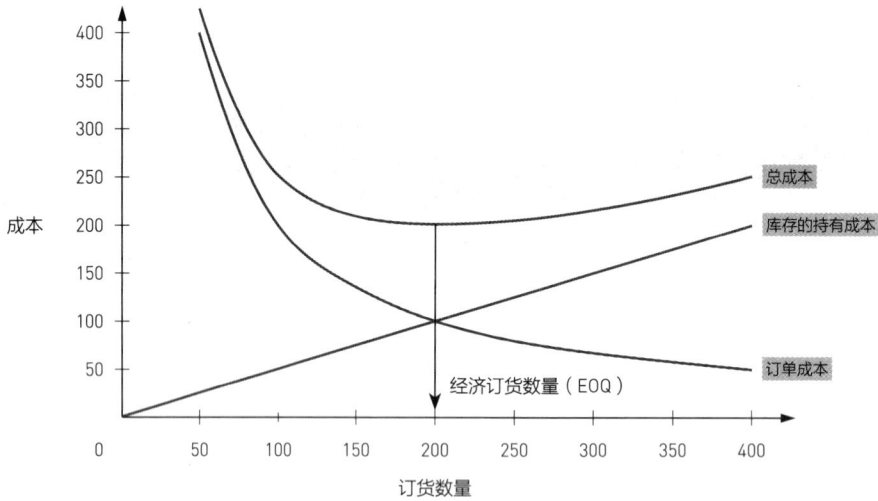

图 13-7 用图形展示经济订货数量

CVM 建筑材料公司

实例分析

　　CVM 建材材料公司从单一供应商处采购袋装水泥。袋装水泥的全年需求相当稳定，去年该公司销售了 2000 吨水泥。该公司估计，每次下订单的成本约为 25 英镑，并计算出每年持有库存的成本是采购成本的 20%。该公司以每吨 60 英镑的价格购买水泥。公司一次应该订购多少吨水泥？

$$\text{水泥的经济订货数量} = \sqrt{\frac{2C_oD}{C_h}} = \sqrt{\frac{2 \times 25 \times 2000}{0.2 \times 60}} = \sqrt{\frac{100\,000}{12}} = 91.287\,（\text{吨}）$$

　　计算完经济订货数量后，运营经理觉得订购 91.287 吨有点过于精确。为什么不订一个更方便的整数 100 吨呢？

　　当 $Q = 91.287$ 时，

$$\text{订购计划的总成本} = \frac{C_hQ}{2} + \frac{C_oD}{Q} = \frac{（0.2 \times 60）\times 91.287}{2} + \frac{25 \times 2000}{91.287} = 1095.454（\text{英镑}）$$

　　当 $Q = 100$ 时，订购计划的总成本 $= \dfrac{（0.2 \times 60）\times 100}{2} + \dfrac{25 \times 2000}{100} = 1100（\text{英镑}）$

　　一次订购 100 吨水泥的额外成本是 1100 英镑 − 1095.45 英镑 = 4.55 英镑。因此，运营经理应该有信心采用更方便的 100 吨订单数量。

● 逐步替代——经济批量模型

图 13-5 中所示的简单库存曲线提出了一些简单化假设，但在大多数情况下，每个完整的补货订单是在一个时间点到达的。然而，在许多情况下，补货是在一段时间内而不是在一个批次内完成的。一个典型的例子是，企业下了一个内部订单，订购一批在机器上生产的零件。机器开始生产零件，并断断续续地把零件运往仓库，与此同时，需求继续消耗库存的零件。如果制造和存储零件的速度（P）高于需求消耗库存零件的速度（D），那么库存规模就会扩大。等这批零件生产完成后，机器将被重置（以生产其他一些零件），需求继续消耗库存水平，直到下一批零件生产开始。由此产生的库存曲线，如图 13-8 所示。这种库存是典型的、批量进货的循环库存，其中订货物品是在内部、间歇性生产的。由于这个原因，此库存曲线的最小成本的批量被称为经济批量（economic batch quantity，EBQ），有时也被称为经济生产批量（economic manufacturing quantity，EMQ）或生产订单数量（production order quantity，POQ）。它的推导公式如下：

$$最大库存水平 = M$$

$$库存积压斜率 = P - D$$

同样，图 13-8 清楚地显示出：

$$库存积压斜率 = M \div \frac{Q}{P} = \frac{MP}{Q}$$

所以，

$$\frac{MP}{Q} = P - D$$

$$M = \frac{Q(P - D)}{P}$$

$$平均库存水平 = \frac{M}{2} = \frac{Q(P - D)}{2P}$$

正如之前所提到，

$$总成本 = 持有成本 + 订单成本$$

$$C_t = \frac{C_h Q(P - D)}{2P} + \frac{C_o D}{Q}$$

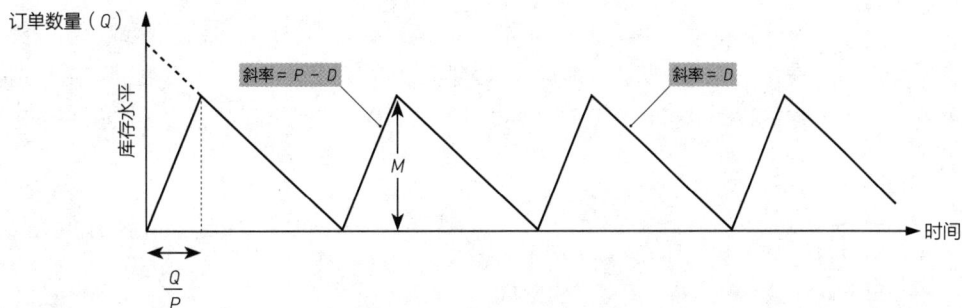

图 13-8　逐步补单库存的库存曲线

$$\frac{\mathrm{d}C_t}{\mathrm{d}Q} = \frac{C_h(P-D)}{2P} - \frac{C_oD}{Q^2}$$

同样，等于零并求解 Q，得到最小成本的订单量 EBQ：EBQ $= \sqrt{\dfrac{2C_oD}{C_h[1-(D/P)]}}$

可口可乐

可口可乐灌装厂负责灌装软饮料，该厂的厂长需要决定每种饮料需要加工多长时间。每种饮料的需求基本稳定在 8 万瓶 / 月（一个月有 160 生产小时）。灌装生产线以 3000 瓶 / 时的速度进行灌装，但灌装不同种饮料之间需要花 1 小时进行清洗和重置。每一次更换的成本（劳动力和产能损失的成本）估计为 100 英镑 / 时。库存成本按 0.10 英镑 / 瓶 / 月计算。

D = 80 000 瓶 / 月 = 500 瓶 / 时

$$\text{EBQ} = \sqrt{\frac{2C_oD}{C_h[1-(D/P)]}} = \sqrt{\frac{2\times100\times80\,000}{0.10\times[1-(500/3000)]}} = 13\,856\ (瓶)$$

运营灌装生产线的工作人员设计了一种方法，把转换时间从 1 小时减少到 30 分钟。经济批量会变成多少？

新 C_o = 50 英镑

$$\text{新 EBQ} = \sqrt{\frac{2\times50\times80\,000}{0.10\times[1-(500/3000)]}} = 9798\ (瓶)$$

通过优化库存成本和订购成本的比值确定订单数量的方法，以经济订货数量和经济批量模型为代表，一直备受批评。最初，这些批评声质疑模型假设的有效性；最近，这些方法本身的基本原理也遭到批评。这些批评可分为以下四大类，之后我们会进一步研究这些批判。

» 经济订货数量模型中的假设过于简单。

» 在经济订货数量模型中，库存的实际成本并不是假设的。

» 这些模型实际上是说明性的，不应该被视作实施规定性行为的工具。

» 成本最小化不是库存管理的合理目标。

● 回应对经济订货数量模型的匹配

为了让经济订货数量模型相对直观，有必要做一些假设。这些假设涉及需求稳定性，存在一个固定且可识别的订货成本，库存成本可以用线性函数表示，存在可识别的库存短缺成本等。虽然这些假设很难是完全真实的，但它们中的大多数都是接近现实的。此外，总成本曲线的形状有一个相对平坦的最优点，这意味着小的误差不会极大地影响接近最优点的订单数量的总成本。然而，有时这些假设确实会对模型设置严格限制。例如，对于范围较广的企业库存问题，需求稳定（或者符合某些已知的概率分布的平均需求）的假设是不真实的。例如，针对最常规、销量最稳定的一些图书产品（如字典和颇为流行的参考书），书商会非常乐意采用经济订货数量模型的订购策略。但是，其他类型图书的需求模式是非常不稳定的，依赖于评论家的评论和口碑推荐。在这种情况下，使用经济订货数量模型是完全不合适的。

存货成本

其他问题是围绕一些关于库存相关成本性质的假设而展开的。例如，把向供应商下的订单当作常规性订单和多产品订单的一部分，其成本是相对较低的，要求特定的、一次性的交付物品则成本要高得多。同样的情况也适用于持有库存的成本——许多公司会针对库存物品的采购价格收取一个标准百分比的费用，但这可能不适用于大范围的库存水平。提高库存水平的边际成本可能仅仅是相关营运资本的成本。另外，提高库存水平，可能需要建造或租赁一个全新的库存设施，如仓库。使用经济订货数量模型方法的运营经理必须检查确认，该公式隐含的决策没有超出成本假设适用的范围。在第 16 章中，我们会探讨"精益"管理方法，该方法认为库存在很大程度上是负面性的存在。但是，在这个阶段，经济订货数量方法认为库存成本会比以前所认为的更高昂，因此确认这一方法的影响是有用的。增加持有成本线的斜率会提高任何订单数量的总成本水平，但更重要的一点是，把最小成本点大幅度地向左移动，会出现一个更低的经济订货数量。换言之，一家企业越不愿意以成本为理由持有库存，就越应该朝着更小量、更频繁的订货方向发展。

用经济订货数量模型作为解决问题之道

或许，对经济订货数量方法做出最根本性批评的是"精益"管理哲学。经济订货数量方法试图优化订单决策。基于一个隐性假设，即所涉及的成本是固定的，运营经理的任务是找到真正的成本，而不是以任何方式改变它们。本质上，经济订货数量是一种反应性方法。一些批评者可能会认为，它没有提出正确的问题。与其提出一个典型的经济订货数量问题——"最优订货量是多少"，运营经理实际上真正应该提出的问题是："我应该如何改变运营，才能降低我需要持有的整体库存水平？"经济订货数量方法是对库存成本的一种合理性描述，但不应被视为一种严格规定采取何种决策的方法。例如，许多组织做出了相当大的努力降低下订单的有效成本。通常，它们会努力减少机器的转换时间，以实现这一目标。这意味着，从一种产品转换到另一种产品所花的时间更少了，因此运营产能的损失减少了，转换成本也降低了。在这种情况下，经济订货数量公式中的订单成本曲线下降，这反而减少了有效的经济订货数量。图 13-9 用图形表示了持有成本增加（见前面的讨论）和订单成本减少的经济订货数量公式。这样做的最终效果是显著降低了经济订货数量的价值。

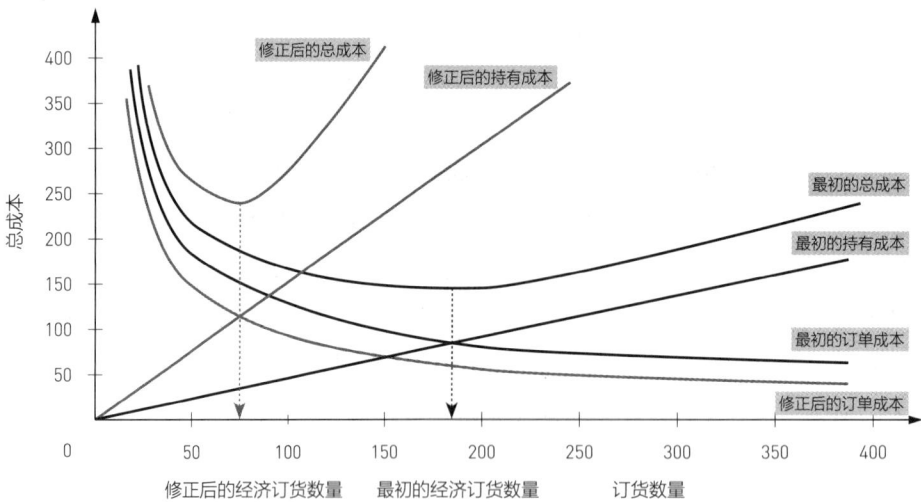

图 13-9　考虑到持有库存的真实成本，且订购（或转换）成本得以降低，经济订货数量会大大减少

库存成本是否应该最小化

　　许多组织（如超市和批发商）的大部分收入和利润都是通过持有和供应库存实现的。因为它们的主要投资在库存上，所以通过确保尽可能高的"库存周转率"和/或毛利率，以此获得良好的资本回报率是至关重要的。或者，它们也可能通过最大化每平方米的利润，以最大限度地利用空间。不过，经济订货数量模型是无法实现这些目标的。类似地，对于变质或过时的产品，经济订货数量模型可能会导致这些滞销物品的过剩库存。事实上，这样的组织很少采用经济订货数量模型，更有可能使用一个定期检查系统（后面会进行描述），定期下订单补充库存。例如，一个典型的建筑公司供应商可能会持有大约 50 000 种不同的库存物品。然而，其中大部分库存物品被归类为更大的物品类别，如油漆、洁具或金属固定装置。每隔一个固定时间段，企业会从供应商处下单采购所有必需的补充物品，然后供应商一次性交付这些补充物品。例如，如果这样的交付是每周进行的，那么平均而言，单个物品的订单数量是一周的使用数量。对于不太受欢迎的物品或者需求模式不稳定的物品，可以在同一时间单独订购，或者（在紧急情况下）在第二天由承运人完成交付。

● 如果客户不愿意等——新闻供应商（单一周期）的库存问题

关于库存订单数量决策的一种特殊情况是，客户因为特定事件或在特定时间段内下了一个订单，但是之后被采购的物品不太可能被出售。一个简单的例子是，报纸供应商要决定一天要库存多少份报纸。如果报纸供应商的报纸卖完了，那么顾客要么去别的地方，要么决定当天不买报纸。一天结束时所剩的报纸毫无价值，因此报纸的需求每天都在变化。当决定持有多少份报纸时，报纸供应商实际上是在权衡报纸卖完的风险和后果，以及当天结束时还有多少未售出的报纸的风险和后果。像图书和流行音乐 CD 等这类高档休闲产品的零售商和制造商，也面临同样的问题。例如，音乐会发起人需要决定订购多少印有其商标的音乐会 T 恤。演唱会的赞助商每卖出一件 T 恤就会盈利 5 英镑，未售出的 T 恤可以退还给供应商，但每退还一件 T 恤就会损失 3 英镑。T 恤的需求量不确定，但估计在 200 ~ 1000 件之间。不同需求量的概率如下：

需求水平	200	400	600	800
概率	0.2	0.3	0.4	0.1

演唱会赞助商应该订购多少件 T 恤？表 13-5 给出了赞助商在不同需求水平下订购不同数量的 T 恤的盈利。

表 13-5　T 恤订单数量的受益矩阵（利润或损失以英镑计算）

需求水平	200	400	600	800
概率	0.2	0.3	0.4	0.1
赞助商订单数量 200	1000	1000	1000	1000
赞助商订单数量 400	400	2000	2000	2000
赞助商订单数量 600	-200	1400	3000	3000
赞助商订单数量 800	-800	800	4000	4000

现在，我们可以对结果的发生概率进行加权，计算赞助商对每个订单数量的预期利润。

如果赞助商订购 200 件 T 恤：

预期利润 = $1000 \times 0.2 + 1000 \times 0.3 + 1000 \times 0.4 + 1000 \times 0.1 = 1000$（英镑）

如果赞助商订购 400 件 T 恤：

预期利润 = $400 \times 0.2 + 2000 \times 0.3 + 2000 \times 0.4 + 2000 \times 0.1 = 1680$（英镑）

如果赞助商订购 600 件 T 恤：

预期利润 = $-200 \times 0.2 + 1400 \times 0.3 + 3000 \times 0.4 + 3000 \times 0.1 = 1880$（英镑）

如果赞助商订购 800 件 T 恤：

预期利润 = $-800 \times 0.2 + 800 \times 0.3 + 2400 \times 0.4 + 4000 \times 0.1 = 1440$（英镑）

获得最大利润的 T 恤订单数量是 600 件，利润为 1880 英镑。

这种方法的重要性在于，它采用了概率理论计算部分库存（需求）的概率，我们会在本章中再次使用这一理论。

运营实践案例

鲁宾先生的面包店 [3]

需要特别注意的是，看待新闻供应商的问题需要基于具体产品。一个强有力的想法，需要放到具体背景中看待。以纽约的品牌面包工坊、位于曼哈顿的 City Bakery 为例。它的主理人是精通新鲜烘焙之道的面包大师莫里·鲁宾（Maury Rubin）。食材很贵，租金也挺高。鲁宾做一个价格为 3.5 美元的牛角面包，其成本是 2.6 美元。如果他做了 100 个，卖了 70 个，赚了 245 美元，但成本是 260 美元，而且因为所有商品都必须在一天内卖完（他坚持的高质量标准，意味着他不会卖剩下的面包），所以他是赔钱的。

他不能提高价格。他说，在竞争激烈的市场中，当烘焙食品的价格上涨超过一定限度时，消费者会勃然大怒。不过，鲁宾有两个"解决方案"。第一，他可以通过销售利润更高的高级沙拉和三明治等产品补贴牛角面包。第二，他利用数据减少浪费，通过研究销售情况发现需求趋势，如此一来，他就可以精准地调整供应。他仔细监测天气（下雨时需求会下降），并仔细检查学校日历，这样他在学校放假期间就可以减少烘焙数量。每天早上，他都要准备好烘焙面团，之后每隔 60 ~ 90 分钟他就要检查一次销量，然后决定是否调整供应。只有在了解各种数据后，烘焙面团才会进入烤箱。

成功的标志就是，一天结束时没有剩下牛角面包。

13.4　时机决策：什么时候下订单

我们假设这样一种情况，订单立即到达，需求是稳定且可预测的，那么何时下补货订单就是显而易见的事情。一旦库存水平降至零，就立即下订单补货。补货订单立即到达，就可以防止缺货发生。如果补货订单不能立即到达，在下订单和物品到达库存之间存在时间延迟，我们可以计算一下补货订单的时间点，如图 13-10 所示。在这种情况下，订单到达的交货时间是两周，因此再订购点（re-order point，ROP）是库存将降至零的点减去订单交货的时间。或者，我们根据需要下补货订单时库存即将达到的水平，定义再订购点。在这种情况下，再订购水平（re-order level，ROL）达到 200 个物品时，就需要下补货订单了。

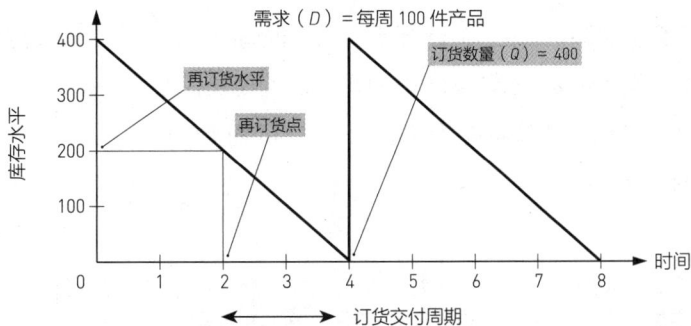

图 13-10　再订货水平和再订货点源自提前期和需求率

然而，这是基于一个假设，即需求和订单交货时间是完全可预测的。但是，在大多数情况下，情况并非如此。需求和订单交货时间都可能发生变化，具体情况如图 13-11 所示。在这种情况下，下达补货订单的时间必须早于完全可确定情况下补货订单的时间。这就会出现这样的情况，当补货订单到达时，仓库中仍有一些库存。

这就是缓冲（安全）库存。补货订单下达的时间越早，补货订单到达时安全库存的预期水平就越高。由于交货期（t）和需求率（d）都是可变的，因此安全库存水平有时会高于平均水平，有时会低于平均水平。在设定安全库存时，主要考虑的不是补货订单到达时的平均库存水平，而是补货订单到达之前库存尚未被用完的概率。

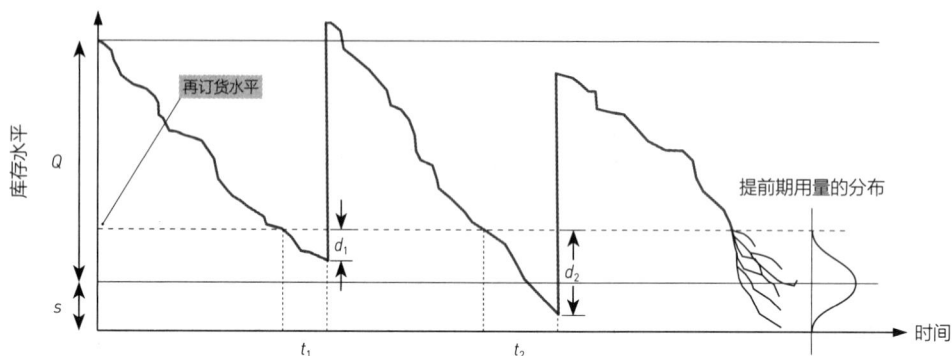

图 13-11　当需求和／或提前期不确定时，安全库存帮助避免缺货

计算安全库存水平的一个关键统计量是概率分布，这显示了提前期用量（lead-time usage）。提前期用量是一种分布组合，用来描述提前期的变化和提前期的需求率。如果安全库存低于分配的下限，那么每一次补货循环都会出现短缺。如果安全库存高于分配的上限，就不会出现缺货的情况。通常情况下，安全库存的设定是为了预先确定不会发生缺货。图 13-11 显示，在这种情况下，第一个补货订单在 t_1 之后到达，产生提前期用量 d_1。第二次补货订单的时间更长，为 t_2，需求率也更高，产生提前期用量 d_2。第三个订单补货循环显示，在不同的提前期用量和需求率的情况下，可能会产生的库存曲线。

Knacko 跑鞋

鞋商 Knacko 从国外进口跑鞋，然后在自己的体育用品店销售，但它永远无法确定下单后交付需要多长时间才能完成。检查之前的订单后发现，在 10 个订单中：1 个订单的交付用了 1 周时间，2 个订单的交付用了 2 周时间，4 个订单的交付用了 3 周时间，2 个订单的交付用了 4 周时间，1 个订单的交付用了 5 周时间。鞋子的需求量也是不断变化的，每周需求量介于 110～140 双之间。每周需求量是 110 双或 140 双的概率为 0.2，每周需求量是 120 双或 130 双的概率为 0.3。如果缺货概率小于 10%，那么公司需要决定应该何时下补货订单。

　　提前期及其期内的需求率都会影响提前期用量。因此，需要综合考虑每一种情况的分布，如图 13-12 和表 13-6 所示。假设提前期分别为 1 周、2 周、3 周、4 周或 5 周，需求率分别为每周 110 双、120 双、130 双或 140 双，且这两个变量是独立的、互不影响的，那么组合的分布情况正如表 13-6 所示。矩阵中的每个元素都显示了可能的提前期用量情况及其发生的概率。所以，如果提前期是 1 周，需求率是每周 110 双，那么实际的提前期用量是 1×110 = 110 双。既然提前期为 1 周的概率为 0.1，需求率为每周 110 双的概率为 0.2，那么这两个事件发生的概率为 0.1×0.2 = 0.02。

　　我们现在可以用柱状图的形式对可能的提前期用量进行分类。例如，把 100～199 范围内（所有都在第一列）的所有提前期用量的概率相加，得到一个组合概率 0.1。对随后的时间间隔重复这一操作，得出的结果如表 13-7 所示。

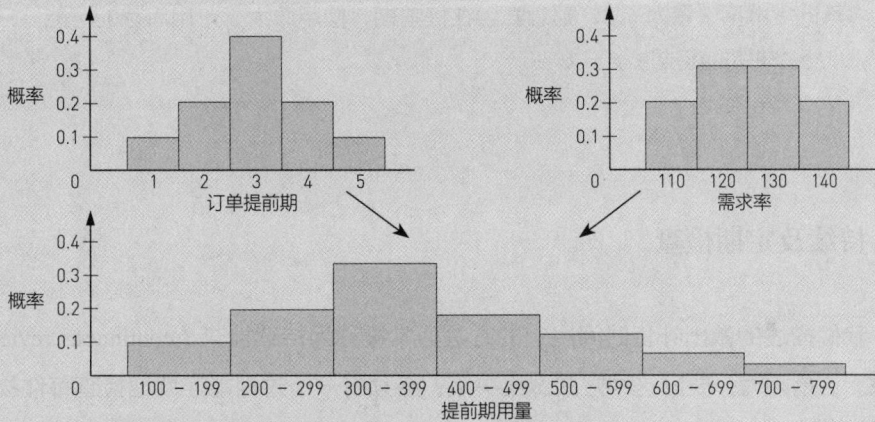

图 13-12　把订单提前期和需求率相组合的概率分布，可得出提前期用量分布

表 13-6　提前期和需求率的概率矩阵

			提前期的概率			
		1	**2**	**3**	**4**	**5**
		0.1	**0.2**	**0.4**	**0.2**	**0.1**
需求率的概率	110　0.2	110	220	330	440	550
		（0.02）	（0.04）	（0.08）	（0.04）	（0.02）
	120　0.3	120	240	360	480	600
		（0.03）	（0.06）	（0.12）	（0.06）	（0.03）
	130　0.3	130	260	390	520	650
		（0.03）	（0.06）	（0.12）	（0.06）	（0.03）
	140　0.2	140	280	420	560	700
		（0.02）	（0.04）	（0.08）	（0.04）	（0.02）

表 13-7 概率组合

提前期用量	100 ~ 199	200 ~ 299	300 ~ 399	400 ~ 499	500 ~ 599	600 ~ 699	700 ~ 799
概率	0.1	0.2	0.32	0.18	0.12	0.06	0.02

这显示了提前期用量的每个可能范围的发生概率，但是需要累积概率预测缺货的可能性（见表 13-8）。

表 13-8 概率组合

提前期用量 X	100	200	300	400	500	600	700	800
提前期用量大于 X 的概率	1.0	0.9	0.7	0.38	0.2	0.08	0.02	0

将再订货水平设置为 600，则意味着在提前期，使用量大于可用库存的可能性只有 0.08，即发生缺货的可能性小于 10%。

● 持续及定期检查

我们描述的做出补货时间决定的方法通常被称为持续检查（continuous review）方法。这是因为，要以这种方式做出决策，必须有一个过程能连续地检查每件物品的库存水平，然后在库存水平达到再订购水平时下订单。这种方法的优点是，虽然下订单的时间是不规律的（取决于需求率的变化），但订单规模（Q）是不变的，并且可以设定在最优经济订货数量上。对库存水平进行持续检查会耗时严重，特别是当库存提取远多于平均库存水平时，但在一个所有库存记录都已经计算机化的环境中，这应该不是一个难题，除非库存记录不准确。

另一种简单得多的替代方法被称为定期检查（periodic review）方法，但这种方法无法固定（也可能是最优的）订货数量。在这里，用周期性方法下订单，不是根据预先确定的再订购水平订购，而是根据一个固定的和规律的时间间隔。因此，企业会在每个月月底检查一件物品的库存水平，然后下补货订单，以使其库存达到预定的水平。经过计算的预定水平可以涵盖从这一个补货订单下达到下一个补货订单到达之间的需求。图 13-13 展示了定期检查方法的参数。

在图 13-13 中的 T_1 时间点，库存经理检查了库存水平并订购了足够的库存以使其达到最大值 Q_m。但是，Q_1 物品的订单要经过一个时间段 t_1 才能到达，在此期间，

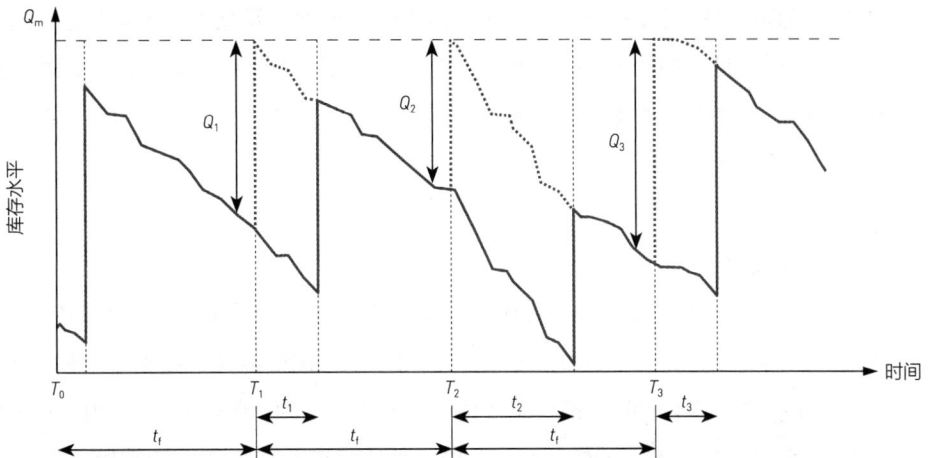

图 13-13　基于需求概率和提前期确定订单时间的定期检查方法

需求继续消耗库存。同样，需求和提前期都是不确定的。Q_1 物品到达，并且其库存被提高到低于 Q_m 水平（除非在 t_1 这一期间没有需求）。然后，需求持续到 T_2 时间点，当再次下订单 Q_2 时，这一订单其实是库存在 T_2 时间点和库存在 Q_m 水平之间的差额。这个订单经过 t_2 时间段之后到达，这期间需求已经进一步耗尽了库存。因此，在 T_1 时间点下的补货订单必须能够满足直到 T_2 时间点和 t_2 时间段的需求。基于这段时间的用量分布，采用之前类似的方式可以计算出安全库存。

时间间隔

通常，订单之间的时间间隔 t_1 是在确定性基础上进行计算的，并且是从经济订货数量（EOQ）中推导而来的。举个例子，如果一件商品的需求量是每年 2000 件，订单成本是 25 英镑，每件商品每年的库存成本是 0.50 英镑，那么经济订货数量（EOQ）为：

$$EOQ = \sqrt{\frac{2C_oD}{C_h}} = \sqrt{\frac{2 \times 2000 \times 25}{0.50}} = 447$$

订单之间的最佳时间间隔 t_f：

$$t_f = \frac{EOQ}{D} = \frac{447}{2000}（年）= 2.68（个月）$$

基于需求是不变的假设计算时间间隔，似乎有些矛盾，因为实际上需求是不确定的。然而，需求和提前期的不确定性可以通过设定 Q_m 进行计算。基于时间间隔 $t_f +$ 提前期间的用量，计算出想要的缺货概率，然后设定 Q_m，就可以计算出需求和提前期的不确定性。

两箱系统和三箱系统

采用持续检查方法在订购的过程中，跟踪库存水平尤为重要。用一种简单而明确的方法显示何时到达订货点是非常必要的，特别是在需要监控大量物品的情况下。图 13-14 所展示的两箱系统和三箱系统就是这样的方法。简单的两箱系统包括在第二个箱中存储再订购点数量加上安全库存数量，并使用第一个箱子中的零件。当第一个箱子被清空时，就是订购下一个再订货数量的信号。有时，安全库存被储存在第三个箱子里（三箱制），所以需求超出预期的时间点是非常清楚的。运行这种类型的系统，不一定需要不同的"箱子"。例如，零售业务常见的做法是，将第二个"箱子"的储存数量倒扣在第一个"箱子"数量的后面或下面。然后，当颠倒的物品到达时，就再次下订单。

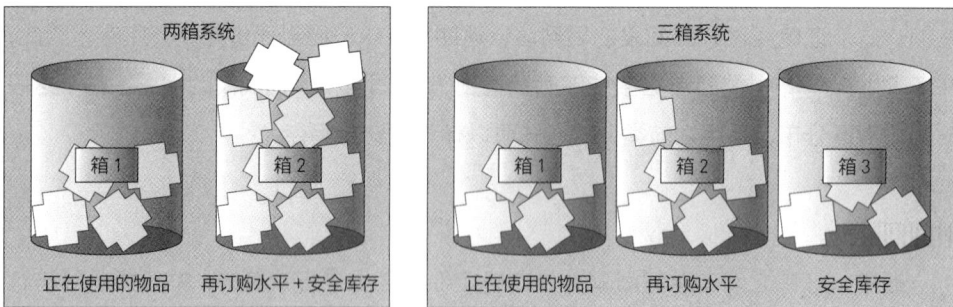

图 13-14　再订购的两箱系统和三箱系统

运营实践案例

亚马逊的预期库存 [4]

在你下单购买之前，一件商品就已经从库存点出来、正在被运送到你手中，这可能吗？公司是否有可能准确预测你的订单，并在你下单之前就给你发货？当然，预测的准确性和交货时间是相关的。不准确的预测意味着，错误的物品将被储存，这也意味着交付将会被延迟，直到你收到所订购的物品。但是，如果供应商在客户下订单之前就已经知道他们要订购什么呢？这正是亚马逊在线零售业务的野心所在。它提交了一份专利申请，以保护自己研发的、在客户点击"下单"之前就能成功预测客户需求的技术。作为全球最大的在线零售商，亚马逊把这一新系统称为"预期配送"，并将其视为加快送货时间的一种方式。亚马逊的专利申请揭示了该系统背后的设计想法。该专利表示，虚拟店面模式的一个重大缺点是，在许多情况下，顾客不能在购买后立即收到商品，而是必须等快递送货给他们。常见的运输公司提供的加急运输方式会在一定程度上弥补发货的延迟，但通常需要支付大量的额外费用，这些额外的费用可能与商品的价格相当。这种延迟可能会阻止顾客从在线零售网站上购买商品，尤其是当地更容易买到这些商品时。据报道，这种方法使用几个要素预测一个人可能会购买什么商品，如年龄、收入、以前购买的商品、搜索过的商品、"愿望清单"，甚至可能是用户光标停留在商品上的时间。有了这些信息，亚马逊就可以将可能被订购的商品先运送到离客户最近的库存"中心"。当客户真的下订单时，商品可以更快地被送达。

13.5　如何控制库存

我们所描述的模型，即使是用概率观点来看需求和提前期的模型，与实际的库存管理的复杂性相比，仍然是十分简单的。成千上万的库存物品，由数百个不同的供应商提供，可能还有数万名个人客户，这是一项复杂而多变的运营任务。为了控制如此复杂的系统，运营经理必须做好以下两件事。首先，他们必须区分不同的库存物品，这样他们就可以对每件物品进行不同程度的控制，而控制度是与每件物品的重要性相匹配的。其次，他们需要投资于一套信息处理系统，以应对特定的库存控制情况。

● 库存优先级——ABC 系统

在储存多种物品的仓库中，对企业来说，有些物品比其他物品更重要。例如，有些物品的使用率很高，所以如果它们被用完，许多顾客会感到失望。有些物品可能价值特别高，所以过高的库存水平会占用大量资金。区分不同库存物品的一种常用方法是根据使用价值（usage value）（它们的使用率乘以它们的单个价值）对它们进行排名。企业对使用价值特别高的物品需要进行最精心的控制，而对使用价值低的物品则无须进行如此严格的控制。一般来说，在所有库存物品的范围中，相对较小比例的物品会占总使用价值的很大比例。这种现象被称为帕累托定律（Pareto law），有时也被称为 80/20 法则。之所以被叫作 80/20 法则，是因为通常情况下，为一家企业创造 80% 销售额的产品只占所有库存商品类型的 20%。帕累托定律也用于其他行业的运营管理（参见第 15 章）。在这里，根据帕累托定律，运营经理可以按照物品的使用价值对不同类型的库存物品进行分类。ABC 等级库存控制（ABC inventory control）方法可以让库存管理人员集中精力控制好更重要的库存物品。

» A 类物品是指 20% 左右高使用价值物品，它们占总使用价值的 80% 左右。

» B 类物品是指具有中等使用价值的物品，它们在库存物品类型中占 30% 左右，占总使用价值的 10% 左右。

» C 类物品是指那些使用价值较低的物品，它们在库存物品类型中占 50% 左右，但可能只占总使用价值的 10% 左右。

Selectro 电器批发商

表 13-9 显示了电器批发商 Selectro 存储的所有电子零件。其存储的 20 种不同的物品在每年使用量和每件物品的成本方面是不同的，如表 13-9 所示。不过，批发商根据年度使用价值对库存物品进行了排名。每年的总使用价值为 5 569 000 英镑。由此可以计算出，每件物品的年度使用价值占总使用价值的百分比，并得出如表 13-9 所示的使用价值的累计总和。然后，批发商可以绘制出所有库存物品的累积百分比与它们价值的累积百分比。例如，库存号为 A/703 的零件是价值最高的零件，占总库存价值的 25.14%。然而，作为一个零件，它只占库存物品总数的 1/20，即 5%。这个零件，再加上价值第二高的零件（D/012），二者的数量只占库存物品总数的 10%，二者的价值却占库存价值的 47.37%，依此类推。

图 13-15 已展示了以上信息。在这里，批发商把前 4 个零件编号（占库存范围的 20%）归为 A 类物品，并非常密切和频繁地监控这些物品的使用情况与订购情况。对这些零件的订单数量或安全库存做一些改进，就会极大地节省成本。接下来的 6 个零件编

实例分析

号，从 C/375 到 A/138（占库存范围的 30%）将被归为 B 类物品，对其控制的投入略少于 A 类物品。剩下的所有其他物品被归为 C 类物品，其库存政策是偶尔进行审查。

表 13-9　根据使用价值对库存物品进行等级分类

库存编号	用量 （件 / 年）	成本 （英镑 / 件）	使用价值 （千英镑 / 年）	占总价值 的百分比（%）	占总价值的 累计百分比（%）
A/703	700	20.00	1400	25.14	25.14
D/012	450	2.75	1238	22.23	47.37
A/135	1000	0.90	900	16.16	63.53
C/732	95	8.50	808	14.51	78.04
C/375	520	0.54	281	5.05	83.09
A/500	73	2.30	168	3.02	86.11
D/111	520	0.22	114	2.05	88.16
D/231	170	0.65	111	1.99	90.15
E/781	250	0.34	85	1.53	91.68
A/138	250	0.30	75	1.34	93.02
D/175	400	0.14	56	1.01	94.03
E/001	80	0.63	50	0.89	94.92
C/150	230	0.21	48	0.86	95.78
F/030	400	0.12	48	0.86	96.64
D/703	500	0.09	45	0.81	97.45
D/535	50	0.88	44	0.79	98.24
C/541	70	0.57	40	0.71	98.95
A/260	50	0.64	32	0.57	99.52
B/141	50	0.32	16	0.28	99.80
D/021	20	0.50	10	0.20	100.00
总计			5569	100.00	

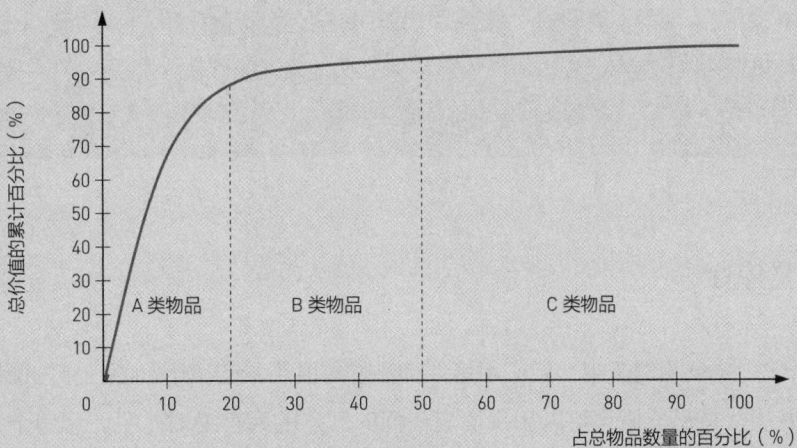

图 13-15　仓库物品的帕累托曲线

每件物品的年度使用量和价值是确定库存分类系统最常用的两个标准，不过其他标准也可能有助于对物品进行（更高的）分类。

» 缺货产生的后果：如果某些商品缺货，会严重延误或干扰其他业务或顾客，则应给予这些商品高优先级。

» 供应的不确定性：有些商品虽然价值不高，但如果它们的供应是不稳定或不确定的，应该保证对其投入更多的关注。

» 折旧或劣化的高风险：一些物品可能因折旧或劣化而失去价值，应该对其进行额外的关注和监控。

一些更复杂的库存分类系统可能会以 A、B、C 为基础标准，对每个物品进行分类。例如，一个零件可能被分类为 A/B/A，这意味着它是按价值分类的 A 类产品，按缺货后果分类的 B 类产品，按折旧风险分类的 A 类产品。

有时，这种库存分类方法具有误导性。许多专业的库存管理人员指出，帕累托定律经常被错误使用。该定律并没有说 80% 的库存单位（stock keeping units，SKU）只占库存价值的 20%。而是说，80% 的 SKU 占库存"使用"价值或总生产价值的 80%，即销售价值。事实上，在库存管理中，滞销物品（C 类物品）往往会构成最大的挑战。通常这些滞销物品只占销售额的 20%，却占据了相当大一部分（通常在 1/2 到 2/3 之间）的总库存投资。这就是说滞销物品是一个真正问题的原因。此外，如果预测或订货失误，则会导致周转快速的 A 类物品出现库存过剩，但因为过剩库存可以被快速售出，所以这种失误并不重要。然而，滞销的 C 类物品的库存过剩，会长期存在。库存管理人员认为，A 类物品是可以不用管控的，它们自己就能很好地运行，需要管控的是 B 类物品甚至更多的 C 类物品。

批判性评注

● **测量库存**

在 ABC 分类的例子中，我们用每件物品的年度用量的货币价值，作为衡量库存用量的方法。货币价值也可以用来衡量任何时间点的库存绝对水平。用单个物品的库存数量，乘以其价值（通常是购买该物品的成本），然后把所有存储中的单个物品的价值相加——这种方法可以用来衡量一家企业的库存投资，但并没有表明其库存投资相对于企业的总生产量的比例有多大。要清楚知道这一点，我们必须将库存物品的总数与它们的使用率进行比较。有两种方法可以做到这一点。第一种方法是在库存不补货的情况下，在正常需求范围内，计算库存可以维持的时间。有时，这种方法也被称为库存覆盖的周（或日、月、年等）数。第二种方法是计算库存在一段时间内（通常是一年内）被耗尽的频率。这种方法被称为库存周转率，是前面提到的库存覆盖数的倒数。

实例分析

Boncorko

Boncorko 葡萄酒进口商有 3 种葡萄酒的库存，分别是：城堡 A、城堡 B 和城堡 C。目前库存水平分别是 500 箱城堡 A、300 箱城堡 B 和 200 箱城堡 C。表 13-10 显示了每种酒的库存数量、每种酒的成本和每年对每种酒的需求。

表 13-10　3 种库存酒的存货量、成本和需求量

库存酒的类别	平均库存量	每种酒的成本（英镑）	年度需求量
城堡 A	500	3.00	2000
城堡 B	300	4.00	1500
城堡 C	200	5.00	1000

$$库存总价值 = \sum（平均库存水平 \times 每种酒的成本）$$
$$= （500 \times 3）+（300 \times 4）+（200 \times 5）= 3700$$

每件库存商品的库存覆盖周期如下（假设每年销售 50 周）：

$$城堡 A 库存覆盖周期 = \frac{库存}{需求量} = \frac{500}{2000} \times 50 = 12.5（周）$$

$$城堡 B 库存覆盖周期 = \frac{库存}{需求量} = \frac{300}{1500} \times 50 = 10（周）$$

$$城堡 C 库存覆盖周期 = \frac{库存}{需求量} = \frac{200}{1000} \times 50 = 10（周）$$

每件商品的库存周转率如下（假设每年销售 50 周）：

$$城堡 A 库存周转率 = \frac{需求量}{库存} = \frac{2000}{500} = 4（次/年）$$

$$城堡 B 库存周转率 = \frac{需求量}{库存} = \frac{1500}{300} = 5（次 / 年）$$

$$城堡 C 库存周转率 = \frac{需求量}{库存} = \frac{1000}{200} = 5（次 / 年）$$

为了计算出所有库存物品的平均库存覆盖率或平均库存周转率，单个物品的计算要根据其需求水平占总需求（4500）的比例进行加权。因此：

$$平均库存覆盖率 = 12.5 \times \frac{200}{4500} + 10 \times \frac{1500}{4500} + 10 \times \frac{1000}{4000} = 11.11$$

$$平均库存周转率 = 4 \times \frac{2000}{4500} + 5 \times \frac{1500}{4500} + 5 \times \frac{1000}{4500} = 4.56$$

● 库存信息系统

大多数大规模库存都是由计算机系统管理的。库存管理中涉及的许多常规的计算都可以借助计算机支持完成。特别是，采用条码阅读器和销售终端记录销售交易，让数据采集变得更加方便。有许多不同的商用库存控制系统，不过它们往往有很多共同的功能。

更新库存记录

当一项交易发生时（如商品出售，商品从仓库被搬到卡车上，或被送到仓库），库存的位置、状态和可能的价值都会发生变化。这些信息必须被记录下来，以便业务经理可以随时确定他们当前的库存状态。

生成订单

我们前面描述的两个主要决策，即订购多少和何时订购，都可以由计算机化的库存控制系统完成。第一个决策，设定订购数量（Q）的值，是以相对不频繁的时间间隔进行的。最初，几乎所有的计算机系统都是通过前面提到的经济订货数量（EOQ）公式自动计算订单数量。现在系统采用了更复杂的算法，通常使用概率数据，并经常检查库存投资的边际回报。该系统将保留所有进入订单算法的信息，但会定期检查需求、订单提前期或任何其他参数是否发生了重大变化，相应地重新计算 Q 值。另外，关于何时订货的决策则是一件更为常规的事情，无论运营经理选择采用哪一种决策规则：要么是持续检查，要么是定期检查，计算机系统都可以做出决策。这些系统可以自动生成所需的任何文件，甚至可以通过电子数据交换（electronic data interchange，EDI）系统以电子方式传输再订购的信息。

生成库存报告

库存控制系统可以为储存的不同物品定期生成库存价值报告，以帮助管理层监控其库存控制绩效。同样，它也可以定期监控客户服务绩效，如缺货数量或未完成订单数量。有些报告只有在出现意外情况时才会生成。也就是说，只有当某些绩效衡量偏差超出了限定值时，才会生成报告。

预测

在理想的情况下，当管理层清楚地了解预测的未来需求时，会做出库存补货决策。库存控制系统可以对比实际需求与预测的需求，并根据实际需求水平调整预测需求。第 14 章会更详细地讨论这类控制系统。

运营实践案例

法国禁止销毁未售出的库存 [5]

法国政府成为第一个禁止零售商销毁未售出库存的国家。法国宣布，到 2023 年，销毁未售出库存的做法将在所有商品中被取缔。法国生态部长布吕纳·波伊松（Brune Poirson）表示，法国每年有价值 8 亿欧元的未售出库存，其中只有 1.4 亿欧元的库存被捐给了慈善机构，剩下的库存都被销毁了。这已经成为一种普遍的做法，因为企业总会有太少或太多的库存服务它们的市场。库存过少会导致客户服务的减少，而库存过多可能会带来更大的问题，特别是对交易高价值、有"品牌诚信"商品的企业来说。当需求放缓时，出售多余库存一定会影响品牌，企业该怎么办？在法国政府宣布这一政策的 4 年前，高端时尚品牌博柏利（Burberry）不得不为自己销毁价值 1900 万英镑的产品的决定做出辩护，因为这些产品无法通过折扣店销售。在伦敦举行的年度会议上，该公司表示它希望减少"每一季"的浪费库存，但也表示销毁过剩库存在奢侈品公司中是司空见惯的做法。即将离任的博柏利首席执行官说："我们有一个业务流程，在哪儿开展促销活动，然后把促销品打包送到（折扣店）……这个流程最后会剩下一些原材料。但由于知识产权的原因，我们不得不销毁这些剩下的原材料。这是一种常见的做法，不过我们对此非常警惕。每个时尚季我们都会考虑如何减少库存，而且多年来我们一直在减少。"

博柏利并不是唯一一家这么做的公司。卡地亚（Cartier）和万宝龙（Montblanc）产品的销售大幅放缓，部分原因是经销商库存过剩和增长前景不确定。拥有这两个品牌的瑞士奢侈品集团历峰集团（Richemont）从一些香港经销商那里回购了库存。被回购的手表要么被重新分配到其他地区，要么（如果是不再销售的旧款手表）被拆解和回收。对于一些奢侈品，一些国家的税收规定积极鼓励报废过剩库存。例如，如果一家公司生产一瓶香水，它的成本是相对较小的（其价值来自广告及其对公众认知的影响）。但是，公司因销毁产品从而造成的税收损失，是基于产品的零售价格，而不是产品的生产成本。当然，销毁过剩库存也有完全正当的理由。任何企业都有责任保护自己的知识产权和品牌。然而，把销毁库存当作维护"品牌诚信"的一种手段就适得其反了。服装零售商H&M在纽约的一家门店外发现了一袋袋被割破的衣服。之后该公司不得不承诺停止销毁无法出售的、未穿过的新衣服，然后将这些衣服捐给慈善机构。

● 库存系统的常见问题

我们对库存系统的描述基于以下两个假设：①企业对持有成本或订单成本等各种成本有一个相当准确的认知；②拥有能够真正反映库存和销售实际水平的准确信息。但是，不准确的数据往往给库存管理人员带来一系列严重问题。这是因为大多数基于计算机的库存管理系统都是基于所谓的永续盘存原则（perpetual inventory principle）。这是一个简单的想法，即每当物品被记录为已进入库存或已从库存中取出时，库存记录就会（或应该）自动更新，所以：

期初存货水平 + 入库 − 出库 = 新的库存水平

记录这些交易和/或处理实物库存时产生的任何错误，都可能导致记录的库存与实际库存之间存在差异，并且这些错误会一直存在，直到开展实物库存检查（通常很少进行）时才被发现。在实际操作中，仅仅因为库存交易众多，就有很多产生错误的机会。这意味着，大多数库存记录是不准确的，这一情况的普遍存在令人惊讶。造成错误的根本原因包括以下几个方面。

» 键控错误：输入错误的产品代码；
» 数量错误：入库或出库物品的计数错误；
» 损坏或变质的库存未如实记录，或在销毁这类库存时未正确地在系统中删除；

» 错误的物品已出库，但当这批物品重新入库时，未更正记录；

» 正在进行的交易和正在更新的记录之间的延迟；

» 库存中被盗的物品（这在零售品的库存中很常见，在工业化和商业化库存中也不少见）。

社会责任

本书将在每一章的"社会责任"板块总结本章主题与重要的社会、道德和环境问题之间的关联。

库存的本质是物品被放置在仓库里，但是当它被放置在仓库里时，物品可能会失去价值，甚至到了某个时刻只能被扔掉。

但丢弃的物品已经消耗了能量、材料和劳动力，这种做法往好里说是浪费，往坏里说是公司道德有问题。当库存是高档时尚商品时，它可能会损害声誉（参见前面的"运营实践案例"）。当浪费的是食物时，就更令人讨厌了。在很多人看来，在一些人还吃不饱饭的情况下，倾倒食物在道德上是站不住脚的。对食品零售商来说，更准确的预测会大大减少食品浪费。它既可以减少浪费，又可以降低成本。在日本，每年要扔掉超过600 万吨的食物垃圾（是人均食物垃圾最高的亚洲国家），食品零售商正在使用复杂的人工智能和先进的技术更准确地预测需求。对日本连锁便利店罗森来说，食物垃圾处理所产生的成本是其仅次于劳动力成本的最大成本，因此它开始使用人工智能，试图将所有门店的食物垃圾减少一半。一个复杂的因素是，日本消费者可能非常挑剔，他们要求食品的外观完美，而且"保质期"很长。然而，为了进一步避免浪费，日本电商公司Kuradashi 开始打折出售未售出的食品。Kuradashi 的创始人关户达也（Tatsuya Sekito）解释说："日本消费者往往很挑剔，但我们吸引顾客的方式不仅是打折销售，还提供一个将其一部分费用捐赠给慈善机构的机会，提高人们对社会问题的认识。"[6]

但食物浪费不仅仅是零售商的问题。在供应链的后面，食物也可能在种植食物的农场被浪费。当食品包装上出现错误时，当零售商取消购买时，抑或是当天气风调雨顺导致粮食供过于求时，食物浪费就会发生。当这些情况发生时，英国农民可以选择将多余粮食捐赠给慈善机构。其中最活跃的慈善机构之一是 Fareshare，它是英国最大的食品再分配慈善机构。[7] 它从整个食品工业中获取高质量的剩余食品，并将其送到一线慈善机构和社区团体。有时，农民、种植者或食品制造商有可捐赠的食物，但没有能力运送。Fareshare 可以扮演协调者的角色，确保捐赠的食物不会被浪费。例如，过剩的水果可以被送去冷冻或榨汁。但出现的问题是，为了防止食物浪费而进行的食物包装。当然，包装的设计和使用可以通过供应链降低食物浪费。但是，有些人认为包装对环境是"有害"的，部分原因是人们越来越意识到塑料污染的危害。不过，塑料包装可以被视为一种"必要之恶"，因为它可以减少加工过程和家庭中的食物浪费。一个经常被提及的例子是，用 1.5 克的塑料薄膜包裹一根黄瓜，就可以让它的保质期从 3 天延长到 14 天。[8]

如果所有这些措施都失败了，且剩余食物不能用来为人们提供营养，那么它仍然可以发挥有益的环境作用——提供能量。例如，英国塞恩斯伯里超市（Sainsbury's）把食物垃圾送到食品回收厂，在那里它们被转化为天然气和肥料。然后，这些气体被运输到英国天然气电力供应网。该公司从这些工厂买回经过认证的碳中和能源，用于照明和供暖。位于斯塔福德郡的一家塞恩斯伯里超市完全依靠食物垃圾发的电。该公司的剩余食物，再加上其他供应商的剩余食物，一起被送到这家超市附近的工厂，在那里转化为天然气，随后被用来现场发电，之后产生的电通过电缆被直接供给超市。**[9]**

第 13 章要点小结

1. 什么是库存？

- 库存或实物库存（stock），是企业中转换资源的存储积累。有时"实物库存"和"库存"也用于描述可转化的资源，但实物库存控制（stock control）和库存控制（inventory control）这两个术语总是与转换资源联系在一起。

- 所有企业都会保留某种形式的库存，通常是物料，但也涉及信息和客户（客户库存通常被称为队列）。

2. 为什么要有库存？

- 因为供应的时机和需求的时机并非总是一致的，所以企业中总会出现库存。库存是用来消除供需之间的差异的。

- 保持实物库存的五个主要原因如下所述：

  » 应对随机或意外的供应或需求中断的问题（缓冲库存）；

  » 应对一家企业无法同时生产所有产品的问题（循环库存）；

  » 让不同的加工环节以不同的速度并按照不同的时间表进行；

  » 应对计划中的供应或需求波动的问题（预期库存）；

  » 应对供应网络中的运输延迟问题（管道库存）。

- 库存通常是营运资本的主要部分，占用了企业本可用于其他更有效用途的资金。

- 如果库存物品不能被迅速出售，那么物品损坏、丢失、变质或报废的风险就会增加。
- 库存总是占用空间（如放在仓库中），所以必须被管理，在适当的条件下被储存，在交易发生时要投保和人工处理。这些都增加了库存的间接成本。

3. 订货量决策：应该订购多少？

- 这取决于与持有库存相关的成本和下订单相关的成本之间的平衡。主要的库存成本通常与营运资本有关，而主要的订单成本通常与产生订单信息所需的交易有关。
- 最著名的确定库存数量的方法是经济订货数量公式。基于不同的库存行为假设，经济订货数量公式可以适用于不同类型的库存概况。
- 然而，经济订货数量一直备受批评，原因主要是持有库存的真实成本、下订单的实际成本，以及将经济订货数量模型当作实施规定性行为的工具。
- 解决新闻供应商这一类问题的一种方法是：用需求概率确定订单数量。

4. 时机决策：什么时候下订单？

- 部分取决于需求的不确定性。当订单到达时，留有一定水平的平均安全库存，然后下新的订单。安全库存的水平受到需求变化和供应提前期的影响。这两个变量通常组合成一个提前期用量分布。
- 用再订购水平作为下补货订单的触发因素，需要不断检查库存水平。这既费时又费钱。另一种方法是，在固定的时间周期内，下不同规模的补货订单。

5. 如何控制库存？

- 关键问题是管理者如何区别他们对不同库存物品实施的控制水平。最常用的方法是所谓的 ABC 库存分类法。这种方法用帕累托曲线区分不同类型库存的不同价值或者重要性。
- 通常，库存是通过复杂的计算机信息系统管理的。这样的信息系统有很多功能：更新库存记录、生成订单、报告库存状态和生成需求预测。这些系统的运行，在很大程度上依赖于准确的库存记录。

第 13 章注释

[1] 案例信息来自 Koen, a. and antunez, P.F. (2020) How heat can be used to store renewable energy, The Conversation,25 February ; gosden, e. (2017) Power shift brings energy market closer to holy grail, *The Times*, 17 april; The economist (2012) energy storage: packing some power, *Economist Technology Quarterly*, 3 march。

[2] 案例信息来自 The economist (2019) a nation of have-beans, Defending Switzerland's coffee stockpile, *Economist* print edition, 21 november; Foster, P. and neville, S. (2020) How poor planning left the UK without enough PPe, *Financial Times*, 1 may; Britt, H. (2020) What is safety stock and how can businesses use it to ensure continuity？ anderson,H. (2020) COvID-19: preparing your supply chain in times of crisis。

[3] 案例信息来自 The economist (2015) Croissantonomics: lessons in managing supply and demand for perishable products, *Economist* print edition, 29 august. However, unfortunate ly mr ruben's efforts did not manage to save the bakery, which went out of business in 2019。

[4] 案例信息来自 Ulanoff, L. (2014) amazon knows what youwant before you buy it, mashable, 21 January; Duke, S. (2014) He knows what you want — before you even want it, The Sunday Times, 2 February; ahmed, m. (2014) amazon will know what you want before you do, *The Times*, 27 January; Bernard, Z. (2018) amazon is spending more and more on shipping out your orders, Business Insider, 13 February。

[5] 案例信息来自 Sage, a. (2019) France to ban luxury brands from dumping unsold stock, *The Times*, 24 September; Leroux, m. (2016) Burberry boss defends stock destruction, *The Times*, 15 July; atkins, r. (2016) richemont buys back and destroys stock as sales fall, *Financial Times*, 20 may; Dwyer, J. (2010) a clothing clearance where more than just the prices have been slashed, *New York Times*, 5 January.

[6] Based on Kajimoto, T. (2021) Japanese companies go high- tech in the battle against food waste, reuters, 28 February.

[7] Fareshare 网站。

[8] Dora, m. and Iacovidou, e. (2019) Why some plastic pack- aging is necessary to prevent food waste and protect the environment, The Conversation, 7 June.

[9] Sainsbury's 官网。

计划和控制系统

本章学习目标

» 什么是计划和控制系统?

» 什么是企业资源计划?

» 我们应如何实行计划和控制系统?

导语

计划和控制运营最重要的一项议题是管理运营中产生的信息,有时需要管理巨量的信息。这不仅涉及产生和接收信息的运营职能部门,还涉及企业中所有其他的职能部门。因此,把整个企业中传播的所有相关信息汇集在一起,并根据这些信息做出适当的决策,是非常重要的。这就是计划和控制系统的职能所在,即汇集信息,协助做出决策,然后将决策告知相关的运营部门,如何时开展运营活动、在何处开展运营活动、由谁开展运营活动、需要多少产能等。在本章中,我们将特别关注计划和控制系统的主要形式——企业资源计划(enterprise resource planning,ERP)。它源自一套被称为物料需求计划(materials requirements planning,MRP)的计算系统,本章的补充部分对此进行了描述。图 14-1 显示了本章主题在运营活动的整体模型中所处的位置。

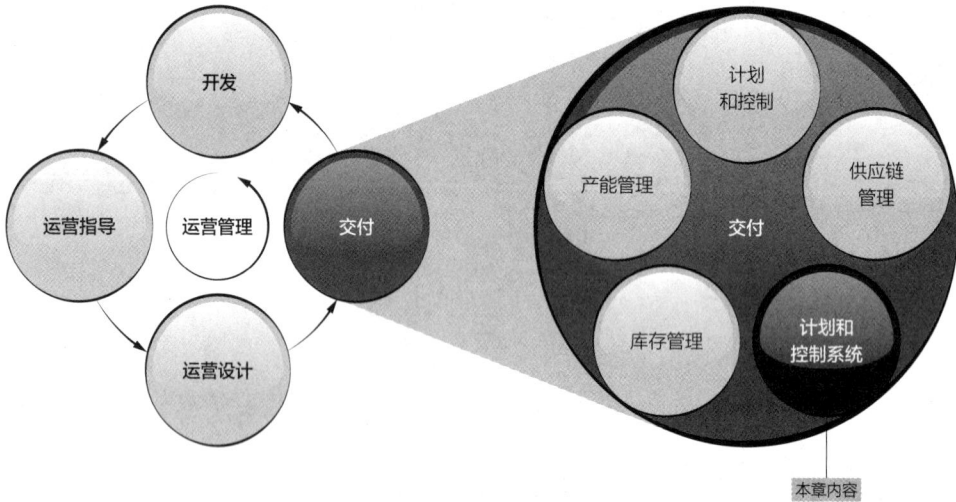

图 14-1　本章探讨的是"计划和控制系统"

14.1 什么是计划和控制系统

在第 10 章中，我们讲述了计划和控制活动，其中涉及管理资源和运营活动的持续分配，以确保运营流程既高效，又能反映顾客需求。计划活动和控制活动是不同的，但经常有重叠。计划决定的是，在未来某个时间哪些事情即将发生。控制则是当事情没有按计划发生时的应对过程。企业可以通过控制做出一些调整，以实现计划设定的目标，即使计划根据的前提假设是不成立的。

● 计划和控制系统

计划和控制系统为运营计划与控制活动提供信息处理、决策支持和执行机制。尽管计划系统和控制系统有所不同，但它们往往具有一些共同的要素。这些共同的要素包括：在运营活动和客户之间形成双向信息联系的客户界面；同样为企业的供应商形成双向信息联系的供应界面；可以履行负荷、排序、排程、监控等基本任务的一套重叠"核心"机制；既包括运营人员，也包括制订或确认计划和控制决策的信息系统的一种决策机制。重要的是，所有这些要素各自有效，并协同一致。图 14-2 展示了这些元素。在复杂的系统中，这些元素可能被扩展，包括将公司的核心运营资源计划和控制的任务与其他功能领域进行整合。

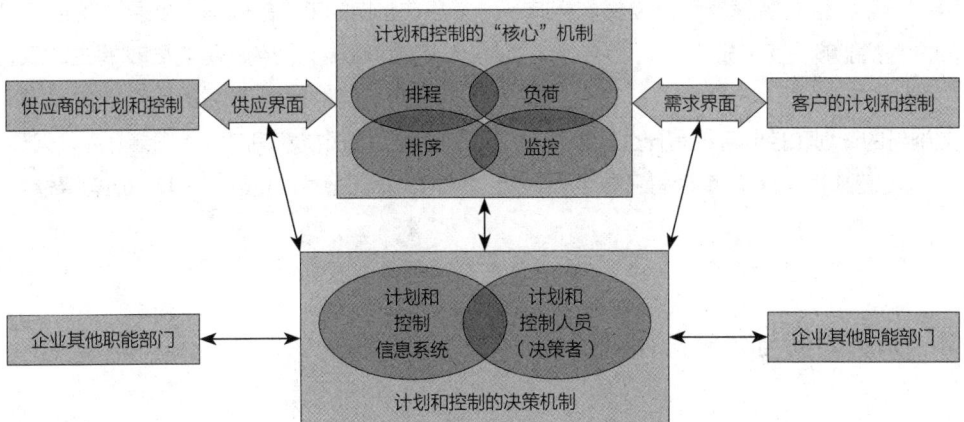

图 14-2　计划和控制系统与企业内的计划和控制机制、客户、供应商以及其他职能部门进行交互

宠物食品企业 Butcher's Pet Care 协调其 ERP 系统 [1]

宠物食品行业虽然不是一个光鲜亮丽的行业，但它是一个市场前景广阔的行业。行业竞争激烈，很多小型供应商不得不与雀巢这样的巨头公司开展竞争。位于英国中部地区的 Butcher's Pet Care 是欧洲最成功的小型狗粮生产商之一。它在生产狗粮产品的过程中，积极遵守商业道德和伦理。但是，如果要与更强大的竞争对手进行竞争，该公司还需要在协调生产和分销方面变得更加高效。该公司的 IT 经理马尔科姆·伯罗斯（Malcolm Burrows）解释了其计划和控制系统是如何协助公司做到这一点的。

为什么要实施新的计划和控制系统

"我们需要实现一些具体目标。因为之前的系统导致流程非常冗长，并且弄清楚仓库里的存货也是一个问题，等等。以前，在计划和控制系统之外还要进行很多人工计划工作，而现在，在新系统中，计划、企业资源计划以及材料入库的排程都能够快速完成。"

实施新的计划和控制系统有什么好处

"我们对所持有的库存有了更全面的了解，而且能够迅速增补产品以应对提前订购。正如你猜想的那样，我们为各个超市和连锁商店供货，它们定期的促销活动会影响我们的生产，这是一个相当快的转变。所以从这个角度看，这个系统确实有一个核心价值，那就是我们可以更快、更容易地响应和满足需求。"

实施新的计划和控制系统有什么挑战

"对员工来说，这是一次非常大的文化变革……对于任何计划和控制系统，业务和流程图都是至关重要的。有趣的挑战是，我们要弄清楚如何进行改革，以最大限度地发挥这个体系的作用，而且我们已经对实施这个系统的时间表达成了共识。"

如何培训员工使用新的计划和控制系统

"我们有一个核心项目团队，他们才是'冠军'，他们必须走出去接触顾客并且在各自的工作领域拿到成果。IT（部门）不能这么做；（用户）需要掌握主动权，说出'这就是我们想要的操作方式'。如果系统出现技术问题，我们会介入，但除此之外，'冠军'（负责）其他所有事情。"

● 系统如何与客户交互对接

在资源计划和控制系统中，负责管理客户与企业日常互动方式的部门被叫作"客户界面"，有时也被称为"需求管理"。它需要与个人客户和整个市场进行更广泛的交互活动。根据不同的业务，这些活动通常包括：客户沟通、订单输入、需求预测、订单承诺、客户更新、客户购买历史保存、售后客户服务和物流配送。

客户界面定义了客户体验

客户界面很重要，因为它定义了客户体验的本质，是企业对外的公开形象。因此，它需要像其他任何"客户处理"流程一样被管理，即服务质量是由一个因素决定的：客户的期待值与他们对实际服务的评价之间的差距。图 14-3 的右侧显示了与计划和控制客户界面进行交互的典型客户体验。在与任何客户接触之前，客户体验就自行开始了。客户的期待值将受到企业自我展示方式的影响，如企业推出各种促销活动、与客户沟通渠道的便利性（如网站设计）等。关键问题在于，"沟通渠道是否显示了客户所期望的服务响应类型（如我们需要等待多长时间）"。在第一个客户接触点，当个人客户提出服务或产品需求时，企业必须理解客户的需求，与客户沟通交付情况，并做出交付承诺。客户很看重企业对其需求进展的反馈。在交付阶段，企业不仅要把产品和服务交给客户，还要抓住这次机会向客户解释交付的性质，判断客户对此的反应。交付完成后，可能还会有一些交付后的行动，如企业要打电话确认是否一切顺利。

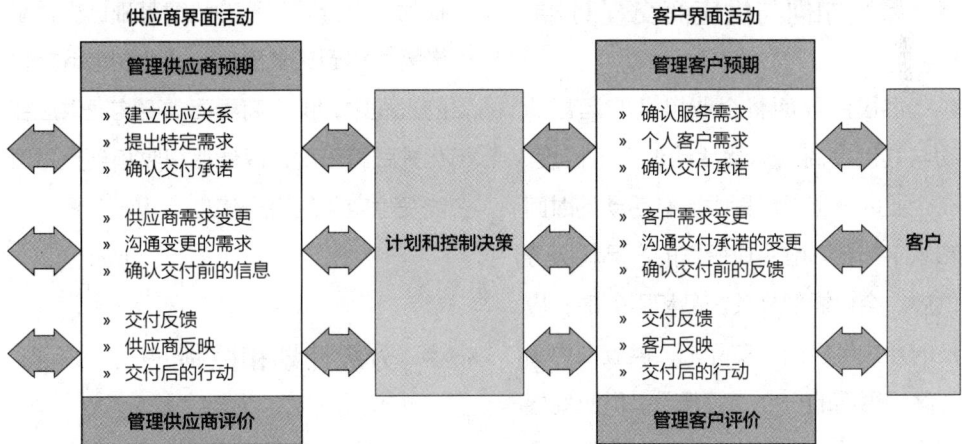

图 14-3　作为客户体验的客户界面和供应商界面

客户界面相当于一个触发器

企业接受客户订单，就应该提示客户界面启动运营流程。正如我们在第 10 章中所解释的，具体启动什么流程取决于业务性质。一些建筑公司愿意建造几乎任何类型的建筑，并在运营业务中保留较少的自有资源，只在需要时才租用其他资源，因此这种业务被称为"从资源到订单"（resource-to-order）。在这类业务运营期间，客户界面会启动租用相关设备和购买适当材料的任务。如果建筑公司将业务范围限制在一定的建设任务内，让需求更容易被预测，那么建筑公司在业务运营中就可能会长期持有生产设备和劳动力。接受一个建设订单后，企业只需要购买建筑中所用的材料即可，所以该业务类型是"按订单生产"。一些建筑公司会在需求出现之前建造一些提前设计好的标准房屋，这种业务类型是"提前生产"。

● 系统如何与供应商交互对接

供应商界面将企业自身的运营活动与其供应商的运营活动进行了链接。在企业内或整个流程中所有活动的时间和水平都会影响企业所需的产品和服务供应。企业需要相关产品和服务时，应及时通知供应商。实际上，供应商界面是客户界面的一个"镜像"。供应商界面需要管理供应商的体验，以确保合理供应。这一点与管理好客户体验是同样重要的。因为客户满意度会受到供应有效性的影响，而供应有效性反过来又会影响客户交付。

供应商界面有长期和短期两种功能。它既要处理不同类型的长期供应商关系，还要处理与不同供应商的单独交易。要做好第一项工作，它必须了解运营中所有流程的要求以及供应商的能力。供应商界面必须有利于供应商与企业的交互。至于如何做到这一点，图14-3的左侧展示了一个简单的事件排序。当计划和控制活动需要供应时，供应商界面必须确定潜在的供应商，并且在必要时提出替代性材料或服务的建议。如果没有供货协议，企业可向潜在供应商发出正式报价请求。第 12 章谈及供应商发展时，已经对此问题进行了讨论。为了处理单独交易，供应商界面需要发出正式的采购订单。这些订单可能是独立的文档，更可能是电子订单。这些订单文件很重要，因为它们往往被视为确立合同关系的法律基础。交付承诺需要得到正式确认。企业在等待交付的过程中，供应商界面需要沟通供应变化并跟踪进度，以便尽早收集到交付可能发生变化的警告信息。

● 分级计划和控制 [2]

企业运营的计划和控制活动是复杂的。这是因为需求通常是不确定的，供应容易出现各种问题，产品和服务的组装是复杂的，其中有许多组装件和子组装件。更困难的是，从采购组件到生产的提前期通常比客户心理预计等待的交付时间要长（见第 10 章）。

　　运营计划用"分层方法"识别这些困难，并将许多相互关联的计划和控制决策划分为反映组织层级的子问题，进而根据其复杂性进行排序。因此，高层的决策以一种有效的方式与低层的决策联系起来。较高级别做出的决策会对较低级别做出的决策施加一些约束。较低层级具体决策的执行将提供必要的反馈，从而可以判断较高层级决策的质量。通过这种方式，分层方法在组织的不同层级和不同时期可以分离出不同类型的决策。它允许在计划过程中保持一定程度的稳定性，从而让复杂的运营在某种程度上可以免受很多短期变化的影响。此外，它让不同层级的规划人员保持了一定的独立性。图 14-4 展示了这种分层方法。该方法的效果，在很大程度上，取决于如何有效和一致地管理层级之间的边界。每一层级都有自己的一套决策规则和方法，其具有不同的计划范围、信息和预测的详细程度、计划活动和管理权限的范围。因此，将一个层级的决策转变为另一个层级的政策时，会出现各种问题。

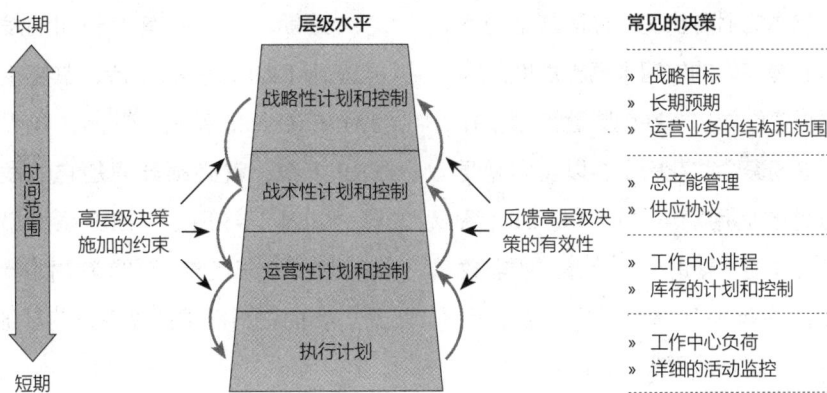

图 14-4　分级生产计划和控制系统的总体结构

批判性评注

　　尽管分级计划和控制看似既合理又简单直接，但在落地实践中会出现问题。有些问题需要解决：需要多少个层级？哪个层级应该约束哪个层级，其约束有多大？一个人应该提前计划什么？层级制度要求不断向上推进，该要求是否会降低决策速度？多少自主权和自我控制权应该下放到较低的层级或分散的生产设施？稳定性是以牺牲速度和响应性为代价实现的吗？此外，数据必须准确、及时并采用通用格式。各层级之间的有效过渡也需要一定的管理纪律。

14.2 什么是企业资源计划

为了理解企业资源计划（ERP），假设你在两周后将举办一场聚会，预计有 40 人参加。在聚会上，你会提供饮料、三明治和零食。经过一些简单的计算和设想，你就能估计出所需的食物供应量。现在你已有一些可用的食物和饮料，所以你在制定购物清单时要考虑到这一点。你还考虑到，你需要提前准备一些食物并将其冷冻。事实上，策划一场聚会需要做出一系列关于所需食材数量和时间的相互关联的决策。这场聚会还会影响你的财务状况。你可能不得不同意暂时提高你的信用卡透支额度。同样，这需要你做出一些前瞻性计划，并计算出这场聚会将花费多少以及你需要多少额外的信用额度。这就是 ERP 系统的基础功能，帮助公司计算出所需数量和时间（类似于举办一场聚会，但规模更大，复杂性更高）。

因此，即使举办聚会这种相对简单的活动，计划成功的关键也在于我们产生、整合和组织计划和控制依靠的所有信息的方式。当然，业务运营要比举办聚会复杂得多。公司通常向成百上千的客户销售许多不同的产品，但客户对产品的需求各不相同。这类似于你这一周要组织 200 场聚会，下一周要举办 250 场聚会，再下一周要筹备 225 场聚会，所有聚会服务不同的客人，并且他们有不同的要求，如他们的餐饮需求一直在变化。这就是 ERP 负责的事情。它自动化并集成核心业务流程，如客户需求、作业排程、采购物品、库存记录和更新财务数据等，帮助公司"提前计划"这些类型的决策，并及时了解计划变革产生的影响。

● ERP 系统如何运作

近期，几乎所有大公司的发展都是基于 ERP 系统的支持，其中就包括 SAP 和 Oracle 系统。然而，要弄清楚 ERP 系统，就必须弄清楚它的发展过程，如图 14-5 所示。ERP 系统最初是 20 世纪 70 年代流行的物料需求计划系统。当时物料需求计划系统的基础是计

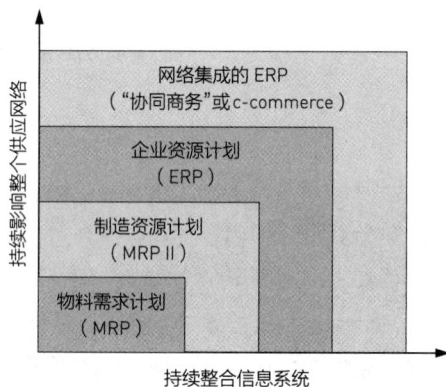

图 14-5 ERP 系统的发展历程

划和控制逻辑，这已经被人们广为熟知。让物料需求计划系统得以流行的是计算机能力的普及，计算机已经可以进行基础的计划和控制计算。我们将在本章最后的补充部分详细讨论物料需求计划系统。

20 世纪 80 年代，制造资源计划（manufacturing resource planning，MRP II）从物料需求计划系统中扩展出来。这是另一项促进发展的技术创新。互联的网络，加上功能日益强大的台式计算机，大大提高了企业不同部门之间的协同处理能力和沟通能力。此外，制造资源计划的额外复杂性允许对"假设"情况进行正演模拟。物料需求计划系统和制造资源计划的强大之处在于，可以探究运营作业发生任何变化产生的后果。因此，如果需求发生变化，物料需求计划系统将计算所有的"连锁"效应，并发布相应指令。同样的原则也适用于 ERP 系统，但在更广泛的基础上。

ERP 系统被定义为：

一个完整的企业级业务解决方案。ERP 系统由以下软件支持模块组成：营销和销售、现场服务、产品设计和开发、生产和库存控制、采购、分销、工业设施管理、流程设计和开发、制造、质量、人力资源、财务和会计以及信息服务。各个模块之间的集成被强化，避免了信息重复。[3]

因此，ERP 系统能够让企业所有部门的决策和数据库进行集成，从而让一个部门的决策结果能够在其他部门的计划和控制系统中得以显示（见图 14-6）。ERP 系统相当于企业的中枢神经系统，能够感知企业不同部门的实时信息，并将信息传递给有需要的其他部门。使用 ERP 系统的人可以实时更新这些信息，并确保每个能接入 ERP 系统的人都可以看到。

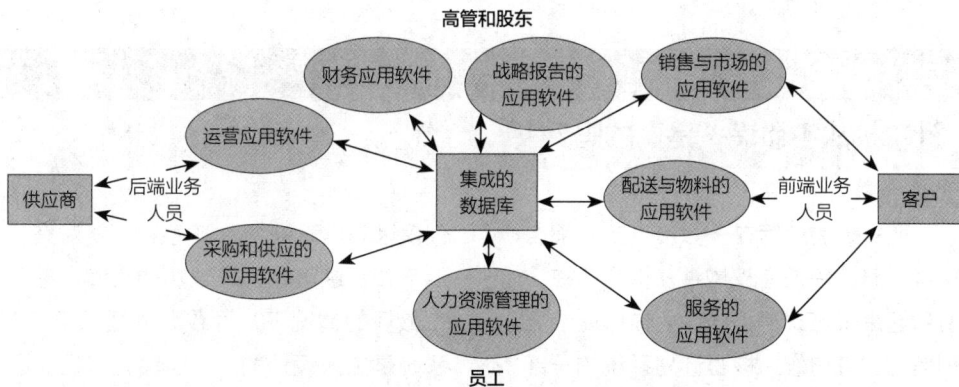

图 14-6　ERP 系统集成了企业所有部门的信息

此外，基于互联网通信的潜力进一步推动了 ERP 系统的发展。许多公司都有供应商、客户和其他需要合作的企业，这些企业自身就有 ERP 类型的系统。一个明显的进步是企业各自的系统可以互相通信，不过这会在技术、组织和战略上产生可怕的后果。尽管如此，许多权威人士认为，只有当这种网络集成的 ERP 系统（也有人将其称为"协同商务"或"电子商务"）得到广泛实施时，ERP 系统才能充分发挥其真正价值。

● ERP 系统的好处

ERP 系统通常被认为能够显著地提高来自不同领域的企业的绩效。一个原因是信息集成提高了企业运营的能见度；另一个原因是 ERP 系统具有规范功能。然而，这种规范功能是一把"双刃剑"。一方面，它"增强"了企业内每个流程的管理能力，允许最佳实践在整个企业中统一进行。公司运营中某个流程的单独特殊行为不会再对所有其他流程造成干扰。另一方面，这种规范功能既难以实现，也（很可能）不适合企业的所有部门。不管如何，人们一般认为 ERP 系统有以下好处：

» 了解企业各部门的进展；
» 规范以作业为基础的变化是提高企业所有部门效率的一种有效机制；
» 运营的"控制感"是持续改进的基础；
» 与客户、供应商和其他商业伙伴进行更详细的沟通，可以得到更准确和及时的信息；
» 整合整个供应链，包括供应商的供应商和客户的客户。

运营实践案例

计算机从不撒谎，是真的吗？[4]

把一条信息写在一张废纸上，那么这条信息几乎没有权威性。将它印在一份看起来很正式的报告中，你可能会更相信它。将它作为核心计划系统的一部分，展示在屏幕上，那么很少有人会质疑它。这是一种自然反应，但也很危险。

仅仅因为信息被纳入 IT 系统，就对其深信不疑，这可能会导致功能失调，甚至在最坏的情况下，导致悲剧性后果。IT 系统是由人设计的，人也会犯错误。这就是英国邮局（UK Post Office）和日本系统公司富士通（Fujitsu）启动"地平线"（Horizon）软件项目后所发生的悲剧。1999 年，英国邮局导入了在当时被称为"欧洲最大的非军事信息技术系统"的 Horizon 软件，目的是帮助邮局分局长（向公众提供邮政服务的独立零售商）跟踪日常零售业务，如销售交易和库存控制等。但是自从该软件系统被引入后，就有邮局分局长投诉其缺陷。可惜，英国邮局将这些投诉看作项目引入的初期困难而未理会。但是，当 Horizon 系统（错误地）指出一些邮局分局长犯下一系列盗窃、欺诈和虚假会计等违法行为时，英国邮局管理层选择相信 IT 系统，并强势起诉了 700 多名邮局分局长。在之后的 14 年里，许多人因被判犯下做假账和盗窃等罪名而入狱，甚至倾家荡产，并

在邻里社区中一直被羞辱且抬不起头。更遗憾的是，一位前邮局分局长被诬告偷窃 6 万英镑后自杀了。还有一些人临终前心中仍然笼罩着自己犯错的想法。在 Horizon 系统实施 9 年后，该事件被《计算机周刊》（*Computer Weekly*）杂志公开报道，该杂志对 Horizon 系统提出了质疑。然而，直到 20 多年后，英国上诉法院才做出了有利于邮局分局长代表团体的裁决，这一裁决撤销了之前几乎所有的定罪，并对那些被误判的人进行巨额赔偿。许多评论人士由此总结出一个教训，过度相信 IT 系统，即使它们所显示的似乎是可疑的，也会导致被描述为"英国历史上最荒唐的司法误判之一"的悲剧出现。[5]

多个数据库的集成是 ERP 系统的核心功能，因为这在实践中很难做到。这也是实施 ERP 系统费用高昂的原因。试图让新系统和数据库与旧（遗留的）系统互相通信，会出现各种问题。所以，许多公司实施新系统时，会选择同时替换掉大部分（如果不是全部）的现有系统。通用系统和关系数据库有助于确保数据在企业不同部门之间顺利传输。除了系统集成，ERP 系统通常还包括其他性能——这些性能使其成为一个强大的计划和控制工具。

● ERP 系统改变了公司做生意的方式

据说在许多公司决定购买现成的 ERP 系统时，面临的最重要的问题是它与公司当前的业务流程和实践的兼容性。已经实施 ERP 系统的公司给出的一个建议是，确保公司当前的经营方式适合（或可以改变为适合的）标准的 ERP 软件包是极其重要的。事实上，公司决定不实施 ERP 系统的最常见的原因之一是，它们无法将 ERP 系统中的前提假设与它们的核心业务流程协调一致。正如大多数企业发现的那样，如果它们目前的业务流程不适合，那么它们可以选择改变自己的流程以适应 ERP 软件包；或者调整 ERP 软件包中的软件以适应它们的流程。这两个选项都涉及成本和风险。改变运作良好

的业务实践将涉及重组成本，以及把错误引入流程。调整软件不仅会减慢项目的进度，还会将潜在的危险软件漏洞引入系统，这会让之后的软件升级变得困难。

运营实践案例

关于鸡肉沙拉三明治的 ERP 系统

通常工厂在下午生产预先包装好的三明治，然后在傍晚和晚上以及第二天早上交货。但这只是故事的一半。故事的另一半是关于一家三明治公司如何管理订购的食材数量、待生产的三明治数量以及整个供应链对公司的影响。几乎所有的三明治公司都使用以制造资源计划软件包为核心的 ERP 系统。制造资源计划系统有两个正常的基本驱动因素：一是不断更新的销售预测；二是产品结构数据库。在这种情况下，产品结构（product structure）和 / 或物料清单（bill of materials）是三明治的"配方"。在公司内部，这个数据库被称为"配方管理系统"。鸡肉沙拉三明治的"配方"（物料清单）如表 14-1 所示。

图 14-7 展示了一家三明治公司使用的 ERP 系统。公司通过电子数据交换系统以电子方式接收客户订单，然后"验证系统"根据当前产品代码和预期数量检查订单，以确保客户下订单时没有出现错误，如忘记订购某些产品。确认后，订单通过中央数据库转移到制造资源计划系统，制造资源计划系统对主要的需求进行分解。根据这些需求和未来几天的预测需求，公司向原材料和包装供应商下订单。同时，公司向客户发送确认书，更新账户信息，确定未来两周的人员安排（以滚动排班为基础），为客户开具发票，所有这些信息都会提供给客户自己的 ERP 系统和运输公司的计划系统。

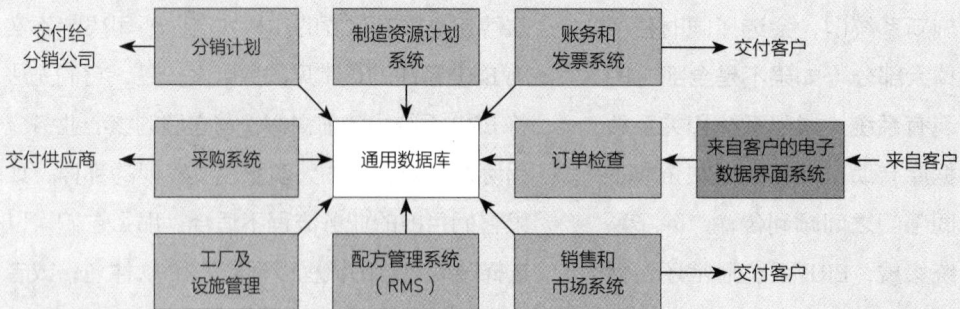

图 14-7　一家三明治公司的 ERP 结构

表 14-1　鸡肉沙拉三明治的物料清单

功能：MBIL		多层级清单查询				
专利：BTE80058		计量单位：	描述：		鸡肉沙拉	份
版本级别标识：		个	运行提前期：		固定提前期：0	
计划员：LOU			计划策略：普通		测量点图纸：WA1882	
层级 1……5……10	部件用途	序列号	组件	物料来源	简要描述	数量	计量单位

层级 1……5……10	部件用途	序列号	组件	物料来源	简要描述	数量	计量单位
1	包装	010	FTE80045	采购	优质鸡肉	9	个
2	装配	010	MBR-0032	采购	面包片	2	片
3	切开	010	RBR-0023	外协	面包片	.4545455	个
2	装配	020	RDY-0001	外协	涂抹黄油	.006	千克
2	装配	030	RMA-0028	外协	蛋黄酱	.01	千克
2	装配	040	MFP-0016	采购	新鲜的鸡肉	.045	千克
3	切开	010	RFP-0008	外协	新鲜的鸡肉	1	千克
	装配	050	MVF-0063	采购	4 片西红柿	3	片
3	备好	010	RVF-0026	采购	准备好的西红柿	.007	千克
4	切开	010	RVF-0018	外协	西红柿	1	千克
2	装配	060	MVF-0059	采购	黄瓜片	2	片
3	备好	010	RVF-0027	采购	黄瓜片	.004	千克
4	加上	010	RVF-0017	外协	黄瓜	1	千克
2	装配	070	MVF-0073	采购	生菜沙拉	.02	千克
3	切开	010	RVF-0015	外协	生菜	1	千克
2	装配	080	RPA-0070	外协	底灰	.00744	千克
2	装配	090	RPA-0071	外协	高级白	.0116	千克
2	装配	100	RLA-0194	外协	贴标签	1,	个
2	装配	110	RLA-0110	外协	贴纸	1	个
1	包装	010	RPA-0259	外协	粘牢标签	1	个
1	包装	030	RPA-0170	外协	灰绿色	1	个

● 网络集成型 ERP 系统

也许实施 ERP 系统最重要的原因是，它为企业与外部世界的协同带来了潜力。例如，如果一家公司能够将外部互联网系统整合到其内部 ERP 系统中，那么这家公司会更容易进入互联网商业领域。可惜，正如 ERP 软件公司的批评者所指出的那样，ERP 供应商没有为电子商务时代的到来做好准备，它们的产品也没有充分考虑到其需要与互联网通信渠道进行连接。这就导致一个结果：只有该系统的专家才能理解 ERP 系统的内部复杂性，但互联网却意味着客户和供应商（两者皆非专家）需要访问相同的信息。因此，诸如订单状态、产品是否有库存、发票进度等重要信息需要通过公司网站上的 ERP 系统获取。

问题就在于，不同类型的外部公司通常需要不同类型的信息。客户需要确认其订单和开具发票的进度，而供应商和其他合作伙伴希望了解关于企业运营计划和控制的详细信息，不仅如此，他们还想随时获取相关信息。互联网是随时在线的，但是网络集成的 ERP 系统通常很复杂，需要定期维护。这意味着每次 ERP 系统离线进行日常维护或做其他更改时，企业网站也会离线。为了解决这个问题，一些公司以解耦的方式配置它们的 ERP 系统和电子商务的链接，这样 ERP 系统可以定期关闭，但并不会影响公司网络的运行。

● 供应链 ERP 系统

除了将内部 ERP 系统与直接客户和供应商进行整合，企业还需要将所有 ERP 系统和类似系统与整个供应链进行整合。当然，这绝不是简单的事情，往往异常复杂。不同的 ERP 系统不仅要相互通信，还必须与其他类型的系统进行整合。例如，销售和市场职能部门经常使用诸如客户关系管理（customer relationship management，CRM）之类的系统管理关于客户需求、承诺和交易的复杂性问题。让 ERP 系统和 CRM 系统一起工作本身就很困难。有时，来自 ERP 系统的信息必须转换成 CRM 系统和其他电子商务应用程序能够理解的形式。但是，这种网络集成型 ERP 系统或协同商务的应用程序正在兴起，并开始影响公司经营业务的方式。虽然实施供应链 ERP 系统是一项艰巨的任务，但也有巨大的好处。供应链合作伙伴之间的沟通成本可以大大降低，并且当信息和产品在供应链合作伙伴之间畅通流动时，可以大大降低出错的概率。不过，最后还是要提出一个警告：尽管系统整合可以使供应链增加透明度，但它也可能传递系统故障。如果供应链中某一企业的 ERP 系统由于某种原因出现故障，可能会阻碍整个供应链集成信息系统的有效运行。

14.3 我们应如何实行计划和控制系统

就其本质而言，设计计划和控制系统的目的在于解决企业不同部门获取信息的问题。因此，我们不难发现，任何一个计划和控制系统都是复杂和难以正确应用的。要让这种类型的系统真正落地实施，必须打破部门边界，并对企业中大多数职能部门（如果不是全部的）的内部流程进行整合。建立一个同时满足运营经理、市场和销售经理、财务经理以及企业中其他所有人需求的单一系统，绝非易事。几乎每个职能部门都有自己的一套流程，以及一个专门为其特定需求而设计的易于理解的系统。把每个人移到一个统一、集成的系统里，并使该系统运行在一个统一的数据库中，这可能是非常不受人待见的行为。并非所有人都喜欢改变，ERP 系统却要求几乎所有人都改变他们各自的工作方式。

● 实施信息技术系统的特殊挑战

令人惊讶的是，考虑到像计划和控制系统这一类信息技术系统已经被广泛应用，投资 IT 项目的成本效益并非简单易得的。一般来说，即使每家企业的收益不同，投资 IT 项目和提高运营效能之间也存在正相关性。正如一位权威人士所言："没有一家银行可以让企业存入 IT 投资，然后获得'平均'回报……"盲目投资 IT 项目并期望生产率自动提高的策略肯定会失败。[6] 而且，IT 项目的失败率很高（通常为 35% ~ 75%，不过大家对"失败"的定义存在争议）。人们普遍认为，IT 项目失败的最常见原因在某种程度上与管理、实施或组织因素有关。其中主要原因之一是整体 IT 战略与公司总战略之间的一致性和整合程度。

当然，不同类型的 IT 带来不同类型的挑战。某些 IT 的影响仅限于明确的且（相对）有限的企业部门。这种类型的 IT 有时被称为"功能性 IT"，因为它为单一职能或任务带来了便利，[7] 如计算机辅助设计（CAD）、电子表格和简单的决策支持系统（decision support systems）。功能性 IT 技术带来的组织性挑战通常可以与技术本身分开处理。换句话说，企业无须对其他组织结构进行任何更改，就可以实施功能性 IT。但是，这并不意味着企业不会面临来自组织、文化或发展方面的挑战。企业对其他方面进行适当的改变，可以提高 IT 技术的有效性。相比之下，"企业 IT"需要拓展到企业的多个甚至所有部门。因此，实施企业 IT 很可能要对组织进行广泛更改。最常见的（也是最常出现问题的）企业 IT 系统是 ERP 系统。还有一种类型的 IT 是"网络 IT"。网络 IT 能促进组织内外人员和团体之间的交流，但是它并没有预先确定这些交流应该如何进行。例如，简单的电子邮件就是一种网络 IT。它给企业和供应网络的运营带来了重大变化，但这些变化不是由技术本身带来的。相反，随着时间的推移，人们使用电子邮件变得越来越得心应手，这些变化自然就出现了。应用这一类技术的挑战在于，学习如何开发出其新兴潜力，这对许多企业来说是一个挑战，因为它们已经把 ERP 系统扩展到一部分甚至整个供应链。

运营实践案例

绝非易事 [8]

ERP 系统被称为企业的"神经中枢"，就像真实的神经系统一样，它们很难操作，并且当它们出错时，也会给企业造成严重的"疼痛"。即使由经验丰富的专业人员执行，实施 ERP 系统也可能出错。请看下面这些例子。

德国连锁超市 Lidl

像许多大公司一样，德国连锁超市 Lidl 的内部库存管理系统已经运行多年，开始出现各种问题，这让 Lidl 超市不堪其扰。它委托世界领先的业务流程管理软件供应商思爱普（SAP）实施一个全新的系统。然而，在实施过程中，出现了一个显而易见的冲突，Lidl 超市想以购买价格计算库存，但大多数零售商则以销售商品的零售价计算库存，而 SAP 系统是为零售商设计的系统。Lidl 超市不想改变它的会计惯例，思爱普被迫尝试为它定制一套系统。这导致了一系列的执行问题。可惜的是，Lidl 超市的 IT 部门出现人员流动，无法协助执行这个本就非常复杂的项目。2018 年，该项目已经启动了 7 年，花费近 5 亿美元，最终被取消了。

澳大利亚伍尔沃斯超市

另一家零售商澳大利亚的伍尔沃斯（Woolworths）公司，也有明显的 ERP 系统实施问题。伍尔沃斯是澳大利亚最大的连锁超市（不要与那家现已倒闭的英国公司混淆）。它在澳大利亚经营着近 1000 家门店，在其门店和供应网络中雇用了 11.5 万名员工。它的新 ERP 系统旨在使公司的计划和控制工作现代化，但是，经过 6 年的计划，当它与新系统一起使用时，问题就出现了。最明显的问题是该公司许多商店的货架空无一物。显然，新系统的故障使公司无法向（许多）供应商下订单。对该故障展开的调查表明，一个主要问题是，在 ERP 系统实施过程中，员工在日常业务运行中的实际使用流程并没有被真正理解和记录。这些流程的很多细节都在员工的头脑中，却没有被正式记录下来。因此，员工离开公司时会带走关键的信息。实际上，此次实施 ERP 系统的失败源于公司忽视了对关键信息（一家公司全体员工的知识和经验之和）的保存。

奥利奥拉（Oriola）芬兰公司

奥利奥拉（Oriola）芬兰公司是总部

位于芬兰的健康和福利公司奥利奥拉的分公司。奥利奥拉公司在瑞典和芬兰的医疗保健市场处于领导地位，并拥有瑞典的第三大连锁药店 Kronans Apotek。奥利奥拉芬兰公司是一家健康和福利产品的主要分销商，旗下拥有不到 3000 名员工。奥利奥拉芬兰公司对其 ERP 系统进行重大升级时出现问题，严重影响了该公司的药品交付能力。奥利奥拉芬兰公司向全国各地的药剂师运送数千种药物，包括胰岛素、抗癌药物和抗精神病药物，因此该公司供应链中的任何干扰不仅会导致销售损失，更会损害人们的健康。这次供应中断的后果非常严重，因为芬兰全国销售的药品中有 46% 是由奥利奥拉芬兰公司供应的，而转向其他分销商恐怕很难迅速供应到位。造成这一问题的一个原因是，该公司未能充分预见 IT 系统变化造成的破坏。据了解，奥利奥拉芬兰公司没有预料到系统升级转换时会发生重大的供应中断，其订购系统竟然瘫痪了几天。公司由此事故吸取的一个教训是，当 ERP 系统升级转换为一个新 ERP 系统时，公司应做好应对最坏情况的打算。最终，奥利奥拉芬兰公司设法解决了新 ERP 系统的问题，并雇用了额外的员工处理积压的订单，但该事件让公司损失了数百万欧元，并损害了其供应可靠的声誉。

废物管理公司

实施 ERP 系统失败有时会产生法律纠纷。废物管理公司是北美一家领先的废物和环境服务提供商。该公司宣布因为实施 ERP 系统失败而起诉其 ERP 供应商思爱普（SAP）。废物管理公司表示，它正在寻求追回超过 1 亿美元的项目费用，以及 SAP 软件承诺会实现的成本节省和经济利益。该公司表示，思爱普承诺，思爱普软件将在 18 个月内在废物管理公司所有部门实施落地，而且该软件是一种"开箱即用"的解决方案，可以满足废物管理公司的需求，无需任何定制或增强服务。但是，根据废物管理公司的说法，思爱普实施团队发现软件的功能与废物管理公司的业务需求之间存在巨大"差距"。废物管理公司还发现，在《服务等级协定》（service-level agreement）签署之前，思爱普在德国的产品开发团队就已经知道了这些差距。但据报道，思爱普实施团队的成员把这种功能差距归咎于废物管理公司，并提交了订单变更的申请，要求废物管理公司支付相关的修复费用。诉讼提出 5 年后，思爱普公司向废物管理公司一次性支付了一笔现金，纠纷得以解决。

● ERP 系统成功实施的关键因素

实施 ERP 系统的一个关键问题是，管理好哪些关键成功因素（critical success factors，CSF）才能增加成功实施的机会。在这种情况下，关键成功因素是指那些组织必须"做好"的事情，从而让 ERP 系统有效地运行。芬尼（Finney）和科比特（Corbett）[9] 总结了这一领域的许多研究。他们将组织层面或战略性的关键成功因素，与项目性或战术性关键成功因素做了对比，如表 14-2 所示。

表 14-2　ERP 系统成功实施的战略性关键成功因素和战术性关键成功因素

战略性关键成功因素	战术性关键成功因素
» 最高管理层的承诺和支持：最高管理层强有力的领导是 ERP 系统成功实施的关键 » 愿景和计划：向组织阐明其业务愿景，确定明确的目标和目的，并在业务目标和系统战略之间建立明确的关系 » 项目冠军：个人应具备较强的领导能力，以及在业务、技术和个人管理等方面具有较强的能力 » ERP 系统实施的战略和时间框架：按时间阶段实施 ERP 系统 » 项目管理：对实施计划的持续管理 » 变革管理：该概念是指实施团队需要正式准备好一个变革管理计划，并意识到需要考虑实施 ERP 系统的影响。一项关键任务是提高用户对项目的接受度并保持积极的员工态度。为了完成这一任务，企业可以积极宣传 ERP 系统的好处和实施 ERP 系统的必要性。提高用户接受度的一部分工作还应该包括获得企业内意见领袖的支持。团队领导还需要在持不同意见的群体之间进行有效谈判。一些权威人士还强调，在计划实施 ERP 系统项目时，必须将其视为一个变革管理项目，而不是 IT 项目	» 平衡的团队：实施团队必须是一个跨组织的，并且是兼顾业务和 IT 技术的 » 项目团队：关键是建立一个坚实的核心实施团队，由组织中"最优秀、最聪明"的个人组成。这些人在组织内有良好的口碑。组织应该承诺将这些人全职"释放"加入项目 » 沟通计划：各职能部门和组织层面（特别是业务和 IT 人员）之间要有计划地沟通，这样才能确保整个组织内部，以及组织与供应商和客户之间能公开沟通 » 项目成本计划和管理：事先准确知道实施成本，并拨出必要的预算是很重要的 » IT 基础设施：评估组织的 IT 准备情况至关重要，包括架构和技能。IT 基础设施可能需要升级或改造 » ERP 的选择：选择适合企业流程的 ERP 软件包 » 顾问的选择和工作关系：一些权威专业人士主张在实施团队中加入一名 ERP 顾问 » 培训和重新设计工作：培训是实施的关键。此外，组织还需要考虑变革对工作性质和工作职责描述的影响 » 故障排除／危机管理：重要的是在 ERP 系统实施中保持灵活性，从不可预见的情况中学习，以及时刻准备处理意外的危机情况。故障排除技能是实施过程中的持续性要求

资料来源：Based on finney, s. and Corbett, M. (2007) ERP implementation: a compilation and analysis of critical success factors, Busines Process Management journal, 13 (3),329-47。

当然，其中一些关键成功因素可能适用于任何类型的复杂措施落地，无论 ERP 系统实施，还是对企业进行一些其他重大变革。但这恰恰是问题的关键所在。ERP 系统实施当然有一些特定的技术要求，但好的 ERP 系统实施与其他复杂而机密的软件实施是非常相似的。再一次强调，ERP 系统的不同之处在于它是面向整个企业范围的系统，所以它的实施应该从整个企业的范围层面考虑。在实施 ERP 系统时，需要考虑许多不同的利益相关者，每个利益相关者都有自己担心的问题。这是为什么实施 ERP 系统成为变革企业管理方式的一个惯例做法。只有真正解决所有相关群体的担忧，ERP 系统才更有可能表现出卓越的系统性能。

只谈实践层面，许多顾问历经千辛万苦才能够成功实施 ERP 系统，他们总结了有关实践经验。下面列出了在 ERP 系统实施过程中可能出现的一些典型问题（并且

确实与现实情况相呼应）：[10]

» 低估了实施 ERP 系统的总成本；

» 低估了实施 ERP 系统所需的时间和精力；

» 整合业务和 IT 功能所需的资源要比预期多；

» 所需的外部专业知识水平将超出预期；

» 业务流程所需的变化将超出预期；

» 控制这个项目的范围比预期的要困难；

» 培训永远不够；

» 企业可能一开始并没有认识到变革管理的必要性，等到认识到这一问题时已为时已晚；对企业文化的变革要求很可能被严重低估（这是实施 ERP 系统的最大失败点）。

社会责任

本书将在每一章的"社会责任"板块总结本章主题与重要的社会、道德和环境问题之间的关联。

ERP 系统的真正目的，恰好是企业经理在实施这一系统时所面临的道德问题的来源——整合许多利益相关者的信息需求和利益。这一目的产生了两类问题：第一类问题涉及在 ERP 系统的设计和实施过程中，企业如何平衡利益相关者群体的利益（有时是冲突性利益）；第二类问题涉及利益相关者访问 ERP 系统中保存的大量信息的性质。

ERP 系统把企业内的所有部门连接起来，并且当扩展到公司的供应网络时，还可以连接不同的运营群体（如供应商、业务伙伴和客户）。它简化了信息流，扩大了各种资源和企业之间的合作。然而，不同的利益相关者很可能有不同的利益和优先点。信息流不是中立的。掌握信息的人往往拥有权力。在企业中，人们应该如何平衡信息的流向？比如，当一些信息意味着失业时，企业将这些信息传给员工代表，是否违反了职业道德要求的公开和透明？同样的情况也发生在外部经营实体（如供应商）上。当流向供应商的信息可能被解读为导致商业不利的信息时，企业应如何设计这些信息？

关于访问 ERP 系统中信息的问题，可访问性协议必须确保存储在 ERP 系统中的关于员工、客户和业务伙伴的信息，只有有权限查看和使用的人才能访问。系统必须内置适当的安全保护功能，以防止未经批准的访问。特别是随着移动设备的普及，黑客攻击、窥探和其他类型的未经批准的数据访问可能会成为一个隐患。事实上，许多地区都对信息的隐私和准确性提供了法律保护。当然，保护信息是一种道德责任。在信息得到充分保护的情况下，客户才可能将他们的信息提供给企业。

第 14 章要点小结

1. 什么是计划和控制系统？

- 计划和控制系统是为企业计划和控制活动提供支持的信息处理、决策支持和执行机制。

- 计划和控制系统可以有各种形式，但通常都有一些共同元素，如客户和供应商接口，信息系统，一套决策规则，以及排程、排序、加载和监控企业活动的功能。

- 分级计划和控制系统在组织的不同层次和不同时期可以分离出不同类型的决策。

2. 什么是企业资源计划？它是如何发展成为最常见的计划和控制系统的？

- ERP 系统是一个企业范围内的信息系统，它集成了许多职能部门的信息，这些信息是计划和控制运营活动必需的。这种公共数据库的集成需要透明度。

- ERP 系统通常需要在软件本身及其实施上进行巨额投资。更重要的是，它通常需要改变公司的流程，使其符合 ERP 软件内置的假设条件。

- ERP 系统可以被看作由早期的 MRP 延伸发展而来的一种最新的计划和控制方法。

- ERP 系统在企业内部系统和数据库的集成方面发挥着日益重要的作用，但它与其他组织的 ERP 系统（和同等的系统）集成的潜力更大。

- 在供应链上的客户、供应商和其他合作伙伴之间进行互联网通信，大大提高了 ERP 系统进行更广集成的可能性。

3. 我们应如何实施计划和控制系统？

- 实施计划和控制系统旨在解决信息碎片化问题，因此其实施是复杂的，并且是跨组织的。

- 为了使 ERP 系统有效地运行，企业必须"准备好"一些关键性成功因素（CSF），其中一些关键性成功因素是覆盖整个企业内部的因素或战略性因素，其他的则是更具体的项目或战术性因素。

第 14 章注释

[1] 案例信息来自 Allan, K. (2009) Butcher's Pet Care relies on IT that can co-ordinate its ERP, *Engineering & Technology Magazine*, 21 July。

[2] 对这一主题及类似主题进行详细解释的著作有 MacCarthy, B.L. (2006) Organizational, systems and human issues in production planning, scheduling and control, in Hermann, J. (ed.) *Handbook of Production Scheduling*, International Series in Operations Research and Management Science, Springer, New York, Ny。

[3] Wight, O. (1984) *Manufacturing Resource Planning: MRP II*, Oliver Wight Ltd.

[4] 案例信息来自 Ellson, a. (2021) Post Office scandal: hundreds could claim compensation after convictions quashed, *The Times*, 24 april; Dixon, H. (2021) Call to prosecute Post Office bosses over 'biggest miscarriage in British legal history', *The Telegraph*, 23 april。

[5] Thornhill, J. (2021) Post Office scandal exposes the dangers of automated injustice, *Financial Times*, 29 april.

[6] Brynjolfsson, E. (1994) Technology's true payoff, *Information Week*, October.

[7] 对这一分类的详细阐述内容见 Mcafee, a. (2007) Managing in the Information age, Harvard Business School, Teaching note 5-608-011。

[8] 案例信息来自 Fruhlinger, J., Wailgum, T. and Sayer, P. (2020) 16 famous ERP disasters, dustups and disappointments; Novacura (2019) 4 ERP implementation failures with valuable lessons, The Novacura Flow blog, 19 February; Kanaracus, C. (2008) Waste Management sues SaP over ERP implementation, InfoWorld, 27 March。

[9] 基于 S.Finney 和 Corbett 在这一领域研究的一篇评论文章: Finney, S. and Corbett, M. (2007) ERP implementation: a compilation and analysis of critical success factors, *Business Process Management Journal*, 13 (3), 329–47。

[10] Turbit, N. (2005) ERP Implementation – The Traps, The Project Perfect White Paper Collection.

附录**14A**：物料需求计划

导语

物料需求计划（MRP）是用来计算企业需要多少特定类型的零件或材料以及需要用多少时间的计算方法。当MRP系统运行时，数据文件要被检查和更新。图14A-1显示了这些文件如何相互关联。物料需求计划的首要输入信息是客户订单和预测需求。基于这两个未来预测需求信息的组合，MRP系统进行计算。所有其他物料的需求都来自并依赖此未来需求信息。

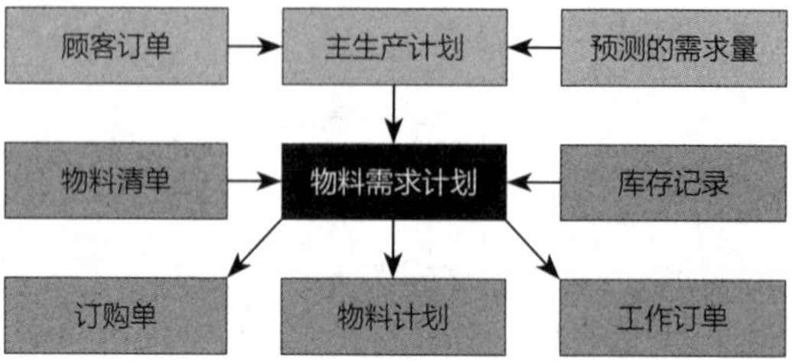

图 14A-1　物料需求计划（MRP）的示意图

● 主生产计划

主生产计划（master production schedule, MPS）是物料需求计划的主要输入，其中包含最终产品的数量和生产时间的信息。它推动所有的生产和供应活动，并且这些活动最终聚集在一起形成最终产品。它是计划和利用劳动力与设备的基础，决定了物资和现金的供应。主生产计划应该包括所有需求来源，如备件、内部生产承诺等。例如，如果一家挖土机制造商计划举办产品展览，并允许项目团队突然从多家商店采购零件以制造两台崭新的样品来展出，这很可能会导致工厂缺少零件。MPS也可被用于服务型机构。例如，在医院的手术室中，有一个主时间表，其中包含哪些手术已经被排程以及何时进行等信息。这可以用来为手术提供材料，如无菌器械、血液和敷料，还可以用来安排手术人员。

主生产计划记录

主生产计划以时间阶段记录每个终端产品，其中包含需求说明和每个成品的当前可用库存。利用这些信息，可以提前预测可用库存。当库存不足以满足未来需求时，订单数量被输入主计划线上。表 14A-1 是一个物品的主生产计划的简单示例。

在第一行中，已知的销售订单和任何预期销售数量被组合成"需求量"。第二行是"可用量"，显示了在每个星期结束时该物品的库存数量。期初存货余额"现有量"单独显示在记录表的底部。第三行是主生产计划（MPS），显示了每周需要完成的成品数量和可用的成品数量，以满足需求。

表 14A-1　主生产计划的示例

		周数								
		1	2	3	4	5	6	7	8	9
需求量		10	10	10	10	15	15	15	20	20
可用量		20	10	0	0	0	0	0	0	0
MPS		0	0	10	10	15	15	15	20	20
现有量	30									

- 跟踪或平准的生产计划　在表14A-1的示例中，主生产计划（MPS）随着需求的增加而增加，目的是让可用库存保持为零。主生产计划会"跟踪"需求（见第11章），从而调整资源的供应。另一种平准的主生产计划（MPS），如表14A-2。平准的生产计划是指维持平稳生产所需的数量，以平衡需求高峰和低谷期的数量；它比之前的主生产计划（MPS）产生更多的库存。

表 14A-2　一个"平准"主生产计划的示例

		周数								
		1	2	3	4	5	6	7	8	9
需求量		10	10	10	10	15	15	15	20	20
可用量		31	32	33	34	30	26	22	13	4
MPS		11	11	11	11	11	11	11	11	11
现有量	30									

- 可承诺量（available to promise，ATP）　主生产计划向销售部门提供可交付给客户的产品数量以及什么时候可交付的相关信息。根据主生产计划，销售部门可加载已知的销售订单，并跟踪可承诺量（见表14A-3）。主生产计划中的可承诺量一行显示了一周内可用的最大值，销售订单可以根据这一最大值进行加载。

表 14A-3　包括"可承诺量"的平准主生产计划表的示例

		周数								
		1	2	3	4	5	6	7	8	9
需求量		10	10	10	10	15	15	15	20	20
销售订单		10	10	10	8	4				
可用量		31	32	33	34	30	26	22	13	4
ATP		31	1	1	3	7	11	11	11	11
MPS		11	11	11	11	11	11	11	11	11
现有量	30									

物料清单

根据主生产计划，物料需求计划可以计算出组件、子组件和材料所需的数量与时间。要做到这一点，它需要掌握每种产品需要哪些部件的信息。这就是所谓的"物料清单"（bill of materials，BOM）。最初，最简单的方法是把它看作一个产品结构。图 14A-2 中的产品结构是一个简化的结构，显示了制作一个简单的桌游所需的组件。表 14A-4 显示了不同的"组装级别"，其中成品（盒装游戏）在第 0 级，用于组装盒装游戏的部件和子组件在第 1 级，用于组装子组件的组件在第 2 级，依此类推，等等。

一种更方便的产品结构形式是"缩进式物料清单"。表 14A-4 显示了桌游的整个缩进物料清单。术语"缩进"是指组装水平的缩进，如左列所示。某些零部件的需求量是以倍数计算的；这意味着物料需求计划必须知道每

第 0 级

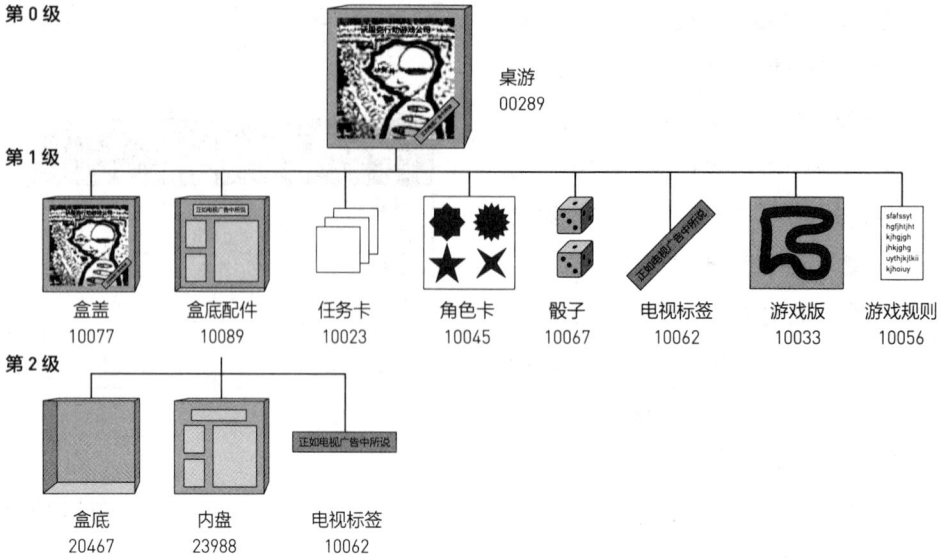

桌游
00289

第 1 级

盒盖
10077

盒底配件
10089

任务卡
10023

角色卡
10045

骰子
10067

电视标签
10062

游戏版
10033

游戏规则
10056

第 2 级

盒底
20467

内盘
23988

电视标签
10062

图 14A-2　一个简单桌游的产品结构

表 14A-4　桌游的缩进式物料清单

零件编号：00289			
描述：桌游			
层级：0			
层级	**零件编号**	**描述**	**数量**
0	00289	桌游	1
.1	10077	盒盖	1
.1	10089	盒底配件	1
..2	20467	盒底	1
..2	10062	电视标签	1
..2	23988	内盘	1
.1	10023	任务卡	1
.1	10045	角色卡	1
.1	10067	骰子	2
.1	10062	电视标签	1
.1	10033	游戏板	1
.1	10056	游戏规则	1

个零件的需求量，以便能够将需求量相乘。同样，相同的零件（如电视标签，零件号为 10062 ）可用于产品结构的不同组件。这意味着物流需求计划必须处理好零件的共性问题，并且时不时地汇总需求，以检查总标签的需求量。

● 库存记录

用物料需求计划统计所需的物料时，需要意识到一些物料可能已有库存。因此，必须从每个物料清单的第 0 级开始，检查每个成品、子组件和组件的可用库存量，然后计算所谓的"净"需求，即为了满足需求量而补充库存的额外需求量。这需要三个主要的库存记录：物品主文件，它记录每个零件或组件的唯一标准识别码；交易文件，它记录入库、出库和流动余额；位置文件，它标识库存的具体位置。

● 物料需求计划的净需求计算

物料需求计划的信息需求很重要，但它们不是 MRP 的"核心"。MRP 的核心是获取计划信息并计算出满足需求的数量和时间要求的系统性过程。其中最重要的元素是 MRP 的净需求计算（MRP netting process）。图 14A-3 展示了 MRP 计算所需物料量的过程。主生产计划被"拆解"，通过物料清单检查主生产计划的真实性，确定还需要多少子组件和零件。在将物料清单向下推进到下一级的计算之前，物料需求计划还要检查库存中已有多少所需部件是可用的。然后，它为物品的净需求生成"生产订单"或请求。这些构成了计划表，然后通过下一级的物料清单再次拆解。这个过程一直持续到底层的物料清单。

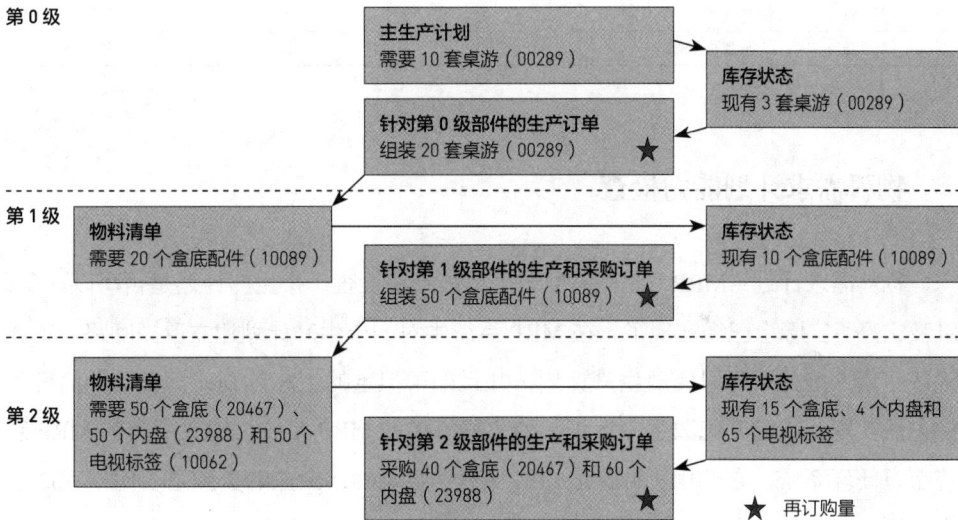

第 0 级

主生产计划
需要 10 套桌游（00289）

库存状态
现有 3 套桌游（00289）

针对第 0 级部件的生产订单
组装 20 套桌游（00289）★

第 1 级

物料清单
需要 20 个盒底配件（10089）

库存状态
现有 10 个盒底配件（10089）

针对第 1 级部件的生产和采购订单
组装 50 个盒底配件（10089）★

第 2 级

物料清单
需要 50 个盒底（20467）、50 个内盘（23988）和 50 个电视标签（10062）

库存状态
现有 15 个盒底、4 个内盘和 65 个电视标签

针对第 2 级部件的生产和采购订单
采购 40 个盒底（20467）和 60 个内盘（23988）★

★ 再订购量

图 14A-3　一款简单桌面游戏的 MRP 记录的摘录内容

逆向排程

除了计算所需物料的数量，物料需求计划还要考虑每个零件被需要的时间，即物料的时间和排程。它通过一个被称为"逆向排程"的过程做到这一点。"逆向排程"考虑了每个组装级别的提前期（完成整个流程的每个阶段所允许的时间）。再次以桌游为例，假设在一个假设的计划日要完成 10 款桌游，我们将其称为第 20 天。为了确定我们何时需要开始生产组装游戏的所有部件，我们需要知道物料需求计划文件中每个部件的生产提前期（见表 14A-5）。按照生产提前期这一信息，整个项目向后倒推以确定必须执行的任务和必须下的采购订单。根据表 14A-5 所示的提前期

和库存水平，可以推导出图 14A-4 所示的物料需求计划记录。

表 14A-5　物料需求计划中需求的逆向排程

部件编号	描述	现有库存数量	提前期（天数）	再订购量
00289	桌游	3	2	20
10077	盒盖	4	8	25
10089	盒底配件	10	4	50
20467	盒底	15	12	40
23988	内盘	4	14	60
10062	电视标签	65	8	100
10023	任务卡	4	3	50
10045	角色卡	46	3	50
10067	骰子	22	5	80
10033	游戏板	8	15	50
10056	游戏规则	0	3	80

● 物料需求计划能力检查

物料需求计划（MRP）流程需要一个反馈回路检查一个生产计划是否可以实现，以及它是否实际上已经实现了。在 MRP 系统中对一个生产计划建立反馈回路，需要确认可用产能是否可以完成生产计划，并且如果拟定的生产计划无论在何种情况下都无法实现，就需要修改生产计划。除了最简单的 MRP 系统，现在所有的 MRP 系统都是闭环系统。它们用三种计划方法从三个层级确认企业的资源是否可以完成生产计划。

» 资源需求计划（resource requirements plans，RRPs）：用于长期预测对企业的大型结构部件的需求，如新工厂的数量、位置和规模。

» 粗切产能计划（rough-cut capacity plans，RCCPs）：用于中短期需求的预测，根据已知的产能瓶颈确认主生产计划，以防止产能限制被打破。这一级别的反馈回路仅确认主生产计划和关键性资源。

» 产能需求计划（capacity requirements plans，CRPs）：用于确认由物料需求计划发出的生产订单对各个流程负荷的日常影响。

00289: 寻宝游戏　组装提前期 = 2　再订购量 = 20

提前期的天数	0	1	2	3	4	5	6	7	8	9	10	11	12	13	14	15	16	17	18	19	20
大致需求量																					10
计划接收量																					
现有库存量	3	3	3	3	3	3	3	3	3	3	3	3	3	3	3	3	3	3	3	3	13
计划投入量																			20		

10077: 盒盖　购买提前期 = 8　再订购量 = 25

提前期的天数	0	1	2	3	4	5	6	7	8	9	10	11	12	13	14	15	16	17	18	19	20
大致需求量																			20		
计划接收量																					
现有库存量	4	4	4	4	4	4	4	4	4	4	4	4	4	4	4	4	4	4	9	9	9
计划投入量											25										

10089: 盒底配件　组装提前期 = 4　再订购量 = 50

提前期的天数	0	1	2	3	4	5	6	7	8	9	10	11	12	13	14	15	16	17	18	19	20
大致需求量																			20		
计划接收量																					
现有库存量	10	10	10	10	10	10	10	10	10	10	10	10	10	10	10	10	10	10	40	40	40
计划投入量															50						

20467: 盒底　购买提前期 = 12　再订购量 = 40

提前期的天数	0	1	2	3	4	5	6	7	8	9	10	11	12	13	14	15	16	17	18	19	20
大致需求量															50						
计划接收量																					
现有库存量	15	15	15	15	15	15	15	15	15	15	15	15	15	15	5	5	5	5	5	5	5
计划投入量			40																		

23988: 内盘　购买提前期 = 14　再订购量 = 60

提前期的天数	0	1	2	3	4	5	6	7	8	9	10	11	12	13	14	15	16	17	18	19	20
大致需求量															50						
计划接收量																					
现有库存量	4	4	4	4	4	4	4	4	4	4	4	4	4	4	14	14	14	14	14	14	14
计划投入量	60																				

10062: 电视标签　购买提前期 = 8　再订购量 = 100

提前期的天数	0	1	2	3	4	5	6	7	8	9	10	11	12	13	14	15	16	17	18	19	20
大致需求量															50				20		
计划接收量																					
现有库存量	65	65	65	65	65	65	65	65	65	65	65	65	65	65	15	15	14	15	95	95	95
计划投入量											100										

10023: 任务卡　购买提前期 = 3　再订购量 = 50

提前期的天数	0	1	2	3	4	5	6	7	8	9	10	11	12	13	14	15	16	17	18	19	20
大致需求量																			20		
计划接收量																					
现有库存量	4	4	4	4	4	4	4	4	4	4	4	4	4	4	4	4	4	4	34	34	34
计划投入量															50						

10045: 角色卡　购买提前期 = 3　再订购量 = 50

提前期的天数	0	1	2	3	4	5	6	7	8	9	10	11	12	13	14	15	16	17	18	19	20
大致需求量																			20		
计划接收量																					
现有库存量	46	46	46	46	46	46	46	46	46	46	46	46	46	46	46	46	46	46	26	26	26
计划投入量																					

10067: 骰子　购买提前期 = 5　再订购量 = 80

提前期的天数	0	1	2	3	4	5	6	7	8	9	10	11	12	13	14	15	16	17	18	19	20
大致需求量																			40		
计划接收量																					
现有库存量	3	3	3	3	3	3	3	3	3	3	3	3	3	3	3	3	3	3	3	3	13
计划投入量														80							

10033: 游戏板　购买提前期 = 15　再订购量 = 50

提前期的天数	0	1	2	3	4	5	6	7	8	9	10	11	12	13	14	15	16	17	18	19	20
大致需求量																			20		
计划接收量																					
现有库存量	8	8	8	8	8	8	8	8	8	8	8	8	8	8	8	8	8	8	38	38	38
计划投入量				50																	

10056: 游戏规则　购买提前期 = 3　再订购量 = 80

提前期的天数	0	1	2	3	4	5	6	7	8	9	10	11	12	13	14	15	16	17	18	19	20
大致需求量																			20		
计划接收量																					
现有库存量	0	0	0	0	0	0	0	0	0	0	0	0	0	0	0	0	0	0	60	60	60
计划投入量														80							

图 14A-4　一款简单桌游的 MRP 记录的摘录内容（提前期用箭头表示）

补充要点小结

- MRP 代表物料需求计划，是一个独立的需求系统，用来计算物料需求量和制订生产计划，以满足已知的和预测的销售订单。基于对未来需求提供必要的供应这一想法，MRP 可以进行数量和时间的计算。

- MRP 的第一项工作是制订主生产计划。主生产计划总结了终端产品或服务所需数量和生产时间。根据物料清单和库存记录的逻辑，主生产计划会被"拆解"（即所谓的"MRP 净需求计算"），以确定需要多少子组件和零件，以及何时需要它们。

- 闭环 MRP 系统包含各种反馈回路，确保对产能进行检查，确定生产计划是否可行。

- MRP II 系统是 MRP 的一种发展模式。它们集成了许多与 MRP 相关的流程，但这些流程都在企业的职能部门之外。

第四部分

开发

即使一家企业确定了指导方针，完成了设计，交付已经完成了计划和控制，企业经理的任务仍未完成。即使最好的企业也需要不断改进和发展，一部分原因是客户的期待在提高，另一部分原因是企业的竞争对手也在不断改进。本书这一部分着眼于企业发展的五个关键问题。这一部分包括以下章节：

第 15 章 运营改进

本章讨论的是企业管理者如何采用许多新兴（以及不是非常新的）改进方法的元素提高运营绩效。

第 16 章 精益运营

本章讨论的精益运营是由计划和控制的一个概念（称为"准时制"）发展起来的运营管理方法，但现在主要被视为一种运营改进方法。

第 17 章 质量管理

本章提出了质量管理的一些思想，以及如何使用它们改进质量管理。

第 18 章 管理风险和恢复

本章探讨了运营经理如何降低出错的风险，以及他们如何从所犯的错误中恢复运营。

第 19 章 项目管理

本章讨论了运营经理如何对运营改进活动（包括其他事项）做好项目管理，从而管理好改进中不可避免地出现的变化。

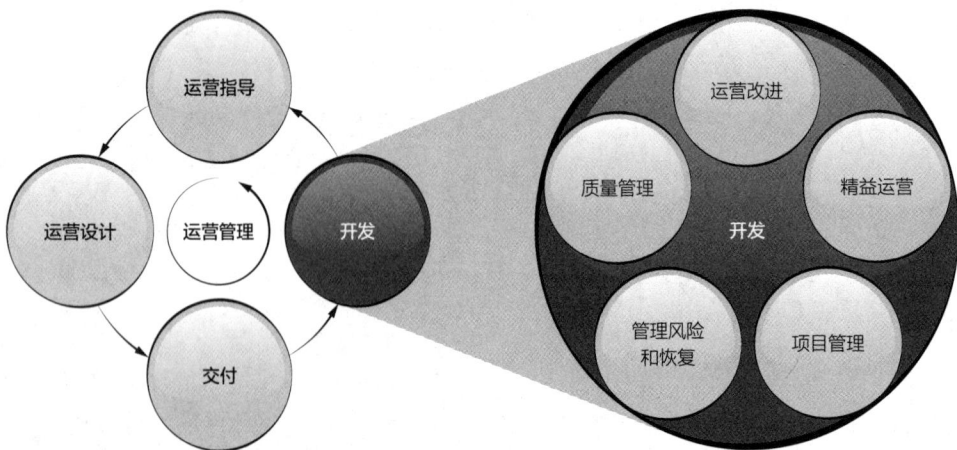

运营改进

本章学习目标

- » 为什么改进在运营管理中如此重要?
- » 运营改进的关键要素是什么?
- » 改进的主要方法是什么?
- » 可以使用哪些技巧进行改进?
- » 如何管理改进过程?

导语

　　改进意味着让事情变得更好。所有企业，无论管理得多好，都有改进的空间。当然，从某种意义上讲，所有的企业管理都关乎把事情做得更好，但也有一些事务与改进活动关系更加密切。接下来的五章将会讨论这些问题。然而，有一段时间，改进并不是企业经理的核心任务所在，企业经理的任务只是经营企业、保持良好状态和维持当前绩效。这种情况已经一去不复返。现在，企业管理的重心已明显发生转变，改进成为企业经理的主要责任之一。此外，改进作为一项具体活动，引起了研究者的极大关注。其中，一些人关注运营改进的具体技术和方案，另一些人则关注运营改进的基本哲学。本章将讨论这两个方面。图 15-1 展示了本章主题在运营管理活动中所处的位置。

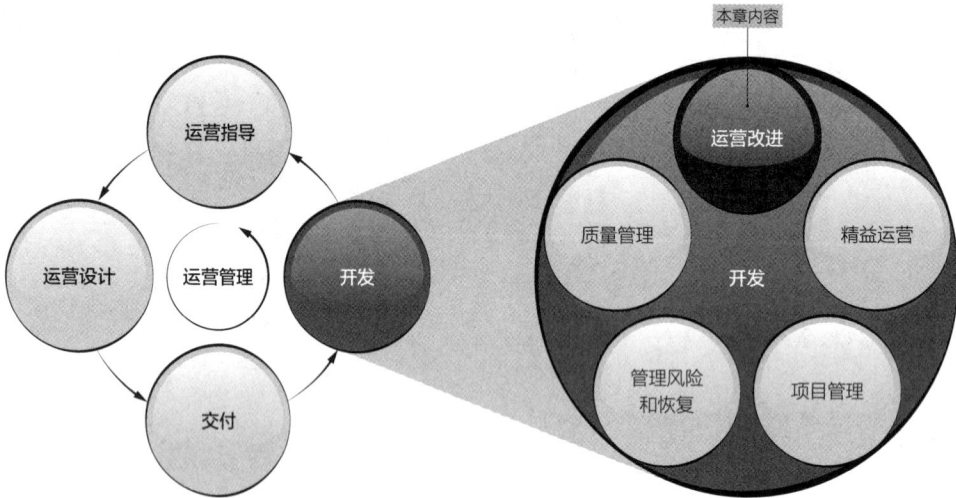

图 15-1　本章探讨的是运营改进

15.1 为什么改进在运营管理中如此重要

为什么运营改进如此重要？谁不想企业好起来呢？企业（或者应该）和人一样，通常都想变得更好。这不仅仅是为了让自己变得卓越，尽管这可能是一个因素。更主要的一个原因是，改进运营绩效对任何组织都会产生巨大的影响。急诊服务机构希望更快地接待被疾病折磨的患者，因为唯有如此，急诊机构才能更有效地履行自己的职责。快递配送公司希望以更低的成本、更可靠的方式配送，并减少排放，因为这意味着客户更满意、利润更高，且污染更少。发展慈善机构希望援助行动尽可能合理、有效地改善人类状况，因为这样可以让更多的资金流向受益者，而不是浪费或消耗在行政管理上。因此，我们看到运营管理的整个重点转向强调改进，也就不足为奇了。评判运营经理的能力，不仅要看其一直以来担负的责任，即生产产品和服务以实现达到客户可接受的质量、速度、可靠性、灵活性和成本，还要看其如何提高企业整体运营部门的绩效。

● 为什么要关注改进

为什么专业的运营经理的活动重心转移到改进方面？针对这个问题，下文从多个方面给出了原因。

» 竞争压力明显加大（或非营利企业或公共领域部门面临的"物有所值"的压力）。事实上，经济学家对市场是否真的更有竞争力有不同的争论。就改进而言，这并不重要；有一种观点认为竞争压力增加，当然企业所有者（股东或政府）是不太可能容忍低回报或物有所值的。

» 世界贸易的性质正在发生变化。作为生产者和消费者，新兴经济体正变得越来越重要。这给劳动力和基础设施成本相对高昂的国家带来了成本压力，也给跨国公司带来了新的挑战，如管理复杂的供应链，资源（原材料、食品、能源）需求也随之增加，推高了这些大宗商品的价格。

» 新技术为改善运营实践和颠覆现有市场提供了机遇。

» 对运营改进的兴趣催生了许多改进运营的新想法和新方法。运营的改进方法越多，改进的优秀企业就越多。

» 运营管理的范围从一个主要与生产制造相关的学科拓展到一个适用于所有类型的企业和企业所有部门流程的学科。由于这种范围的拓展，运营经理已经看到了不同企业或部门间是可以相互学习的。

● 红皇后效应

科学家利·范·瓦伦（Leigh Van Valen）想用一个词描述他研究海洋化石时的发现。他已经确定，无论一个动物家族存活了多久，其灭绝的可能性都是不受影响的。换言之，生存的斗争一直是艰难的。无论一个物种多么适应所处的环境，它永远不能放松警惕。范·瓦伦采用的这一比喻来自刘易斯·卡罗尔的《爱丽丝镜中奇遇记》。在本书中，爱丽丝遇到了红皇后（Red Queen）。

爱丽丝有些气喘吁吁地说道："哦，在我们国家，如果你像我们这样跑得很快，跑的时间很长，你通常会到别的地方。"红皇后说："真是一个缓慢的国家！喏，在这儿，你看，你得拼命地跑才能保持原地不动。如果你想去别的地方，你必须跑得至少比现在快一倍！"[1]

从很多方面看，这和商业是一样的。改进和创新可能会被竞争对手模仿或反对。例如，在汽车行业，大多数汽车公司的产品质量比 20 年前要好得多。这反映了这些公司运营流程的改进。然而，在许多情况下，它们的相对竞争地位并没有改变。那些竞争地位得到提高的汽车公司要比竞争对手更能提高其运营绩效。在通过改进就可以赶上竞争对手的领域，生存一直是改进主要的利益。运营改进的影响是显而易见的。尤其是在竞争对手积极改进运营的情况下，这一点尤为重要。

企业采取的改进方法有两个重要区别：一方面它是彻底的或突破性改进（breakthrough improvement）；另一方面是持续性或增量式改进（continuous or incremental improvement）。

● 彻底的或突破性改进

彻底的或突破性改进（有时也被称为以"创新"为基础的改进）是一种激进的哲学。这种观点认为，改进的主要手段是在企业运营方式上进行重大和戏剧性的变革。在工厂中引进一种新的、更高效的机器，对以计算机为基础的旅馆预订系统进行全面重新设计，以及在大学中引进改进的学位课程，这些都是突破性改进。这些改进产生的影响是比较突然、突兀的，代表了实践中的巨大变化（并且希望能带来绩效上的改进）。这种改进通常费用较高，需要投入大量的资金，经常会破坏正在进行的运营，并且经常关系到产品／服务或流程技术的变化。图 15-2a 中的粗体线展示了两项突破性改进的绩效模式。一些人认为，图 15-2a 中虚线所示的改进模式更能表现出当企业只进行突破性改进时会发生的实际情况。突破性改进高度重视创造性的解决方案。它鼓励自由思考和个人主义。突破性改进这种哲学过于激进，甚至产生了一种改进的方法，

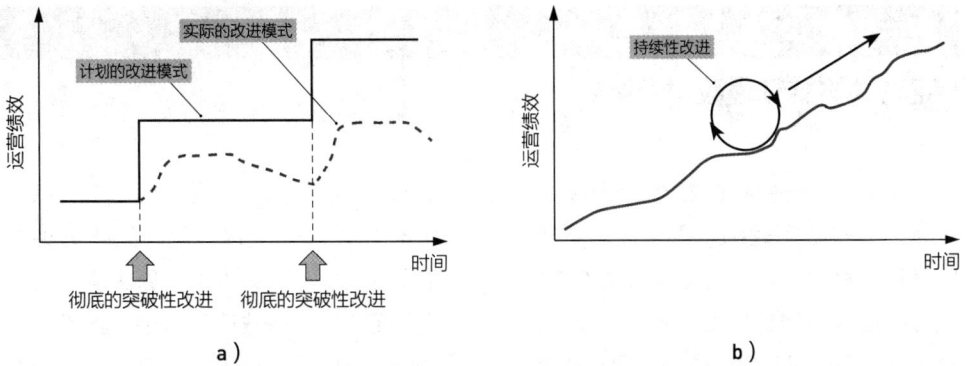

图 15-2　彻底的"突破性"改进（计划的以及实际发生的）和持续性改进

这种方法允许多种可能性存在。"从一张白纸开始"，"回到最初的原则"和"彻底的重新思考系统"都是典型的突破性改进原则。

● 持续性或增量式改进

顾名思义，持续性改进采用了另一种改进绩效的方法，该方法包括许多小的增量式改进的步骤。例如，修改一件产品固定在机器上的方式以减少切换时间，简化酒店预订时提出的问题顺序，以及重新安排大学课程的作业完成日期以减轻学生的学业负担，这些都是增量式改进的例子。采取这些以取得更好绩效为目的的小步骤后，没有人能保证之后还会有其他步骤进一步推进，但持续性改进的整个哲学试图确保这些小步骤会得到贯彻。持续性改进自身与促进小的改进无关。但是，持续性改进认为小的改进比大的改进更有显著优势——采取小的改进措施之后，可以相对轻松地推动其他小的改进（见图 15-2b）。持续性改进也被称为"Kaizen"（改善）。Kaizen 是一个日语单词，它的定义是由今井正明 [2]（他一直是持续性改进的主要支持者之一）给出的：Kaizen 意味着改进。更具体地说，它意味着个人生活、家庭生活、社会生活和工作生活的改进。当推广到工作场所时，Kaizen 意味着工作中的每个人，包括管理者和员工都要进行持续性改进。

在持续性改进中，重要的不是改进速度，而是改进的动力。持续的改进是否效益小，这并不重要；重要的是，每个月（周、季度或任何一个合适的周期）都有一些改进。

亚马逊的持续性改进 [3]

亚马逊配送中心在发展过程中，一度认为大多数问题都可以用技术解决。后来它了解到，让一线工作人员参与持续性改进也同样有效。例如，该公司一直在尝试将大部分配送中心实现自动化。自动化系统是为图书设计的，但它应用到亚马逊推出的其他商品（如鞋子）上则效果不佳。当自动化系统将鞋子送到包装线上的机械装置中时，却被扔出了盒子。鉴于此，亚马逊采用了一种"自主化"方法，让人工完成复杂的任务，并用机器辅助人工。在另一项持续性改进中，在被称为"库存线"的履行中心，扫描上架产品的时间比预期要长。排队的每个人都有一辆装满产品的手推车和一台扫描仪，可以将产品放在货架上。产品和相应的货架号必须被扫描，这样计算机才能知道每个产品的位置。这项任务的标准时间目标是每台车 20 分钟。但该公司的一位高级经理花了 45 分钟才完成这项任务。其中一个原因是，当他用扫描仪扫描一些产品时必须扫描 4 次才能识别产品。很明显，至少在一定程度上，他的表现并不是简单的不称职，而是受到了扫描仪异常的影响。在分析了工作人员报告的与预期绩效的所有偏差并寻找根本原因后，结果表明，管理人员不清楚电池寿命是如何影响扫描仪性能的。事实上，由于每台扫描仪在工作时间结束时都存在电池电量不足的问题，因此会出现几小时的低生产率，并且没有用来检查扫描仪并充电的合理流程。对根本原因展开分析后，亚马逊公司建立了新的流程检查扫描仪并给扫描仪充电，以减少低电量时长。

● 利用或探索

与持续性改进和突破性改进密切相关的是管理理论家对"利用"和"探索"所做的区别。利用是对公司内部已经存在的流程（和产品）进行改进的活动，其重点是创造效率，而不是从根本上改变资源或流程。它强调严格控制改进流程，实现流程标准化，明确组织结构和保持组织稳定性。利用的好处往往是相对立竿见影的、渐进的和可预测的。它能被公司更好地理解，并适合公司现有的战略框架。相比之下，探索更强调寻找新的可能性。它是指寻找和发现新的思维方式与做事方式，并涉及做实验、承担风险、模拟可能的后果、保持灵活和创新。探索的好处主要是长期的，但相对难以预测。此外，探索出的任何好处或发现可能与公司过往所熟知的大不相同，以至于公司想利用这些好处或发现并非易事。

组织双元性

很明显，成功的利用所需的组织技能和能力很可能与彻底探索新思维所需的大不相同。事实上，这两种改进的思维是彼此冲突的。专注于彻底探索全新的选择可能会消耗管理层的时间、精力和财务资源，而这些资源本可以用于改进现有的工作方式，所以这降低了改进现有流程的有效性。相反，如果现有的流程随着时间的推移得到改进，那么尝试新想法的动力可能就会减少。因此，尽管开发和探索对公司都是有益的，但可能会争夺公司的资源，消耗管理层的精力。在这种情况下，组织双元性（organisational ambidexterity）的概念变得很重要。组织双元性是指企业在寻求改进的过程中具备利用现有资源和探索两种能力：企业通过改进现有资源和流程，能够在效率重要的成熟市场中竞争，同时也能在要求新颖性、创新和实验的新技术和市场中竞争。

● 改进观点的结构

在过去的几十年里，人们提出了数百种与运营改进有关的观点。为了理解这些观点是如何相互关联的，对改进的四个方面进行区分就很重要。

» 改进方法中包含的要素（elements contained within improvement）：这些是改进运营的基本理念，是改进的"基石"。

» 广泛多样的改进方法（approaches to improvement）构成了一个连贯哲学的基本方法论或信念，并决定了完成改进的方式。一些改进的方法 / 方法论已经使用了一个多世纪（如一些工作研究的方法，见第 9 章），其他的是相对较新的（如六西格玛，后面会做解释）。但不要认为这些改进的方法在所有方面都是不同的，其中几种方法有一些共同点。

» 改进的技巧：有许多"一步接一步"的技巧、方法和工具，可以用来帮助企业找到做事的改进方式；其中一些技巧使用定量建模，另一些技巧常用定性建模。

» 改进的管理：管理改进的过程与理解改进的要素和方法同样重要。需要有人组织改进活动，有人分配资源并且全程管控，这样才能有效地实现可被证明的改进。

本章将逐一讨论改进的四个方面。理解改进的最佳方法是，首先确定改进中包含的要素，弄明白它们如何组合在一起形成广泛的改进方法，然后检查一些典型的改进技巧，最后快速查看运营改进是如何被管理的。图 15-3 展示了这四个改进方面的结构。

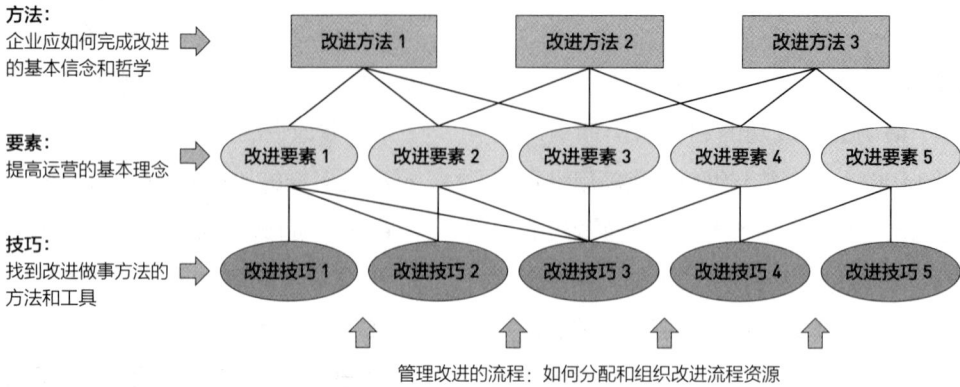

图 15-3　改进的四个方面：方法、要素、技巧和管理。四个方面相互关联

15.2　运营改进的关键要素是什么

改进要素是指改进的单独基本观点。这些改进元素被视为各种改进方法（我们稍后会讨论）的构成要素。在这里，鉴于要素太多，我们只解释部分常见的要素。

● **改进循环**

在一些改进方法中，一个重要的要素是对一项流程或活动的细节工作进行反复提问和再提问。这种重复性和周期性的提问通常被总结为一个概念——改进循环（improvement cycle）。改进循环的概念有很多模型，其中有两个模型得到广泛使用——PDCA（或 PDSA）循环（有时被称为戴明循环，以著名的质量大师戴明命名）和 DMAIC 循环［DMAIC（也读作 de-make）循环由六西格玛（six sigma）方法带动流行起来］。

PDCA（或 PDSA）循环

PDCA 循环模型（PDCA cycle model）如图 15-4a 所示。它从 P（计划）阶段开始，该阶段包括对当前方法或正在研究的问题领域进行检查。它包括收集和分析数据以此制订行动计划，目的是改进绩效。一旦改进计划达成共识，下一步就是 D（执行）阶段，即实施阶段。在此阶段，计划在运营中得到执行。随着计划实施的问题得到解决，实施阶段自身就包括一个小型的 PDCA 循环。接下来是 C（检查）阶段，该阶段对刚实施的解决方案进行评估，看看它是否带来了预期的绩效改进。一些人也把"检查"这一阶段叫作"研究"（study），并把这个循环简称为"PDSA"循环，但二者的想法基本上是一样的。最后一个阶段，至少对于这一个循环模型来说，是 A（调整）阶段。在此阶段，如果改进是成功的，那么企业就对其进行整合或标准化。或者，如果改进没有成功，那么在下一个循环开启之前，一定要正式确定此次"试行"中吸取的教训。这个周期也被称为"戴明循环""戴明环"或"休哈特循环"。

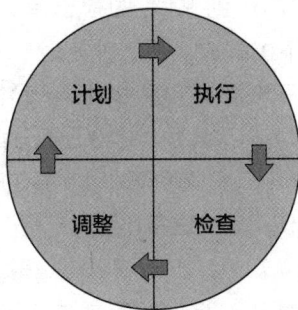

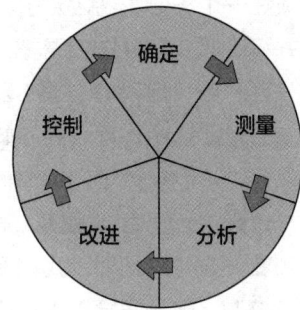

a）计划−执行−检查−调整，或"戴明"改进　　b）确定−测量−分析−改进−控制，或 DMAIC
　　循环　　　　　　　　　　　　　　　　　　　六西格玛改进循环

图 15-4　两种不同的循环模型

迪斯科球和大米带来了创新的进步 [4]

运营改进意味着解决问题，而解决问题很大程度上得益于一个团队（最好是跨学科的）的创造力。这一观点在

英国的苏塞克斯医疗信托基金（Sussex Healthcare Trust）得到了证实。当时在敏感的医疗程序中，它面临日益增加

的对"个人防护"呼吸罩进行消毒的需求——该呼吸罩用于保护医务人员（和患者）。呼吸罩允许暴露于高"病毒载量"的医护人员呼吸净化后的空气（呼吸罩包括面罩和颈部斗篷，形状像摩托车头盔）。然而，呼吸罩在使用后需要消毒，有时要暴露在紫外线（UV）中进行消毒。设计一个快速有效的流程完成这项任务是医院改进团队面临的问题。团队中的一名成员解释道："我们组建了一支来自不同医学专业的多元化团队，并围绕 PDCA/PDSA 改进循环展开了讨论。我们必须确保所有的呼吸罩都均匀地暴露在紫外线下消毒。首先，我们尝试把呼吸罩放在一个类似"商店笼子"的装置中，并将呼吸头罩挂在扫帚把上。这种方法虽然有效，但我们必须不断进入紫外线室，停止这个过程，并旋转通风柜。显然，这不能有效地利用时间。我们对这一过程进行了直接观察，对不同的设置和变化进行了计时。我们召集了来自感染控制、电子医学工程、房地产和设施管理等领域的同事进行头脑风暴，想办法改进这个流程。我们最后想出了一个新奇的主意，用链条把迪斯科球马达（通常用在舞厅里）固定在天花板上。呼吸罩会挂在迪斯科马达上并自动旋转。我们还从理疗部借了防撞垫，以防呼吸罩掉下来。毕竟面罩太贵了，我们不能冒险损坏它们。"

然而，当团队长时间监测这一流程时，他们发现紫外线并不总能照到呼吸罩内部。他们认为需要将呼吸罩盖倾斜 45°，以确保紫外线能穿透其中。他们在呼吸罩前面挂了各种各样的小玩意儿，最后决定在呼吸罩前面的一个洞里插入一个 S 形的钩子，然后挂上一个装满大米的袋子，使呼吸罩倾斜到所需的角度。团队用传感器进行检查后证实，新的消毒流程已达到 100% 的检出率。此外，PDCA 不仅解决了原有的问题，还进一步改进了流程。"我们设计了一个简单的系统给呼吸罩编号，并给它们分配一张'座位卡'。发放呼吸罩时，要在座位卡上填写使用者的姓名和所在部门。例如，我一看就知道，29 号呼吸罩是重症监护室的 T 医生，27 号呼吸罩是在手术室，等等。这种方法既简单又快捷。我们无须查阅复杂的电子表格。"

DMAIC 循环

DMAIC 循环在某种程度上比 PDCA 循环更直观。因为它遵循的是一种更具"实验性"的方法（见图 15-4b）。DMAIC 循环从定义（D）一个或多个问题开始，一部分原因是理解需要完成的工作的范围，另一部分原因是为了精确定义流程改进的需求。通常在这个阶段，需要为改进设定一个正式的目标。定义之后是测量（M）阶段，其中包括检查问题，以确保该问题确实值得解决，使用数据简化问题并准确地测量正发生的事情。一旦确定这些测量，接下来就可以分析（A）测量数据。分析阶段有时被看作对产生问题的根本原因提出假设的机会。这些假设通过分析得到验证（或不验证），并确定问题的根本原因。一旦确定了问题的原因，就可以开始改进（I）流程：提出想法以消除问题的根源，测试解决方案，实施有效的解决方案并使之正式化，测量结果。改进后的流程需要持续地被监视和控制（C），以确定改进的绩效水平是持续的。在此之后，循环再次开始，并再次定义阻碍进一步改进的问题。记住，这两个循环的最后一点是最重要的——循环又开始了。在持续性改进的哲学理念中，这些循环实际上永远不会停止，改进会成为每个人工作的一部分。

流程视角

虽然一些改进方法没有明确或正式地提出流程应该是运营改进的中心这一想法，但几乎所有的改进方法都是这样做的。这样做有两个主要的优点。首先，这意味着改进可以聚焦在实际发生的事情上，而不是追究组织的哪个部门对发生的事情负责。换句话说，如果改进没有反映在提供产品和服务的流程中，那么它就不是真正的改进。其次，正如我们前面提到的，企业的所有部门都管理着流程。这就是我们所说的作为活动的运营，而不是作为职能的运营。因此，如果改进的定义是如何让流程更

有效，那么除了运营部门，这些信息将与企业的其他所有部门相关。

端到端流程

一些改进方法进一步改进了流程透视图，并明确规定了应该如何组织流程。例如，一种更彻底的方法是业务流程再造（business process reengineering，BPR），其观点是运营应该围绕为客户增值的整个流程组织，而不是在增值活动中履行各自职责的职能部门或活动。我们已经在第 1 章中指出了一个专家部门的传统流程与端到端业务流程（end-to-end business process）之间的区别。已确定的客户需求完全可以由"端到端"业务流程满足，这通常跨越了传统的组织边界。图 15-5 展示了这一观点。

循证解决问题

在改进方法中，人们开始重新使用定量技巧。六西格玛推崇的是系统性使用证据（最好是定量的）。尽管六西格玛强调定量证据的使用，但它并不是第一种采用定量方法的改进方法［例如，一些全面质量管理（total quality management，TQM）专家提倡统计过程控制（statistical process control）］。

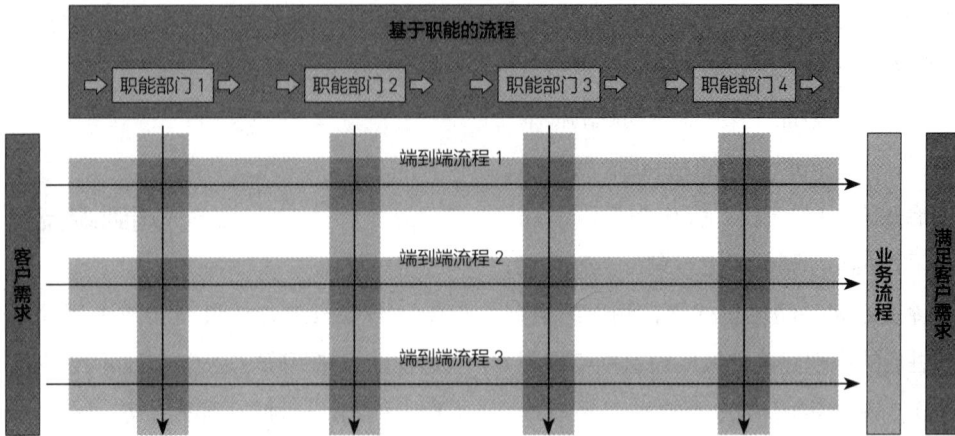

图 15-5　端到端流程直接关注客户需求，并且经常跨越传统的组织边界

事实上，六西格玛顾问所需要的大量培训内容大多致力于掌握定量分析技术。然而，改进活动中使用的统计方法并未与传统的学术统计知识保持一致。它们强调用观察方法收集数据，使用实验检验假设，其使用的技术包括图形法、方差分析和二水平析因试验设计。使用这些技术的基础是强调科学的方法，只对确凿的证据做出反应，并使用统计软件协助分析。

运营实践案例

清单声明 [5]

改进方法通常与重复性操作有关。重复执行同一项任务意味着有很多机会"把它做好"。持续性改进的整个理念就来源于这一简单的想法。相比之下，那些开展更有难度的活动的企业，特别是那些需要专业判断和诊断能力的企业，就必须采用同样复杂的改进方法，对吗？根据美国著名的约翰·霍普金斯医院的医生阿图尔·加万德（Atul Gawande）的说法，答案是否定的。他认为事实

恰恰相反。尽管医学正在以惊人的速度发展，医学期刊也会发表学术论文，把先进的研究成果添加到不断扩容的知识库中，但医生并未完全掌握基础知识。外科医生每年要做 200 多台大手术，遗憾的是，并不是所有的手术都是成功的。总之，医疗行业没有从错误中吸取教训的可靠方法。阿图尔·加万德的观点是，他的职业和其他"知识型"职业在现实的压力下存在下沉危险。科学家正在积

累越来越多的信息，而很多职业正在被分割成越来越狭窄的专业。加万德先生讲述了彼得·普罗诺沃斯特（Peter Pronovost）的故事。彼得·普罗诺沃斯特是约翰·霍普金斯医院的危重病护理专家，他试图减少因用中心静脉导管而被感染的患者的数量。他的医疗团队可以采取 5 个步骤减少此类感染的机会。最初，普罗诺沃斯特只是让护士观察医生是否实施了这 5 个步骤。他们发现，至少在 1/3 的时间里，医生遗漏了一个或多个步骤。因此，护士被授权直接出面阻止遗漏步骤的医生，并询问是否应该重新检查现有的中心静脉导管。因为采用了这些简单的清单式规则，10 天内的静脉导管感染率从 11% 降至零。据计算，在一家医院，在一年多的时间里，采用这一简单的方法已经避免了 43 例感染、8 例死亡，并节省了大约 200 万美元。之后，医院将同样的清单式检查方法推广应用于其他活动。例如，护士在检查时会询问患者的疼痛程度，这让未经治疗的疼痛从 41% 减少到 3%。类似地，简单的清单式方法使重症监护室患者的平均住院时间缩短了一半。当其他医院也采用普罗诺沃斯特的方法后，在 18 个月内挽救了 1500 条生命，节省了 1.75 亿美元。

加万德先生把这种检查清单的方法描述为一种"认知网络"——一种有效防止经验丰富的人因记忆和注意力缺陷而犯错误的机制，并确保团队有效合作。简单的清单在其他行业中很常见。土木工程师用清单方法确保复杂的结构是按计划组装的。厨师用清单方法确保餐食完全符合顾客的口味。航空公司用清单方法确保飞行员能安全起飞，并从现在已经是罕见发生的坠机事故中吸取教训。加万德先生很高兴地承认，检查清单并不是一个新想法。他讲述了波音 B17 飞行堡垒原型机的故事，该原型机在 1935 年首次试飞后坠毁。当时大多数专家表示，这架轰炸机"太复杂，无法飞行"。面临破产危机的波音公司进行了调查，并发现，当面对 4 个引擎而不是 2 个引擎时，飞行员忘记触发一个至关重要的锁定机制。但波音公司制定了一份飞行员清单，其中飞行阶段的基本行动被列为飞行员工作中的一项强制性要求。在接下来的几年里，B17 飞机飞行了近 200 万英里，没有发生一起事故。加万德先生说，飞行员中的许多人都是坚强的个人主义者，但是当飞机出问题时，他们通常会用常规程序拯救飞机，而不是采取被媒体称为"英雄飞行员"式的做法。保存生命的不是才华，而是纪律。事实上，正是纪律给才华的绽放留下了空间。

● 以客户为中心

如果无法满足顾客的需求，那么改进就是没有意义的。但是，在大多数改进方法中，满足客户期待意味着更多。这意味着整个组织要清楚，理解客户对其成功甚至生存是极其重要的。客户不应被视为组织的外部力量，而是组织中最重要的一部分。然而，以客户为中心的理念并不意味着组织必须为客户提供想要的一切。虽然在很多情况下，"什么对客户有利"经常被等同于"什么对企业有利"，但在有些情况下并非如此。企业经理经常要在客户的需求和企业能做到的（或想要做到的）事情之间取得平衡。

客户之声

"客户之声"（voice of the customer，VOC）是与以客户为中心的理念密切相关的一个理念。它的意思是企业要深入捕捉客户的需求、期望、感知和偏好。有时，客户之声的实践被当作开发新服务和产品的一部分，作为质量功能展开（quality function deployment，QFD，第 4 章解释了该概念）的一部分工作进行。有时，客户之声是更广泛的改进活动的一部分。有几种方法可以了解客户之声，但通常都会通过市场调研得出一份全面的客户需求。这些客户需求是按层次结构排列的，通常按优先级排列，以展示运营绩效不同方面的相对重要性。

● 体系和程序

改进并不是因每个人都"思考改进"就能实现。企业需要某种体系支

持改进。改进体系（有时也被称为"质量体系"）是指实施改进的流程和资源。它规定了组织的改进责任，以及支持改进活动的程序和流程。

● 减少流程变化

流程随着时间的推移而改变，它们的绩效亦如此。流程绩效的某些方面（通常是重要的方面）是定期测量的（作为单独的测量或作为测量中的一个样本）。然后这些测量结果会被绘制在一个简单的时间尺度上。这样做有以下几个好处。首先，这样可以用来检查流程的绩效是否达到了（能够达到）可接受的水平；其次，这样可以用于检查流程绩效是否随时间而变化，以及检查流程绩效变化的程度。在第 17 章中，我们说明了流程绩效随机变化是如何掩盖流程的真实情况的。因此，发现改进机会的一种有效方法是努力发现流程绩效随机变化的来源。

● 同步流

同步流是指流程、企业或供应网络中的物品始终以匀速平稳地流动。同步流的职能是研究库存如何在企业中积累。无论积累库存是为了消除需求和供应之间的差异，还是为了应对意外的延

迟，抑或为了加工或流动而成批量地输入，这都意味着物品流动变得不同步。同步流是作为库存停留，而不是向前流动。一旦物品流动达到完美的同步状态，就更容易暴露流动的不规律性，而这可能是根深蒂固的潜在问题的表现。

● 重视教育 / 培训

有几种改进方法强调结构性的培训和改进组织应该是改进的核心。参与改进流程的每个人不仅应该充分了解改进的技术，还应该了解改进的业务和组织背景。毕竟，如果都不知道哪种改进方法对组织及客户是最有利的，那么每个员工又怎么会改进呢？此外，在激励所有员工把改进视为一项有价值的活动方面，教育和培训可以发挥重要作用。一些改进方法特别强调正规教育。例如，管理工具六西格玛及其支持者通常要求在改进项目启动之前，必须对员工进行最低水平的培训（以小时为单位）。

● 完美是目标

一个组织范围内的所有改进计划都有一些应达到的目标或指标。虽然改进目标可以通过多种方式设定，但一些改进方面的权威人士认为，根据绝对目标衡量流程绩效可以鼓励改进工作。所

谓"绝对目标"，其字面意思是理论上的完美水平，如零错误、即时交付、绝对按承诺交付、无限灵活性、零浪费等。当然，这种完美的目标可能永远无法实现。但这不是重点。重要的是，当前的绩效可以根据这一完美目标进行校准，以展示绩效可以改进的区间。例如，把交付精准度提高 5% 看起来是一个不错的改进目标，但是当人们意识到把精准度提高 30% 才能消除所有的延迟交货时，提高 5% 就不是一个不错的改进目标。

● 识别浪费

所有的改进方法都旨在消除浪费。事实上，改进就意味着消除了一些浪费，这里的浪费是指任何不增加价值的活动。有时，识别和消除浪费是改进的一个核心特征。消除浪费是精益哲学中最重要的部分，关于这部分我们将在第 16 章中展开讨论。

● 包括所有人

利用组织中的所有人和所有部门的技能与热情，似乎是一项显而易见的改进原则。有时，"源头质量"这一词语是用来强调每个人都会对改进产生影响。组织中所有个体员工的贡献可能

远超出他们所理解的"不犯错误"的范围。公司期望个体员工以积极的态度改进工作方式。"授权"原则经常用于支持工作方式的改进。20世纪70年代末，当日本的改进实践首次开始大范围扩散时，这一理念变得更加激进。但是现在人们普遍认为，所有员工的个人创造力和努力是组织发展的宝贵源泉。然而，并不是所有的改进方法都运用了这一理念。一些权威人士认为，内部少数的改进顾问或专家能为组织改进提供更好的方法。不过，这两种观点并非彼此冲突、不可兼容。即使由改进专家领导改进工作，执行流程的员工仍然可以提供有价值的信息和改进思想。

● 发展内部客户-供应商关系

确保让外部客户满意的最好方法之一是建立这样一种观念，即组织的每个部门都通过满足自己的内部客户让外部客户感到满意。第17章将进一步探讨这一观点，这也与服务等级协定的概念有关。这意味着强调企业中的每个流程都有责任管理好这些内部客户-供应商的关系。为了做到这一点，组织的每个部门要尽可能清楚地定义自己的资源以及客户的需求。实际上，这意味着从质量、速度、可靠性和灵活性等方面定义清楚其内部客户要求的"无错误"服务。

15.3 改进的主要方法是什么

我们所说的广泛的改进方法，是指构建一个连贯哲学的基本理念，而这些理念决定了组织应该完成改进的方式。但千万不要认为，改进方法在所有方面都是不同的。其实，改进在几种方法中有共同的要素。其中，一些方法已经在或即将在其他章节中讨论。例如，精益运营（见第16章）和全面质量管理（见第17章）都会详细讨论。因此，在本节中，我们只简要地从改进的角度讨论全面质量管理和精益运营。为了展示这些方法中的共同要素，我们还加入了两种其他的方法——业务流程再造和六西格玛。我们可以把这些改进方法当作评估运营改进的备选方法（见图15-6）。

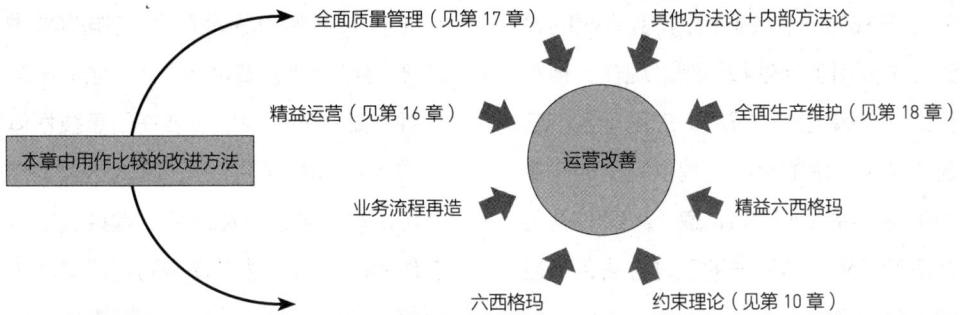

图 15-6 许多方法、方法论可作为运营改进的基础，本章比较了其中 4 种方法，目的是展示大多数改进方法共享一些要素

● 作为改进方法的全面质量管理

全面质量管理（total quality management）是最早的管理"流行风尚"之一，其在 20 世纪 80 年代末和 90 年代初达到顶峰。不过，它遭受了一定程度的反弹。然而，全面质量管理的一般规则和原则仍然产生了非常重要的影响。现在，几乎所有企业管理者都对全面质量管理及其对改进的影响有所耳闻。事实上，全面质量管理已经被公认为一种管理和改进运营与流程的方法。即使它没有被贴上改进方法的标签，全面质量管理的许多要素也已经成为改进方法的常规做法。它被认为是一种实现改进的哲学。这一理念强调全面质量管理的"全面"高于一切。这种方法把质量（实际上是总体改进）当作企业所做的一切事情的核心。值得注意的是，全面质量管理强调以下要素（参见第 17 章），由此我们可以总结得出其强调整体性的

特征：

» 满足客户的需求和期望；

» 改进涉及组织的所有部门〔并应以小组为基础〕；

» 改进涉及组织中的每个人〔并且其成功已经得到认可〕；

» 包括质量的所有成本；

» "第一次就把事情做好"，意思是设计质量，而不是检查质量；

» 开发支持改进的体系和程序。

● 作为一种改进方法的精益运营

"精益"（lean）的概念起源于日本，与全面质量管理几乎同时在西方商界流行起来。虽然它的受欢迎程度没有下降到与全面质量管理差不多的程度，但经过几十年的试验，采用该方法的热情已经大大降低。与全面质量管理不同，它

最初被视为一种专门用于制造业的方法，主要用于计划和控制。现在，精益作为一种改进方法被广泛应用于各行各业。精益方法的目的是提供完美的质量和消除浪费（见第 16 章），即时满足客户的需求。作为一种改进方法，精益的关键要素如下：

» 消除浪费；

» 以客户为中心；

» 内部的客户－供应商关系；

» 追求完美是我们的目标；

» 同步流；

» 减少变化；

» 让所有人都参与其中。

一些组织，特别是现在普遍追求精益的服务型企业，将消除浪费视为精益方法中最重要的一个要素。事实上，它们有时认为精益方法几乎就等同于消除浪费。这些组织没有意识到，有效消除浪费的最佳途径是改变行为。同步流和客户触达带来的行为改变，为发现和消除浪费创造了机会。

● 业务流程再造

"业务流程再造"这一概念起源于 20 世纪 90 年代初。当时麻省理工学院的教授迈克尔·哈默（Michael Hammer）提出，与其用技术实现自动

化工作，不如首先消除对工作的需求（"不要自动化，要消灭"）。他提出这一观点是在警告组织不要在信息技术体系内建立非增值的工作，因为这类工作会更加难以被识别和消除。他说，所有工作都应该被评估其是否为客户增加了价值，如果没有，就应该重新设计流程以消除它。通过这一方法，业务流程再造的目标与科学管理和新晋流行的精益方法中的目标保持一致。但是，与前面两种方法不同的是，业务流程再造提倡对流程进行彻底改变，而不是渐进式改变。迈克尔·哈默的文章发表后不久，其他学者也提出了同样的观点，他们中的多数人再次强调采取彻底的方法消除无增值工作的重要性。[6]

业务流程再造被定义为：[7] "……对业务流程进行根本性的重新思考和彻底的重新设计，以在成本、质量、服务和速度等关键的现代绩效指标上实现显著改进。"但业务流程再造的目的远不止于此。事实上，业务流程再造是几种思想的融合，这些思想曾在运营管理中流行了一段时间。精益概念、工序流程图、方法研究中的关键性检查、运营网络管理和以客户为中心的运营都被融合在业务流程再造的概念中。但是，信息技术的潜力让人们能够从根本上重新设计流程，促使这些想法融合在一起。即使许多用于流程重新设计的方法以前已经被探索过，但是，正是信息技术让彻底的流程重新设计得以实现。业务流程

再造的主要原则有以下几点：

> » 以跨职能的方式重新思考业务流程，使其围绕信息（或资源或客户）的流动组织工作；
> » 彻底反思和重新设计流程，努力实现业绩的显著提高；
> » 让采用流程输出的人员执行该流程。检查是否所有内部客户都能成为自己的供应商，而不是依赖于企业中的另一个部门供应它们（这需要更长的时间并拆开了流程中的各个阶段）；
> » 把决策点下放到工作执行的地方，不要把执行工作的人与控制和管理工作的人分开。

实例分析

托维尔总贸易公司

　　托维尔总贸易公司（Torvill's Total Trading）决定围绕业务流程进行再造（或重新设计）。图 15-7a 显示其原始组织。该公司向几家供应商购买消费品，经过储存，然后卖给零售店。业务运营的核心是仓库，在这里公司接收商品并存储，并在客户需要时打包商品和发货。更多库存的订单由采购部下达，采购部同时负责物料计划和库存控制。采购部根据预测购买商品，预测由市场部准备，市场部接受销售部的建议，销售部负责处理客户订单。当客户下订单后，销售部门的工作是指示仓库进行包装和发货，然后让财务部门为客户开具商品发票。因此，从传统意义上讲，五个部门之间组织了整个运营中的物料和信息流。但是部门之间的每个信息界面都有可能出现错误和误解。此外，哪个部门负责照顾客户需求？目前，三个独立的部门都与客户打交道。同样，谁负责与供

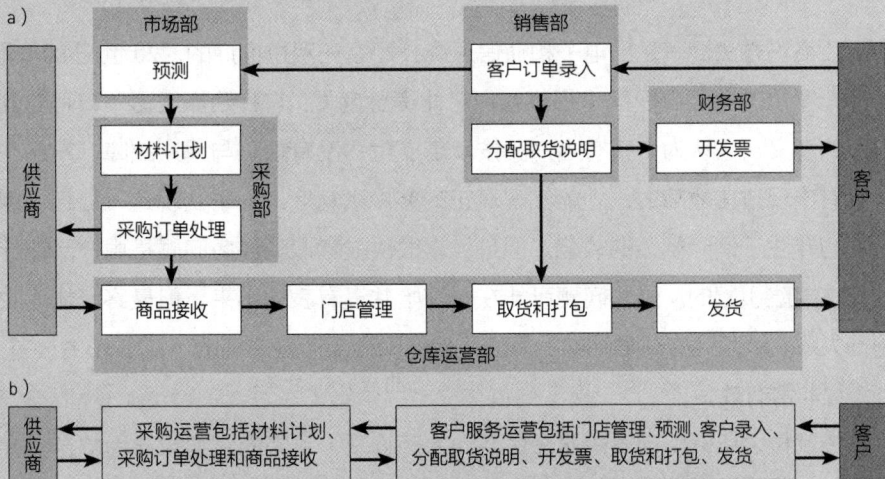

图 15-7　一家消费贸易公司进行业务流程再造之前和之后

应商联络? 有两个部门和供应商有联系。

最终，公司对这两项关键业务流程进行了再造。第一个流程（被称为"采购运营"）负责处理与供应商有关的一切。与供应商建立良好的工作关系是这一流程的重点和明确的责任。另一个业务流程（被称为"客户服务运营"）全权负责满足客户的需求，其中就包括和顾客"用一个声音"说话。

业务流程再造引发了相当大的争议，主要是因为有时候业务流程再造只关注工作活动，而不是执行工作的人。正因如此，员工就像是"机器上的齿轮"。许多批评者把业务流程再造与更早的科学管理的原则等同起来。这些科学管理的原则被负面地称为"泰勒主义"（Taylorism）。总之，这些批评者指责业务流程再造在看待人力资源的方式上过于苛刻。当然，也有证据表明，业务流程再造通常伴随着员工的大幅减少。当业务流程再造流行正当时，彼时的研究显示，大多数业务流程重组项目可以减少 20% 以上的员工。进行业务流程重组常被视为解雇员工的一个借口。希望"缩小规模"的公司以业务流程再造为借口，将公司股东的短期利益置于公司长期利益或公司员工的利益之上。此外，把业务流程进行彻底的重新设计与缩小公司规模相结合，就意味着企业失去了最重要的核心运营经验。公司不再拥有应对意外变化的知识和经验，这使得公司很容易受到业务变化的影响。

批判性评注

● 六西格玛管理法

六西格玛方法最早是由电子和通信系统公司摩托罗拉推广的。20 世纪 80 年代，当时摩托罗拉的质量目标是"提高客户总体满意度"。它开始探索这一口号对其运营流程的意义。它认为，只有当产品按承诺交付，没有缺陷与早期故障，产品在服务中没有出现过度故障时，才能实现真正的客户满意度。为了实现这一目标，摩托罗拉最初专注于消除制造的缺陷。但是，它很快就意识到许多问题是由产品设计环节的潜在缺陷引起的。这些问题可能在一开始并没有表现出来，但最终可能导致生产制造失败。消除这些缺陷的唯一方法是确保设计规范是严格的（即较小的公差），保证流程非常有效。

摩托罗拉之所以将该质量概念命名为六西格玛，是因为它要求流程的自然变化（±3 个标准差）应该是其规格范围的一半。换句话说，产品或服务的任一部分流程变化的规格范围应该是 ±6 个标准差（见第 17 章）。希腊字母 sigma（σ）常用于表示流程的标准差，因此这一管理方法被称为六西格玛管理法。图 15-8 展示了逐步缩小流程变化对流程产生的缺陷数量的影响，以每百万机会缺陷数为单位。在六西格玛管理法中，测量每百万机会缺陷数是为了强调要不断追求零缺陷的目标。[8] 现在，六西格玛管理的定义已经远远超出了这个相当狭隘的统计角度。早期采用六西格玛管理法最著名的公司是美国通用电气（GE）。它将六西格玛管理视为一种规范的方法，用来定义、测量、分析、改进和控制公司每件产品、每个流程和每笔交易的质量；它的最终目标是消除所有的缺陷。因此，六西格玛管理应被视为一个广泛的改进概念，而不是一种对流程变化进行简单检查的方法。不过，检查流程变化仍然是控制、学习和改进流程的重要组成部分。

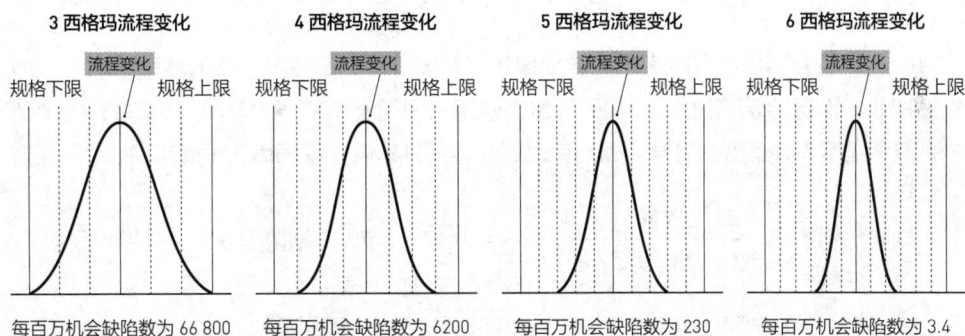

图 15-8　流程变化及其对每百万机会缺陷数的影响

测量绩效

六西格玛方法采取几个相关的措施评估运营流程的绩效。

» **缺陷**：未能满足客户需求的绩效（从客户的角度定义绩效测量是六西格玛方法的一个重要组成部分）。

» **有缺陷的产品单元或物品**：包含缺陷的任何一个产出单元（也就是说，只有没有缺陷的产出单元才不是缺陷，有缺陷的产品单元有一个或多个缺陷）。

» **缺陷机会**：一个产出单元无法满足客户需求的不同方式的数量（简单的产品或服务的缺陷机会很少，但非常复杂的产品或服务可能有数百种不同的缺陷机会）。

» **缺陷比例**：有缺陷的产品单元的百分比或比例。

» **加工良品率**：一个流程产出的全部产品中，无缺陷产品的百分比或比例（即 1 - 缺陷比例）。

» **每单位缺陷数**（defect per unit，DPU）：每单位产出的平均缺陷数量（缺陷数量除以生产的产品数量）。

» **每机会缺陷数（defects per opportunity, DPO）**：缺陷的比例或百分比除以缺陷机会的总数（缺陷数量除以生产的产品数量再乘以每个产品的机会数量）。

» **每百万机会缺陷数（defects per million opportunities，DPMO）**：每百万个生产机会，该流程将产生的缺陷数。

» **六西格玛测量**：源自每百万机会缺陷数，是一个符合客户规格限制的流程变化（process variability）的标准差。

瞬间保险公司

实例分析

瞬间保险公司检查保险索赔的详细信息，并安排向客户付款。在流程结束时，它随机抽取 300 份保险索赔要求，发现 51 份保险索赔中有一个或多个缺陷，总共有 74 个缺陷。其中包括 4 种类型的错误：编码错误、政策条件错误、责任错误和通知错误。

$$缺陷比例 = \frac{缺陷数量}{生产的产品单元数量} = \frac{51}{300} = 0.17 = 17\%（缺陷率）$$

$$良品率 = 1 - 缺陷比例 = 1 - 0.17 = 0.83 = 83\%（良品率）$$

$$每单位缺陷数 = \frac{缺陷数量}{生产的产品单元数量} = \frac{74}{300} = 0.247（24.7\%）$$

$$每机会缺陷数 = \frac{缺陷数量}{生产的产品单元数量 \times 每个产品的机会数量} = \frac{74}{300 \times 4} = 0.062$$

$$每百万机会缺陷数 = 每机会缺陷数 \times 10^{6} = 62000$$

虽然六西格玛的范围存在争议，但与六西格玛密切相关的基本要素包括以下内容。

» **客户驱动目标**：六西格玛有时被定义为"将流程产出（process outputs）与客户需求进行比较的过程"。它使用许多测量方法评估运营流程的绩效。尤其是，它用每百万机会缺陷数（DPMO）表示绩效。

» **证据的使用**：六西格玛不是第一个使用统计方法的新运营方法，但它特别强调定量证据。

» **结构化改进循环**：六西格玛中使用的

结构化改进循环是 DMAIC 循环。

» 过程能力（process capability）和控制：考虑到过程能力和控制的起源，它在六西格玛方法中很重要。

» 流程设计：最近，六西格玛的支持者还将流程设计纳入六西格玛方法的基本要素集合。

» 结构化的培训和组织改进：六西格玛方法认为，只有投入大量资源和培训，改进计划才能取得成功。

"武术"的比喻

与六西格玛专家相关的术语（并表示他们的专业水平）是黑带专家、黑带大师和绿带专家。黑带专家是使用并落地实施六西格玛工具和技术的专家。黑带大师主要是指导者，他们不仅可以指导改进项目，还可以指导黑带专

家和绿带专家，黑带专家和绿带专家更侧重于进行日常的改进活动。他们需要具备定量分析技能帮助运用六西格玛技术，也需要具备组织和人际交往能力教授和指导他人。鉴于他们担任如此重要的职责，黑带专家会全职参与改进活动，他们直接参与组织，提高团队效率。就像黑带大师一样，黑带专家也需要发展他们的定量分析技能，同时也要担任绿带专家的指导者。黑带专家全职投入改进工作，不过对于一家企业应该雇用多少黑带专家，不同的人持有不同的意见，但一些组织建议每 100 名员工中应配备一名黑带专家。绿带专家在改进团队中工作，可能担任团队领导。他们经过了大量的训练，不过训练量比黑带专家少。绿带专家不是全职职位，他们承担常规的日常流程责任，但预计至少要花 20% 的时间在改进项目上。

威普罗公司的六西格玛 [9]

有许多公司从基于六西格玛的改进中受益，但很少有公司能够将它们从实践中获取的专业知识进行出售。印度的威普罗公司（Wipro）就是这样的一家公司。威普罗公司是一家全球性的信息技术、咨询和外包公司，拥有超过 20 万名员工，为六大洲的 1100 多个客户提供服务。它提供一系列商业服务，从业务流

程外包（为其他公司做处理）到软件开发，从信息技术咨询到云计算（令人惊讶的是，作为一家全球 IT 服务巨头，威普罗公司最初是 1945 年在印度成立的一家从事与植物油业务相关的公司）。威普罗公司还拥有 IT 和咨询行业，特别是软件开发业务中，最发达的六西格玛项目之一。威普罗公司的软件开发业务一直

面临的主要挑战包括减少流程中的数据传输时间，减少失败和错误的风险，避免因网络停机而中断。对威普罗公司来说，六西格玛仅仅意味着追求近乎完美的质量标准，其意思是：

* 提供符合全球标准的产品和服务；
* 确保组织内部的稳健流程；
* 持续满足并超越客户期望；
* 在整个企业中建立质量文化。

单独的六西格玛项目是根据其成功的可能性选择的，并且能相对较快地完成。这使威普罗公司有机会评估其项目的成功可能性，并从发现的问题中学习。根据每个关键业务流程出现的问题区域确定实施的项目，这些问题可能对业务绩效产生不利影响。因为威普罗公司采用以客户为中心的质量定义，所以六西格玛的实施是根据客户认为重要的（以及客户为之付费的）进展衡量的。这包括要对客户需求进行精确的定量性理解，

才能提高绩效。威普罗公司表示，无论在客户满意度、内部绩效的改进还是股东价值的提升方面，毫无疑问，采用六西格玛管理法的都取得了成功。

然而，作为印度六西格玛的先驱，威普罗公司在实施过程中并非一帆风顺，并且它强调学习的机会。首先，项目需要从高层管理者那里获得支持，并对组织进行重组以提供基础设施和培训，目的是在此过程中树立信心。特别是实施项目的第一年，极为困难。为六西格玛项目提供资源，面临重重困难，部分原因是每个项目需要不同级别和类型的资源。此外，该公司还认识到不要低估要求的培训量。建立一支专业团队并对他们进行六西格玛各个阶段的培训是一项艰巨的工作（事实上，这促使威普罗成立了自己的咨询公司，可以培训自己的员工）。威普罗公司认识到，为了确保项目成功，对每个项目进行定期和及时的审查尤为重要，为此它必须建立一个专家团队。

批判性评注

对六西格玛的一个常见批评是，它没有提出之前没有的任何内容。它强调的改进循环来自全面质量管理，它强调的减少可变性来自统计过程控制，它采用的实验和数据分析方法是简单的定量分析方法。批评六西格玛的人认为，六西格玛的唯一贡献是使用了中看不中用的黑带等武术类比名词，以表明六西格玛方法的专业水平。六西格玛就是把已有的要素打包在一起，从而让顾问能够卖给容易上当受骗的首席执行官。事实上，我们很难否认其中一些观点。真正的问题在于，这些批评性观点是否真的是一种批评。如果把这些元素结合在一起真的能形成一种有效的解决问题的方法，那么为什么这会是一个问题呢？人们还指责，在构建改进的各个层次的方式上，六西格玛过于等级化。而且，这项培训费用高昂，投入如此多的培训时间进行改进是一项重大的投资，尤其对小公司来说。不过，六西格玛的支持者认为，改进活动在大多数企业中通常是被忽视的，如果

公司想要认真改进，就应该坚决做出六西格玛方法隐含的重大投资。此外，他们认为，如果运作良好，由经验丰富的从业者运行的六西格玛改进项目可以帮助企业节省一大笔费用，这远远超过其投入成本。人们也对六西格玛进行技术上的批评。最值得注意的一点是，在纯统计术语中，六西格玛分析中广泛采用的正态分布实际上并不代表大多数过程行为。其他的技术性批评（这并不是本书的主题）暗示，六西格玛支持者建议的让每百万次机会缺陷率保持非常低的水平，这一目标过于艰巨，难以达成。

● 共同点与不同点

在本章中，我们选择非常简要地解释 4 种改进方法，可能还有更多的改进方法，如企业资源计划（ERP，见第 14 章）、全面生产维护（TPM，见第 18 章）、精益西格玛（精益和六西格玛的结合），以及其他待补充的改进方法。这 4 种方法构成了常用方法的代表性样本。但是我们并没有充分描述它们。显而易见，我们描述的这些方法之间有一些共同要素。不过，它们之间也存在差异，因为每种方法都包含一组不同的要素，其重点不同。我们需要了解这些差异。例如，一个重要的区别是，这些方法是强调渐进的、持续的改变方法，还是建议更彻底的突破性改变。另一个不同之处与方法的目的有关。该方法是否强调应该进行哪些变化，或者应该如何进行变化？二者之间的平衡是什么？一些方法对组织运营流程和利用资源的最佳方式看法较为坚定。其他方法不考虑企业应该做什么，而是关注企业管理层应该如何做出决策。实际上，我们可以定位每个要素以及包含它们的方法。

如图 15-9 所示，这些方法的不同之处在于，它们对合适的运营实践有不同程度的规定。例如，业务流程再造的建议非常明确，即所有流程都应该在端到端的基础上重组。它关注的是应该发生什么，而不是如何发生。在某种程度上，精益的建议是相同的。它明确列出了流程应该或不应该做的事情——应该消除浪费，应该减少库存，技术应该灵活，等等。与此形成鲜明对比的是六西格玛和全面质量管理，它们更关注如何改进运营。相比之下，六西格玛几乎不评论运营资源组织方式的好坏（除了强调过程变化的负面影响）。它主要关注的是改进的方式——利用证据、定量分析、DMAIC 循环等。另一个不同之处在于，它们强调的是渐进式变化还是彻底的变化。在本质上，业务流程再造明确地强调彻底的变化。相比之下，全面质量管理和精益都包含了持续性改进的思想。六西格玛在这个问题上相对中立，所以它可用于小的或非常大的变革。

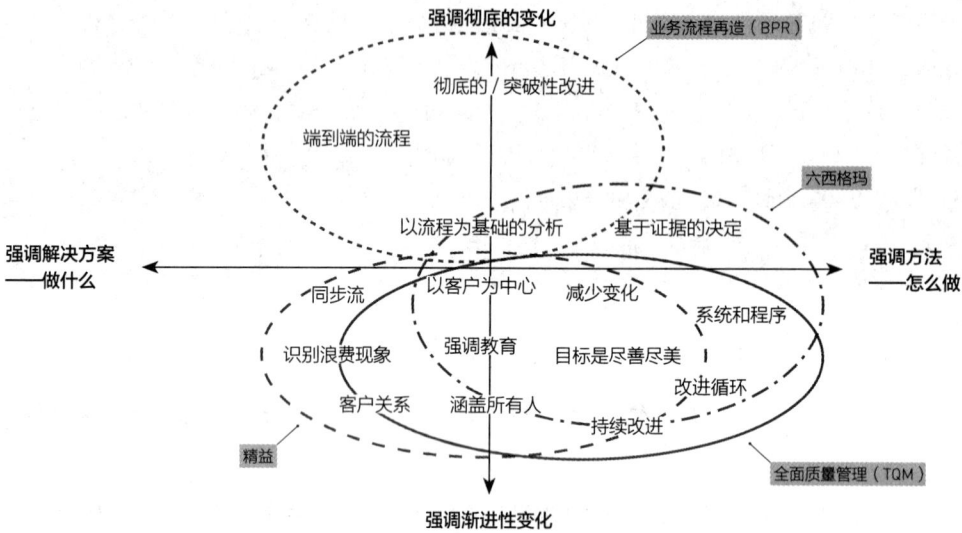

图 15-9   在两个维度中的 4 种改进方法

精益西格玛 [10]

为了强调各种运营改进方法的共同要素，一些组织正在将两种或两种以上的方法混合在一起形成综合方法，试图结合不同方法的最佳特征。其中，最著名的混合方法是精益西格玛（lean sigma，又称精益六西格玛或六西格玛精益）。顾名思义，精益六西格玛是精益方法和六西格玛概念的结合。它建立在经验、方法和工具基础之上。几十年来，人们分别用精益方法和六西格玛方法进行运营改进，从中产生了一些经验、方法和工具。精益西格玛方法既包括减少浪费、加快生产时间和扩大精益的影响，也包括六西格玛以数据驱动的严谨性和变化控制。一些组织还将其他方法的其他要素纳入其中，如全面质量管理的持续改进和无差错的质量导向。

15.4   可以使用哪些技巧进行改进

改进技巧是"一步接一步"改进运营的方法和工具。其中，一些使用定量模型，另一些则使用定性模型。本节及补充内容描述的所有技巧都可以被视为"改进技巧"。然而，有些技术对于一般的改进运营和流程特别有用。在这里，我们选择了一些还没有被描述过或需要重新介绍的技巧，特别是它们在帮助改进运营方面的作用。

● 散点图

散点图提供了一种快速而简单的方法，可以识别两组数据之间是否存在联系的证据。例如，你每天早上出发上班的时间以及上班途中所需的时间。将每段旅程绘制成一个图表，一条轴是出发时间，另一条轴是通勤路程时间，这样可以表明出发时间和通勤路程时间是否相关，以及如果相关，是如何相联系的。散点图可以通过更复杂的方式绘制，以展示量化数据集之间的强相关性。但是，无论方法多么复杂，这种类型的散点图只能确认相关性，不一定能确定因果关系。如果散点图显示了数据集之间有强关联性，这是二者有因果关系的重要证据，但不是铁证。这可能是一个巧合。

实例分析

凯斯顿皮尔服务有限公司（A 部分）

凯斯顿皮尔服务有限公司（Kaston Pyral Services Ltd，KPS）经营的业务是安装和维护环境控制以及供暖和空调系统。该公司成立了一个改进团队，想在提高客户服务水平方面提出改进建议。改进团队完成了第一次客户满意度调查。该调查要求客户以几种方式对他们从凯斯顿皮尔服务有限公司获得的服务进行评分。例如，它要求顾客对服务的及时性、友好性、接受建议的水平等进行评分，分数为 1 ~ 10，然后把分数相加，得出每位顾客的"总满意度分数"——分数越高，表明客户满意度越高。满意度分数呈现的差异化分布让改进团队感到困惑，他们想知道是什么因素导致客户对公司的看法出现了这样的差异。研究者提出了两个因素以解释这种差异。

收集这些数据并绘制成散点图，如图 15-10 所示。它表明，在客户的满意度分数和客户

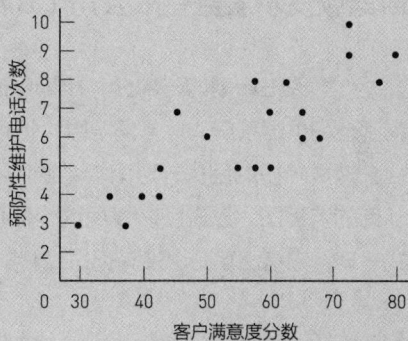

a）过去一年客户接受预防性维护访问的次数

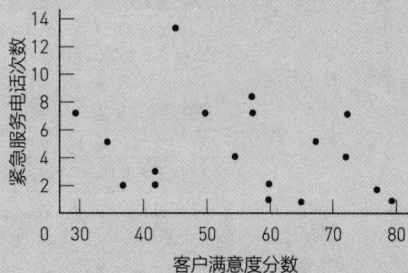

b）客户呼叫紧急服务的次数

图 15-10 客户满意度与预防性维护电话次数和紧急服务电话次数的关系散点图

接受定期服务的次数之间，似乎存在一个明确的关系。图 15-10b 中的散点图不太清楚。虽然所有满意度分数高的客户很少拨打紧急电话，但一些满意度分数较低的客户也很少拨打紧急电话。根据这一分析，该改进团队决定调查客户对紧急服务的看法。

● 流程地图（流程图）

绘制流程地图（在同样的语境下，有时候也被称为"流程图"）的目的是在改进前提供详细信息以方便人们理解。第 6 章对流程图进行了描述，它被广泛用于改进活动。记录流程中每个阶段的行动，很快就会显示出组织中不良的流程。流程图还可以清晰地指出改进机会，并进一步阐明企业的内部机制或工作原理。最后，可能也是最重要的一点，它凸显了组织的问题所在，即没有现成的流程可以处理特定情况。

凯斯顿皮尔服务有限公司（B 部分）

作为改进计划的一部分，凯斯顿皮尔服务有限公司的改进团队担心，当客户打电话询问他们供暖系统的运营情况时，得不到很好的服务。这些询问通常与严重的问题无关，但会造成轻微的困扰，这同样会影响客户对公司服务的看法。图 15-11 显示了这类客户问询的流程图。改进团队发现这个流程图很有启发性。这一程序以前从未以这种方式正式呈现，它指出了几个没有记录资料的流程或一些其他亟待改进的地方。

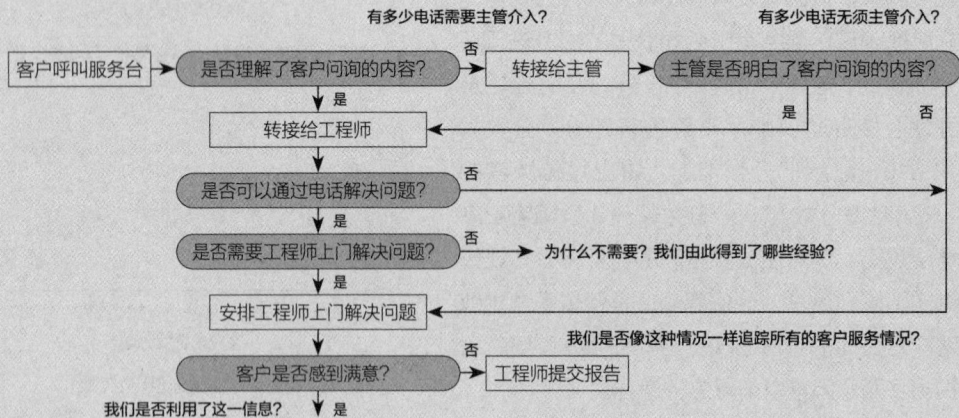

图 15-11　客户问询的流程图

● 因果关系图

因果关系图（cause-effect diagrams）是帮助寻找问题根源的一种特别有效的方法。这种方法会提出是什么、何时、何地、如何和为什么等问题，但也会以明确的方式添加一些可能的"答案"。它还可以发现需要进一步提供数据的领域。因果关系图（又称石川图或鱼骨图）已被广泛用于改进方案。这是因为它们找到了组织集体头脑风暴会议的方式。这种结构通常是在机器、人力、物料、方法和资金等（相当过时的）不同类别的标题下找出可能的原因。然而，在实践中，任何涵盖所有相关可能原因的分类都可以被采用。

实例分析

凯斯顿皮尔服务有限公司（C 部分）

凯斯顿皮尔服务有限公司的改进团队正在一个特定的领域工作，这个领域已被证实存在一个问题。每当服务工程师被叫去为客户提供紧急服务时，他们都会带上他们认为修理系统必需的备件和设备。尽管工程师永远不可能确切地知道一项工作需要什么材料和设备，但他们可以猜测可能需要什么，并带上一系列备件和设备，以应对大多数可能发生的情况。然而，工程师常常会发现，他们总是需要一个没有带来的备用设备。改进团队绘制的这个关于特定问题的因果关系图，如图 15-12 所示。

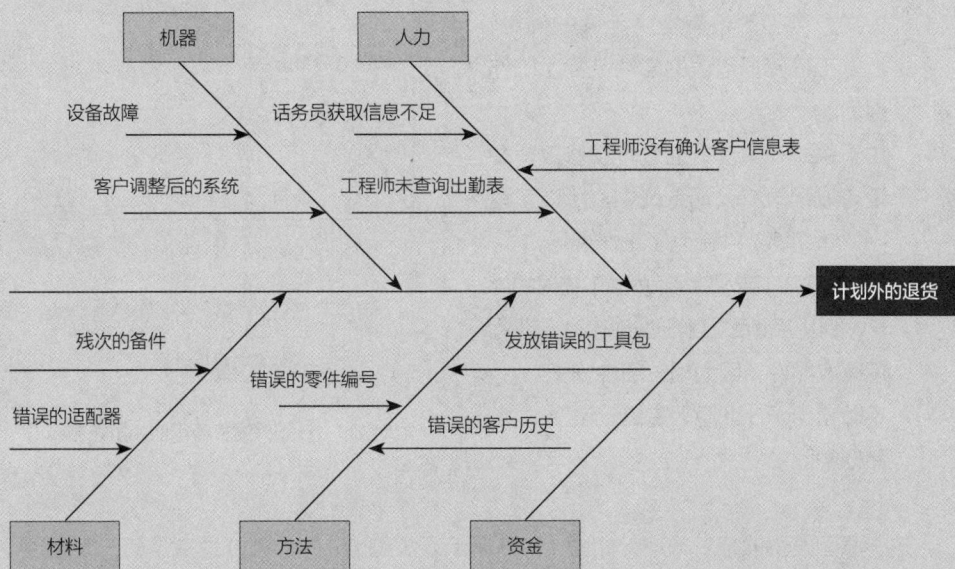

图 15-12　凯斯顿皮尔服务有限公司发生计划外退货的因果关系图

● 帕累托曲线

在改进过程中，要非常注意区分哪些是重要的、哪些是次要的。绘制帕累托曲线（第 13 章首次介绍该术语）的目的是区分重要的少数问题和微不足道的多数问题。这是一种相对直接的技术，它把关于不同问题类型或问题原因的信息按照其重要性排序（通常用发生频率衡量）。这可以用来凸显进一步决策有用的领域。帕累托分析法是用相对较少的原因解释大多数结果的现象。例如，一家公司的大部分收入可能来自相对较少的公司客户。同样，一个医生的患者中相对较少的人可能会占据他的大部分时间。

凯斯顿皮尔服务有限公司（D 部分）

凯斯顿皮尔服务有限公司的改进团队正在调查紧急服务的计划外退货（这个问题已经在图 15-12 的因果关系图中描述），该团队审查了过去 12 个月内计划外退货的所有情况。他们将计划外退货的原因进行如下分类。

» 错误的部件被带到工作现场。尽管工程师收到的维修信息是正确的，但他们错误地预测了故障的性质。

» 客户打电话时没有提供足够的信息，所以工程师把错误的部件带到了工作现场。

» 由于系统在某些方面进行了修改，却没有被记录在公司系统中，所以工程师把错误的部件带到了工作现场。

» 由于零售商店向工程师发送了错误的部件，所以工程师去工作现场时带错了部件。

» 没有取零件，因为相关部件缺货。

» 不知道出于什么原因拿错了设备。

» 其他原因。

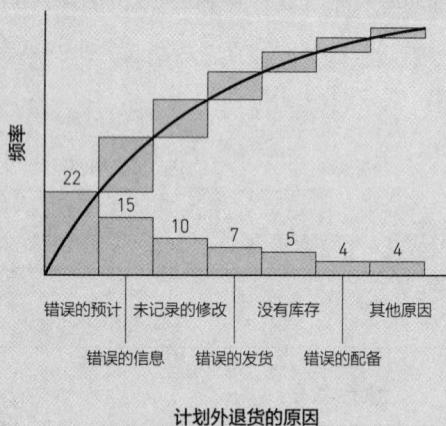

图 15-13　计划外退货原因的帕累托曲线

这些原因发生的相对频率，如图 15-13 所示。大约 1/3 的计划外退货是第一大原因，超过一半的退货是最重要的两个原因共同造成的。会议决定，解决这个问题的最好办法是集中精力向工程师提供更多的信息，使他们能够准确地预测故障的原因。

● **为什么－为什么分析法**

为什么－为什么分析法首先说明问题并询问为什么会出现问题。一旦确定了问题发生的原因，就依次考虑每个原因，并再次询问为什么会发生这些原因等。这个过程一直持续，直到一个原因看起来足以成立，可以被独立解决，或者对"为什么"问题没有找到其他更多的答案。

实例分析

凯斯顿皮尔服务有限公司（E 部分）

凯斯顿皮尔服务有限公司计划外退货的主要原因是对客户系统故障原因的错误预测。在图 15-14 为什么－为什么分析中，这一原因被称为"问题"。那么问题来了，为什么故障预测是错误的？改进团队找到了以下三个答案：第一，工程师没有受到正确的培训；第二，他们对安装在客户住处的特定产品了解不足；第三，他们对客户特定的系统及其修改了解不足。依次考虑这三个原因，并提出以下问题：为什么缺乏培训？为什么缺乏对产品的了解？为什么缺乏对客户的了解？等等。

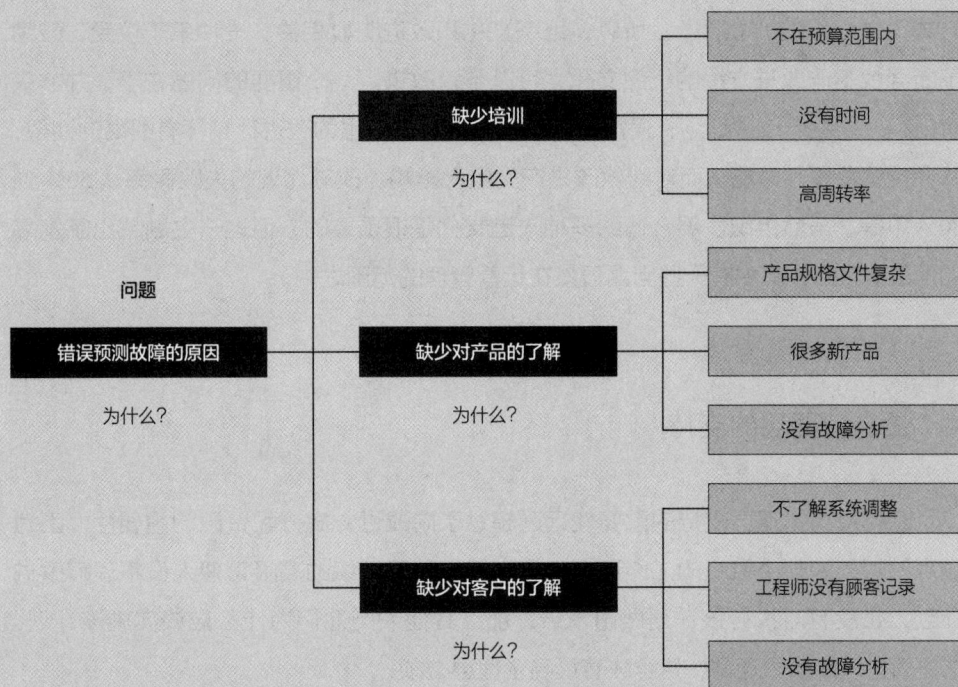

图 15-14　针对"错误预测故障"的为什么－为什么分析

15.5 如何管理改进过程

改进不是凭空发生的。它不仅需要组织和实施，还需要一个经过深思熟虑和清晰明确的目的。在本章的最后一部分，我们研究了一些与组织改进相关的管理问题。但是并非所有与管理改进过程相关的问题都能被清晰定义，而且许多问题超出了企业管理的传统范畴，但是它们很重要。许多问题可以被描述为改进的"软"的方面。但不要以为"软"的方面不重要而忽视它。在实践中，通常是"软"的方面决定了运营改进工作的成败。此外，"软"的方面可能比"硬"的、更基于技术的改进方面更难做好。改进中"硬"的方面的工作固然困难，但"软"的方面工作更难！

● 改进是一个文化问题

大多数组织理论家普遍认为，提高组织运营绩效的能力在很大程度上取决于组织的"文化"。我们在第 9 章中讨论了什么是文化。文化是"我们在组织中做事的方式"或组织的"氛围"。所以，组织文化和改进明显相关。一种乐于接受、鼓励不断寻找工作改进方法的组织文化，可以孕育改进。一个重要的问题在于，并非只有组织才能发起改进计划，通常员工对由个人主动提出的改进计划怀有很高的期望，并会持续发挥其潜能从而对绩效改进产生重大影响。改进计划的失败概率从 50% 到 80% 不等。虽然组织发展合适的多种改进文化是很重要的，但这一主题超出了本书的范围。然而，其中有一些问题显然在运营管理的范围之内。

● 最高管理层的支持

获得最高管理层支持的重要性远远超过了向改进方案分配资源的重要性，因为最高管理层为整个组织的工作设定了优先级。如果组织的高级管理人员不理解改进计划，也没有对执行该计划做出承诺，那么其他人问他们为什么应该实施该计划，这是可以理解的。通常，这意味着最高管理层必须：

» 理解并相信改进方法的好处；

» 沟通改进的原则和技巧；

» 参与改进过程；

» 制定并保持清晰的"改进策略"。

最后一点尤其重要。如果不考虑清楚改进的整体目的和长期目标，那么任何组织都很难知道它的发展方向。改进策略对于确定改进目标和指导方针是必要的，这些目标和指导方针可以让改进工作与战略目标保持一致。具体来讲，改进策略应该说明组织的竞争优先权、组织各部门的角色和改进责任、可用的改进资源以及其整体改进理念。

同样重要的是，所有高级管理人员都应充分了解采用的改进方法的基本原则。本章一开始描述了改进方法，这些方法在一些书中得到了详细描述。关于如何使用这些改进方法，咨询师和学者有非常多的建议。然而，我们常常发现，高级管理层在没有完全理解的情况下，采用了一种或多种方法。例如，关于六西格玛或精益的细节内容，不仅仅是技术问题。对于某种方法在不同改进情境下的适用程度，细节至关重要。并非每种方法都适用于所有情况。因此，详细了解每种方法的含义必须是决定其是否合适的第一步。

高级管理层的另一项责任是避免过度"炒作"。运营改进在某种程度上已经成为一种流行时尚，人们不断引入新的想法和概念，为改进企业绩效提供了一种新颖的方式。这本身并没有什么

错。通过引入新颖的思想，改进作为一种趋势不断更新。如果不这样做，那么一切都会停滞不前。问题不在于新的改进想法，而在于一些管理者成为这一过程的受害者。在引入新想法的过程中，一些新想法将完全取代之前的想法。大多数新想法都有一定的可取之处，但从一种时尚方法跳到另一种时尚方法的行为，不仅会让人们强烈反对任何新想法，还会破坏人们积累经验的能力，而经验是通过尝试每种新想法得来的。要避免成为改进的牺牲品，这并不容易。

● 寻找改进的想法

我们在前面检查改进的基本要素和方法时发现，它们关注的是源自组织内部的改进想法。然而，忽视其他公司正在进行的改进，就等于忽视了一个潜在的创新来源。无论竞争对手、供应商、客户还是其他面临类似挑战的公司，外部公司都可以为公司内部问题提供解决方案。一些评论家认为，（合法地）从外部"复制"可能是一种有效的，但没有得到充分利用的改进方法。石家安（Oded Shenkar）声称，尽管认为"模仿可以是战略性的，在当前的学术氛围中似乎是亵渎神明的"，但它可以"是战略性的，并且应该是任何敏捷公司战略技能的一部分"。[11] 事实上，"模仿可以成为一种差异化因素，并有可能

提供独特的价值"。他将模仿者分为以下三种"战略类型"。

» **率先引入者：** 在另一个地方（另一个国家、另一个工业或产品市场）成为先锋的模仿者。这就是瑞安航空在欧洲引进西南航空模式时采取的战略。

» **快速跟进者：** 在创新者或先行者有机会建立无懈可击的领先地位之前，在其他潜在的竞争对手占据大量市场份额之前，紧紧跟随其后，迅速进入市场。

» **后来居上者：** 有意推迟采用新想法的后来者或后发者。三星的芯片制造业务做到了这一点。借助自己的制造能力和专业知识，三星将建造半导体工厂的时间缩短了一半。然后，三星利用其关键技术、生产和质量技能，形成了领先优势。

● 标杆管理

很显然，标杆管理（benchmarking）与从组织外部寻找灵感的想法有关。它是一个"向他人学习的过程"，包括将自己的管理绩效或方法与其他可比较的企业进行对比。这是一个比设定绩效目标更广泛的议题，其中包括调查其他组织的运营实践，以得出有助于绩效改进的想法。它的基本原理基于以下两种观点：①一家企业管理流程中出现的问题，很可能也会出现在其他企业的管理流程中；②可能某一家企业已经开发出更好的改进方法。例如，银行可能会从超市学到一些应对白天时段出现需求波动的方法。标杆管理的本质是在改进实践中激发创新。

标杆管理的类型

有许多不同类型的标杆管理（彼此并非相互排斥），其中一些类型如下所述。

» 内部标杆管理是指同一组织内部各部门或部分部门之间的比较。

» 外部标杆管理是将企业内某个部门与不同组织内的其他部门进行比较。

» 非竞争性标杆管理是指某一企业与同一市场中不直接竞争的外部组织进行比较。

» 竞争性标杆管理是指在相同或类似市场中直接竞争对手之间的比较。

» 绩效标杆管理是指不同部门实现绩效水平的比较。

» 实践标杆管理是指将一个组织的运营实践或做事方式与另一个组织采用的运营实践或做事方式进行比较。

通过标杆管理，凯旋摩托得以复兴 [12]

有着百年历史的摩托车品牌凯旋摩托（Triumph motorcycles）曾经生产出世界上最酷的自行车。在经典的战俘电影《大逃亡》中，史蒂夫·麦奎因（Steve McQueen）骑着一辆凯旋摩托车跳过铁丝网的那一幕，令人难忘。20 世纪 60 年代，凯旋生产的大型摩托车畅销英国和美国。与英国汽车工业一样，之后凯旋摩托面临激烈的行业竞争。从 20 世纪 70 年代开始，随着设计更好、生产更好的摩托车（主要是日本的）开始主导市场，凯旋也随之衰落。几年后，凯旋摩托进入破产管理流程，房地产开发商约翰·布卢尔（John Bloor）以相对低廉的价格买下了"凯旋"这个名字的使用权。他相信公司有未来，但他没有立即重启生产。相反，他花了数年时间重新思考一个问题：如何设计和经营公司的运营，才能在现代摩托车市场上更具备竞争力。他和新经理团队一起对日本进行了深入的标杆管理的学习之旅，分析竞争对手让凯旋摩托破产的生产方法。尼克·布卢尔（Nick Bloor）说："我们学到了很多东西。"尼克·布卢尔是约翰的儿子，现在经营着凯旋摩托这家公司。其管理团队很快意识到，位于英格兰中部的西米德兰兹的老工厂无法生产出世界级的摩托车。很快，旧工厂被拆除，凯旋摩托建立了一家新工厂，使用了在日本访问时接触的现代化生产设备和方法。现在，该公司在英国和泰国的工厂生产的摩托车达到了破纪录的数量，并且其摩托车的造型保留了摩托车的最初样貌，也达到了工程和可靠性标准，这些与从日本公司那里学到的运营经验是相匹配的。

作为改进工具的标杆管理

虽然标杆管理颇受企业的欢迎，但一些企业未能从中获得最大利益。这可能是因为企业对标杆管理的含义有一些误解。首先，这并非"一次性"项目。实施标杆管理最好是一个对比的连续性过程。其次，它没有提供"解决方案"。相反，它提供了可以产生解决方案的想法和信息。再次，它不是简单地复制或模仿其他企业的运营经验，而是以务实的态度学习和适应。最后，企业要为改进活动投入资源。没有投入，就无法进行标杆管理，但这并不意味着企业要将执行标杆管理的全部责任分给一群高薪的经理。事实上，动员各级员工调查和整理标杆管理目标的信息，会带来巨大的好处。

有争议的是，标杆管理的整个概念存在一个根本性缺陷。想要依靠他人激发自身创造力的企业，特别是那些寻求"最佳实践"的企业，总是把自己的目光限制在当前被广为接受的运营方法或绩效管理之道。换句话说，标杆管理只会让这些企业提升到其他企业已经达到的程度。所谓的"最佳实践"不是终极的"最佳"，因为它不能进一步优化。所谓"最佳"是指目前可以找到的最好实践经验。事实上，接受目前"最佳"的概念可能会阻止企业取得根本性突破或改进，将目前"最佳"的概念提升到一个新的、从根本上改进的水平，这一论点与本章后面讨论的突破性改进的概念具有密切的联系。此外，适用于一家企业的方法或绩效管理水平可能不适用于另一家企业。因为一家企业在管理过程中会产生一系列成功实践，并不意味着在另一家企业采用相同的实践会取得同样的成功。可能出现的一种情况是，管理过程中的资源（如员工的技能或技术能力）或企业的战略性背景（如绩效目标的相对优先级）出现细微不同，会产生巨大差异，让看似会成功的实践方法无法落地执行。

● 作为学习方法的改进

在某种程度上，与成功的改进管理相关的很多能力和行为都直接或间接地和学习有关。这并不奇怪，因为运营改进意味着对企业的干预或变革，并且根据发生的改进评估变革。这种变革评估加深了我们对企业运营的认识，反过来又增加了未来通过干预改进的可能性。之前我们讨论了改进周期的概念，其中重要的一点是，我们要意识到这是一个学习的过程，并且至关重要的是，要对改进活动进行组织，目的是鼓励、促进和利用改进过程中的学习。这要求我们要认识到单环学习和双环学习之间的区别。

单环学习和双环学习

当因果之间存在重复性和可预测的联系时，就会出现单环学习。这就像我们在第 10 章中讨论的"常规控制"。一项流程的输出特性被测量，并将与引发流程的输入条件相关联。每发现一次流程错误或问题时，都会对其进行纠正，并在此过程中了解更多有关流程的信息。然而，这种情况并不会质疑或改变流程的潜在价值和目标，而且随着时间的推移，这可能会产生一种绝对的惯性，阻碍该流程适应不断变化的环境。相比之下，双环学习会质疑企业的基本目标、服务，甚至是潜在文化。这种学习意味着一种从根本上挑战现有运营假设的能力。它试图重新构建竞争的假设，并对竞争环境的变化保持开放态度。但是，拥抱新机会有时需要放弃现有的运营方式，这在实践中可能很难做到，因为许多企业看重个人和团队的经验与过去的成就（而不是潜力）。图 15-15 展示了单环学习和双环学习。

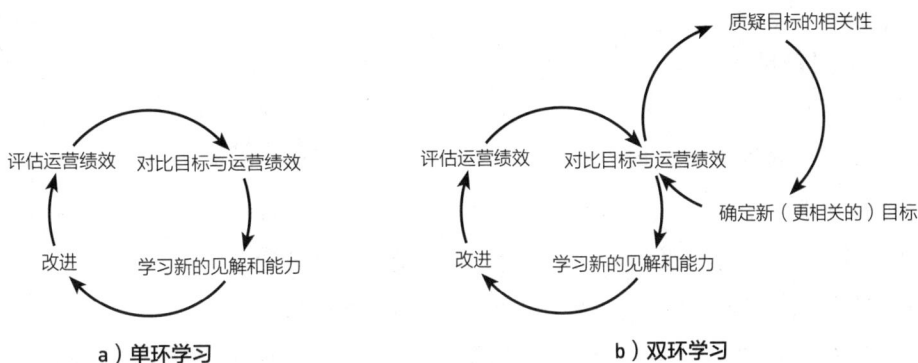

图 15-15　单环学习和双环学习

a）单环学习

b）双环学习

（单环学习图中文字：评估运营绩效、对比目标与运营绩效、改进、学习新的见解和能力）

（双环学习图中文字：质疑目标的相关性、评估运营绩效、对比目标与运营绩效、确定新（更相关的）目标、改进、学习新的见解和能力）

运营实践案例

从世界一级方程式锦标赛中学习 [13]

从驾驶作业的角度看，世界一级方程式锦标赛（F1）赛车手在世界上速度最快的竞争对手之间穿梭，一名超市卡车司机静静地向配送中心和零售店运送豆子、啤酒和培根，二者之间存在天壤之别。但其实，二者的共同点比人们想象的要多。F1赛车手和卡车司机都想节省燃料，要么是为了减少进站次数（F1赛车手），要么是为了降低运输成本（重型货车司机）。尽管郊区送货不像在蒙扎赛道上赛车那么刺激，但由威廉姆斯F1车队开发的计算机辅助模拟程序正用于帮助塞恩斯伯里（英国的大型连锁超市集团）的司机提高驾驶技能，这可能减少多达30%的燃油费用。该模拟驾驶技术允许在受控环境中进行逼真的高级训练。该模拟驾驶技术最初是专门为F1赛车手的高级训练而开发的，并在卡塔尔的威廉姆斯技术中心进行了开发和扩展。现在该技术可以训练司机达到高水平的专业驾驶技能并熟悉道路安全应用。

威廉姆斯F1首席执行官亚历克斯·伯恩斯（Alex Burns）这样说道："F1是被公认的一个优秀的技术孵化器。卡塔尔的威廉姆斯技术中心从这个孵化器中开发的一些新兴技术，用来帮助塞恩斯伯里公司减少能源消耗，提高其关键物流运营的员工的技能和安全性，是非常有意义的。"塞恩斯伯里公司的能源相关改进计划包括能源供应（如风能、太阳能和地热能）与能源消耗（如切换到LED照明、二氧化碳制冷等）。从F1中学习将有助于塞恩斯伯里公司进一步提高其能源效率。塞恩斯伯里公司的零售和物流总监罗杰·伯恩利（Roger Burnley）说："我们致力于减少对环境的影响，因此，我们经常走在技术创新的最前沿。通过与威廉姆斯F1车队合作，我们可以利用一些世界上最先进的汽车技术，从而提高运营效率，并逐步接近我们的二氧化碳减排目标。"

● 知识管理

学习如何把事情做得更好的一个核心概念是"知识"。在企业中，"知识"是指通过直接经验或教育获得的任何事实、信息或技能。请注意，我们需要区分两种知识来源——经验（源自做事）和教育（解释或描述你从经验中学到的东西，从而让他人获益）。做一件事会让你对某件事更为了解，但必须把你了解的东西表达出来或解释清楚，会让你的知识更有价值，因为可以与他人分享。这种将经验正式化的过程区分了隐性知识和显性知识。

» 隐性知识是指人们头脑中的知识，而不是以书面的、正式的形式表达或描述的知识。关于隐性知识的一个常见例子是如何骑自行车。如果你能骑自行车，就很容易理解这一隐性知识，但如何精确地解释骑自行车是非常困难的。

» 显性知识是以确定的形式呈现出来的知识。它可以用正式的、有组织的语言传达。它已经被"编码"，被排列成系统的语言。它可能包含在手册、记录或流程图中。显性知识可以比较容易地在个体之间进行正式和系统性的交流。

至少对运营经理来说，改进依靠将经验（隐性知识）不断转化为正式

的、公认的"更好的做事方式"（显性知识）。如何管理才能将知识形式化的这一类活动称为"知识管理"（通常缩写为 KM）。

知识管理是一种不必"重新发明轮子"的方式，并且是将经验作为基础。它也是一种支持改进活动的方式，因为它有可能将组织各部门及组织外部联系人的想法结合起来。知识管理有以下两个截然不同但彼此相互联系的功能。

» 将知识收集在一起，通常将隐性知识编码成显性知识，并让任何可访问知识库的人随时随地搜索和使用所需的知识。这需要构建像数据库一样的大型信息存储库。

» 将个体员工（他们自身就是隐性知识的持有者）与收集到的已被正式编码的知识联系起来，并让彼此结合。让个体员工互相连接尤为重要，因为隐性知识并不能完全被编码成显性知识。隐性知识显现在那些能理解直接经验的人身上——人们需要与隐性知识互动，才能获取那些在其正式编码形式中并非显而易见的深入见解。

斯伦贝谢公司的知识管理技术 InTouch[14]

斯伦贝谢（Schlumberger）公司是一家油田服务行业的全球性技术公司，为油气行业的客户提供最新的技术，帮助客户"优化储层性能"。斯伦贝谢公司经常在充满困难和挑战的环境中作业，因此开发技术管理其知识库对它的持续成功至关重要。它将知识管理描述为"开发和部署流程与技术，使个体员工能够实时获取、分享和应用他们的全部知识，从而提高组织绩效，降低斯伦贝谢及其客户的成本"。或者，该公司有时将其简化为一句话，"将你在任何地方学到的东西应用到任何地方"。斯伦贝谢公司的知识管理总监苏珊·罗森鲍姆（Susan Rosenbaum）表示："在斯伦贝谢公司，知识被视为一项重要资产。早在'知识管理'这个术语成为流行的管理术语之前，我们内部就通过技术解决方案来获取知识。尽管这些技术系统是必不可少的，但其关键在于我们如何利用这些工具。我们之间进行持续的互动才会产生影响。"

在知识管理中，技术很重要。斯伦贝谢公司拥有知识产权的 InTouch 系统是该公司获取和共享知识的核心，能直接影响客户的体验。InTouch 数据库包含超过 100 万个知识条目，每年接受 800 万次访问。当现场工程师遇到持续存在的技术问题时，该数据库往往是他们第一个求助的对象。斯伦贝谢公司还有一个由 125 名 InTouch 专属专家组成的工程师团队，可以一对一地帮助现场工程师解决他们遇到的问题。这些"与传呼机和手机形影不离"的专家至少有 5 年的现场经验，来自公司各个领域。他们位于公司的研究和技术中心，这使他们可以及时联系参与开发产品和服务的科学家与工程师。斯伦贝谢公司还支持内部"Eureka"技术公告栏，每周记录 20 个或更多的讨论主题。罗森鲍姆说："现场工程师和 InTouch 工程师通过 InTouch 系统进行互动。但也有现场工程师在技术公告栏上帮助其他现场工程师。InTouch 的工程师通常会浏览这些讨论主题，以收集信息并发现有经验的联系人。"渐渐地，知识流动呈周期性，使其比以往任何时候都更有活力。罗森鲍姆说："现场工程师可以在 InTouch 数据库中标记他们认为已过时的内容，以确保这些内容能被检查。我们正在利用员工的力量更新我们的信息。"

本书将在每一章的"社会责任"板块总结本章主题与重要的社会、道德和环境问题之间的联系。

曾经有一段时间，所有人对员工的期望就是准时出现，"按规定"完成任务，不要破坏或惹恼同事。对某些人来说，仅仅为了经济回报而工作是可以接受的。他们只是"完成了任务",不多也不少。当然,现在仍然有这样的工作,老板对员工也没有任何期望。甚至有些员工更喜欢这种最低限度投入的工作。然而,无论员工还是老板,持有这种态度的人毕竟是少数。现在,双方越来越多地认为,员工有责任为改善他们(和同事)的工作做出努力。问题在于,企业对员工的期望值应该超出工作合同规定范围的多少。一个人能合理地期望在一家企业中的每个人都热情地提出改进的想法并使之落地吗?或者更直白地说,"你是否应该期望(甚至强迫)人们参与改进?""对运营经理来说,这是一个真正的职业道德问题,因为许多改进方法都基于一个假设:在合适的领导下,每个人都愿意努力做出改进并参与改进活动。"

有人认为,在现代工作场所期待组织中的每个人都为改进做出努力是完全合理的(尽管有人会对此提出异议)。但是,每个人应该做到什么程度?例如,如果有人说:"我非常乐意提出改进想法,并努力使自己的改进想法和同事提出的改进想法发挥作用,但是如果我认为一些特定的活动对我来说是无效的,那么我的老板不可以强迫我参加。"这一想法是否合理?换句话说,鼓励人们参与改进活动与要求人们参与改进活动是不一样的,实际上要求人们参与改进活动具有强迫性。在这个问题上有很多可争辩的空间,公司也持有不同的道德观点。有人反对任何强制参与的想法。相反,他们认为运营经理有责任创造一种环境,让人们感到安全并有权力努力和积极参与改进活动。他们认为,没有人喜欢被"过度管理"或被迫采用一种特定的改进方法。当人们感到被强迫时,他们甚至可能会破坏所有的改进工作。他们认为,为什么不让员工按照自己的方式行事?为了避免这一问题,一些公司采取短期解决方式,即从现有员工中挑选志愿者,或者采取长期解决方法,也就是只招聘那些愿意以公司可接受的方式参与改进的人。此外,有的公司把员工参与公司改进当作一个雇用条件。例如,丰田是运营改进最成功的推动者之一,它希望所有员工都参与改进。

第 15 章要点小结

1. 为什么改进在运营管理中如此重要?

- 改进被视为企业管理的首要责任。此外,所有的企业管理活动都与长期改进有关。并且,为了维持其相较于竞争对手更有利的市场地位,许多行业的公司不得不改进,这种现象有时被称为"红皇后效应"。

- 一个常见的改进区别是:彻底的或

突破性改进以及持续性的或"增量式"改进。

- 这一区别与利用现有能力与探索新能力之间的区别是密切相关的。既能利用好现有能力又能挖掘新潜力的能力被称为组织双元性。

2. 运营改进的关键要素是什么？

- 许多"元素"是改进方法的基石。本章描述的元素如下所述：
    - » 改进循环；
    - » 流程视角；
    - » 端到端流程；
    - » 彻底的改变；
    - » 循证解决问题；
    - » 以客户为中心；
    - » 体系和程序；
    - » 减少流程变化；
    - » 同步流；
    - » 重视教育/培训；
    - » 完美是目标；
    - » 识别浪费；
    - » 包括所有人；
    - » 发展内部客户－供应商关系。

3. 改进的主要方法是什么？

- 我们所说的"广泛的改进方法"是指一些改进"要素"的连贯性集合。最常见的四种改进方法是全面质量管理、精益运营、业务流程再造和六西格玛管理法。
- 这些改进方法之间存在差异。每种方法都包含一组不同的元素，因此重点也

不同。我们可以从两个角度区别这些方法：第一个角度，这些方法是强调渐进的、持续性的变革方式，还是更彻底的突破性变革；第二个角度，这一改进方法是否强调应该做出哪些改变，或者应该如何做出改变。

4. 可以使用哪些技巧进行改进？

- 本章描述的许多方法都可以被视为改进技巧，如统计过程控制。
- 改进技巧通常包括：散点图、流程图、因果图、帕累托曲线和"为什么－为什么"分析法。

5. 如何管理改进过程？

- 改进不是凭空发生的。改进需要被有效组织、信息需要被收集才能确保改进能解决最适当的问题，监督改进工作的责任需要被有效分配，资源需要被有效分配。改进活动还必须与组织的整体战略联系起来。
- 标杆管理的过程通常被当作获取竞争对手绩效标准的一种手段。
- 一个组织提高其运营绩效的能力在很大程度上取决于其"文化"，即"企业共同的基本假设模式……运作良好足以被认为是有效的……"一个乐于接受、鼓励不断寻找工作改进方法的组织文化，可以孕育改进。
- 与改进文化相关的许多能力和行为在某种程度上与学习有关。这包括两种类型的学习：单环学习和双环学习。

第 15 章注释

[1] Carroll, L. (1871) *Through the Looking Glass*, penguin Classics, 2008.

[2] Imai, m. (1986) *Kaizen: The Key to Japan's Competitive Success*, mcGraw-Hill, new York, nY.

[3] 案例信息来自 Onetto, m. (2014) When Toyota met e-commerce: lean at amazon, McKinsey Quarterly, no 2, 1 February.

[4] 对于本例，我们要感谢苏塞克斯医疗英国国民健康保险制度（NHS）信托基金会主任休·詹金斯（Sue Jenkins）。

[5] 全部的解释内容，见：Gawande, a. (2010) *The Checklist Manifesto: How to Get Things Right*, profile Books, London; aaronovitch, D. (2010) The Checklist manifesto: review, *The Times* 23 January.

[6] Hammer, m. (1990) reengineering work: don't automate, obliterate, *Harvard Business Review*, July–august.

[7] Davenport, T. (1995) The fad that forgot people, Fast Company, 31 november.

[8] 注意：这些每百万次缺陷数是假设平均值和 / 或标准偏差可能在长期内发生变化，因此 3 西格玛每百万次缺陷数实际上是基于 1.5 西格玛，6 西格玛实际上是基于 4.5 西格玛。这些数字分布被认为是"单侧"的，因为移动通常是一个方向的。

[9] 关于威普罗（Wipro）公司的六西格玛工作的更多信息，请参见：Harvin, H. (2020) six sigma Training & implementation at Wipro, Henry Harvin.com, blog, 2 march; sharma, m., pandla, K. and Gupta, p. (2014) a case study on six sigma at Wipro Technologies: thrust on quality, Working paper, The Jaipuria institute of management.

[10] 有许多书和出版物解释了精益和六西格玛相结合的好处。例如：Byrne, G., Lubowe, D. and Blitz, a. (2007) *Driving Operational Innovation using Lean Six Sigma*, IBM institute for Business value; Brue, G. (2005) *Six Sigma for Managers: 24 Lessons to Understand and Apply Six Sigma Principles in Any Organization*, MCGraw-Hill professional education series, new York, nY.

[11] Shenkar, O. (2010) Copycats: *How Smart Companies Use Imitation to Gain a Strategic Edge*, Harvard Business press, Boston, ma.

[12] 案例信息来自 The economist (2016) The great escape: what other makers can learn from the revival of Triumph motorcycles, *Economist* print edition, 23 January.

[13] 案例信息来自 sample, i. (2020) F1 team helps build new UK breathing aid for Covid-19 patients, *Guardian*, 30 march; West, K. (2011) Formula One trains van drivers, *The Sunday Times*,1 may; Williams F1 Team (2010) Williams in collaboration with Sainsbury's, f1network.net, 12 November.

[14] 案例信息来自 Schlumberger press release (2010) schlumberger Cited for Knowledge management, schlumberger press Office, 3 December; Deltour, F., plé, L. and sargis-roussel, C. (2013) eureka! Developing online communities of prac- tice to facilitate knowledge sharing at schlumberger, ieseG school of management, Lem, case study 313-122-1.

精益运营

本章学习目标

- » 什么是精益？
- » 如何从精益角度思考流动？
- » 如何从精益角度思考（并减少）浪费？
- » 如何从精益角度思考改进？
- » 如何从精益角度思考人的作用？
- » 精益方法如何应用于供应网络？

导语

精益运营的重点是让物料、信息或客户顺畅流动，以精准的数量（不多也不少）、准确的需求出现时间（不早也不晚），在恰当的地点（合适的位置），并且以尽可能低的成本完成客户预期（完美的质量）。精益经营的概念（及其前身和衍生概念，如准时化和无库存生产）最初是在制造型企业中发展起来的，其侧重点在于计划和控制运营，从而让企业在没有"浪费"的情况下交付产品或服务。精益经营的目标是在最短的时间内以最低的成本为企业提供无缺陷的产品和服务，为客户创造价值。多年来，精益概念越来越多地被应用于服务型企业。同样重要的是，这些企业更多地转向将精益作为一种整体性的运营和流程改进的方法。虽然精益在计划和控制活动中的作用主要是实现各项资源的平稳、同步流动（没有浪费），但它也追求以精准的数量、合适的地点和正好的时间完成高质量产品的交付。因此，在实践中，精益主要被视为一种改进方法。图 16-1 展示了精益在整个运营管理模型中的位置。

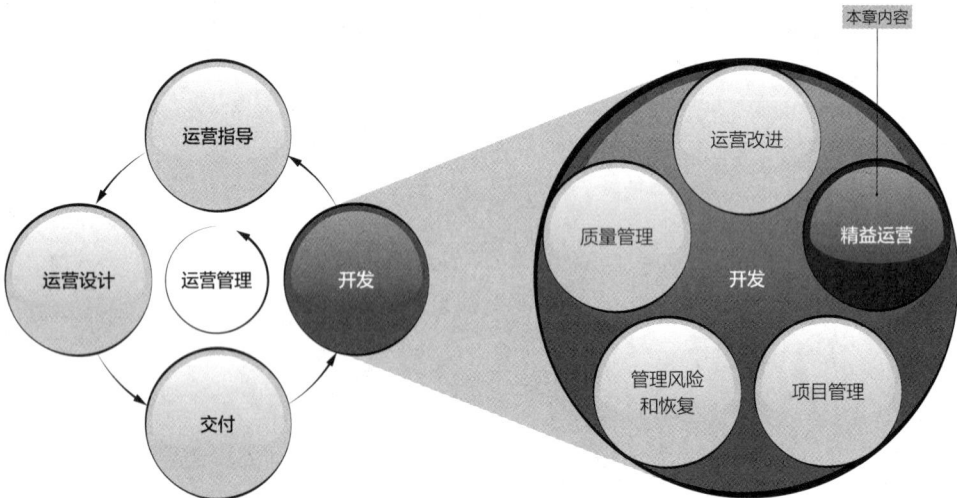

图 16-1　本章探讨的是"精益运营"

16.1　什么是精益

有几种方法可以定义"精益"。本章采取了一种最常见的描述精益的方法，即通过描述其要实现的目标定义"精益"。精益的目标是以精准的数量（不多也不少）、准确的需求出现时间（不早也不晚）、恰当的地点（合适的位置），并以尽可能低的成本恰当地交付客户价值（完美的质量）。不过，虽然精益有多种不同的定义，但很少有定义能简单地或完全地抓住其本质。一些定义过于狭隘，因为它们强调精益运营中使用的工具和技术，或构成精益的单一元素。另一些定义则过于宽泛或含糊不清，无法对如何实现我们定义中列出的目标做出具体指导。还有一种定义"精益"的方法是，确定精益在整体运营管理活动中所起的作用。

● 精益是一种哲学理念、一种计划和控制的方法、一套改进理念

我们可以将精益看作三个彼此关联但又有所区别的角色，每个角色呈现一种不同的视角：

» 精益是一种视客户价值为运营核心的哲学理念；
» 精益是一种计划和控制流动的方法；
» 精益是一套改进运营绩效的理念。

图 16-2 展示了以上三种角色。

精益是一种哲学理念

在本章中，我们将解释精益的多个组成要素。所有这些要素都很重要，但其中有一个要素可以将其他元素结合在一起，即精益是一种视客户价值为运营核心的哲学理念。将精益称之为哲学，我们意指精益是具有一致性的一套思想，它们构成了运营管理的基本原

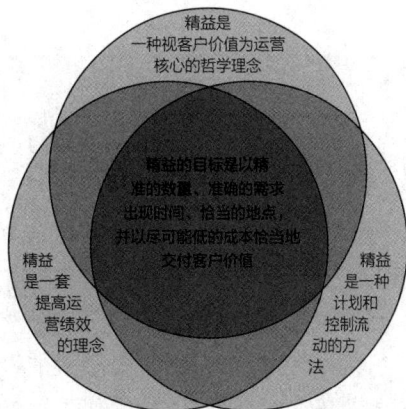

图 16-2　精益可以被视为三个互相重叠的角色——精益是一种视客户价值为运营核心的哲学理念；精益是一种计划和控制流动的方法；精益是一套提高运营绩效的理念

理。当我们解释精益的各种要素时，需要特别注意它们之间是如何相互支持的。它们并非各不相关的一套想法。它们形成了一种合乎逻辑的、一致性的方法管理运营。事实上，许多要素已被广泛视为运营管理的"最佳实践"。精益哲学的核心目标是引导所有的运营活动都为顾客增加价值。这就引出了一个反复被讨论的主题，即精益试图消除所有非必要的、非增值的活动。

精益是一种计划和控制流动的方法

精益源自制造业，最初被视为一种控制企业内转化资源流动的方法，以达到资源"流动"的最大经济效果。实际上，这是一种通过计划和控制企业活动实现同步流动的方法，通常也被称为"准时化"，它强调的是顺畅流动，以减少工序间的库存。稍后我们会解释这个方面。

精益是一套改进理念

精益运营的"引擎室"是一组改进工具和技术的集合，这些工具和技术是发现和消除浪费（即从客户的角度看，任何不能增加价值的活动）的手段。以持续改进为核心原则和工作方式之一的精益日渐流行，推动运营管理的重点转变为以改进为主要目的。此外，精益强调"人"（即从事价值增加活动的员工）的贡献，这进一步推动了精益成为一个重要的改进工具。精益通过员工授权、熟练的改进方法、使用员工的集体知识，从增加客户价值的角度改进流程。

精益管理的支持者认为，精益的概念对运营管理这一主题有独特影响。精益原则可指导我们进行各种运营管理：从质量管理到库存管理，从工作设计到产品设计，当然还有流程改进。为什么本章像大多数文章一样，把这些观点独立成一章呢？这是一种人为的分割。诚然，这一方式可以尽可能清楚地解释各种精益理念和知识，但它也不可避免地造成了分割，在不同主题之间强加了人为界限。有一些特别推崇精益哲学理念的人认为，精益的基本思想现在已经全面取代了"传统"的运营管理理念。他们主张，精益原则应该被视为整个运营和流程管理的基础。当然，他们是对的。但是，精益理念既是反直觉的，但又足够重要，所以需要单独处理。

批判性评注

● **精益的演变**

虽然准时化原则在许多制造型企业中被采用多年，但"精益"一词最初是由约翰·克拉菲克（John Krafcik）普及开来的，其原意是"减少一切"。克拉菲克是麻省理工学院一个项目的研究员，该项目的研究结果是 1990 年出版的《改变世界的机器》（*The Machine that Changed the World*）一书。[1] 这本书考察了丰田汽车公司的工作实践方法，以了解该公司如何从根本上甩掉了（当时）糟糕质量的坏名声。20 世纪 50 年代，丰田在险些破产的情况下，成功转型为世界上领先的汽车制造商之一（参见下面的"运营实践案例"）。"准时化"使丰田能够做到只在客户下订单后才生产产品，只生产需要的产品，而且在客户需要时，按所需的数量进行生产。这一方法与当时其他汽车制造商的大规模生产截然不同。这本书让精益概念风靡一时，甚至吸引了不少汽车爱好者。因此，几乎所有行业都在学习丰田的方法，以提供更高质量的产品和服务，使用更少的资源，为客户提供更多的价值。

运营实践案例

丰田：精益先锋 [2]

作为精益方法的主要实践者和发起者，丰田汽车公司逐渐同步其所有的生产流程，实现了高质量、高效的生产率，为此，丰田汽车公司开发了一套实践方法，这也就是我们如今所说的"精益管理"，丰田将其称为"丰田生产系统"（Toyota Production System，TPS）。丰田逐步将精益原则的应用从制造业扩展到采购、金融、物流和经销商网络等领域。

丰田的优势在于，它理解了运营中使用的工具与生产系统的理念之间的差异：持续改进。公司不断调整其运营活动和流程，达到更高的绩效水平，从而不断创新和改进。理想的改进方案既简单又成本低，并可容忍多次试验和错误。当一些采用精益原则的员工认为他们已经"做到了精益"，丰田公司会继续调整目标，持续推动改进。由此，我们看到一个关键区别：一类人将精益看作通过一系列改进工具就可实现的终点，另一类人将精益视为经营企业的哲学（如丰田）。这就解释了丰田为何在其导师计划上投入巨资，支持其供应网络内的人成功习得精益原则。被公认为"丰田生产系统"发明者、丰田汽车公司总工程师的大野耐一（Taiichi Ohno）[3] 有一句名言："没有问题就是问题。"这句话总结了精益的哲学，我们应该持续寻找改进的方法，最好永不停止。

16.2 如何从精益角度思考流动

精益哲学的核心是追求流动。这里的"流动"是指转化后的资源在增值活动之间进行无浪费地流动的方式。为了实现这一目标，精益运营采用一种与传统生产方法截然不同的方式管理流动。

● **通过拉动式控制改善流动**

要理解精益方法中使用的拉动式控制与传统的生产流程之间的区别，最好的方法是对比图 16-3 中的两个简单流程。传统生产流程假设，流程中的每道工序将其产出放入一个库存中，作为该工序与下道工序之间的"缓冲"。下道工序将（最终）从库存中获得这一产出，经过加工处理，之后将其传送进入下一个缓冲库存。这就是所谓的"推动式"生产方式，无论是否有需求，产品总要被加工处理。这些库存缓冲将每道工序"隔离"开来，使每道工序阶段相对独立。如果工序 A 因某种原因停止运行，工序 B 至少可以继续运行一段时间。缓冲库存量越大，各工序之间的隔离程度就越大。隔离必须以库存（在制造业企业中）或队列（在服务型企业中）的形式呈现，导致总生产时间延长，因为产品、客户或信息在流程的各道工序之间流动需要等待时间。

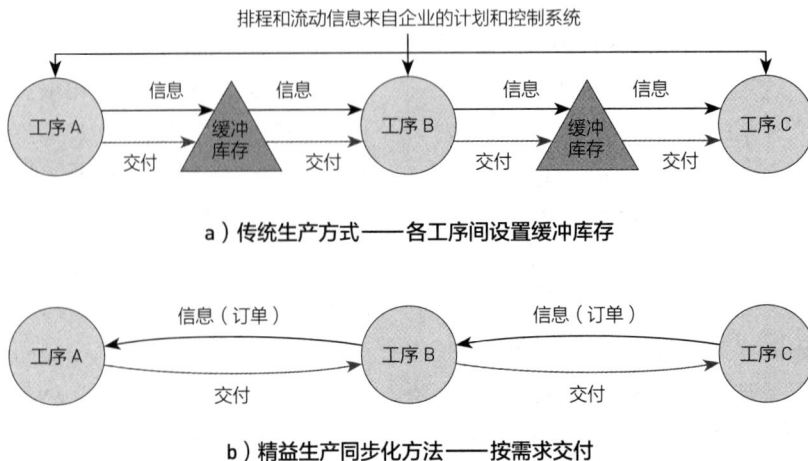

a）传统生产方式——各工序间设置缓冲库存

b）精益生产同步化方法——按需求交付

图 16-3 各工序间流动的传统生产方式与精益生产方式之间的对比

传统生产方式被人诟病的地方在于其改进需要一个条件，即各工序之间要相互隔离。当某道工序出现问题时，该问题不会立即在生产系统的其他地方显现。解决这一问题的关键在于负责这一工序的员工，希望他们能防止问题的后果蔓延到整个系统。我们不妨将传统生产方式与图 16-3b 所示的精益生产方式做对比。在精益生产系统中，产品、客户或信息被加工后，直接传递到下道工序进行"及时"处理，以便进一步处理。其目标是完美匹配需求——既不太多也不太少，只有在需要时生产。在精益生产系统中，任一工序内的问题都会产生非常不同的影响。如果工序 A 停止处理，工序 B 会立即注意到，工序 C 也会随之注意到。工序 A 的问题很快被暴露，整个生产流程立即受到影响。这意味着解决该问题的责任不再局限于工序 A 的员工，而是由所有员工共同承担，因为问题对整个系统的影响之大，已经到了不容忽视的程度。换句话说，通过防止物料在各工序之间积累，企业可以大概率地提高工厂内部的生产效率。传统生产方式通过库存提高效率，以保证流程的每道工序不受干扰。精益生产方式则正好反其道而行之，将问题暴露在生产系统前，既可以使问题更加明显，也可以改变整个系统的"动机结构"，使其朝着尽快解决问题的方向发展。

利用看板管理拉动式控制

图 16-3b 所示的排列是第 10 章中提到的"拉动式控制"。我们将拉动式控制与大规模生产中采用的传统方式——推进式控制做了对比。在大规模生产中，产品被"推进"库存中，以缓冲需求波动。而拉动式控制是在不需要库存的情况下，尽可能匹配供需情况。例如，在一些快餐店里，只有当面向客户的服务员已经出售一道食物，快餐店才会烹饪和搭配好食物，将其放在加热区域。只有真正的客户需求出现，才会推动生产。

在精益运营中，进行拉动式控制最常用的一种方法是使用"看板"（kanbans）。看板是一种简单的信号设施，可以防止物流、客户和信息库存的积累。"看板"这个词在日语中是卡片或信号的意思，有时被称为"隐形传送带"，它控制着运营中各工序间物品的传送。看板最简单的一个形式是，客户用一张卡片指示其供应商配送更多的物品。一些公司的看板依然是有形的物体——固体塑料标记或彩色乒乓球；而在其他公司里，电子销售点系统（electronic point-of-sales，EPOS）可以为下一步"生产"（库存交付）生成数字式看板。无论采用哪种形式的看板，其原理都是一样的：收到一个看板就会触发一个单位的产品或一个标准量的服务活动的移动、生产或供应。如果收到两个看板，就会"产生"两个单元的产品或服务活动，依此类推。一些公司使用"看板方块"，即在车间地板上标记空间放置一个或多个工件或容器。

只有当出现一个空的方块时，提供方块的工序才会生产。从理论上讲，看板的存在是因为需求信息不完善。在理想情况下，看板数量应随着时间的推移而减少，因为流程改进减少了浪费并促进了流动。

一个简单的看板

在可提供送牛奶上门的地区，把一个空牛奶瓶放在住宅门口，就是向牛奶送货员发出送货信号。这张照片说明了在一项服务运营中使用一个非常简单的看板，就可以指明必要供应的重新排序。图片展示的是一家医院血液科的一个储物柜的内部。储物柜里（除其他物品外）放着装血液的小瓶的瓶盖（如图所示）。图片没有展示的是，该科室的储物柜都没有门。在一次改进活动中，工作人员决定拆除橱柜门，让人们对必要供应状况可以"一目了然"。人们无须打开储物柜门来查看其供应状况，从而减少了"浪费"（虽然打开橱柜门是一件令人厌烦的小事，但你肯定不想在家里做这件事）。

减少库存，改善流动

精益管理将库存（包括成品和在制品）积累视为覆盖在系统上的"模糊毯"，让人们注意不到问题。无论产品、客户还是信息库存，其模糊效应通常用图表来说明，如图 16-4 所示。运营中的许多问题就像河床上的岩石，由于水太深而无法被看到。在这个类比中，水代表了运营中的库存（物料、客户或信息）。虽然岩石无法被看到，但它们的确减缓了河流的流动，造成了湍流。逐渐降低水的深度（库存），就可以暴露那些待解决的最坏问题。随着水深进一步被降低，更多的问题被暴露，依此类推。同样的观点也适用于整体流程或运营之间的流动。例如，图 16-3 中的工序 A、B 和 C 可以分别是供应商运营、制造商运营和客户运营。

图 16-4 降低物料、客户或信息库存（水）的水平，可以让运营管理（船）看到运营（岩石）中的问题，并努力减少问题

个人看板的兴起

看板的原则之一是减少正在进行的工作，这一原则既适用于转化物理物品的运营工作，也适用于"知识型"工作。其目标是减少正在进行的工作，创造"精神空间"专注于重要的任务，并快速、灵活地朝着预期的结果工作。正在进行的工作过多，通常会让我们陷入被动地解决问题、回复电子邮件和没完没了的会议，从而掩盖了那些妨碍我们完成更多增值工作的问题。看板式白板正在成为一种越来越流行的工具，它可以澄清"停止开始和开始完成"活动的信息。例如，一个简单的白板（或类似的工具）可以分为以下三个简单的部分（见图 16-5）：

» 待办（尚未开始但需要开始的活动）；

» 正在做（正在进行的活动）；

» 已完成（已完成的活动）。

人们使用便利贴（或白板记号笔）

就可以将任务从一列移到下一列。这一过程可以提高个人的工作效率，工作可视化有助于人们根据优先级安排任务，从而专注于更少的任务，避免在完成"待办"之前就开始做新的事项。精益运营可以通过减少在制品库存的方式，实现其所强调的顺畅生产。因此，尽可能减少"正在做"（在制品库存）的事项数量，是一个明智的选择。

图 16-5 个人看板简单地将工作分成三类："待办""正在做"和"已完成"，以此提高个人生产力

● 降低产能利用率，改善流动

回到图 16-3 所示的流程。当传统生产系统发生停机时，缓冲库存可以让每道工序继续工作，从而实现高产能利用率。高产能利用率是大规模生产方法的核心，通过大规模生产实现低单位成本，即"规模经济"。通常额外的"生产"会进入缓冲库存或客户排队。相比之下，很少或根本没有库存缓冲停机时，生产问题就会立刻显现，甚至影响整个生产过程。这必然会导致产能利用率下降，至少短期内如此。在高度重视产能利用率的企业中，这是难以接受的。然而，仅仅为了产出而产出是没有意义的。事实上，仅仅为了保持高产能利用率而生产，不仅毫无意义，而且适得其反，因为产生的额外库存只会让改进变得愈发困难。此外，精益生产还强调通过持续改进，努力减少所有类型的流程可变性。随着持续的流程改进取得的收益变得越来越明显，改进将朝着缩短生产时间、提高产能利用率的方向发展。这是可以实现的，因为流程可变性减少了。想理解精益运营如何提高产能利用率的逻辑，可参考图 16-6。

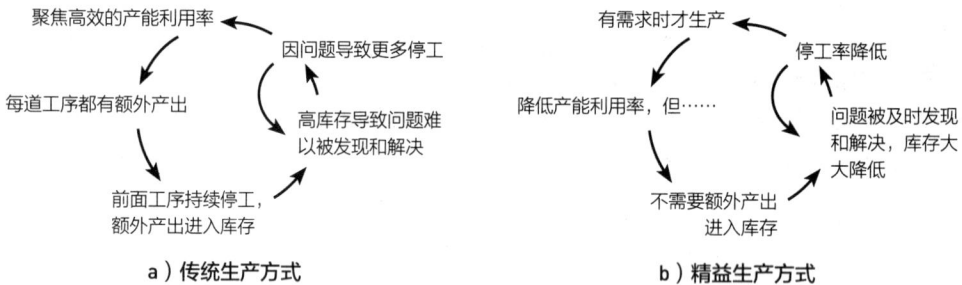

图 16-6　传统生产方式和精益生产方式对产能利用率的不同看法

16.3　如何从精益角度思考（并减少）浪费

精益运营中最重要的部分是其致力于消除各种形式的浪费。浪费是指那些不能为客户增加价值的活动，也就没有顾客愿意为之付费或从中受益。因此，是否浪费，取决于对客户价值的感知。在许多流程中，只有 5% 的总生产时间是直接用于增加价值的。这意味着，在 95% 的生产时间里，企业是在增加服务或产品的成本，但这些成本并没有直接创造客户价值。这一数据即使对高效企业来说，也是一种警醒，因为所有企业都潜藏着巨大的浪费。一些相对简单的请求，如申请驾驶执照，其实际处理时间可能只需要几分钟，但在现实生活中却要几天（或几周）才能拿到驾照。

● 浪费的原因——无用功、不均衡、超负荷

浪费、不均衡、超负荷是生产中造成浪费的三个原因。

无用功

无用功（muda）是指在生产流程中，不能给企业或客户增加价值而造成浪费的活动（见下面的"浪费的类型"）。产生这些非增值活动的主要原因可能是目标沟通不到位（包括不了解客户需求）、资源使用效率低下，以及未能采用系统性方法持续减少浪费。这意味着，要让一项生产活动高效进行，必须对其进行记录，并与执行该活动的员工进行充分沟通。标准化工作和可视化管理是沟通目标和确保有效利用资源的有效工具。

不均衡

不均衡（mura）的意思是"缺乏一致性"或不均匀，通常是由客户需求的变化或执行生产流程方式的变化引起的。不均衡经常导致一些资源超载，另一些资源处于闲置或等待状态。顾客的需求是多种多样的，这涉及他们想要什么、想要多少以及什么时候想要。然而，生产流程更适合尽量少更改执行的任务，因为每次更改都意味着成本的增加。这就是为什么医院只在特定时间安排专家问诊，为什么机器经常生产一批相似的产品。然而，准确、即时地响应客户需求，意味着流程保持高度灵活性。同样，标准化工作对于减少流程执行方式的变化至关重要，而减少转换时间和均衡化生产可以使生产流程更顺畅，让产能与需求更匹配。

流程灵活性不足的表现如下所述。

» 批量生产：通过一个流程发送批量的物料、客户或信息，不可避免地会增加库存，因为批量会流经整个生产流程。

» 生产活动之间的延迟：从一项生产活动切换到另一项生产活动的时间（和成本）越长，就越难以同步流程以立即满足客户的需求。

» 生产活动组合的变化大于客户需

求的变化：如果不同时间段内生产活动组合的变化大于客户需求的变化，那么一定发生了一些"批量"生产活动。

超负荷

超负荷（muri）的意思是荒谬的或不合理的。它基于这样一种思想，即对流程及其资源施加不必要或不合理的需求，导致糟糕的结果。减少超负荷问题，就需要平滑需求（不均衡）。换句话说，浪费可能是无法执行基本的运营计划任务所导致的，如执行生产活动。因此需要确定活动的优先级（排序），明确执行活动所需的时间（排程）和资源（负荷）。为避免资源超负荷，需要了解客户需求的性质（稳定或不可预测），以计算出节拍时间。节拍时间是指满足客户需求所需的每日生产速度。确定节拍时间意味着生产运营可以确保其产能与客户需求保持一致。

以上三个产生浪费的原因是相互联系的。当一个生产流程处于不均衡状态时，它会导致生产设备和人员的超负荷，这反过来又会产生各种非增值活动。

● 浪费的类型

无用功、不均衡和超负荷是三个相互关联的产生浪费的原因。现在我们将要重点讨论浪费的类型，这适用于所有类型的生产运营，也是精益理念的核心内容。已确定的浪费有以下七种类型。

» **生产过剩：**一家企业的产量超过客户需求。生产太多、太早或"以防万一"可能导致产品过时或大量库存，从而掩盖问题，这一点在前面章节已经讨论过。拉进式生产系统应该只生产符合客户实际需求的产量（丰田认为，生产过剩是最严重的浪费）。

» **等待：**任何形式的"等待"都会阻碍产品／服务流向最终客户。在等待可用的资源时（如机器或服务专业人员），大多数人其实都有更好的事情去做。当产品、客户或信息以库存或队列形式处于等待的任何时间时，都是没有增加价值的时间。

» **搬运：**产品、顾客或信息从一个流程移动到另一个流程，但没有给顾客增加任何价值。在运营中搬运物品或顾客，再加上两次或三次的处理，并不会增加价值。改变生产布局使流程更紧密地联系在一起，改进运输方式和工作场所组织的方式都可以减少浪费。生产布局的改变也可以大大减少员工的移动，使他们在工作结束时不那么累。

» **过度加工：**产品／流程所做的工

作超过了客户需求范围。过度加工意味着在客户不重视的任务上投入时间和金钱。过度加工的一个常见例子是，企业要求客户提供同一需求信息，以相似却不同的多个文档的形式提供。

» **库存：** 提出未产生任何收入的资本支出；不管何种类型的库存（产品、客户、信息），所有库存都应成为被消除的目标。然而，只有解决产生库存或排队的原因，如不规律的流动（不均衡），才能减少这种情况。对于库存掩盖生产问题和阻碍流动的能力，本章已讨论过。

» **运动：** 员工和设备的运动；过度运动浪费时间，还会造成伤害。过度运动包括由于欠佳的生产组织方法而不得不寻找物料、工具或设备。

» **不合格或者返工：** 当缺陷产品出现时，随之而来的是额外的成本和延迟。精益意味着精确的质量水平。如果质量水平存在变化，那么客户不会认为自己的需求得到了充分满足。可变性差包括生产设备或员工的可靠性差，因此很容易出现缺陷。不可靠的生产设备或员工通常表明在质量水平上缺乏一致性。这也意味着满足客户需求时会出现不正常的情况。不管怎样，它都会阻碍流动。同样，在大多数生产运营中，有缺陷的产品或服务（由质量差引起的浪费）都是重要问题。服务或产品方面的错误会让客户和流程浪费时间，直到错误被纠正才能解决问题。

第八种浪费

　　一些精益管理的实践者认为，还有第八种浪费，即人力资源的滥用。个人才能、技能、创造力和知识与任务的错位会浪费现有的知识和技能。比如，让技术工人完成非技术性任务，或者将决策权限制在企业的高层。

● 如何改进布局设计以减少浪费

　　让运营中的物料、信息和人员保持顺畅流动是精益的核心思想。长流程路线提供了延迟和库存积累的机会，没有为客户增加价值，并且减慢了吞吐时间。因此，想要增强流动，运营要做的第一件事是重新考虑流程的基本布局。重新配置流程布局以推进精益生产，就涉及第 6 章讨论的将流程设计沿着"自然对角线"向下移动。广义地说，这意味着从功能型布局转向基于生产单元的布局，或者从基于生产单元的布局转向生产线的布局。无论哪种方式，都必须确定该布局能够给流程带来更多系统化和控制。更详细地展开看，一项典型的布局技术是将工作站紧密地放在一起，这样就无须为产品或客户库存建立空间，可以使参与共同活动的所有员工都能看到彼此，方便互动。例如，西雅图的弗吉尼亚梅森医疗中心（Virginia Mason Medical Center）是医疗保健领域实践精益管理的主要倡导者，该中心的候诊室空间已经大大缩小，或者被完全移除。这让人们不得不时刻关注医院流程的流动情况，因为没有地方可以"储存"患者。相比之下，一些医院有多个等候区或"次等候区"，患者分批到达诊所，然后从一个候诊室转到另一个候诊室，这与顺畅流动是截然相反的。

● 如何提高流程的灵活性以减少浪费

准确和即时地响应客户需求意味着运营资源需要保持足够的灵活性，从而在不产生高成本或没有长时间延迟的情况下，能灵活改变所做的工作和所做的工作的数量。事实上，灵活的流程可以显著地促进顺畅的流动。

运营实践案例

航空维修公司减少浪费 [4]

飞机维修很重要。除非做定期检查、修理和保养，否则飞机就有可能从空中坠落，这将令人十分苦恼。因此，飞机维修作业的首要目标必须是保证维修活动的质量。但这并不是唯一的目标。改进维修周转时间可以降低航空公司需要拥有的飞机数量，因为它们不需要长时间停机。此外，维修流程越高效，维修活动的利润就越高，已经有既定维修作业的大型航空公司可以通过为其他航空公司提供维修服务，创造额外的收入来源。图 16-7 展示了精益分析之前和之后维护人员的方式。精益分析的目标是保持甚至提高质量水平，同时改进维护机身的成本，并通过减少周转时间增加机身的可用性。

精益分析的目的是发现维修过程中的浪费，由此产生了两个发现。首先，

机体本身的活动顺序是由技术手册中规定的任务确定的，而技术手册是由发动机、机身、控制系统和其他供应商提供的。没有人能够把所有个体的活动都纳入考虑，然后制定出一个可以节省维修人员时间和精力的顺序。维修活动的整体顺序是被规定好的"标准工作"，涉及准备工具、材料和设备。其次，维修人员通常要等到机身可使用时才开始维修。但是当机身准备就绪时，一些生产准备工作就不需要完成了。因此，在飞机可用之前，为什么不让维修人员在等待的时候去完成这些任务呢？这些变革在成本和可用性方面产生了实质性改进。此外，维修工作的准备变得更加严谨和规范，维修人员的工作积极性也大幅提升，因为影响维修工作效率的许多小摩擦和障碍已被消除。

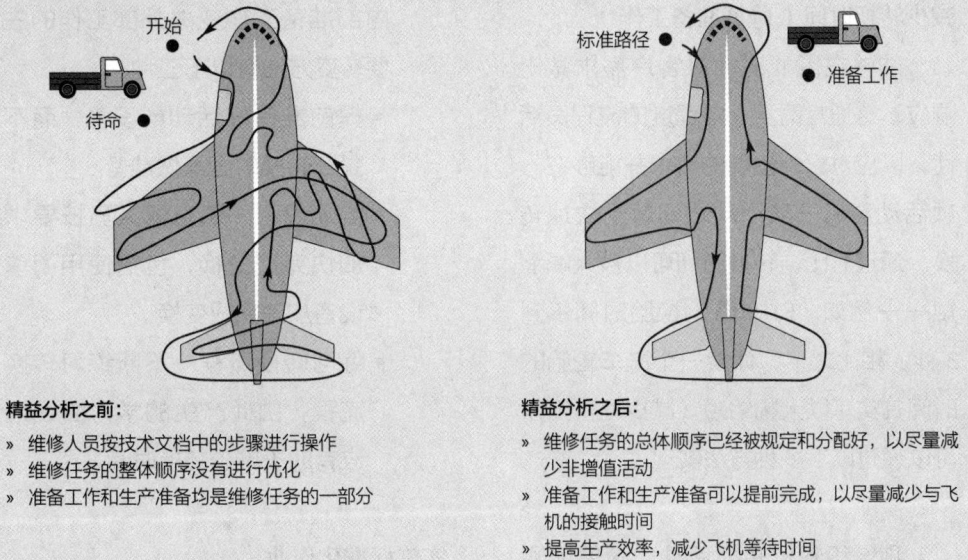

精益分析之前:

» 维修人员按技术文档中的步骤进行操作
» 维修任务的整体顺序没有进行优化
» 准备工作和生产准备均是维修任务的一部分

精益分析之后:

» 维修任务的总体顺序已经被规定和分配好,以尽量减少非增值活动
» 准备工作和生产准备可以提前完成,以尽量减少与飞机的接触时间
» 提高生产效率,减少飞机等待时间

图 16-7 飞机维修流程的对比:减少浪费的精益分析之前与之后

采用小规模简单的生产流程技术

精益通常是指使用小规模的加工处理方式,以减少流动波动。例如,在图 16-8 中,一台大型机器先生产一批物品 A,接着生产一批物品 B,然后生产一批物品 C。然而,如果使用三台小型机器,它们可以同时生产物品 A、B 或 C。生产系统反而能更加抗风险。如果一台大机器坏了,整个生产系统就会停止运转。如果三台小型机器中的一台机器发生故障,整个生产系统仍然以 2/3 的效能运行。小型机器也方便移动,从而提高生产布局的灵活性,降低投资决策出错的风险。然而,对产能的总投资会增加,因为需要同时并行的生产设施,所以产能利用率可能会降低(参见前面的论点)。

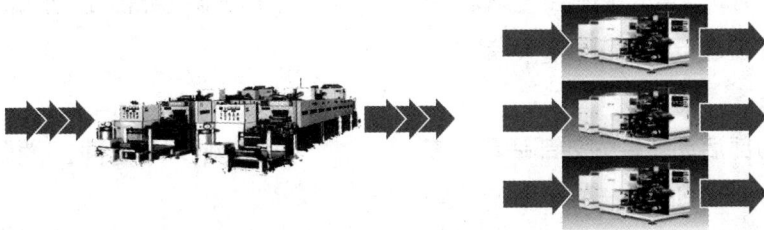

图 16-8 使用几台小型机器而不是一台大型机器可以同时进行处理,这么做可以使流程更稳健和灵活

减少转换时间（降低准备工作）

能够在需要时才对客户需求做出响应，这通常需要一定程度的流程灵活性，以应对意外出现的需求并能够在一项活动与另一项活动之间做到快速转换。通过对比，转换时间可以被大幅缩短——例如，F1 车队的换胎时间不到 3 秒，相比之下，你换一个汽车轮胎的时间其实可以大幅缩短。减少准备工作可以通过以下多种方法实现。

> » 测量和分析转换活动：简单地测量当前的转换时间，做记录并详细地分析执行的活动，这有助于改进转换时间。

> » 将外部活动和内部活动区分开来："外部"活动是指那些当流程继续运行时依然可以执行的活动。例如，在等待下一个客户或任务到来时，一些流程可以为此做好准备（参见前面的"运营实践案例"）。"内部"活动是指那些在流程运行时不能执行的活动（如正在服务上一位客户时，就不能采访下一位客户）。识别和分开内部活动和外部活动，目的是在生产步骤 / 流程继续运行时尽可能多地完成生产任务。

> » 将内部活动转换为外部活动：减少转换时间的另一种常见方法是，将在转换时间内执行的工作转变成在转换时间外执行的工作。将

内部准备工作变成外部工作的主要转变方法有以下三种。

- 提前准备好活动或设备，而不是在转换时间再做准备。
- 推动设备、信息或人员按要求加快完成变换，包括使用简单设备加速完成变换。
- 练习转换流程 - 不断练习转换流程，由此产生的学习曲线效应有助于减少转换时间。

实施标准化作业

标准化作业是指一种能够按步骤高效执行流程的生产文档；该文档解释了为什么某个流程需要以某种方式完成步骤。标准化作业并非流程僵化，而是持续改进的基础。当流程效率（和质量）得到改进时，标准作业就会得到更新，如此就能始终呈现完成某个流程的最好方式。没有标准作业，流程改进的收益将不可持续。标准作业是减少准备的重要辅助工具，因为它能确保流程都以相同的方式执行。标准作业还能有效地促进员工之间的灵活工作，使他们能够迅速学习并吸收那些他们通常没有工作过的领域里所需的工作知识。

● 通过减少可变性，消除浪费

产生可变性的最大原因之一是物品质量的变化，也就是前面所说的"不

均衡"。这就是为什么精益运营的讨论应该包括一项评估,确保生产流程之间的质量保持一致。特别是,统计过程控制(standard process control,SPC)的原理可用来理解质量可变性。第 17 章附录中关于统计过程控制的补充内容阐述了这一主题,因此在本节中,我们将重点讨论引起可变性的其他原因——首先是在流程、运营或供应网络中流动的物品组合的可变性。

波音和空客的快速转换 [5]

对航空公司来说,快速转换尤为重要,因为它们无法通过闲置在地面上的飞机赚钱。快速转换在业内被称为"让飞机热起来"。对许多航空公司来说,让飞机热起来的最大障碍是其市场规模不够大,不足以支撑白天和黑夜的客运航班。因此,为了避免在夜间闲置,飞机必须以其他方式被利用起来。这就是波音 737 推出"快速变换"(quick change,QC)飞机的原因。有了这种飞机,航空公司可以非常灵活地安排航班:在白天该飞机用于客运航班,然后经过不到一小时的转换(准备),在晚上作为货运飞机。波音公司的工程师设计了能够容纳整排座椅的机身,这些座椅可以平稳地滑进或滑出飞机,从而可一次性把 12 个座椅滚动安装就位。当飞机用于装载货物时,座椅直接被移除,取而代之的是特殊的货物集装箱,这些集装箱的设计符合机身的曲线,并且不损坏机身内部。在重新安装座椅之前,飞机的侧壁会被彻底清洁。如此,等座椅重新被安装就位后,乘客无法分辨快速变换飞机和普通 737 飞机的区别。

快速转换概念也是由空中客车公司开发的。该公司宣布,未来它打算在其 A330 系列飞机的货舱上开发新"生活区"。其中,包括各种不同的独立机舱,如家庭睡眠区、会议室、儿童游乐区和健身房空间。每个独立机舱都被设计成可快速进出的货舱(就像波音的"快速更换"一样),从而根据市场和航线的需求,在任何给定的时间都可以让机舱容量快速转换使用。

产品或服务的平准化排程

平准化排程(日语为 heijunka,发音为 hi-june-kuh)是指在一段时间内保持各生产阶段之间流动总量和物品组合是均衡的,以减少不均衡和超负荷。图 16-9 展示了从常规排程到平准化排程的转变。通常，如果在一段时间内（通常是一个月）需要产出多种产品（如不同款式的鞋子），那么每种产品的生产批量的大小以及可生产批次的数量都是按同一顺序进行的。图 16-9a 显示了在 20 天内生产 3 种物品的一个流程：

A 型鞋的需求量 = 3000

B 型鞋的需求量 = 1000

C 型鞋的需求量 = 1000

A 型鞋的生产批量 = 600

B 型鞋的生产批量 = 200

C 型鞋的生产批量 = 200

从第 1 天开始，该生产单元开始生产 A 型鞋。在第 3 天，600 个 A 型鞋的批量完成，并被分发到下一阶段。然后开始 B 型鞋的生产批量，直到第

4 天才完成。第 4 天的剩余时间用于生产 C 型鞋，并且两批鞋都在当天结束时发出。之后，此生产流程循环往复。采用大批量生产方式的后果是：首先，在生产单元内部和单元之间积累了相对大量的库存；其次，从生产产品的角度看，多数时候生产内容是不同的（在更复杂的情况下，每天都生产不同的产品）。

现在假设可以增加生产单元的灵活性（如通过使用小型机器和减少准备工作），在不减损产能的前提下，使产品的批量大小降至以前水平的 1/4（见图 16-9b）。

A 型鞋的生产批量 = 150

B 型鞋的生产批量 = 50

C 型鞋的生产批量 = 50

批量 A = 600, B = 200, C = 200

250A	250A	100A 150B	50B 200C	250A	250A	100A 150B	50B 200C

600A 200B
   200C   600A 200B
               200C

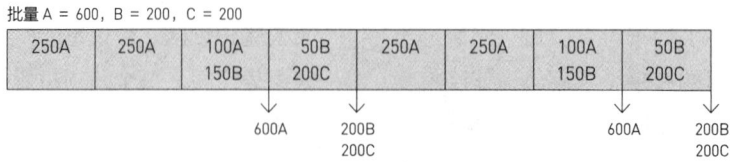

a）大批量生产的排程

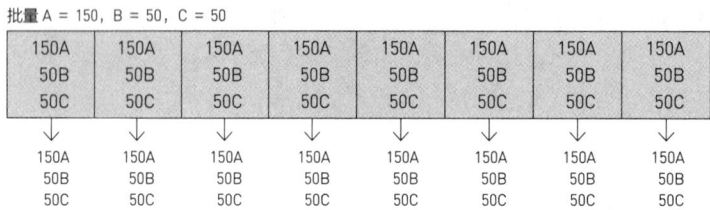

批量 A = 150, B = 50, C = 50

150A 50B 50C	150A 50B 50C	150A 50B 50C	150A 50B 50C	150A 50B 50C	150A 50B 50C	150A 50B 50C	150A 50B 50C

150A
50B
50C 各列对应

b）平准化排程

图 16-9　平准化排程对每天要交付的产品 / 服务组合做均衡化处理

现在，每批产品都可以在一天内完成。最后，三批产品将被分配到下一个阶段。小批量的库存能够在每个阶段之间流动，从而降低运营中库存的整体水平。然而，同样重要的是，平准化排程对生产单元的规律性和节奏的影响。现在，一个月中的每天需要处理的事情都是一样的。这让计划和控制系统的每个阶段变得容易。例如，如果在这个月的第一天，A 型鞋的每日生产批量在 11:00 前完成，并且当天所有的生产批量都成功完成，那么在第二天该生产单元就可以确定。如果它在 11:00 前再次完成所有 A 型鞋的生产批量，那么它是按计划生产的。当每天都不一样时，"我们今天是否按计划完成了生产"这一简单问题就需要做一番调查才能得到答案。

批判性评注

关于平准化生产，存在一些批判性观点，其中有两点比较重要。首先，在需求直接且高度不确定的情况下，很难实施平准化生产。例如，在消防、警察和医疗保健服务等紧急服务中，尤其如此。然而，即使紧急服务的需求，在某种程度上也是可预测的（如在繁忙的市中心，周五晚上通常需要增加警力）。在不可预测性持续存在的情况下，应该有"备用"产能，以便在客户出现"紧急情况"时能迅速做出反应。其次，虽然平准化生产的目标是减少或消除变化，但将生产活动分批次分组进行是有必要的。有人认为，它最大限度地减少了从一种活动转换到另一种活动时出现的低效率现象。期望流程具有足够的灵活性，能够按照平准化生产的要求而灵活变化，是不现实的。企业若实施精益理念和实践方法，是不太可能在早期阶段就实现平准化生产的，因为平准化生产的前提条件是采用增强流动的所有其他实践方法（如消除浪费和减少变化）。此外，平准化生产取决于对需求的理解，并在可能的情况下均衡化需求。因此，平准化生产应该被视为生产系统努力追求的理想目标，并且随着时间的推移，企业会越来越靠近这一目标。

平准化交货排程

与平准排程相似的一个概念可被应用于许多运输流程（见图 16-10 ）。例如，连锁便利店每周需要运送其销售的所有不同类型的产品。通常，便利店会派一辆卡车装载特定产品到所有的商店，以便每家商店收到足够数量的该产品，可销售一周。这相当于前面示例中讨论的大批量生产。另一种选择是，便利店用一辆卡车更频繁地运送小批量的产品。然后，每家商店可以经常收到较少数量的交货，库存水平更低，交付系统能更容易地响应需求变化趋势，因为更频繁的交货意味着有更多的机会改变配送给商店的数量。

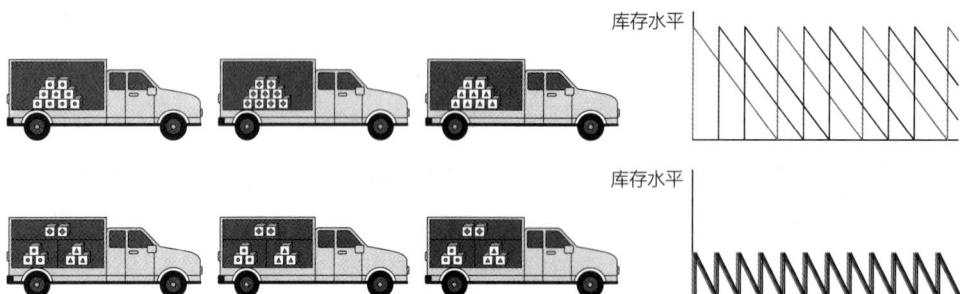

图 16-10　频繁地交付小批量产品可以降低库存水平

运营实践案例

杰米·奥利弗的"精益"烹饪方法 [6]

大多数人是没有很多时间做饭的，这也是为什么名厨杰米·奥利弗（Jamie Oliver）写了一本名为《杰米·奥利弗30分钟上菜》（*Jamie's 30-Minute Meals*）的书。他提出一个做饭的观点，做一顿美味的饭菜应该像外卖一样快速和便宜。这本书列出了 50 个现成的菜单，每个菜单只需三四节课即可学会，准备时间不超过 30 分钟。为了实现这一效果，杰米有意或无意地将精益原则和方法应用于日常烹饪活动。

让我们想象一下，你的家人要来你家吃晚饭，你想用一个新学的印度套餐给他们一个惊喜，配上鸡肉、米饭、沙拉，当然还有甜点。通常，你会搜索和查找 4 种不同的食谱，每道菜一个食谱。所有的食谱都来自不同的地方，你需要弄清楚要买的食物的数量，考虑到不同的菜会用到同一食材，你需要做好计算，还要准备好锅和其他厨房设备以分配不同的食材，而且最重要的是，如果你想同时准备好所有的菜，你必须弄清楚准备食物的顺序。杰米的方法大大降低了这种复杂性，能确保无论做什么菜，在做菜时，下一步需要的食材都已经准备好。换句话说，菜肴不是按顺序一道接一道地烹饪，而是同时准备和完成。

如果我们用字母 A 标识所有与准备沙拉（如切蔬菜）相关的任务，用字母 B 标识煮米饭（如煮米饭），用字母 C 标识煮鸡肉，最后用字母 D 标识做甜点，那么用传统的烹饪方式，我们的任务排程看起来就是 AAAA BBBBBBB CCCCCCC DDDD。其结果就是分批备好食材，等待，在饭菜上桌之前要准备好所有饭菜。相反，杰米·奥利弗的 30 分钟上菜方法的做菜顺序是这样的：ABAC-DACBADCBABDC，与不同菜肴相关的单一任务从一道菜顺利地过渡到下一道菜：厨师切一种沙拉材料（A），然后煮米饭（B），然后切更多的沙拉配料（A），与此同时在烤箱里烤鸡肉（C），准备一部分甜点（D）。这样，所有的菜都在同一时间做好了，时间刚刚好，在菜做好之前无须提前准备，避免了浪费。这种均衡化的方法被称为平准化生产。

此外，杰米的精益烹饪方法是以缩短准备时间为基础的。在每个食谱的开头，食谱所需的设备都被列在标题"开始"之下。对其他必要的准备，如加热烤箱，也做了详细规定。从一开始就准备好所有的设备可以节省时间，而且根据杰米的说法，这是在 30 分钟内上菜的先决条件。采用可用于不同目的的简单设备，能够加快过程，因为可以最小化转换时间。最后，该食谱是一个"标准化作业"的示例，其详细说明了每个加工步骤，并做了简单解释，说明为什么这样做。其基本原理是充分利用可用时间，消除烹饪中的"闲逛"（即运营管理中所说的"非增值活动"），在不影响烹饪质量的前提下，只采取真正的"好、快的烹饪"方法。

16.4 如何从精益角度思考改进

通常，精益的目标都是比较理想化的表述，如"以完美的质量即时满足需求，并且不浪费"。虽然任何一家企业的当前绩效都可能与这种理想化的目标相去甚远，但一个基本的精益理念是，只要企业坚持精益运营，随着时间的推移，其运营绩效就会越来越接近理想目标。所以，持续改进的概念是精益哲学中非常重要的一部分。如果一家组织进行精益管理的目标是实现一个永远无法完全实现的理想目标，那么其精益运营的重点必须放在如何让该组织不断接近理想状态。正如我们在第 15 章中阐述的内容，持续改进的日语单词是 kaizen，它是精益哲学的关键部分。

● 快速流程改进研讨会

快速流程改进研讨会（rapid process improvement workshop，RPIW）是在流程上利用改进方法的一个通用工具，通常与改进的精益方法相关联。RPIW（有时被称为改进事项）通常是 3 ～ 5 天的研讨会，把不同团队的员工聚集在一起，集体检查一项流程，目的是根据精益原则改进该流程。RPIW 团队通常由跨团队的员工组成，他们的日常工作是"接触"焦点流程（正在检查的流程），但他们并不清楚自己的工作对整个生产流程的作用，或者他们所做的活动如何影响另一项流程。因此，当 RPIW 参与者共同绘制一项流程时，经常会听到成员说他们从未认识到流程的其他部分发生的事情，他们只了解自己的那部分流程。

通常情况下（但并非一直如此），RPIW 是由一个或多个个体组成一个中心化的改进团队，他们在实践流程改进方法方面具有丰富的经验。如果资源允许，改进团队会在 RPIW 之前对绩效数据进行详细分析，并在第一天早上与 RPIW 团队分享该数据。通过图表形式展示数据，展示出产品缺陷、总生产时间和客户满意度得分等，是一种有效的机制，让全体成员承认该流程绩效不佳。例如，诸如约翰·科特（John Kotter）和库尔特·卢因（Kurt Lewin）两位变革管理理论家一直认为，承认问题的存在是流程改进的首要一步。[7]

在 RPIW 的 3 ～ 5 天时间里，团队成员依次会经历这样的过程：先承认问题，之后形成变革共识，然后使用诸如"现场观察"（go-see）、流程图和价值流（见后面的内容）等技术理解问题，之后思考流程期望实现的"将来"状态，以及如何在这种状态下消除非增值活动、增强流动。在这种情况下，通常在研讨会的第二天，团队利用因果图（参见第 15 章）之类的工具和技术了解产生问题的"根本原因"，然后重复使用 PDCA 循环（再次参见第 15 章）确定改进任务的优先级，最后通过小型快速实验，以确定流程变革的想法。RPIW 团队的人员选择也很重要。一个高效能团队要包括有权利领导变革的人，这个人要有"社会资本"（即要能够与支持流程变革的其他人建立联系）提高流程变革的可接受性，并且要具备合适的"技术"知识。RPIW 团队还应该包含一个"流程主持人"（process owner，PO），这个人要采取推进性行动并监控变革的进展。

● 通过"停止排队"鼓励改进

"安灯拉绳"（Andon Cord），源自日本灯笼，其用处是当检测到某种缺陷时停止活动。拉动安东绳，"停止生产线"。它代表了一种视觉（有时是听觉）提示，清楚地表明问题的存在和位置。在采用这种方法的企业中，员工有"拉线停止生产的权利"。换句话说，当发现问题时，他们有义务提醒其他人。拉动安灯拉绳停止生产线，使人们立即解决问题。从表面上看，这似乎降低了生产线的效率（中断流程），但其背后的思考是，短期内因效率降低造成的损失，要小于允许缺陷继续在过程中累积的损失。在某些情况下，除非问题立即得到解决，否则它们可能永远不会得到改正。在线零售商亚马逊在回应客户投诉时就借用了安灯拉绳的概念（参见下面的"运营实践案例"）。

亚马逊坚信，企业应该把责任下放给服务中心的一线员工。亚马逊的客服人员每天都会接到客户的投诉电话，表达他们对交付产品某些方面的不满。只要这些投诉在一定程度上涉及系统性问题，客服人员就有权做出自己的判断。如果客服人员怀疑这是一个重复的缺陷，他们就可以对特定产品"拉线停止生产"（"拉安灯拉绳"）。比如，在对问题进行全面调查时，将产品从亚马逊网站上撤下。据亚马逊称，提高系统的透明化，每年消除了数以万计的系统缺陷，也让客服产生了一种有效处理客户投诉的强烈责任感。现在，客服不仅可以向个别客户退款，还可以告诉客户，在问题得到全面调查之前，其他人将不会收到瑕疵的产品。亚马逊声称，大约在 98% 的情况下，当产品以这种方式被下架时，其背后确实存在一个系统性问题，这凸显了赋予一线的客服人员自主决策权利的价值，他们可以自行决定何时停线，何时不停线。

在实际的工作场所观察——现场观察的原则

去"创造价值的地方"（gemba，也叫"genba"）的意思是，去实地工作场所观察；只有这样，才能真正了解生产过程。实施精益管理的组织用"现场观察"（gemba walk）的理念，让管理者定期去工作场所观察，从一线执行员工的角度了解工作。实地观察提高了运营的透明化，让管理者更好地理解工作的完成方式，让管理层和"一线工作人员"建立了更多的"联系"。实地观察的指导原则是"执行工作的人才是最了解改进工作的人"。

对于精益的大部分解释都是"技术"层面的解读，因为其涉及的是如何在具体实践层面管理运营资源的问题。然而，精益的很多提倡者认为，成功实施精益运营的一个重要经验是，将其嵌入组织文化。换言之，精益应该成为"我们做事的方式"。然而，成功改变企业文化使之实现精益运营，并不简单，需要数年时间，而且很少有组织成功地将精益运营完全融入"做事的方式"。为什么会这样？首先，许多组织认为精益运营主要是一种削减成本的方式（用更少的钱做更多的事）。精益运营确实是更高效的利用资源的方式，但其高效是通过寻求渐进式改进实现的。因效率提高而节省的成本会慢慢积累，但至少在短期内，所节省的成本可能很小。在这个过程中，公司可能会失去兴趣，并寻求其他更快地节省成本的方法。其次，使用快速流程改进研讨会（RPIW）的一些组织可能并没有充分重视其连续性。虽然 RPIW 可以取得实质性改进，但是这些改进之后还需要取得其他改进，还可能需要改进其他相关的流程。这两点引出了第三个关键点：精益是一个过程，而不是终点。诚然，这是一种管理上的陈词滥调，但是，想要实现精益运营的组织必须将其视为一项长期承诺。精益运营的一些支持者认为，实施精益管理前五年的工作，包括培养员工的改进能力、培养企业对精益的理解，并让组织战略与改进目标保持一致。

● 用于理解流程和识别浪费来源的价值流图

改进流动需要了解物料、信息和人员如何在流程中流动。价值流图（value stream mapping）是一种简单而有效的方法，它不仅记录了提供产品和服务的直接活动，还记录了支持直接生产活动的"间接"信息系统。它被称为"价值流图"，因为它重点区分了增值活动与非增值活动。它类似于流程图（参见第 6 章），但在以下三个方面有所不同。

> » 与大多数流程图相比，价值流图涵盖更广泛的信息，包括计算出周期时间、等待时间和流程效率。
> » 与大多数流程图相比，价值流图通常有更高的层次（5 ~ 10 个活动）。
> » 与大多数流程图相比，价值流图的涉及范围更广泛，更能反映供应网络的情况。

价值流是指从头到尾涵盖了材料、信息和客户完成转换的一整套活动。在很多实践者看来，价值流图是帮助发现浪费和确定其原因的起点。这是一项包括四个步骤的技术，可以发现浪费，并提出精简浪费的方法。首先，它用图反映价值流（过程、操作或供应链）。其次，它用图展示流程，然后在此基础上展示出让流程发生的信息流。这是所谓的"当前状态"图。再次，对问题进行诊断并提出更改建议，画出未来状态图，展示改进后的流程、操作或供应链。最后，执行改进变革。图 16-11 显示了工业空调安装服务的价值流图。服务流程被分成五个较大的阶段，而且每个阶段的各种数据项都在图表上被标记出来。收集的数据类型确实有所不同，但是所有类型的价值流图都会对比总吞吐量时间与更大流程中的增值时间。在这种情况下，整个 258 小时的生产过程中，只有 8 小时是增值的。

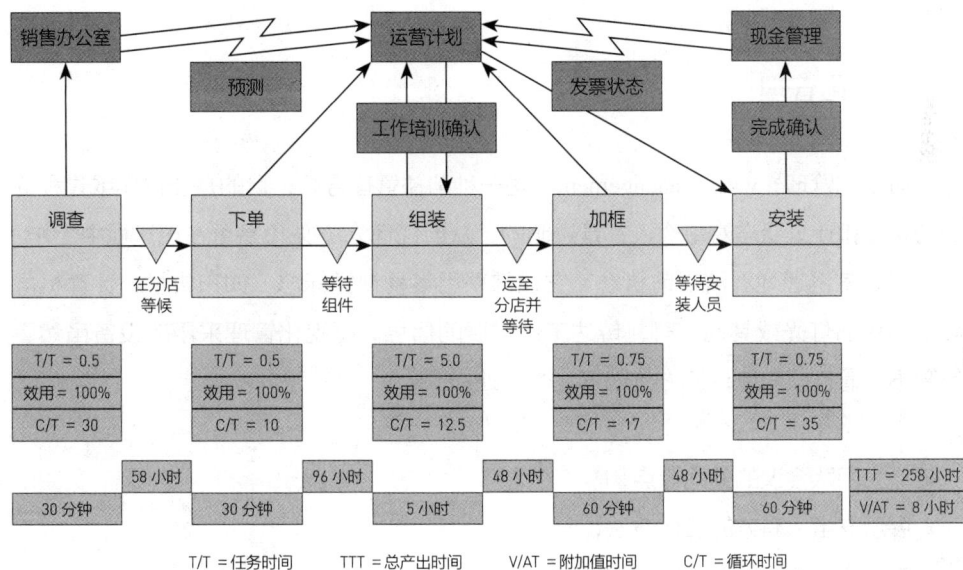

图 16-11 一项工业空调安装服务的价值流图

● 让事情简化——5S 方法

5S 是精益管理涉及的一个术语，虽然被翻译成一个近似的英语词语，但它其实源自日本。它通常代表以下内容。

» 整理（seiri）：去掉不需要的，保留需要的。

» 整顿（seition）：把需要的东西依规定方法摆放整齐，无论什么时候都可以很容易地拿到。

» 清扫（seiso）：保持物品整洁；工作区域内不得有垃圾和污物。

» 清洁（seiketsu）：保持清洁和秩序——永远保持整洁。

» 素养（shitsuke）：遵守标准，并以遵守标准为自豪。

5S 被认为是管理工作中的一种简单的内务管理方法，其侧重于可视化秩序、组织、清洁和标准化。它有助于消除与不确定性、等待、搜索相关信息、创造变化等有关的所有浪费。通过消除不必要的东西，让一切都变得清晰和可预测，杂乱就会减少；需要的物品总是放在同一个地方，工作就会变得更容易、更快捷。

● 可视化管理

可视化管理（visual management）是一种精益管理方式，目的是让操作或过程的当前状态和计划状态对每个人都是透明的，从而任何人（无论是否在该过程中工作）都可以非常迅速地看清当前状态。它通常采用某种视觉标志，如布告栏、计算机屏幕或简单的灯光或其他信号，传达工作进展的信息。可视化管理采用的设备虽然看似微不足道且很简单，但它有以下几个好处：

» 作为团队会议的共同焦点；

» 展示安全、有效的工作方法；

» 与每个人沟通如何评判工作绩效；

» 一目了然地评估运营的当前状态；

» 提高对任务和工作优先级的理解；

» 判断自己和他人的工作绩效；

» 识别工作流程、已经完成的工作和正在完成的工作；

» 及时发现事情没有按计划进行；

» 展示商定的标准应该是什么；

» 为所有相关人员提供实时的绩效反馈；

» 减少正式会议的次数。

KONKEPT 的可视化管理

总部位于新加坡的在线玩具零售商 KONKEPT 的财务部门出现了运营问题。财务部门在努力处理顾客的付款、供应商的发票和其分销中心的信息需求的过程中，出现了服务水平低、投诉多的问题；与此同时，需求量却在增加。大家一致认为，该部门流程混乱、管理不善，对工作中的优先级或每个工作人员的绩效知之甚少。为了改变这种状况，部门经理首先试图通过定义个人和团队角色明确流程，并开始建立可视化管理。员工共同制定了流程，设定了绩效目标。这些目标被展示在一块大板上，以便办公室里的每个人都能看到。每天结束时，流程监督员在板上更新每个流程当天的绩效。板上还呈现了各小组推进的改进项目的可视化结果。每天早上，员工聚在一起开所谓的"晨会"，讨论前一天的表现，确定改进方法，审查正在进行的改进项目的进展，并为即将到来的一天制订工作计划。对 KONKEPT 的员工来说，这次经历说明了可视化管理的以下三个主要功能：

» 一项有效的沟通机制；
» 鼓励员工实现协商好的目标；
» 促进团队成员之间的合作。

● 全员生产维护

全员生产维护（total productive maintenance，TPM）的目标是消除因故障引起的运营流程的可变性。这一目标的实现，需要让每个人都积极参与寻找维护改进的方法。工作人员被鼓励拥有其生产设备的所有权，并承担日常维护和简单维修任务。这些原则同样适用于服务型运营。例如，在洗车场，服务人员定期维护他们的电源软管，以防止不必要的停机；大学员工被鼓励定期"清理"电子邮件收件箱、删除计算机上的旧文件并更新软件，以保持计算机系统的可用性速度，防止计算机中毒。通过这样做，维护专家就可以自由地开发出更高层次的技能，以改进维护系统。第 18 章会更详细地阐述全员生产维护。

16.5 如何从精益角度思考人的作用

正如我们在前面的讨论中提到的，要想让整个组织真正有效地做到精益运营，就需要认真关注与人有关的问题。这一点适用于组织所有层级的员工。从组织运营层面看，精益意味着文化变革（让精益成为"我们做事的方式"）。从过程层面看，精益意味着接受团队改进需要做的事情——当团队执行流程时要亲自去观察，就像在实际的工作场所观察，并使用价值流图和可视化管理等方法。从个人层面看，这意味着用精益原则和方法培训员工，激发其在工作中展示出高度的个人责任、参与感和"主人翁意识"。所有这些都表明了人在精益运营中的重要性。

● 基本工作守则

同样地，精益运营的支持者所说的"基本工作守则"（basic working practices）有时也被用来鼓励"全员参与"和"尊重他人"（respect for people）。

- » **自律：** 工作标准对员工安全、环境和质量至关重要，每个人都必须始终遵守。
- » **灵活：** 将工作职责扩展到人们的能力范围。这同样适用于管理人员和车间人员。消除妨碍工作灵活性的障碍，如分级结构和限制性做法。
- » **平等：** 抛弃不公平和分裂的人事政策。许多公司通过公司工服、一致的薪资结构（不区分全职员工和按小时计酬的员工）以及开放式办公室实践平等主义。
- » **自主：** 将责任下放给直接参与活动的人员，使管理任务成为辅助流程之一。授权包括让员工有权利在生产系统出现问题时停止流程、安排工作、收集绩效监控数据和解决一般问题。
- » **人才发展：** 随着时间的推移，目标是培养更多能够胜任工作的公司成员，提高公司的竞争力。
- » **工作生活质量**（quality of working life, QWL）：这包括参与公司决策、就业保障、享受和工作区域设施的安全。
- » **创造力：** 这是动机不可或缺的要素之一。精益运营背景下的创造力不仅仅是完成一项工作，还包括改进完成工作的方式，并将改进嵌入过程。
- » **全员参与：** 员工承担更多的责任，利用自己的能力为公司整体带来利益。他们需要参与一些运营活动，如招聘新员工，直接与供应商和客户沟通时间表、质量问题和交付信息，改进预算的支出以及通过沟通会议完成每天的计划和审查工作。

请尊重他人 [9]

有一种类型的流行电视节目总是呈现这样的内容：忙到热火朝天的厨房，再加上顾客挑剔的眼光，这一切激怒了臭脾气的厨师，导致他不断向员工施压，使其屈服 [英国名厨戈登·拉姆齐（Gordon Ramsay）的《厨房噩梦》就是这类电视节目的一个英国版本]。相比之下，纽约餐馆老板、联合广场酒店集团（Union Square Hospitality Group）的首席执行官丹尼·迈耶（Danny Meyer）却说："商业就像生活一样，是你给人的感觉。"尽管对顾客友好的概念已经是酒店行业的共识，但迈耶进一步指出，顾客依然可以从酒店提供的食物中品尝出员工的不文明行为。精益运营有一个基本但经常被忽视的原则——"尊重人"，该原则非常适用于商业型餐饮。很多成功的企业认为，（公司员工之间以及员工与客户之间）真正尊重的行为与业绩有着内在的联系，而不是装模作样地提醒人们友善的重要性。因为"不文明"产生的影响是深远的，而且几乎都是负面的：生产力受到影响，质量受到影响，创新受到影响，有才华的人会离开。提倡文明会让顾客避免吃到难吃的食物，但是对于一些复杂的环境来说，如航空公司和医院，不文明可能会导致更多灾难性的错误。在这些要求高可靠性的环境中，践行尊重行为确实可以挽救生命。

总部位于西雅图的弗吉尼亚梅森医疗中心将尊重行为与病患的安全联系起来，试图在其 5500 名员工中培养一种尊重行为的文化。但是教人友善并不是一件立竿见影的事情。医院需要定义和理解"尊重行为"在医院环境中的真正含义，然后确定在压力下实施精益的方法。作为文明探索的一部分，医院让数百名员工（和患者）参与了一项计划，分享他们认为文明和不文明的行为。然后，医院将其作为定义十大"基本行为"的基础（见图 16-12）。为了帮助员工践行这些基本行为，他们设计了一系列强制性的培训工作坊，其中包括一个剧团，根据员工在不同工作类别、职位和经历中所报告的真实经历，重新演绎不尊重行为，然后通过讨论会探讨如何减少情绪化表达，以便建立更尊重的行为。他们还开发了工具包，帮助员工在发生冲突时成功地实践尊重行为，并要求所有员工每年从十大基本行为中选择两种基本行为用于自我发展。该计划实施以来，弗吉尼亚梅森医院的高级管理人员发现了一个重大改进：当发现一些可能对患者护理产生负面影响的事情时，愿意为此发声的员工人数有了显著提高，这也保障了患者的安全。

尊重他人

弗吉尼亚梅森医疗中心的实践：患者和家属、团队成员、社区

我们的基本行为
我们都有责任维持一个让每个人都感到被重视、被包容和被尊重的社区

1 ｜ 要有团队精神

协同工作，创造了一个让每个人都参与其中的环境。问问别人你能否帮忙。如果出现问题，要相信人们是出于善意的，并及时、具体、贴心地彼此沟通

2 ｜ 为了理解而倾听

认真倾听，让别人知道你在全神贯注地倾听。如果你不明白别人在说什么或他们的感受，请直接提问。对于与自己不同的想法，请保持开放的态度和好奇心。耐心是有帮助的——打断别人可能会让别人觉得自己没有被聆听到

3 ｜ 分享信息

向人们分享其需要的信息，有助于他们做好准备并融入其中。当你分享信息时，请在交谈过程中也让别人发言。注意，如果你对某件事有强烈的偏好或持反对意见，请以开放的心态看待

4 ｜ 遵守承诺

尽快履行承诺，建立别人对你的信任，让别人知道你在乎。如果你不能遵守诺言，立刻告别人

5 ｜ 畅所欲言

畅所欲言能为患者和团队成员创造一个安全环境。通过分享观察所得和担忧，倾听对方并在需要时采取行动，可以增强身体和情感的安全感。在分享自己的感受时，请使用"我"或"我们"；说"你"可能会让别人产生戒心

6 ｜ 与他人建立联系

微笑和建立个人联系能让人们在互动中感到舒适。尊重差异和善良可以建立信任与安全感。与他人交往，能让他们感到被接纳

7 ｜ 站在他人的角度思考

理解不同的观点和经历，可以让患者及其家属，以及团队成员感到被重视。人们会以你不熟悉的方式思考或行动，这都是你向他们学习的机会。做出行动时，请思考你的行为会对他人产生何种影响

8 ｜ 激励他人

给予他人以鼓励，表明你关心他人的幸福。只要你愿意激励他人及其周围的人，就会发现他们的成长、努力和贡献。根据每个人喜欢被对待的方式，改变你的激励方式

9 ｜ 表达感激之情

要发自内心地、及时表达"感谢"，让他人感受到你的感激之情。请向所有相关人员表达感激之情。问问他们喜欢以何种方式接受感谢——公开的、当面的、私下的便条或通过团队成员的掌声

10 ｜ 成长和发展

致力于个人发展可以帮助你获得新的技能、知识和信心。分享你的专业知识也可以帮助他人成长。寻求并接受公开的反馈，可以提高你的自我意识和能力

图 16-12　弗吉尼亚梅森医疗中心的互相尊重行为

16.6 精益方法如何应用于供应网络

　　虽然本章讨论的大多数精益概念和技术专门适用于一家企业内不同生产阶段和流程的管理，但同样的原则也适用于整个供应网络。在这种情况下，流程中的各个阶段就等于产品在整个业务、操作或流程中的流动。当企业开始实施精益管理时，它最终会因为与供应网络中的其他企业不同步而受到限制。因此，要想取得进一步的精益效果，企业就必须努力向合作伙伴传播精益实践方法。显然，确保整个供应网络都实现精益运营，比在单一流程中做到精益运营要难得多。企业之间交互的本质要比流程中各个生产阶段之间的交互复杂得多。当需要提供更加复杂的产品和服务组合时，整个供应网络可能会受到一系列难以预测的潜在破坏性事件的影响。让供应网络实现精益运营，远不只意味着使网络中的每家企业都实现精益运营。相反，我们需要将精益理念应用于整个供应链，这在实践中是极具挑战性的。

　　从本质上讲，精益原则之于供应网络的效果，与其之于生产过程的效果是相同的。快速的吞吐量仍然是有价值的，并能够节省成本。较低的库存水平确实能更容易实现精益生产。对供应网络的运营来说，浪费同样明显（甚至更大），减少浪费仍然是一项有价值的任务。精简的流程、精确匹配的供需关系、增强的灵活性和最大限度地减少可变性等任务都能让整个网络受益。拉动式控制的原则既适用于单一生产过程的各个阶段，也适用于不同企业之间的协作。事实上，无论使用何种层次的分析，精益的原则和技术在本质上都是相同的。此外，既然精益原则可以在更大的运营规模上实践，那么其收益也将成比例增加。

　　精益的一个缺点是，当生产条件受到意料之外的干扰时，其效果很难实现。当在整个供应网络应用精益原则时，这个缺点是一大问题。虽然在企业运营活动中会发生意料之外的波动和干扰，但一线管理部门可以通过合理的控制，减少这些波动和干扰。但是在企业运营活动之外，尤其是在供应网络内部，要做到这点则困难得多。不过，人们普遍认为，尽管让整个供应网络实现精益确实更加困难，需要更长的时间，但精益的目标对整个供应网络是极具价值的，正如其对一家企业的价值。

批判性评注

　　有时，人们实施精益原则的方式过于极端。当精益理念第一次对运营实践产生影响时，一些权威人士主张把流程之间的库存清空至零。从长远看，这种极端方式让运营经理有了足够的动力去确保每个流程阶段的效率和可靠性，但它否认了一点：某些流程本来就是不完全可靠的。另一种观点是允许各流程阶段的库存水平（尽管是小库存）可以有略高于平均水平的不确定性。这至少为生产系统的其余部分提供了一定的保护。同样的想法也适用于工厂之间的精益交付。由于 2011 年发生的日本海啸和 2020 年发生的新冠疫情的影响，全球供应链严重中断，导致许多海外的工厂因关键零部件短缺而被迫关闭了一段时间。

本书将在每一章的"社会责任"板块总结本章主题与重要的社会、道德和环境问题之间的关联。

"精益运营"这一概念的核心有两个要素：一个要素是始终聚焦消除浪费；另一个要素是践行"尊重人"的理念。负责任的运营经理需要仔细思考这两个要素。

显然，消除浪费是精益的核心，但很可能极端化。任何工作都有一些重要的和必要的因素，但是这些因素对那些不从事该工作的人来说并不是显而易见的。过于积极地发现和消除浪费，很可能会消除一些看似不明显但重要的元素。同样重要的一点是，过度执着于消除浪费，会让运营人员感到压力和紧张。例如，不工作的时间（停工期间）会被认为是"浪费"。但是，即使在一些常规工作中，停工或不工作的时间也是必要的。消除这些不工作的时间只会让员工倍感压力。过度关注消除浪费会与精益哲学的另一个重要方面——尊重人产生冲突。

精益理念的倡导者强调"尊重他人"的重要性，但很少有人能够解释何为"尊重他人"或它为何如此重要。提到"尊重他人"，人们很可能会产生这样的预期反应："当然啦，你必须礼貌待人"，这样一看提倡"尊重他人"从根本上来说有些多余。但人们很少注意到一点：不文明行为会对生产率和工作产出质量产生负面影响。恃强凌弱和粗鲁对待他人的现象非常普遍。波拉斯（Porath）教授和皮尔森（Person）教授 [10] 在《哈佛商业评论》上撰文称，98% 的员工表示曾遭遇过不文明行为，超过一半的人表示他们每周至少受到一次粗鲁对待。该研究确定了不文明行为的以下后果：

» 48% 的人会故意不努力工作；
» 38% 的人故意降低工作质量；
» 66% 的人表示他们的工作绩效下降了；
» 78% 的人表示他们对公司的投入有所下降；
» 12% 的人表示他们因为不文明的待遇而辞职；
» 25% 的人承认会把自己的沮丧情绪发泄在顾客身上。

此外，不文明行为不仅会影响那些被粗鲁对待的人，还会对那些看到不文明行为的人的生产力产生负面影响。如果还有人认为"尊重他人"不重要，那么请看下面这一事件：2018 年 7 月，一位急诊医生在一次国际精益医疗会议上做了一个报告，其题目非常严肃："混蛋杀人"。

社会责任

第 16 章要点小结

1. 什么是精益?

- 精益的目标是以精准的数量(不多也不少)、准确的需求出现时间(不早也不晚)、恰当的地点(合适的位置),并以尽可能低的成本恰当地交付客户价值(完美的质量)。

- 精益的作用可以被看作三个彼此关联但又有所区别的角色,每个角色呈现一种不同的视角:

  » 精益是一种视客户价值为运营核心的哲学理念。

  » 精益是一种计划和控制流动的方法。

  » 精益是一套改进运营绩效的理念。

2. 如何从精益角度思考流动?

- 精益生产使用"拉动式控制"管理产品和服务的流动,而不是传统生产采用的"推动式控制"方法。实施拉动式控制的最常见的方法是使用"看板",这是一种简单的信号装置,可以防止物料、客户和信息库存的堆积。

- 精益理念主张消除库存以暴露生产运营问题。它不强调最大化产能利用率,因为如果生产过程的下一阶段没有准备好接收,那么生产产品或服务客户就没有价值。

3. 如何从精益角度思考(并减少)浪费?

- 精益确定了产生浪费的三个原因——无用功(muda,没有为客户增加价值的活动)、不均衡(mura,过程缺乏一致性)和超负荷(muri,对流程提出不必要或不合理的生产要求)。

- 精益确定了七种类型的浪费,它们共同阻碍了流动。这七种浪费分别是:生产过剩、等待、搬运、过度加工、库存、运动和不合格(也称返工)。还有经常被提到的第八种浪费——人力资源浪费,组织未能培养人才,未能充分利用人才的才能和知识。

- 其他消除浪费的方法还包括检查运营布局,提高流程的灵活性和尽可能减少可变性。

4. 如何从精益角度思考改进?

- 持续改进是精益运营的核心,但其目标的表达通常较为理想化。

- 快速流程改进研讨会(RPIW)是在流程层面做出改进的一个通用工具。

- 有效改进的方法包括发现缺陷时停止生产进程,使用价值流图、5S 技术和可视化管理。

5. 如何从精益角度思考人的作用?

- 精益不仅是一种运营方法和工具,也涉及人。文化变革是实施精益的一个重要目标,特别强调所有员工参与推动持续改进,让精益成为"我们做事的方式"。
- 精益要求企业运营者注重"尊重"行为。人的作用和尊重行为是精益运营的核心,也是经常被忽视的一个方面。

6. 精益方法如何应用于供应网络?

- 人们通常认为精益运营的大多数理念和方法适用于单一流程与企业,其实同样也适用于整个供应网络。

第 16 章注释

[1] 最新版本(截至本书正在写时)是 Womack, J.P., Jones, D.T. and Roos, D. (2007) *The Machine that Changed the World*, Simon and Schuster, London。

[2] 案例信息来自 Toyota 官网。

[3] Ohno, T. and Bodek, N. (2019) *Toyota Production System: Beyond Large-scale Production*, Productivity Press, New York, NY.

[4] 案例信息来自 Corbett, S. (2004) Applying lean in offices, hospitals, planes, and trains, presentation at The Lean Service Summit, Amsterdam, 24 June。

[5] 案例信息来自 Burgess, M. (2018) Airbus is going to start putting beds in airplane cargo holds, Wired, 11 April 。

[6] 本案例是由斯德哥尔摩经济学院管理与组织系的 Janina Aarts 和 Mattia Bianchi 撰写与提供的。

[7] 关于这些想法的讨论,请参见,例如,Burnes, B. (2004) Kurt Lewin and the planned approach to change:a re-appraisal, *Journal of Management Studies*, 41 (6),977–1002。

[8] 案例信息来自 Onetto, M. (2014) When Toyota met e-commerce: lean at Amazon, McKinsey Quarterly, No. 2; Liker, J. (2021) *The Toyota Way: 14 Management Principles from the World's Greatest Manufacturer*, 2nd edn, McGraw Hill, New York, NY.

[9] 案例信息来自 Porath, C. and Pearson, C. (2013) The price of incivility, *Harvard Business Review*, 91 (1–2), 115–21; Chafetz, L.A., Forsythe, A.M., Kirby, N., Blackmore, C.C. and Kaplan, G.S. (2020) Building a culture of respect for people, *NEJM Catalyst Innovations in Care Delivery*, 1 (6).

[10] Porath, C. and Pearson, C. (2013) The price of incivility, *Harvard Business Review*, 91 (1–2), 115–21.

质量管理

本章学习目标

» 什么是质量？为什么质量如此重要？

» 什么步骤可以实现一致性的质量规范？

» 什么是全面质量管理？

导语

质量管理始终是运营管理的重要组成部分，但其地位和作用发生了改变。有一段时间，质量管理在很大程度上被视为一种必要的、"常规性"活动，可以防止生产错误对客户产生负面影响（并且被明确地定位在本书的"交付"部分）。质量管理的这一角色仍然存在。但是，越来越多的人认为，质量管理在改进运营方面也发挥了作用。质量管理通过对运营流程的变革推动改进，从而为客户带来更好的产品与服务。事实上，在大多数组织中，质量管理是改进的主要动力之一。作为五个运营绩效目标之一，质量管理是唯一一个专门用一章的篇幅来介绍的绩效目标。在一定程度上，这是因为质量在改进中发挥着核心作用。另一个原因则是，许多组织都有一个部门专门负责质量管理。图 17-1 显示了质量管理在运营活动模型中所处的地位。

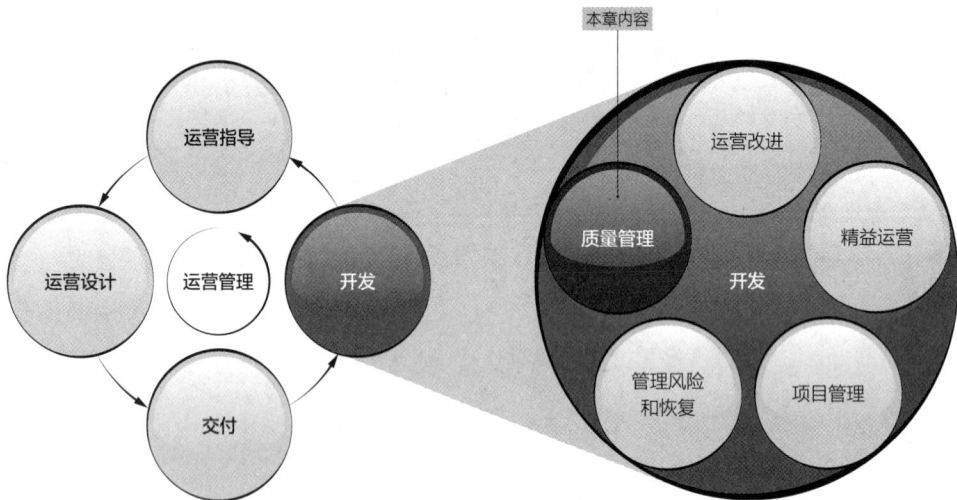

图 17-1　本章探讨的是"质量管理"

17.1 什么是质量？为什么质量如此重要

我们有必要回顾一下在第 2 章中提出的关于高质量的好处的一些论点。这些有助于我们理解为什么质量在大多数企业中如此重要。图 17-2 说明了质量改进可以影响运营绩效其他方面的多种方式。销量增加和提高市场价格都可以增加收入；与此同时，提高效率、生产力和资本的利用率，可以降低成本。因此，运营部门的一项关键任务是确保向内部客户和外部客户提供高质量的商品和服务。

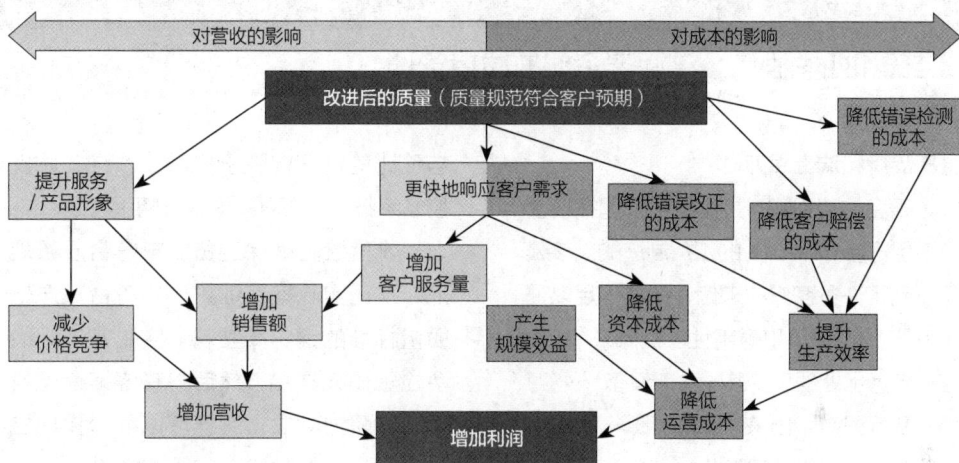

图 17-2　更高质量对企业的营收和成本都会产生有利影响

● 从运营的交付看待质量

关于质量有很多定义。这里我们将质量定义为与客户期望相符合的一致性规范。"规范"一词意味着产品质量需要满足明确的规范。"一致性"意味着符合规范不是特殊的，服务或产品之所以要符合规范，是因为质量要求本就用于设计和运行生产流程。"客户期望"是承认服务或产品必须考虑到客户的意见，而客户的意见可能受价格影响。另外要注意，此定义用的是"期望"一词，而不是"需要"或"想要"。

● 从客户的角度看待质量

过去的经验、个人知识和历史都会影响客户的期望。此外，不同的客户可能以不同的方式看待服务或产品。有人可能会认为，长途飞行是假期中令人兴奋的一部分；坐在邻座的人可能会认为这是参加商务会议必须做的苦差事。所以，对于质量，要从客户的角度理解，因为对客户来说，一项特定服务或产品的质量如何，是由他们认定的。此外，客户可能无法判断服务或产品的"技术性"规格，因此用替代性措施作为他们判断质量的基础。例如，客户会很难判断牙科治疗的技术质量，除非他们的牙齿不再出现问题。因此，客户会通过牙医和技师的行为以及他们受到的医疗待遇判断质量。

运营实践案例

维氏和四季酒店：这两家企业的质量管理

维氏品牌和瑞士军刀 [1]

著名的瑞士军刀是由维氏公司在瑞士小镇伊巴赫（Ibach）的工厂制造的。该公司收到了许多客户的来信，这些信足以证明其产品的质量和耐用性。例如，"我正在一家污水处理厂安装一台新设备……刀子从我手里滑了出来，掉进了曝气池……这对金属有极强的腐蚀性。四年后，我收到了工厂主管寄来的一个小包裹，里面有一张纸条。他们清空了曝气池，找到了我的刀……它的状况好得惊人。我向你保证，几乎没有产品能在这样的处理环境下幸存，因为材料都会溶解或消失"。

如今，维氏工厂每天组装生产27 000把刀，其制造过程需要450多个步骤。尽管"瑞士军刀"销售一直在增长，但是它面临的一个主要威胁是市场上出现的假冒"瑞士军刀"。维氏公司的首席执行官卡尔·埃尔泽纳（Carl Elsener）表示，他们抵御这些假货的手段是提高质量。"我们已经用尽了所有法律手段保护我们畅销产品的品牌。我们最好的保护手段是质量，它的质量是无

与伦比的，事实胜于雄辩。""维氏质量控制系统"就是核心的防御手段。

收货检验确保进货物料符合质量规范。维氏实验室保证只使用符合其严格质量标准的钢材和塑料。实验室还用冶金检验抛光样品，然后将其浇铸在塑料中，用酸蚀刻之。这样可以很容易地检测到材料中的故障。实验室还做了"锋利保持测试"，即使用特殊设备测试材料在一系列切割测试中验证其保持锋利的能力。在刀具生产过程中，生产过程的各个阶段都采用过程控制。员工的责任是通过过程控制保持、实施和提高产品的质量。他们还负责遵守公司的质量程序，持续做出可衡量的改进。在生产过程结束时，"最终检验部"负责确保所有产品符合要求。任何不合格产品都会被剔除和检验。维修部会对这些不合格产品进行修理或更换。

四季酒店伦敦金丝雀码头 [2]

四季酒店以其优质的服务而闻名，并因此赢得了无数荣誉奖项。自成立起，

四季酒店集团就秉承一条指导原则："让我们的服务质量成为我们的竞争优势。"该公司有一条所谓的黄金原则："己所不欲，勿施于人（客人和员工）。"它是指导整个组织的质量方针。"优质的服务是我们的独特优势，公司将继续朝着这个方向发展"，伦敦的金丝雀码头四季酒店总经理迈克尔·珀蒂尔（Michael Purtill）说："我们一直在寻找更好、更有创意和创新的方式服务我们的客人。我们最近改进了公司所有的运营标准，以便进一步为所有客人提供更个性化、更贴心的服务。所有员工都有权发挥自己的创造力和判断力，提供卓越的服务，并做出自主决策以提高客人的住宿水平。例如，一天早上，一位员工注意到一位客人的汽车轮胎漏气了，于是他自行决定为客人更换了轮胎，客人对此非常感激。"

"我们的黄金原则意味着，我们要以尊严、尊重和欣赏的态度对待员工。这种方法鼓励员工时刻关注客人的需求，并提供超出客户预期的真诚和真挚的服务。最近，我们的一名员工陪着一位客人去医院，并陪了他一下午。他想确保这位客人不是一个人，并得到了所需的医疗照顾。第二天，这位员工主动去医院（尽管那天是他的休息日）看望客人，并确保让客人在美国的家人了解他的病情进展。

"在四季酒店，我们相信我们最大的资产和优势是我们的员工。我们非常注重选择合适的人，并以提供卓越的服务为荣。我们知道，积极和快乐的员工对我们的服务文化至关重要，我们致力于开发员工的最大潜力。我们精心设计了广泛的培训计划和职业发展计划，以满足员工的个人需求以及运营和业务方面的需求。与传统式课堂学习相结合，我们还为各级员工提供量身定制的在线学习，提供高质量的课程。在职业空间方面，天空才是我们的职业天花板，我们的目标是在四季打造终身型的国际职业生涯。

"我们的目标是超越客人的期望，客人和员工的反馈是我们业绩的宝贵晴雨表。我们已经创建了一个内部数据库，用于记录所有客人的反馈（无论积极的还是消极的）。我们还使用在线客人调查和客人评论卡，并且我们会亲自回应和分析这些反馈，以发现潜在的服务差距。

"我们将继续专注于提供个性化的服务体验，我们的客人历史数据库在帮助我们实现这一目标方面至关重要。所有关于服务体验的个人偏好和特定评论都被记录在数据库中。对于每一位客人每一次访问留下的每一条评论和每一个偏好，我们都会进行讨论和计划。四季酒店的文化让我们在业内脱颖而出；我们努力提供业内最好的服务，让我们的客人都成了回头客。"

● 让运营部门和客户对质量的看法保持一致

运营部门对质量的看法是努力满足客户的期望。客户对质量的看法是他们对服务或产品的感知。为建立一个统一的观点，质量可以被定义为客户对服务或产品的期望及其对服务或产品的感知之间的匹配度。[3] 通过这个定义，我们可以将客户对服务或产品质量的感知（以及他们对服务或产品的满意度）看作一个对比结果，即客户将他们对服务或产品的期望与其对产品性能的使用感受相比较之后得出的结果。如果服务或产品超出预期，那么客户就会感到满意，并且认为其质量很高。如果服务或产品低于期望，那么其质量就会很低，客户可能会不满意。如果服务或产品符合其期望，那么客户会认为其质量是可接受的。图 17-3 总结了这些关系。

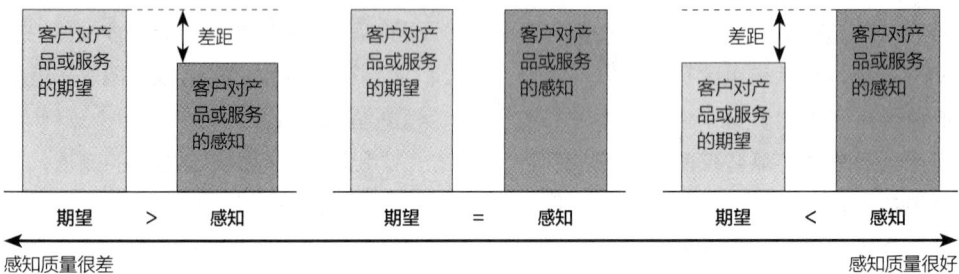

图 17-3 客户对产品或服务的期望和他们真实感知之间差距的大小和方向决定了感知质量

客户的期望和感知都会受到若干因素的影响，其中有些因素是企业无法控制的，而有些因素是企业可以控制的。图 17-4 显示了一些能够影响客户期望与真实感知之间差距的因素。这种质量模型可以帮助我们理解企业如何管理质量并发现其中的一些问题。图 17-4 的底部表示企业的质量"领域"，顶部表示客户的"领域"。两个领域的相接，代表企业提供的真实产品或服务与客户感知到的服务或产品相匹配。在企业内部，管理层负责设计服务或产品，并提供服务或产品必须达标的质量规范。就客户而言，其期望受到若干因素的影响，如使用特定服务或产品的以往经验、企业的营销形象以及其他用户的口碑信息。这些期望被内化为一组质量特征（quality charact eristics）。

● **如何诊断质量问题**

图 17-4 表明如何诊断质量问题。如果感知质量的差距是这样的，即客户对服务或产品的感知与他们对服务或产品的期望不匹配，那么一个原因（或多个原因）就在于模型中其他地方存在其他差距，如下所示。

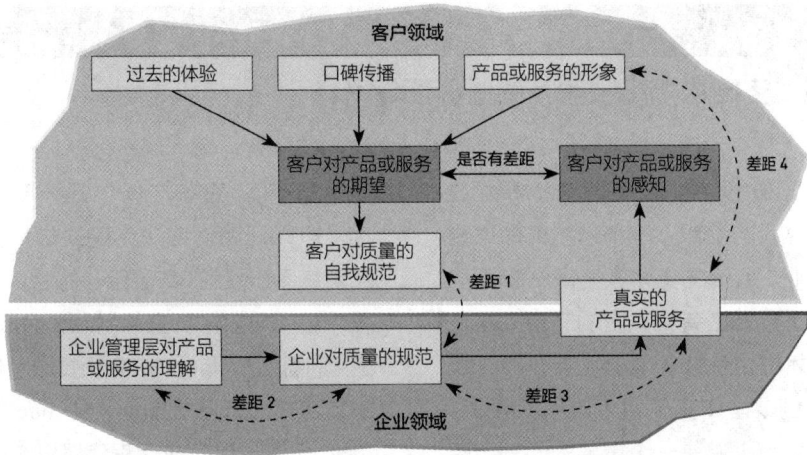

图 17-4　客户领域和企业领域决定了感知质量。如图所示,感知质量表现为客户期望和他们对服务或产品感知之间的一个或者多个差距

资料来源: Adapted from Parasuraman, A. et al. (1985) A conceptual model of service quality and implications for future research', Journal of Marketing, 49, Fall.

- **差距 1:客户规范与企业规范之间的差距**　感知质量很差,是因为企业自己内部的质量规范与客户期望的质量规范之间不匹配。例如,一辆汽车的设计为每 10 000 公里需要维修一次,但客户可能期望每 15 000 公里维修一次。

- **差距 2:质量概念的规范差距**　感知质量很差,是因为服务或产品的概念(见第 5 章)与企业内部规范的质量之间不匹配。例如,汽车的概念是一种平价、节能的交通工具,但是汽车内包括的温度控制系统不仅增加了成本,还降低了能效。

- **差距 3:质量规范和实际质量的差距**　感知质量很差,是因为实际质量和企业内部质量规范(通常称为“符合规范”)之间不匹配。例如,汽车的内部质量规范是当车门关闭时,车门和车身之间的间隙不得超过 7 毫米。然而,由于生产设备不符合规范,导致现实中车门与车身的间隙是 9 毫米。

- **差距 4:真实质量和所传播的形象的差距**　感知质量很差,是因为企业的对外传播或营销形象与客户感知的真实质量之间存在差距。这可能是因为营销职能部门设定了无法实现的期望,或者企业无法达到客户期望的质量水平。例如,一家航空公司的广告会展示这样的内容:当顾客的衬衫上被洒上食物或饮料时,空乘人员会主动提出为顾客更换衬衫,但在现实中如果发生这种情况,航空公司实际上不太可能提供这种服务。

运营实践案例

增强现实技术提高了宜家的服务质量 [4]

随着网上购物开始在客户消费中占据越来越大的份额，一场技术革命席卷了零售业。所谓的实体零售商——那些在大街上或郊区有实体店的零售商正在使用技术提供优质的零售服务，而这是其他在线零售商竞争对手难以企及的。这对零售商来说是一个重要的问题，因为服务质量是提高客户忠诚度的关键因素。对顾客来说，影响零售业服务质量的一个重要因素是企业与员工和产品的互动，特别是回答他们的问题或"解决其问题"。这就是为什么宜家将增强现实（augmented reality，AR）视为其与客户和产品互动的理想方式。研究和咨询公司高德纳（Gartner）将 AR 定义为"以文本、图形、音频和其他虚拟增强形式与现实世界对象相结合的实时信息使用技术"。正是这种"真实世界"元素将AR 与虚拟现实区分开来。

宜家的目标是让宜家家具在顾客眼中可视化，对家具在家中摆放的情况有一个真实的了解。他们通过智能手机上的"宜家广场"（IKEA Place）App 做到

了这一点。"宜家广场"是一款应用程序，可以让顾客在决定购买之前，从多个角度看产品的 3D 展示。然后，该应用程序会引导客户到宜家网站，完成购买。宜家控股公司 Inter IKEA 负责数字化转型的迈克尔·瓦尔兹加德（Michael Valds-gaard）说，这款应用程序可以让顾客做出"可靠的购买"决定。他说："如果不确定沙发的颜色是否与房间的其他部分相匹配，或者风格是否适合，大多数客户会推迟购买新沙发，因为这样做决定让他们很纠结。但现在有了 AR 技术，我们可以帮助他们做决定，同时让他们免费享受家庭布置的快乐。对我们公司来说，最重要的一点不是成为一家科技公司，而是为了销售家具，我们必须了解技术，并努力朝着技术发展的方向前进。我们的第一次（增强现实）体验更像是给你看一张图片。你可以看见一个 3D 的物体，但你不能真正移动它或相信它的大小。"但宜家后续的增强现实的 App 版本已经达到 98% 的准确率，并能逼真地再现产品的纹理、织物、光线和阴影。

● 质量、服务质量和体验质量

我们这里给出的质量定义（符合客户期望的一致性生产规范）是有用的，因为它可以描述有形产品或无形服务的"质量"，或者结合了有形元素和无形元素的产品的"质量"。然而，并非所有的权威机构或企业都用这种方式看待"质量"，这

就会导致一些混乱。例如，"服务质量"（quality of service，QoS）一词经常用来描述一家企业在服务客户的过程中将质量与速度、可靠性与灵活性相结合的程度。在第 2 章中我们提到的超市"质量"，包括库存商品质量、设施清洁度和员工礼貌等因素。但是，在评估其服务质量时，超市希望能包括一些其他因素，如服务速度、营业时间的可预测性、缺货情况、可购买商品的范围等。

服务质量的局限性在于，它可能无法准确地理解用户对服务的总体满意度。一些服务提供者声称，其实更有参考价值的是评估"体验质量"（quality of experience，QoE）。体验质量是服务的总体可接受性，是最终用户的主观感受。关于"体验质量"一个更正式的定义是，"用户对一个应用软件或服务的满意程度或讨厌程度"。根据用户的个性喜好和当前状态，应用软件或服务满足用户对功能和 / 或感受的期望，这就是"体验质量"。显然，体验质量与服务质量是相关联的，但体验质量不同于服务质量，因为体验质量既看重用户的客观满意度，也重视其主观满意度。[5]服务质量通常涉及由创建服务的企业控制的服务，而体验质量既包括由企业管理的服务，也包括为单一客户服务的部门以及享受服务的环境。图 17-5 说明了这些概念之间的关系，表 17-1 表明用来评估一家超市运营和一家在线教育企业服务的质量、服务质量和体验质量的典型因素。

体验质量的概念起源于电信业务、信息技术和消费电子产品等领域，并在这些领域得到最广泛的应用。不过，体验质量的基本原则有更为广泛的应用。体验质量的理念可应用到与消费者相关的任何行业或服务里，产品或服务的最终用户可以对其质量做出主观评价，并且该评价会受到消费背景的影响。但是，依靠用户的个人

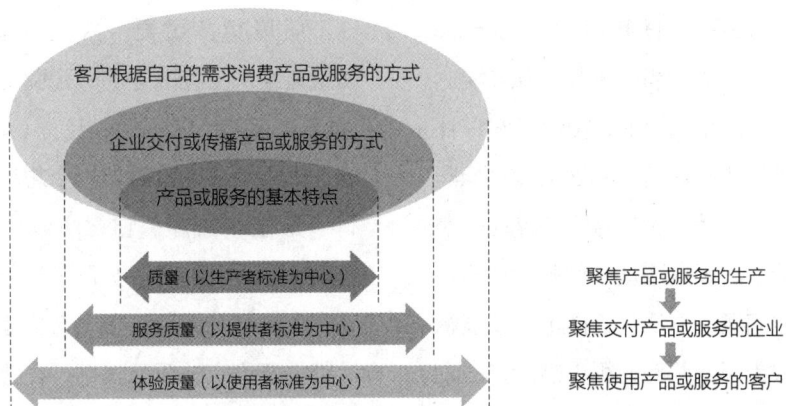

图 17-5　质量、服务质量和体验质量之间的关系

表 17-1　从质量、服务质量及体验质量角度，对一家超市的运营情况和一家在线教育机构的服务进行评估时，可参考的典型因素示例

运营	质量	服务质量＋质量＋以下因素	体验质量＋质量＋服务质量＋以下因素
超市	» 商品质量 » 清洁 » 员工礼仪	» 服务中断的速度 » 缺货 » 服务的可预见性（营业时间） » 存货范围	» 当我想采购时是否营业 » 对服务速度的感知 » 有我想要的东西吗 » 其他用户体验到的服务性质
在线教育机构的服务	» 课程内容的质量／准确性 » 生产价值的质量	» 测试网络性能的技术性元素（如网络流量、数据包丢失、延迟和抖动）	» 课程内容的相关性 » 如何在我用的设备上观看课程内容（显示保真度、传输／延迟质量等） » 找到课程内容是否足够容易

主观性及其消费背景（这超出了操作的影响范围）而做出评价，这既是体验质量的优点，也是其缺点。明显的优点是，它将运营重点放在用户体验的丰富性上。而现实存在的缺点是，这个想法难以实践。体验质量的主观性指标是很难设计的，而且成本高昂且耗时。

服务保障

从客户的角度将质量标准形式化的一种方法是"服务保障"（service guarantee）。服务保障是当服务未能达到其规定的质量水平时，要给予客户补偿的一种承诺。这是一种确保质量标准的方法，也是消除客户对服务存在的潜在担忧的方法。这还是一种鼓励和奖励客户报告问题的方法，这样企业就能意识到这些错误，并努力纠正错误。一个好的服务保障应该是有意义的，要基于客户的期望。服务保障应该简单易懂，

并且很详细地解释企业承诺的服务质量水平和类型，以及如果服务达不到客户的要求，企业会采取什么措施（包括客户应该期望得到的补偿）。企业应该有一个清晰的、"易使用"服务保障的机制，并且要对员工进行适当的培训和授权，以便员工可以应对客户使用服务保障时的状况。

沙锥理论

质量有多重要？人们普遍认为，质量是组织持续改进的一个驱动力。这种观点来自"沙锥理论"（sandcone theory）[6]。该理论源自一个想法：改进有"最佳"排序。它之所以被称为沙锥理论，是因为沙子类似于运营管理的工作和资源。该理论指出，构建稳定的沙锥需要稳定的质量基础，在此基础上可以依次构建多个层级：可靠性、速度、灵活性和成本（见图 17-6）。因

此，改进是一个累积的过程，而不是一个连续的过程。企业改进第二项优先级的任务时，并不意味着要放弃第一项优先级的任务，依此类推。根据沙锥理论，改进的第一要务应该是质量，因为这是所有长期改进的先决条件。只有当质量达到最低可接受的水平时，改进才能解决下一个问题，即内部可靠性。但重要的是，在改进过程中要实现可靠性，实际上需要进一步提高质量。一旦可靠性达到临界水平，就足以为企业提供一定的稳定性，改进的下一阶段任务是提高内部产出的速度。同样，企业必须同时进一步提高质量和可靠性。很快，企业会发现，提高产出速度的最有效方法是提高响应灵活性，让运营中的事物更快地变动。企业在改进过程中提高灵活性的同时，也不应转移对其继续提高质量、可靠性和速度方面的注意力。根据沙锥理论，只有完成以上事情，才可以解决成本问题。

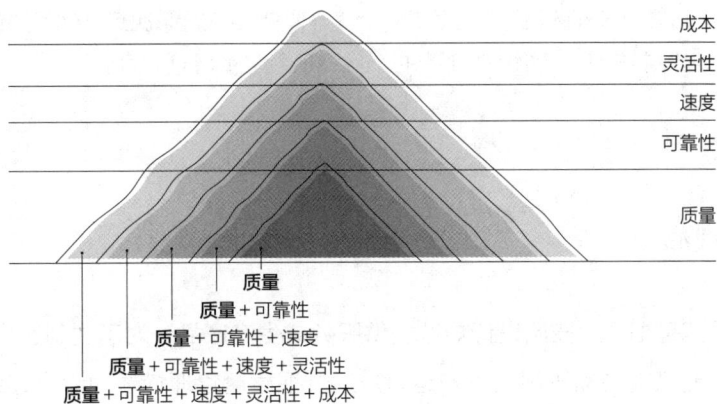

图 17-6　改进的沙锥模型；只有持续不断地改进其他绩效目标，企业才能降低成本

维珍航空公司为航空恐惧症患者提供服务保障 [7]

市场调查公司 YouGov 的一项调查显示，近 1/6 的人害怕坐飞机。显然，这对航空公司来说是一个问题，它们不想让自己失去近 1/6 的客户。所以，维珍大西洋航空公司（Virgin Atlantic）向其客户提供一项优惠：如果他们在某个特定日期预订了航班，他们将获得一个免费的"无所畏惧飞行"课程的名额。更令人满意的是，如果这些客户仍然没有克服害怕坐飞机的恐惧，那么他们买飞机票的钱将被全部退还。维珍大西洋航空公司的首席商务官沙伊·韦斯（Shai Weiss）说："我

们希望每个人都能说'管他的,我们大胆去做吧',然后敢于尝试做一件不同的事情,飞到新地方。我们希望通过保证能治愈人们面临的一个重大障碍,激励英国人选择更积极地面对事情。没有什么能阻止你抓住当下。"维珍大西洋航空公司称,该公司的"无所畏惧的飞行"项目已成为航空业内领先的服务课程,每年帮助 2000 ~ 3000 人克服飞行恐惧症。该项目称"想让你轻松应对,你并不是唯一一个害怕飞行的人,数百万人都有类似的焦虑"。本课程的目的是帮助客户克服对飞行的恐惧。维珍航空公司的目标是让客户真正享受假期或商务旅行。害怕飞行是许多人从未面对过的恐惧症。"既然你来参加课程,我们就是帮你摆脱恐惧的最佳人选。"该项目帮助 4 ~ 87 岁(迄今为止年龄最大的人)的人,解决了他们各种害怕坐飞机的问题,从轻微焦虑到完全恐惧,现在他们可以坐飞机了。维珍公司表示,项目的成功率为 98%。该项目每年开设 20 多次课程,并声称能"帮助你从新的角度看待飞行"。那么,该如何保证服务效果呢?该航空公司表示:"如果你能提供足够的证据证明你的飞行恐惧没有被治愈,我们将为你提供全额退款。这由我们的专业人员来决定,他们负责管理'无所畏惧的飞行'项目。"

● 符合规范

符合规范是指企业按照设计规范提供服务或生产产品。为了达到客户的感知质量,企业管理层就必须按规范生产运营。通过把质量管理描述为六个连续的步骤,我们在本章接下来的部分将研究如何通过规范生产达到客户的感知质量。

17.2 什么步骤可以实现一致性的质量规范

为了实现质量的一致性规范,企业可以采取以下步骤。

步骤 1:定义服务或产品的质量特性。

步骤 2:衡量每一个质量特性。

步骤 3:为每个质量特性设定质量标准。

步骤 4:根据质量标准控制质量。

步骤 5：查找导致质量不良的原因并进行纠正。

步骤 6：继续改进。

● 步骤 1：定义质量特性

在设计一项服务或产品的过程中，其"质量"就已被规定好了，并可被归纳为一系列质量特性。表 17-2 显示了一个被广泛接受的质量特性列表。此外，许多服务包括几个元素，每个元素都有自己的质量特性。为了理解整个服务的质量特性，有必要了解整个服务每个元素内部和各元素之间的单一特性。

表 17-2　汽车、银行贷款和航空旅行的质量特征

质量特性	汽车（物料转换过程）	银行贷款（信息转换过程）	航空旅行（客户转换过程）
功能 – 服务或产品的使用效果	速度、加速度、油耗、乘坐质量、抓地力等	利率、贷款条款和条件	飞行的安全和持续时间、飞机餐饮、汽车和酒店预订服务
外观 – 服务或产品的感官特征：其美学吸引力、外观、感觉等	美观、形状、光洁度、门间隙等	信息、网站的美学设计等	飞机、休息室和机组人员的装饰与整洁
可靠性 – 产品或服务的性能长时间保持一致性	出现故障的平均时间	信守承诺（隐性的承诺和明确的承诺）	遵守公布的飞行时间
耐用性 – 服务或产品的总使用寿命	使用寿命（含维修）	条款和条件的稳定性	紧跟行业趋势
恢复 – 解决服务或产品问题的容易程度	易于维修	服务故障的解决方案	服务故障的解决方案
接触 – 人际接触的性质	销售人员的专业性和礼仪	分公司和呼叫中心员工的专业性与礼仪	航空公司员工的专业性、礼仪和贴心

● 步骤 2：定义每一个质量特性的衡量方法

产品特性必须以一种能够被人们衡量和被控制的方式定义。这包括采取一个非常普遍的质量特性，如"外观"，并尽可能地将其分解为若干组成要素。"外观"本身是很难衡量的质量特性，但"颜色匹配度""表面光洁度"和"可见的划痕数量"能够以更客观的方式进行描述。它们甚至可以被量化。不过，衡量其他质量特性就困难多了。例如，航空公司员工的"礼貌"就没有客观、可量化的衡量标准。然而，像航空公司这样与客户频繁接触的企业，非常重视确保员工的礼貌。在这种情况下，该公司将不得不尝试衡量客户对员工礼貌的看法。

计量法和计数法

衡量质量特性的方法有两种：计量法和计数法。计量法是指用一个持续可变的尺度衡量质量特性（如长度、直径、重量或时间）。计数法是指通过判断状态评估质量特性，且只有两种对立状态（如正确或错误、工作或不工作、看起来好或不好）。表 17-3 列出了一些衡量汽车和飞机旅程质量特性的方法。

表 17-3 质量特性的计量法和计数法

质量特性	汽车		飞机旅行	
	计量	计数	计量	计数
功能	测试平台的加速和制动特性	驾驶质量是否令人满意	安全到达目的地的航班次数（即没有发生飞机事故）	飞机餐饮是否可接受
外观	可见的污点数量	颜色符合规格吗	未清洁的座位数量	机组人员的穿着是否得体
可靠性	故障发生的平均间隔时间	可靠性令人满意吗	准时到达的航班比例	是否有抱怨的事情发生过
耐用性	汽车的使用寿命	使用寿命是否符合预期？	创新性服务落后于竞争对手的数量	一般来说，航空公司是否以令人满意的方式更新其服务
恢复	从发现故障到修复故障所需的时间	汽车的可维修性是否可以接受	服务故障得到满意解决的比例	客户对机组人员处理其投诉的方式是否感到满意
接触	销售人员帮助解决问题的水平（分值为 1～5 分）	客户是否觉得服务很好（是或否）	客户感觉自己被员工善待的程度（1～5 分）	客户是否觉得员工乐于助人（是或否）

● **步骤 3：设定质量标准**

运营经理在确定了质量特性的衡量方式后，需要一个质量标准检查衡量结果；否则，他们无法知道衡量结果是好还是坏。质量标准是一种可清晰划定合格质量与不合格质量之间界限的质量水平。这些标准很可能受到各种运营因素的限制，如工厂的技术状况和产品的生产成本限制。与此同时，质量标准也需要适合客户期望。但是，质量判断是很困难的。如果每 1 万名乘客中就有

1 人抱怨飞机餐，该服务质量是好还是不好？因为这 1 万名乘客中有 9999 人是满意的？还是说，只要有一位乘客抱怨，就一定会有人也是不满意的，只是懒得抱怨？如果这种抱怨程度与其他航空公司的情况相似，那么这家航空公司是否应该认为自己的服务质量令人满意？

● **步骤 4：根据质量标准控制质量**

在确立了合适的质量标准后，企业需要

检查产品或服务是否符合这些标准，确保第一次以及每次都能把事情做对。这涉及以下三个决定：

> » 企业应检查哪些地方以确认其符合质量标准？
> » 企业应该检查每一项服务或每件产品，还是抽样检查？
> » 如何进行检查？

质量检查应该在哪里进行

　　流程刚开始时，要检查输入的资源，确保它们符合正确的规范。例如，汽车制造商将检查组件是否符合正确的规格。大学要对申请者进行筛选，以确保他们有较大的概率通过课程。在生产过程中，质量检查可能会在成本特别高的、"难以检查"的或者可能造成潜在损坏或磨损的工序之前进行，在次品率高的工序之后立即进行等。质量检查也可以在该流程之后进行，以确保客户不会遇到质量不合规范的情况。

检查每一件产品和服务，还是抽样检查

　　对每一项服务或产品进行质量检查似乎是理想的，但由于以下几个原因，抽样检查可能更实用。

> » 检查所有产品或服务可能是危险的。例如，医生只检查一些患者的小部分血液样本，而不是采集患者的全部血液！因为血液样本

的特性足以代表患者其他血液的特性。

> » 检查所有产品或服务可能会损坏产品或干扰服务。我们无须对每个灯泡进行检查，才能确定它能用多久，那样会毁掉每一个灯泡。服务员不会每隔 30 秒就确认顾客是否喜欢这顿饭。
> » 检查所有产品或服务，费时又费钱。检查一台大容量机器的所有产出，或者每天检查每辆公交车上通勤者的感受，是不切实际的。

　　同样，100% 的检查也不能保证所有的缺陷都能被发现。有时候，这本身就是极其困难的事情。例如，虽然医生可以按照正确的检查程序进行，但他们不一定能诊断出（真正的）疾病。能做到眼观六路耳听八方是不容易的。例如，请你试着数一下这一页上有多少个"的"。然后再数一遍，看看你是否得到相同的答案。

第一类错误和第二类错误

　　抽样检查质量可以节省检查时间，但不可否认的是，用样品判断质量确实存在固有的问题。就像任何决策活动一样，我们可能做出错误的决定。以等待过马路的行人为例，他们有两个主要的决定：是继续等待还是过马路。如果马路中间有一个令人满意的穿行空间，那么行人穿过马路是一个正确的决定。同

样，如果交通太拥挤，行人继续等待，那么可以说他们再次做出了正确的决定。但是，有两类不正确的决策或错误的决定。一个错误的决定是，如果他们决定在交通没有足够空间的情况下过马路，导致事故发生——这被称为第一类错误。如果他们决定不过马路，即使交通中有足够的空间，这也会发生另一个错误的决定——这被称为第二类错误。

因此，过马路有四种结果，表 17-4 概述了这四种结果。

表 17-4 行人过马路会犯的 I 类错误及 II 类错误

决定	道路状况	
	不安全	安全
过马路	第一类错误	正确
等待	正确	第二类错误

运营实践案例

测试车（接近）破坏 [8]

米尔布鲁克试验场（Millbrook Proving Ground）是欧洲领先的独立技术中心之一，从事汽车和推进系统的设计、工程、测试和开发。在公众视线之外，有一群人在该试验场里非常粗暴地对待汽车，但这一切都是有道理的。汽车制造商将新车送到这里进行测试，目的是在新汽车产品进入市场之前，发现并纠正任何测试出来的故障，包括从恼人的震动到更严重的安全问题等。这个试验场位于英国贝德福德郡，隐藏在安全围栏和高堤后面，以防止汽车狗仔队在新汽车试车时拍照。汽车制造商也会在公共道路上测试其新车型，通常会用粘贴板做掩盖，但为了满足可重复试验、可以仔细衡量的试验条件，汽车制造商需要像米尔布鲁克试验场这样的试验设施。这个地方被称为"汽车时光机"，一辆闪闪发光的新车被开进来，大约 20 周后，

再被开出去（如果还能开出去），其间它会经历相当于 10 年的恶劣天气和磨损试验——它相当于行驶了大约 16 万英里。在这段时间里，它将行驶在笔直且曲折的道路上，在山上上下起伏、时而缓慢时而又非常快地行驶，行驶过盐水浴场（以加速生锈），也行驶在可以损坏其油漆的砂石道路上。这还不是全部试验。汽车不仅将遭遇高温烘烤，还在低至北极的条件下冷冻，并在水中浸泡以发现是否有任何泄漏。此外，它还将受到臭名昭著的"比利时路面"的测试。这是一条一英里长的轨道，路面极其粗糙，洼地遍布。汽车悬架会承受巨大的冲击，以至于在该轨道行驶 5 圈后，汽车要被放入水槽中以冷却减震器。在这些破坏过程中，工程师会定期检查车辆是否有磨损或损坏的迹象。这可以让汽车制造商微调他们的设计或制造过程，

以避免在汽车发布后出现一些成本高昂 ⋮ 和使制造商声誉受损的故障。

第一类错误是指人们决定做某件事但情况不允许这样做而发生的错误。第二类错误是指在确实需要采取行动时，人们没有采取任何行动而发生的错误。例如，如果一所学校的检查员抽样检查了 1000 名学生中的 20 名学生的作业，并且这 20 名学生的作业都不及格，那么检查员可能会得出这样的结论：所有学生都不及格。事实上，样本恰好包括作业不及格的所有 50 名学生中的 20 名。检查员据此就判定该学校的学生不合格率很高，这是犯了第一类错误。相反，如果检查员检查了 20 份作业，所有的作业都是优秀的，那么他们可能会得出这样的结论：所有学生的作业都很优秀，其实他们可能被给予或选择了全校唯一的优秀作业，这是犯了第二类错误。虽然这些情况不太可能发生，但是是可能存在的。因此，任何抽样（sampling）程序都必须意识到这些风险。

如何进行质量检查

在实践中，大多数企业使用某种形式的抽样检查其服务或产品的质量。检查样品服务或产品质量的方法中，以某一生产过程的所有产出做出判断的一种常用方法被称为统计过程控制（statistical process control，SPC）。统计过程控制是指在产品或服务的产出过程中抽取样本。基于样本，决定过程是否"在控制之中"，即确保该过程在规范的范围内运行。统计过程控制的一个关键方面是，它关注过程绩效的可变性，以检查该过程是否在规范的范围内运行（称为过程"在控制中"）。事实上，可变性（或者更具体地说，减少可变性）是质量改进中最重要的目标之一。本章的附录补充部分将详细介绍统计过程控制。

● 步骤 5 和步骤 6：找到和纠正质量差的原因，并继续改进

质量管理活动列表中最后的两个步骤，从某些方面看，是最重要的，但也是最困难的。要找到质量问题的根本原因，企业需要了解改进技术，其中一些改进技术已在第 15 章中做过介绍，但也需要了解可能产生根本原因的范围。其中，根本原因既包括那些无论运营中采用何种改进技术依然会产生错误的因素（参见"运营实践案例"），也包括人为错误。

运营实践案例

硬币计数计算 [9]

非接触式支付卡的使用变得越来越流畅，势必会削弱实体货币的使用，而新冠疫情的暴发加速了这一趋势。英国财政部近半个世纪以来第一次命令皇家造币厂（制造硬币）停止生产任何小面额的硬币。但是，人们怎么处理他们那些不太需要的硬币呢？大多数商业银行不愿意接受大量的硬币，除非它们已经被数过并装进标准袋里。与英国其他银行不同的是，城市银行有提供免费服务的硬币柜台，被称为"神奇的数钱机"。然而，像所有的机器一样，硬币计数机也存在一定的变差。一项调查显示，这种变差可能意味着，硬币计数机可能将每一分钱都算得完全正确，也可能会出现误差超过 19% 的不准确结果。一名记者辛苦地将价值 600 英镑的硬币（总共 14 500 枚硬币）进行人力分类和计数，并将它们分别放入每袋价值正好是 100 英镑的硬币袋。然后，他去了伦敦中部和西部的城市银行支行，看看那些硬币计数机能否像他一样准确地数出硬币。事实证明，这些神奇的数钱机器的测试结果相当不错。大多数结果都是准确的，误差幅度不到 1%，这已经相当不错了。出错率为 19% 的硬币计数机出现了一个错误：它数的钱多了。最后，他总共获得了约 30 英镑的净利润（他将这笔钱捐给了城市银行的慈善合作伙伴）。该调查开展的前一年，城市银行的硬币计数机处理了 2250 万英镑，这些机器出现的小错误肯定会不断累积。事实证明，并非所有的硬币计数机都像城市银行的机器一样准确。在美国，道明银行（TD Bank）不得不放弃其"便士街机"式的硬币计数机，因为很多人投诉这种机器欺骗了顾客。一项调查得出的结论是，五个地方的便士游戏厅没有准确地计算出每包 300 美元的硬币，而且这些地方的硬币计数机出错时，数的钱都比实际要少。[10]

产生与质量相关的人为错误的根本原因

图 17-7 展示了质量相关的人为错误的不同类别。我们首先区分"错误"（是指判断错误，一个人应该做一些不同的事情）和"违规"（是指明显违反操作程序规定的行为）。对于这两个类别，我们可以进行更细的划分，如图 17-7 所示。预防这三类人为错误需要采取不同的措施。

» **操作错误：** 仔细的作业设计、让提交的信息保持一致、用技术设计用户界面、检查表和提醒，有助于减少此类错误。

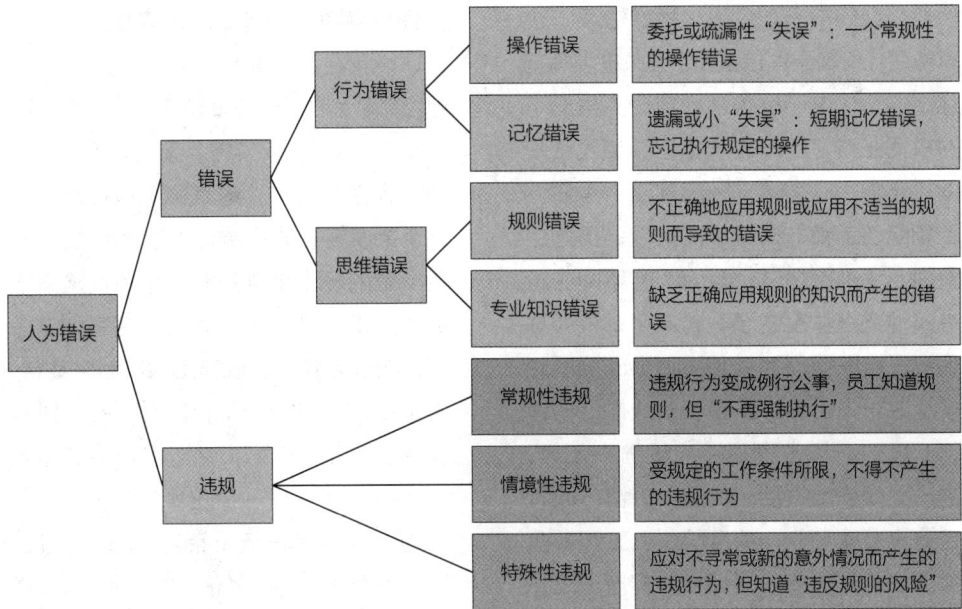

图 17-7　与质量有关的人为错误的类别

» **思维错误：** 针对所有可能出现的情况进行规划和适当的培训，提供信息和诊断
技术，以及定期分享经验增加学习机会，有助于减少此类错误。

» **违规行为：** 对于常规性的违规行为，可以通过提倡违规行为零容忍的组织文化，
减少违规行为，保护"举报人"，并加强监督。对于工作情境性违规行为，最
好的办法是改变工作条件，消除工作中可能导致违规的因素。更好地认识和理
解不同选择的风险和后果，可以减少异常违规行为。

不可否认，质量管理对于推动质量改进和使改进活动持续进行是非常重要的。
这就是全面质量管理。本章最后部分会专门讨论全面质量管理。

电子键盘引发的输入错误：自动输入和"胖手指"[11]

人都会犯错，尤其是涉及电子键盘
输入操作的错误。事实证明，有两类错

误不仅令人尴尬，而且代价高昂。在电
子邮件和搜索应用程序上使用自动输入

功能，会经常出现令人尴尬的错误（也可能是代价高昂的错误）。你只需填写前几个字母，电子键盘就会自动完成剩下的拼写工作，除非它出错了。英国在投票决定退出欧盟之前，出现了一个政治上和经济上都非常敏感的问题，英国中央银行（Bank of England）的新闻主管错误地向媒体发送了一封电子邮件，透露官员正在悄悄研究英国退出欧盟的影响。这一失误事件引起了公众广泛的讨论，这位新闻主管是否应该辞去工作。这一失误事件之后，英国中央银行收紧了安全监管工作，并且禁止员工用键盘的自动填充功能发送邮件。相反，工作人员被要求写下收件人的全名。这一措施无法提高工作效率，不过的确减少了写错邮件收件人的可能性。

代价更高昂的错误（也可能是令人尴尬的错误）是所谓的"胖手指综合征"。例如，有一天，一位德国银行的人员正在处理向一位养老金领取者账户记入 64 英镑的借款（取款）业务，当时他昏昏欲睡，于是他趴在键盘上睡了一会，导致键盘反复按数字 2。结果，该养老金领取者的账户被记入了 2.22 亿英镑，而不是预期的 64 英镑。幸运的是，在造成重大损失之前，这家德国银行发现了这个错误（在账户持有人注意到之前）。更严重的一个结果是，本来负责检查下级员工工作的主管因为没有注意到这个错误而被解雇（德国劳工法庭后来裁定，这是不公平的）。"胖手指"的交易失误并不罕见。例如，瑞士银行瑞穗证券（UBS）错误地向一家日本视频游戏公司订购了 3 万亿日元（而不是 3000 万日元）的债券。另一个例子，一名日本交易员试图以每股 61 万日元的价格出售一家招聘公司的股票。但他不小心以每股 1 日元的价格卖出了 61 万股，这是 41 倍的可用股票数量。与德国银行的案例不同，日本交易员的这个错误并没有被及时发现，东京证券交易所处理了这一订单。瑞穗证券因此损失 270 亿日元。后来，该交易所的负责人引咎辞职。

17.3　什么是全面质量管理

全面质量管理在企业管理界的流行在 20 世纪 80 年代末和 90 年代达到顶峰。尽管它遭受了一些批评，但构成全面质量管理的一般规则和原则仍然是运营改进的主要模式。在这里我们采取的方法强调"全面"在全面质量管理中的重要性，以及它如何指导改进议程。

● 全面质量管理是以前质量实践的延伸

全面质量管理可以被看作与质量相关的实践发展方法的一种合理延伸（见图 17-8）。最初，质量是通过检查实现的——在顾客发现缺陷之前就把缺陷筛掉。质量控制概念推出了一种更系统的方法，不仅可以检测质量问题，还可以处理质量问题。质量保证扩大了质量责任，涵盖了直接运行之外的其他功能。此外，质量保证还越来越多地使用更复杂的统计质量技术。全面质量管理包含了之前的许多内容，同时发展出了一个独特的主题，使质量在组织中更具战略性意义，得到更广泛的重视。我们将利用一些主题来阐释，全面质量管理如何代表了企业从传统生产方法明确转向了以质量为重的现代方法。

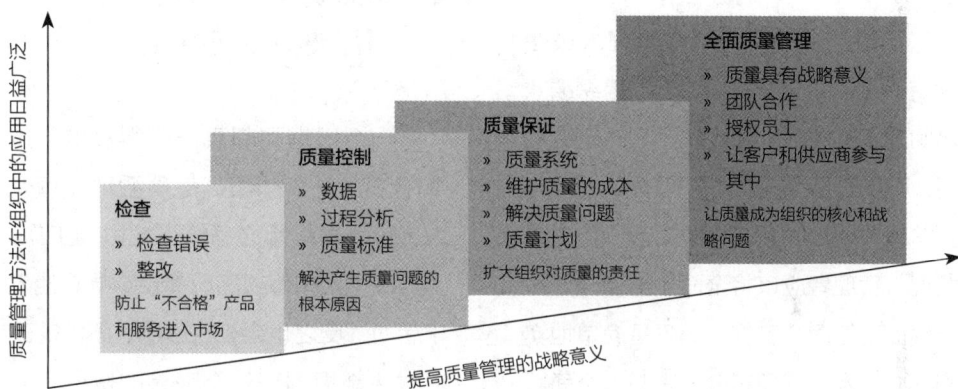

图 17-8　全面质量管理是以前质量观念的延伸

● 全面质量管理的含义是什么

全面质量管理是"一个有效的管理系统，把企业内不同部门的质量发展、质量维护和质量改进工作整合在一起，从而以最经济的水平生产产品和服务，并且令顾客完全满意"。[12] 日本人首先在大规模生产实践中提出了这一概念，之后对外普及了这一方法和术语。随后，几位"质量大师"进一步发展了这一方法。每一位"质量大师"都强调不同的主题，这些主题构成了全面质量管理方法。全面质量管理的最佳阶段是其被看作一个质量改进的理念。该理念最重要的一点是，强调全面质量管理的"全面"。全面质量管理也是一种方法，强调质量是企业所有活动的核心。总体上，全面质量管理特别强调以下几点：

- » 满足客户的需求和期望；
- » 覆盖组织的所有部门；
- » 组织中的每个人都要参与其中；
- » 检查所有与质量相关的成本，特别是质量失败的成本以及"一次性做好质量"的成本；
- » 开发能够支持质量和改进的系统与程序；
- » 开发一个持续性改进流程（第16章讨论过）。

不足为奇的是，一些研究人员想确定一点，即全面质量管理与组织绩效之间的相关性。一项比较知名的研究发现，[13]公司实施全面质量管理的程度与其总体业绩之间呈正相关关系。但它也发现，管理者应该将全面质量管理作为一套完整的理念实施，而不是简单地实施一些技术。这项研究还表明，全面质量管理未能提高某些绩效，这可能是因为执行不当，而不是全面质量管理实践方法本身有问题；高层管理人员的认真承诺是全面质量管理方法成功实施的先决条件。

● 全面质量管理意味着满足顾客的需求和期望

本章之初，我们将质量定义为"与客户期望相符合的一致性规范"。因此，质量管理的所有方法都必须包括客户的视角。在全面质量管理中，客户视角是特别重要的。它也被称为"以客户为中心"（第15章简要讨论过这一主题）或"客户的声音"。不管被命名为什么，全面质量管理总是强调首先洞察客户需求、愿望、感知和偏好的重要性。这可以转化为质量目标，并用于推动质量改进。

● 全面质量管理意味着所有部门都要参与其中

一个组织要想真正变得高效，每个部分、每个部门、每项活动、每个人、每个层级都必须恰当地协同工作，因为每个人和每项活动都会影响其他人和活动，反之也会相互影响。不同的改进方法都提到了一个强大的概念——内部客户/供应商。这一概念认为，每个人都是组织内的客户，消费其他内部供应商提供的商品或服务，同时每个人也是其他内部客户的商品和服务的内部供应商。这意味着组织内部提供服务中的错误最终会影响外部客户购买的服务或产品。

服务水平协议

一些组织通过鼓励（或要求）业务的不同部门签订服务等级协定（service-level agreements，SLA），让内部客户这一概念在一定程度上正式化。服务等级协定是对一个组织内部服务提供商和客户之间关系和服务维度的正式定义。服务等级协定涉及服务响应时间、服务范围、服务提供的可靠性等。该协定还可以商定责任界限和合适的绩效衡量标准。例如，一家大型公司内实验室信息系统的支持单位和研究单位之间的服务等级协定可以采取如下绩效衡量标准。

» 按照"标准"提供信息网络服务类型；
» 一天中不同时段内提供的一系列特殊信息服务；
» 最小"正常运行时间"，即系统在一天中不同时段内可用时间的比例；
» 确定最大响应时间和平均响应时间，确保系统出现故障时依然能正常运行；
» 确定"特殊"服务的最大响应时间等。

批判性评注

一部分人认为，服务等级协定有一个明显的优势：让客户和供应商的关系正式化，但也有几个明显的缺点。首先，正式关系的"伪契约"性质可能不利于建立伙伴关系（见第 12 章）。特别是服务等级协定包含了对不符合服务标准的行为的惩罚。事实上，这种惩罚性内容有时不仅不会促进，反而会抑制组织的共同改进。其次，由于服务水平协议通常以正式文档出现，倾向于强调绩效中"硬性"、可衡量的一面，而不是强调"软性"、更重要的一面。比如，员工可能会在电话铃声响四声之内就拿起电话提供服务，但从"友好"的角度讲，他如何对待打电话的客户，可能更为重要。

● 全面质量管理意味着全员参与

企业中的每个人都有潜力为质量做贡献，而全面质量管理是第一种强调以利用每个人对质量的潜在贡献为中心的方法。全面质量管理方法的支持者声称，即使企业常规的活动，也有创造和创新的空间。企业应该将员工视为组织拥有的最宝贵的智慧和创造性资源，这一态度转变对一些企业来说是困难的。但是，大多数先进的企业确实已经认识到，质量问题几乎就是人为错误导致的结果。

● 全面质量管理意味着所有的质量成本都要被考虑在内

无论企业将质量管理的责任归于每位员工还是一个专门的质量控制部门，可以确定的是，控制质量的成本并不低。因此，有必要检查与质量相关的所有成本和收益（事实上，"质量成本"通常是指质量的成本和收益）。这些质量成本通常分为预防成本（prevention costs）、鉴定成本（appraisal costs）、内部故障成本（internal failure costs）和外部故障成本（external failure costs）。

» 预防成本是指预防问题、故障和错误发生而产生的成本。预防成本包括如下内容：

- 发现潜在问题，并在质量问题发生前纠正其操作；
- 设计和改进产品、服务和流程，以降低质量问题；
- 培训员工以最佳方式履行其职责；
- 通过统计过程控制（SPC）来控制生产过程。

» 鉴定成本是指与控制质量有关的成本，目的是检查服务或产品在生产期间和生产之后是否发生了问题或故障。鉴定成本包括如下内容：

- 制订统计验收抽样计划；
- 检查投入、过程和产出所需的时间与精力；
- 获取加工检验和测试的数据；
- 调查质量问题并提供质量报告；
- 进行客户调查和质量审核。

» 内部故障成本是指企业内部处理因失误而产生的故障的成本。内部故障成本包括如下内容：

- 报废零件和材料的成本；
- 返工零件和材料；
- 因为处理失误而损失的生产时间；
- 将时间用于排除故障而非用于改进，进而导致专注力缺乏。

» 外部故障成本是指产品或服务交付给客户后出现失误而产生的相关成本。外部故障成本包括如下内容：

- 客户信誉损失，影响未来业务；
- 占用时间的受委屈客户；
- 诉讼（或避免诉讼的付款）；
- 保修单及保修期费用；
- 提供太多功能的成本（如包装中的咖啡太多或给客户提供很多信息）。

质量成本之间的关系

根据传统的质量管理方法，人们认为，随着鉴定成本和预防成本的增加，故障成本就会降低。此外，有一种观点认为，在任何生产管理情况下都有一个管好质量的最优工作量，可以使质量总成本最小化。其论据是，一定存在一个临界点，超过这个点其收益就会递减。也就是说，提高质量的成本会大于其收益。图 17-9a 总结了这一观点。随着质量管理工作的增加，其成本通过额外增加的质量控制人员、检验程序人员等成比例地增加。然而，与此同时，有故障、有缺陷的产品的成本也降低了，因为这类产品的数量减少了。不过，全面质量管理的支持者认为这种逻辑存在缺陷。首先，这种观点认为故障和质量差是可以接受的。全面质量管理的支持者提出：为什么任何企业都必须接受这种不可避免的错误？有些职业似乎只能接受零缺陷的质量标准。没有人能够接受飞行员被允许出现一定比例的飞机坠毁，也没有人能接受护士在产妇分娩时被允许不小心把婴儿摔到地上。其次，假定成本是已知和可衡量的。事实上，用实际数字衡量质量成本并不是一件容易的事。再次，传统模型中的故障成本被大大低估了。特别是，所有因故障而浪费的管理时间，以及由此导致的注意力不集中问题，都很少被考虑在内。此外，预防成本是不可能降低的，因为其中包括了高昂的检查费用。但是，保证质量应该成为企业中每个人工作职责的分内之事，为什么企业还需要雇用额外的人员来检查质量？最后，接受妥协的"最优质量水平"方法，并没有推动运营经理和员工找到提高质量的方法。将以上逻辑缺陷修正后，计算最优的质量水平，其图像看起来非常不同（见图 17-9b）。如果有一个"最优"解，它一定是在右边的方向，即将更多的精力投入质量管理（但不一定用来降低成本）。

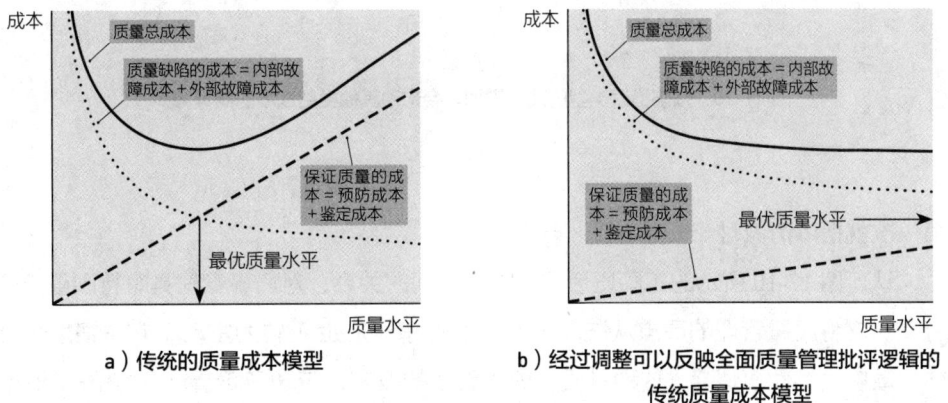

图 17-9　传统质量成本模型在调整前后的不同表现

全面质量成本的质量成本模型

全面质量成本拒绝最优质量水平的概念，并努力防止失误和失败的发生，以此减少所有已知和未知的故障成本。全面质量管理强调保持不同类型的质量成本之间的相对平衡，而不是寻找"最优"质量水平。在四种成本类型中，两种类型的成本（预防成本和鉴定成本）会受到管理的影响，另外两种类型的成本（内部故障成本和外部故障成本）则显示了前两种成本变化的结果。因此，全面质量管理并不把重点放在鉴定成本上（以防止把"不好的产品和服务传达给客户"），而是强调预防成本（从一开始就阻止失误发生）。因为预防成本投入越多，就越可以大幅降低内部和外部的故障成本。然后，一旦建立了牢固的信心，鉴定成本就可以降低。最终，预防成本的绝对值也会下降，尽管相对而言，预防成本是一项重大费用。图 17-10 表明了这种思想。由于某些预防成本方面（主要是培训）的投资增加，总质量成本最初可能会上升，不过很快就会下降。

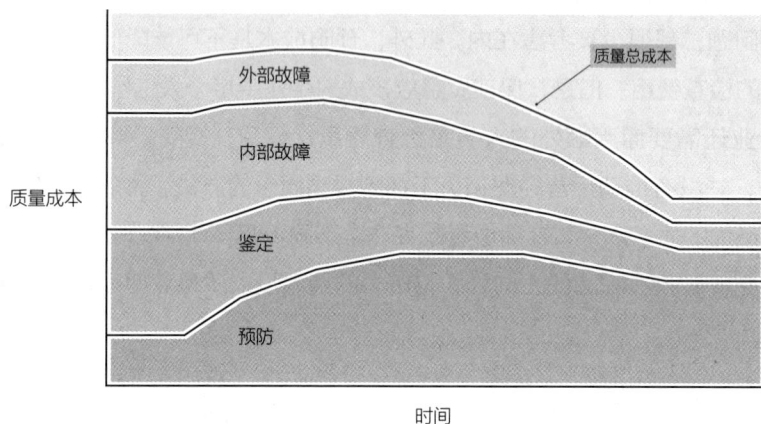

图 17-10　预防错误类型的成本增加，会带动其他类别成本的同等减少

第一次就把事情做对

　　认可图 17-10 所示的不同质量成本类别之间的关系，对质量管理具有特别重要的意义。它将质量管理的重点从被动（等待某件事情发生）转为主动（在事情发生之前主动解决某件事情）。这种对质量成本看法的改变，带动了质量管理方法的改变，从检查（鉴定驱动）的方法转为设计（第一次就把事情做对）的方法。

● **全面质量管理意味着开发出能支持质量和改进的系统与程序**

　　虽然开发出高度正规化的系统和程序支持全面质量管理的重要性有所下降，但有一个方面对许多公司来说仍然值得重视，那就是 ISO 9000 标准的采用。ISO 9000 是一个独立的话题，但与全面质量管理密切相关。

ISO 9000 质量标准

　　ISO 9000 是由国际标准化组织（the International Organization for Standardization，ISO）颁布的一系列质量管理标准。这些标准代表着国际对优秀的质量管理的实践、体系和相关支持标准达成的共识，适用于所有企业，无论其规模大小和行业背景如何。使用该标准的企业可以获得认证，目的是向客户保证所生产的产品或服务符合他们的要求。有人认为，做到这一点的最佳方法是确定管理运营的管理控制系统的程序、标准和特征，将质量纳入企业的流程。这需要企业定义和记录核心过程与子过程（以一种类似第 1 章概述的"流程层级"原则的方式）。此外，企业可以用第 6 章提到的流程绘制方法列出所有的流程。该标准还强调了以下四项原则。

> » 质量管理应以客户为中心。客户满意度应该通过调查和选择焦点小组衡量，以客户标准为目标的改进应该被记录下来。
> » 应该衡量质量绩效。尤其注意一点，质量衡量的标准应该包括产品和服务的生产流程以及客户对产品和服务的满意度。此外，对于相关衡量数据应进行分析，以了解所有流程。
> » 质量管理应以改进为导向。流程绩效和客户满意度这两方面都必须展示改进效果。
> » 最高管理者必须证明他们对维护和持续改进管理体系的承诺。这一承诺应包括传达出满足顾客其他需求的重要性，建立质量政策和质量目标，进行管理评审以确保质量政策得以贯彻执行，并确保必需资源用以维持质量体系。

● 质量奖项

　　不同的管理机构设立了多个"质量"奖项，以推动企业改进。其中最著名的 3 个质量奖项分别是戴明奖（Deming）、马尔科姆·鲍德里奇（Malcolm Baldrige）国家质量奖和欧洲质量奖（European Quality Award）。

戴明奖

　　戴明奖是由日本科学家与工程师联合会于 1951 年设立的，最初被颁发给那些在统计质量控制基础上成功实施"全公司质量控制"的日本公司，但现在也向海外公司开放。戴明奖的评定有 10 个主要类别：政策和目标、组织及其运作、教育和推广、收集和传播信息、分析、标准化、控制、质量保障、效果和未来计划。申请人必须提交质量实践的详细说明。这本身就是一项重要的活动，一些公司声称可以从中获得巨大的利益。

很多企业普遍采用了 ISO 9000 质量标准（有一些组织认为该标准仍然存在一些不足并对其进行了修正）。但是，不是所有机构都认为它是完全有益的，所以该标准仍然受到一些批评。

» 标准和程序的持续使用鼓励了"手把手式的管理"，导致决策的过度系统化。

» 记录流程、编写程序、培训员工和进行内部审计的整个过程，不仅昂贵而且耗时。

» 采用和维护 ISO 9000 质量体系认证的时间和成本过高。

» 过于公式化。该标准鼓励企业用标准方法代替更加个性化和创造性的方法管理运营改进活动。

批判性评注

运营实践案例

唯有始终坚持质量体系，才有良好质量 [14]

在一辆从博多车站开往东京车站的高铁上，乘客闻到了一股烧焦的气味，听到一些不寻常的声音，之后他们被迫下车。事后调查发现，该事故的起因是高铁底盘出现裂缝。这是最新发生的震惊日本全国的质量丑闻事件，损害了日本树立已久的"日本质量"形象。过去几个月，日本一些最负盛名的企业（包括神户制钢所、三菱材料、日产汽车和斯巴鲁）都公开承认，它们的质量检测存在缺陷，存在伪造或捏造的质检结果，而这些只是为了销售质量低于官方声明的产品。它们早已建立了质量体系，却经常忽视它。制造各种产品的原材料的质量记录被篡改，其中包括波音 787 梦幻客机、核电站和太空火箭。神户制钢所承认质量造假令人震惊，让全世界都关注其质量问题。神户制钢所承认，它的"不当行为"影响了供应给 200 多个客户的 1.93 万吨铝板和铝杆、1.94 万吨

铝组件、2200 吨铜产品和数量不详的铁粉，这些原材料的数据都是伪造的。根据抗拉强度等性能的生产规范，所有这些原材料一直都是虚假认证的。神户制钢所承认，在长达 10 年的时间里，员工曾在数十吨金属产品的质量检查中存在造假行为，其中就包括波音公司用于制造 787 飞机部件的铝。波音公司已明确表示，自从得知神户制钢所承认质量数据造假，一直在对受影响的产品进行全面检查和分析。好在，虽然神户制钢所的确存在造假行为，但目前生产规格不足的产品似乎还未造成死亡或其他事故。

尽管如此，神户制钢所还是将知晓篡改数据情况的铝铜部门的三名高管降职。其中，两名高管显然早在 8 年前就知道了造假事件。该公司表示，他们被解除了职务，并被重新分配到较低层级的岗位上。此外，该公司一家工厂因"质量管理不当"被吊销了日本政府颁

发的日本工业认证。日本政府在全国范围内发起了一项调查：为何众多深受质量管理人士追捧的日本公司出现了如此多的质量造假问题。一些评论人士认为，因为日本公司追求利润的压力越来越大。当日本化工公司东丽工业（Toray industries）被曝出轮胎材料的数据造假时，该公司总裁、首席执行官兼首席运营官日阁明弘（Akihiro Nikkaku）将其归咎于

"公司为了实现生产率目标而压力倍增"。其他观察人士则认为，产生这一问题的原因在于日本的企业文化，以及中层管理人员不愿向上级报告质量错误。不过，也有人认为，最近日本企业出现这么多数据造假丑闻，是因为年轻员工更愿意揭露不良行为。此外，社交媒体为举报和指出这种造假丑闻提供了平台和环境，这在以前是不存在的。

马尔科姆·鲍德里奇国家质量奖

20 世纪 80 年代初，美国生产力和质量中心建议在美国设立一个类似戴明奖的质量年度奖——马尔科姆·鲍德里奇国家质量奖。设立该奖项的目的是激励美国公司提高质量和生产力，表彰公司取得的成就，为质量改进工作建立标准并提供指导。该奖项的评定类别主要包括：领导力、信息与分析、战略质量计划、人力、产品和服务的质量保证、质量结果和客户满意度。其参与过程和戴明奖一样，包括详细的申请和实地考察。

欧洲品质管理基金会卓越模型

1992 年，欧洲品质管理基金会（European Foundation for Quality Management，EFQM）创立了欧洲质量奖之后，质量卓越的重要性被广泛接受。欧洲品质管理基金会认为，"虽然许多常用的质量管理工具和技术已经存在，但

EFQM 卓越模型提供了一个组织的整体视图，可以用来确定不同的管理方法如何组合在一起并相互补充。EFQM 模型……［是］……发展可持续卓越的总体框架。优秀的组织可以实现并保持卓越的绩效水平，达到或超过所有利益相关者的期望。EFQM 卓越模型可以让人们理解自己的组织所做的事情和所取得的结果之间的因果关系"。[15]

该模型的基础观点是，理解组织所做的事情（被称为"引擎"）与其结果之间的因果关系非常重要。EFQM 卓越模型如图 17-11 所示。其中有 5 项引擎原则。

» **领导力**：组织要着眼于未来，作为价值观和道德的榜样，激发信任，保持灵活性，能够预测未来并及时做出应对。

» **战略**：通过制定和部署以利益相关者为中心的战略，实现组织的使命和愿景。

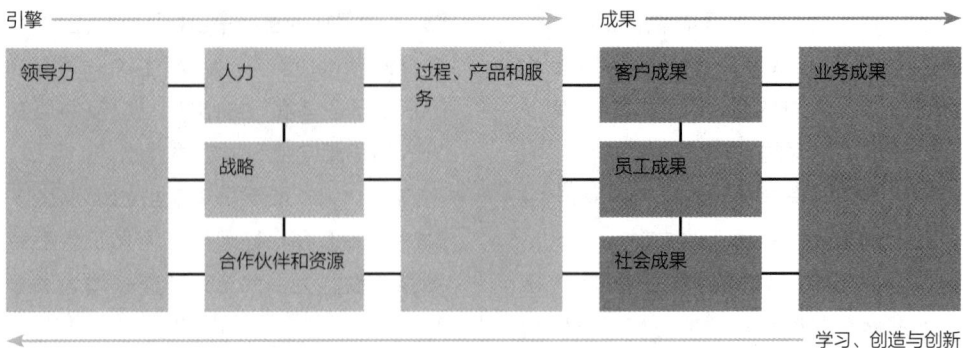

图 17-11 欧洲品质管理基金会（EFQM）卓越模型

资料来源：经欧洲品质管理基金会许可转载。

» **人力**：组织应该重视员工，创造一种企业文化，即以激励和建立承诺的方式让组织与个人实现互惠互利，发展员工的能力，促进公平和平等，关心、沟通、奖励和认可员工。

» **合作伙伴和资源**：组织应计划和管理好外部合作伙伴、供应商和内部资源，以支持战略和政策以及流程的有效运营。

» **过程、产品和服务**：组织应设计、管理和改进其过程，为客户和其他利益相关者创造价值。

评估结果采用以下 4 项标准。

» **客户成果**：满足或超越客户的需求和期望。

» **员工成果**：满足或超越员工的需求和期望。

» **社会成果**：满足或超过社会利益相关者需求和期望的成果，并维持下去。

» **业务成果**：满足或超过商业利益相关者需求和期望的成果，并维持下去。

ISO 14000 质量标准与 ISO 9000 质量标准在程序上有相似之处。ISO 14000 质量标准包含 ISO 9000 质量标准出现的所有问题（手把手管理，关注流程而不是结果，实施费用比较高昂，以及一个最严重的问题：将最初的不良实践形式化）。但 ISO 14000 质量标准也存在一些更严重的问题。其中最主要的问题是，它可能成为"自鸣得意者的徽章"。它可以被看作"环保型好公司所需要做的一切事情"。至少有了 ISO 9000 这样的质量标准，真正的客户会不断提醒企业质量很重要。但是，提高环境标准的压力得以分散。客户可以积极要求供应商遵守环境标准，但他们不太可能同样积极要求企业必须遵守质量标准，因为他们可以直接从中受益。不寻求这种以程序为基础的制度，要想在社会层面

批判性评注

影响一项生产实践行为，唯一的途径是通过社会的正常机制——法律监管。如果质量出现问题，个人亦会受到影响，社会可以制裁公司，不再从违规公司购买商品和服务。可惜，由于环境管理不佳，我们都深受其苦。正因如此，确保环境敏感型商业政策落地的唯一可行方法是坚持让政府保护我们。因此，立法是唯一安全的出路。

绿色报告和 ISO 14000 质量标准

直到今日，世界上很少有公司可以提供有关其环境保护的实践和绩效的信息。现在，环境报告变得越来越普遍。另一个正在出现的问题是 ISO 14000 质量标准的引入。它包括三个部分的环境管理体系，即初步规划、实施和客观评价。尽管 ISO 14000 有一些影响，但主要局限于欧洲。

ISO 14000 提出了一些具体要求，包括：

» 最高管理层承诺做好环境管理；
» 制定和传播环境政策；
» 建立相关法律法规的要求；
» 确立环境保护目标和指标；
» 建立和更新一个或多个旨在实现目标和指标的具体环境计划；
» 建立支持系统，如培训、操作控制和应急计划等；
» 定期检测和衡量所有运营活动；
» 实施完整的审核程序，以审查系统的工作情况和适用性。

社会责任

本书将在每一章的"社会责任"板块总结本章主题与重要的社会、道德和环境问题之间的关联。

质量管理的某些方面，或至少质量管理的成果，可以被认为直接有助于产生更多负责任的企业。显然，产品和服务符合其明确固定的生产规范，会让购买的客户受益。同样，努力理解（以及最小化）产品特性的波动，对客户和运营都有好处。例如，你走进任何一家超市，就会看到所有被包装、装瓶或以其他方式被"装"进容器的产品，如瓶装饮料、洗涤剂、袋装蔬菜、罐装油漆——它们在生产过程中会被放入容器。在大多数国家中，这种罐装或包装过程受到严格的政府法规监管。当产品包装上声称有一定数量的产品时，顾客有权期望其真的包含了所声称的数量；否则，他们付款买到的就是名不副实的东西。许多地区的法律规定，产品的平均重量必须大于集装箱上的申报重量，平均重量由抽样确定。但是，填充包装的技术并不总是完全一致的。"分配"的重量总是有一定幅度的波动。因此，如果包装商或罐装商想要以最低填充水平达到法定重量和计量规定，他们就必须在填充水平方面建立安全边际，以对冲填充技术的波动。质量管理的重点是减少这种波动，所以一方面要让顾客花钱买到质量合规的产品，另一方面要使企业避免所谓的"赠品"或"超额"。

有时，质量管理（特别是全面质量管理）的最大优点之一是聚集为"客户"提供价值。本章讨论到的所有质量模型，如 ISO 9000 和 EFQM 模型，都关注部分外部利益相关者。但是，客户利益往往被认为是至高无上的，这实际上就排除了其他利益相关者。在一定程度上，这反映了一个质量理念：适合（顾客）使用。同时，这在一定程度上也反映了企业短期的商业考虑。与运营管理的许多方面一样，利益相关者的作用虽然不能取代客户满意度在所有质量相关决策中的重要作用，但它值得被重新审视。所有组织都需要明确质量管理对社会、员工和其他利益相关者以及客户满意度会产生广泛的影响。

第 17 章要点小结

1. 什么是质量？为什么质量如此重要？

- 本书使用的质量定义是"与客户期望相符合的一致性规范"。质量很重要，因为它对企业的盈利能力有重大影响。

- 从更广的层面看，质量的最佳模型是顾客对服务或产品的期望与他们对服务或产品的感知之间的差距。

- 以这种方式看待质量模型，可以帮助企业基于客户感知与期望之间的差距开发出一个诊断工具。客户感知与期望之间的差距可以用以下 4 个差距来解释：

  » 客户的规范与生产的规范之间的差距；

  » 服务或产品的概念与企业认定方式之间的差距；

  » 规定的质量与实际交付的质量之间的差距；

  » 实际交付的产品或服务的质量与企业向客户描述的质量之间的差距。

- 主要提供无形服务的企业通常使用"服务质量"一词，其包括速度、可靠性和灵活性等要素。此外，"体验质量"一词越来越多地用来表示以用户为中心的一种质量观点。

- 质量改进的"沙锥理论"通常认为，企业最好先从提高质量而不是实现其他绩效目标开始，之后在实现其他绩效目标的同时继续提高质量。

2. 什么步骤可以实现一致性的质量规范？

- 共有以下六个步骤：

  » 定义服务或产品的质量特性。

» 衡量每个质量特性。

» 为每个质量特性设定质量标准。

» 根据质量标准控制质量。

» 查找导致质量不良的原因并进行纠正。

» 继续改进。

- 质量计划和控制大多都包括以某种方式对运营绩效进行抽样检查。抽样检查可能导致错误判断，其错误被归类于第一类错误或第二类错误。第一类错误是指在不需要纠正的地方进行更正。第二类错误是指在真正需要纠正的地方不进行纠正。

3. 什么是全面质量管理？

- 全面质量管理是"一个有效的管理系统，把企业内不同部门的质量发展、质量维护和质量改进工作整合在一起，从而以最经济的水平生产产品和服务，并且令顾客完全满意"。
- 全面质量管理可以被视为一个强调"全面"，并将质量置于企业一切工作的核心的理念。
- 全面质量管理中的"全面"是指：

» 满足客户的需求和期望；

» 企业所有部门参与其中；

» 企业的每位员工都参与其中；

» 检查所有与质量相关的成本，并确保"第一次就做好"；

» 开发支持质量和改进活动的系统和程序，其中可能包括"质量奖"。

第 17 章注释

[1] 更多信息，请见 Vitaliev, V. (2009) The much-loved knife, *Engineering and Technology*, 4 (13), 58–61。

[2] 该内容来自我们对伦敦金丝雀码头四季酒店总经理迈克尔·珀蒂尔的采访。我们非常感谢迈克尔的合作（以及他的酒店的优质服务）！

[3] Berry, L.L. and Parasuraman, a. (1991) *Marketing Services: Competing Through Quality*, Free Press, New york, Ny.

[4] 案例信息来自 Pardes, a. (2017) ikea's new app flaunts what you'll love most about aR, *Wired*, 20 September; Joseph, S. (2017) How ikea is using augmented reality, Digiday uK, 4 October; Sha, D.y. and Lai, g.-L. (2012) Exploring the intention of customers to use innovative digital content information technology, iEEE international Conference on industrial Engineering and Engineering Management(iEEM) December, pp. 1065–9; augmented Reality(aR), gartner glossary。

[5] Brunnström, K. et al. (2013). Qualinet White Paper on Definitions of Quality of Experience, Qualinet.

[6] Ferdows, K. and de Meyer, a. (1990) Lasting improvement in manufacturing perfromance: in search of a new theory, *Journal of Operations Management*, 9 (2), 169–84.

[7] 案例信息来自 Millington, a. (2018) Virgin atlantic is offering a full refund on flights booked today if it can't cure a passenger's fear of flying, businessinsider.com, 9 January; Edwards, J. (2018) Why you should book a flight today if you've got a fear of flying, *Cosmopolitan*, 9 January.

[8] 案例信息来自 Markillie, P. (2011) They trash cars, don't they?, *Intelligent Life Magazine*, Summer.

[9] 案例信息来自 Walne, T. (2019) Want to exchange a jar of coinsfor notes?, This is Money, 24 august; Schubber, K. (2016) The Metro Bank coin caper *Financial Times*, 2 June.

[10] As reported in Morgan, R. (2016) TD Bank dumps its faulty coin-counting machines, *New York Post*, 19 May.

[11] 案例信息来自 giugliano, F. (2015) Bank of England moves to stamp out fat finger errors, *Financial Times*, 14 June; The Economist (2013) Overtired, and overdrawn, Economist print pdition, 15 June; Wilson, H. (2014) Fat fingered trader sets Tokyo alarms ringing, *The Times*, 2 October.

[12] Feigenbaum, a.V. (1986) *Total Quality Control*, Mcgraw Hill, New york, Ny.

[13] Kaynak, H. (2003) The relationship between total quality management practices and their effects on firm performance, *Journal of Operations Management*, 21 (4), 405–35.

[14] 更多信息，请见案例: Wells, P, and Lewis, L. (2018) Japan inc: a corporate culture on trial after scandals, Financial Times, 3 January; Parry, R.L. (2017) Japan's failed corporate culture at root of Kobe Steel scandal, *The Times*, 16 October; Economist (2017) Kobe Steel admitsfalsifying data on 20,000 tonnes of metal, *Economist* print edition, 12 October; Wells, P. (2017) Kobe Steel demotes three executives over cheating scandal, *Financial Times*, 21 December; Wells, P. and Terazono, E. (2017) Five ques- tions on Kobe Steel and quality controls, *Financial Times*, 11 October.

[15] 详情请阅览欧洲品质管理基金会网站（accessed September 2021）。

附录 17A：统计过程控制

导语

统计过程控制（statistical process control，SPC）是指在服务或产品的创建过程中对其进行检查。如果员工认为过程中存在问题，就可以停止，发现问题并进行纠正。例如，一个国际机场可能会定期抽取一部分顾客进行调查询问，看看其餐厅的清洁情况是否令他们满意。如果该机场在某次抽样调查中发现，有太多的客户对餐厅的清洁情况不满意，那么机场管理层就必须考虑改进其服务程序。同样，汽车制造商也会定期检查门板样品是否符合其标准，以便了解生产门板的机器是否运行正常。

● 控制图

　　统计过程控制不仅要对单个样品进行检查，还要对一段时间内的质量进行监控。为了做到这一点，可以使用控制图（control charts）查看过程是否在应该规定的范围进行，或者它是否"失控"。如果生产过程看起来确实失控了，那么企业可以在问题出现之前就采取措施。实际上，大多数企业都以某种方式记录了质量情况。图 17A-1 或类似的图几乎可以在任何企业中被找到。例如，该图可以表示在每月抽取的 1000 名顾客样本中，对餐厅清洁服务不满意的顾客百分比。虽然对服务不满意的顾客数量可能在可接受范围内，但管理层担心随着时间的推移，此类顾客数量会一直稳步增长，因此希望调查清楚产生这种情况的原因。在这种情况下，企业可以用计数法绘制控制图，以表示顾客对其服务质量满意或不满意。寻找趋势是控制图的一个重要用途。如果趋势表明这一过程正在稳步恶化，那么企业值得投入调查这一过程。如果趋势正在稳步改善，企业可能仍需要进行调查，以确定正在发生的事情能促使过程变得更好。然后，企业将这一信息与组织的其他部门共享，或者从另一方面看，该过程可能会停止，因为可能会给企业增加不必要的费用。

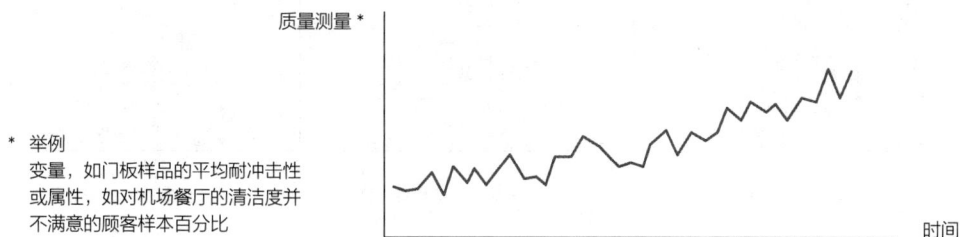

图 17A-1　绘制质量衡量的趋势图

● 过程质量的波动

常见原因

　　如图 17A-1 所示，过程图呈上升趋势。但是上升趋势既不稳定也不平稳，它时而上升，时而下降。所有流程都存在一定程度的波动。机器的每次产出都不会给出完全相同的结果。人们每次执行的任务都略有不同。考虑到这一点，衡量质量的标准有所不同，也就不足为奇了。这些普通原因导致的波动永远不可能完全消除（尽管它们可以减少）。例如，如果一台机器正在用盒子装大米，它不会在每个盒子中放入完全相同重量的大米。当灌装机处于稳定状态（即没有特殊因素影响其行为）时，对每个盒子进行称重，可以建立一个重量直方图。图 17A-2 显示了这一重量直方图的创建过程。第一批箱子的重量可能位于过程自然波动范围内的任一位置，但更有可能接近平均重量（见图 17A-2a）。随着越来越多的箱子被称重，它们的重量清楚地显示出趋势接近过程平均值（见图 17A-2b 和 17A-2c）。在多个箱子被称重后，形成了一个更平滑的分布（见图 17A-2d），它们可以被绘制为一个直方图（见图 17A-2e），这将近似于基础过程波动分布（见图 17A-2f）。

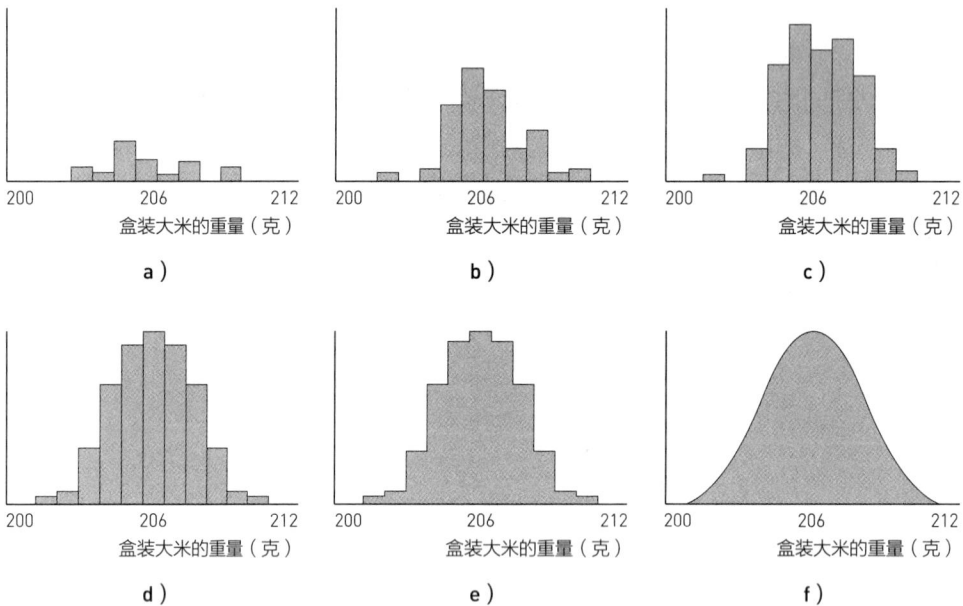

图 17A-2 装货过程的自然波动可以用正态分布描述

通常这种波动可以用正态分布呈现，99.7% 的变动发生在 3 个标准差范围内。在这种情况下，盒装大米的重量可以用正态分布描述，其均值为 206 克，标准差为 2 克。对运营经理来说，一个显而易见的问题是："过程绩效的这种波动是否可以接受？"答案将取决于企业所能接受的重量范围。这个范围被称为规格范围。如果盒装大米的重量太小，那么该企业明显违反了其包装上标明的规定；如果盒装大米的重量过大，那么该企业免费向顾客"赠送"了太多产品。

过程能力

过程能力是指对过程波动的可接

受范围的一种衡量方法。衡量过程能力的最简单方法（C_p）是将规格范围与过程的"自然"波动做对比（也就是，在 3 个标准偏差内）：

$$C_p = \frac{\text{UTL} - \text{LTL}}{6s}$$

式中，UTL——上控制限；

LTL——下控制限；

s——过程波动的标准差。

一般情况下，假设过程波动是正态分布的（见图 17A-3a、图 17A-3b、图 17A-3c），如果一个过程的 C_p 大于 1，则意味着该过程是"有能力的"；如果 C_p 小于 1，则表明该过程不是"有能力的"。

简单 C_p 衡量，是假设过程波动的平均值位于规格范围的中位。但是在很多情况下，过程平均值会偏离规格范围（见图 17A-3d）。在这种情况下，偏离的能力指标可用来了解过程能力：

$$\text{上控制限偏离指数 } C_{pu} = \frac{\text{UTL} - X}{3s}$$

$$\text{下控制限偏离指数 } C_{pl} = \frac{X - \text{LTL}}{3s}$$

式中，X——过程平均值。

有时，一个生产过程的两个偏离指数中较低的指数用来表示其过程能力（C_{pk}）：

$$C_{pk} = \min(C_{pu}, C_{pl})$$

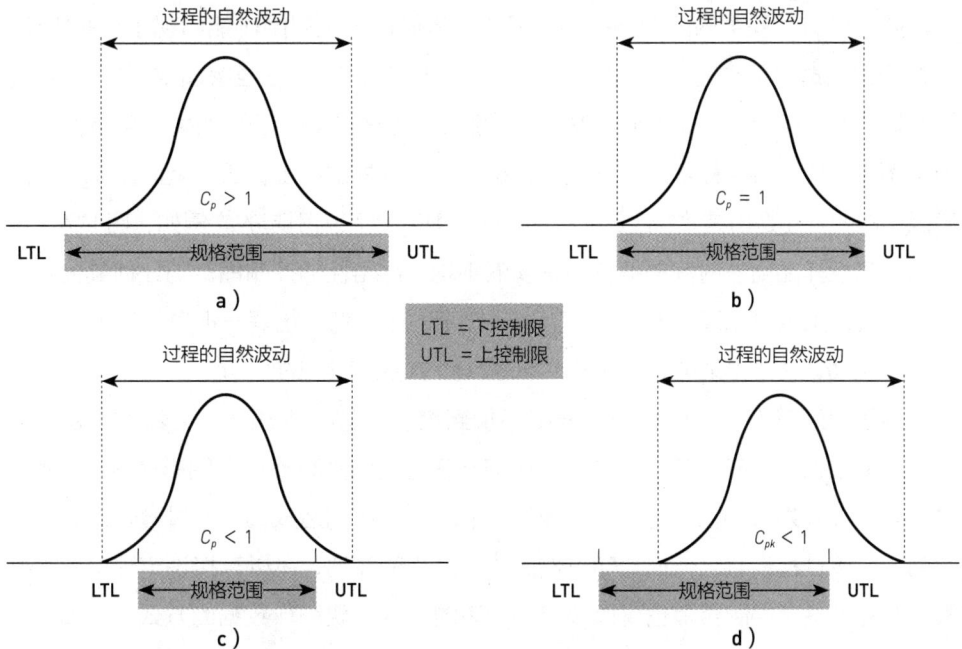

图 17A-3 过程能力将过程的自然波动与限制的规范范围做对比

盒装大米

关于前面描述的把大米装进盒的这一过程，其过程能力的计算如下：

规格范围 = 214 − 198 = 16（克）

过程的自然波动 = 6 × 标准差 = 6 × 2 = 12（克）

$$C_p = 过程能力 = \frac{UTL - LTL}{6s} = \frac{214 - 198}{6 \times 2} = \frac{16}{12} = 1.333$$

如果该过程的自然波动发生改变，其过程平均值为210克，但该过程的标准差保持在2克内：

$$C_{pu} = \frac{214 - 210}{3 \times 2} = \frac{4}{6} = 0.666$$

$$C_{pl} = \frac{210 - 198}{3 \times 2} = \frac{12}{6} = 2.0$$

$$C_{pk} = \min\ (\ 0.666,\ 2.0\ ) = 0.666$$

非随机性波动的原因

并非所有过程中的波动都是由一般原因导致的。过程中可能出现了一些错误，而这些错误是由特定的、可预防的原因造成的。机器可能已经磨损或没有安装好。未经培训的人员没有遵守规定的程序。产生波动的这一类原因被称为非随机性原因。但问题是，任一特定样本的结果能否直接表示在其控制图上，表示其波动是由一般原因引起的，还是由某些特定的和可纠正的非随机性原因引起的。例如，图17A-4展示的是门板样品随着时间的推移而呈现的平均耐冲击性的控制图。与任何其他过程一样，其结果各不相同，但最后三点似乎比平时水平低。这是一种自然的（因普通原因）波动，还是由某种更严重的（非随机性）原因导致的？

为了找到答案，可以将控制界限添加到控制图中（虚线），这表明"普通原因"导致的波动的预期范围。如果有任何点超出这些控制范围（阴影区域），则该过程可以被视为失控，因为波动可能是由非随机性原因造成的。通过检查过去某段时间内，该过程没有因任何非随机性原因而产生的波动，可以直接设定这些控制界限。此外，设定控制界限也可以采用一种更能直观表现统计数据的方式。例如，衡量测试门板的过程，确定由一般原因导致的波动的正态分布，基于此正态分布可以确定控制界限。图17A-4还显示了如何添加控制界限；把样本均值偏离总体样本均

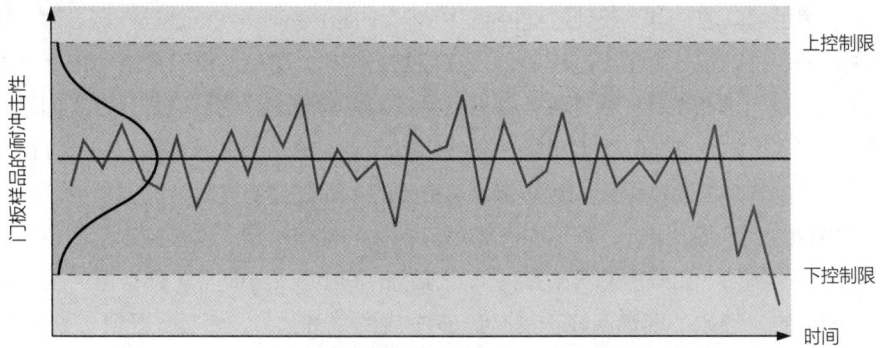

图 17A-4 门板耐冲击性的控制图及控制范围

值 ±3 个标准差。它表明，图中的最后一点受到非随机性原因影响的概率确实很高。如果过程中出现超出正常"一般原因"范围的行为，那么该过程会被视为"失控"。不过，也有一个微乎其微的可能性，这个点（看似超出了极限）描述的是一个完全正常的行为，只是处在正态分布尾部——结果罕见，但确实是在自然情况下出现的。在这种情况下，过程中止就犯了第一类错误，因为该过程实际上处于可控制的状态。相反，如果忽略了一个由非随机性原因引起的结果，而没有终止过程，这是犯了第二类错误（见表 17A-1）。

表 17A-1 统计过程控制的第一类错误和第二类错误

决策	实际过程状态	
	在控制之中	失控
终止过程	第一类错误	正确的决策
不终止过程	正确的决策	第二类错误

　　控制界限通常设定在总体均值的 3 个标准差。这将意味着，由于偶然因素，样本平均值超出这些限制的概率只有 0.3%（即出现第一类错误的概率为 0.3%）。控制界限可以设定在与总体均值保持偏离的任何位置，但控制界限越接近总平均值，调查和纠正的过程就越有可能没有问题。如果控制界限偏离总体均值两个标准差，那么出现第一类错误的概率将增加至 5% 左右。如果控制界限偏离总体均值一个标准差，那么出现第一类错误的可能性将增加至 32%。当控制界限偏离总体均值大于 3 个标准差，这描述的是"正常"的波动过程，也被称为"上控制限"和"下控制限"。

批判性评注

半个多世纪以前，当"统计过程控制"（SPC）提出者第一次描述这一概念时，其解决的关键问题是确定一个生产过程是否"在控制之中"。现在，我们希望"统计过程控制"能够反映常识和统计的合理性，并推动持续的运营改进。这也是为什么人们对统计过程控制的传统方法存在两个（互相关联的）批评点。第一个批评点是，统计过程控制假设，在控制界限内的过程绩效数值都是可接受的，而在控制界限外的过程绩效数值都是不可接受的。然而，接近过程平均值或"目标"的数值肯定比仅在控制范围内的数值更容易接受。例如，如果控制界限是"所记录的时间小于 1 小时"，那么服务工程师只迟到 1 分钟的"绩效"要远远好于其迟到 59 分钟的"绩效"。而且，迟到 59 分钟和迟到 61 分钟一样糟糕。第二个批评点是，一个始终在其控制界限内的过程可能没有恶化，但肯定是有所改进的。因此，与其将控制界限视为固定界限，不如将其视为一个反映过程改进的界限。我们应该明白，不断改进的过程，会让控制界限逐渐缩小。

为什么波动性是一件坏事

非随机性波动是过程中发生变化的信号，因此企业必须对其进行调查。但正常波动本身就是一个问题，因为它掩盖了过程行为的任何变化。图 17A-5 显示了两个过程的绩效，二者同时受到过程行为变化的影响。左边过程有一个广泛的自然波动，所以从中不能立即看出其过程发生了任何变化。最终，自然波动会变得明显，因为过程绩效超出了（在这种情况下）下控制限，但这可能需要一些时间才能表现出来。相比之下，右边过程的自然波动范围要窄得多。正因如此，平均绩效发生同样的变化，反而更容易被发现（无论是视觉上还是统计上）。所以，过程的自然波动越窄，该过程的行为变化就越明显。过程变化越明显，我们就越容易理解该过程的特定运行方式以及为什么如此运行。在某种程度上，接受过程中的波动，就是承认对过程运作方式缺乏足够了解。

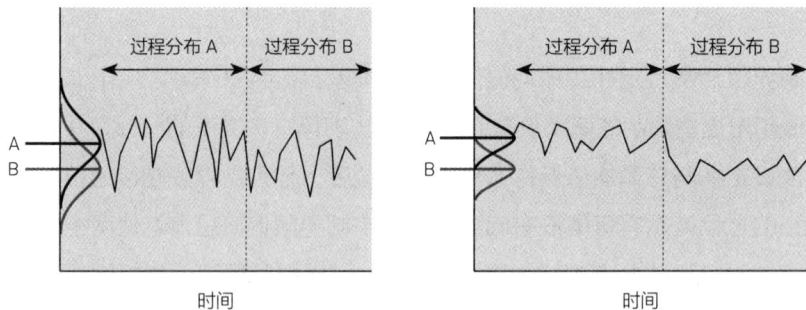

图 17A-5 过程波动低，反而更容易发现过程绩效的变化

● 计数型控制图

计数法只有两种状态（如"正确"或"错误"），因此计算的统计量是指样本中错误的比例（p）（该统计数据遵循二项分布）。用 p 表示的控制图被称为"p 图"。在计算界限时，总体均值（$\bar{p}$）即"缺陷"或错误与正确之比的实际、正常或预期比例，可能是无法得知的。例如，对通勤时间不满意的城市通勤者的实际人数是多少？无人得知。在这种情况下，总体均值可以从 n 个项目的 m 个样本的"缺陷"比例（$\bar{p}$）的平均值估计，其中 m 应该至少为 30，n 应该至少为 100。

$$\bar{p} = \frac{p^1 + p^2 + p^3 \cdots\cdots + p^n}{m}$$

一个标准差可以通过以下公式进行估计：$\sqrt{\dfrac{\bar{p}(1-\bar{p})}{n}}$

上控制限和下控制限可设为：$\text{UCL} = \bar{p} + 3\,\text{标准差}$

$$\text{LCL} = \bar{p} - 3\,\text{标准差}$$

当然，下控制限不能是负数，所以当计算出的下控制限为负数时，应该四舍五入到零。

Aphex Credit 信贷公司

Aphex Credit 信贷公司每周处理数十万笔交易。公司衡量为客户提供的服务质量的标准之一是每月邮寄客户信用账单的可靠性。公司自己设定的质量标准是，账单应该在客户特定的"名义邮寄日期"后两天内寄出。该公司每周对 1000 个客户的账单进行抽样调查，并记录未在标准时间内寄出的账单百分比。当过程正常运行时，只有 2% 的账单在指定期限之外被邮寄出去，也就是说，2% 的样本是"有缺陷的"。

该过程的控制界限的计算过程如下：
平均缺陷比例 $\bar{p} = 0.02$
样本容量（n）= 1000
标准差（s）= $\sqrt{\dfrac{\bar{p}(1-\bar{p})}{n}} = \sqrt{\dfrac{0.02(0.98)}{1000}} = 0.0044$

控制界限为:

UCL = 0.02 + 3 (0.0044) = 0.0332 = 3.32%

LCL = 0.02 − 3 (0.0044) = 0.0068 = 0.68%

图 17A-6 显示了该公司在过去几周内衡量质量的控制图, 以及计算出的控制界限。这也表明过程在控制之中。有时, 绘制次品的实际数量 (c) 图比绘制次品的比例 (或百分比) 图更方便, 这就是众所周知的 c 图。它与 p 图非常相似, 但样本容量必须固定不变, 用以下公式计算得出过程均值和控制界限。

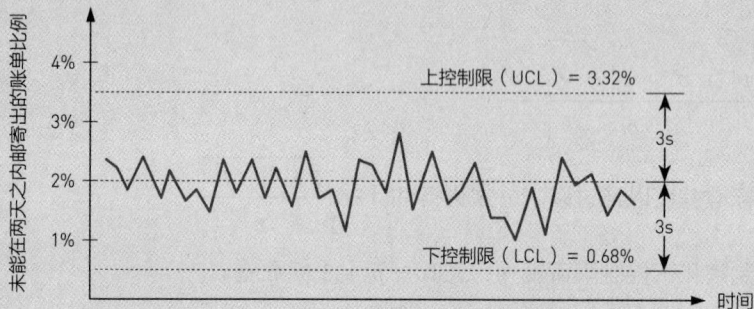

图 17A-6 未能在两天期限内邮寄出的客户账单百分比的控制图

过程均值 $\bar{c} = \dfrac{c_1 + c_2 + c_3 \cdots c_m}{m}$

控制界限 $= \bar{c} \pm 3\sqrt{\bar{c}}$

其中 c = 次品数量; m = 样本数量。

● 计量型控制图

最常用于控制变量的控制图类型是均值极差图 ($\bar{X}$-R 图)。事实上, 它由两张图表合二为一。一张图表用于控制样本均值或平均值 ($\bar{X}$), 另一张图表用于通过测量极差 (R) 控制样本的波动。相比样本的标准极差, 范围更易于计算。

平均值 ($\bar{X}$) 图可以从绘制过程中知晓平均产出的变化。平均值图的变化表明该过程总体上偏离了设定的过程平均值, 尽管过程中固有的波动性可能没有改变 (见图 17A-7)。

极差（R）图绘制了每个样本的极差，即样本中最大值和最小值之间的差值。监测样本范围可以表明过程的波动性是否有变化，即使过程平均值保持不变（见图17A-7）。

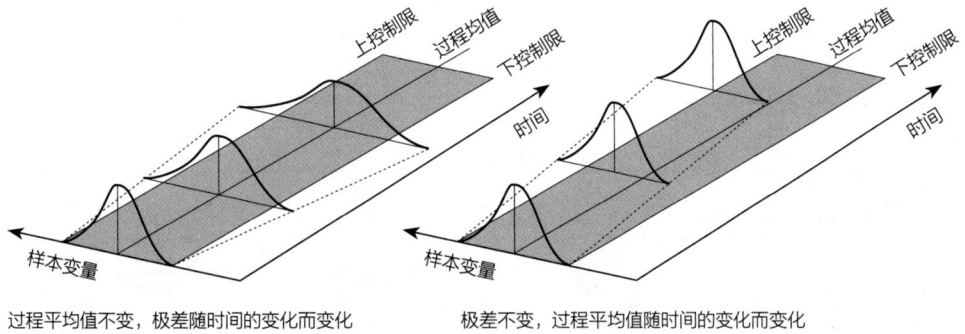

过程平均值不变，极差随时间的变化而变化　　　　极差不变，过程平均值随时间的变化而变化

图17A-7　过程均值或过程极差（或二者都有）都是随时间的变化而变化的

计量型控制图的控制界限

与计数型控制图一样，过程在正常条件下（没有非随机性原因）如何运行，其统计描述可用来计算控制界限（control limits）。计算控制界限的第一项任务是用样本容量为 n 的 m 个样本，估计总平均值或总体平均值（$\bar{\bar{X}}$）和均值范围（$\bar{R}$）。

总体均值由大量样本数的平均值（m）估计得出：$\bar{\bar{X}} = \dfrac{\bar{X}_1 + \bar{X}_2 + \cdots\cdots \bar{X}_m}{m}$

平均值极差是通过大量样本的极差估计出来的：$\bar{R} = \dfrac{R_1 + R_2 + \cdots\cdots R_m}{m}$

样本均值图的控制界限为：上控制限（UCL）$= \bar{\bar{X}} + A_2\bar{R}$

下控制限（LCL）$= \bar{\bar{X}} - A_2\bar{R}$

极差图的控制界限为：上控制限（UCL）$= D_4\bar{R}$

下控制限（LCL）$= D_3\bar{R}$

因素 A_2、D_3 和 D_4 随样本容量的变化而变化，见表17A-2。

平均值图的控制下限可能是负值（如温度或利润可能小于零），但对极差图来说，下控制限不会是负值（或者，样本中最小的测量值可能大于最大的测量值）。如果计算得出一个极差图的下控制限为负值，则该下控制限应设为零。

表 17A-2　计算控制界限的因素

样本量 n	A_2	D_3	D_4
2	1.880	0	3.267
3	1.023	0	2.575
4	0.729	0	2.282
5	0.577	0	2.115
6	0.483	0	2.004
7	0.419	0.076	1.924
8	0.373	0.136	1.864
9	0.337	0.184	1.816
10	0.308	0.223	1.777
12	0.266	0.284	1.716
14	0.235	0.329	1.671
16	0.212	0.364	1.636
18	0.194	0.392	1.608
20	0.180	0.414	1.586
22	0.167	0.434	1.566
24	0.157	0.452	1.548

GAM

实例分析

GAM（全称为 Groupe AS Maquillage）是一家化妆品代工公司，总部设在法国，并且在欧洲各地设有工厂，为其他公司生产和包装化妆品与香水。它在爱尔兰的一家工厂有一条灌装生产线，可以自动将护肤霜装进塑料瓶，并用螺旋盖将瓶子密封起来。螺旋盖的紧固程度是灌装生产线质量的一个重要部分。如果盖子拧得太紧，就有破裂的危险；如果盖子拧得太松，则包装时可能会松动。无论哪一种结果，都可能导致产品从工厂到客户之间运输时溢出。爱尔兰工厂已经收到一些产品泄漏的投诉，工厂怀疑这是因为灌装生产线上的螺旋盖固定不一致造成的。螺钉顶部的"紧度"可以通过一个简单的测试装置测量。该装置记录了松开螺钉顶部所需的转动力（扭矩）的大小。该公司决定从灌装生产线生产出来的瓶子抽取样品，测试松开的扭矩，并将结果绘制为控制图。在生产过程被视为控制中的一段时间内，四瓶为一组的几组样品被抽取出来。以下数据是此次调查计算得出的数据：

所有样本的总平均值 $\overline{\overline{X}}$ = 812 克 / 立方厘米

样本的极差平均值 $\overline{R}$ = 6 克 / 立方厘米

均值（$\bar{X}$）图的控制界限的计算如下：

$$UCL = \bar{\bar{X}} + A_2\bar{R} = 812 + (A_2 \times 6)$$

从表 17A-2 中，我们知道，在样本量为 4 的情况下，$A_2 = 0.729$，因此，

$$UCL = 812 + (0.729 \times 6) = 816.37$$
$$LCL = \bar{\bar{X}} - A_2\bar{R} = 812 - (0.729 \times 6) = 807.63$$

极差图（R）控制界限的计算如下：

$$UCL = D_4 \times \bar{R} = 2.282 \times 6 = 13.69$$
$$LCL = D_3 \times \bar{R} = 0 \times 6 = 0$$

计算完用于绘制控制图的平均值和控制界限后，公司在生产过程中定期抽取四瓶为一组的样品，记录测量结果并绘制控制图，如图 17A-8 所示。从控制图中可以看出，要控制过程平均值是很困难的，偶尔需要作业者进行干预。同时，过程极差正在向上控制

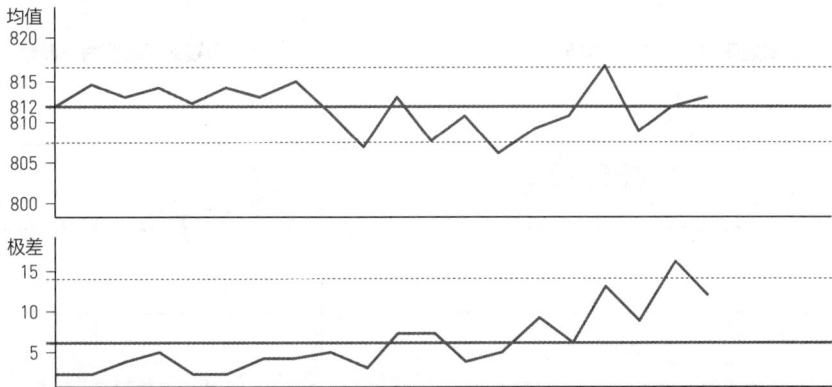

图 17A-8　GAM 扭矩机的完整控制表，显示其过程的平均值（$\bar{X}$）图和极差（$\bar{R}$）图

限移动（并且一度突破）。这个过程似乎变得更加多变。经过调查发现，由于生产线维护不当，护肤霜偶尔会污染扭矩头（生产线安装盖子的部分）。这导致了瓶盖收紧不稳定的情况。

解读控制图

控制图上出现超出控制界限的部分，是判定过程可能失控的一个明显迹象，这意味着企业需要对过程进行调查。不过，这并不是控制图给出的唯一线索。图 17A-9 表明有不寻常行为的其他模式，同样值得深度调查。

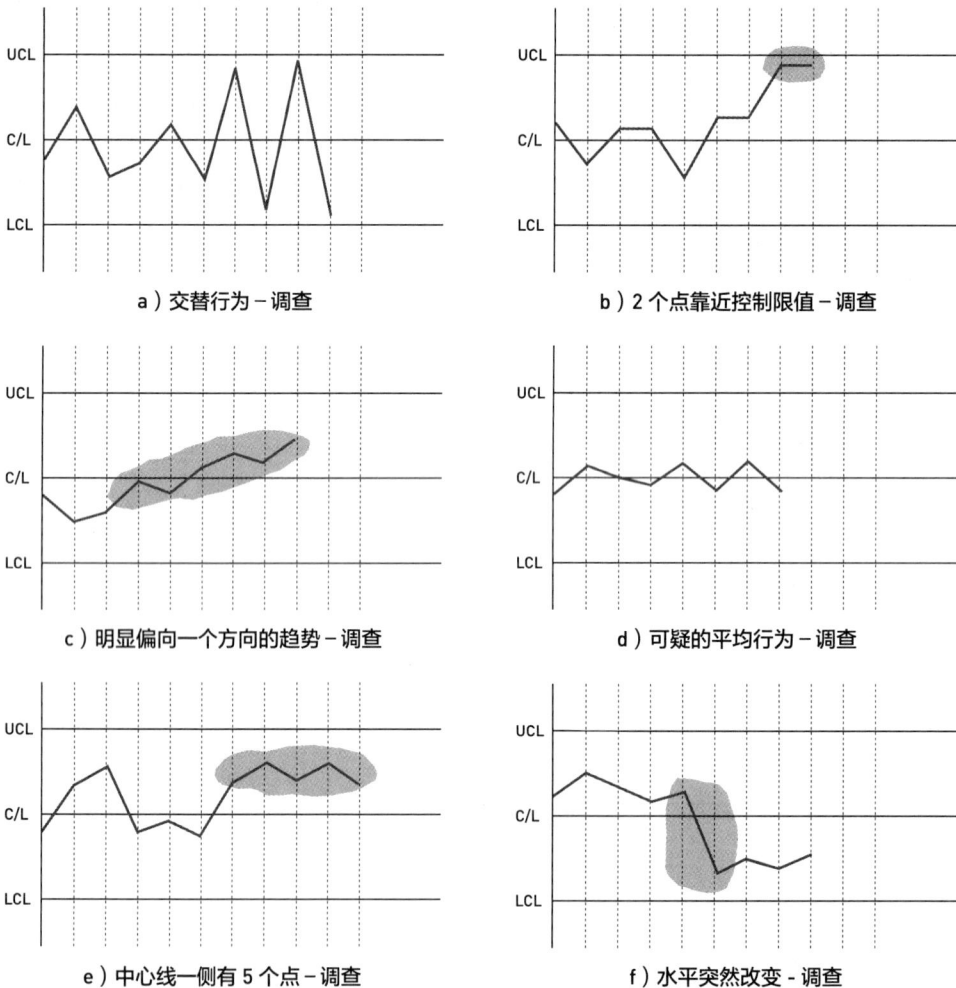

a）交替行为 – 调查

b）2 个点靠近控制限值 – 调查

c）明显偏向一个方向的趋势 – 调查

d）可疑的平均行为 – 调查

e）中心线一侧有 5 个点 – 调查

f）水平突然改变 - 调查

图 17A-9　除控制界限之外的点，公司还应该调查其他不可能出现的点序列

● 过程控制、学习和知识

过程控制，特别是统计过程控制的作用发生了变化。越来越多的人认为，它不仅是控制过程的一种简便方法，还是获取竞争性优势的基本活动。这表明，统计控制过程的作用发生了显著变化。传统观点认为，统计过程控制是最具操作性、直接的运营管理技术之一。如今，过程控制还关系到企业的战略能力。其背后的逻辑如下所述。

» 统计过程控制的基础理念是，过程的波动性可以表明过程是否处于控制之中。

» 通过逐步减少过程的波动性，可以控制和改进过程，包括消除非随机性原因。

» 如果不能更好地理解过程是如何运行的，是不能消除非随机性原因的。这就需要了解过程，并将其过程的本质以更详细的方式揭示出来。

» 这种学习过程意味着过程知识得以增强，反过来又意味着运营经理能够预测在不同情况下过程的运行绩效。这也意味着学习过程更有利于提高执行任务的水平。

» 过程能力的提高往往是竞争对手难以复制的。它只源于在控制运营过程中所投入的时间和精力。因此，过程能力会让企业建立战略优势。

如此一来，过程控制会推动企业学习，增加过程知识，并形成难以被复制的过程能力。

补充要点小结

- 统计过程控制是指用控制图跟踪运营中一个或多个质量特性的绩效。控制图的作用在于，它能够根据过程自然波动的统计数据，设定控制界限。这些控制限度通常设定为偏离过程样品的自然波动的 3 个标准差。

- 控制图有两种表现形式：计数型控制图和计量型控制图。计数是指质量特性可表现出两种状态（如正确或错误）。计量是指质量特性可以在连续性可变尺度上被衡量。

- 过程控制图可以帮助运营经理区分任一过程中固有的"正常"波动和因过程失控而引起的波动。

管理风险和恢复

本章学习目标

- » 什么是风险管理?
- » 企业如何评估故障的潜在原因和后果?
- » 如何预防故障?
- » 企业如何减缓故障的影响?
- » 企业如何从故障的影响中恢复?

导语

无论投入多少资源改进运营绩效，企业都会面临风险。其中一些风险来自企业的管理实践，如糟糕的技术维护。一些风险来自企业的供应网络，如依赖不可靠的供应商。还有一些风险来自宏观环境因素，如政治动荡和环境灾难。同时，故障的网络安全日益成为一个重要的风险来源。面对这些风险，"弹性"企业能够识别可能的风险来源，阻止故障发生并最大限度地降低其影响，同时学会从故障中恢复。在当今的商业管理中，风险的来源和影响越来越难以被发现和处理，所以管理风险是一项至关重要的任务。企业亟待解决的问题，诸如削减成本、削减库存和努力提高产能利用率等，往往让企业更可能遭遇风险（详情内容见本章末的"运营的责任"部分）。在本章中，我们会揭露那些妨碍企业正常运行的重大风险和常规风险。图18-1展示了本章主题在企业改进活动中所处的位置。

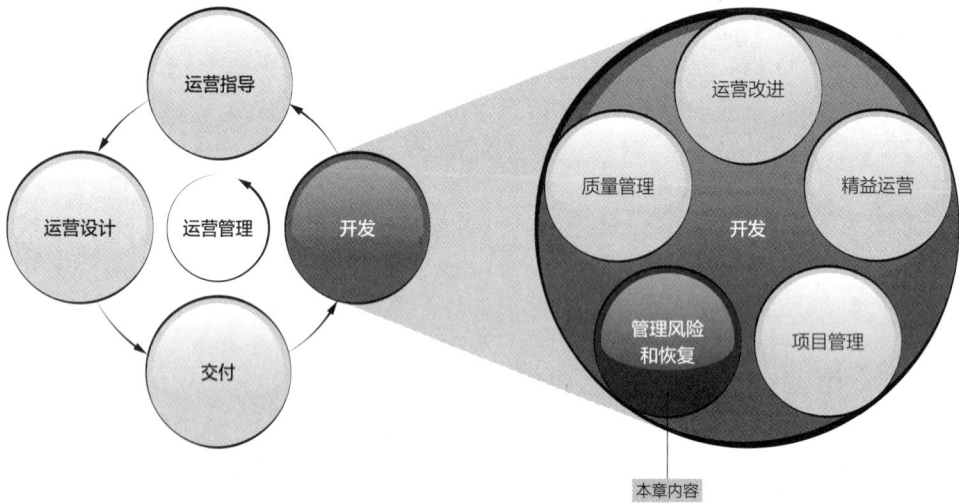

图 18-1　本章探讨的是"管理风险和恢复"

18.1　什么是风险管理

风险管理是指企业发现可能出错的事情，阻止它们出错，避免事情出错而导致的负面影响，并在事情出错后进行恢复。事情有时会出错，但意识到这一点并不等于接受或忽视它。企业经理会努力减少业务出错的可能性及其负面影响，并根据负面影响的严重程度及其发生的可能性选择应对之策。从宏观层面看，质量管理的整个理念是发现和减少产品与服务在创建和交付中的每个小失误。从具体层面看，服务器故障会严重影响客户。所以，系统可靠性是衡量 IT 服务商绩效的重要标准。有些事件，尽管发生的可能性很小（通常被称为"黑天鹅"事件），但它们会造成非常严重的负面影响，所以我们把它们归类为灾难（disasters）。

本章讨论关注的是所有类型的风险，除了负面影响相对较小的风险，如图 18-2 所示。有些事情"出错"的确令人恼火，但其负面影响相对来说并不重要，尤其是图 18-2 展示的矩阵左下角的那些风险。其他风险，尤其是图 18-2 中展示的矩阵右上角的风险，通常会因为企业战略而被避免，因为承担这些风险显然是愚蠢的。这两个极端风险之间的大多数风险都与运营相关。

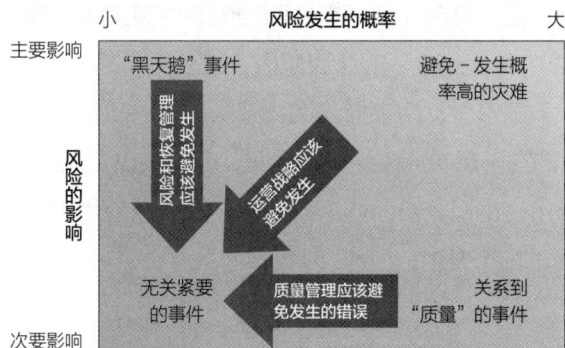

图 18-2　企业如何管理故障，这取决于故障发生的可能性及其负面影响

● **发现、预防、缓解、恢复**

管理风险和恢复对所有组织来说都是非常重要的，通常涉及以下四类活动，即发现：了解运营中可能会发生的故障并评估其严重性；预防：检查能够防止故障发生的方法；缓解：尽量降低故障产生的负面影响，被称为"减缓"故障或风险；恢复：确定应对的计划和程序，一旦发生故障，企业可以从故障中恢复过来。本章的其余内容会讲解这四类活动（见图 18-3 ）。

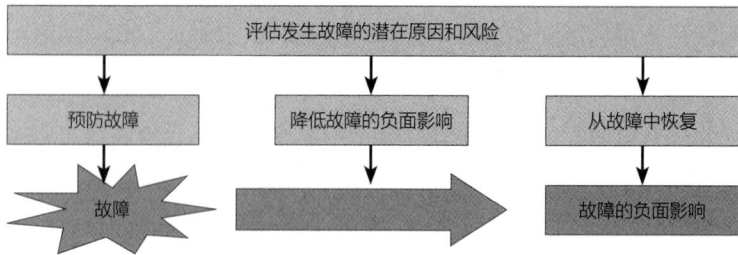

图 18-3　风险管理包括预防故障、降低故障的负面影响，以及从故障中恢复

● VUCA 框架

我们把风险描述为与"事情出错"有关。这是一个过于简单的表述，但也合理地展现了风险管理的内容。然而，企业需要回答一个更深层次的问题：为什么事情会"出错"？有一个思考框架可以帮助企业回答这个问题，即 VUCA 概念。VUCA 是由波动性、不确定性、复杂性和模糊性四种因素的英文首字母组成的一个词。这四种因素被认为是"事情出错"的深层原因，或者至少是让运营难以控制的原因。这个词最早起源于美国军方，用来描述武装部队面临的动荡、不可预测和不稳定的作战环境。它的目的在于反映风险性质的变化，而不仅仅是风险规模的扩大。后来，管理顾问和理论家用这个词表示他们认为商业环境中风险水平不断上升的情况。图 18-4 展示了 VUCA 的四个要素。

» 波动性：波动性表示运营环境中的生产条件在速度、性质或幅度等方面发生了变化。高波动性意味着需求的短期波动，通常被视为普遍动荡。在高度不稳定的环境中进行管理工作，意味着要着眼于未来，接受资源冗余（甚至看似多余），并在关键需要的时候果断利用。

» 不确定性：不确定性是指企业可以自信地预测未来的程度。运营环境越不确定，环境条件的模式或重复性就越少，因此做出预测就越困难。在高度不确定的环境中进行管理意味着企业通过收集、建模和共享信息更深刻地认识生产条件。

» 复杂性：复杂性是指企业必须考虑不同因素的数量并认识不同因素之间的关系。

一个生产环境中涉及的事物越多，它们之间的差异就越大，它们之间的联系就越紧密，那么该环境就越复杂。在高度复杂的环境中进行管理意味着企业要发展专业知识，以便更清楚地了解环境中各因素之间的关系。

» 模糊性：模糊性是指企业无法清楚明了地理解某事的确切含义。对现有数据的许多不同解释，同样被视为是一种模糊性。模糊性可能是由误导、不准确或相互矛盾的信息造成的。它让企业无法准确解读信息，因此企业很难得出结论。在高度模糊的环境中进行管理意味着企业要通过体验性学习提高敏捷性，并解决客户概念和术语的模糊性这一困难。

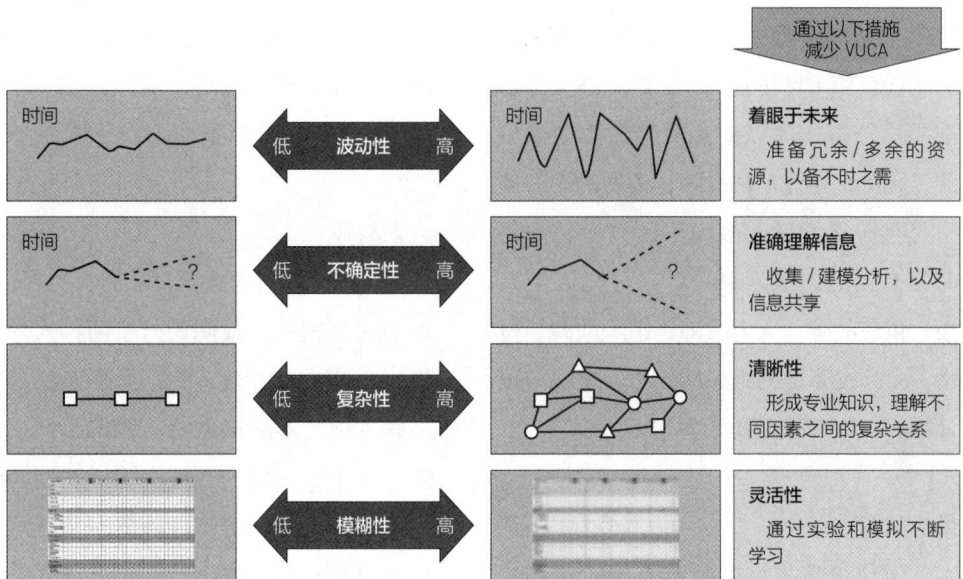

图 18-4　VUCA 框架（波动性、不确定性、复杂性、模糊性）

18.2　企业如何评估故障的潜在原因和后果

对风险进行分类，对于企业评估故障的潜在原因和后果大有帮助。风险分类的方法有很多。在这里，我们先理解潜在风险的来源，然后以此为基础对风险进行分类。在此之后，人们可以评估每种风险发生的可能性。

● 发现故障的潜在原因

发现故障的潜在原因，意味着评估故障可能发生的地方以及故障产生的后果。企业"不能理解故障"，导致不可接受的风险的发生。对于每个潜在的故障原因，企业需要根据其发生的可能性和可能产生的影响进行评估。只有这样，企业才能采取措施防止或尽量降低更重要的潜在故障产生的影响。评估潜在故障的经典方法是检查和审计运营活动。绝大多数故障都是由一些本可以避免发生的事情造成的。因此，企业评估故障，要做的第一件事是列一份简单的故障原因清单，这是非常有用的。故障来源可以分为以下几类：供应故障、人为故障、组织故障、技术 / 设备故障、网络风险、产品 / 服务设计故障、客户故障及环境破坏。

供应故障

供应故障是指供应商交付货物和服务的时间或质量方面发生的任何故障。例如，供应商交付错误或有缺陷的组件，外包的呼叫中心发生电信故障、电力供应中断等。一项业务越是依赖材料或服务的供应商，就越有可能因为供货缺失或不符合标准而出现故障。这是供应故障的一个重要来源，因为许多行业越来越依赖外包活动，并强调让供应链保持"精益"运营以降低成本。随着全球采购的兴起，各种零部件被运往世界各地，这让企业面临多种风险。比如，企业在中国台湾地区生产微芯片，在上海将其组装成印刷电路板，然后在爱尔兰将各种零件组装成计算机，最后将这些计算机销往美国。最重要的一点是，供应链中可以缓冲供应中断的库存量往往要少得多。

人为故障

上一章关于质量管理的讨论，与本章节内容相关。我们划分了两种人为故障——错误和违规。错误是指判断上的失误，员工本应该做些不同的事情。例如，一个体育场的经理在锦标赛期间没有预想到人群拥挤的危险情况。违规是指明显违反规定的运营程序的行为。例如，如果维护人员没有按照规定的方式清洗过滤器，最终可能会导致故障。错误和违规这两类故障的组合，往往会引起灾难性的故障。

运营实践案例

距离上次发生的致命车祸已经过去……12 年 [1]

提高运营绩效往往是组织生存的基础。有时，运营绩效对客户的生命是至关重要的。以航空业为例，1994—1996 年，美国发生了 3 起事故，造成

500 多名乘客死亡，每一起事故都登上了世界各地的头条。如果这种致命事故的数量按此趋势继续增长，那么到 2015 年，每周都会发生一起重大致命事故，造成数千人死亡。当然，前提是人们仍然愿意乘坐飞机。不过，坦率地说，要根除所有与维护和驾驶飞机有关的可能会发生的流程错误，显然是异想天开。庆幸的是，由于航空公司持续认真地从飞行员、机械师和空中交通管制员记录在案的流程错误中吸取教训，截至 2021 年，美国航空业在过去 12 年里没有发生致命事故，这是值得庆祝的。

"数据会让你自由"

技术的进步固然有助于提高可靠性，包括驾驶舱自动化的改进，为防止飞行员失误提供了更可靠的保障。但最大的进步来自航空公司努力说服员工坦白错误。航空公司指导员工主动向事故报告系统报告错误。主动报告错误的人会收到航空公司的感谢（相比之下，不报告发生事故的人可能会丢掉工作）。事故报告系统揭示了飞行员常见的错误，如由于注意力分散而偏离指定高度，或者未能正确定位机翼襟翼和其他准备起飞的飞行控制面。这类错误的解决方案很简单，而且无须付出成本。例如，实行"手指口述安全确认法"（calling and pointing）时，当两名飞行员通过口述再次确认输入信息是否正确时，飞行机组人员要用手指向驾驶舱的计算机（该计算机用于控制飞行高度的变化）以确认安全。

安全官员尼克·萨巴蒂尼（Nick Sabatini）在会议上向观众保证"数据会让你自由"，之后这一信息在整个航空业传播开来。该会议号召航空业把下载和查询事故数据作为行业惯例，以防止可能导致致命事故的错误发生。然而，这一号召的落实与否，还要看人们对航空公司泄露错误这一行为是否感到安全。在世界的一些地区，发布航空事故报告仍是自愿行为。

组织故障

组织故障通常是指程序和流程的故障，以及由企业组织结构和文化导致的故障。这是一个巨大的潜在故障来源，涵盖了几乎所有的运营和流程管理。特别是，企业需要调查流程设计中的故障（如导致系统过载的瓶颈）和流程资源配置中的故障（如在高峰时间的供应容量不足）。

技术 / 设备故障

"技术 / 设施"是指企业内所有的 IT 系统、机器、设备和建筑，所有这些都容易发生故障或崩溃。故障可能是局部性的，如一台机器出现间歇性故障；也可能是我们通常认为的"崩溃"——完全和突然停止运作。无论哪种情况的故障，其影响都可能导致大部分运营活动停止。例如，一家连锁超市的计算机故障可能会让几家大型商店陷入瘫痪，直到该故障得到修复。

网络风险

工艺或技术的进步会带来风险。但没有风险、威胁甚至危险，就没有真正的进步。一种特殊类型的技术故障是指企业的技术故障，会导致其遭遇网络风险。随着各种业务越来越依赖互联网通信，互联网技术已成为一个主要的风险因素。互联网的最初目的不是商业性的，所以它不是为了处理安全交易而设计的。因此，企业需要在二者之间取得平衡：互联网可以提供更广泛的访问服务，但也要面对由此产生的安全隐患。互联网以下三个方面的发展，加剧了人们对网络安全（cybersecurity）的担忧。首先，互联网连接的人数增加，意味着每个人都有可能"看到"其他人。企业希望让自己的系统和信息更方便内部员工、业务伙伴和客户使用。其次，越来越多的人在家或通过移动通信工作使得"外围"安全性降低了。家用计算机的安全级别较低，黑客可以借此潜入企业网络。最后，发现所有潜在风险来源需要时间，尤其是企业引入新技术时。

很多网络安全的权威机构都强调一点，除了从技术层面理解的网络风险，它只是企业面临的多种风险中的一种，所以企业应该使用本章中讨论的发现、预防、缓解、恢复的框架处理。

运营实践案例

大众汽车和"柴油门"丑闻[2]

一些组织故障几乎是违法行为。所谓的"柴油门"一开始只是涉及德国最大的汽车公司——大众汽车的一个丑闻，但最终发展成为涉及汽车行业多家企业的一个全球性问题。当时，美国国家环境保护局（EPA）发现，大众汽车（VW）一直在其汽车电脑上安装一款软件，伪造其柴油发动机汽车的排放数据。

当汽车正在接受测试时，该软件（一种所谓的"故障装置"）可以自动识别进而调整其发动机的性能，以限制氮氧化物的排放。测试结束后，当汽车回到正常的道路行驶状况时，氮氧化物的排放水平会急剧上升。据估计，全球有1100万辆汽车被安装了这种装置。大众汽车的美国老板确实承认他们"完全搞砸了"，大众汽车当时的首席执行官说"辜负了客户和公众的信任"（他后来因为丑闻辞职）。该新闻被曝光一年多后，美国司法部宣布，根据大众汽车与美国当局达成的认罪协议，大众汽车将支付43亿美元。此外，大众汽车还与美国的车主和环保部门达成了150亿美元的民事和解协议，并同意回购部分受影响的车辆。丑闻爆发 5 年后，德国联邦法院裁定，大众汽车的车主有权因排放丑闻获得损害赔偿。他们说，车主可以退还他们的车，并获得一部分赔偿，即该车的价格减去一部分车主在这期间的使用费用。

产品 / 服务设计故障

在设计阶段，产品 / 服务可能在图纸上看起来不错；但是，只有当其应对实际情况时，产品 / 服务的不足之处才会显现。只要看看被召回的（汽车）产品或出现故障的（银行）服务的数量，人们就会明白设计故障绝非罕见。

客户故障

并非所有的故障都是由企业或其供应商（直接）导致的，客户也可能因为滥用产品和服务而导致"故障"。例如，一个设计良好的 IT 系统，但用户可能会以使其发生故障的方式使用该 IT 系统。客户并不总是对的，他们也会粗心大意，能力不足。然而，抱怨客户不可能降低这类事件发生的概率。大多数组织都会承担起教育和培训客户的责任，并以尽量降低故障发生概率的方式，设计他们的产品并提供相应的服务。

环境破坏

环境破坏包括不受企业直接控制的所有导致故障的原因。通常，这些灾难包括政治动荡、经贸摩擦、与天气有关的中断、火灾、企业犯罪、盗窃、欺诈、破坏及产品或工艺的污染等。20 世纪 90 年代以来发生了一系列重大事件，环境破坏这一潜在的故障根源已经位列许多公司议程的首位。

故障后分析

我们可以在故障发生之前就确定其类别，不过，利用以前的故障了解潜在风险的来源，也是一种有价值的方法。这一类活动被称为"故障后分析"（post-failure analysis），其目的是发现故障的根本原因。故障后分析包括以下活动。

» **事故调查**：大型全国性灾难，如油轮泄漏和飞机事故，由经过专业培训的人员进行调查。

» **故障可追溯性**：一些企业用可追溯性程序确保所有故障（如受污染的食品）都是可追溯的。任何故障都可以追溯到其生产过程、组成成分或供应商。

» **投诉分析**：投诉是发现客户服务故障的根本原因的宝贵来源。投诉分析的主要功能包括分析一段时间内的投诉数量和"内容",以便更好地理解客户感知到的故障的性质（见下文）。

» **故障树分析法**：分析故障的逻辑从故障或潜在故障开始，然后倒推发现所有可能的原因，从而确定发生故障的根源。故障树分析由"与"和"或"两种逻辑门的分支连接组成。"与"逻辑门表示当所有输入事件发生时，输出事件才会发生。"或"逻辑门表示只要有一个输入事件发生，输出事件就会发生。图 18-5 展示了一个简单的故障树，其显示了供热系统中过滤器未能在规定时间更换的可能原因。

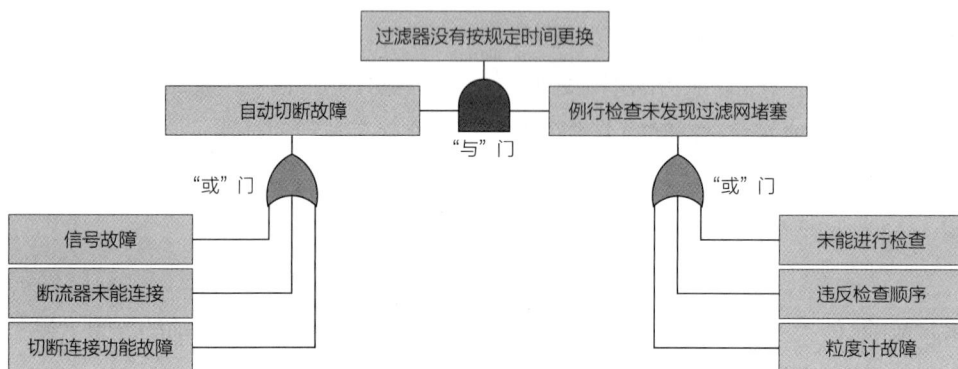

图 18-5　用故障树分析法分析，为何过滤器未能在规定时间更换

● 故障的可能性

预计故障发生的概率，其难度差别很大。通过理性的因果分析再配合过往的绩效，可以比较容易预测一些故障。例如，在 99% 的情况下，一个机械部件在被安装后的 10 ~ 17 个月内，可能会失效。但是，其他类型的故障就比较难预测了。供应商工厂发生火灾的概率很低（希望如此），但是有多低呢？工厂中的确有一些关于火灾危险的数据，但估计火灾发生的概率则是主观判断。

"客观"评估

基于历史绩效进行故障评估，可以通过以下三种主要方式进行。

» 故障率：故障发生的频率。

» 可靠性：故障发生的概率。

» 可用性：真正有效的运营时间。

故障率

故障率（failure rate，FR）是指在一段时间内发生故障的次数。例如，机场的安全性可以通过每年的安全漏洞次数衡量，发动机的故障率可以用故障次数除以其运行时间衡量。故障率可以用故障次数占测试产品总数的百分比衡量，也可以用一段时间内出现故障的次数衡量：

$$故障率 = \frac{故障次数}{测试产品总数} \times 100 \qquad 或者，\qquad 故障率 = \frac{故障次数}{运营时间}$$

实例分析

电子元件有限公司

电子元件有限公司对一批 50 组的电子元件进行了 2000 小时的测试，其中 4 组元件（编号为 a、b、c、d）在测试过程中出现故障，具体情况如下：

故障 1 发生在开始后 1200 小时（a 组元件不能正常运行）

故障 2 发生在开始后 1450 小时（b 组元件不能正常运行）

故障 3 发生在开始后 1720 小时（c 组元件不能正常运行）

故障 4 发生在开始后 1905 小时（d 组元件不能正常运行）

$$故障率（百分比）= \frac{故障次数}{测试次数} \times 100 = \frac{4}{50} = 8\%$$

试验总时间 = 50 × 2000 = 100 000（小时）

但是：　a 组元件不能正常运行的时间为 2000 − 1200 = 800（小时）

　　　　b 组元件不能正常运行的时间为 2000 − 1450 = 550（小时）

　　　　c 组元件不能正常运行的时间为 2000 − 1720 = 280（小时）

　　　　d 组元件不能正常运行的时间为 2000 − 1905 = 95（小时）

因此：　总体不能正常运行的时间为 800 + 550 + 280 + 95 = 1725（小时）

　　　　运行时间 = 总时间 − 不能正常运行的时间 = 100 000 − 1725 = 98 275（小时）

$$故障率（以时间计算）= \frac{故障次数}{运营时间} = \frac{4}{98\ 275} = 0.000\ 041$$

- **浴缸曲线**　有时，故障是一种时间函数。例如，一盏电灯在第一次使用时发生故障的概率相对较大，但熬过了使用的初始阶段，它仍然可能在任何时候发生故障，并且使用的时间越长，其发生故障的概率就越大。能够描述这种故障概率的曲线被称为浴缸曲线（bath-tub curve）。"浴缸曲线"包括以下三个不同的阶段："婴儿死亡"或"生命早期"阶段，早期故障率较高，是由有缺陷的零部件或使用不当引起的；"正常生长"阶段，通常保持较低、合理的恒定故障率，并且是由正常的随机性因素

引起的；"磨损"阶段，当零部件的使用时间接近其设计寿命时，故障率增加，并且通常故障是由零部件老化和劣化引起的。图 18-6 显示了特征略有不同的三种浴缸曲线。曲线 A 显示企业的一部分业务最初呈现的是故障率很高的"婴儿死亡"阶段，随后是一个长期的、低故障率的"正常生长"阶段，之后进入"磨损"阶段，其故障率逐渐增加。曲线 B 很难预测，这三个阶段之间的区别不太清晰，"婴儿死亡"阶段的故障是缓慢消退的，而"磨损"阶段的故障率是逐渐增加的。曲线 B 所示的故障类型是难以通过计划方式管理的，其更多地依赖于人力资源而不是技术，如某些服务的故障率可能更接近曲线 C。曲线 C 的故障率不太容易受到组件磨损的影响，而更容易受到员工自满情绪的影响，因为工作逐渐变得乏味和重复。

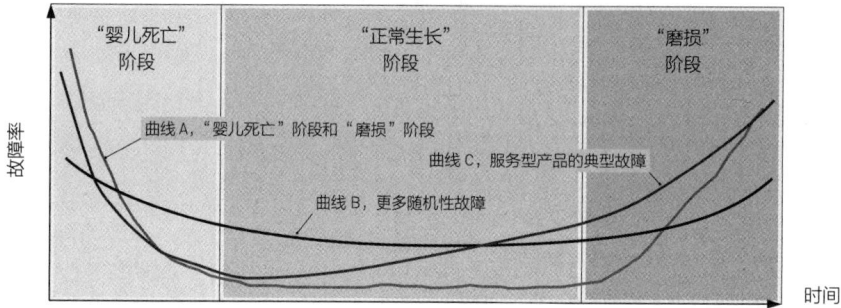

图 18-6　三种浴缸曲线

- **可靠性**　可靠性衡量的是企业随着时间的发展能够按预期履约的能力。通常情况下，任何特殊故障的重要性部分取决于系统其他部分的相互依赖程度。在相互依赖程度较高的系统中，一个组件的故障将导致整个系统的故障。因此，如果一个相互依赖的系统有 n 个组件，每个组件都有自己的可靠性 R_1，R_2，$\cdots$，R_n，则整个系统的可靠性 R_s 由下面的公式得出：

$$R_s = R_1 \times R_2 \times R_3 \times \cdots \times R_n$$

式中，R_n——组件 n 的可靠性（$n = 1$，2，$3\cdots$）。

比萨的自动化生产

在一家食品制造商的工厂里，一台比萨的自动生产机器有 5 个主要组件，每个组件的可靠性（零部件不失效的概率）如下：

实例分析

揉面机	可靠性 = 0.95
面团压路机和切割机	可靠性 = 0.99
番茄酱涂抹器	可靠性 = 0.97
奶酪涂抹器	可靠性 = 0.90
烤箱	可靠性 = 0.98

如果生产系统的其中一个组件出现了故障，整个系统将停止运行。因此，整个系统的可靠性为 $R_s = 0.95 \times 0.99 \times 0.97 \times 0.90 \times 0.98 = 0.805$

- **组件的数量**　在本实例中，尽管单个组件的可靠性明显更高，但整个系统的可靠性仅为 0.8。如果这个系统由更多的组件组成，那么它的可靠性就会更低。一个操作或流程中相互依赖的组件越多，其系统的可靠性就越低。对这样一个系统来说，每个组件的单一可靠性为 0.99，10 个组件组成的系统的可靠性会降至 0.9，50 个组件组成的系统的可靠性会低于 0.8，100 个组件组成的系统的可靠性会低于 0.4，400 个组件组成的系统的可靠性会低于 0.05。换句话说，对于一个包含 400 个组件的生产流程（这在大型自动化企业中并不罕见），即使每个单一组件的可靠性为 99%，整个系统的有效运行时间也不到其工作时间的 5%。

- **平均故障时间间隔**　衡量故障的一种可选的（也是常见的）方式是组件或系统的平均故障间隔时间（mean time between failures，MTBF）。MTBF 是故障率（在时间上）的倒数。

$$\text{MTBF} = \frac{\text{运营时间}}{\text{故障数}}$$

比萨的自动化生产（接上一个实例）

在上一个实例分析（电子元件有限公司）中，电子组件的故障率（时间）为 0.000 041。对于该组件：

$$\text{MTBF} = \frac{1}{0.000\,041} = 24\,390.24\ (\text{小时})$$

也就是说，平均每隔 24 390.24 小时就会出现一次故障。

- **可用性** 可用性是指一项操作随时准备开工的程度。如果该操作故障或故障后仍在修复，那么该操作就是不可用的。可用性可以通过几种不同的方法衡量，这取决于考虑多少无法正常运行的原因。例如，可用性缺乏的一个原因可能是计划维护或转换。不过，当"可用性"用来表示排除故障影响的运行时间时，其计算方法如下：

$$可用性（A）= \frac{平均故障间隔时间（MTBF）}{平均故障间隔时间 MTBF + 平均修复时间 MTTR}$$

式中，平均故障间隔时间（MTBF）——一项操作的平均故障间隔时间；

平均修复时间（MTTR）——修复一项操作所需的平均时间，从故障发生到再次运行之间的时间。

海报公司

海报公司为各种展览设计和制作展示海报，并且其竞争优势在很大程度上是快速交付。该公司使用的一种特殊设备——大平台彩色激光打印机出现了一些问题。目前，该打印机的平均故障间隔时间为 70 小时，维护的平均时间为 6 小时。因此：

$$可用性 = \frac{70}{70 + 6} = 0.92$$

该公司已与打印机供应商讨论了相关问题，后者提供了两项替代服务协议。一种选择是购买一些在每个周末进行的预防性维护（请参阅后面的预防性维护的完整描述），这将把打印机的平均故障间隔时间增加至 90 小时。另一种选择是订阅更快的维修服务，这将把平均修复时间降至 4 小时。这两种选择的成本是一样的。哪一种会给公司带来更高的可用性？

当平均故障时间间隔增加至 90 小时，可用性为：$可用性 = \dfrac{90}{90 + 6} = 0.938$

当平均修复时间降至 4 小时，可用性为：$可用性 = \dfrac{70}{70 + 4} = 0.946$

如果该公司可以接受一项能提供更短的维护时间的交易，那么其可用性将更大。

实例分析

- **"主观"评估。** 评估故障，即使评估主观风险而产生的故障，也日渐成为一个采用标准框架的正式实践，其通常是由健康和安全、环境或其他监管原因引起的。这些框架类似于与 ISO 9000 等质量标准相关的正式质量检查方法（见第 17 章），通常隐含地假设公正的客观性。然而，个人对风险的态度是复杂的，受到各种各样因素的影响。事实上，许多研究表明，人们通常不善于做出与风险相关的判断（以国家彩票为例）。尽管人们并不总是做出理性决策，但这并不意味着人们会放弃尝试做出理性决策。

批判性评注

依靠过程检查可以检测故障的想法，逐渐被认为只是部分正确。检查故障显然是发现故障后要做的第一步工作，但检查故障并不是 100% 可靠。研究和实际案例中积累的很多证据一致表明，即使在技术的帮助下，人们也不善于发现故障和失误。即使人们特别注意检查故障，其结果一样，仍然会出现故障。例如，在美国"9·11"恐怖事件后，全美机场安检得到了显著加强，但不存在 100% 的安全；一项测试显示，进入机场安全系统的致命武器中有 1/10 未被检测到。但没有人主张放弃作为故障检测机制的机场安检。相反，机场安检被视为一系列预防故障的方法之一。

● 健康与安全

运营管理存在的一个悖论是，职业健康与安全（occupational health and safety, OHS）管理是许多从业者工作的重要组成部分，但在运营管理领域却很少引起学术关注。职业健康与安全不仅是一个关乎从业者关键利益的重要主题，而且优秀的职业健康与安全的实践还可以带来运营绩效的潜在改进，同时能产出明显的道德效益。职业事故和职业病会带来非常严重的后果。员工受伤、缺勤和可能提前退休、设施受损、产出数量和质量下降，所有这些都会对企业的业绩和声誉造成负面影响。据估计，在全球范围内，与职业事故和职业病有关的事件每年会造成近 230 万人死亡、2.8 万亿美元以上的损失。[3]

在许多国家，越来越多的人接受系统的职业健康安全管理制度，以确保安全和富有成效的工作环境。这类制度强调系统地发现潜在的危害、评价和控制风险、评估和定期检查故障措施——这些措施也正是本章讨论的重点。然而，众所周知，运营经理对职业健康安全花费的时间和由此可能产生的官僚主义并不赞同。实际上，健康和安全管理并不一定是复杂的、昂贵的或耗时的，该制度通常的要求是良好的风险管理实践。

● 故障模式与影响分析

确定故障的潜在来源（在故障发生之前或进行故障分析后），并通过客观评估和主观评估确定故障发生的可能性之后，管理者可以进行下一步的任务：确定风险的优先级顺序。

确定故障优先级的一种最著名的方法是故障模式与影响分析（failure mode and effect analysis，FMEA）。该方法作为发现故障的一种手段，其目的是在故障发生之前，发现各类故障的关键因素。为此，它提供了一个"清单"程序，围绕每个可能造成故障的原因构建了以下三个关键问题：

» 发生故障的可能性有多大？
» 故障的后果是什么？
» 在影响客户之前发现此类故障的可能性有多大？

基于对这三个问题的定量评价，计算出每个潜在故障原因的风险优先级数（risk priority number，RPN）。然后，企业对一些优先级数较高的产生故障的原因采取纠正措施，目的是防止故障发生（见图 18-7）。

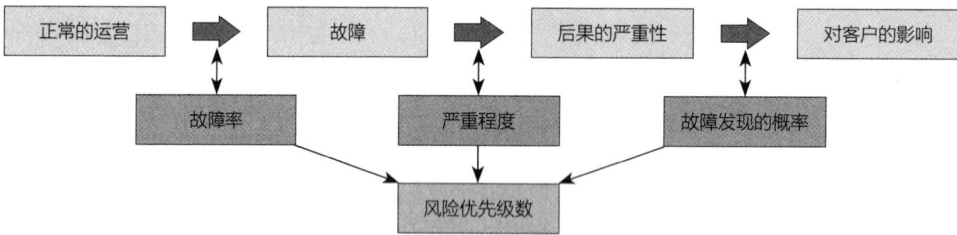

图 18-7　故障模式与影响分析的程序

运输公司

一家运输公司通过故障模式与影响分析（FMEA）的实践，确定了 3 种在交货点出现的"货物到达损坏"故障相关的失效模式：

» 货物未固定（故障模式 1）；
» 货物未正确固定（故障模式 2）；
» 货物未正确装载（故障模式 3）。

调查故障的改进小组用如表 18-1 所示的评分表，对故障模式发生的概率、故障模式的严重程度及故障发现的概率进行了评分，其结果如下所示：

故障模式发生的概率		故障模式的严重程度		故 障 发 现 的 概 率	
故障模式 1	5	故障模式 1	6	故障模式 1	2
故障模式 2	8	故障模式 2	4	故障模式 2	6
故障模式 3	7	故障模式 3	4	故障模式 3	7

计算各故障模式的风险优先级数（RPN）：

故障模式 1（货物未固定） $5 \times 6 \times 2 = 60$

故障模式 2（货物未正确固定） $8 \times 4 \times 5 = 160$

故障模式 3（货物未正确装载） $7 \times 4 \times 7 = 196$

因此，该运输公司试图消除故障时，优先考虑故障模式 3（货物未正确装载）。

表 18-1 故障模式与影响分析的评分表

A 故障模式发生的概率		
描述	评分	故障模式发生的概率
发生概率微乎其微 期望故障发生是不合理的	1	0
发生概率较低 与之前的情况类似，故障的次数相对较少	2	1:20 000
	3	1:10 000
发生概率中等 与之前的情况类似，偶尔会发生故障	4	1:2000
	5	1:1000
	6	1:200
发生概率较高 与之前的情况类似，一般会出现各种问题	7	1:100
	8	1:20
发生概率非常高 肯定会发生重大故障	9	1:10
	10	1:2
B 故障模式的严重程度		
描述	评分	
严重性非常小 对系统性能几乎无明显影响的非常小的故障	1	
严重性较低 只会给客户带来轻微烦恼的小故障	2	
	3	
严重性为中等水平 让客户感到不满意、不舒服或引起烦恼的故障，或让性能明显下降的故障	4	
	5	
	6	
严重性较高 引起客户高度不满的故障	7	
	8	
严重性非常高 会影响安全的故障	9	
灾难性的故障 造成财产损失、严重伤害或死亡的故障	10	

C 故障发现的概率		
描述	评分	故障发现的概率
故障触达客户的可能性很小 （这类故障不太可能通过检查、测试或组装等流程发现）	1	0 ~ 5%
故障触达客户的可能性较小	2	6% ~ 15%
	3	16% ~ 25%
故障触达客户的可能性为中等水平	4	26% ~ 35%
	5	36% ~ 45%
	6	46% ~ 55%
故障触达客户的可能性较大	7	56% ~ 65%
	8	66% ~ 75%
故障触达客户的可能性非常大	9	76% ~ 85%
	10	86% ~ 100%

18.3 如何预防故障

预防故障是运营经理的重要职责。要做到这一点，一种显而易见的方法是系统地检查涉及的所有流程，并"设计出"任何可能存在的故障点。第 4 章提及的关于产品 / 服务创新的多种方法，第 6 章提及的关于流程设计的多种方法，以及第 17 章提及的关于质量管理的多种方法都可以做到这一点。在本小节中，我们将进一步研究 3 种通过防止故障降低风险的方法：在流程中构建冗余，对流程中的某些活动进行"故障保护"（故障安全），以及维护流程中的实体生产设施。

● 冗余

一家企业建立冗余（redundancy），意味着发生故障时可以拥有备用系统或组件。冗余的成本可能很高，而且企业通常在故障产生严重影响时才使用冗余。冗余意味着当一个流程或系统的一个组件失效时，该流程或系统会增加一倍甚至三倍的该组件以备不时之需。核电站、宇宙飞船和医院都有应急辅助系统。一些组织还保留了"后备"员工，以防有人不来上班。航天器上有几台备用计算机，它们不仅监视主计算机，而且在主计算机出现故障时会充当备用计算机。

为了应对诸如恐怖活动等重大故障产生的威胁，越来越多的公司［被称为"业务连续性"（business continuity）提供商］提供"替代办公室"的运营服务，这些服务完全配备了正常运行的互联网和电话通信链路，并且可以访问公司当前的管理信息。如果客户的主要业务受到灾难的影响，其业务可以在替换设施中继续进行（几小时甚至几天）。

冗余的影响可以通过加总得出，即原始过程组件的可靠性和备用组件被需要和运行的可能性的总和。

$$R_{a+b} = R_a + [R_b \times P（失效率）]$$

式中，R_{a+b}——组件 a 及其备用组件 b 的可靠性；R_a——组件 a 的可靠性；R_b——组件 b 的可靠性；P（失效率）——组件 a 失效且需要组件 b 的概率。

冗余通常用于服务器，因为其系统可用性特别重要。在这种情况下，行业主要使用以下三种类型的冗余。

> **热备用：** 主系统和辅助（备份）系统同时运行。数据实时复制到辅助服务器，确保两个系统包含相同的信息。

> **温备用：** 备用系统在主系统的后台运行。数据会被定期复制到辅助服务器，因此在某些时候两台服务器并不包含完全相同的数据。

> **冷备用：** 只有在主系统发生故障时才启用的备用系统。备用系统接收定时发送的备份数据，但其接收数据的频率低于热备用，因此冷备用主要用于非关键应用程序。

● 故障安全

日本的运营改进方法被引入后，故障安全（fail-safing）的概念就出现了。在日本，故障安全被称为 poka-yoke[来自 yokeru（防止）和 poka（无意的错误）]，其基础原则是人为失误在某种程度上是不可避免的，关键是要防止人为失误变成故障。故障安全是一种简单的（最好是便宜的）设备或系统，其被整合进一个过程中，以防止服务提供者和接受服务的客户无意中犯错误。故障安全的例子包括如下内容：

> 医院使用的托盘，其形状要与外科手术所需的每个物品相吻合——在手术结束时没有放回原位的任何物品都可能被留在患者体内；

> 准备或完成一项活动时必须填写的核对表，如飞机等待装卸时要填写维护核对表；

» 在机器上安装仪表，零件必须通过这些仪表才能装到机器上或者被卸下来——不正确的尺寸或方向会停止该过程；

» 飞机盥洗室门上的锁必须打开才能开灯；

» 自动取款机上汽车上发出"哔哔"声音的设备，可以确保客户取出了银行卡，或者提醒司机取走汽车钥匙。

» 机器上的限位开关，让机器只有在零件正确就位后才能正常运行；

» 游乐设施的限高栏杆，可以确保客户不会超过尺寸限制。

运营实践案例

Darktrace 使用人工智能防范网络攻击 [4]

随着网络犯罪分子采取越来越复杂的攻击形式，销售（希望如此）同样复杂的网络安全防御服务的行业也在增长。其中最著名的企业之一是位于英国剑桥的 Darktrace 公司。它是由剑桥大学数学家、英国和美国政府网络情报专家共同创立的。该公司在将人工智能用于网络防御方面拥有良好的声誉。人工智能的一个巨大优势是，它具有与不断发展的网络威胁同步发展的可能性。该公司的人工智能由其所谓的无监督机器学习提供动力，以人类免疫系统为模型，"在工作中"学习，即从它观察到的数据和活动中学习。人工智能和机器学习比起单纯的人类监控有很多优势。技术人员寻找可疑的模式，分析它们，设计出缓解威胁的方法，然后通知企业的其他部门，需要一段时间。他们可能需要花费半小时到半天的时间调查一个可疑的网络安全事件。Darktrace 公司表示，人工智能网络安全解决方案大大加速了这一过程，其不仅可以在后台进行持续的调查，还可以以超出人类分析师能力的速度正常运行网络。不仅如此，人工智能驱动的网络安全可以同时对大量并行线程开展专业调查，并立即传达其发现。然而，一些网络安全评论员认为，尽管像任何创新的软件开发一样，人工智能可以极大地改善网络安全系统，但其有效性有时可能会被夸大。人工智能系统的一个问题是它们倾向于显示"误报"，即在实际没有发生网络威胁的情况下，人工智能也可能会报告一个网络安全漏洞。然而，即便是认为过度炒作人工智能的专家也承认，人工智能在网络安全的应用中肯定有一席之地，这不仅是因为人工智能特别擅长处理大量信息，而且也因为人工智能在努力理解何为正常、何为异常。

● 维护

维护（maintenance）是指组织通过照顾其实体生产设施，避免故障发生。维护是多数行业活动的重要组成部分，特别是在以其实体设施为主的行业中，如发电站、酒店、航空公司和石化炼油厂。有效维护的好处包括增强安全性、提高可靠性、提高质量（维护不善的设备更容易导致失误）、降低运营成本（因为定期维护的工艺技术更高效）、延长工艺技术的使用寿命，以及获得更高的"最终价值"（因为维护良好的设备通常更容易进入二手市场）。

维护的三种基本方法

在实践中，一个组织的维护活动包括对其实体生产设施进行三种基础维护，分别是从正常运行到故障维护（run to breakdown，RTB）、预防性维护（preventive maintenance，PM）和状态维护（condition-based maintenance，CBM）。

» **从正常运行到故障维护（RTB）：**顾名思义，该方法允许设施继续运行直到发生故障。只有在发生故障后，组织才进行维护工作。例如，只有当酒店客房里的电视、浴室设备和电话等设备出现故障时，才可能会对其进行维护或更换。酒店会保留一些备件和额外的工作人员，以便在需要时进行维护。这种情况下出现的故障既不会产生灾难性后果（尽管这种情况可能会激怒客人），其发生之频繁也未到进行定期检查设施的程度。

» **预防性维护（PM）：**通过在预先计划的时间间隔内对设备进行维护（清洁、润滑、更换和检查），以消除或减少故障发生的可能性。例如，客机在一定的飞行时数后，航空公司会按照规定的时间表对其发动机进行检查、清洁和校准。对航空公司来说，让飞机脱离常规任务进行预防性维护显然是一个代价高昂的选择。但是相较之下，客机在飞行期间发生故障的后果更严重。这一维护原则也适用于那些故障产生灾难性后果较小的设施。定期清洗和润滑机器，甚至定期粉刷建筑物，都可以被认为是预防性维护。

» **状态维护（CBM）：**只在设施需要时进行维护。例如，连续运营的工艺设备，如用于涂照相纸的设备，需要长时间运行，以实现高利用率，从而实现高成本效益生产。例如，在非必要的情况下，停车更换轴承会使机器长时间不工作，从而降低其利用率。在这里，状态维护可能包括连续监测振动或者生产流水线的一些其他特征。

维护要花多少钱

预防性维护和从正常运行到故障维护之间的平衡通常是为了尽量降低故障的总成本。不频繁的预防性维护的成本很低，但其会大大提高从正常运行到故障维护的概率（成本因此会增加）。相反，频繁的预防性维护花费高昂，但其将减少从正常运行到故障维护的成本（见图 18-8a）。当预防性维护处于"最佳"水平时，似乎维护的总成本处于最小化。然而，提供预防性维护的成本可能不会如图 18-8a 所示的那样急剧增加。该曲线假设预防性维护服务是由一组额外的员工（熟练的维护人员），而非设施的"操作员"提供的。此外，每次对设施进行预防性维护时，设施都不能得到有效使用。这就是曲线斜率增加的原因，因为维护开始干扰到操作的正常运行。不过，在许多操作中，一些预防性维护可以由操作人员自己执行（这降低了提供维护的成本），并且有时候该方法更便于操作（最大限度地减少了对操作的干扰）。故障的成本也可能高于如图 18-8a 所示的成本。一旦发生了计划外的故障，需要的不仅仅是维护并停止操作；计划外的故障会使操作失去稳定性，从而使操作无法自我改进。将预防性维护和从正常运行到故障维护这两个概念放在一起，最小化的总曲线和维护成本曲线更像图 18-8b。其重点是倾向于预防性维护，而非从正常运行到故障维护。

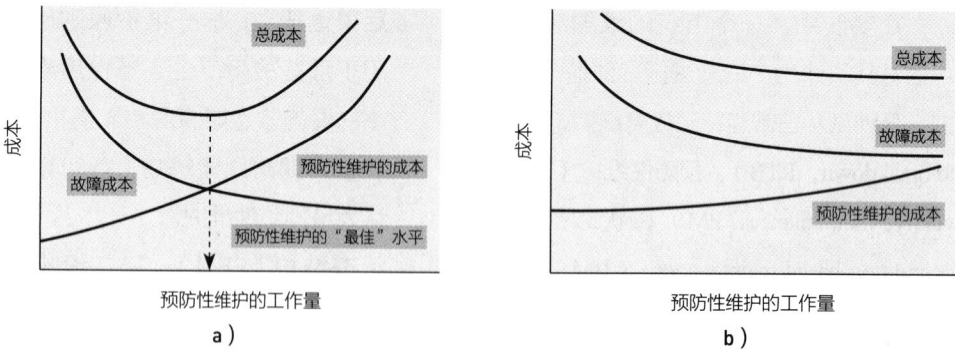

图 18-8　关于维护成本的两种观点

全员生产维护

全员生产维护（total productive maintenance，TPM）是指"所有员工通过小组活动进行的生产性维护"，其中生产性维护是"在工厂设计环节就认识到可靠性、维护和经济效率重要性的维护管理"。[5] 全员生产维护起源于日本，被视为由从正常运行到故障维护转向预防性维护的一个自然延伸。全员生产维护采用了第 9 章提到的一些团队合作和授权原则，以及第 16 章提到的预防故障的持续改进方法。它将维护视为整个组织的问题，全体员工都能以某种方式对此做出贡献。它还与第 17 章提到的全面质量管理方法有异曲同工之妙。

全员生产维护五大目标

全员生产维护的目标是通过追求"全员生产维护五个目标"，在运营中开展良好的维护实践。

» 检查产生的所有损耗，提高设备的效率。

» 允许员工主动承担起部分维护工作和维护绩效改进的工作，实现自主维护。

» 所有的维护活动都通过全面的计划进行。

» 对所有员工进行相关的维护技能培训，使维护人员和操作人员都能熟练掌握维护技能，发挥维护作用。

» 通过"维护预防"（maintenance prevention，MP）实现早期设备管理，包括发现故障原因，以及确保设备在设计、制造、安装、调试过程中的可维护性。

批判性评注

管理者往往会对自己感知到的风险而非真实发生的风险做出反应。例如，表 18-2 显示了多种公路和铁路运输安全（故障预防）方面的投资下，拯救一条人命的成本。该表显示，投资于改进公路安全比投资于改进铁路更安全、更有效。没有人主张放弃铁路安全方面的努力，但一些人指出，实际投资已经反映了公众更关注铁路死亡人数（低），而不是公路死亡人数（高）。

表 18-2　多种公路和铁路运输安全（故障预防）方面的投资下，拯救一条人命的成本

安全投资	拯救一条人命的成本 / 百万欧元
铁路高级列车的保护系统	30
公路列车保护预警系统	7.5
落实铁路安全建议准则	4.7
落实公路安全建议准则	1.6
地方政府在公路安全方面的支出	0.15

18.4 企业如何减缓故障的影响

即使发生了故障，在许多情况下，企业也可以通过采取减缓（mitigation）措施将其对客户的影响降至最低。故障（或风险）减缓意味着将故障与其负面影响隔离开来。事实上，并非所有的故障都是可避免的，所以减缓至关重要，它可以与预防结合使用，降低总体风险。减缓是在不确定的条件下做出一系列决策。

● 故障减缓措施

显而易见，采取何种性质的故障减缓措施，要取决于风险的性质。在大多数行业中，技术专家已经对故障减缓措施进行了分类，其分类与企业可能遭受的故障类型是匹配的。例如，在农业方面，政府机构和行业机构已经发布了应对作物疾病暴发、传染性动物感染等风险的减缓措施。虽然这些分类往往是针对特定行业的，但下面论述的一般分类可以让人们了解普遍适用的减缓措施类型。

» **减缓规划：** 一项包含所有后续减缓措施的整体活动，并且可以用决策树或指导规则的形式描述，不仅要确保所有可能发生的故障

情况被发现，还要确定适当的减缓措施。值得注意的是，减缓规划不仅是一项整体行动，其自身也是一种减缓措施。例如，如果减缓规划确定了适当的培训、工作设计、紧急程序等，那么，一旦发生故障，企业在财务损失方面的责任就会减轻。当然，没有为故障做好充分计划的企业，将在法律上对故障造成的任何后续损失承担更大的责任。

» **经济性缓解：** 包括对故障造成的损失投保险、分散故障的财务后果以及对故障进行"对冲"等措施。保险是这些缓解措施中最著名的一个，被广泛实施，不过确保合适的保险和有效的索赔管理本身是一项专门技能。分散故障的财务后果通常采用金融工具的形式，如企业可能会购买金融"套期保值"，以防范重要原材料的价格大幅偏离既定价格的风险。

» **遏制（空间）：** 阻止故障在物理意义上蔓延，进而影响内部或外部供应网络的其他部分。例如，防止受污染的食品在供应链中传播，这就要依赖于提供可追溯数据的实时信息系统。

» **遏制（时间）：** 遏制故障随时间的蔓延。该措施特别适用于这样的

情况：有关故障或潜在故障的信息必须立即被传输出去，不得无故拖延。例如，对暴风雪等极端恶劣天气发出预警的系统必须及时将这些信息传递给当地机构，如让警察和道路清理组织有所准备，防止恶劣天气造成过度破坏。

» **减少损失：** 通过移除可能产生故障的资源，以减少故障的灾难性后果的措施。例如，在恶劣天气下指示疏散路线的道路标志，或培训员工在紧急情况下逃生的消防演习，这些措施可能不会减少故障的所有后果，但有助于减少生命损失或伤害。

» **替代：** 通过提供其他资源补偿故障导致的损失，而这些资源可以替代因为故障而变得不那么有效的资源。这类似于本章前面提及的冗余概念，但有一点不同，即如果没有发生故障，替代并不意味着资源过剩。例如，一个建筑项目遭遇意料之外的地质问题，该风险可以通过单独的工作计划得以减缓，并且，只有在发现此类问题时，建筑项目才会调用该工作计划。

18.5　企业如何从故障的影响中恢复

故障恢复（failure recovery）是指一旦客户经历了故障产生的负面影响，企业为减少故障的影响而采取的一组措施。恢复需要制订计划，以及一套落地程序，包括发现故障，采取适当措施让每个人都了解情况，从故障中总结教训，并计划在未来的恢复中吸取教训。所有类型的企业都可以从精心规划的恢复中获益。例如，一家建筑公司的机械挖掘机坏了，可以制订一个计划，安排一家机械租赁公司进行更换。故障会产生破坏性影响，但如果运营经理不知道如何应对，则会造成更大的破坏性影响。恢复程序也会影响客户对故障的看法。

客户看到了故障，这也不一定会引发客户不满。事实上，在很多情况下，客户会平静地接受产品或服务出了问题。如果火车上有一米厚的积雪，或者一家餐馆客流量特别大，我们都会接受服务或产品的不如意。故障本身并不一定会招致客户的不满，往往是组织对故障的反应引发客户的不满。错误可能是不可避免的，但客户的不满意是可以避免的。一次故障甚至可能变成一次正面的经历。良好的故障恢复措施可以让愤怒、沮丧的客户变成忠诚的客户。

按下乘客紧急按钮 [6]

这是每个紧张的航空旅客的噩梦——如果飞行员（或两名飞行员，如果某航班有两名飞行员）无法操控飞机了，怎么办？这种担心并非没有根据。对轻型飞机来说，这是一种真实存在的危险，尽管幸运的是其非常少见。澳大利亚的一份报告指出，在 5 年的时间里发生了 15 起小型飞机的飞行员丧失了操控飞机的能力的情况。如果地面上有一名教官给飞机上的人上一节即时的飞行课，那么飞机和它的临时飞行员可能会成功地被说服，重新操控飞机。但这是一项非常困难的任务，导致航空圈委婉地将其称为"与地形相撞"。让飞机保持直线水平飞行，同时找到合适的方位，到达合适的机场，然后安全着陆，这真的是一个奇迹。所以，以卫星导航系统著称的美国跨国科技公司佳明（Garmin）为处于如此危险境地的乘客开发了一个"紧急按钮"。该按钮可以将飞机的控制权切换到飞行计算机上，这与商用飞机上用的自动驾驶仪的操作方式类似。除此之外，该公司还为飞机制造电子控制系统，开发了自动着陆（autoland）系统。佳明的自动着陆系统可以向空中交通管制部门和该区域飞行的其他飞机发送紧急无线电代码警报，同时分析其他因素，如天气状况和可用燃料的数量，然后选择一个合适的机场备降。当飞机到达该机场时，该系统就像人类飞行员一样控制下降和着陆。一旦着陆，它甚至会自动刹车，让飞机停下来，并关闭引擎。在这样的可怕经历中，飞机上的乘客通过屏幕上的信息和语音广播可以随时了解正在发生的事情。他们还被警告不要触碰控制装置，而是坐好并系好安全带。

● 投诉价值链

图 18-9 所示的投诉价值链（complaint value chain），帮助我们直观地了解在不同阶段中良好恢复的潜在价值。在图 18-9a 中，一家企业为 5000 名客户提供服务，但 20% 的客户遇到了某种形式的故障。在这 1000 名遇到服务故障的客户中，有 40% 的客户决定不投诉，也许是因为相较于服务的价值，投诉更麻烦，也许是因为投诉过程太复杂。证据表明，这些不抱怨的客户中约有 80% 的人会转向其他服务提供商（当然，确切的转换比例将取决于市场上可替代的服务商数量和转换的难易程度）。在遇到服务障碍的 1000 名客户中，剩下的 60% 的客户确实决定投诉。一些客户对投诉结果会感到满意（在这种情况下为 75%），另一些客户则不会感到满意（在这种

情况下为 25%）。不满意的投诉客户通常会离开企业（在这种情况下，约有 80% 的概率），而满意的投诉客户往往会保持忠诚（在这种情况下，约有 80% 的概率）。因此，假设这些概率是正确的，对这家为 5000 名客户提供服务的企业来说，会流失 530 名客户。

现在我们假设，该企业的经理决定投入资源，对投诉价值链中的所有阶段进行小的改进。在图 18-9b 中，该公司将故障率从 20% 减少到 18%（当然依然很高），并鼓励更多遇到服务障碍的客户继续投诉。因此，客户投诉的比例从 60% 上升到 70%。该企业还保证让更高比例（在这种情况下，从 75% 上升到 83%）的投诉客户感到满意。最终的结果是，流失的客户数量从 530 人下降至 406 人。假设留住的这 124 名客户的价值等于或大于改进的成本，那么该企业在恢复和预防方面的工作是一项很好的投资。由此得出重要的一点，企业要明白，即使是一个相对较小的改进，也会对客户忠诚度和客户流失产生如此重大的影响。

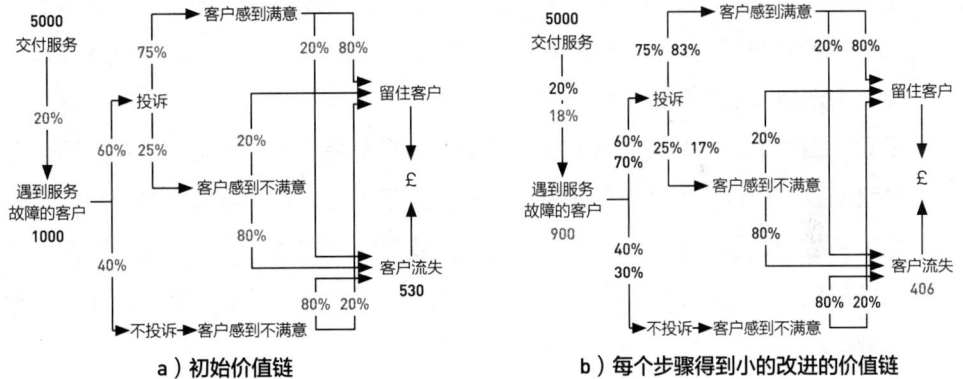

图 18-9　投诉价值链

● **故障恢复的规划**

组织需要设计适当的故障应对措施，让付出的成本与故障给客户带来的不便保持一致。这种恢复流程需要授权一线工作人员或训练有素的人员执行，他们可以在不干扰日常服务活动的情况下处理恢复工作。图 18-10 展示了一个典型的故障恢复序列。恢复序列通常以不同阶段的模型为代表，其中一个代表如图 18-10 所示。我们从发现故障的那一点开始执行。

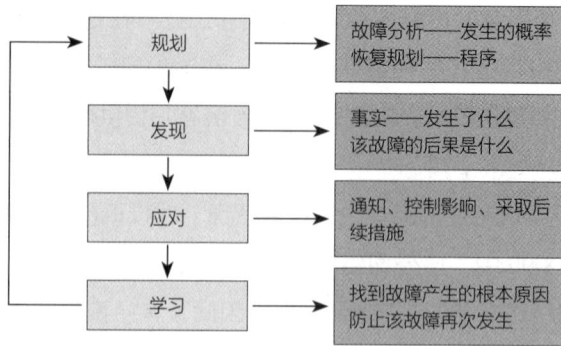

图 18-10 一个典型的故障恢复序列

» **规划：** 从故障中汲取教训，并非故障恢复这一程序的终点。企业经理需要将这些教训正式纳入未来应对故障的方案。通常，企业经理会研究清楚他们"理论上"该如何应对未来的故障。具体来讲，首先，发现所有可能发生的故障［这和故障模式与影响分析（FMEA）方法类似］；其次，对于每类已发现的故障，明文规定组织应遵循的程序。

» **发现：** 面对故障时，管理者需要做的第一件事就是发现该故障的确切性质。管理者需要了解以下三条重要信息：到底发生了什么；该故障会影响谁；为什么会发生故障。了解最后一条信息，并不是要对故障的原因进行详细的调查（后面会提到），但如果有必要，了解一些故障的原因是很有必要的，以便管理者采取应对措施。

» **应对：** 发现阶段可能只需要几分钟甚至几秒，这取决于故障的严重程度。如果故障很严重，产生的后果也很严重，那么我们需要迅速采取应对措施。这意味着要采取三项措施，其中前两项措施可以按照相反的顺序进行，由情况的紧急程度决定。首先，告诉相关的重要人物你打算如何处理这次故障。在服务型企业中，这一点尤其重要，因为客户需要随时了解情况——既可以让他们安心，也可以证明我们正在做些什么。其次，控制故障的影响，以阻止其后果蔓延并导致进一步的故障发生。精确的遏制措施将取决于故障的性质。最后，采取一些后续措施，以确保遏制行动确实遏制了故障。

» **学习：** 正如本章前面讨论的，企业不应该低估故障提供的学习机会的好处。在故障规划中，学习包括重新审视故障，找出其发生的根本原因，然后剔除这一根本原因，这样该故障就不会再次发生。这是许多故障规划的关键阶段。

本书将在每一章的"社会责任"板块总结本章主题与重要的社会、道德和环境问题之间的关联。

读者粗略地读一遍本章内容，就会发现运营中有很多不同的地方可能会出错。但许多实例背后都隐藏着一个核心问题——效率与弹性之间的权衡。换句话说，企业在正常（稳定状态）环境下努力做到高效运营，可能会破坏其面对破坏的有效应对能力。以下有两场灾难——彼此相隔 10 年，但都是毁灭性灾难。

第一场灾难是"深水地平线"石油钻井平台灾难。2010 年 4 月 15 日，越洋钻探公司越洋（Transocean）的石油钻井平台"深水地平线"发生了爆炸和火灾。该石油钻井平台是英国石油公司出租的，并且在墨西哥湾的马孔多油井进行钻探作业。此次灾难造成 11 人丧生，17 人受伤，300 多万桶石油泄漏到海洋中。[7] 一股气体冲上来，压弯了钻杆。事故发生时可以盖住油井的应急阀——"井喷保护器"失效了，气体到达钻井平台，引发了致命的爆炸，导致了石油泄漏。[8] 这一事件引起了人们对在墨西哥湾开采石油的风险的关注，墨西哥湾是世界上开采石油最困难而石油生态资源最丰富的地区之一。在墨西哥湾等深海海域钻探石油本身就很危险，这个钻井平台的情况尤其令人担忧。美国官方的一项调查发现，许多安全漏洞导致了这场灾难。美国法院裁定，英国石油公司犯有"重大过失"罪，并发现导致灾难的几个决定"主要是出于节省时间和金钱的愿望，而不是确保油井的安全"。在"深水地平线"爆炸灾难发生后的几年里，英国石油公司被迫削减成本，部分原因是为了支付法律费用和最终超过 600 亿美元的清理费用。

第二场灾难是新冠疫情。2020 年 1 月 30 日，新冠疫情被宣布为国际关注的突发公共卫生事件。[9] 研究人员认为，冠状病毒源自蝙蝠，然后跳跃到中间物种，并将其传播给人类。该病毒可在 2 米范围内通过呼吸道飞沫形成人与人之间的传播。[10] 它表现出与肺炎类似的症状，包括发烧和咳嗽，在某些情况下甚至会导致死亡。新冠疫情对经济的影响同样严重。世界各地的经济活动急剧减少。人们用各种各样的描述说明此次疫情的影响，如自第二次世界大战以来最严重的一次全球性疫情，堪比 20 世纪 20 年代和 30 年代的经济大萧条，或者是 1346 - 1353 年爆发的黑死病（这几个描述你都可以用）。然而，对大多数企业和政府来说，新冠疫情的影响无疑是严重的。除了数十万人死亡，复杂但脆弱的供应链被中断，政府封锁了整个行业以防止病毒传播，个别组织关闭了办公地点以保护员工安全，数百万人不得不在家工作，大多数服务和产品的市场需求萎缩。正是对供应链、企业生产和市场需求都同时产生负面影响，新冠疫情才造成了如此毁灭性的经济影响，并在之后的几年里继续重创全球经济。

为什么这两场灾难的后果如此严重？首先是差异。"深水地平线"钻井平台的灾难在很大程度上是由公司及其承包商的内部行为（错误）造成的。而新冠疫情造成的经济破坏是一个外部事件，大多数组织对此几乎毫无警觉。这两场灾难的负面结果在一定程度上是效率与弹性权衡的结果——不过是以不同的方式呈现的。显然，"深水地平线"钻井平台的成本压力过大。任何企业都不应将追求效率凌驾于合理的安全考虑之上。然而，任何企业的运营活动都是有风险的。新冠疫情的负面影响是可以减轻的，但只有一些企业可以做到这一点，而且只能在一定程度上减轻。更稳健的供应安排、较高的在制品和成品库存以及灵活的工作安排，可能帮助部分（但不是全部）企业度过此次疫情危机。这些灾难的应对策略，即使在最糟糕的情况下也会产生丰厚的回报，但是在正常时期，这些应对策略的成本高得令人望而却步。

第 18 章要点小结

1. 什么是风险管理？

- 风险管理是指企业的运营活动"出错"，以及企业为阻止事情"出错"而采取的措施。或者，更正式地讲，"旨在帮助组织了解、评估所有风险并采取应对措施的过程，从而增加组织活动的成功概率，减少出现故障的概率"。

- 风险管理包括四项广泛的活动。

  » 发现：了解可能发生的故障；

  » 预防：防止故障发生；

  » 缓解：最大限度地降低故障的负面影响（称为风险"减缓"）；

  » 恢复：确实发生故障后，从故障中恢复。

2. 企业如何评估故障的潜在原因和后果？

- 故障的原因包括供应故障、人为故障、组织故障、技术／设备故障、网络安全、产品／服务设计故障、客户故障、环境破坏。

- 有三种衡量故障的方法："故障率"表示发生故障的频率；"可靠性"衡量的是发生故障的可能性；"可用性"是指故障发生后剩余可用和有用的运行时间。

- 随着时间的推移，故障通常表现为一条故障曲线。最常见的故障曲线是所谓的"浴缸曲线"，其显示了系统或生产系统的一部分在其整个生命周期的开始和结束时出现故障的概率更大。

- 故障分析机制包括事故调查、故障可追溯性、投诉分析、故障树分析法、故障模式与影响分析（FMEA）。

3. 如何预防故障?

- 四种主要的方法可提高可靠性：找出运营中存在的故障点，在运营中建立冗余资源，对一些运营活动进行"故障保护"，以及在运营中维护实体生产设施。
- 企业提高产品或服务可靠性的一种最常见的方法是维护，包括：从正常运行到故障维护，运行所有设施，直到它们发生故障，然后对其进行维修；预防性维护，定期维护设施，即使它们没有发生故障；状态维护，密切监测设施，预测什么时候可能会发生故障。
- 全员生产维护（TPM），即所有员工以小组形式实施维护措施，这是管理维护的一种特别有用的方法。

4. 企业如何减缓故障的影响?

- 故障（或风险）减缓意味着将故障与其负面影响隔离开来。
- 风险减缓的措施包括：
  - » 减缓规划；
  - » 经济性缓解；
  - » 遏制（空间和时间）；
  - » 减少损失；
  - » 替代。

5. 企业如何从故障的影响中恢复?

- 企业要想从故障中尽快恢复，可以通过系统的方法发现故障产生的原因，通知相关人员控制和跟踪故障的后果，学习找到故障的根本原因并防止其再次发生，以及做好规划以避免将来发生故障。

第 18 章注释

[1] 案例信息来自 Miller, J. (2021) Lessons from twelve years in pursuit of zero, gemba academy, 10 May。

[2] 案例信息来自 amelang, s. and Wehrmann, B. (2020) 'Dieselgate' – a timeline of the car emissions fraud scandal in germany, Factsheet, clean Energy Wire, 25 May ; Tovey, a. (2017) VW attacked by MPs over failure to release findings of 'dieselgate' investigation, *The Telegraph*, 22 March。

[3] Takala, J., Hämäläinen, P., saarela, k.L., Loke, y.y., Manickam, k., Tan, W.J., Heng, P., Tjong, c., guan, k.L., Lim, s.y.E. and gan, s.L. (2014) global estimates of the burden of injury and illness at work in 2012, *Journal of Occupational and Environmental Hygiene*, 11 (5), 326–37.

[4] 案例信息来自 Darktrace 网站 ; Walker, M. (2020) Darktrace: an ai cybersecurity platform that serves as the immune system for enterprise business data by fighting off threats, credit card News, 3 February ; ismail, N. (2019) Darktrace unveils the cyber ai analyst: a faster response to threats, Information Age, 4 september; Ross, a. (2019) ML and ai in cyber security: real opportunities overshadowed by hype, *Information Age*, 7 March。

[5] Nahajima, s. (1988) *Total Productive Maintenance*, Productivity Press, New york, Ny.

[6] 案例信息来自 The Economist (2019) an emergency landing system that passengers can activate, Economist print edition, 28 November。

[7] Smithsonian Ocean Portal Team (n.d.) gulf oil spill.

[8] Borunda, a, (2020) We still don't know the full impacts of the BP oil spill, 10 years later, *National Geographic*, 20 april.

[9] World Health Organization Europe (2020) 2019-ncoV outbreak is an emergency of international concern.

[10] Hill, a. (2020) covid-19 lays bare managers' efficiency obsession, *Financial Times*, 20 april.

项目管理

本章学习目标

» 什么是项目?

» 什么是项目管理?

» 如何了解项目环境?

» 如何定义项目?

» 如何规划项目?

» 如何控制和学习项目?

导语

近年来，运营经理将更多的时间花在离散项目而不是"稳定状态"的运营活动上，这种趋势有时也被称为"项目化"（projectification）。然而，尽管以项目及其供应网络为基础的运营活动有所增加，但许多项目只取得了部分成功。在本章中，我们将研究各种形式和规模的项目如何更成功地执行。要做到这一点，第一，管理人员必须了解项目的固有特征以及项目之间差异的含义；第二，他们必须认可有效的项目管理对项目至关重要，并认识到项目运营人员的关键责任和技能；第三，他们必须了解项目所处的环境并做出决策，以最佳方式管理项目涉及的相关者；第四，他们必须有效地定义项目，同时平衡质量、时间和成本等彼此制衡的绩效目标；第五，他们必须规划项目，以确定项目的成本和持续时间，以及所需的资源水平；第六，他们必须通过项目的生命周期有效地控制项目，并确保项目之间的学习最大化。图 19-1 显示了项目管理在运营管理整体模型中所处的位置。

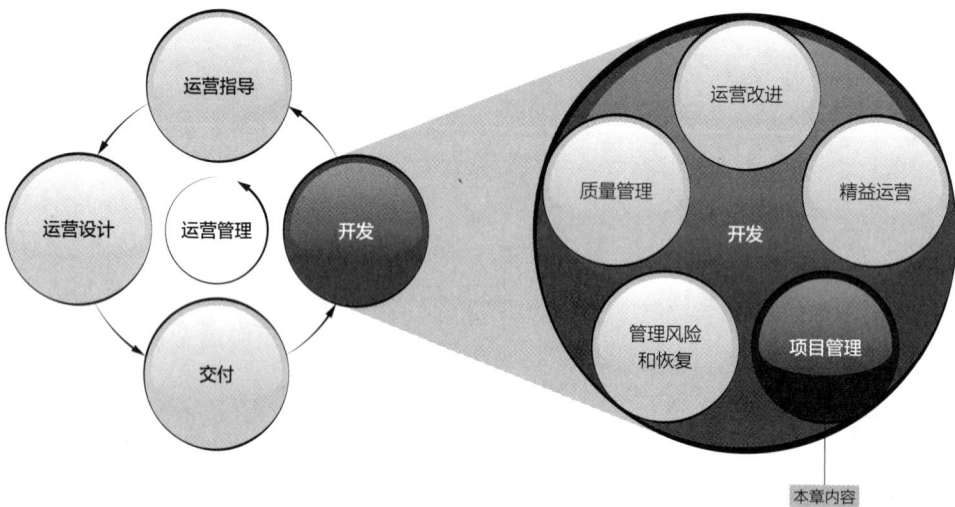

图 19-1　项目管理

19.1　什么是项目

项目（project）是指一组必须完成的生产运营活动，并且在规定的时间内使用已规定的资源实现特定的运营目标。从技术上讲，很多小规模、只需几分钟或几小时即可完成的运营管理工作，也符合该项目定义。不过，在本章中，我们主要关注较大规模的项目，它们需要数月、数年甚至数十年才能完成。所有项目都有明确的目标，但其中一些目标是更大目标的一部分。因此，大多数运营改进（甚至是持续改进）可以被看作一系列重叠的"迷你型项目"，它们积累起来可以持续推动项目开发。同样地，有些时候，研究与开发（R&D）项目以特定应用为目标，但往往会出现这样的情况：如果研究是"不切实际的"，那么研究与开发项目通常不会进行。

另一件值得注意的事情是，弄清楚项目、项目集（programmes）和项目组合之间的不同。一个项目集被看作一项广泛的工作，包括与一个共同目标有关的几个项目。比如，美国国家航空航天局的一个项目集包括几个项目，每个项目执行不同的任务，其最终目的是带回火星上的岩石样本，寻找古代火星上的生命迹象。为此，管理项目集需要对其中的所有项目进行互相关联和协调管理。项目组合是为了方便管理而组合在一起的项目、项目集以及其他工作。不同于项目集，项目组合中的项目不一定有共同的目标，但它们通常有共同的资源。比如，公司的新产品和服务开发（new product and service development，NPSD）的项目集。

● **项目的共同特征**

项目有以下几个共同特征。

» 临时性：一些项目持续几小时，一些项目持续多年，但它们都有一个明确的开始时间和结束时间；

» 致力于在关键的时间、成本和质量要求的范围内完成特定目标；

» 完成特定的结果或至少是高度定制的结果；

» 以许多非常规性和复杂的任务为基础。

这些特征使得项目管理存在高水平的风险和不确定性，因此变更的规格（质量）、严重的延迟（时间）、成本上升（成本）和关键相关者之间的重大争议，在项目中是常见的。

"为了所有人的利益"——NASA 的高潮和低谷 [1]

太空是成功执行项目最具挑战性的环境之一。自从人类首次冒险进入太空，我们目睹了许多失败的项目。1986 年 1 月，美国国家航空航天局（NASA）的挑战者号航天飞机在起飞后不久爆炸，机上人员全部遇难。故障的原因是密封有缺陷，密封破裂导致液氢燃料泄漏爆炸。NASA 暂停 32 个月，对这起灾难进行了彻底调查。之后，NASA 执行的第一次任务是发射美国国家海洋和大气管理局的气象卫星。但事情进展得并不顺利，发射后仅仅 71 秒，火箭就被闪电击中。由于它的一级火箭被禁用，地面控制摧毁了火箭，以尽量减少其落回地球的风险。

不过，失败的项目往往为 NASA 未来项目的成功奠定了基础。以 1968 年 4 月的阿波罗 6 号飞船为例，这是土星 5 号火箭的最后一次非载人测试。发射后不久，该火箭经历了"单脚摆动"（燃料率改变，导致推力水平变化），但在第二个阶段燃烧中两个发动机关闭过早，导致在第三个阶段火箭未能重新点燃。然而，1969 年 7 月，同样的（经过改进后的）火箭搭乘载人阿波罗 11 号飞船成功地将阿波罗登月舱送入太空，并将尼尔·阿姆斯特朗（Neil Armstrong）和埃德温·奥尔德林（Edwin Aldrin）安全地送到月球表面。

在其他情况下，NASA 的项目也出现了一些问题，但是技术和关键相关者的创造性的结合阻止了项目失败。例如，

1970 年，阿波罗 13 号飞船的目标是第三次登陆月球。然而，阿波罗 13 号飞船在运转两天后，其服务舱的氧气罐发生故障，于是该飞船的新目标转而变成保证机组人员安全返回地球。这就涉及将服务舱转移到作为"救生艇"的登月舱，然后采取各种临时措施改造飞船，其最初设计目的是在月球表面支持两个人存活两天，现在要在太空中支持三个人存活四天。幸运的是，修改后的计划成功。虽然阿波罗 13 号飞船未能实现最初目标，但在修订后的范围内，该计划非常成功。还有一个例子，哈勃太空望远镜在发射后出现了许多问题，其中包括由于欧洲科学家和美国科学家在翻译测量单位时出现错误从而产生的望远镜聚焦问题！好在项目团队找到了解决各种故障的方法，现在该望远镜为我们提供了一些详细的深空图像，并且帮助我们更深刻地认识我们在宇宙中所处的（微小）位置。

也有一些太空项目的进展远远好于预期，并且由于项目成功，项目范围发生了变化。比如，卡西尼号飞船（由美国国家航空航天局、欧洲航天局和意大利航天局合作完成）的最初目标是到达大约 7.5 亿英里外的土星。在途中，卡西尼号拍摄了太阳系的照片，包括飞越地球、金星和木星——其中关于木星的照片是迄今为止最详细的。卡西尼号飞船还在前往土星的途中证实了爱因斯坦的广义相对论。抵达后，卡西尼号飞船成功地部署了惠更斯号探测器，并且该

探测器开始从土星最大的卫星土卫六（Titan）向地球传回数据。与此同时，卡西尼号飞船继续收集土星以及它的其他卫星的详细数据和图像。卡西尼号飞船的最初任务预计持续 4 年，不过因为航天器持续有效地运转，后来该飞船的任务被延长了 2 年（卡西尼春分任务），然后又延长了 7 年（卡西尼夏至任务）。直到 2017 年，在最初计划的项目结束 9 年后，卡西尼号飞船最终"脱离轨道"，在土星的大气层中烧毁。不过在此之前，卡西尼号飞船已经在土星的内环内完成了一些高风险的通行，最大限度地做出了科学贡献。

不仅是美国国家航空航天局及其合作者希望利用以往的经验改进其项目，最新一代的商业太空旅行和探索公司，如 SpaceX、内华达山脉公司、波音公司、诺斯罗普·格鲁曼创新系统公司、蓝色起源公司和维珍银河公司，都试图从老牌太空机构那里获取经验。这不仅可以避免过去所犯的错误（希望如此），还可以大大降低开发、测试和操作的成本。例如，SpaceX 在燃料和发动机方面取得了重大突破，并且最重要的是，它提高了火箭和运载火箭的可回收和再利用的比例。其结果是，SpaceX 猎鹰 9 号火箭将 1000 克材料发射到太空的成本已经降至 2720 美元，而该火箭曾在 2020 年成功将美国航空航天局的宇航员送往国际空间站。相比之下，1981 – 2011 年，美国国家航空航天局在运行航天飞机项目时，每千克的价格高达 54 500 美元。除了商业空间公司，一些国家在地外探索方面也表现出越来越大的野心。例如，2021 年，阿拉伯联合酋长国成为第五个成功将探测器送入火星轨道的国家。同年晚些时候，中国的六轮机器人"祝融"成功降落至火星表面，成为第二个成功完成此类任务的国家。

● 区分不同的项目

到目前为止，我们已经描述了项目的共性——有很多临时性活动，要完成特定和高度定制的目标，要在规定的时间、成本和质量要求范围内进行，包括许多非常规性和复杂的任务。然而，理解项目之间的差异也是至关重要的，因为这些差异在随后的项目管理挑战中起着关键作用。在这里，我们将重点关注项目在创新水平、时间压力和复杂性等方面的差异。图 19-2 用这种区分方法展示了 4 个不同项目的概况，以及这些项目差异的含义。

项目的创新水平

区分不同项目的第一种方法是考虑创新的相对水平。例如，对项目而言，创新

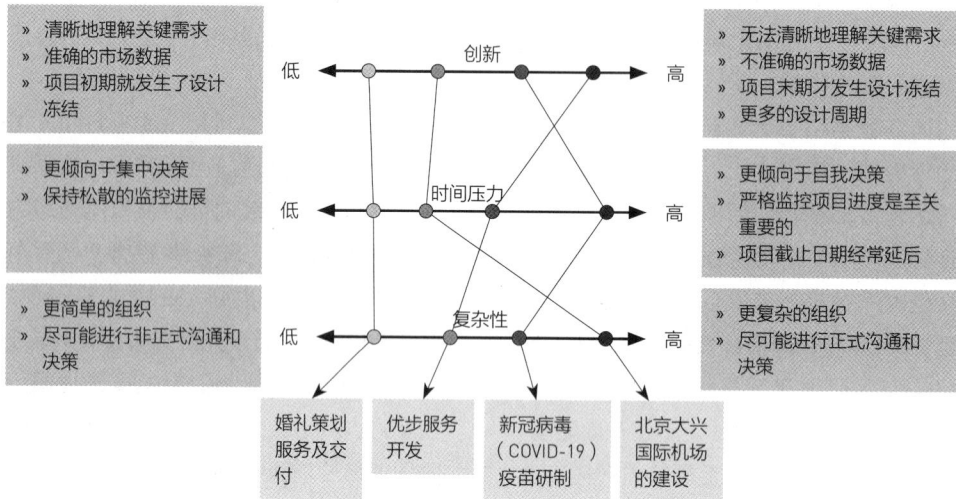

图 19-2　根据创新、时间压力和复杂性的水平区分不同的项目，并且理解这些差异的含义

可能需要提供新的服务或产品，结合新技术，开发新的市场路线，以及组织流程的转变。渐进式项目通常包括相对适度的创新水平，以现有知识和 / 或资源为基础，并且现有的管理方法没有发生根本性改变。相比之下，激进式项目表现出高度的创新性，需要全新的知识和 / 或资源，并且现有的惯例方法已经过时。这些更具创新性的项目包括开发和推出优步（跨国叫车服务）和爱彼迎（全球民宿平台）；传感器技术被应用于农业的许多方面；为现代智能手机市场铺平道路的第一代 iPhone；以及对家庭娱乐领域产生巨大影响的奈飞（Netflix）的发展。

项目的时间压力水平

　　区分不同项目的第二种方法是考虑面临的时间压力的相对水平。重要的一点是，要记住，时间压力与速度无关——有些项目很紧急，但要持续很多年，有些项目不紧急，但只持续几周。一些项目面临较低的时间压力，因为项目执行者认为特定的时间框架并不重要。许多公共工程和内部项目都属于这一类。一些项目面临中度的时间压力，其中按时完成对于竞争优势和领导力非常重要。许多与业务相关的项目，如新的服务或产品开发，都属于这一类。最后，一些项目面临高水平的时间压力，有一个特定的机会窗口，任何延迟都可能意味着项目失败。例如，1961 年 5 月，约翰·F. 肯尼迪总统向美国国会发表了一次演讲，他在演讲中说，"我相信这个国家应该致力于实现一个目标：在这个 10 年结束之前，将人类送上月球并安全返回地球。"

在这句话中，他设定了一个时间框架，这对人们满怀壮志筹备、完成登月计划是至关重要的。其他面临高度时间压力的项目还包括为应对特定危机（如埃博拉或新冠病毒大流行、战争或自然灾害）而创建的项目。

运营实践案例

有一项工程分秒必争——疏通苏伊士运河 [2]

苏伊士运河是埃及境内一条长达193公里的人工水道，连接红海和地中海。运河于1869年开通，为亚欧之间提供了一条比绕行非洲更短、更直接的航线。苏伊士运河是世界上最繁忙的贸易航线之一，每年有超过1.9万艘船只通过，占全球贸易的12%左右。油轮、散货船和集装箱船每年运输的货物总量远远超过10亿吨。

埃及当地时间2021年3月23日7：40分，载有2万个集装箱的长赐号（Ever Given）货轮从马来西亚驶往荷兰，在苏伊士运河被搁浅。事故发生在一条单航道上。由于这艘货轮的宽度超过了运河的宽度，它被卡住了，阻塞了南北的所有交通。

在全球的关注下，解放"长赐号"货轮的计划正式开始。堵塞发生的当天，7艘拖船被派去试图解救这艘货轮，但无济于事。第二天，一艘更大的拖船驶向出事的货轮，两艘挖泥船开始清理货轮周围的沙土。两天之内，有156艘船舶在长赐号的两边等候。到3月26日，等候的船舶已经增加到237艘，包括法国达飞海运集团、马士基和地中海航运在内的多家航运公司决定将自己的船舶改

道非洲南端（航行时间增加7～15天）。截至3月27日，共有14艘拖船在努力解救"长赐号"货轮。3月28日，来自荷兰的一艘专业拖船和来自塞浦路斯的一艘挖泥船被派遣支援这一时间紧迫的项目。最终，在3月29日，在被搁浅6天并导致367艘船只被搁浅的"长赐号"货轮，终于被成功解救，所有的利益相关者都松了一口气。

"长赐号"货轮事件的后果非常严重。劳埃德船级社估计，苏伊士运河堵塞每天给世界经济造成的损失约为96亿英镑，相当于每分钟670万美元！"长赐号"货轮的所有者面临近10亿美元的赔偿要求，该货轮被扣押在苏伊士水域，直到达成和解。与此同时，由于航运延迟和改道，许多国际供应链陷入混乱，许多零售商报告称其业务受到严重干扰。运河重新开放后，等待通过运河的船舶积压了多天，进一步加剧了混乱。事实上，许多专家认为，要精确地估算苏伊士运河堵塞给全球企业带来的全部成本几乎是不可能的。

这一事件还突出表明，即国际货运对苏伊士运河等关键贸易路线的严重依赖，以及由此产生的潜在脆弱性。在

随后的辩论中，将此事件的原因归为恶劣的天气（时速 30 英里的大风和沙尘暴）和机组人员的失误。然而，其他批评者建议苏伊士运河管理局重新估算其对允许通过该运河船舶的最大尺寸的规定［作为一艘超大型集装箱船，长赐号货轮最近被评为"苏伊士型油轮"（Suezmax）］，以减少类似货运中断事件再次发生的风险。

项目的复杂性水平

区分不同项目的第三种方法是考虑它们的相对复杂性水平。有些项目具有较低水平的复杂性，通常是独立的，并且关键利益相关者的数量相对较少。比如，策划一场婚礼，创建一个在线销售平台，开设一门新的 MBA 运营和流程管理课程，或者写一本新书。其他项目则具有更高水平的复杂性，通常结合了一组子元素，并牵扯更多的利益相关者。比如，建立一个新的研究和开发设施，在一所大学内开发一个新的研究生教育的项目组合，或者组织一个大型音乐节。虽然项目的子元素有一个共同目标，但是复杂性的增加，也构成了更高的协调和集成的挑战。最后，一些项目必须处理非常高水平的复杂性，协调几个主要项目从而实现一个共同目标。这类项目的一个典型案例是中国的南水北调工程，这是一个耗时几十年的超大型基础设施工程。

19.2 什么是项目管理

项目管理是定义项目、规划项目、控制项目以及从项目中学习的一系列活动。项目管理过程的关键阶段如下所述。

第一阶段：了解项目环境——可能影响项目的内部因素和外部因素。

第二阶段：定义项目——设定项目的目标、范围和策略。

第三阶段：项目规划——确定项目将如何被执行。

第四阶段：技术性执行——执行项目的技术性方面。

第五阶段：项目控制——确保项目按计划进行。

第六阶段：学习——回顾项目表现以改进未来的项目。

在本章之后的内容中，我们将依次讨论除第四阶段之外的每个阶段。项目的技术性执行是由单一项目的特定技术细节决定的，因此这一阶段的内容超出了本节的内容范围。从"生命周期"角度看项目管理是非常有用的，有助于我们以顺序的方式思考项目，但是我们要明白，项目管理在本质上是一个迭代过程——这一点很重要。例如，在项目控制中会出现各种问题或变化，这就需要重新计划项目，甚至可能修改最初的项目定义。除了之前所描述的"生命周期"角度这一点，项目管理还涉及一个问题，即在所谓的"铁三角"（质量、时间和成本）内有效地平衡质量 / 可交付成果、时间和成本目标。最后，从组织的角度看，项目管理包括管理组织内多个职能部门的生命周期和绩效目标。

味好美公司的人工智能调味品项目 [3]

人工智能在业务运营的多个方面正日益发挥着变革性作用。现在我们正在见证人工智能在食品行业新产品开发项目中的应用。世界上最大的调味品公司味好美（McCormick）在 2019 年 2 月与 IBM 的研究部门合作，开发了一种旨在研究新口味组合的人工智能系统。此次合作利用 IBM 在机器学习方面的专业知识及其在产品成分方面拥有的专利性 IBM 研究人工智能（IBM Research AI），通过筛选数千种产品成分数据、销售数据（包括 IBM 自己的销售数据和该行业的销售数据）、消费者口味趋势数据、消费者测试信息以及数十万种现有调味品的数据，为待开发的新配方提出建议。该系统还可以在以下方面提出建议：找到原料的可选替代品、创新的程度（基于一种风味组合与最接近的风味组合之间的"距离"）以及消费者可能的反应。

味好美公司已经推出利用其新的人工智能系统开发的首批产品——"味好美一号"（Mccormick One）。它涉及一系列调味品，适用于简单的食谱，包括托斯卡纳鸡肉、新奥尔良香肠和波旁猪里腰肉。新的人工智能系统明显不同于味好美之前开展新产品和服务开发（NPSD）项目的方法，后者是一个由厨师、营养学家、食品科学家、化学家和化学工程师组成的大型团队，以"种子配方"为基础开发新的风味组合。味好美公司认为，人工智能系统有助于开发更具创新性的调味品组合，其中一个原因是它可以避免人力开发团队可能固有的文化偏见。例如，人工智能系统建议在比萨调料中加入孜然以改善比萨的味道。但是公司的食品科学家从未考虑过这一点，不过他们随后进行的消费者测试支持了这一想法。

味好美公司相信，人工智能系统不仅可以帮助产出更多新颖的风味组合，从而降低被市场拒绝的可能性，而且可以节省产品的开发成本，缩短项目时间，最多可节省 2/3 的时间。人工智能系统在快速创建许多不同的潜在配方这一阶段节省了很多时间，其通过自动过滤创建产品的候选列表，以待进一步的人工估算。消费者测试阶段的时间也大大缩短，人工智能系统直接输入消费者反馈，对其进行分析，然后集成为风味修改建议。在竞争激烈的调味品和调味料领域，这种节省时间和成本的做法为公司带来了巨大的商业利益。

● 项目经理及其技能

为了协调组织中不同部门（通常也包括组织外部）人员的工作，所有项目都需要一个项目经理（project manager）。项目经理是负责项目交付的人，他们有几项关键职责（见图 19-3）。项目经理组织项目团队，并且如果其不是全权负责项目，肯定要负责项目的日常运作。

项目管理是一项要求非常苛刻的工作，需要不同的技能，包括技术项目管理知识、人际交往能力和领导能力。通常情况下，项目经理必须激励员工。员工不仅要向经理汇报工作，还要把时间分配到几个不同的项目上。此外，项目经理必须关注细节，具有大局观，在坚持项目目标的同时建立一个开放的、交流的环境，并且能够在做最坏的打算的同时保持乐观。在过去的 20 年里，这些挑战让项目管理日渐趋于专业化，越来越多的领先项目具备专业资格。

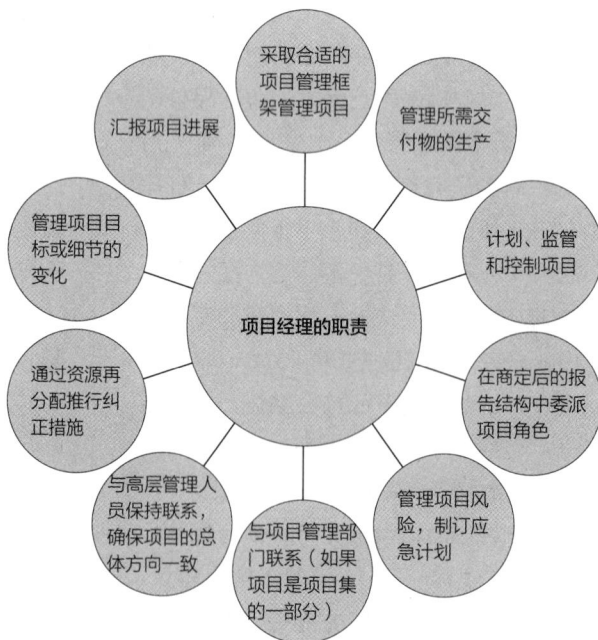

图 19-3 项目经理的典型职责

组建项目团队并分配职责

项目经理的一项关键职责是组建项目团队，并为关键任务分配负责的人员。在组建团队时，重要的一点是，项目经理要考虑成员的多样性，以确保团队成员的优势与潜在缺点保持平衡。例如，项目团队需要天生有组织能力的人，他们要有能力接受不同想法并在实践中发挥作用。然而，如果这种类型的团队成员太多，反而会限制项目的灵活性和创造力——这是一个主要的限制因素，特别是对于那些具有较高创新水平的项目来说。相反，如果项目中有太多思想自由、富有创造力的人，往往会遇到各种问题，因为这些人往往对项目"细节中的问题"不太感兴趣。

一旦项目团队成立，项目经理需要针对项目中的所有活动进行职责分配（既分配给项目团队内部的人员，也分配给第三方的人员）。职责矩阵形式是一种以结构化方式进行职责分配的方法。这是一种极其简单的形式，直接在项目时间轴中确定每个人负责的每项关键活动。在某些情况下，职责矩阵不仅显示活动的负责人，还显示预计可以提供支持的其他相关人员。RACI 矩阵是可视化项目职责的一种普遍方法，其确定了执行人、负责人、咨询顾问和知情人。表 19-1 展示了以印度金奈的新市场测试为重点的 RACI 矩阵咨询项目。

表 19-1　以印度金奈的新市场测试为重点的 RACI 矩阵咨询项目

交付物或任务	Ekta（项目发起人）	Jayesh（项目经理）	Ritika（技术领导）	Punya（分析师）	Shorya（分析师）	Ashwin（分析师）	Shivani（客户）
第一阶段（范围界定）							
客户启动会议	A	R					C
客户需求分析	I	A	R				C
跟分析师签订合同	I	A	R				
客户评审会议	A	R	C				C
第二阶段（数据收集）							
市场调查（焦点小组）		I	A	R			C
市场研究（调查）		I	A		R		C
市场调研（二手数据）		I	A			R	C
第三阶段（分析和报告）							
市场调查（焦点小组）	I	A	C	R			
市场研究（调查）	I	A	C		R		
市场调研（二手数据）	I	A	C			R	
报告（初稿）	I	A	R	C	C	C	
向客户演示会	A	R	C				I
报告（终稿）	A	R	C				C
项目结束	R	C	I				A
R（执行人），A（负责人），C（顾问），I（知情人）							

19.3　如何了解项目环境

　　项目并不存在于真空之中。因此，至关重要的一点是，项目团队要了解项目所处环境的关键特征，并确定对项目过程或结果感兴趣的个人、团体或实体。然后，他们必须决定如何与不同的利益相关者合作，以及如何以最佳方式管理他们互相冲突的需求。项目环境包括在其生命周期内可能影响项目的所有因素。图 19-4 展示了项目环境的 4 个关键方面。

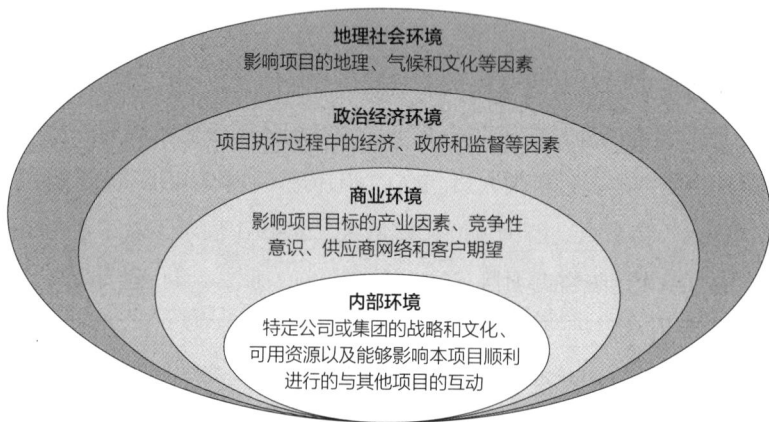

地理社会环境
影响项目的地理、气候和文化等因素

政治经济环境
项目执行过程中的经济、政府和监督等因素

商业环境
影响项目目标的产业因素、竞争性意识、供应商网络和客户期望

内部环境
特定公司或集团的战略和文化、可用资源以及能够影响本项目顺利进行的与其他项目的互动

图 19-4　了解项目环境

运营实践案例

柏林的勃兰登堡机场终于开放了 [4]

　　德国打算修建勃兰登堡机场以取代首都柏林的三个日渐老化的机场。德国是一个以准时交付和按预算完成而闻名的国家，但勃兰登堡机场项目却让德国的这一名声蒙羞了。勃兰登堡机场项目是德国几十年来最大的基础设施建设项目之一，原定于 2011 年开放，预计每年运送 2700 万名乘客。然而，该机场在经历了几次重大延误和失败后，终于在 2020 年 5 月获得了运营许可证，但直到 2020 年年底才开始运营。机场项目的时间安排出现了严重问题，而且其实际成本也远高于最初预算——28.3 亿美元，最终增加一倍多，达到 70 多亿美元。事实上，据估计，在开放之前，仅运营空荡荡的航站楼每月就需要花费约 2000 万美元，再加上每月

1300 万美元的租金损失。

为什么该项目出现如此严重的问题？首先，柏林是一个全球知名旅游目的地，每年接待的游客数量不断增加，这意味着 2006 年做出的乘客需求预测是过低的。修订后的乘客需求估计（在新冠疫情暴发之前）表明，该机场现在需要能够每年运送 3000 万至 3500 万名乘客（迪拜国际机场是世界上最繁忙的机场，每年运送约 9000 万名乘客）。这就需要投资建设额外的航站楼空间（特别是扩大安检、值机和行李提取处的空间），开发第三条跑道。为了拯救这个失败的项目，工业问题解决专家哈特穆特·梅多恩（Hatmut Mehdorn）受邀前来。他要求保留一个原本计划关闭的旧机场，以应对过剩的乘客需求。其他问题还包括机场的消防安全系统——这是一种创新的解决方案，在发生火灾时，将烟雾抽到候机楼下面，而不是从屋顶喷出，但多年来一直未能获得监管部门的批准。航站楼的 1000 多扇自动门必须重新设计，以确保在紧急情况下能正常关闭。其他额外费用包括修建额外的停车场、值机柜台和登机门，重建机场入口大厅，扩建行李设施，以及由于停车场混凝土开裂、重新安装管道和电缆、丢失传送带以及火车站和机场航站楼之间的防火墙等问题造成的费用超支。雪上加霜的是，机场老板还取消了与建筑师和工程公司组成的联合体签订的合同，导致机场规划需要重新制定——因为之前的许多文件和施工专业知识无法获得。

天有不测风云。正当该基础项目的以上麻烦问题即将得到解决时，因新冠病毒大流行，全球的航空旅行人数突然急剧下降。勃兰登堡机场面临一场新的战斗：在陷入危机的行业中重振老业务，争取新客户。然而，在机场建设期间的一个关键问题——需要增加机场的运力，现在看来并不可靠，因为柏林的两个主要机场泰格尔机场和舍纳费尔德机场，在新冠病毒大流行的高峰时候，其客运量减少了 65%，货运量减少了 17%。尽管世界各地机场的航班统计数据都明显大幅减少，但勃兰登堡机场却面临更艰巨的挑战，因为它的知名度较低，过往航班的记录也不太好。勃兰登堡机场面临关键目标客户大幅减少的前景，因为其客户转向了易捷航空（easyJet）和瑞安航空（Ryanair）等低成本航空公司。此外，德国最大的航空公司之一汉莎航空（Lufthansa）预计将业绩重启增长的重心放在了慕尼黑和法兰克福的主要机场枢纽，而不是柏林的次要机场枢纽。达美航空公司和美国航空公司终止了飞往纽约和费城的长途航线，这再次沉重打击了航空业。

● 利益相关者在项目环境中扮演的角色

一旦管理者理解了项目的基本特征，他们就必须考虑可能的项目利益相关者或代理人，以及可能在项目中发挥关键作用的人。所有项目都有利益相关者——复杂的项目会有很多利益相关者。他们可能对项目目标有不同的看法，彼此的看法可能会发生冲突。内部的利益相关者包括客户、项目发起人、项目团队、职能经理、承包商和项目支持人员。外部的利益相关者（是指核心项目之外的人，而不是组织之外的人）包括终端用户、供应商、竞争对手、游说团体、股东、政府机构和员工。管理利益相关者是一项微妙而复杂的工作，需要大量的社交技巧，有时还需要政治技巧。管理利益相关者的工作包括三项基本活动：确定项目利益相关者、了解他们的不同观点、管理利益相关者。

确定项目利益相关者

认真思考所有能影响或被你的工作影响的个人、团体或实体，他们能对你的工作施加影响或有权力施加影响，或者项目的成功与否与他们的利益息息相关。图19-5 展示了第三部门（也称为"非营利部门"或"慈善部门"）技术平台项目的利益相关者图，其目的是将慈善机构与资助机会相匹配。即使项目经理并不打算管理每位利益相关者，但利益相关者图仍然是有用的，因为它可以让那些在项目中工作的人看到互相冲突的力量在多个项目中发挥作用。

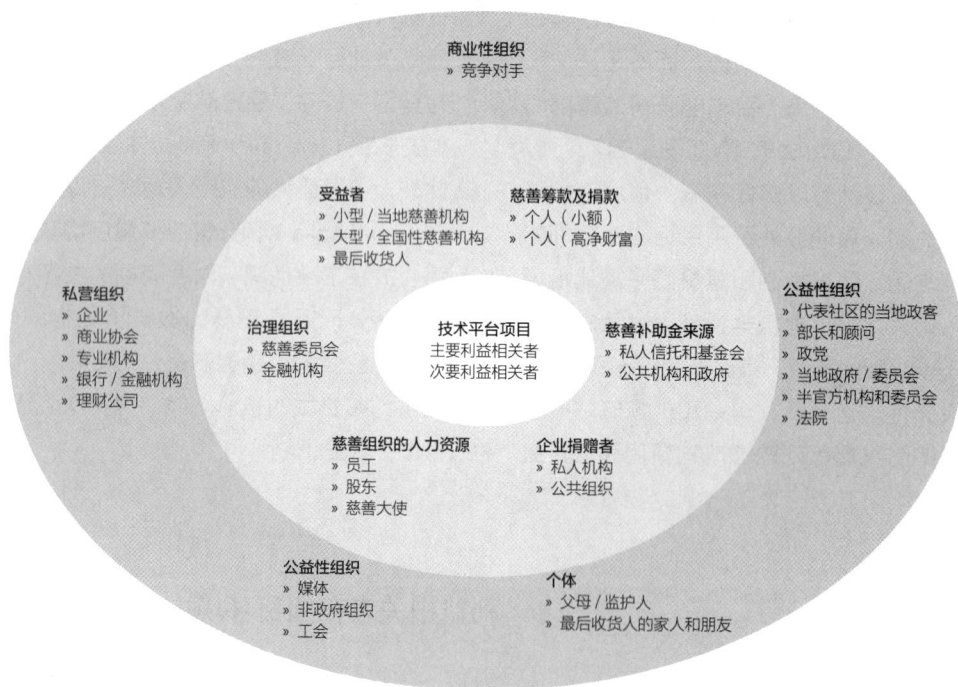

图 19-5　第三部门（非营利组织）技术平台项目的利益相关者图

了解他们的不同观点

在确定了利益相关者之后，了解他们对项目的不同看法很重要。以下关键问题可以帮助了解项目利益相关者的看法。

» 项目结果对他们会产生什么经济影响或情感影响？其影响是积极的还是消极的？

» 最能激励他们的是什么？

» 他们需要什么信息？

» 与他们沟通的最好方式是什么？

» 他们目前对项目有什么看法？

» 谁影响了他们的观点？这些有影响力的人是否因此成为重要的利益相关者？

» 如果利益相关者并不积极支持项目，怎样才能赢得他们的支持？

» 如果你认为自己无法赢得他们的支持，你该如何处理他们的反对意见？

在理解以上关键问题的过程中，与利益相关者协商是一项至关重要的活动。与他们进行协商可以提供有价值的见解和经验，可以提高决策的合法性和支持，有助于保持与关键利益相关者的关系，并且有利于降低对项目的潜在反对。图 19-6 展示了与项目利益相关者进行有效协商的几个关键考虑因素，包括时间、设计、参与和协商后。

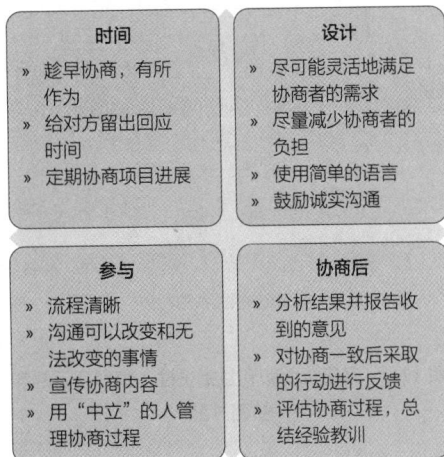

时间
» 趁早协商，有所作为
» 给对方留出回应时间
» 定期协商项目进展

设计
» 尽可能灵活地满足协商者的需求
» 尽量减少协商者的负担
» 使用简单的语言
» 鼓励诚实沟通

参与
» 流程清晰
» 沟通可以改变和无法改变的事情
» 宣传协商内容
» 用"中立"的人管理协商过程

协商后
» 分析结果并报告收到的意见
» 对协商一致后采取的行动进行反馈
» 评估协商过程，总结经验教训

图 19-6　确保与项目利益相关者进行有效协商

管理利益相关者

在确定了利益相关者并了解他们对项目的不同看法之后，项目经理的下一项活动是决定如何以最佳方式管理不同的利益相关者。一种普遍的方法是根据利益相关者的权力和影响力进行区分。对项目有重大影响的利益相关者不应该被忽视。至少，项目经理应该洞悉他们相关利益的性质以及参与项目的动机。但并非所有有能力影响项目的利益相关者都有兴趣参与项目，也并非每个参与项目的人都有能力影响项目。图 19-7 展示了一个"权力－利益"坐标轴，其根据权力和利益这两个维度简单地对利益相关者进行了分类。虽然权力和利益这两个维度的划分标准不同，但它们都有助于指明管理利益相关者的方式。

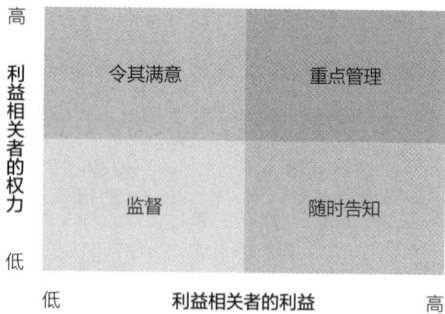

图 19-7 基于权力和利益相关性、管理项目的利益相关者

们感到满意，但不要让他们对项目信息感到厌倦或生气。对于那些有较小权力且涉及利益较少的群体，项目经理要使其足够了解项目情况，并让其检查项目进展，以确保项目不会出现重大问题。这些群体的参与对项目细节大有帮助。项目经理需要监管那些有较小权力且涉及利益较少的群体，但无须过度沟通。同样值得注意的是，利益相关者在项目期间可以转换职位。因此，持续参与项目可以在很大程度上左右项目利益相关者"接近"或"远离"你所在的职位。因此，在项目管理中，项目经理需要定期与关键的利益相关者进行"健康检查"（特别是那些在更长的时间框架内完成的项目）。

对于那些拥有较大权力和涉及利益较多的群体，项目经理必须让其充分参与项目，尽最大努力满足他们。对于那些有较大权力但涉及利益较少的群体，项目经理要努力在项目管理中让他

本书将在每一章的"社会责任"板块总结本章主题与重要的社会、道德和环境问题之间的关联。

理解和管理利益相关者的重要性在项目管理中得到越来越多的认可，但对于利益相关者及其管理在项目管理中的基本作用，管理界仍然存在不同的观点。有人认为，利益相关者的满意度不应该被视为一个项目目标，并且，只有当利益相关者对项目结果有直接影响时，项目经理才对其进行管理。从这个角度看，对利益相关者进行管理，主要是出于现实考虑。因此，为了最大限度地减少项目中的反对意见和问题，确定广泛的利益相关者并且与之进行协商，是有意义的。尽早和尽可能频繁地与利益相关者沟通，可以确保他们完全理解项目及其潜在的利益。此外，项目经理还可以利用有影响力的利益相关者的意见，确定项目的范围，与此同时提高项目质量并获得更多的资源。

与之形成对比的是，其他人对利益相关者在项目环境中的核心角色持有一个更广泛的观点。持有这种观点的人认为，领导项目的人有更高的道德责任，不能仅仅满足项目股东的需求。相反，所有利益相关者都对项目有"所有权"，因此，项目经理与股东一起努力最大限度地实现所有利益相关者的福利，这本身就是一个目标。这种"利益相关者视角"意味着，那些对项目有影响或受项目影响的人被置于决策的中心。可以说，这种观点不仅在推动项目取得财务成功方面提供了重要价值，还能够在更广泛的项目环境

社会责任

中为所有利益相关方乃至整个社会创造利益。

对利益相关者视角持批评态度的人则认为，这一视角不仅让管理实践变得复杂化，还从根本上挑战了企业目标这一概念。利益相关者的需求不可避免地是异构的、动态的、短暂的、矛盾的，而且常常是模糊的。然而，项目资源通常是有限的，而且难以改变。因此，利益相关者的需求与项目资源之间不可避免地存在冲突。此外，批评者指出，坚持利益相关者的视角，就等于为糟糕的项目管理决策提供了一个方便的借口，因为任何决策都可以事后被解释为是对利益相关者的需求做出的回应。

19.4 如何定义项目

在开始计划和执行项目的复杂任务之前，明确项目的准确含义，即对项目进行定义，是非常必要的。项目的定义不是一目了然、直截了当的，特别是那些有众多利益相关者的项目。以下三个不同的元素定义了一个项目。

- » **项目目标：**项目努力达到的最终状态。
- » **项目范围：**项目承担责任的确切范围。
- » **项目战略：**项目将如何实现目标。

项目目标

目标可以帮助项目经理定义项目的终点，因此可用于监控项目进度并确定项目何时取得成功。项目目标可以从 5 个绩效层面进行评判：质量、速度、可靠性、灵活性和成本。然而，在大多数被视为一次性的项目中，灵活性被认为是"既定"目标，并且速度和可靠性通常被压缩为一个复合目标——时间。这就形成了所谓的"项目管理铁三角"——质量、时间和成本。一个目标可能特别重要，但项目经理永远不能完全忽视其他目标。如图 19-8 所示，当项目在一个维度上寻求绩效改进时，可能会在其他的一两个绩效维度上降低绩效。

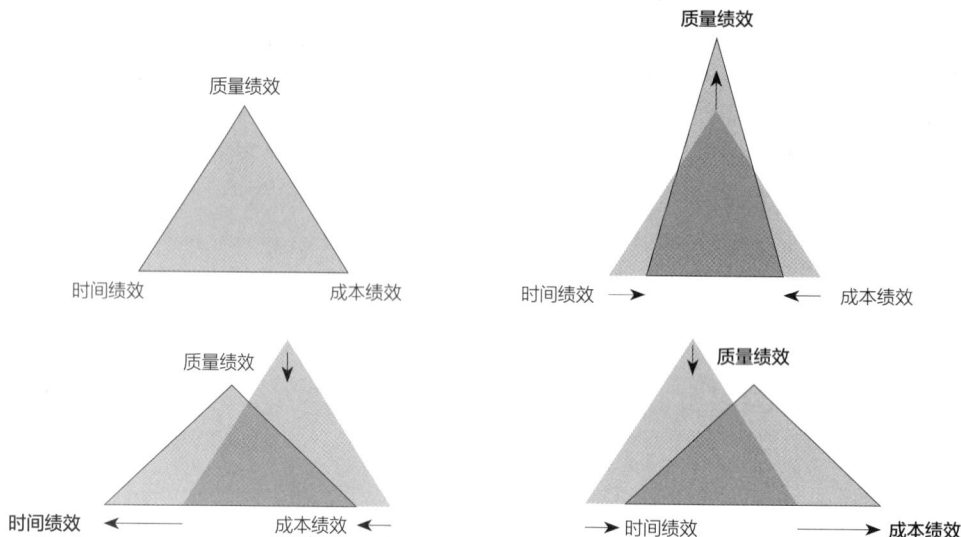

图 19-8　从"项目管理铁三角"角度进行项目权衡

在探索项目定义时，我们注意到质量、时间和成本之间的权衡，即"项目管理铁三角"。例如，为了加速推进项目，我们会看见增加的成本（即成本绩效恶化），以及可交付成果的减少（即质量绩效恶化）。许多人认为，铁三角视角有助于在项目范围确定过程中保持权衡，但也有人认为它会导致一种受约束的思维方式。当项目出现问题时，项目管理铁三角视角无法创造性地解决问题，只是简单地要求额外的预算或时间。此外，无论如何延长时间和提高预算，有些项目的范围是无法确定的。在其他情况下，增加预算和资源有时也会增加协调和沟通的复杂性，进而会拖延项目。

批判性评注

好的项目目标是清晰的、可测量的，最好是可量化的目标。明确项目目标，需要将项目目标分为三类——目的、最终结果和成功标准。例如，一个笼统地表述为"改进预算流程"的项目可以分解为以下三个目标。

» **目的：**在年度财务会议之前商定和确认预算。

» **最终结果：**用一份报告确定预算延迟的原因，并建议新的预算制定流程和系统。

» **成功标准：**报告应在 6 月 30 日前完成，满足所有部门的预算需求，并提供完整可靠的预算报表。建议的费用不应超过 20 万美元。

● 项目范围

　　项目范围是一种设定边界的方法，其确定了项目的每个部分应该做什么和不应该做什么。项目范围至关重要，未能适当地界定范围或不断变化的范围是项目失败的关键原因之一。当项目的一部分工作被外包时，定义范围就显得尤为重要。供应商的供货范围将确定必须在其范围内完成工作的法律界限。有时，项目范围会在正式的"项目规范"中得到确认。项目规范是用来定义项目结果的一份正式的文件，包括书面、图片和图形信息，以及附带的条款和条件。项目范围还概述了项目的限制或特殊情况。这至关重要，人们认为一个项目是成功还是失败，通常源于所有相关方在范围确定阶段在多大程度上清楚说明和了解可交付的成果、限制和特殊情况。

> **运营实践案例**
>
> ## 改变项目范围的风险——沉没的瓦萨号
>
> 　　该案例是由瑞典斯德哥尔摩经济学院的马蒂亚·比安希（Mattia Bianchi）教授编写和提供的。
>
> 　　项目规范的变更，加上沟通不畅和运气差，这些因素足以让最引人注目的项目失败。1628 年，瑞典有史以来为瑞典皇家海军建造的最宏伟的战舰"瓦萨号"在激动的人群面前下水。在斯德哥尔摩港水域的处女航行中，"瓦萨号"航行了不到几千米，突然在鸣炮庆祝后倾覆了。随着水从炮口涌入，这艘船消失在海面，造成 150 名乘客中的 53 人死亡。震惊的官员纷纷质疑为什么会发生这样的灾难。
>
> 　　然而，作为一个项目，"瓦萨号"事故早已显示出许多潜在失败的迹象。在 1625 年开始建造之时，"瓦萨号"就被设计成一艘小型传统战舰，就像以前由经验丰富的造船师亨里克·海伯特森（Henrik Hybertsson）打造的其他战舰一样。不久之后，当时正在波罗的海与波兰海军作战的瑞典国王古斯塔夫二世·阿道夫斯开始下令对"瓦萨号"战舰的形状和大小进行一系列修改，比最初设想的版本更长、更大。此外，国王的密探告诉他，丹麦人已经开始建造有两层炮甲板的战舰，而不是传统的一层炮甲板的战舰。从远距离的优势火力角度看，丹麦的战舰有了一个巨大的优势。在前线，瑞典国王下令在"瓦萨号"战舰上增加第二层炮甲板。几个月后，这条消息传到造船厂时引起了恐慌。尽管这样会导致大量无用的返工和复杂的修补工作，但他们还是尽量满足国王提出的要求。然而，当一场大风暴摧毁了国王的 10 艘战舰时，这个项目面临越来越大的压力，

"瓦萨号"的调试工作变得更加紧迫。很快，该项目迎来了压倒骆驼的最后一根稻草（尤其对造船工人来说），造船师海伯特森去世了。就在这艘战舰完工之前，海军代表弗莱明上将（Admiral Fleming）进行了一次稳定性测试，以评估这艘船的适航性。尽管测试显示出强烈的不稳定迹象，"瓦萨号"战舰还是进行了首航，这给国王、瑞典海军和这个项目带来了灾难性后果。这个例子突出了（从根本上）强行改变项目范围的主要风险。在这种情况下，不仅"瓦萨号"战舰的规范发生了变化，而且其项目进度也被压缩了，造成了项目失败的高风险。

● 项目战略

项目定义的第三部分是项目战略。它以笼统而非具体的方式，定义了如何实现项目目标。实现项目目标有两种方式：定义项目的阶段，设置里程碑（milestones）和／或"阶段门"（stage gates）。里程碑是项目生命周期中的重要事件。阶段门是允许项目进入下一阶段的决策点。阶段门通常会启动进一步的活动，从而使项目承担额外的成本等。里程碑是一个更被动的术语，它预示着对部分性完成的项目进行审查或标志着一个阶段的完成，但不一定比衡量项目成就或项目完成更重要。在这个阶段，没有必要确定每个里程碑的实际日期。

不过，确定重要的项目里程碑和阶段门可以大大有助于支持与关键的利益相关者的讨论和界定项目阶段之间的界限。

19.5　如何规划项目

所有项目，即使最小的项目，都需要一定程度的规划。规划过程有以下四个不同的目的。

» 它决定了项目的成本和持续时间。这就需要做出主要决策，包括是否真的推行项目。

» 它决定了项目所需的资源水平。

» 它有助于分配工作和监督进度。项目规划必须包括职责的确定。

» 它有助于评估项目变更的影响。

根据要求进行调整

| 确定项目活动——工作分解结构 | 估算活动时间和资源需求 | 确定活动之间的关系和依赖关系 | 确定时间和资源进度表的限制 | 确定时间和资源的进度表 |

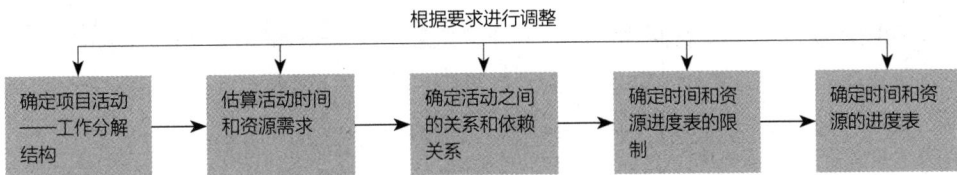

图 19-9　项目规划过程中的不同阶段

　　规划不是一次性的过程。在项目生命周期中，随着环境的变化，规划可能需要重复几次。重新规划并不意味着项目失败或管理不善。正如前面讨论的，项目可以而且应该根据特性进行区分——在本章中，我们检查项目的创新水平、速度和复杂性。当管理特别困难的项目时，随着项目的推进，修改计划是很正常的。图 19-9 显示了项目规划过程包括的 5 个步骤。

● 确定项目活动——工作分解结构

　　有些项目过于复杂，无法对其进行有效的计划和控制，除非首先将其分解为可管理的不同部分。项目分解可以通过将项目结构化为一个"家族树"实现，"家族树"可以指明项目的主要任务或子项目。这些主要任务被依次分成更小的任务，直到构成一系列可定义的、可管理的任务，其被称为"工作包"。从时间、成本和质量的角度，每个工作包可以分配自己的目标。通常来说，工作包的时间跨度不超过10 天，彼此独立，从属于一个次级可交付的成果，并且应该不断地被监控。如此产生的结果被称为"工作分解结构"（work breakdown structure，WBS）。工作分解结构（WBS）清楚地定义了项目规划过程，并为项目目的报告提供了信息框架。

项目示例

　　我们用一个简单的例子说明项目规划过程每个阶段的应用，请看下面的一个家务项目。项目定义如下所述。

» **目的：** 在床上吃早餐。

» **最终结果：** 在床上吃的早餐，包括煮鸡蛋、烤面包和橙汁。

» **成功标准：** 计划使用最少的人力资源和时间，实现高质量的产品（煮好鸡蛋、加热吐司等）。

» **范围：** 项目于 6:00 在厨房启动，在卧室结束；需要一个操作者和普通厨房设备。

基于上述定义我们做了工作分解结构，其构造如图 19-10 所示。

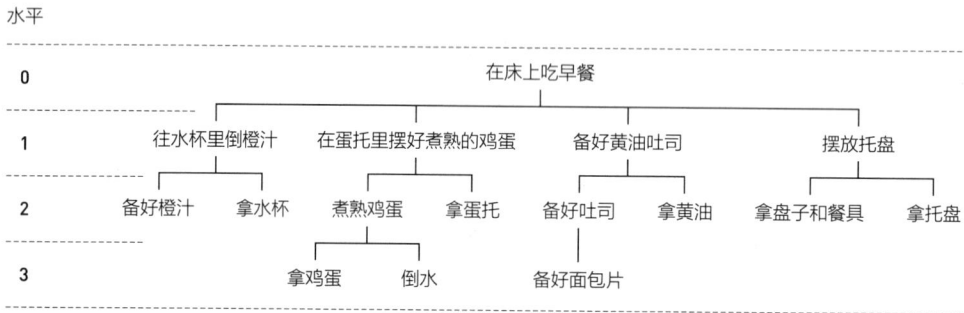

图 19-10　一项简单的家务项目的工作分解结构

估算活动时间和资源需求

项目计划的第二阶段是确定工作包的时间和资源需求。如果项目经理不知道项目的每个部分需要花费多长时间以及占用多少资源，就无法确定在项目执行过程中的任一时间应进行的活动。然而，评估只是一种系统性最佳猜测，而不是对现实的完美预测。估算几乎不可能是完美的，但在一定程度上可以是精确的。

项目示例

回到上面简单的项目示例"在床上吃早餐"，项目活动已确定，时间估算如表 19-2 所示。虽然有些时间估算可能看起来很长，但其中考虑到了一天中的时间安排和运营者的状态。

在估算项目的时间或资源需求时，通常有两种方法。自上而下地估算项目整体，通常使用类比方法（如根据以前的类似项目估算 NPSD 项目的时间）、比率方法（如用每平方米的成本计算估算建造新房子的成本）或者共识方法（一组专家讨论项目

表 19-2　"在床上吃早餐"项目的时间和资源估算

活动	投入的人力资源（人－分钟）	时间长度（分钟）
往吐司上抹黄油	1	1
倒橙汁	1	1
煮鸡蛋	0	4
切面包片	1	1
往平底锅里倒水	1	1
把锅里的水煮开	0	3
烤面包片	0	2
把装满早餐的托盘端带到卧室	1	1
收拾托盘、盘子等餐具	1	1

以形成最可靠的估算）。当项目不需要或不可能进行非常精确的估算时（如高度不确定的项目），通常采用自上而下的方法。自下而上的估算方法是将项目分解为更小的部分，然后估算每个部分的时间或资源需求。当采用自下而上的估算方法时，项目经理通常依赖那些实际从事工作的人，以做出准确的估算。

批判性评注

当项目经理谈论"估算"时，他们实际上是在猜测。项目规划在项目本身之前已启动。因此，没有人真的知道每项活动需要多长时间或成本是多少。当然，为了达到规划的目的，项目经理需要进行一些猜测。然而，一些项目经理认为规划过于重视时间和成本的估算。他们认为，真正重要的问题是，在不推迟整个项目的情况下，某件事需要多长时间，以及在不损害项目可行性的情况下，某件事的成本是多少。同样，如果一项被视为最可靠的估算是不可靠的，那么进行三项估算只是过度分析那些最初就极为可疑的数据，就像人们对概率估算的看法一样（详见后面关于项目评审技术的内容部分）。同样重要的是，项目经理要意识到，进行时间和成本估算时，他们和他们的团队可能受到偏见的影响。例如，项目规划者可能受到以下因素的影响。

» 锚定偏差：过度重视"锚定"后续判断的初始信息（如项目初始成本估算的锚定效应）。

» 从众效应：群体思维的一种形式，个人相信某事是因为其他人都相信（如做出与项目团队其他成员相似的时间估算）。

» 近因效应偏差：相对于旧形式的信息，过度重视新形式的信息（如以上一次完成项目的经验为基础，对项目供应商风险进行评估）。

» 确认偏差：倾向于搜索和选择确认既定立场的信息片段，而不是对其进行反驳（如故意从之前的项目中选择活动时间完成的示例，以估算新项目的时间）。

确定活动之间的关系和依赖关系

项目规划的第三阶段是了解不同项目工作包之间的关联。有些活动必须按特定的顺序执行。例如，在建造房屋时，必须在建墙之前奠基，而建墙必须在上屋顶之前完成。这些活动具有依赖关系或系列关系。其他活动没有这种相互依赖的关系。房子的后花园建设完全独立于正在建造的车库。这两个活动具有独立或平行的关系。

甘特图

使用有助于处理时间、资源和关系复杂性的技术工具对项目规划有很大帮助。其中最简单的一个技术工具是我们在第 10 章中介绍的甘特图。图 19-11 用一张甘特图展示了销售系统界面项目的活动。图中的条形表示每个活动的开始时间、持续时间和结束时间。甘特图具有良好的视觉效果，易于理解，并且大大有助于与利益相关者沟通项目状态。

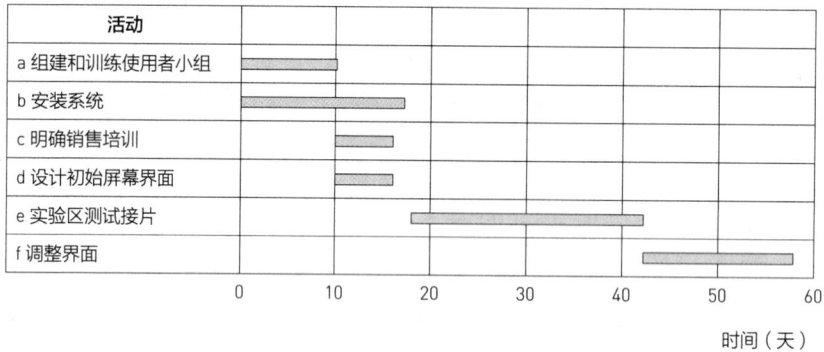

活动						
a 组建和训练使用者小组						
b 安装系统						
c 明确销售培训						
d 设计初始屏幕界面						
e 实验区测试接片						
f 调整界面						

时间（天）

图 19-11　甘特图展示项目设计——为某保险公司的新销售知识管理系统设计信息界面

网络分析

随着项目复杂性的增加，确定活动之间的关系并显示活动必须发生的逻辑顺序越发必要。通常，我们使用关键路径方法（critical path method，CPM），通过图形阐明活动之间的关系。使用关键路径分析的方法有很多，但到目前为止，最常见的一种方法，也是大多数项目管理软件包中使用的一种方法，是"单节点网络图法"（activity on node，AoN）。例如，表 19-3 为一家保险公司安装的新销售知识管理系统各阶段的活动、时间估算、优先顺序和所需资源（根据 IT 开发人员的数量确定）。

表 19-3 销售系统界面设计项目的时间、资源和各活动的关系

活动编码	活动	上一项活动（s）	持续时间（天）	资源（开发人员）
a	组建和训练使用者小组	无	10	3
b	安装系统	无	17	5
c	明确销售培训	a	5	2
d	设计初始屏幕界面	a	5	3
e	在试验区测试界面	b、d	25	2
f	调整界面	c、e	15	3

图 19-12 为这个项目的关键路径分析。活动用方框表示，箭头用来表示活动之间的关系。每个框的中心是对活动的描述（在本示例中是"活动 a""活动 b"等）。活动描述上面是活动（或工作包）的持续时间（D）、最早开始时间（EST）和最早完成时间（EFT）。活动描述下面是最晚开始时间（LST）、最晚完成时间（LFT）和"浮动"（F）（在不放缓整个项目进度的情况下，该活动可能需要的额外天数）。该图显示，项目在被认定为完成之前，必须完成一连串的事件。在这种情况下，活动链 a-c-f、a-d-e-f 和 b-e-f 必须全部完成，项目才算真正完成。这些活动链中最长的（持续时间）被称为"关键路径"（critical path），因为它代表完成项目所需的最短时间，由此可确定项目的时间表。如此一来，b-e-f 是最长的路径，项目最早可以在 57 天后完成。

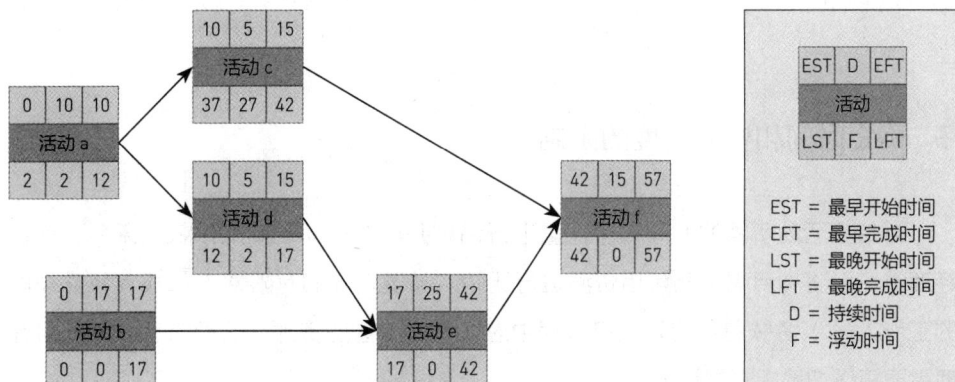

图 19-12 该项目是为保险公司的新销售知识管理系统设计信息界面，甘特图显示了该项目的最早开始时间和最晚完成时间

位于关键路径上的活动的最早和最晚开始时间，以及最早和最晚完成时间都是一样的，这就是为什么这些活动至关重要。不过，非关键活动在何时开始和结束，具有一定的灵活性。这种灵活性表现在时间的浮动上。例如，活动 c 的持续时间只有 5 天，它可以在第 10 天（活动 a 完成之时）后的任一时间开始，并且必须在第 42 天（活动 a、b、c 和 d 都完成之时）之前的任一时间结束。因此，它的"浮动"时间是（42 − 10）− 5 = 27 天（即最晚完成时间减去最早开始时间减去活动持续时间）。显然，关键路径上的活动没有浮动时间；这些活动的任何改变都会立即影响整个项目。除了关键路径（或网络）图，浮动时间也可以在甘特图上以图表形式表示，如图 19-13 所示。注意，重新审视该项目的甘特图，这次显示了完成每项活动的可用时间（即活动最早开始时间和最晚完成时间之间的持续时间）。

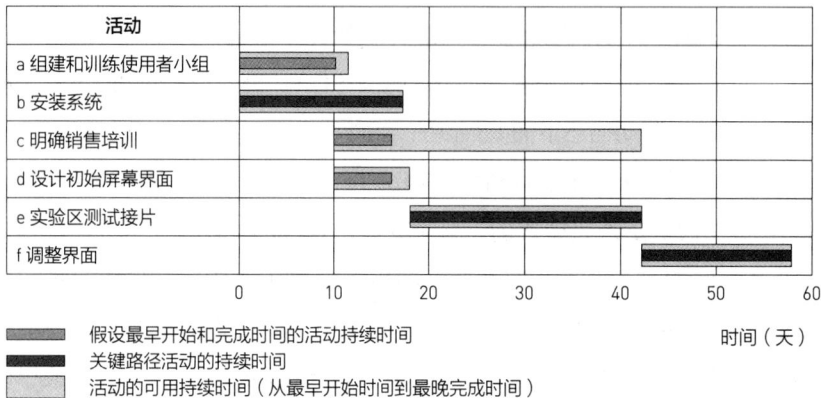

图 19-13 为保险公司的新销售知识系统信息界面项目设计的甘特图，显示最晚和最早的开始和完成时间

● 确定时间和资源进度的限制

对每项活动所需的时间和工作量进行估算并确定活动之间的依赖关系后，项目经理就可以将项目需求与可用资源进行比较。关键资源的有限性（如具有特殊技能的工作人员）意味着在规划项目过程中应认真对待这些资源。这通常意味着项目经理需要更详细地重新规划项目。

正如关键路径分析（或网络图）中所示，管理项目关系的逻辑主要来源于技术细节，但资源的可用性也会产生限制，其可以在物质上影响活动之间的关系。例如，即使关键分析已经确定两项活动在技术上可以并行运行，专业人员可能没有时间同时执行两项任务。

我们再回到为销售系统设计信息界面的项目，图 19-14 显示了两种不同假设条件下的资源配置表。关键路径活动（b-e-f）构成了项目资源配置表的初始基础。这些活动没有可浮动时间，只能按图示进行。然而，活动 a、c 和 d 不在关键路径上，因此项目经理有一定的灵活性来安排这些活动何时开始执行，以及何时准备好与这些活动相关的资源。从图 19-14 中可以看出，如果项目经理计划安排所有的活动尽可能快地启动，那么资源配置在第 10 ~ 15 天达到峰值，此时需要 10 名 IT 开发人员。然而，如果项目经理利用活动 c 的浮动时间，并将 c 的开始时间延迟到活动 b 完成之后（第 17 天），那么项目所需的 IT 开发人员数量不会超过 8 人。通过这种方式，浮动时间可以用来平滑资源需求或使项目合理应对资源限制。

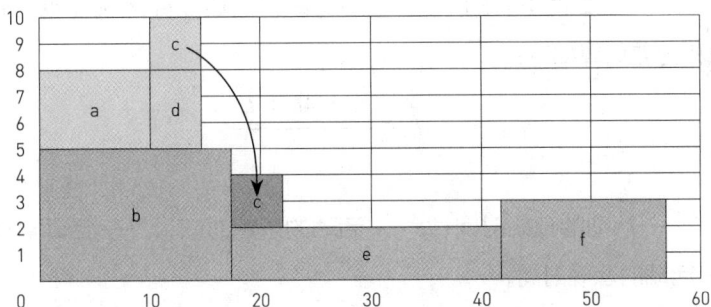

图 19-14　为销售知识系统设计信息界面的项目资源配置表，假设所有活动都尽快启动，并假设活动 c 中的浮动时间可用于平滑资源配置

● 确定时间和资源的进度表

在理想情况下，项目规划者应该有几个可选的备选方案，然后选择或开发其中最适合项目目标的方案。检查几个可替代的进度表极具挑战性，特别是那些非常大或非常不确定的项目。不过，利用一些基于计算机的软件包，如 Bitrix24、Trello、2-Plan PMS、Asana、MS Project 和 Producteev，可以更方便地优化关键路径。通过利用项目规划模型，项目经理可以较轻松地完成网络规划中相当烦琐的计算。他们所需的只是活动之间的基本关系，以及每项活动的时间和资源需求。通常，以甘特图的形式展示一个网络的最早和最晚的事件时间、浮动时间以及其他特征。更重要的是，其计算速度允许对项目计划进行快速更新。同样，如果更新的信息既准确又快速，那么这样的软件可以提供有效的项目控制数据。

项目评审技术

项目评审技术（programme evaluation and review technique，PERT）是以更细节的方式启动项目，使关键路径分析变得更复杂，这已经超出本书的范围，但评估评审技术依然值得重视，因为它对项目经理来说是一种颇受欢迎的实践方法。众所周知，项目评审技术来自美国海军对重大国防项目进行规划和控制的活动。该技术在高度不确定的太空和国防项目环境中取得了引人注目的成果。该技术认识到项目管理中的活动持续时间和成本不是确定不变的（固定的），与之相反的是，我们可以用概率曲线描述估算。有些人想当然地倾向于做乐观的估算，但这些估算的正确概率相对较低，因为其代表的是在一切顺利的情况下项目花费的时间或成本。最有可能的估算被证明是正确率最高的。最后，悲观的估算是假设项目中几乎所有可能出错的事情都出错了。如图 19-15 所示，假设这些时间估算符合 beta 概率分布，时间分布的均值和方差估算如下：

$$t_{\mathrm{e}} = \frac{t_{\mathrm{o}} + 4t_{\mathrm{l}} + t_{\mathrm{p}}}{6}$$

式中，t_{e}——活动的预期时间；t_{o}——活动的乐观时间；t_{l}——活动最可能的完成时间；t_{p}——活动的悲观时间。

活动时间分布的方差（V）计算如下：

$$V = \frac{(t_{\mathrm{p}} - t_{\mathrm{o}})^2}{6^2} = \frac{(t_{\mathrm{p}} - t_{\mathrm{o}})^2}{36}$$

通过网络任一路径的时间分布都有一个均值，它是构成路径活动的均值之和。还有一个方差，它是活动的方差之和。在图 19-15 中：

第一次活动（a）的均值 $= \dfrac{2 + (4 \times 3) + 5}{6} = 3.17$

第一次活动（a）的方差 $= \dfrac{(5 - 2)^2}{36} = 0.25$

第二次活动（b）的均值 $= \dfrac{3 + (4 \times 4) + 7}{6} = 4.33$

第二次活动（b）的方差 $= \dfrac{(7 - 3)^2}{36} = 0.44$

网络分布的平均值 $= 3.17 + 4.33 = 7.5$

网络分布的方差 $= 0.25 + 0.44 = 0.69$

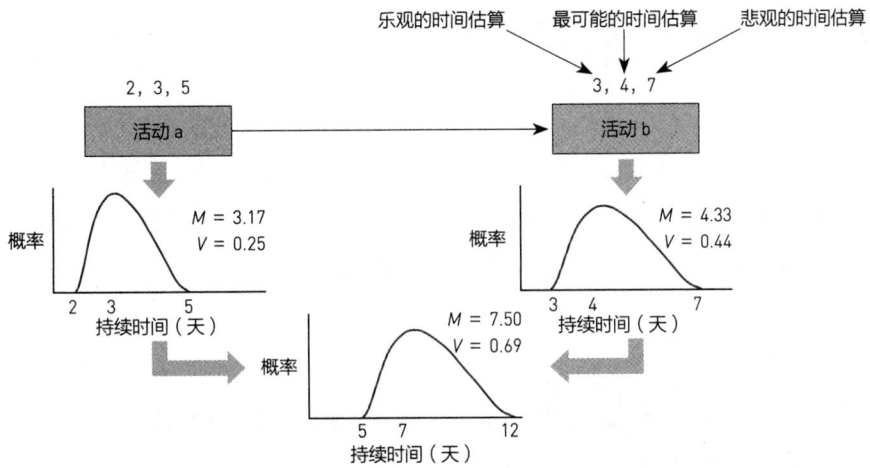

图 19-15　概率时间估算相加，可得出整个项目的概率估计

这些额外信息的好处是，我们可以检查通过网络的每条路径的"风险"，以及它的持续时间。人们越来越关注项目管理中的风险管理，这是必不可少的。例如，图 19-16 展示了一个简单的双路径网络。顶部路径是关键路径，其持续时间的分布均值为 14.5，方差为 0.22。非关键路径的分布均值较低，为 12.66，但方差高得多，为 2.11。这意味着非关键路径很可能在现实中是关键路径。我们在这里不讨论概率计算，不过当项目实际发生时，我们可以确定任何非关键路径变为关键路径的概率。从实际层面看，即使概率计算被判定为不值得进行，但是可以对网络每个部分的风险做出近似评估，这也是非常有用的。

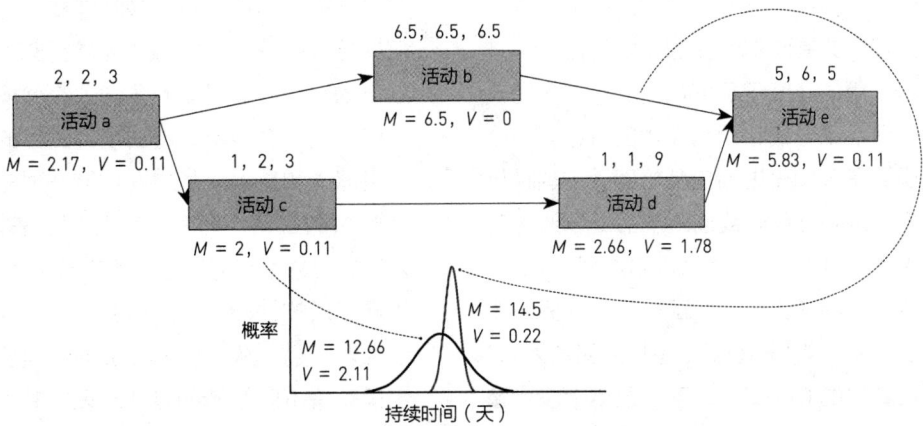

图 19-16　该网络中一条路径的预计持续时间最长，而另一条路径的预计持续的方差更大

19.6　如何控制和学习项目

项目管理中的多个阶段，包括了解项目环境、项目定义和项目规划等，大部分发生在实际项目启动之前。与之形成对比的是，项目控制和学习处理活动则发生在项目执行期间与结束后。它包括以下五个关键性挑战：

» 如何监控项目进度；

» 如何通过对比项目的监测观察结果与项目计划来评估项目绩效；

» 如何介入项目使其重新按规划推进；

» 如何处理好项目中因矩阵式管理结构而产生的紧张关系，以协调好项目和不同组织部门的利益；

» 如何从项目中汲取经验，以提高后续项目的绩效。

运营实践案例

奥卡多的机器人项目 [5]

英国线上杂货零售商奥卡多（Ocado）采用最前沿的技术，以支持不断增长的业务。自动化仓库系统并非一种新现象，但近年来，由于劳动力成本上升和更好、更具成本效益的技术的出现，技术应用的速度正急剧加快。奥卡多有几个项目正寻找利用新技术的机会。一个项目是开发先进的包装机器人，这种机器人能处理重型或危险产品（以避免工人受伤）以及易碎品，如水果、蔬菜、沙拉和鸡蛋。奥卡多正在开发的另一个技术项目是人形助手（想想《星球大战》电影中的 C-3PO，只不过是用轮子代替腿），目的是帮助工程师维护产品处理系统。通过与德国卡尔斯鲁厄理工学院、瑞士洛桑联邦理工学院、英国伦敦大学学院和意大利罗马萨皮恩扎大学合作，这些机器人充当工程师的"第二双手"，可以移动工具和材料，并在需要时将它们交给人类伙伴。它们还能够打断人类的行为，为一些常见问题建议替代解决方案。奥卡多表示，这些项目的目的是在机器人和技术人员之间创造一种流畅而自然的互动。这两个项目例子表明，随着技术越来越多地与许多任务相结合，工作场所的性质正在不断变化。奥卡多还强调一点，从地理上分散的合作伙伴那里获得不同领域的专业知识，对于交付项目成功是极具价值（以及挑战）的。

● 项目监控

　　随着项目的开展，项目经理必须首先确定他们应该通过哪些指标监控项目。常见的衡量标准包括目前的支出、供应商价格变化、授权加班的数量、项目的技术变更、检查失败、延迟的数量和时间长度、未按时开始的活动、错过的里程碑等。一些监测措施主要影响项目成本，另一些则主要影响项目时间。然而，当某些事情影响项目质量时，也会影响项目时间和成本。因为项目规划和控制中产生的质量问题，通常必须在有限时间内得到解决。

● 评估项目绩效

　　项目经理需要在项目的任一时间点对项目绩效的监控措施进行评估，以便项目团队能够对总体绩效做出判断。图 19-17 为项目生命周期中的典型计划成本概况。项目开始之时，项目经理可以启动一些活动，但大多数活动要依赖其他活动的完成。最后，只剩下几项活动待完成。这种缓慢开始－加快步伐－以少数活动收尾的模式几乎适用于所有项目，这也是为什么即使一些活动的成本曲线是线性的，但总支出率通常是 S 形的。项目经理可以根据这条曲线对比实际成本，以检查项目的成本是否按计划发生。图 19-17 展示了通过这种方式比较产生的计划成本和实际成本，其表明项目在累积基础上产生的实际成本超过了计划。

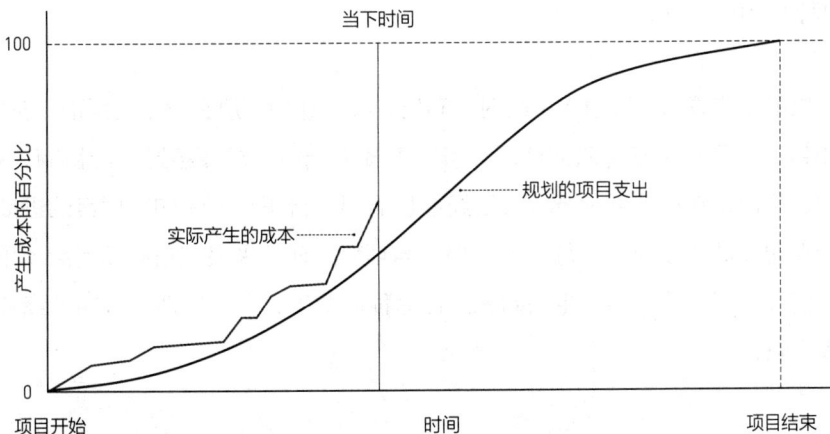

图 19-17　对比项目的计划支出和实际支出

挣值分析

挣值分析（earned value analysis，EVA）是一种将项目的预计成本和进度表与实际绩效进行比较的技术。表 19-4 为简单项目的挣值分析。这项技术不仅有助于确定项目在任务完成和产生成本方面的进展，还有助于重新评估项目最初的预算和时间表。在这种情况下（截至实施挣值分析的第 6 周），项目运营超出了预算 11.4%，落后于进度表 19.5%。若以这种方式推进项目，项目很可能会花费 117381 欧元左右（而不是最初的预算 104 000 欧元），并在 12.4 周内交付（而不是规划的 10 周）。

表 19-4　挣值分析

活动	项目计划的时间	项目计划的成本	项目回顾——第 6 周结束：
1	1 周	5500 欧元	» 完成的工作：活动 1 ~ 5
2	1 周	8750 欧元	» 审查时的实际成本（AC）= 52 500 欧元
3	1 周	6250 欧元	» 计划值（PV）= 周数之和 1 ~ 6 = 57750 欧元
4	1 周	11 000 欧元	» 挣值（EV）= 完成的活动总和 = 46 500 欧元
5	1 周	15 000 欧元	**成本评估：**
6	1 周	11 250 欧元	» 成本偏差（CV）= EV – AC = 46 500 欧元 – 52 500 欧元 = 6000 欧元（负 CV，超支）
7	1 周	13 750 欧元	» 成本绩效指数（CPI）= EV/AC = 46 500 欧元 /52 500 欧元 = 0.886(CPI < 1 超支)
8	1 周	9000 欧元	» 项目完工估算（EAC）= 完工预算（BAC）/CPI = 104000 欧元 /0.886 = 117 381 欧元
9	1 周	14 000 欧元	**进度评估：**
10	1 周	9500 欧元	» 进度偏差（SV）= EV – PV = 46 500 欧元 – 57 750 欧元 =（-11 250 欧元）（负 SV，落后于进度）
总数	**10 周**	**104 000 欧元**	» 进度绩效指数（SPI）= EV/PV = 46 500 欧元 /57 750 欧元 = 0.805（SPI < 1，落后于进度） » 估算的完工时间（ETC）= 原估算时间 /SPI = 10/0.805 = 12.4 周

● 项目干预

如果项目的成本、质量水平或时间明显脱离于计划，那么肯定要采取干预措施。由于项目活动具有相互关联的性质，所以干预措施往往需要经过广泛协商。有时，即使项目看似正在按计划进行，项目经理也需要进行干预。例如，项目的进度和成本可能看起来是"按计划进行"的，但是当项目经理从未来视角看项目活动和成本时，他们会看到一些即将产生的问题。在这种情况下，项目经理可利用业绩趋势采取干预措施。

项目赶工或加速活动

一种常见的项目干预形式是"赶工"活动。项目赶工（crashing）是减少关键路径活动的时间跨度，以便在更短的时间内完成项目的过程。赶工活动会产生额外的成本，如加班、额外的资源或分包工作。图 19-18 为简单网络项目的赶工示例，其中表明了每个活动的持续时间和正常成本，以及赶工的（减少的）持续时间和（增加的）成本。并非所有的活动都有可能赶工；在这个示例中，活动 e 不能赶工。关键路径按照 a、b、c、e 活动排序。如果要减少项目总时间，那么必须使其关键路径上的一项活动赶工。为了决定赶工哪一项活动，一种常用的方法是计算出关键路径上每个活动的"成本斜率"，然后选择其中成本斜率最低的活动赶工。按此方法，首先赶工的是活动 a，其赶工将额外花费 2000 欧元，能使项目周期缩短一周。之后赶工的是活动 c，从而将项目周期缩短两周，并额外花费 5000 欧元。从这一点上看，所有活动都是至关重要的。若想进一步缩短项目时间，只能同时有两项活动赶工。如此干预之后，其时间成本曲线是一个典型的形状。最初节省下的项目时间相对较少，但之后节省的项目时间会越来越多。

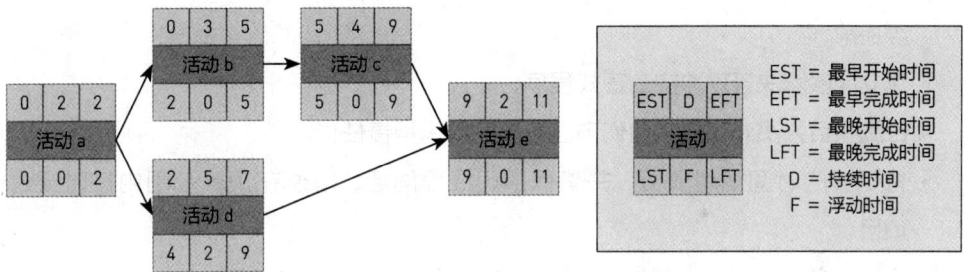

活动	项目正常运行		项目赶工		成本斜率
	成本（€000）	时间（周）	成本（€000）	时间（周）	（€000/周）
a	6	2	8	1	2
b	5	3	8	2	3
c	10	4	15	2	2.5
d	5	5	9	4	4
e	7	2	不可能		–

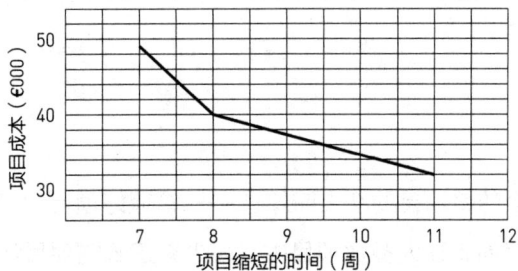

图 19-18 为了缩短项目时间而赶工，其成本越来越高

处理好矩阵式管理结构的紧张情况

除最简单的项目外的所有其他项目，项目经理通常需要协调项目本身和为项目提供资源的部门的利益。当从不同部门调用各种资源时，项目在"矩阵式管理"环境中运行，涉及跨组织边界协调，并且要求员工同时向自己的直线经理和项目经理报告。图 19-19 展示了用矩阵式管理结构运营多个项目的过程中，通常会出现的报告关系类型。部门 1 的一个人，以兼职形式被分配到项目 A 和 B 中，这个人需要向三个经理汇报，三个经理都对自己的工作有指挥权。因此，矩阵式管理要求所有个人和部门之间进行高度合作和沟通。虽然决策权正式归于项目经理或部门经理，但大多数重要决策需要取得一定程度的共识。为高效运作项目，矩阵式管理结构应具有以下特点：

» 所有的经理之间建立高效沟通渠道，并让相关部门经理共同参与项目规划和资源决策；

» 建立能够解决管理冲突的正式程序；

» 鼓励项目人员对项目和他们自己的部门都承担责任；

» 有足够的时间规划项目，并确保部门经理同意，以便在预算范围内按时交付项目。

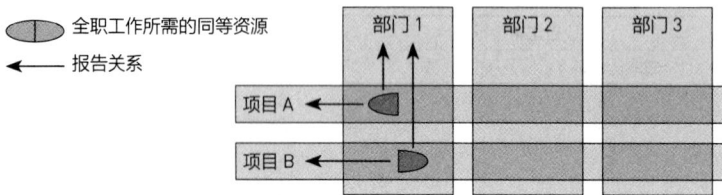

图 19-19 矩阵式管理结构往往出现员工向多个项目经理及自己部门报告的情况

管理项目学习

项目管理活动不会随着项目的结束而停止——管理好项目学习过程对于未来项目的成功至关重要。然而，在大多数项目中，很少有正式的项目学习。这在一定程度上是因为项目中个人的关键绩效目标——通常聚焦于单一项目的成功（如在质量、时间、成本等方面），而不重视长期的学习效应和组织能力的发展。因此，当项目结束时，利益相关者就没有什么动机花时间复盘项目执行中可以进一步改进的方面。此外，当项目出错时，相关人员通常更愿意继续向前推进，而不是回头审查失败。当一个组织并不重视将正式学习机制作为其项目过程的一部分时，随着时间的推移，其项目的潜在平均绩效几乎毫无提升（见图 19-20 的上方部分）。然而，当一个组织更重视从一个项目到另一个项目建立正式学习机制时，尽管项目绩效存在差异，但其通常呈上升趋势（见图 19-20 的下方部分）。

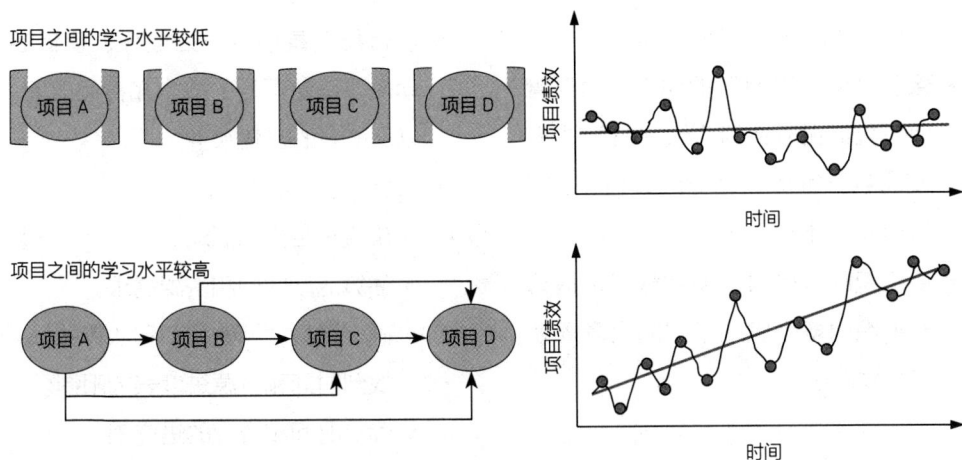

图 19-20　随着时间的推移，项目之间的学习可提高项目绩效

第 19 章要点小结

1. 什么是项目？

- 项目是一种临时性活动，其目的是在设定的时间框架内，利用一组确定的资源，实现特定的和高度定制的目标。
- 项目涉及许多非常规和复杂的任务，这意味着项目通常具有高度的不确定性。
- 管理项目的过程不仅包括了解项目的共同特征，还包括了解不同项目之间的关键差异。在本章中，我们将重点讨论项目管理中创新水平、时间压力和复杂性方面存在的差异。

2. 什么是项目管理?

- 项目管理是指了解项目环境、定义项目、规划项目、控制项目以及从项目中学习的一系列活动。
- 除了"生命周期"的观点，项目管理还包括在所谓的"铁三角"内有效地平衡质量（可交付成果）、时间和成本目标。
- 从组织的角度看，项目管理是指管理组织内多个职能部门的生命周期和绩效目标。

3. 如何了解项目环境?

- 项目环境包括在其生命周期内可能影响项目的所有因素，其中包括内部环境、商业环境、经济政治环境和地理社会环境。
- 管理好利益相关者是项目经理的关键职责，包括确定利益相关者，理解他们的不同观点，以及处理利益相关者之间不同的甚至是相互冲突的利益。

4. 如何定义项目?

- 定义一个项目包括三个相关活动——设定项目目标、确定项目范围和制定项目战略。
- 大多数项目可以通过三个目标的相对重要性定义。这三个目标分别是成本（让整个项目的总成本在最初预算之内）、时间（在计划的完成时间内完成项目）、质量（确保项目成果与最初计划的一样）。

5. 如何规划项目?

- 项目规划是指更详细地分析项目活动，以确定项目的成本和持续时间，以及所需的资源水平。
- 项目规划包括 5 个阶段。
  - » 确定项目内的活动。
  - » 估算活动时间和资源需求。
  - » 确定活动之间的关系和依赖关系。
  - » 找到时间和资源进度表的限制。
  - » 确定时间和资源的进度表。

6. 如何控制和学习项目?

- 项目控制和学习是指在项目执行期间和项目完成后进行的一系列管理活动。它包括 5 个关键性挑战。
  - » 如何监控项目进度。
  - » 如何通过对比项目的监测观察结果与项目计划，来评估项目绩效。
  - » 如何介入项目使项目重新按计划推进。
  - » 如何处理好项目中因矩阵式管理结构而产生的紧张关系，以协调好项目和不同组织部门的利益。
  - » 如何从项目中汲取经验，以提高后续项目的绩效。

第 19 章注释

[1] **案例信息来自** Howell, E. and Hickock, K. (2020) Apollo 13: the moon-mission that dodged disaster, Space.com, 31 March; Whiting, M. (2018) The legacy of Apollo 6, NASA, 4 April; Taylor redd, N. (2019) Apollo 11: first men on the Moon, Space.com, 9 May; Overbye, D. (2017) cassini flies towards a fiery death on Saturn, *New York Times*, 8 September; rincon, P. (2017) Our Saturn years – cassini-Huygens' epic journey to the ringed planet, told by the people who made it happen, BBc, 14 September; cobb, W. (2019) How SpaceX lowered cost and reduced barriers to space, The conversation, 1 March; Howells, r. (2021) china becomes only the second country to make historic touchdown on Mars, *EuroWeekly News*, 15 May。

[2] **案例信息来自** george, r. (2021) Wind …or worse: was pilot error to blame for the Suez blockage?, *Guardian*, 3 April; Magdy, S. (2021) Suez canal chief: vessel impounded amid financial dispute, AP News, 12 May; Leonard, M. (2021) Timeline: how the Suez canal blockage unfolded across supply chains, Supply chain Dive, 6 July。

[3] **案例信息来自** Metz, r. (2019) The world's biggest spice company is using AI to find new flavors, cNN Business, 5 February; Wiggers, K. (2019) IBM and Mccormick blend new season- ings with AI, Venture Beat, 4 February; Lougee, r (2019) Using AI to develop new flavor experiences, IBM research Blog, 5 February。

[4] **案例信息来自** Schuetze, c. (2020) Berlin's newest airport prepares for grand opening. Again, *New York Times*, 29 April; cAPA centre for Aviation (2020) Berlin Brandenburg Airport's terminal certified for opening – at last, centreforaviation.com, 8 May; L.r.S. (2017) Why Berlin's new airport keeps missing its opening date, *Economist*, 25 January。

[5] **案例信息来自** Burgess, M. (2018) Ocado's collaborative robot is getting closer to factory work, *Wired*, 11 January; Butler, S. (2018) Ocado to wheel out c3PO-style robot to lend a hand at warehouses, *Guardian*, 11 January。

版权声明

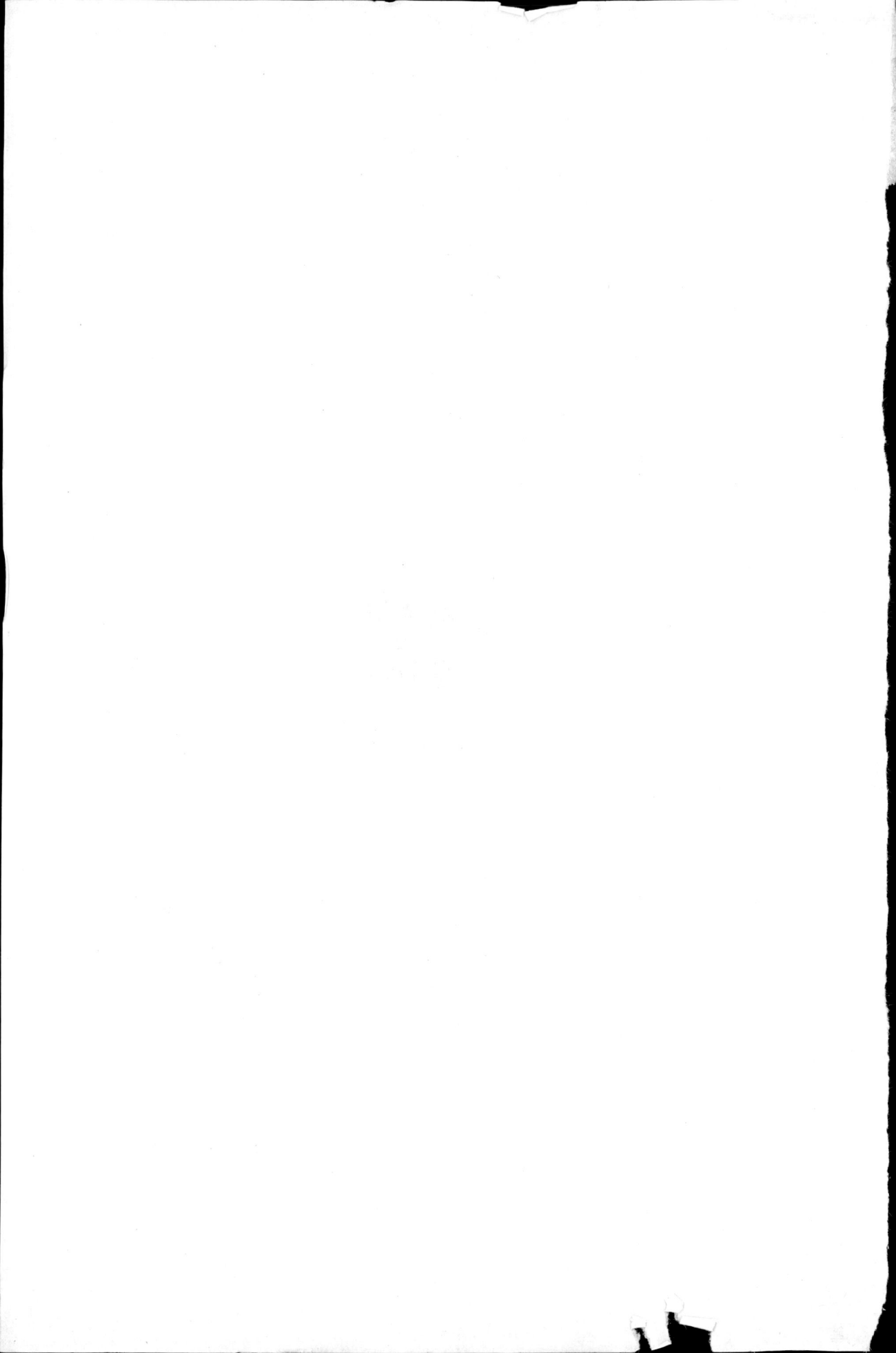